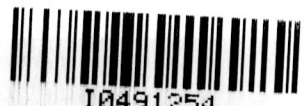

クールなイラストの描き方

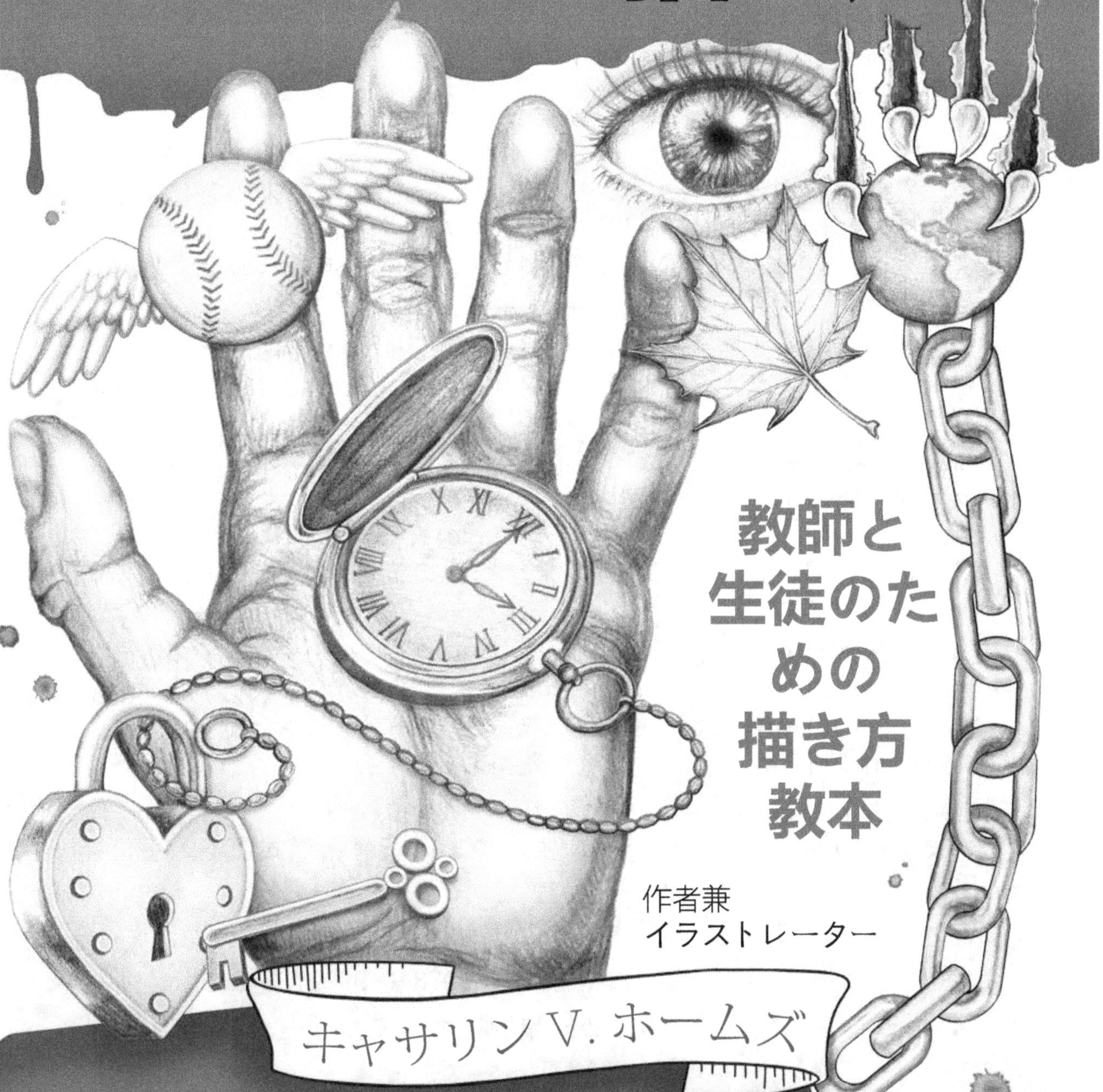

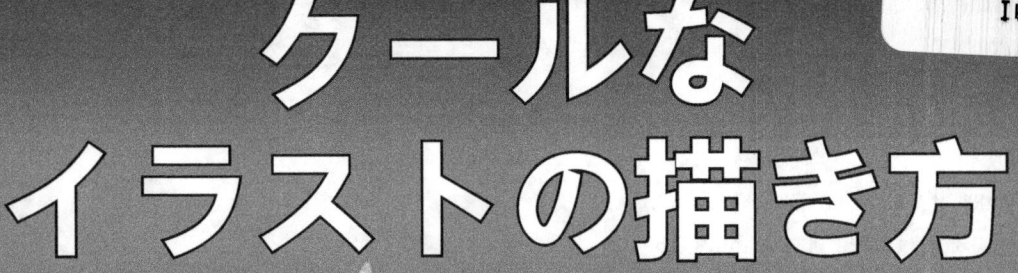

教師と生徒のための描き方教本

作者兼
イラストレーター

キャサリンV. ホームズ

出版社名:
Library Tales Publishing, Inc.
www.LibraryTalesPublishing.com
www.Facebook.com/LibraryTalesPublishing

出版社: Library Tales Publishing, Inc., New York, New York

弊社の他製品とサービスに関する一般的な情報については、カスタマーケア部門までお問合せください。電話番号: 1-800-754-5016; Fax番号: 917-463-0892. テクニカルサポートにつきましては、www.LibraryTalesPublishing.comをご覧ください。

Library Tales Publishingは様々な電子的形式による本の出版も手掛けています。印刷版のコンテンツはすべて、電子書籍形式でも入手可能です。

アメリカ議会図書館管理番号: 2017944834

ISBN(国際標準図書番号)-13: 978-0-9992758-0-1

アメリカ合衆国にて印刷

クールなイラストの描き方

美しく興味深いアートワーク作成に必要なものがすべて揃っています!この本では簡単に理解できて楽しく実践できる100以上の 描き方を段階的に扱っています。

アーティストの方へ:　デザイン要素、顔のパーツ、透視画法、祝日、動物、生物その他を章ごとに整理して取り上げています。「クールなイラストの描き方」では、単純な形を組み合わせるだけで作成できる何百もの画像イメージを例証します。アーティストは物体の中の基本的な形を認識し、簡単な手順で複雑なアート作品に変える方法を学べます。この実際のエクササイズは、あなたが自分でクールなイラストを使うスキルを練習し完成させる助けになることでしょう。

教師の方へ:　資料はあっても予算が限られている、またはイラスト好きな生徒を受け持っている場合、この本で簡単に持ち運べてあらゆるレベルの生徒にアートを教えるのに使える多数のレッスンを見つけることができます。各レッスンには、順序だてたイラストレーションと最小限の文章からプロセス全体を概観できる、分かりやすい指示があります。さらに、それぞれのアートプロジェクトには生徒たちが学べる基本的スキルとコンセプトを含めたチャートに加え、生徒たちが完了すべき最終課題もあります。最高なのは、子供たちが描きたい内容を扱っていることです。鉛筆と紙さえあれば、クールなイラストを使う準備ができます!

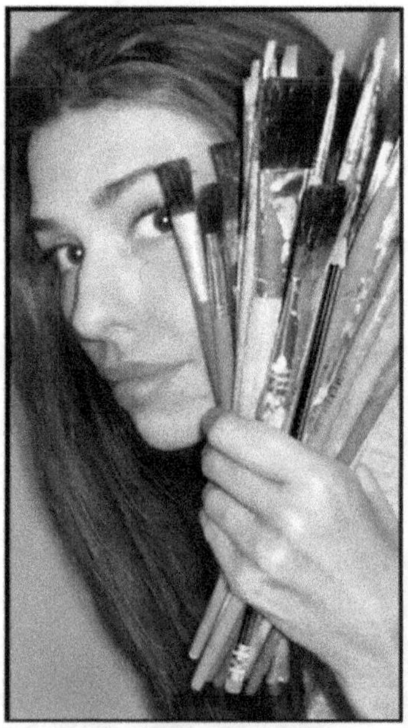

目次

第2章
人面

第3章
透視画法

第4章
祝日と季節

第5章

動物と生物

第6章

クールなイラスト

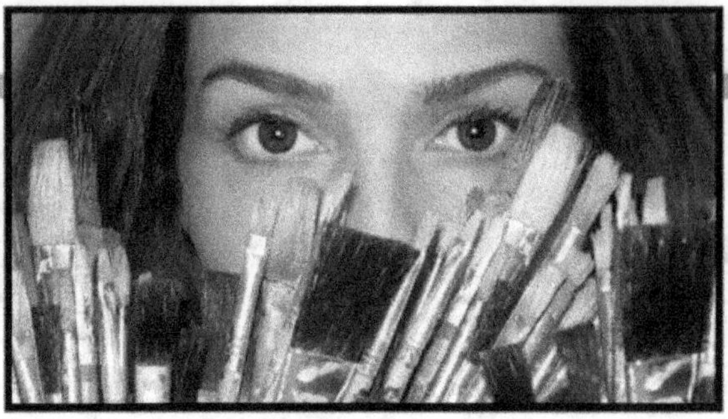

作者について

キャサリン V. ホームズは教師、画家、若者の権利擁護者、また「クールなイラスト描き方」の作者兼イラストレーターです。

「アートはどんな人にも学びの場を提供します。
わたしはいつも生徒たちに『誰にでも絵は描けるけれど、
あなたとまったく同じように描ける人はいないのよ』と伝えています。
それぞれの人が作品に自分だけのスタイルと、
創造性と視点を持ち込みます。
一つの作品をじっくり鑑賞すると、歴史、情熱、
恐れ、またはインスピレーションが見えてきます。
アートを通じて、クリエイティブな問題解決と
自己表現の機会
アーティスティックな思考とコミュニケーションの機会
個人の幸福感を高め
力が湧き
リラックスでき
勉強になる
また意義深い仕方で個人の強みを表現する
プラットフォームが得られます。これは私たちがアートだけでなく、
人生をより深く理解するのを助けて
くれます」。

CVHolmes

導入

これは必要に迫られて進化した本です。アートカタログや図書館を巡り、書店の「描き方のハウツー本」を渡り歩いた後、わたしは使える情報がわずかしかなく、しかも探していた描き方の本に求める品質にも達していないことに気付きました。基本のアイデアすぎて、年齢が高く美的感覚の鋭い生徒にとっては失礼な内容のものもあれば、美しい作品を披露するための資料でしかなく、具体的な指示に欠けるものもありました。

予算に限りがあり、準備時間も限られている「派遣」の美術教師ですから、わたしは簡単に持ち歩けて、中学生から高校生以上まで、あらゆるレベルの生徒を教えるのに使える一冊の資料を必要としていました。その需要に応えるためこの本を作ったので、同様の状況にある教師やアーティストにもシェアしたいと思います。本の中のプロジェクトは、高価で多角的な教材を用意しなくても、明確な目標を定め、その達成を育む面白くて教育的なレッスンを可能にします。必要なのは普通の鉛筆と消しゴム(時として定規と先の細いペン)だけです。成功するために高価な美術用の鉛筆や、値段の高い紙、練消しゴムは必要ありません。どのページも生徒たちが試用し認めたものです。

本の詳細:

この本の中には様々な題材を描く上で、順序だてた指示を与える具体的な例題があります。各レッスンは描画の基本構造となる描きやすい形から始まります。その後、基本構造に一つずつ要素を追加するので、アーティストは作品を組み立て、より詳細なイラストを製作できるようになります。

どのアートプロジェクトにも、アーティストが **知り**（事実、基本的スキル）、**理解し**（大まかなアイデア、コンセプト、本質的な疑問）、その上でレッスンが終わるまでに **やってみる**（最終評価、パフォーマンス、具象的評価）ことができる内容を記したチャートがあります。

この追加情報は、ページを使いものにならない「アートのためのアート」よりも強力にしてくれます。アート自体が非常に重要です！画家は美しく興味深い作品の創作過程で魂を表現し、自分をより深く理解できます。

最高なのは、画家が描いてみたいイラストが掲載されていることです。

この本を使用する教師向けの情報:

このガイドを使うと、教師の方は生徒たちに違いを与える方法で時間を使っていると確信できます。各レッスンには、簡単に実行できる指示が含まれています。そこでは歴史的つながり、学校のカリキュラム学習基準、または美術の総合授業に適応させて関連づけられる一連の詳細な指示があり、プロセス全体を概観できます。各プロジェクトの濃さを決めるのはあなたです。

プロジェクトは生徒たちの多様な学習スタイルに応じて、視覚教材とテキストを組み合わせることで差別化できます。

最善の結果を得るために、いくつかコツがあります:

- 簡単にコピーできるよう、レッスンのほとんどは片面に印刷されています。可能なら学校のコピー機で写真画質に設定してコピーしてください。陰影部分の最高画質をキープできるはずです。
- 準備された「知る、理解する、やってみる」シートを黒板に掲示して、レッスンの目的を生徒たちが明確に伝えます。
- どんな手順も飛ばさないよう生徒を励ましてください。教師は生徒の多くが瞬時に満足感を得ようとして、プロセスに従わず、さっさと最終段階に行こうとしている様子に気付くかもしれません。絵の「天賦」や複雑な形を描いた経験があり、手順が必要ない生徒も数人いますが、ほとんどの生徒は一連の手順に従わないと、最高の成果を得られません。大成功を収めるため、生徒たちは手順に従わねばなりません! そうすれば、生徒たちは物体全体ではなく、物体の中の形を見分けるよう脳を訓練できます。それにより描画プロセスが容易になります。
- 生徒たちには軽いタッチで描くよう伝えましょう。生徒はまず基本的な下絵と少しの詳細を描き、次に線をもっと濃くして耐久性を出せます。不器用な画家に軽いタッチで描かせるのは、葛藤があるかもしれませんが、その利点が分れば苦労した甲斐があるというものです。消すのは簡単ですし、ぐちゃぐちゃに丸めて捨てる紙の枚数も減ります。
- 描画のガイドを使っても、生徒それぞれの成功度合いは異なることでしょう。「おまけ」や詳細を加えて、自分の作品を本の例題とは違う物にするよう生徒たちを励ましてください。そうすればそれぞれがユニークで個人的な作品になります。
- これらのシンプルな手法はどんなレベルの生徒にも対応します。生徒たちは自分が心地良いレベルに合わせて、最大限または最小限の努力を払います。注意: 素晴らしい美術教師として、常に生徒たちにもっと頑張るよう励ましましょう。自分の実力を超えるのが、学習の醍醐味です!

- この本に掲載したテクニックとプロセスは、生徒たちが楽に達成できる範囲のものです。挫折してあきらめようとする生徒がいるかもしれません。時には作業に取り組む前に、挫折したと宣言する生徒が出てくる場合もあります。これを認めてはなりません！ 創作活動には工程があることを思い出させてください。このような場合、生徒に最初の手順だけを試すよう勧めてください。最初の手順がかなり簡単だと分かれば、次のステップ以降も試してみる気になるかもしれません。

- どんな方法を試しても、生徒の成功達成を妨げているように感じる場合、その生徒に写し描きを許可したくなるかもしれません。ページの絵は、写し描きを思いとどまらせるため、小さめの縮尺で掲載されています。でも、写し描きを許可する方が、何もしない生徒がいるよりましです。必要な場合は課題の変更に写し描きを含めて、生徒には陰影や準備された例題にない「おまけ」を加えて自分だけの工夫を加えさせることができます。何もせずに写し描きに走るのは － 絶対にダメです！

- この本は代理の教師にもぴったりです。レッスンをたくさんコピーしてサブフォルダに入れておけば、病欠の日も心配ありません。

  十分練習した生徒たちには、やがて「ハウツー」本が必要なくなります。脳内で変換されるので、生徒たちは誰の手も借りずに頭の中で複雑なイメージを単純なものに分解して置き換えられるようになります。そうすれば生徒たちは超スマートな画家になれます！

<u>この本を使う画家向けの情報:</u>

例題を追っていくのは、自分の技巧を磨き、複雑な物体の中にシンプルな形を見出す素晴らしい練習方法です。プロ向けのデッサン用鉛筆と紙は様々な成果をもたらしてくれますが、この本で扱うテクニックは普段使いの文房具を使っても上手にできます。

理解しやすい本ですが、いくつか挑戦となるステップにぶつかることがあるかもしれません。以下のコツに従って、最高の成果を挙げてください。

- 必要ない情報はブロックするようにしましょう。この本の中にある作品に取り組む時は、最初のステップ以外は白紙の紙を使い、掲載されているすべての手順を試してください。まず表示されている最初のステップだけを描きます。そのステップが完了したら、次のステップを開けてそれに取り組みます。取り組んでいる以外の手順を見ないようにすれば、その作品をやり遂げる難易度は下がります。作品が完了するまで、一つずつ手順を開いて手を加えます。シンプルな作戦ですが、一度に一つの作業に集中できるので、上手くいきます。

- 辛抱強さが必要です。慌てず、じっくり時間を取って忍耐力を培いましょう。ミスをするたびに、イライラして紙をくしゃくしゃにしないでください。自分の作品を見つめて、上手くいった線と上手くいかない線を見極めましょう。必要なら変更を加えてください。

以下の場合、作業がより楽になる:

- 軽いタッチで描きましょう。最初は軽いスケッチ風の下絵を描き、少しずつ詳細を加えます。すべての線に納得できたら、さらに濃く、長持ちするように描くことができます。

- 自分の絵が本とまったく同様かを気にし過ぎたり、シンメトリーな物体を左右対称に描こうとして多くの時間をかけたりしないでください。わたしたちの顔でさえ、完璧に左右対称というわけではありません。あなたのユニーク(で時には不完全)なアプローチこそが、作品を魅力的で美しくするものです。絵が「完璧」に見えなくても、それで大丈夫です!

- 自分の作品をもっとプロらしくしたいですか?　物体を大きく描き、その後コピー機のフォト設定で縮小してみましょう。詳細や線がより精巧になり、作品の細部がより強調されることでしょう。試してみる価値がある方法です!

- 最後に、他の人の作品の出来は、気にしないようにしましょう。忘れないでください。絵は誰にでも描けますが、あなたとまったく同じように描ける人はいません。これが美術の素晴らしいところです。誰もがみんなまったく同じように描くなら、アートはつまらないものになり、何の意味もないでしょう。完成したら自分の作品の出来栄えを眺め、以前の自分の作品と比べてください。自分自身の成長にびっくりすることでしょう!

<u>陰影法のコツ:</u>

- 「基本」の章では、いくつか異なる陰影テクニックを扱います。鉛筆の筆圧を上げれば、線は濃くなり、筆圧を弱めれば薄いタッチの跡が付きます。　徐々に濃淡ができる筆圧の強弱の組み合わせは、リアルな陰影を描くアプローチの一つです。様々なトーンを創り出すため、色んな強度の筆圧を練習してみましょう。

- 陰影効果を付けるため、作品の輪郭をぼかす場合は気を付けましょう。影を付けるため、指で作品の輪郭をぼかす技法は、複雑な線を不鮮明にして美しい絵を台無しにする可能性があります。でも上手に行うと、ぼかしは作品に深みを与える手早く効果的な方法になり得ます。許容できる手法ですが、絵が不鮮明にならないように気を付けてください! こすり過ぎると、細い線と陰影コントラストが、同じような塊や代わり映えしない灰色のトーンになってしまいます。こうなると、絵から深みが消え、作品の精巧さが見えなくなってしまいます。指でこすって陰影をつける技巧を使って最善の結果を得るには、少しだけぼかすようにしてください。

- この本ではハッチングとクロスハッチングを使った例にも触れます。これは陰影効果を付ける時、ぼかしや筆圧の強弱以外の方法を使うユニークな陰影法の一つです。すべての方法を試して、どれが自分に一番合うのかを探ってみてください。

アートが必要な理由

絵を描けば、もっと賢くなれます！ 信じるかどうかに関わらず、画家はこの本のアクティビティに参加する時、何も考えずに見た物を複製するだけではありません。プロジェクトをやり遂げると、画家はビジュアルな作品を創造する過程を理解する強力なツールを手に入れると共に、自分の創造性を高め、自分の美術性に自信を持つことができます。生徒たちは実際、ものを違った仕方で見るよう脳を訓練しているのです。そうすれば、生徒たちは自分を表現できるようになり、美術面と生活面で有能になり、機転が利き、洗練され、想像力があり、創造性に富み、鋭い知覚力を持つようになります。生徒や同僚、そして世界に美術の重要さを知らしめましょう！

第1章

デザインの要素

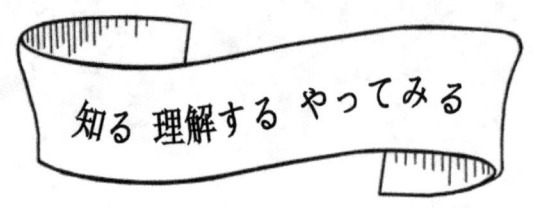

知る 理解する やってみる

デザインの要素

知る:
デザインの要素：色、線、型、形、質感、空間の概観

理解する:
- 作品を制作するにあたり、画家が使用する基本的な構成要素
- 各構成要素の使い方
- 形(長さと横幅)と立体(奥行を加えた物)の違い

やってみる:
配布資料の例題の横にある余白に細い黒ペンで、ハッチング、点描画法、質感描出、線、形、立体を描く練習をしよう。見た物を写生したり、自分だけのデザインを創ったりしてみよう。7番の囲みを使い、上の囲みで練習したデザイン要素の少なくとも4つを使ってオリジナルデザインを創ろう

さらにやってみよう:
デザイン要素を少なくとも6つか7つ使い、他の紙にオリジナル作品を描こう。紙の端から端まで、デザインでいっぱいにしよう

用語集:
デザイン要素 – 色、明暗度、線、型、形、質感、空間。アートワークを作る時、画家が使用する基本的な構成要素のこと。アートの要素とは作品本体を創るのに使用するパーツのこと

デザイン要素

アート作品を創るのに画家が使用する基本的な構成要素

色、明暗度、線、型、形、質感、空間

準備されたスペースに各要素の例を描こう

以下の例題を完成させるため、シャープペンか先の細い黒ペンを使うこと（現段階で色は使用しない）

1

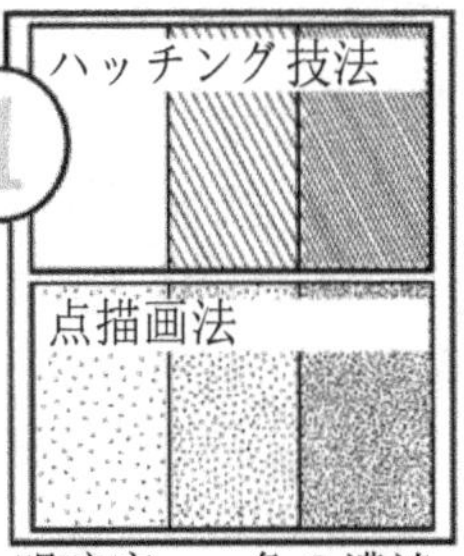

明暗度 – 色の濃淡。この囲みでは線や点を使って明暗度を示す。

2

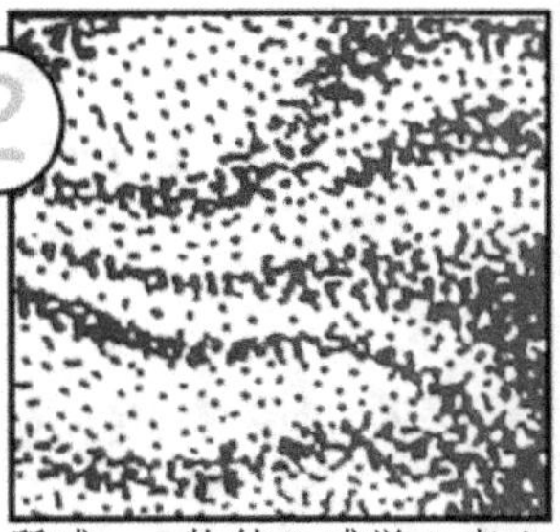

質感 – 物体の感覚を表す方法。この囲みでは自分が見た物や独自に創作した質感の物を描こう。

3

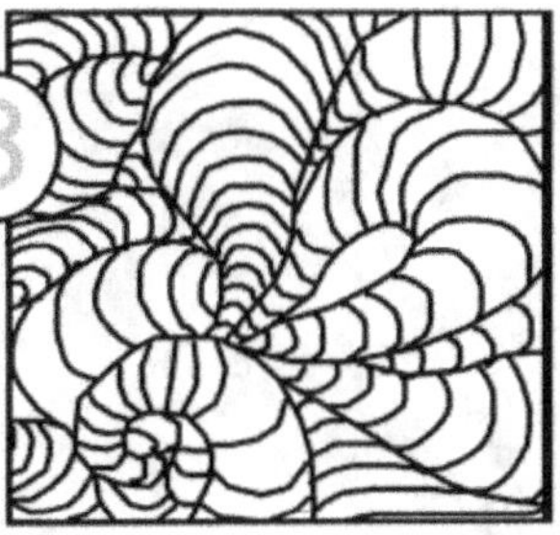

線 – 長さと方向を示すマーク。この囲みでは自分が見た物や自分だけに創った線でイラストを描こう。

4

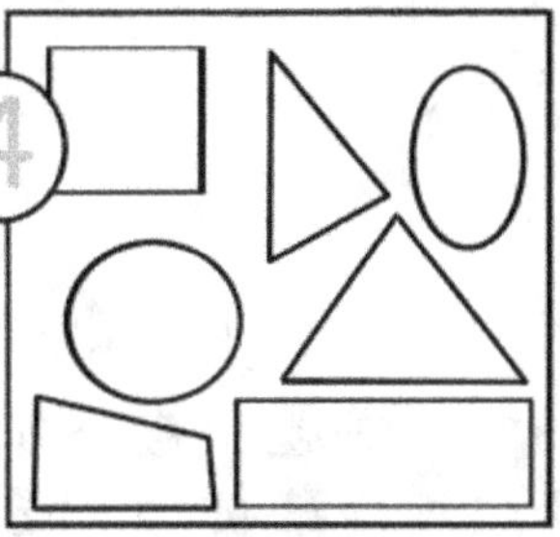

型 – 長さと横幅を示す囲われた空間。この囲みでは少なくとも形を4つ描こう。

5

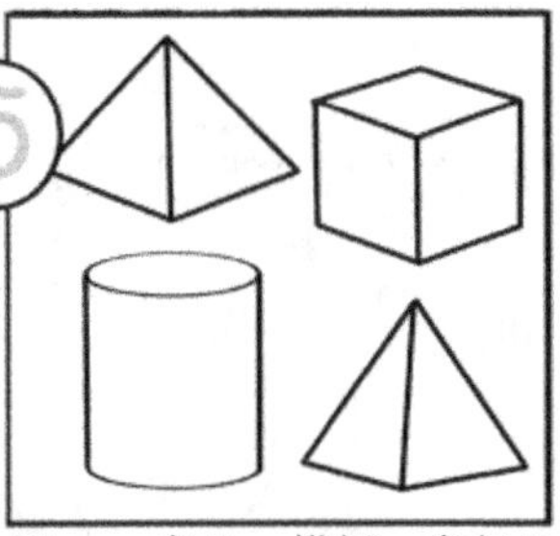

形 – 高さ、横幅、奥行きを示す囲われた空間。この囲みでは左側に表示した形を描こう。

6

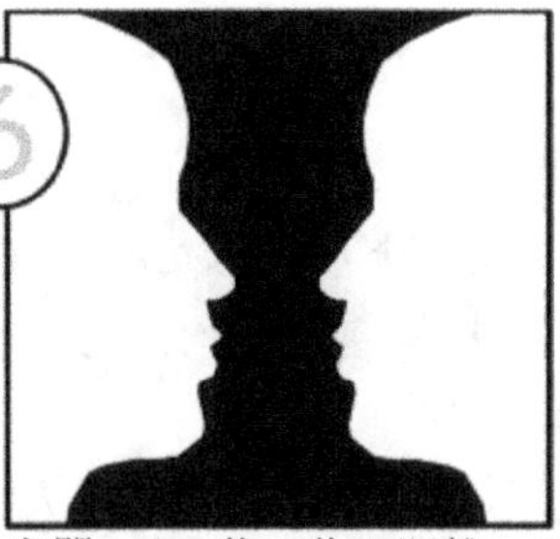

空間 – 物と物の距離、その間の部分、その周辺、または中の部分。この囲みでは左側の中心部分と余白部分を描こう。

7

この部分では、上で練習したデザイン要素を少なくとも4つ使ってオリジナルデザインのイラストを描こう。

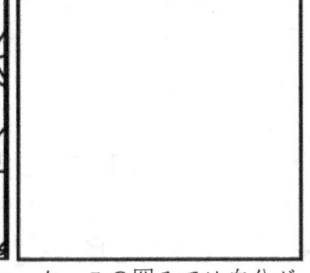

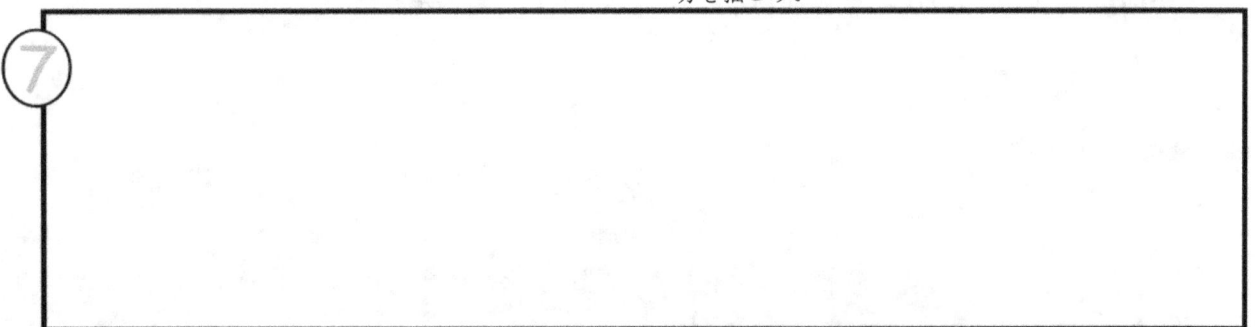

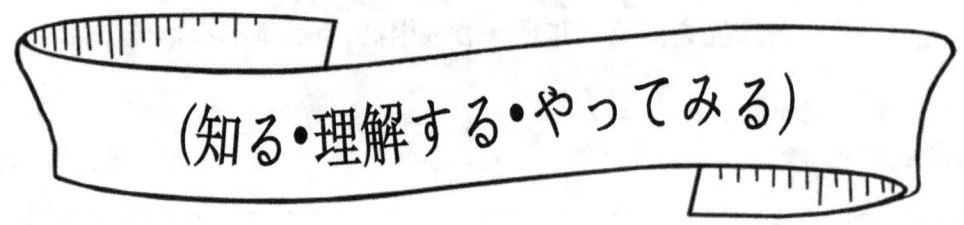

(知る•理解する•やってみる)

形に陰影を付ける

知る:

陰影法、影と濃淡の混ざり合い

理解する:

- 二次元（2D)の形に明暗度を加えると三次元（3D)の形ができる
- 明暗度の濃淡で、物体の光源を表現できる

やってみる:

- 配布資料の「形に陰影を付ける」で、まず明暗度のスケールを作ってから 9つの例題を複製する
- 明暗度のスケールに従い、それぞれの物体に陰影を付ける
- 明暗度を混ぜてみる

用語集:

ブレンド – 表面に塗った濃淡を混ぜ合わせて、一つの濃淡の始まりと終わりの境目が分らないようにすること
陰影法 – 絵の明るい部分から暗い部分や暗い部分から明るい部分への変化を表すこと
影 – 反対側から光で照らされた物体の暗くなった部分
暗度 – 色を暗めまたは明るめにするため、黒や白を加えること
明暗度 – 色の明るさや暗さを表現するアート要素

形に陰影を付ける

① 明暗度のスケール

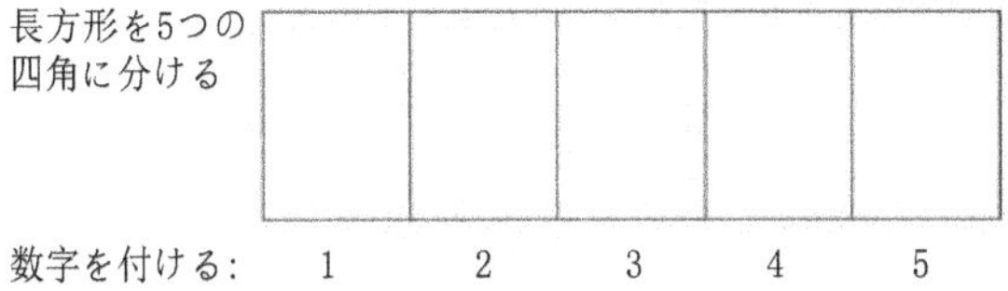
長方形を5つの
四角に分ける
数字を付ける： 1 2 3 4 5

四角に濃淡を付ける

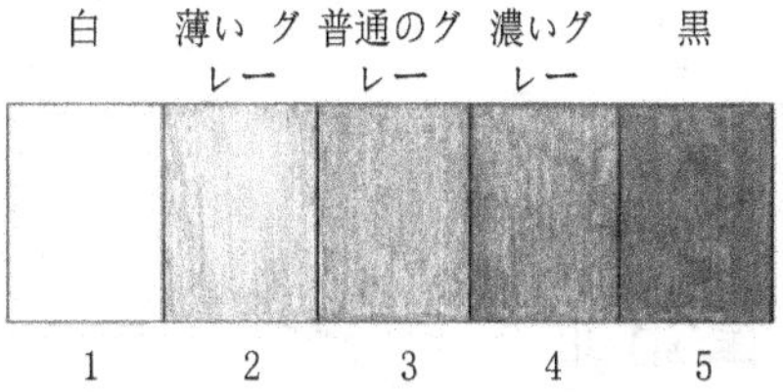
白
薄いグレー
普通のグレー
濃いグレー
黒
1 2 3 4 5

② 平面の陰影 – 立体

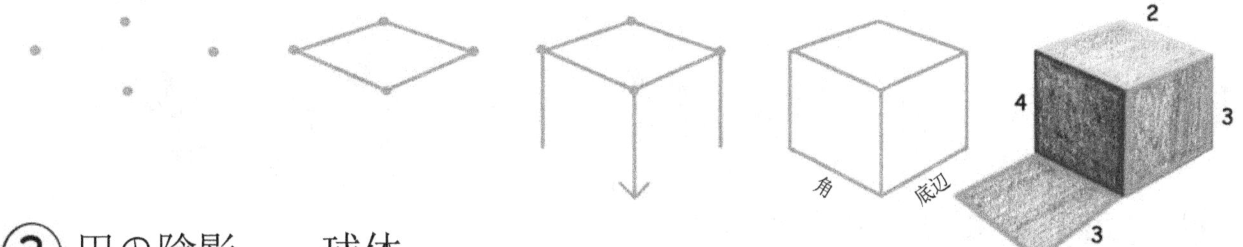
角
底辺
2
4
3
3

③ 円の陰影 – 球体

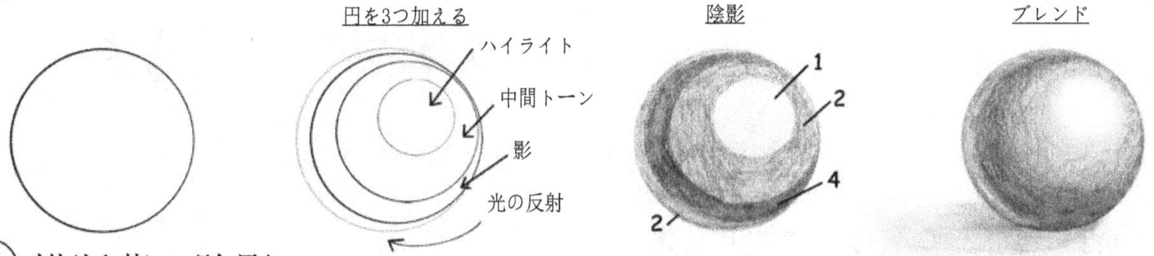
円を3つ加える
ハイライト
中間トーン
影
光の反射
陰影
1
2
4
2
ブレンド

④ 横断幕の陰影

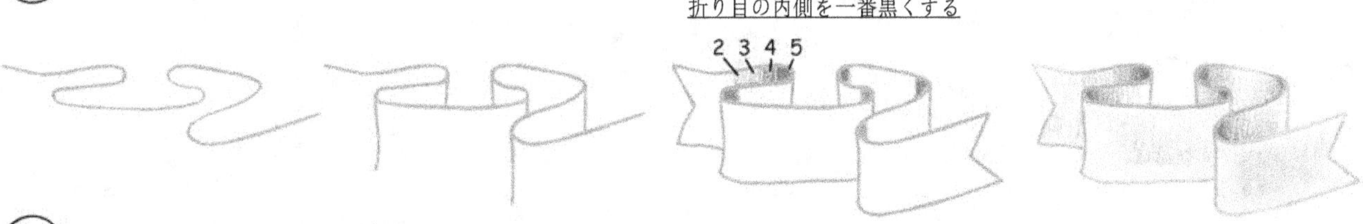
折り目の内側を一番黒くする
2 3 4 5

⑤ ピラミッドの陰影

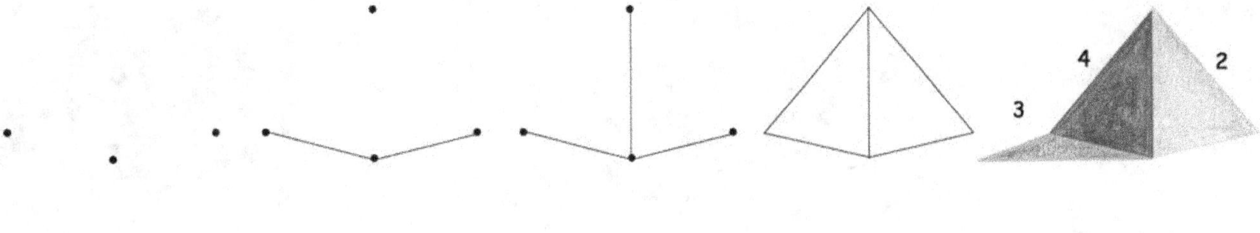
4
2
3

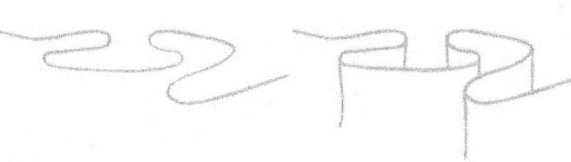

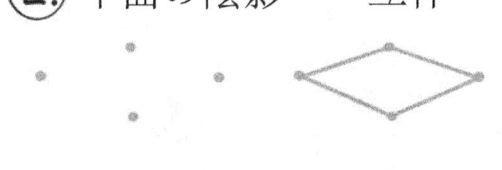

形に陰影を付ける2

⑥ コイン

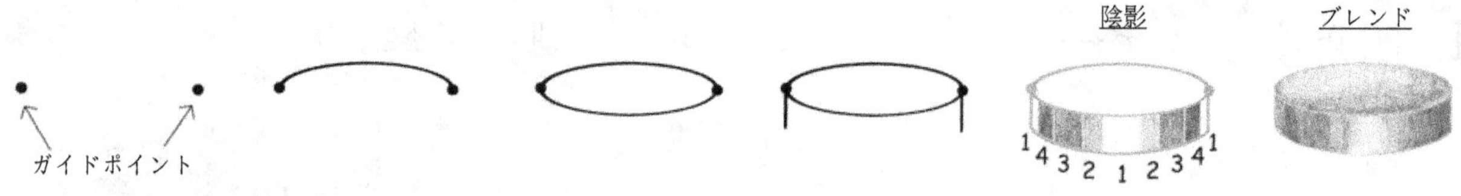
陰影
ブレンド
ガイドポイント
1 4 3 2 1 2 3 4 1

⑦ 三角錐

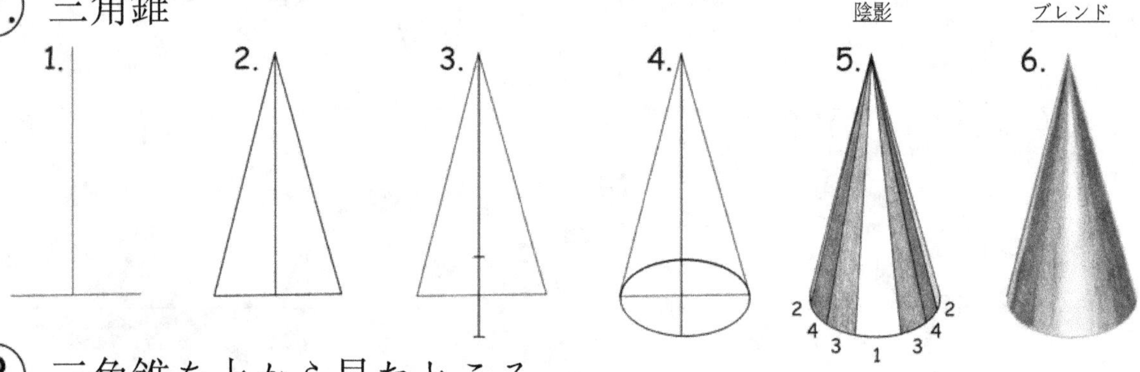
陰影
ブレンド
1.
2.
3.
4.
5.
6.
2 4 3 1 3 4 2

⑧ 三角錐を上から見たところ

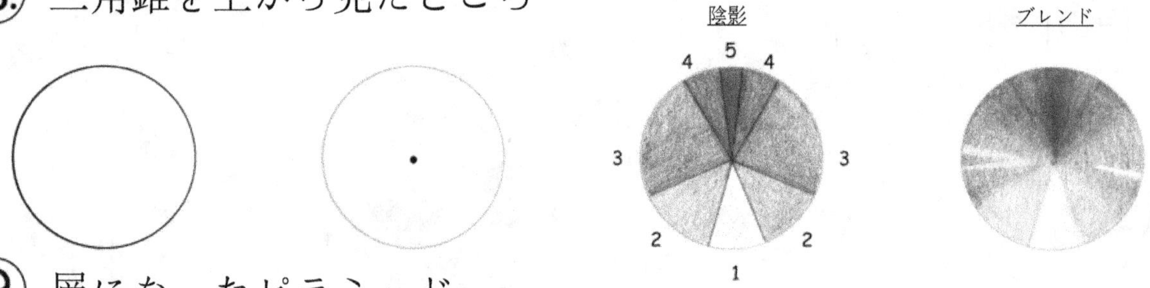
陰影
ブレンド
5
4 4
3 3
2 2
1

⑨ 層になったピラミッド

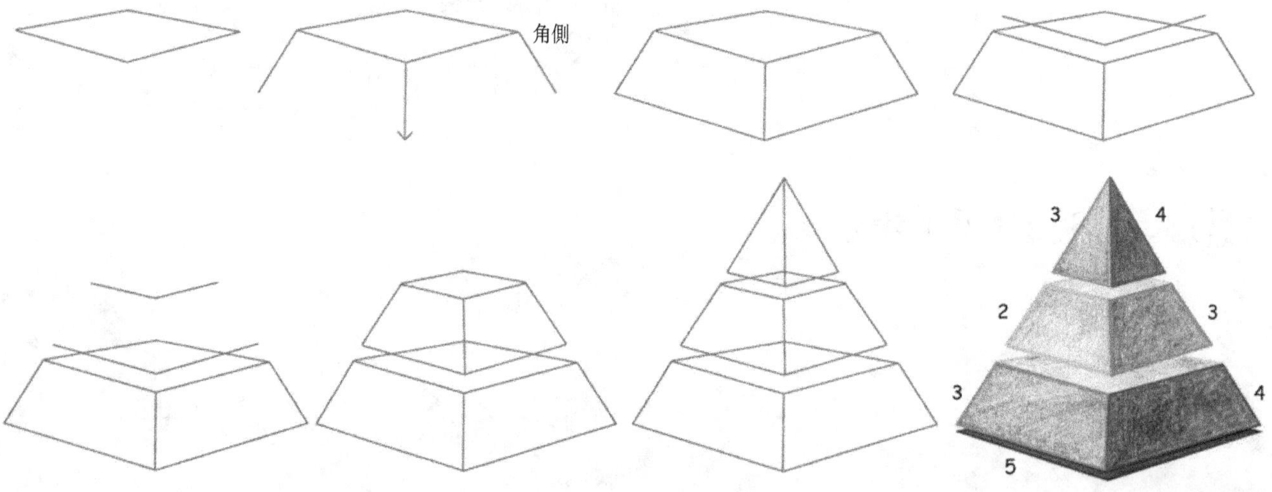
角側
3 4
2 3
3 4
5

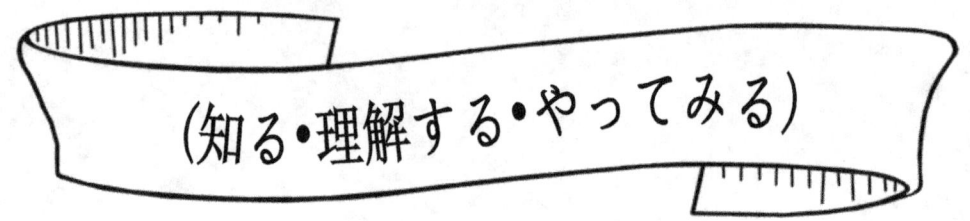

(知る•理解する•やってみる)

描画の準備をする

知る:

クロスハッチング、ハッチング、質感、明暗度のスケール

理解する:

- 画家は質感を出すことにより触り心地や材料を表現する
- 二次元(2D)の形に明暗度を加えて三次元 (3D)の形を描く
- 明暗度の濃淡で、物体の光源を表わす

やってみる:

色んな種類の陰影法を練習するため、明暗度のスケールを完成させ、配布資料に準備された部分でハッチングやクロスハッチングを練習しよう。配布資料で練習した陰影法を利用して別紙に木(や他の物体)を描いてみよう

用語集:

ハッチング – 間隔の狭い平行線で色調や陰影効果を出すこと。最初の面と反対方向に平行線を加える手法をクロスハッチングという
陰影法 – 影の部分を暗くし、他の部分を明るいままにして、絵の中で明るさから暗さ、または暗さから明るさへの変化を表現すること
質感 – 物体の表面の質感または「感じ」やその滑らかさのこと
明暗度 – 色の明るさや暗さを意味するアート要素のこと

描画の準備をする

明暗度、ハッチング、クロスハッチングを使った樺の木のサンプル

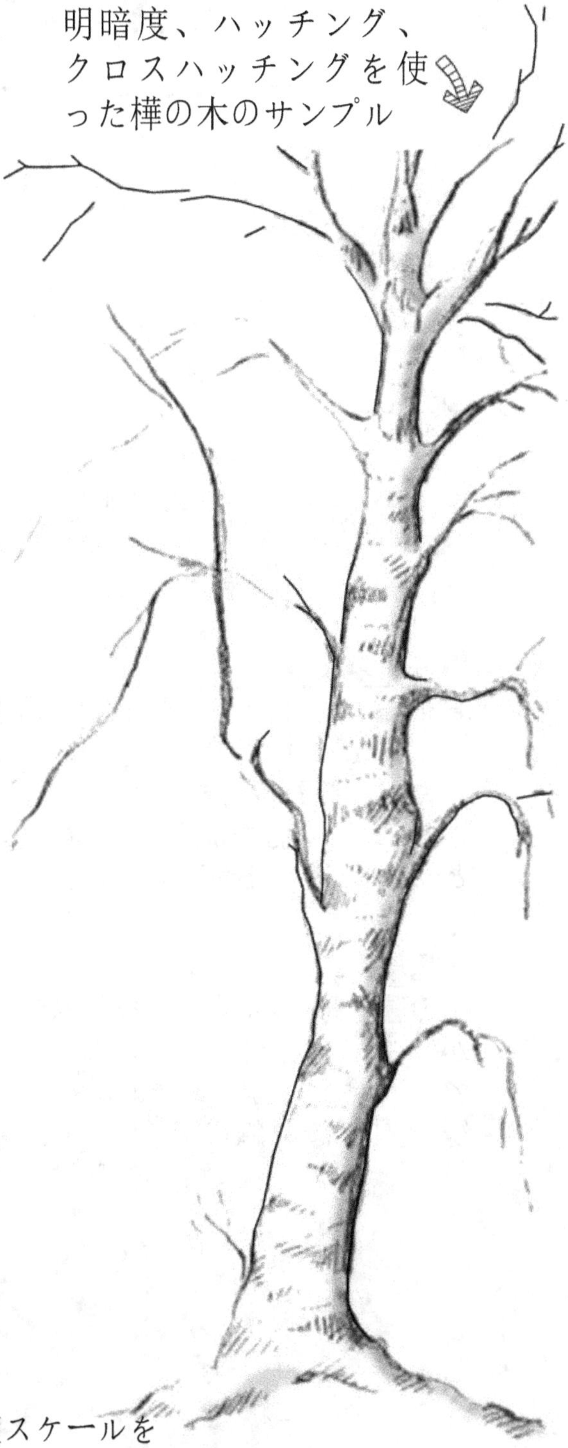

自分だけの明暗度スケールを作る創る

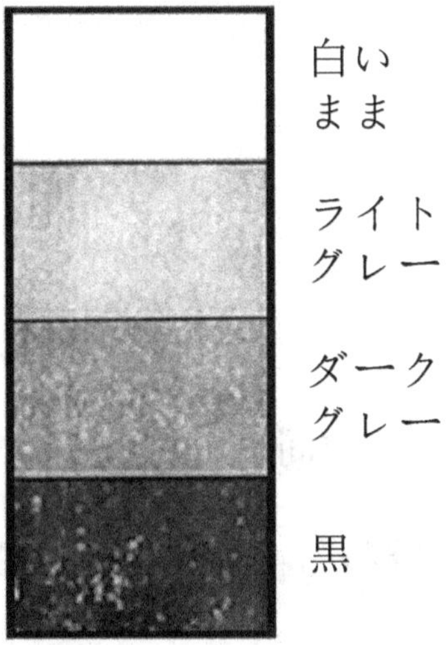

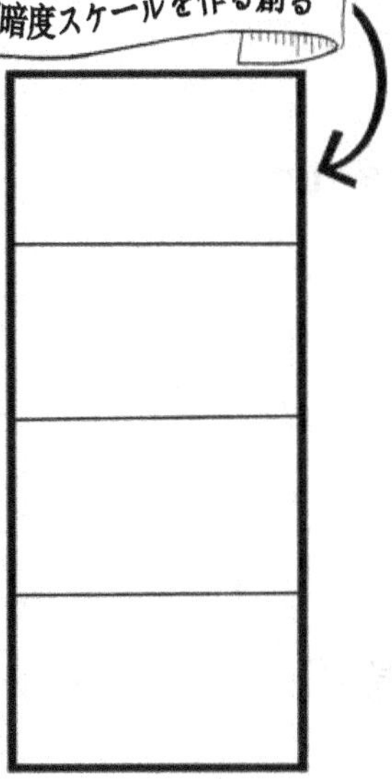

少なくとも4つのハッチング例を描こう

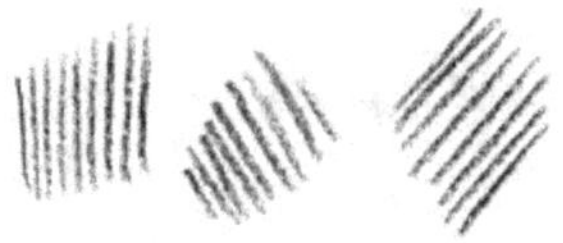

少なくとも4つクロスハッチング例を描こう

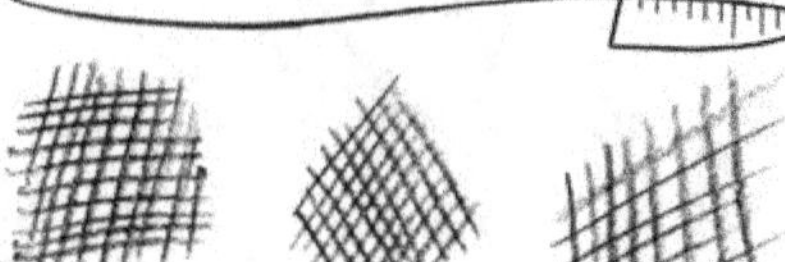

課題: ハッチング、クロスハッチング、明暗度スケールを使い、別紙に木(や他の物体)を描いてみよう

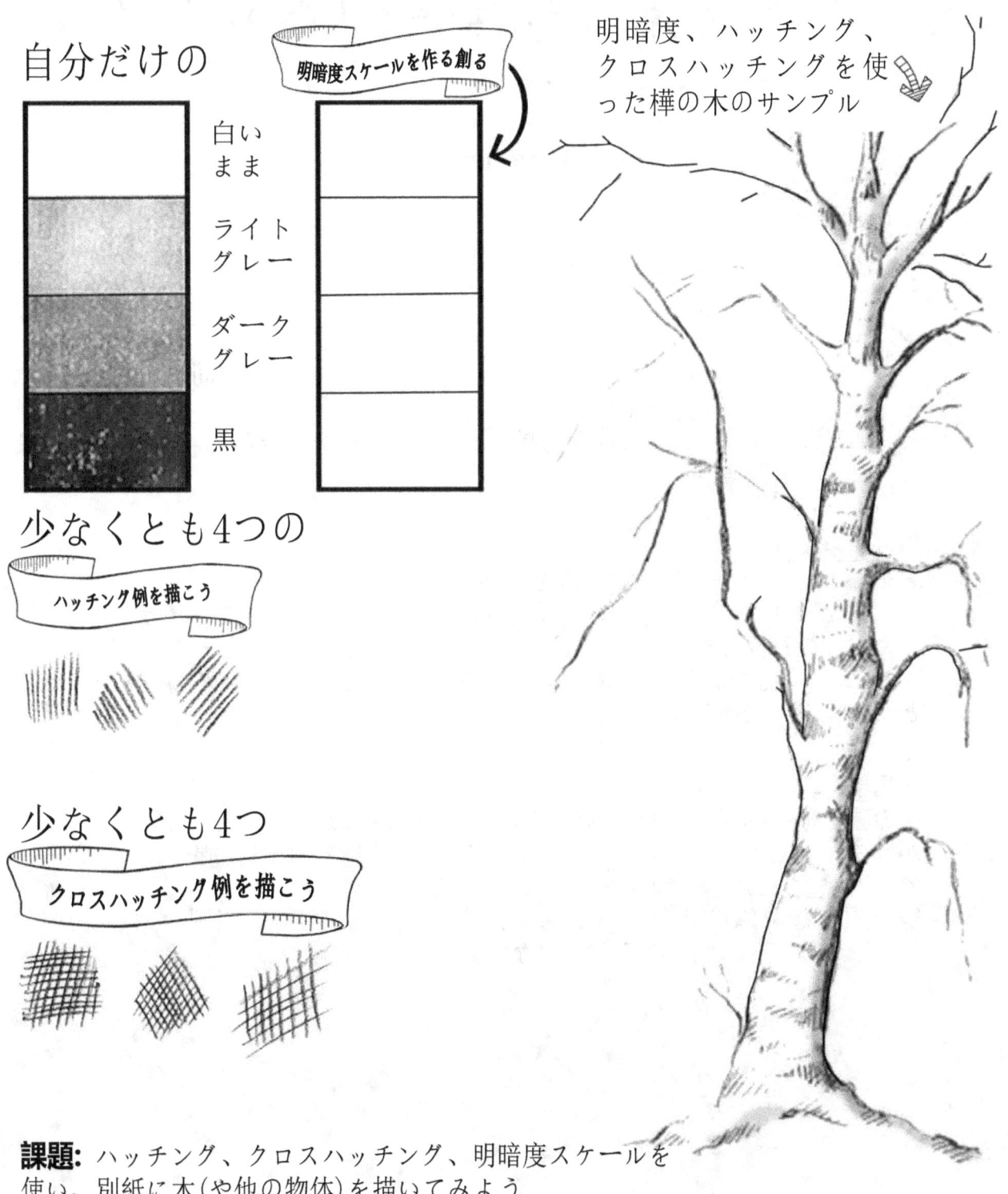

(知る•理解する•やってみる)

線の質 (ハト)

知る:
線はコミュニケーションツール

理解する:
- 様々な種類の線は、作品に深みと面白みを与え、空間や動き、光、また厚み(3Dの端)を表現する。
- 線の質の範囲は、作品の表現の可能性を高める(質感、動き、明るさ、空間等)

やってみよう:
線の質に注目した詳細な線画を使ってオリジナルのイメージを描こう。試しに準備されたハトの絵を描き、ワークシートでハイライトした輪郭部分の線の濃さを加えてみる。次に、自分で選んだアイテムでこの技巧を試してみよう。その際は必ず前方に見える線(太い)と後方に見える線(細い)を描くようにする

用語集:
線の濃さ (太さ) – 線を描く上でユニークな特徴は、濃淡、方向、曲がり方、または太さを変えられること。作品では細い線と太い線で、形や影に錯覚を起こすことができる
線の質とは、線の方向ではなく見え方を説明するもの。(例: 太い、細い、淡い、濃い、実線、点線など)

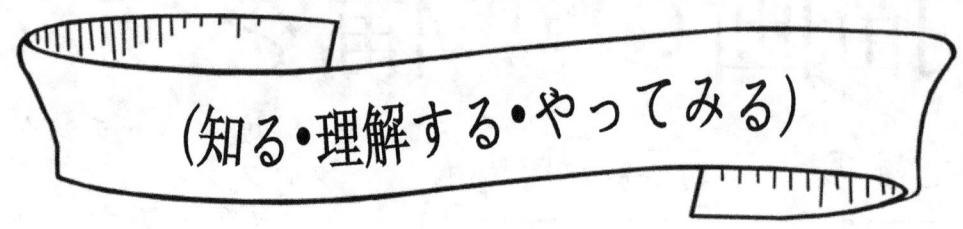

の導入

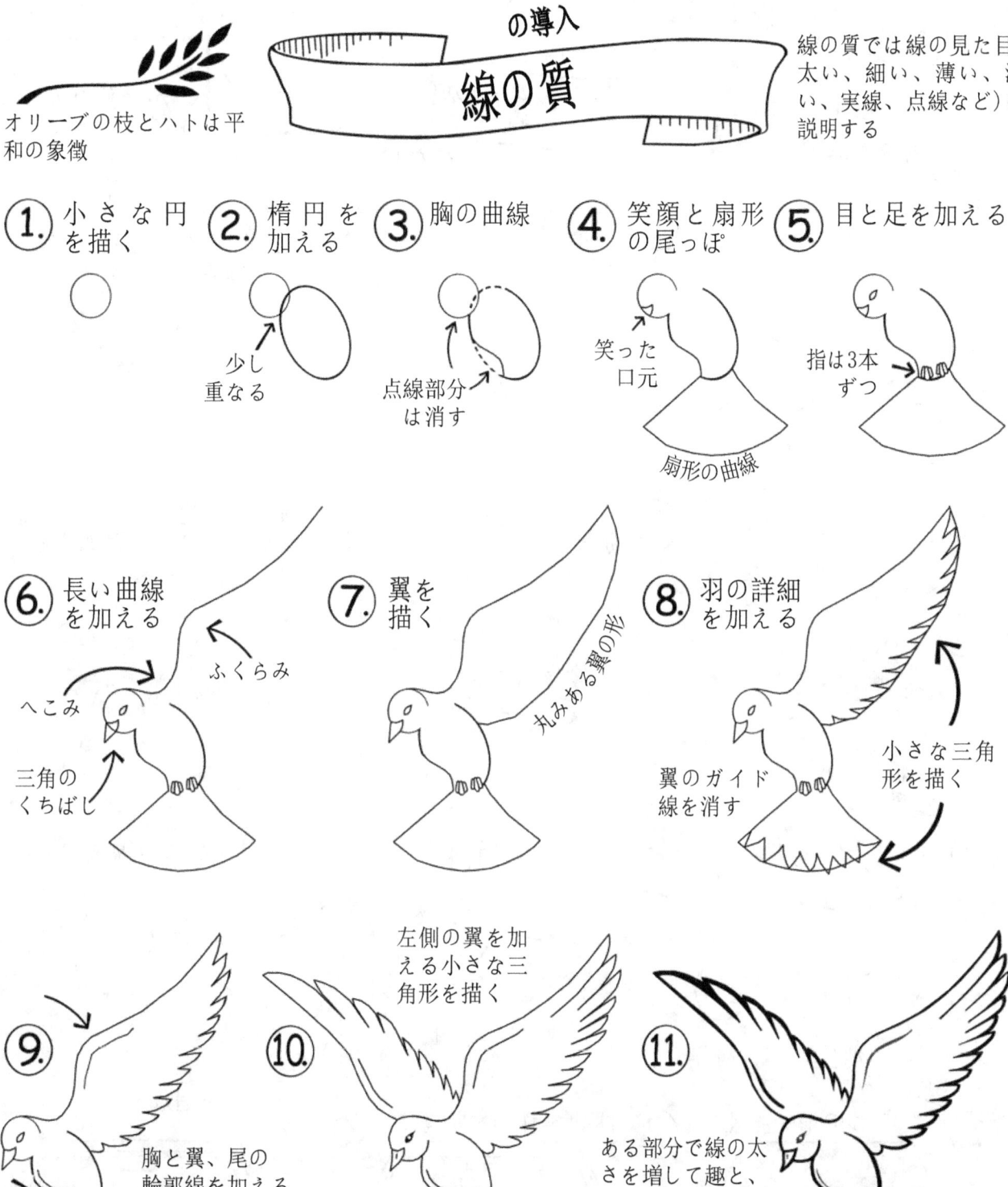

線の質

オリーブの枝とハトは平和の象徴

線の質では線の見た目(太い、細い、薄い、濃い、実線、点線など)を説明する

1. 小さな円を描く
2. 楕円を加える
3. 胸の曲線
4. 笑顔と扇形の尾っぽ
5. 目と足を加える

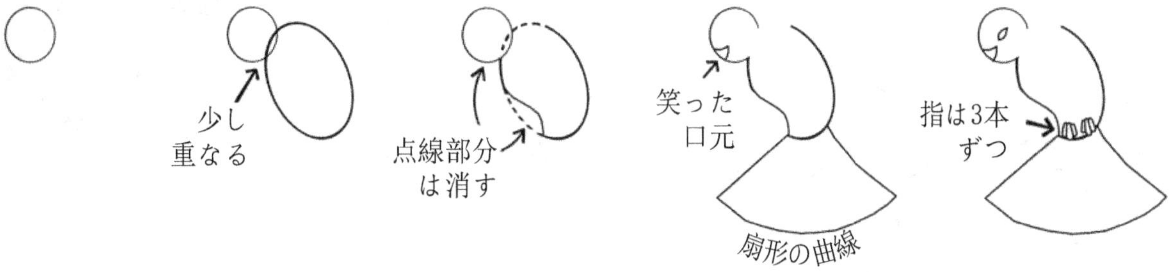

少し
重なる
点線部分
は消す
笑った
口元
扇形の曲線
指は3本
ずつ

6. 長い曲線を加える

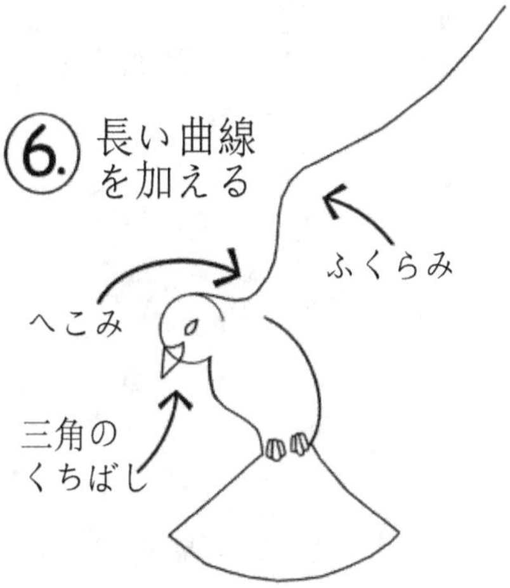

へこみ
ふくらみ
三角の
くちばし

7. 翼を描く

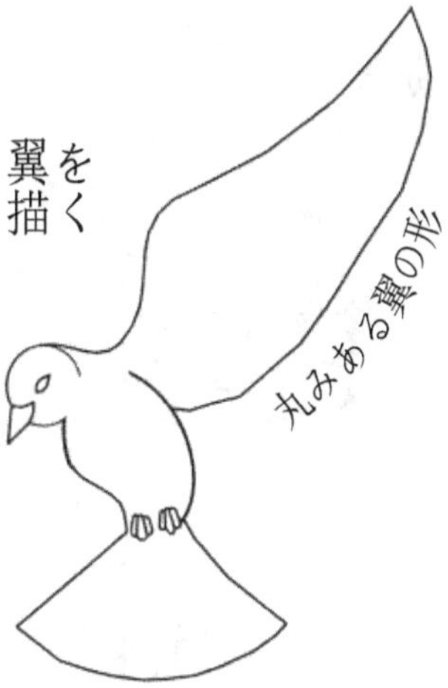

丸みある翼の形

8. 羽の詳細を加える

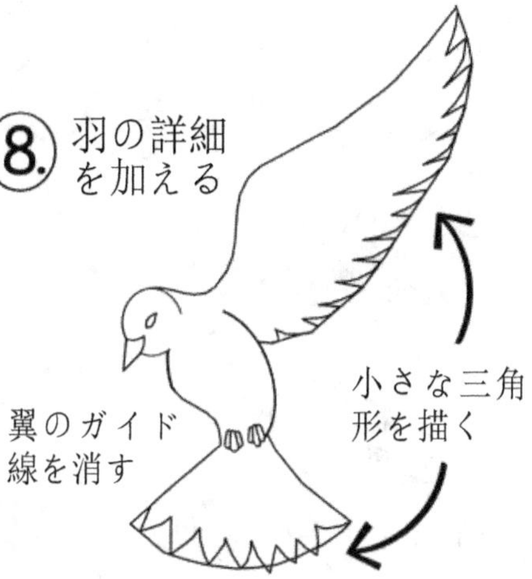

翼のガイド
線を消す
小さな三角
形を描く

9.

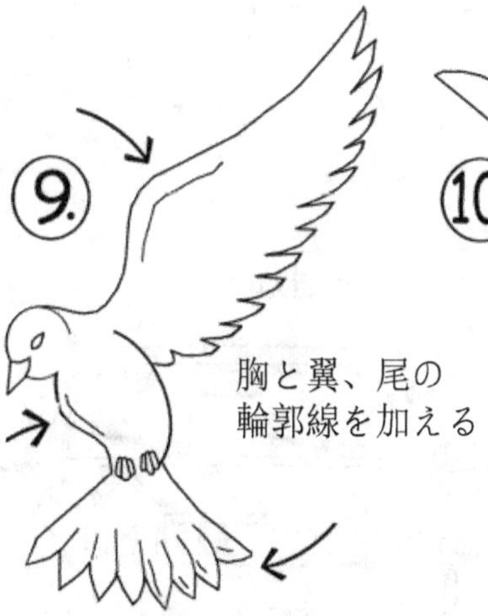

胸と翼、尾の
輪郭線を加える

10.

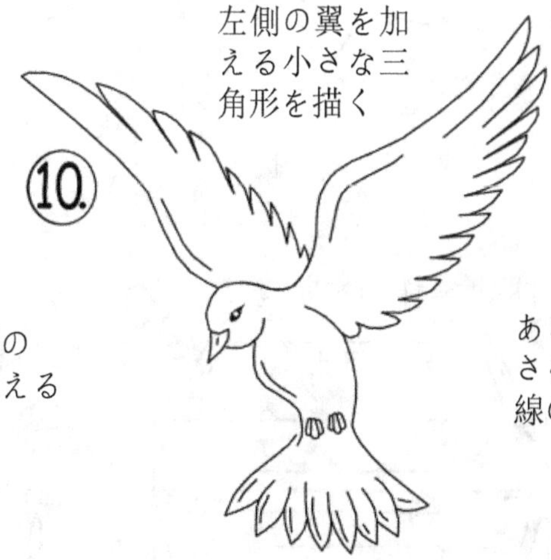

左側の翼を加
える小さな三
角形を描く

11.

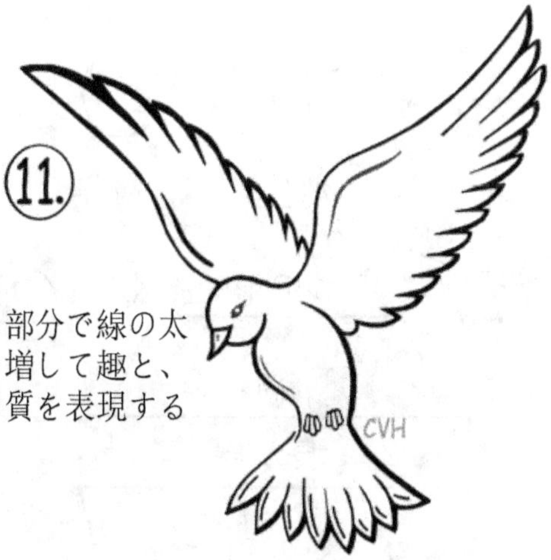

ある部分で線の太
さを増して趣と、
線の質を表現する
CVH

これらの絵にはまだ
線の質
…がない

以下のどれかを選ぶか、独自の線画を描こう。
線の質を加えよう

ちょうちょ

1.

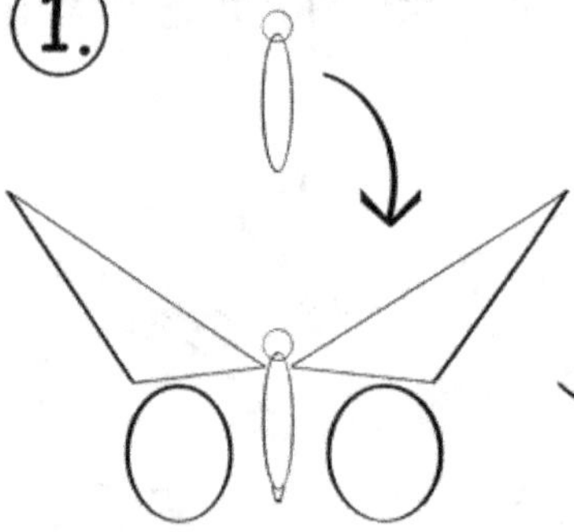

2. 点線部分を消し、曲線を加える

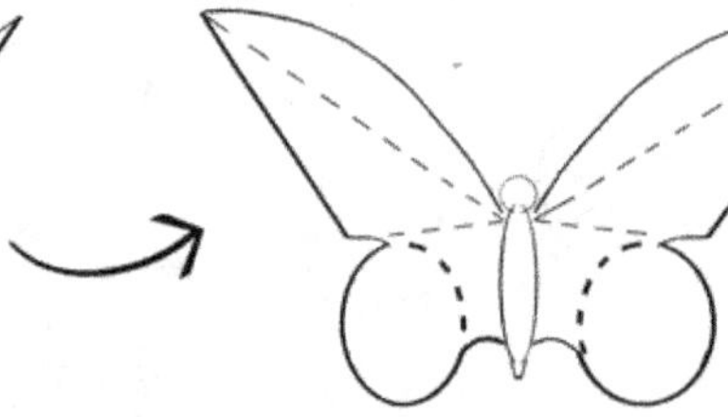

3. 縁をギザギザにする。翼はアウトラインの輪郭線に合わせる

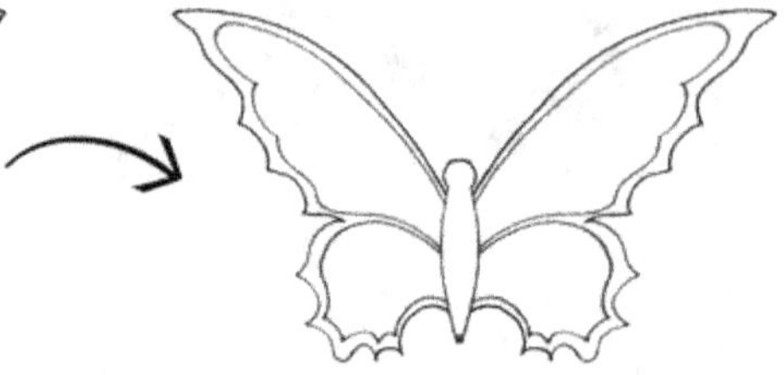

4. 「支脈」線を描く

5. 支脈線に「Y」字型を加える

6. 触覚と「尾状突起」を描き足す。線の質を追加する

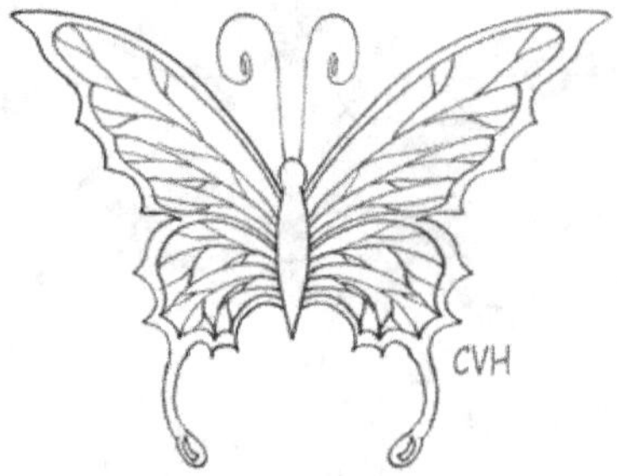
CVH

金魚

1. まず楕円形を4つ

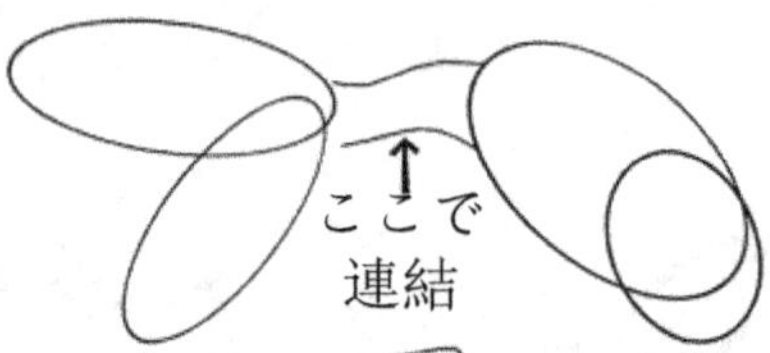
ここで
連結

2. ひれの詳細を加える

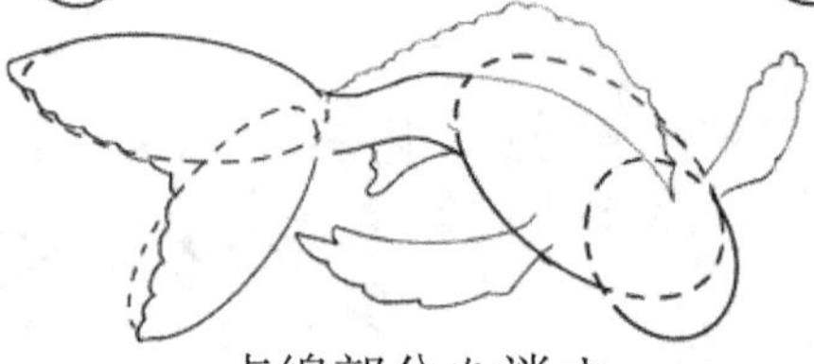

点線部分を消す

3. 鱗、目、ひれの線を加える

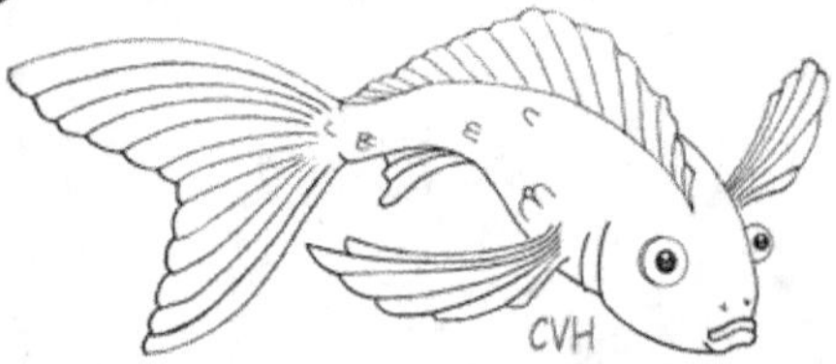
CVH

おもちゃのミニカー

1. まず3つの形を描く

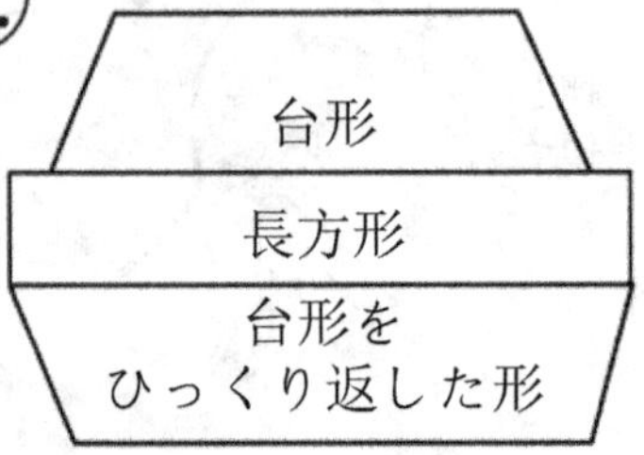
台形
長方形
台形を
ひっくり返した形

2. 曲線で詳細を加える

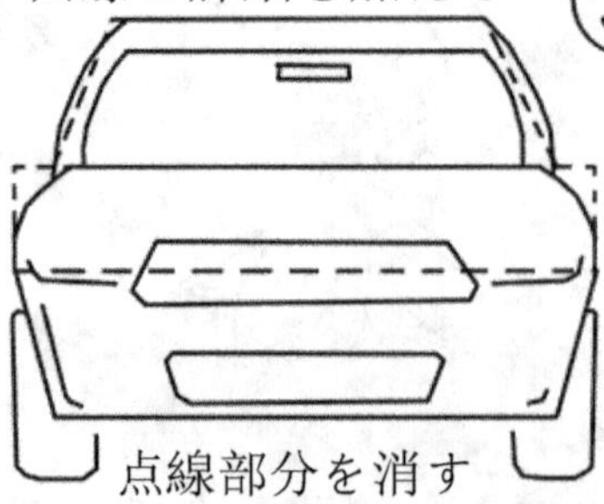

点線部分を消す

3. パーツを追加する

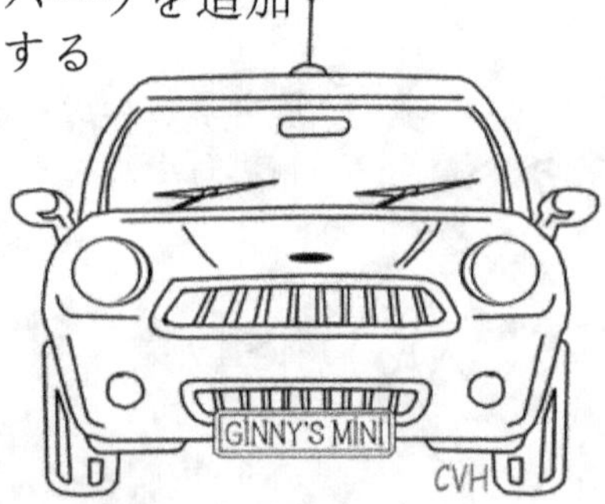
GINNY'S MINI
CVH

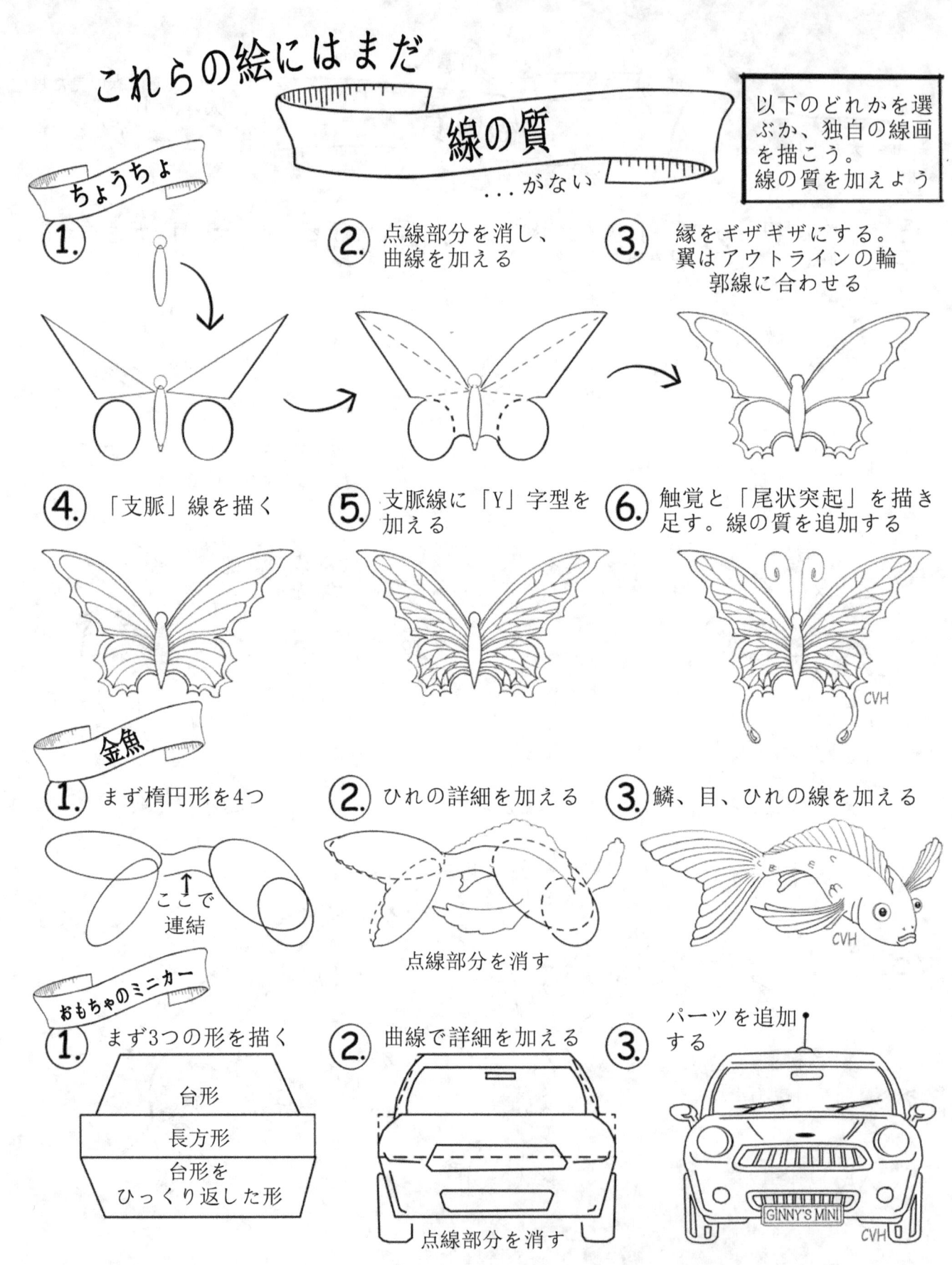

(知る•理解する•やってみる)

短縮法

知る:
- 平面を立体にする簡単なステップ
- 3Dの錯覚を起こさせる方法

理解する:
- 短縮法は、物体を表現する方法のひとつで、奥行き(3D)を錯覚させることができる
- 短縮法では物体が前面に突き出ている、または後退しているように見える

やってみよう:
- 配布資料に掲載した7つの小さな絵（5つは前面、2つは裏面)を再現して短縮法を練習しよう。写し描きは厳禁。影を付けよう
- 別紙に短縮法の例を少なくとも5つ使ってオリジナルの風景画を描こう

用語集:
短縮法　–前面に突き出している、または後方に引っ込んでいるように見せて奥行きを錯覚させる絵の表現方法

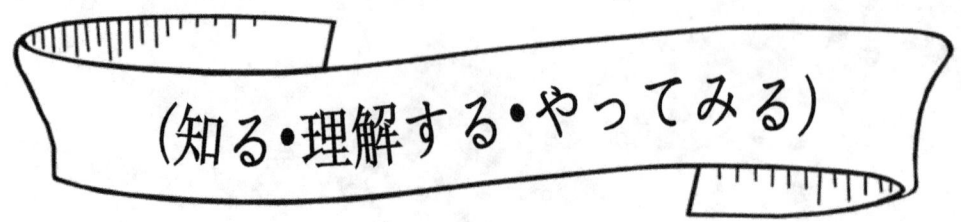

短縮法

① 簡単なケーキ

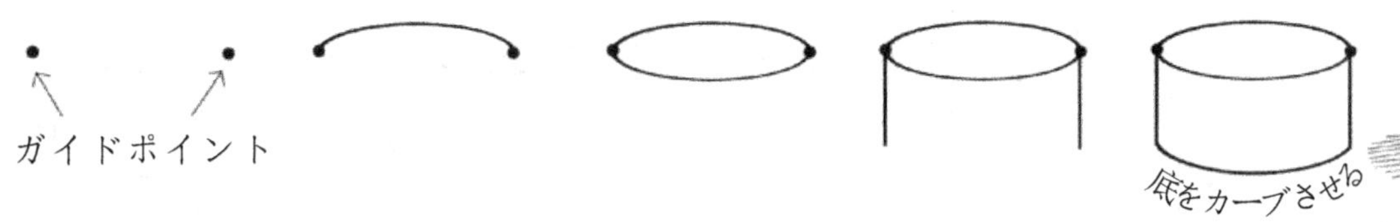
ガイドポイント
底をカーブさせる

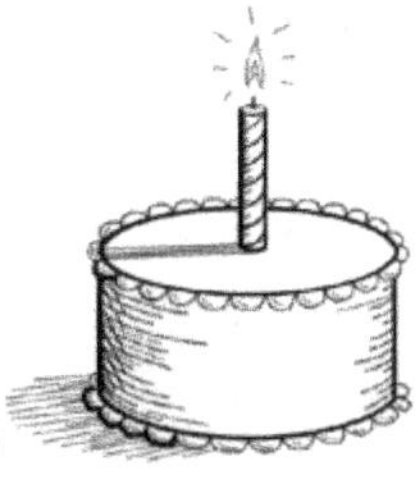

② 手品師の帽子

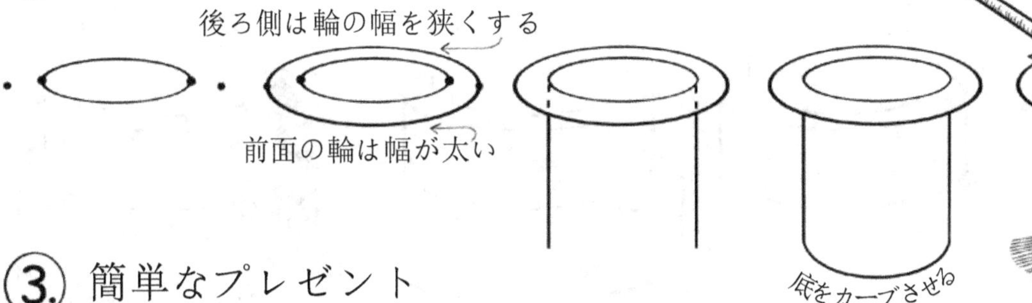
後ろ側は輪の幅を狭くする
前面の輪は幅が太い
底をカーブさせる

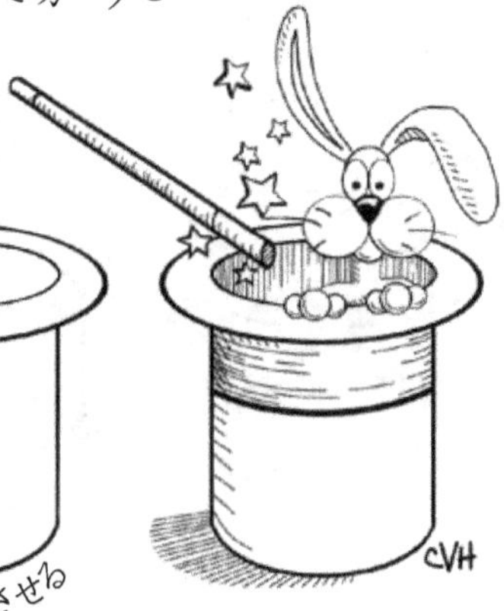
CVH

③ 簡単なプレゼント

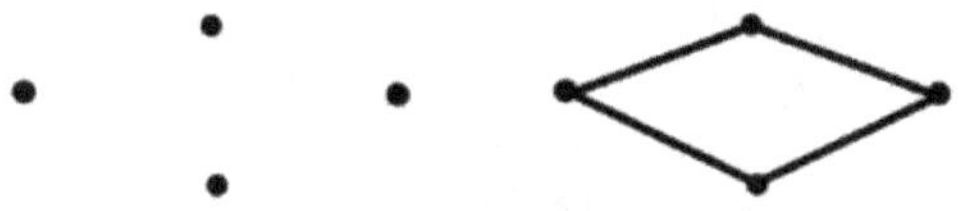

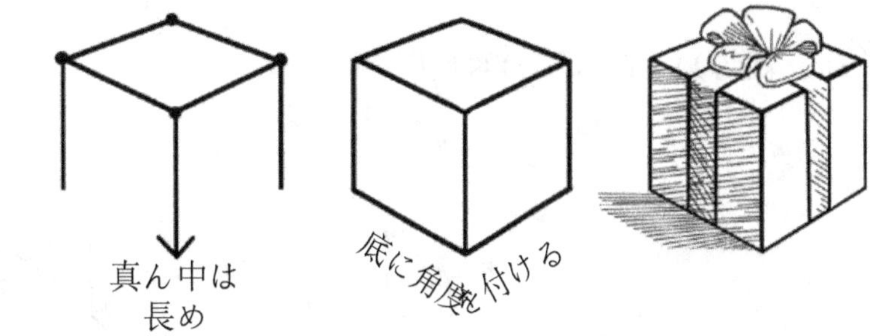
真ん中は長め
底に角度を付ける

④ バターのかたまり

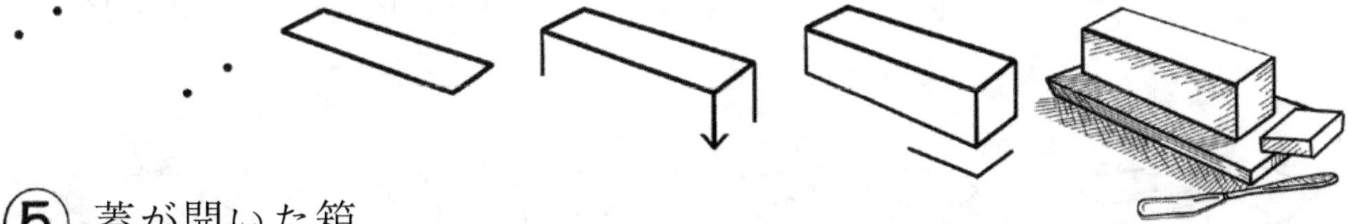

⑤ 蓋が開いた箱

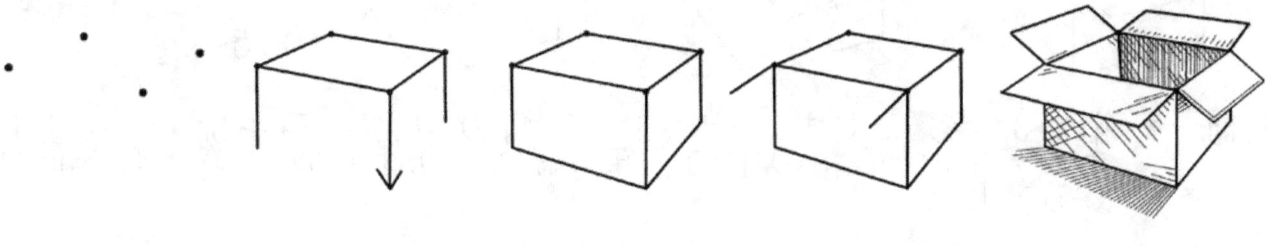

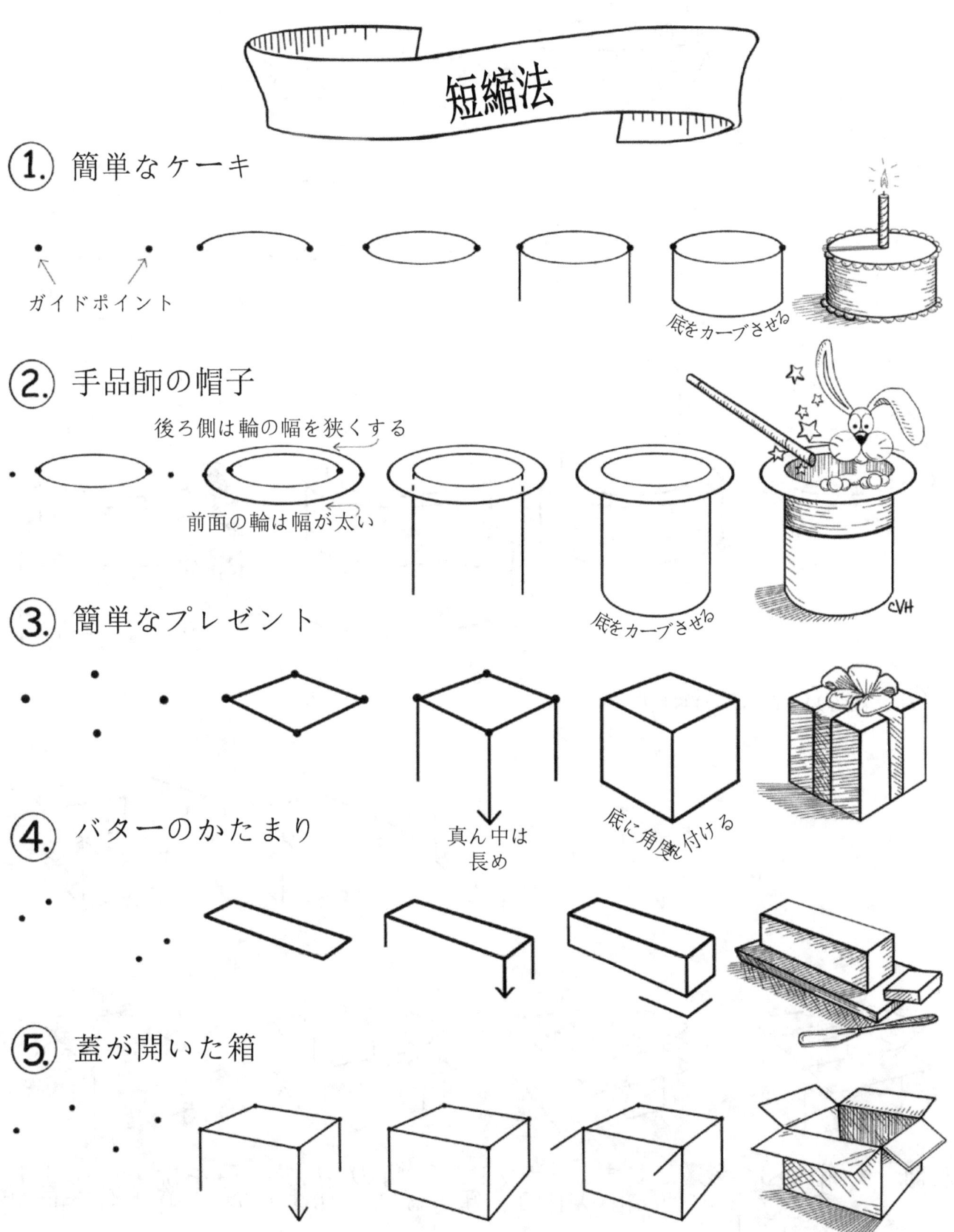

短縮法

1. 段々ケーキ

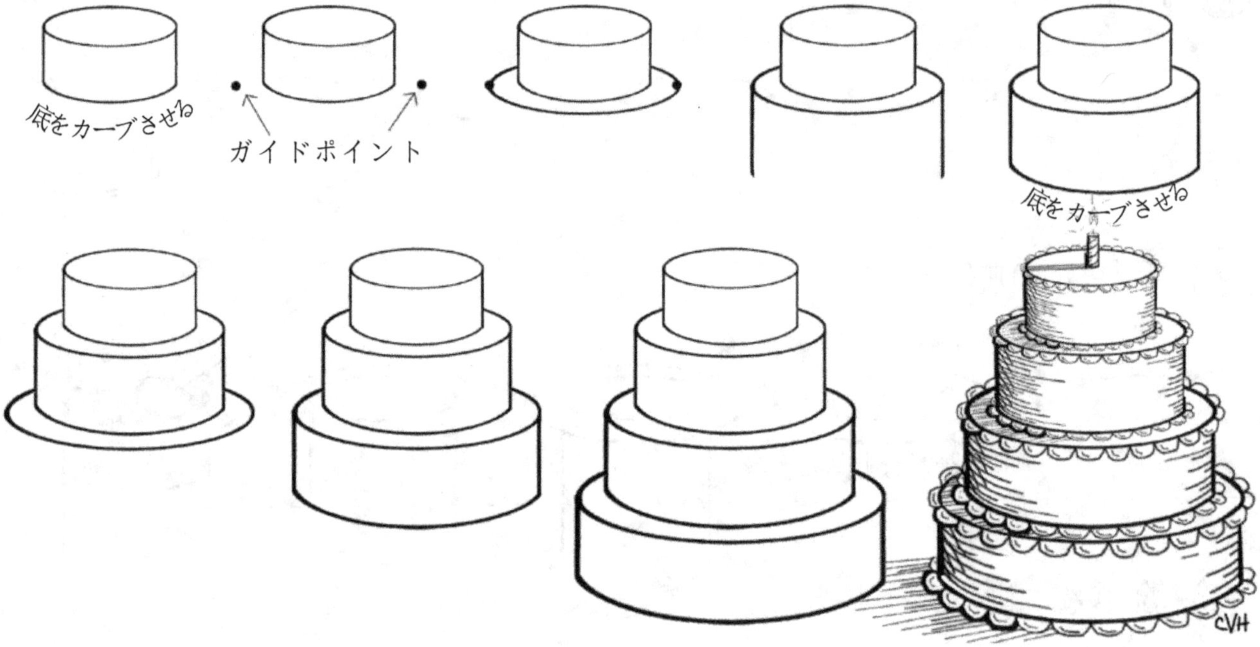
底をカーブさせね
ガイドポイント
底をカーブさせね
CVH

2. 箱の中の箱の中の箱

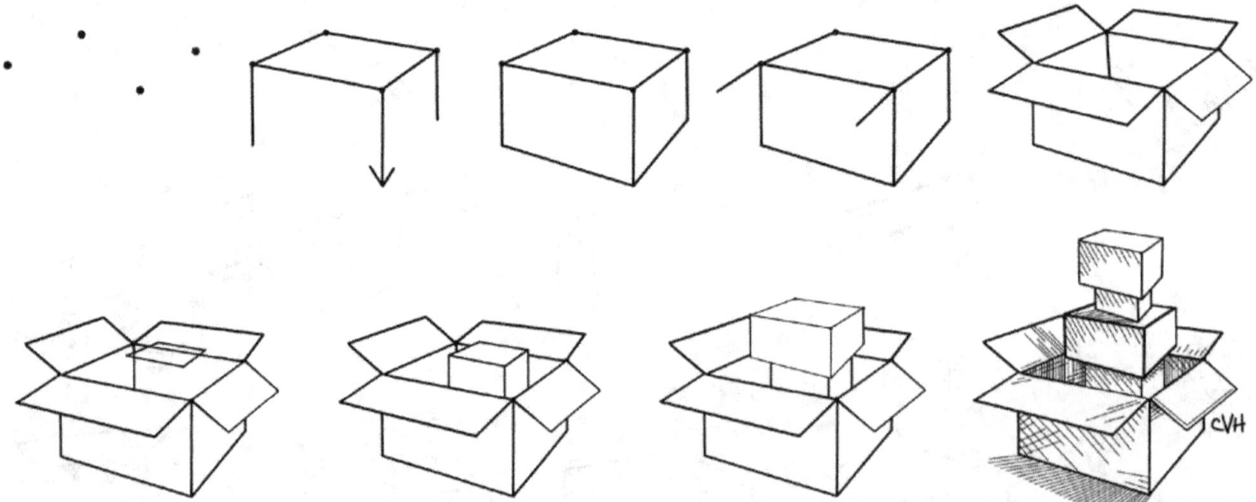
CVH

質問: 箱が3つあります。その3つの箱の中に、箱を3つ入れました。その3つの箱の中に、箱を3つ入れました。箱は合計何個あるでしょう?

(知る•理解する•やってみる)

人物の短縮法

知る:
視点

理解する:
近くと遠くでは、対象物のサイズに対する認識は大きく異なる。近くのものは大きくなり、遠くのものはずっと小さくなる。

やってみる:
上から見た人を短縮法で自分だけに描き、短縮法を練習しよう。必ずキャラクターの頭が足よりずっと大きくなるようにして、短縮法を表現する。写し描きは厳禁。影を付ける

用語集:
短縮法 － 前面に突き出している、または後方に引っ込んでいるように見せて奥行きを錯覚させる絵の表現方法。短縮法の成功は、たいてい近くからと遠くからの対象物のサイズが大きく異なるかどうか、という視点や遠近法にかかっている
遠近法(パース) － 三次元の世界を二次元の平面だと錯覚して映すため、画家が用いるテクニックのこと。遠近法は奥行きや引っ込んだ空間を描く助けになる
視点 － 何かを観察、または考察する場所や角度のことで、観察者の目線から見ること

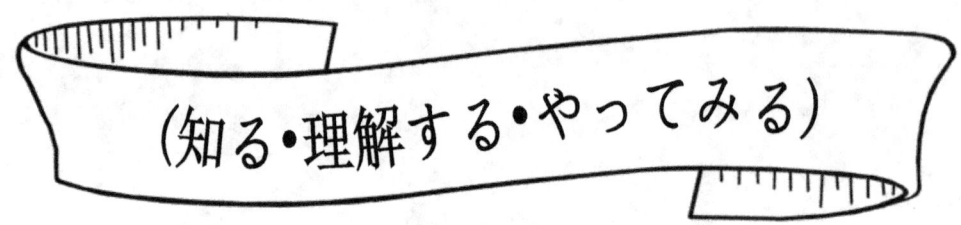

短縮法を使って人物を描く

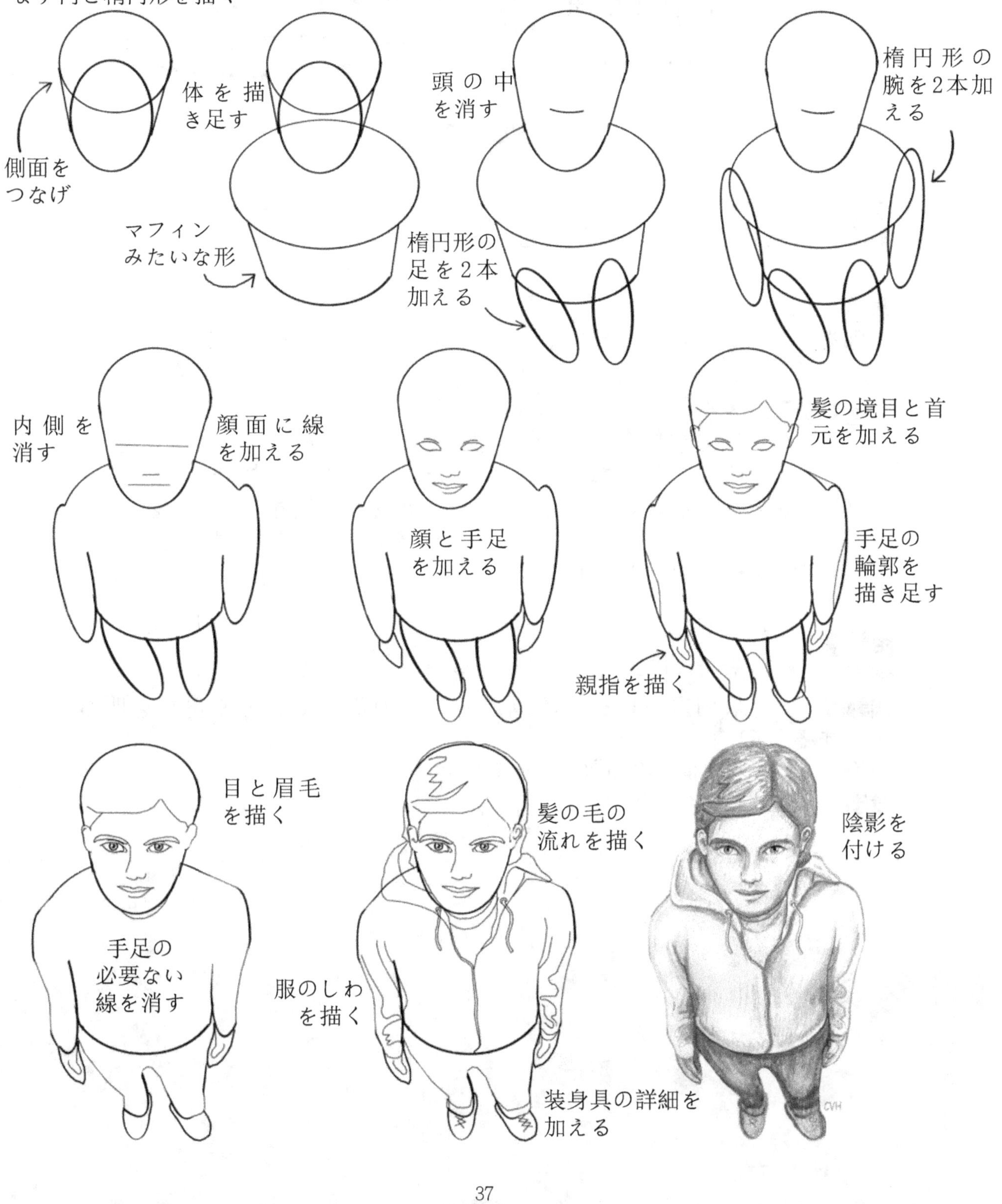
まず円と楕円形を描く
側面を
つなげ
体を描
き足す
マフィン
みたいな形
頭の中
を消す
楕円形の
足を2本
加える
楕円形の
腕を2本加
える
内側を
消す
顔面に線
を加える
顔と手足
を加える
髪の境目と首
元を加える
手足の
輪郭を
描き足す
親指を描く
目と眉毛
を描く
手足の
必要ない
線を消す
髪の毛の
流れを描く
服のしわ
を描く
陰影を
付ける
装身具の詳細を
加える
CVH

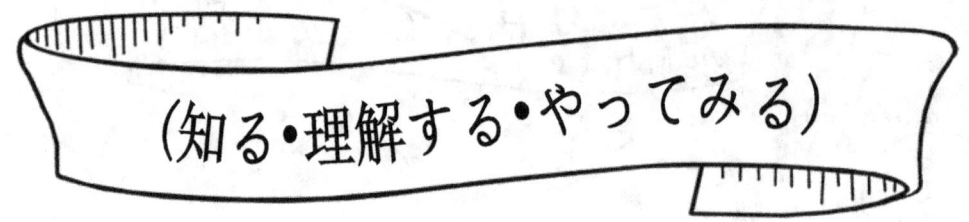

(知る•理解する•やってみる)

輪郭線と円筒

知る:
輪郭線は物体の境目を囲み画定する

理解する:
輪郭を示した物体の内側に線を加えれば、形と量感が分かる

やってみる:
- 配布資料に掲載した5つの小さな絵を別紙に描く
- 輪郭線を使うことを意識して、自分だけの作品を描いてみる。次のものを入れること: 少なくとも曲がった円筒を5つ、形を4つと立方体を3つ重ねる、「毛皮」のものを2つ、「おまけ」を一つ
- 影を付けるのを忘れずに!

用語集:
輪郭 – 物体の境目やその他目に見える縁のこと
輪郭線 – 対象物の境目を囲み画定する線のことで、形や量感を明らかにするもの
円筒 – 円柱の内側が空洞になっているもの
量感 – 立体の中の容積

輪郭線と円筒

5つの絵と下の演習にトライしよう

シンプルな円筒

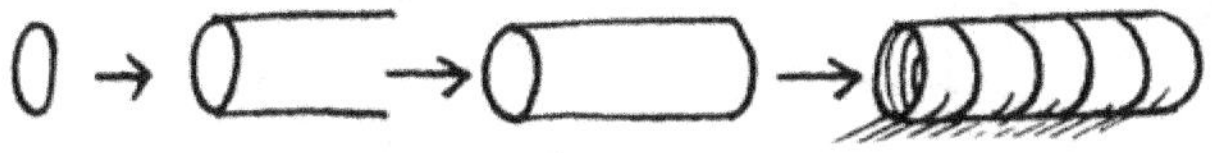

1. 曲がった円筒を4つ描く

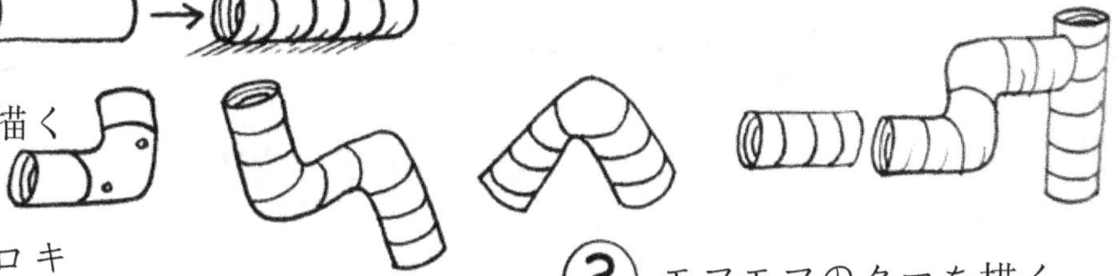

2. ふわふわのペロペロキャンディーを描く

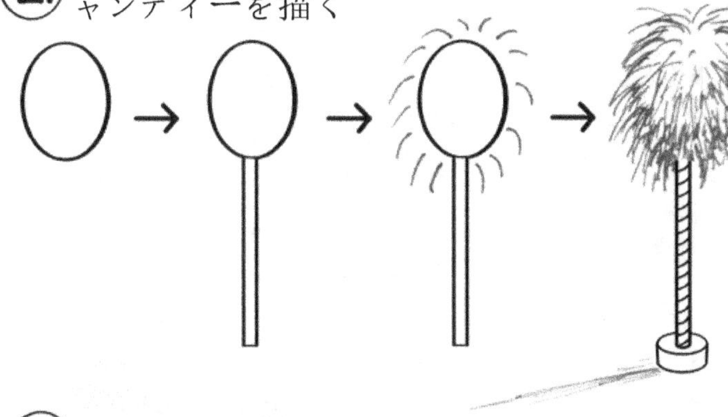

3. モフモフのクマを描く

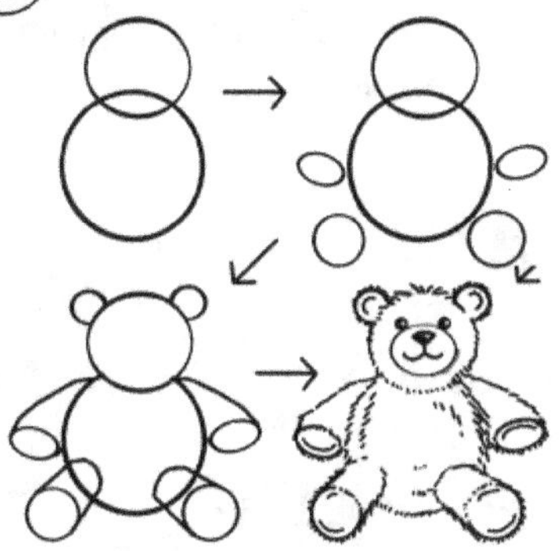

4. 箱を4つ重ねて描く

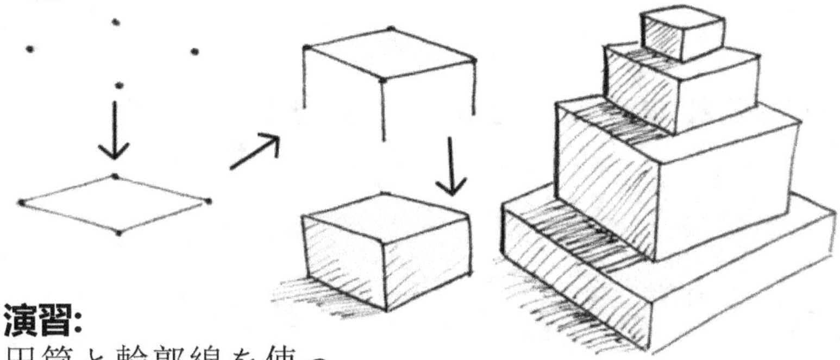

5. 楕円形を4つ重ねて描く

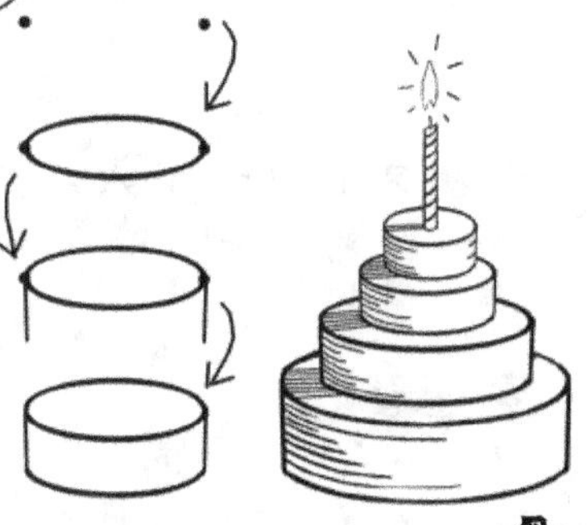

演習:
円筒と輪郭線を使って自分だけの装置を描こう

<u>必ず含めるもの</u>
5つの曲がった円筒
4つの重ねた楕円形
3つの立方体
2つのフワフワの物
1つの「おまけ」

創造性を発揮しよう!

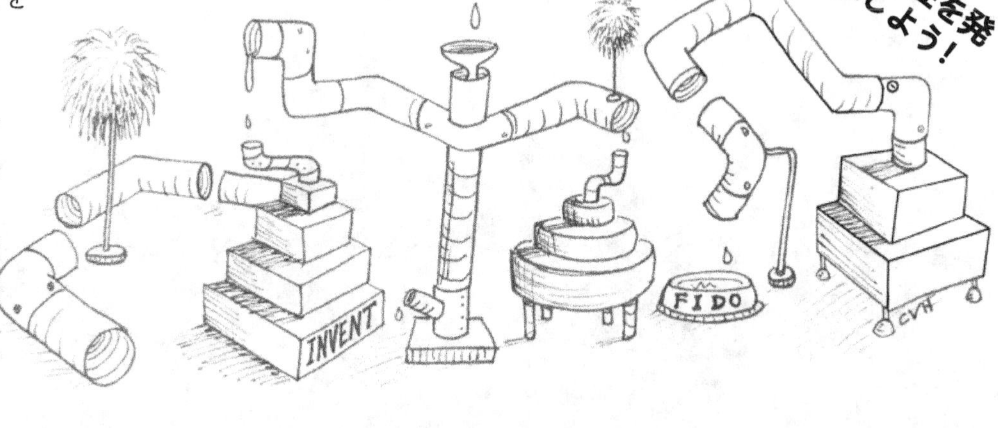

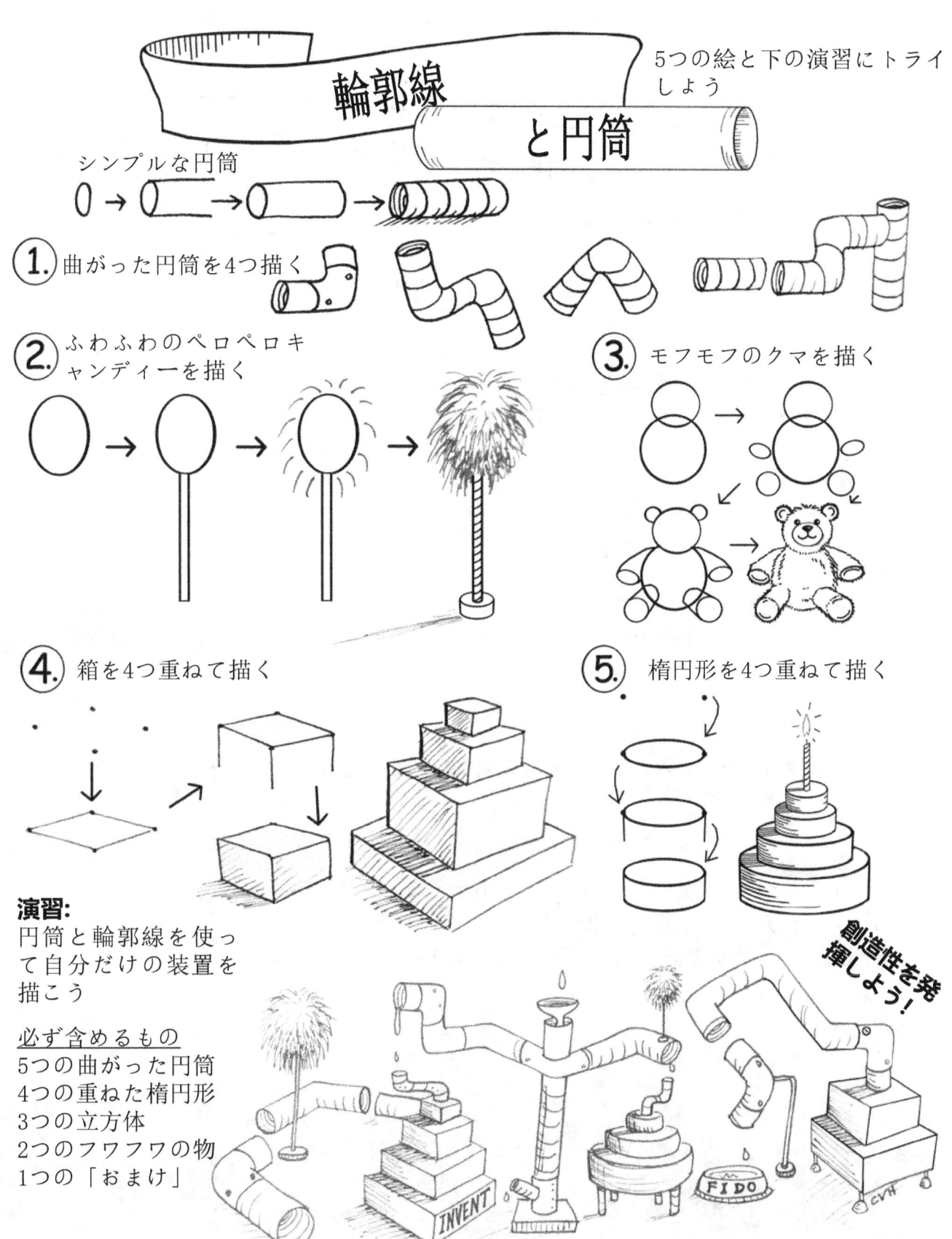

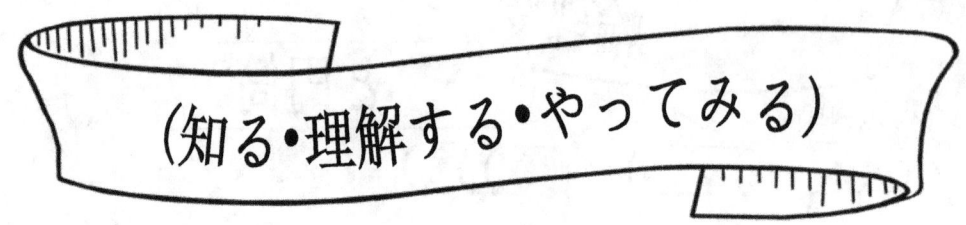

(知る•理解する•やってみる)

平面の形から立体へ

知る:

- 基本の円柱を描いてみる
- 平面の形と立体は7つのアートの要素うちの2つ

理解する

- 平面の形と立体の違い
- 量感

やってみよう:

準備された二次元(2D)の形を観察し、すでに習った三次元(3D)の立体に描き直すテクニックを使ってみる

課題:

氷とストローを入れた、透明の液体が入ったコップを描く。氷が浮いていることを忘れずに!

用語集:

フォーム – 量感を包み込む立体の形（高さ、横幅、奥行き）
シェイプ – 囲まれた空間
量感 – 立体で囲まれた部分の容積のこと

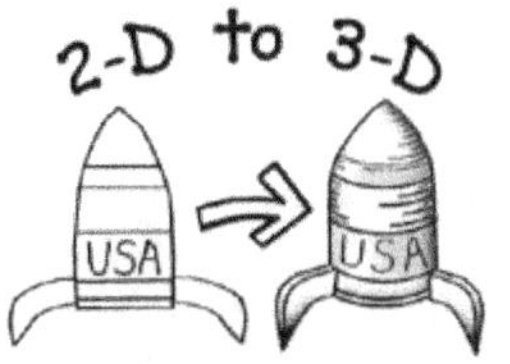

平面の形 から 立体へ

準備された欄で二次元の形を三次元の立体に描き直そう

陰影を付けるのを忘れずに！

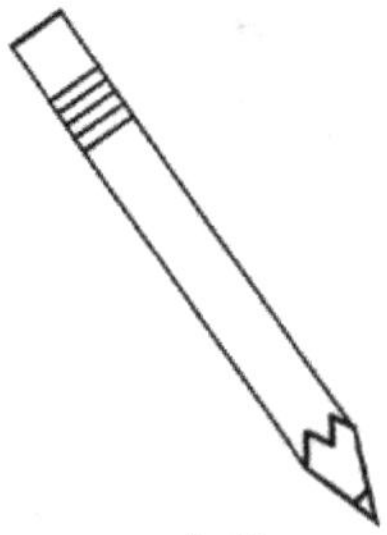

鉛筆

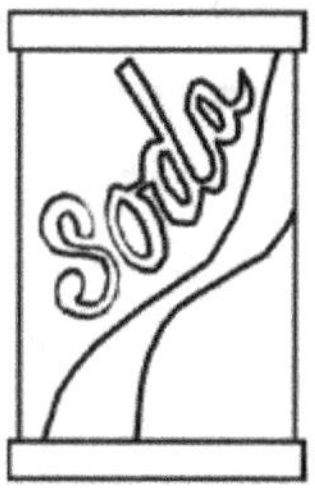

ジュースの缶

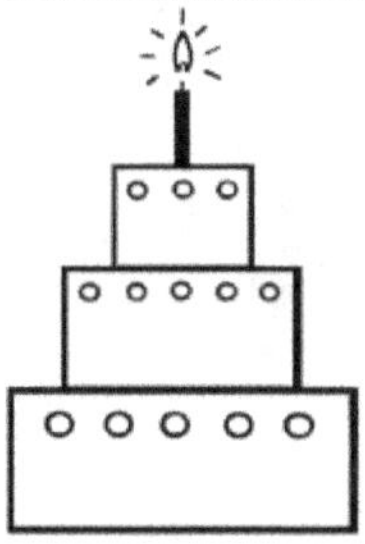

3段ケーキ

真ん中に円筒がある
のを忘れずに！

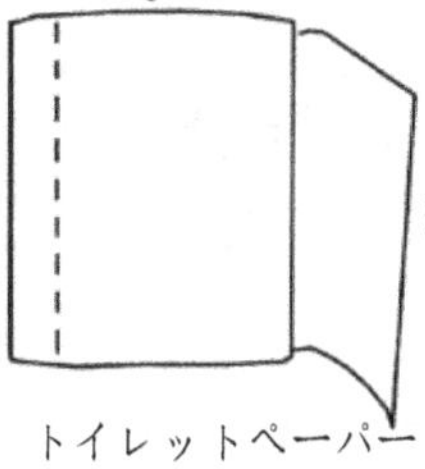

トイレットペーパー
尾ロール

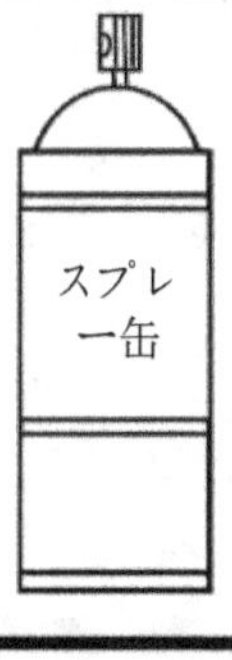

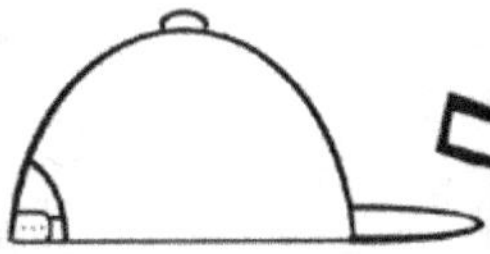

野球帽

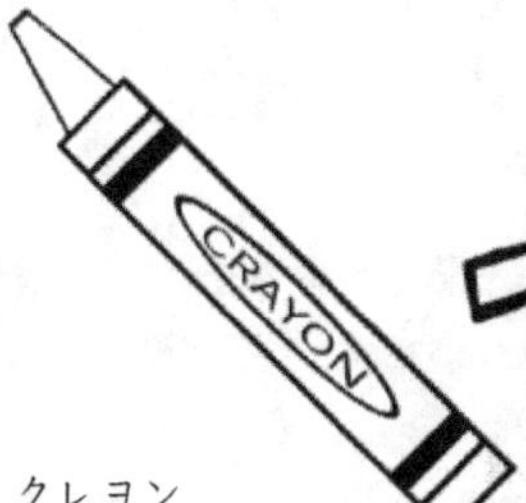

クレヨン

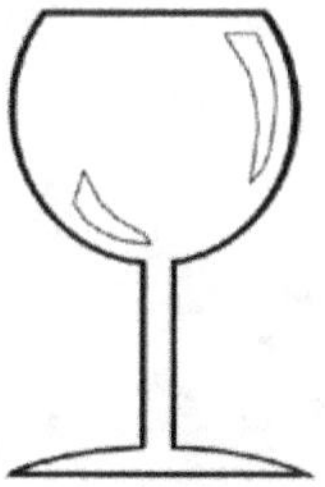

グラス

課題: 別紙に氷とストローを入れた水のコップを描こう。氷が浮いていることを忘れずに！

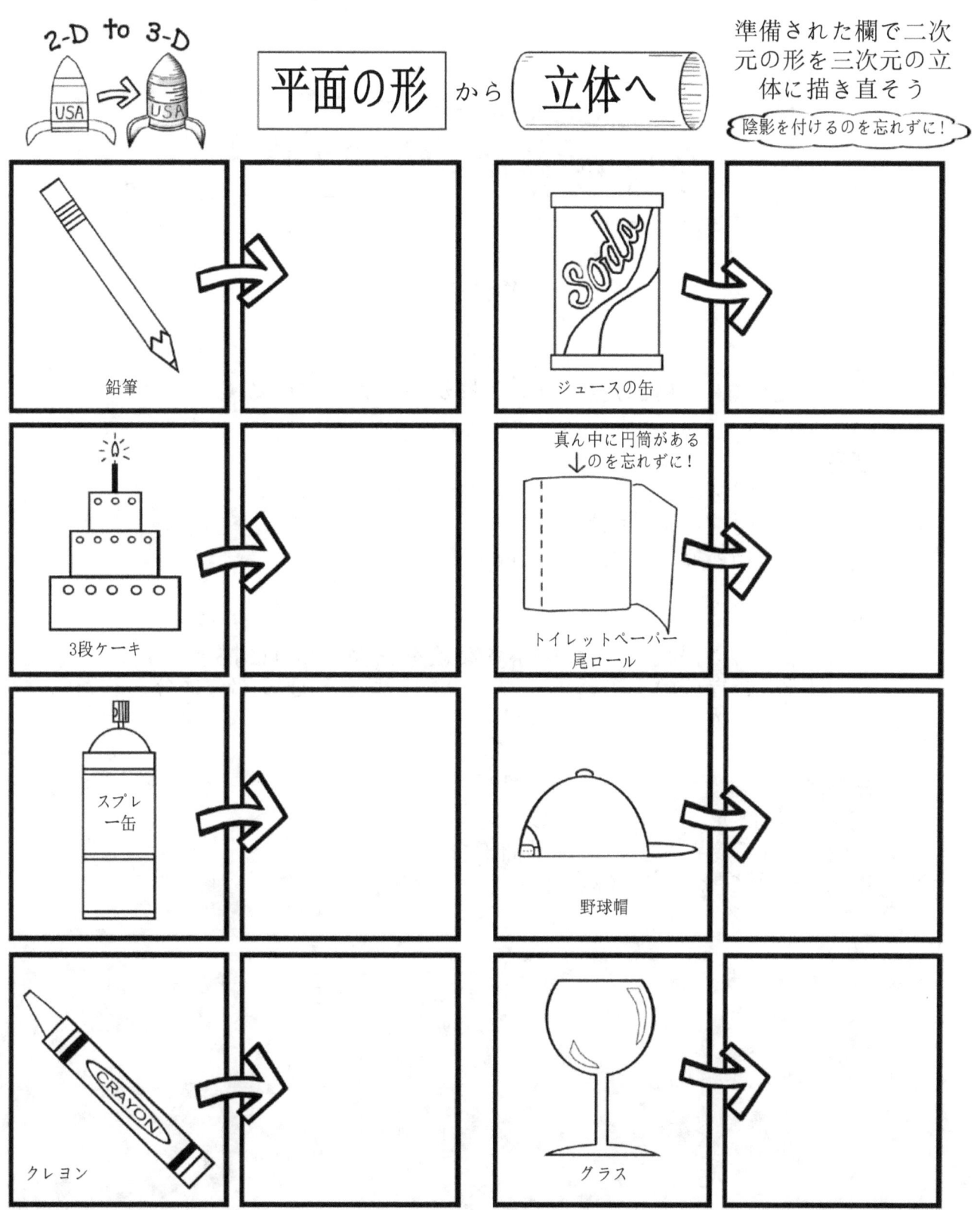

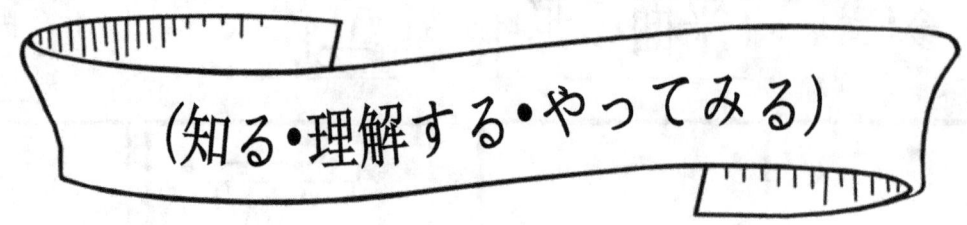

(知る•理解する•やってみる)

円柱と円盤

知る:

多くの物体(人工物と天然物)は円柱が基になっている

理解する:

- 美術で円柱は、三次元(3D)の円筒の形をしている
- 円盤は円柱を縦に縮めた物
- 様々な物体で3Dの円柱を表現する方法

やってみる:

- 配布資料に掲載した7つの小さな絵を三次元(3D)に描き直す
- 別紙に、自分の手の輪郭をなぞり、それを一連の部分に分かれた円柱形で描く

用語集:

円柱 – 三次元に見える円筒のこと
円盤 – 円で境界を囲まれた平面部分のこと
平面 – 平らな二次元の表面

練習 円柱と円盤を と 描こう

以下の三次元の絵を描こう

1. 円盤は円柱を縦に短縮

2つの点から始める →

上部を結ぶ →

下部を結ぶ →

もう一つ描く →

平行線でつなげる →

影を付ける →

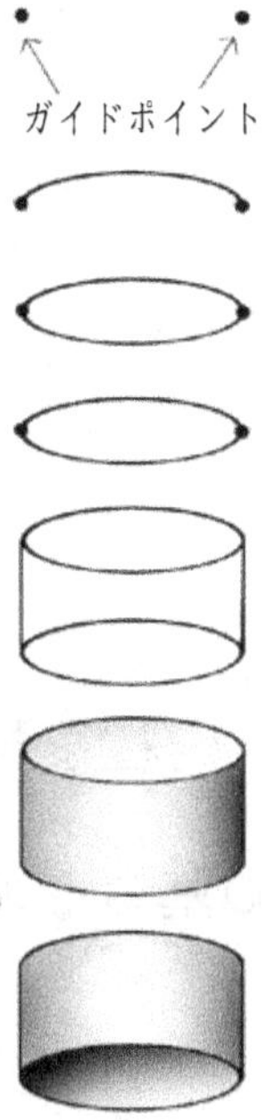

ガイドポイント
or

2. マグカップ

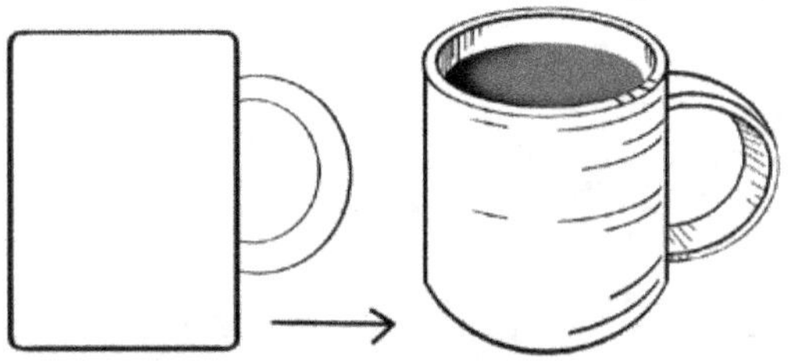

2-D
3-D

3.

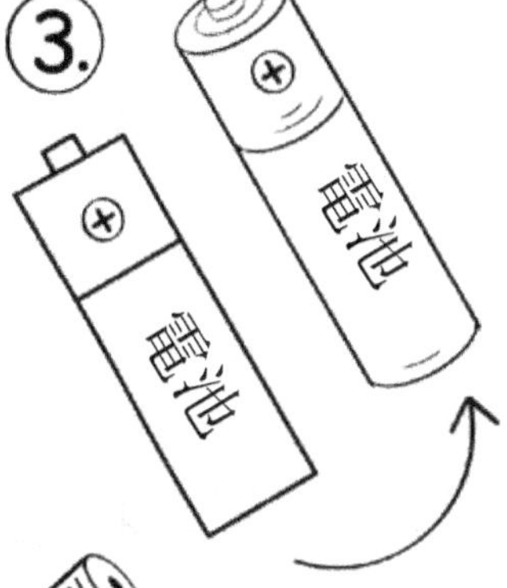

電池
電池

4.

異なる角度を向いた円柱を3つ描こう

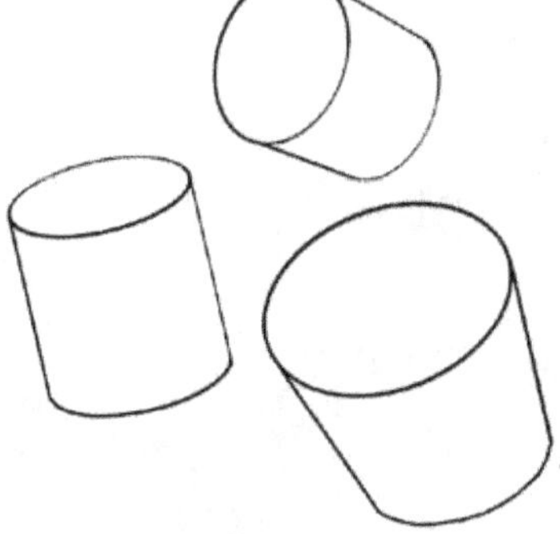

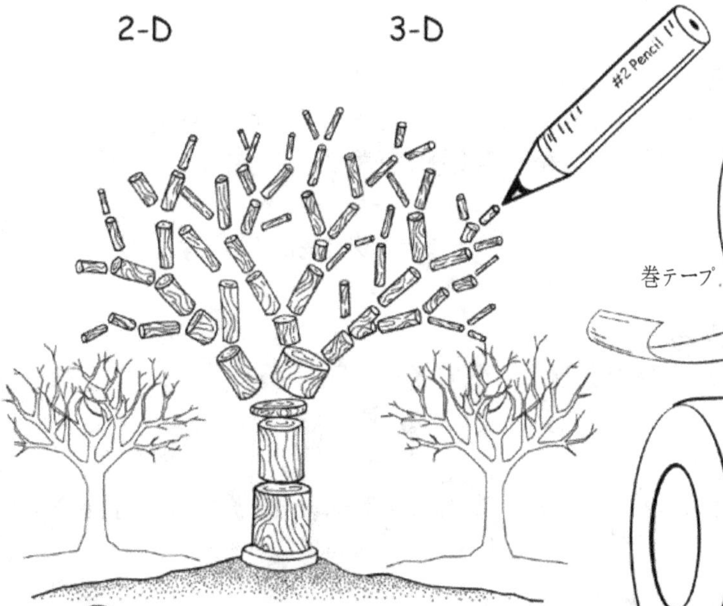

#2 Pencil

5. 円柱を組み合わせた木

6. 円柱を使って自分だけの円柱「動物」を描こう

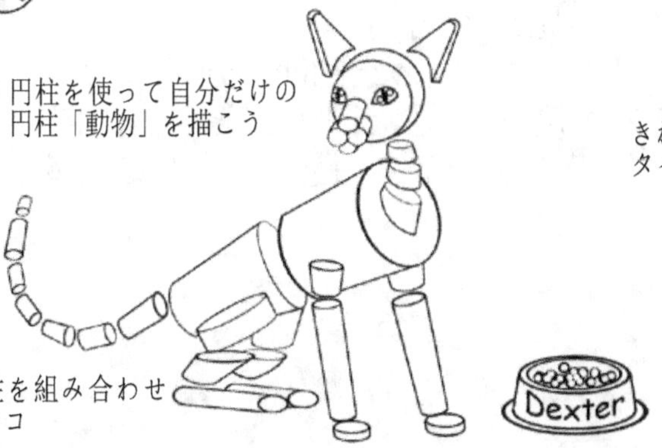

Dexter

円柱を組み合わせたネコ

7. 又は

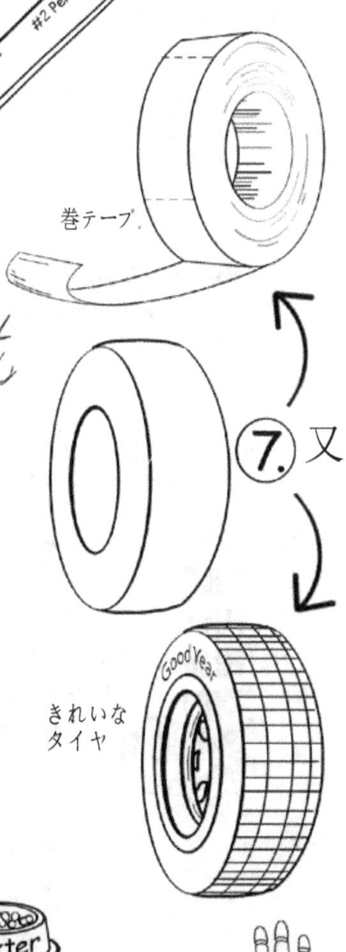

巻テープ
Good Year

きれいなタイヤ

8. 別紙で自分の手の輪郭をなぞり、それを一連の部分に分けた円柱形で描いてみよう

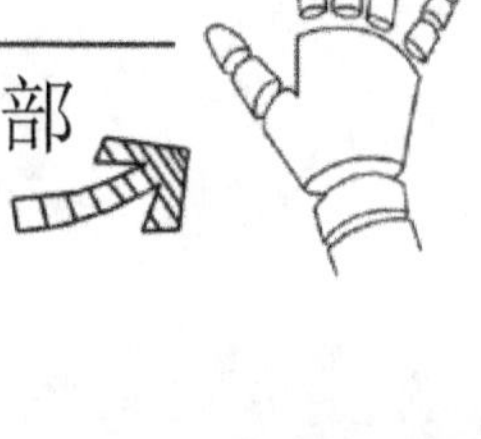

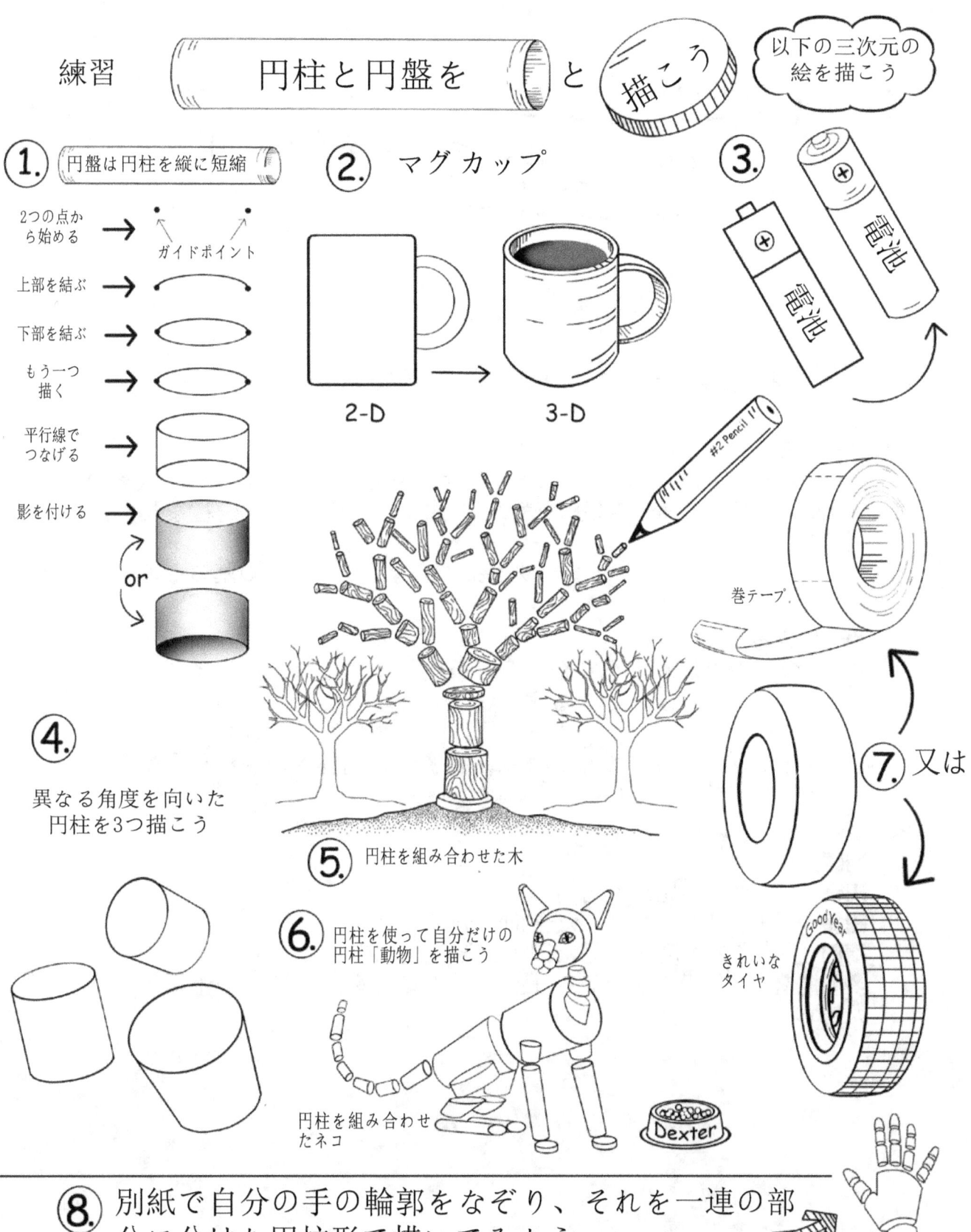

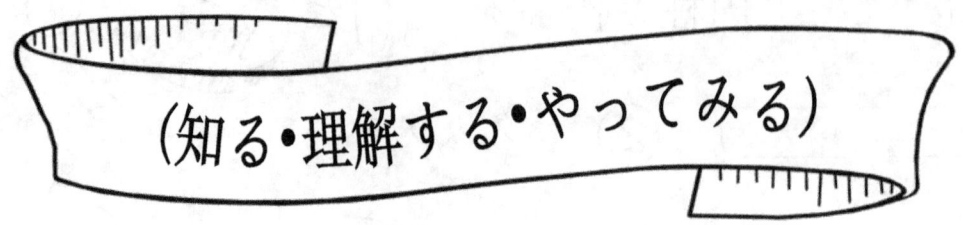

(知る•理解する•やってみる)

段々ケーキ

知る:
円柱を重ねて層にすると、ユニークな構造ができる

理解する:
- 円筒を描く時、一番上と一番下はどちらも楕円形にすると(その後、目に見えない部分を消す)、釣り合いの取れた円柱を描く助けになる
- 円柱は立体的なアートワークを描くのを助ける四つの基本形の一つ

やってみる:
- 紙の一番上から重なり合った短い円柱を描く練習をしよう
- ページがいっぱいになるまで、できるだけたくさんの「ケーキ」を重ねてみる。ユニークさを出すため、各段のデコレーションを変えてみる。ろうそく、キャンディー、渦巻きの砂糖菓子や、花などを載せてもよい。

用語集:
円柱 – 三次元に見える円筒
円盤 – 円で境界を囲まれた平面部分のこと
楕円 – 特定の角度から見た円のこと（楕円形として描く）
多層構造 – 他のアイテムの上に、または他のアイテムの下に重なったもの

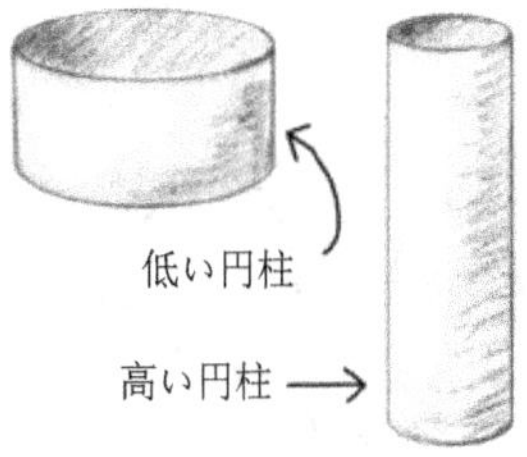
低い円柱
高い円柱

円柱を使って 段々ケーキを 作ろう

円柱は立体的なアートワークを描くのを助ける四つの基本形の一つ（他の三つは立方体、球体、三角錐）

1. まず二つの点を決める

ポイント
ポイント

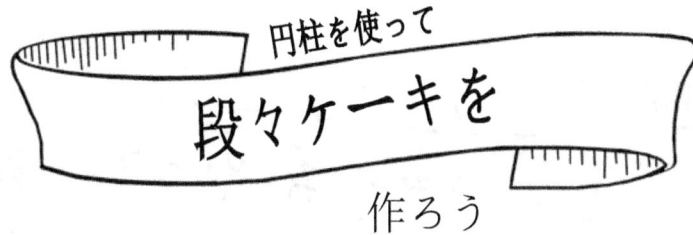

2. 薄い楕円形を描くため、ポイントを曲線で結ぶ

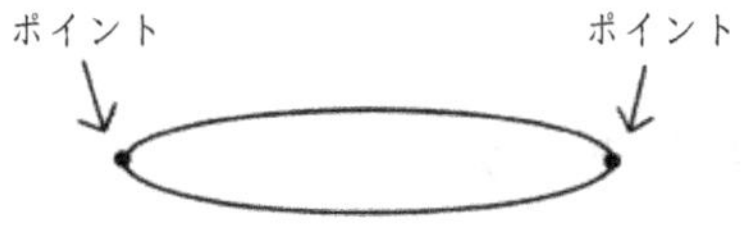
ポイント
ポイント

3. 二つのポイントからまっすぐ下に縦線を引く

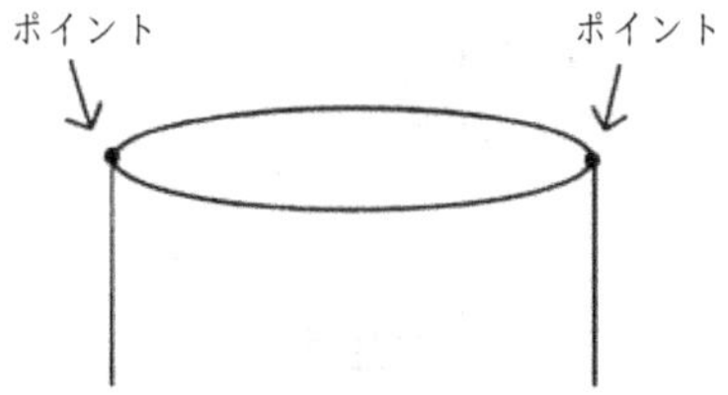
ポイント
ポイント

4. 底を曲線で結び、その横に点を二つ加える

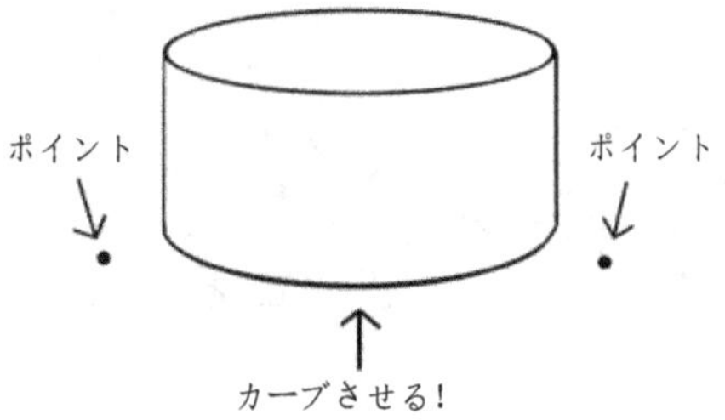
ポイント
ポイント
カーブさせる!

5. 新しい点でも、手順2と3を繰り返す

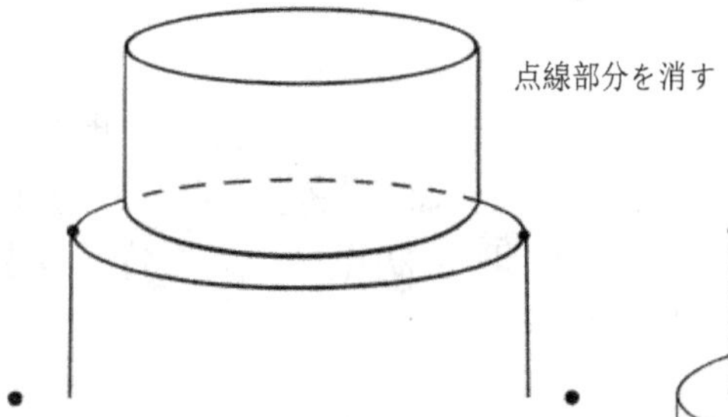
点線部分を消す

6. 三段目も同じ手順で描く

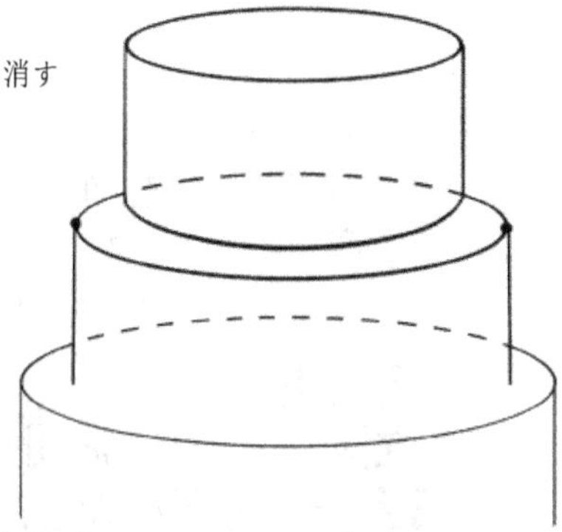

7.

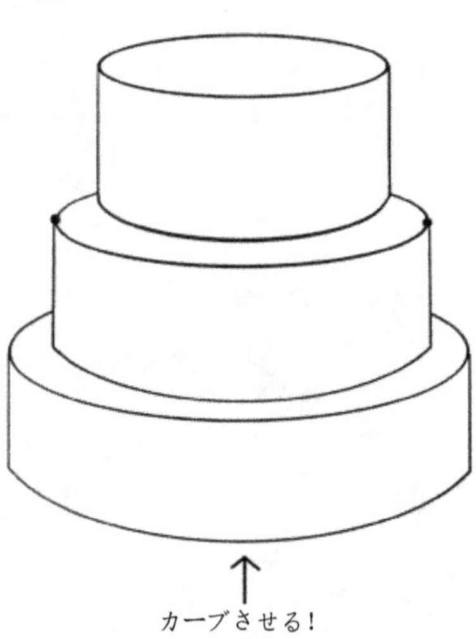
カーブさせる!

8. 影を付けてデコレーションする

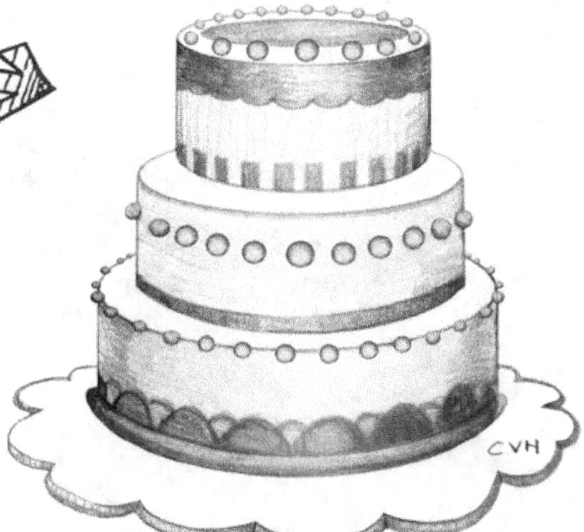
CVH

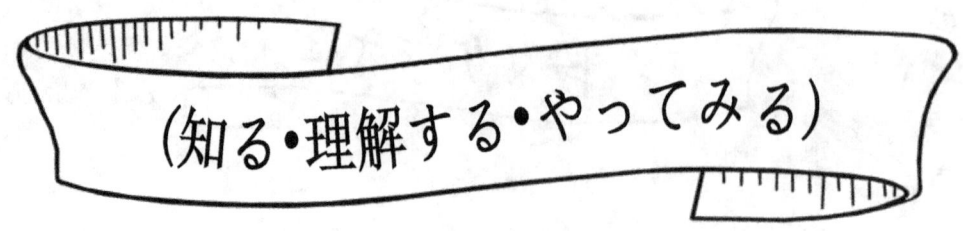

(知る•理解する•やってみる)

一切れのケーキ

知る:
平面を立体に変えるのに使うテクニック

理解する:
- 平面と立体の違い
- 平行線は方向と物体の縁を表す
- 物体をリアルに描くとき、少しの追加が大事な詳細になる

やってみる:
手順に従い、一切れのケーキを三角柱の形で描こう。ユニークなアートワークを作るため、詳細や陰影、「おまけ」を描き入れる
注意:「おまけ」とは、画家が想像して作り出した小さな詳細のこと

用語集:
立体 – 容積を囲む三次元の形（高さ、横幅、奥行き）
形 – 囲まれた空間
三角柱 – 三辺から成る角柱（多角体）
量感 – 立体内の空間を指す

一切れのケーキ

1. まず斜線を2本引く

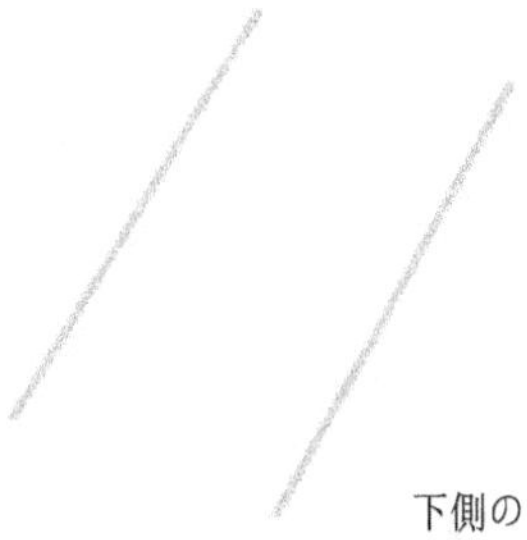

2. 角度を付けた2本の線で閉じる

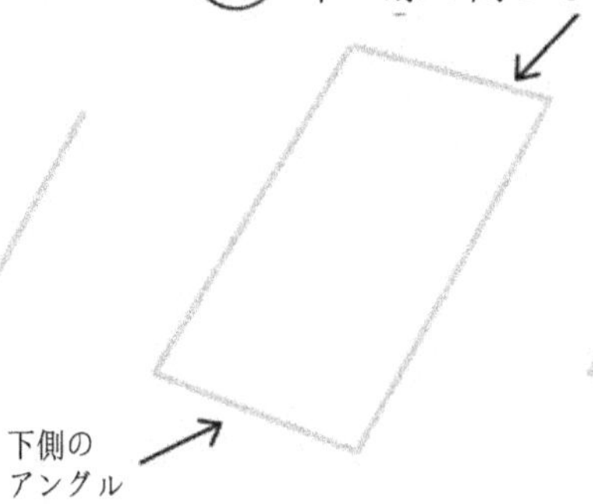
下側のアングル

3.

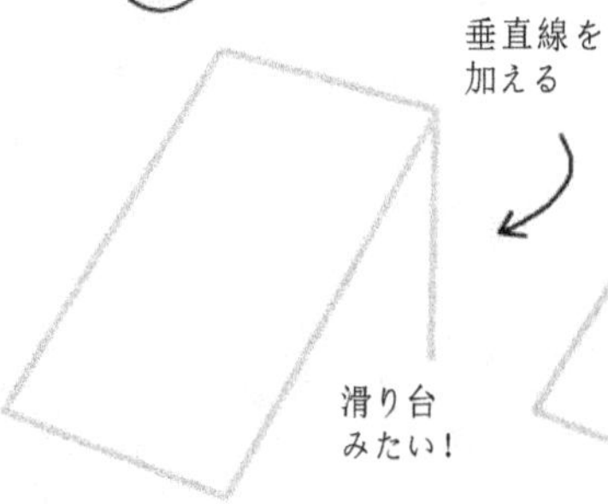
垂直線を加える
滑り台みたい！

4.

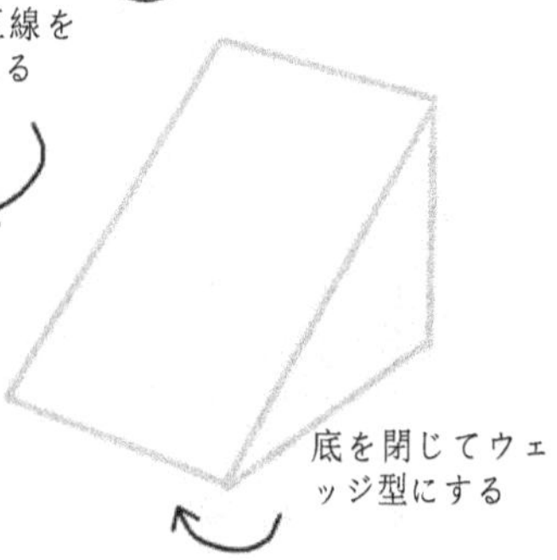
底を閉じてウェッジ型にする

5. L字を下向き/反転させた線を「滑り台」部分に描く

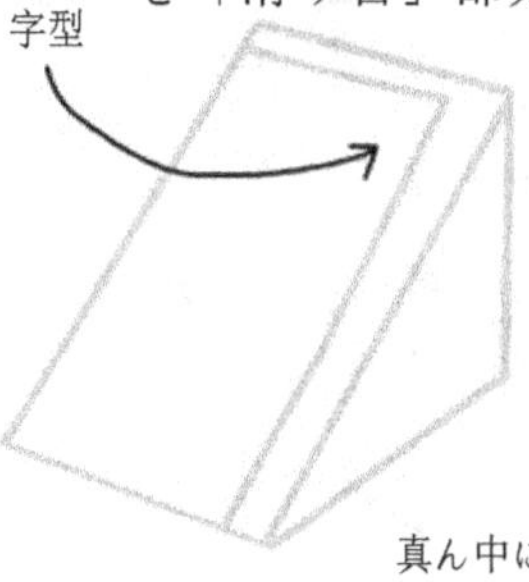
字型

6.

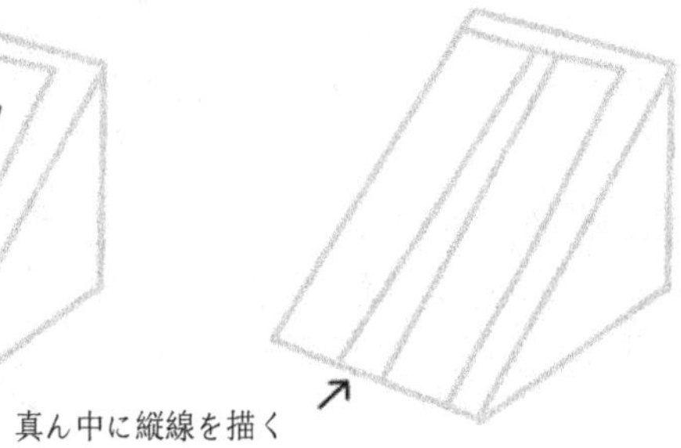
真ん中に縦線を描く

7. 楕円形の皿を描く

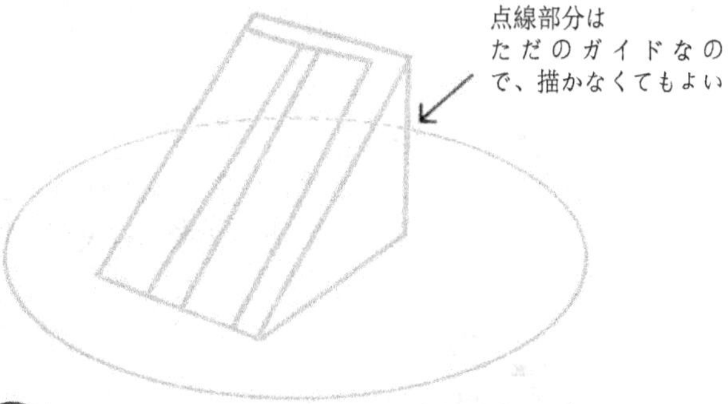
点線部分はただのガイドなので、描かなくてもよい

8.

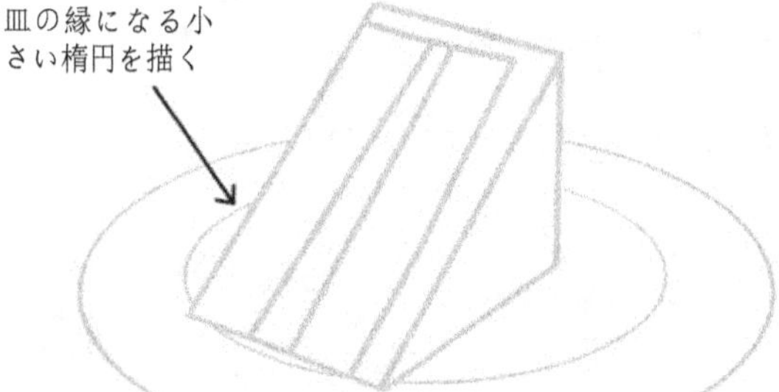
皿の縁になる小さい楕円を描く

9. 影と「おまけ」をたくさん加える

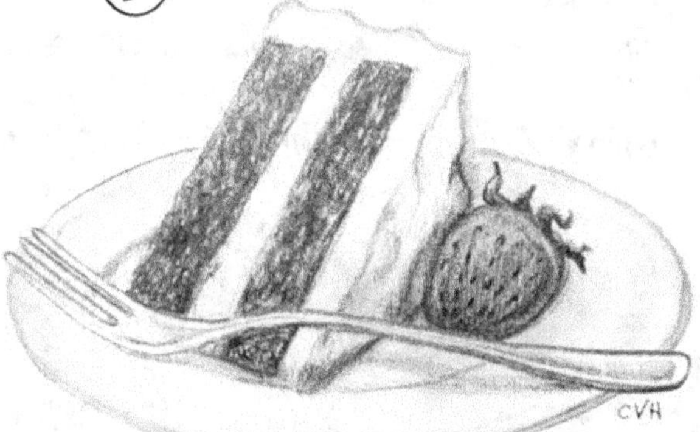
CVH

デザートフォークの描き方

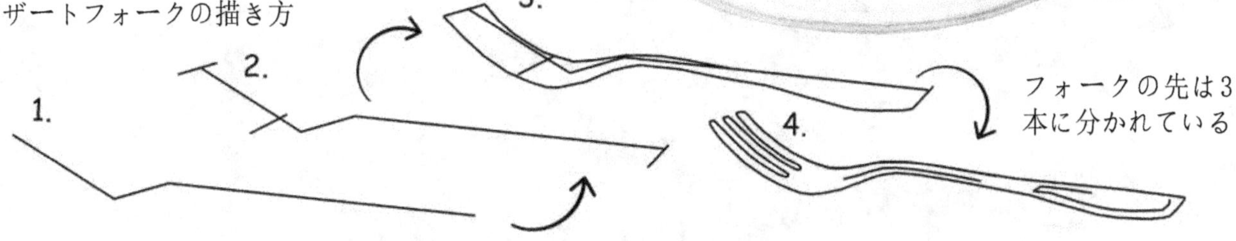
1.
2.
3.
4.
フォークの先は3本に分かれている

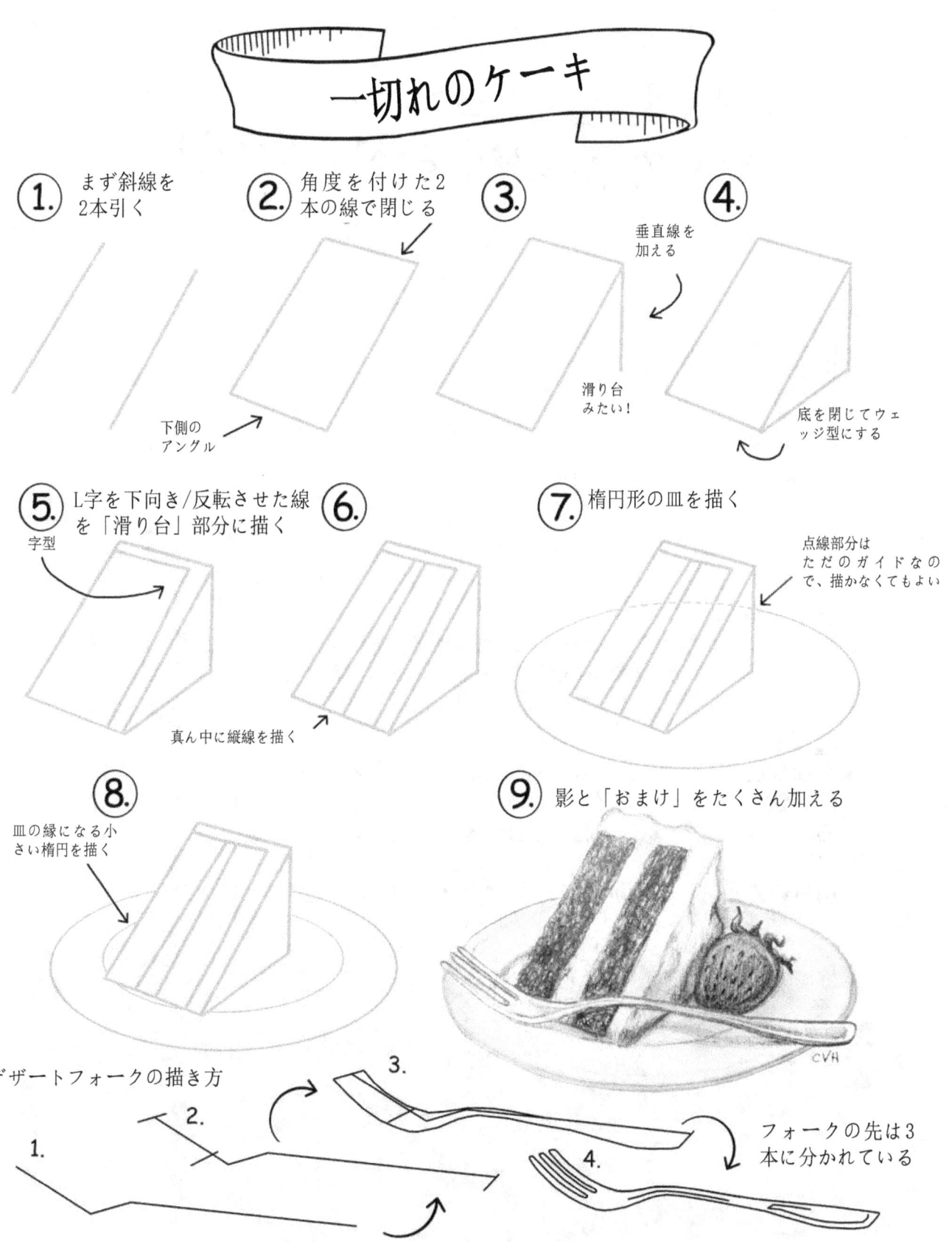

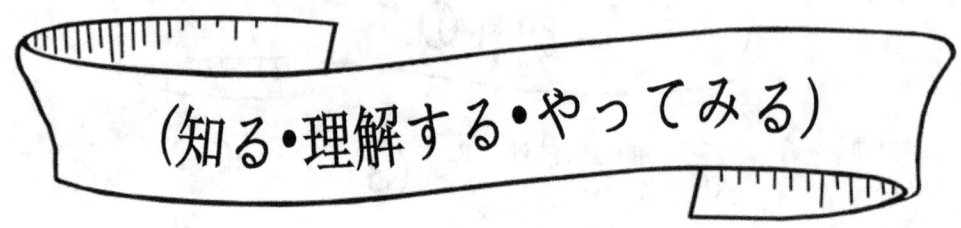

(知る•理解する•やってみる)

リボン、巻物、バナー

知る:

重なり合い、引っ込んだ線

理解する:

- 奥行きの錯覚を表現する
- 引っ込んだ平面上の大きさと配置は様々
- 重なりと陰影で3Dに見える

やってみる:

準備されたテクニックを使って、自分だけのバナー/リボン/巻物を描き、重なりと陰影を練習する。写し描きは厳禁。影を付ける

用語集:

重なり合う – あるものが他の物の上に乗る、または一部を覆うこと

遠近法 – 画家が二次元の表面上で三次元の錯覚を映すため使用するテクニックのこと遠近法は奥行きや引っ込んだ空間を描く助けになる

引っ込んだ線 – 空間の後ろ側に下がったように見える線のこと

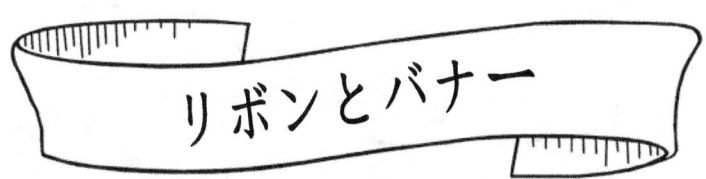

リボンとバナー

1. まず少しカーブした線を2本描く

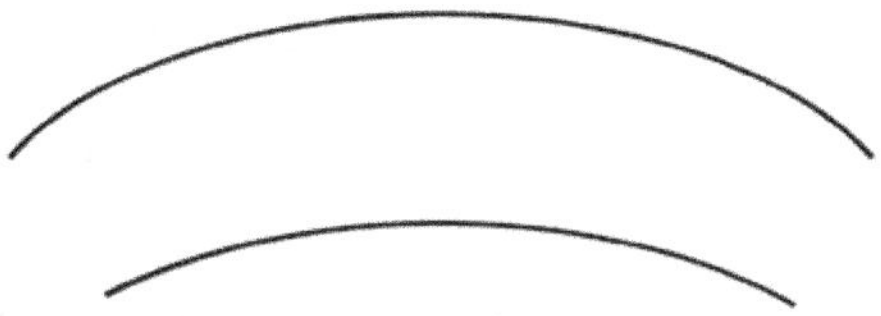

2. 下のように角度を付けた縦線を4本加える

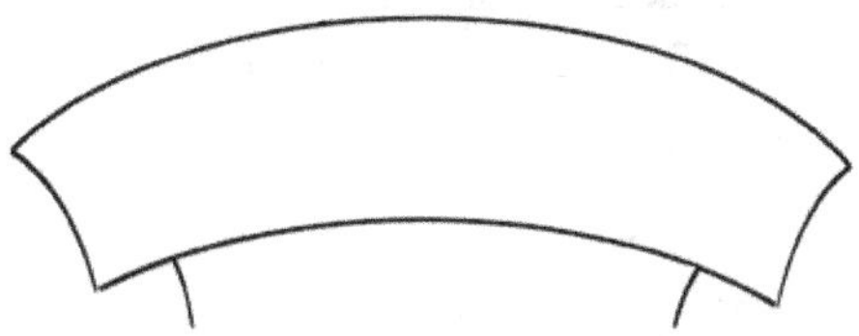

3. リボンの先端部分を描く

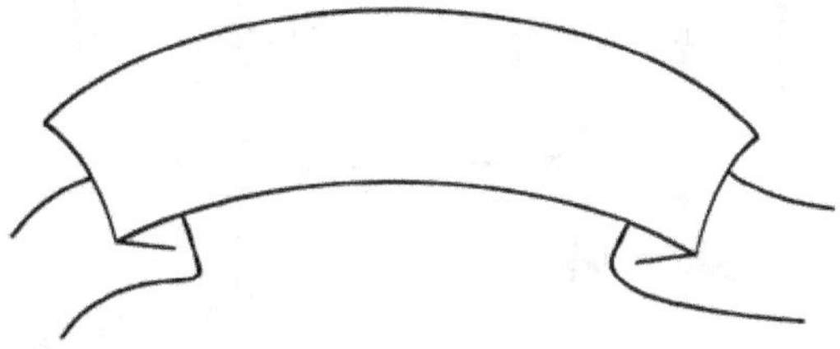

4. リボンの先端を閉じ、年季が入っているように見せるため、「裂け目」描く

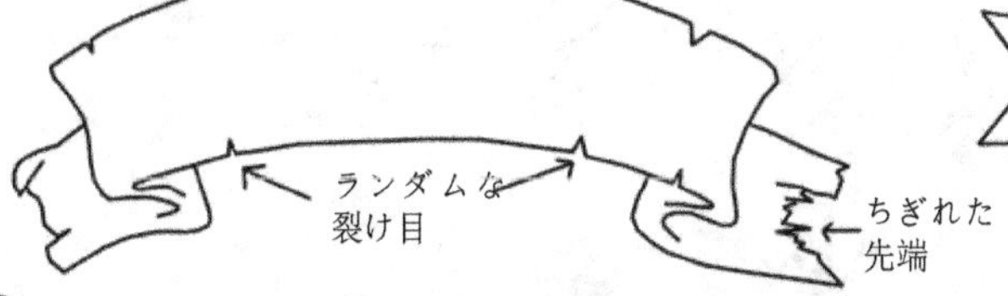

1. まず曲がりくねった長い線を描く

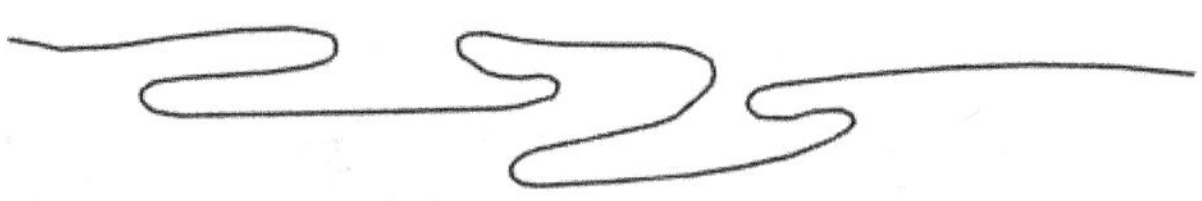

2. それぞれのカーブの先端に短い縦線を加える

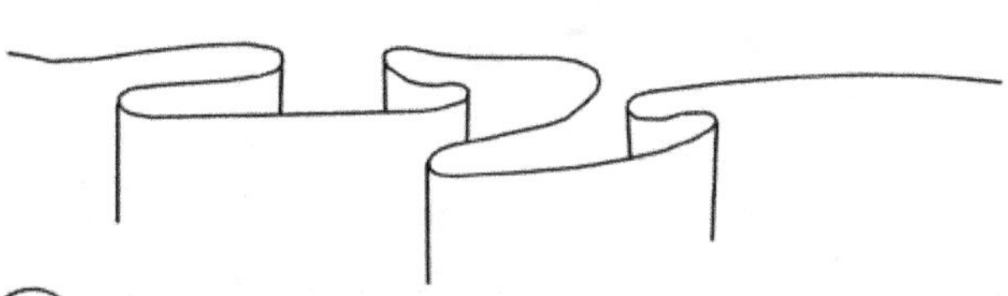

3. リボンの下の部分をカーブした線で閉じる

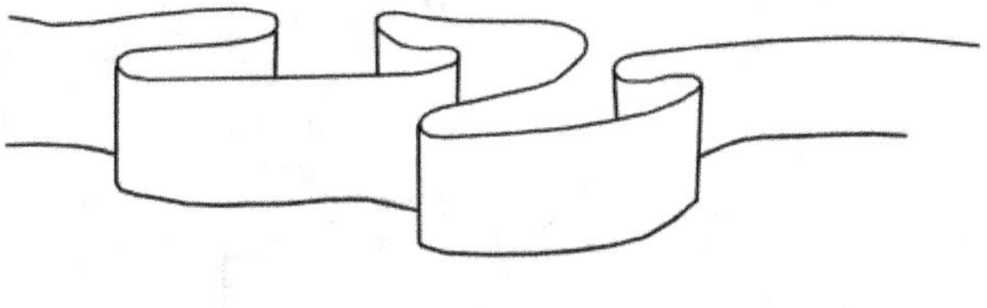

4. リボンの両端を「くの字型」の線で閉じる

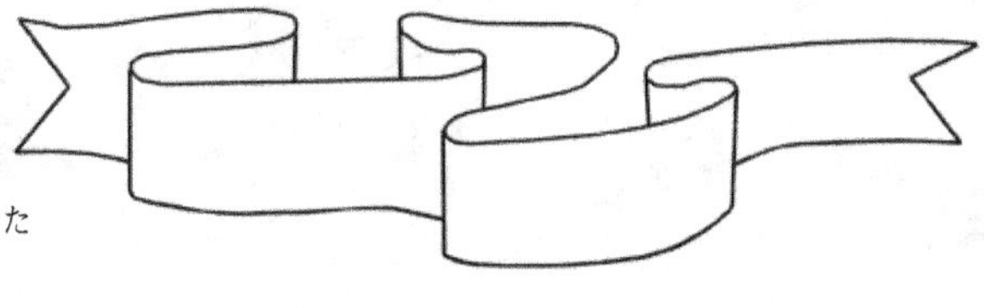

5. 文字と陰影を加えて仕上げる

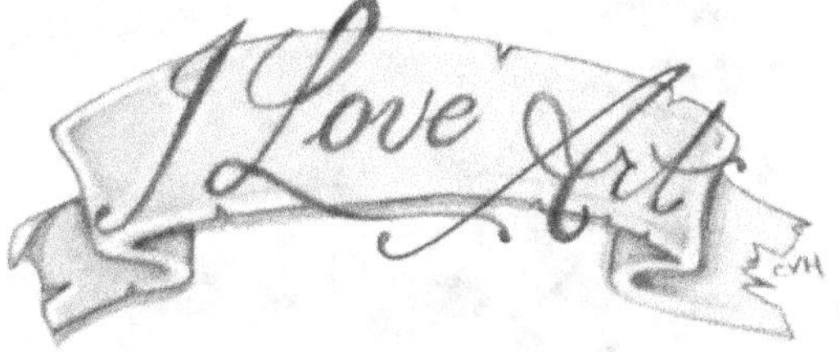

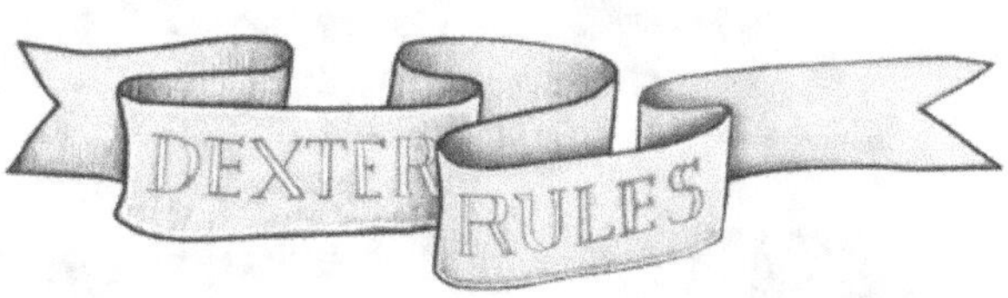

巻物の描き方

1. まずこんな感じの曲線を描く

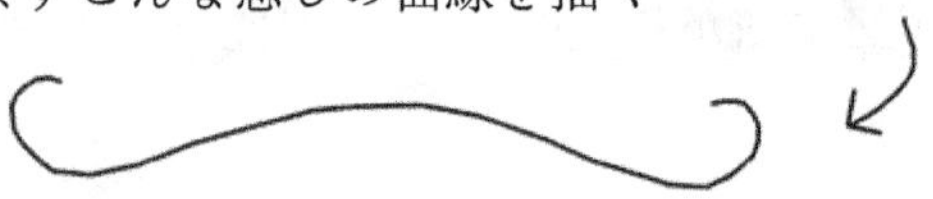

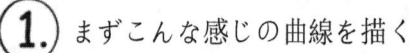

2. 両先端に渦巻きを描く

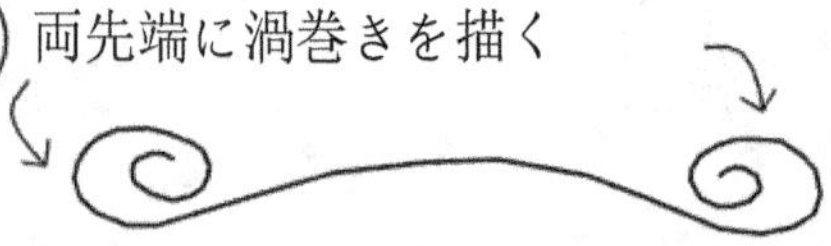

3. 縦線を4本加える。
これが巻物の端になる。

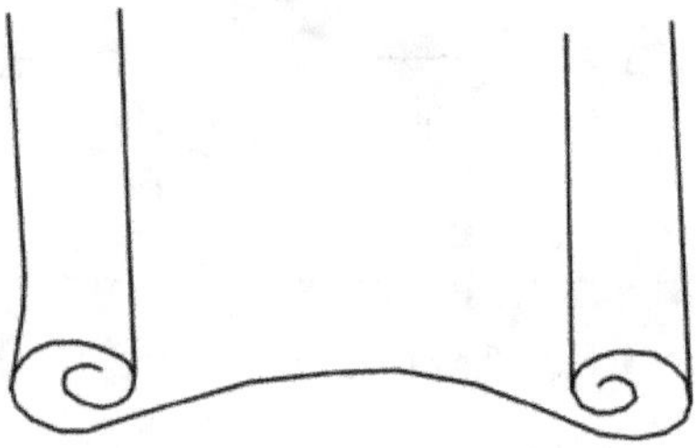

4. 3本の丸みを帯びた線で上をつなげる

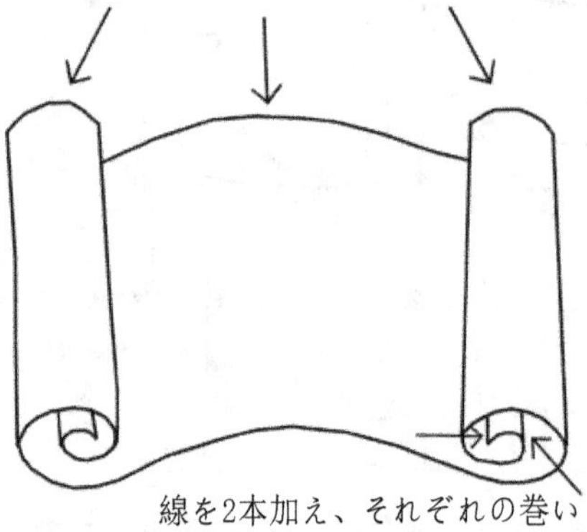

線を2本加え、それぞれの巻いた部分をつなげる

5. 陰影を付ける

巻いた部分の縁は色を濃くする

1. まず5を反転させた形を描く

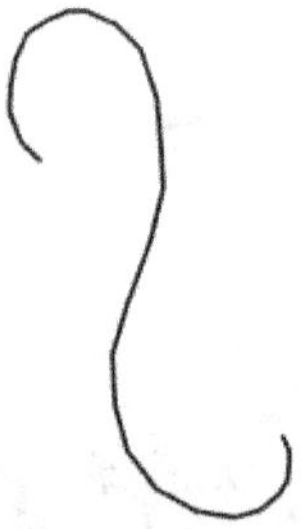

2. それぞれの先端に渦巻きを描く

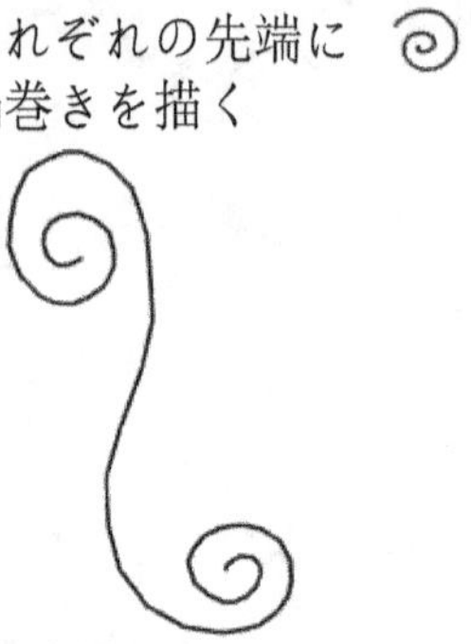

3. 水平線を3本描き足す

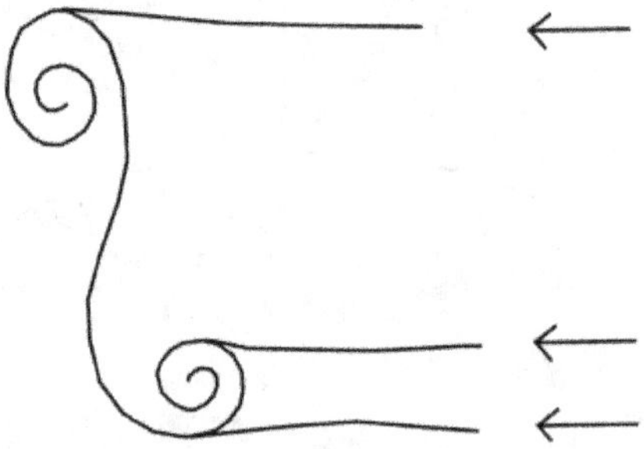

4. 渦巻きを縦線でつなげる

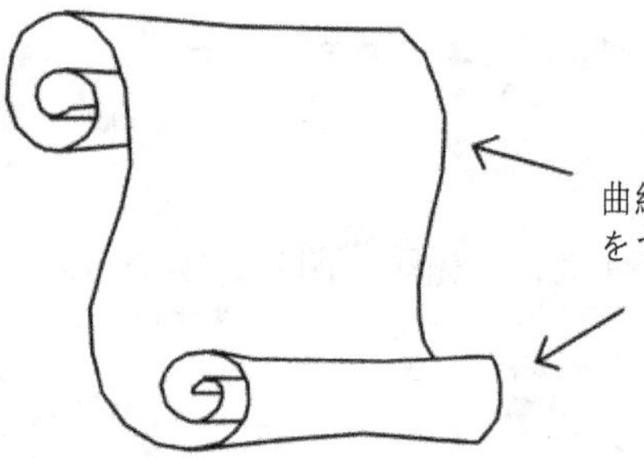

曲線で、側面をつなげる

5.

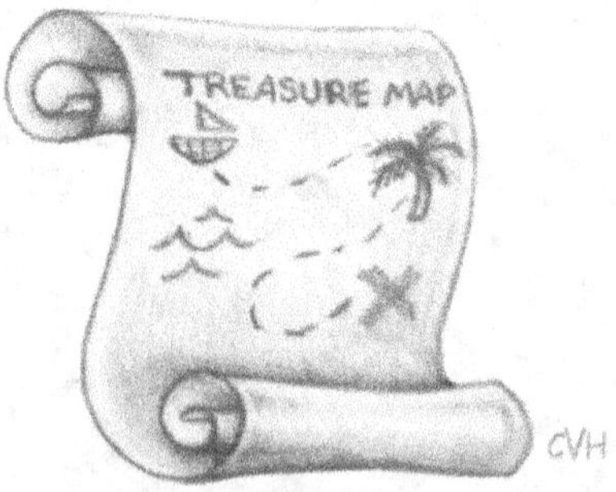

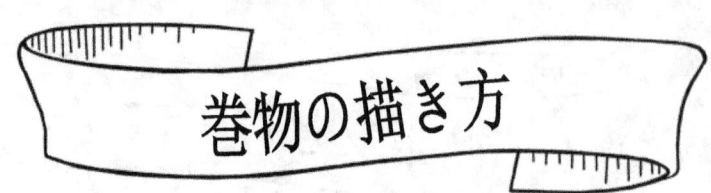

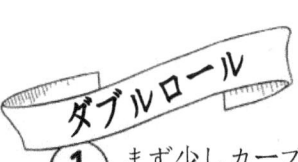

巻き物

ダブルロール

1. まず少しカーブした平行線を2本の描く

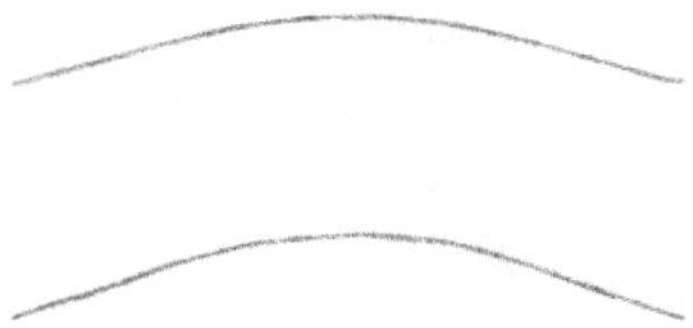

2. それぞれの先端に縦線を2本ずつ加える(中心は幅が狭く、先端にいくにつれて広がるように)

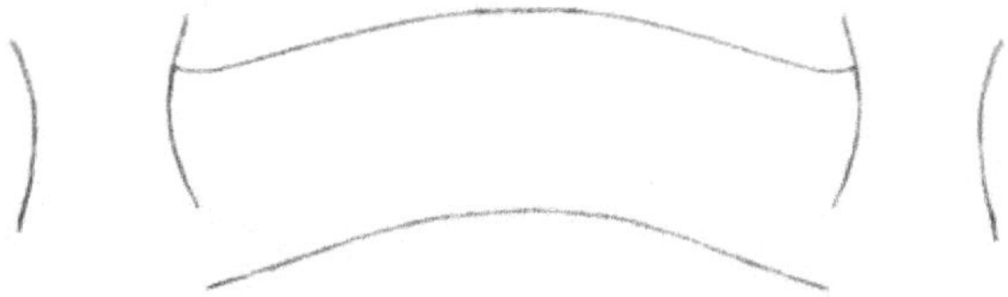

3. 左右で逆回転する渦巻きを描く

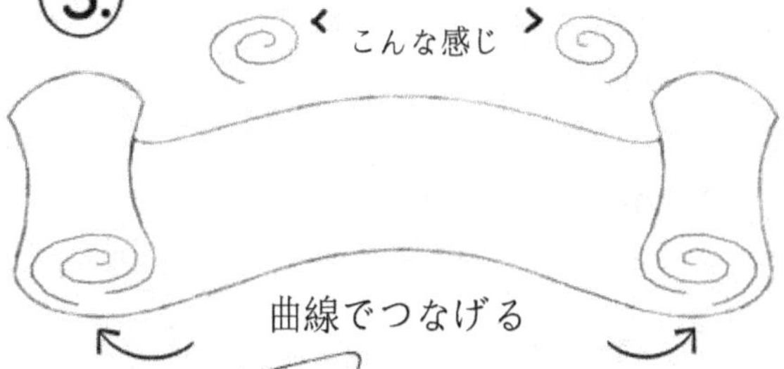
こんな感じ
曲線でつなげる

4. 重なり合う/折り返し部分は影を濃い目に付ける

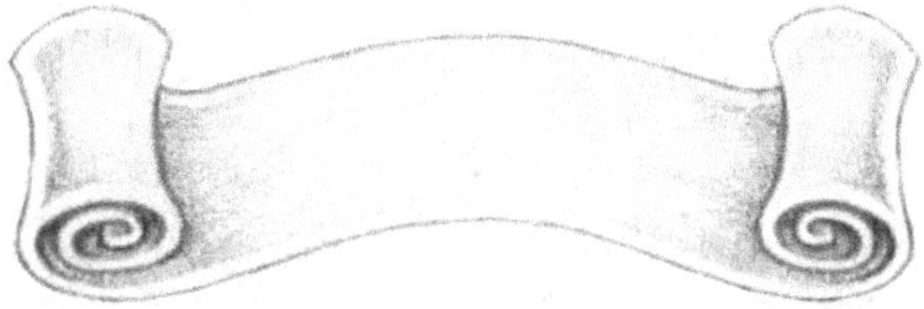

シングルロール

1. まず少しカーブした平行線を2本描く。底は長めのL字型にする

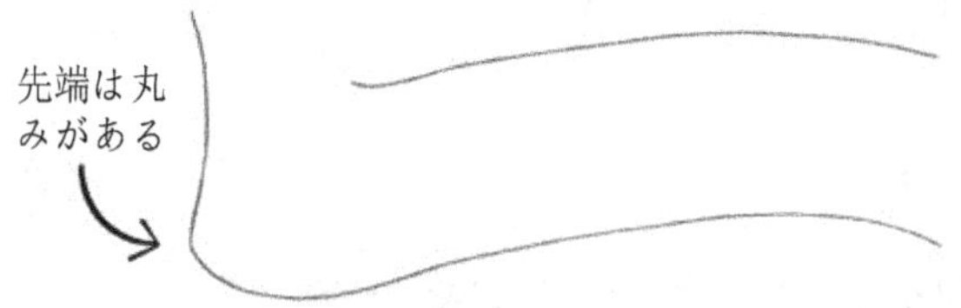
先端は丸みがある

2. L字型の縦線部分を反転させた形を描く

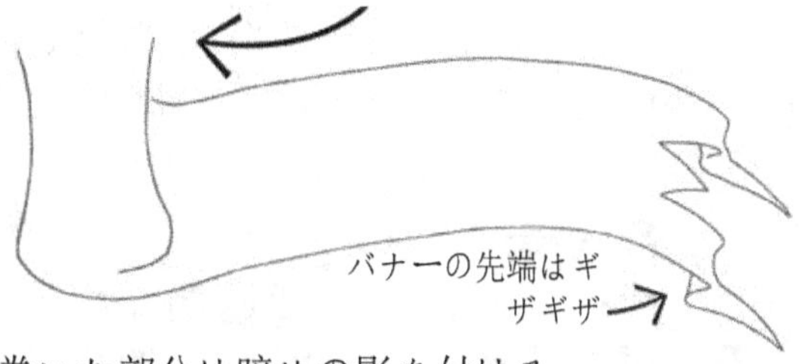
バナーの先端はギザギザ

3. 下のように渦巻きを加える。巻いた部分の上側を丸い線で結ぶ

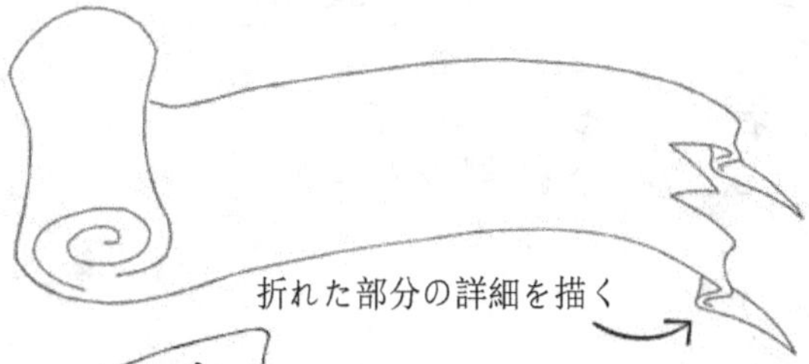
折れた部分の詳細を描く

4. 巻いた部分は暗めの影を付ける

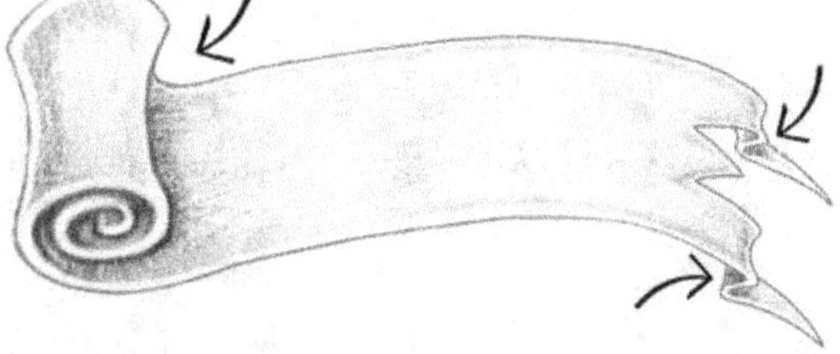

逆回転のロール

1. 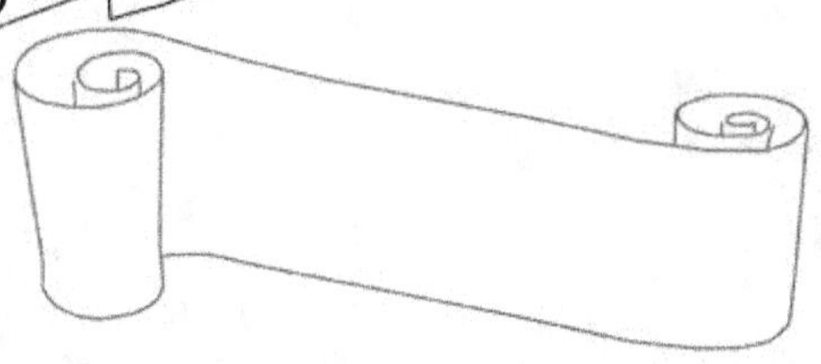

2. 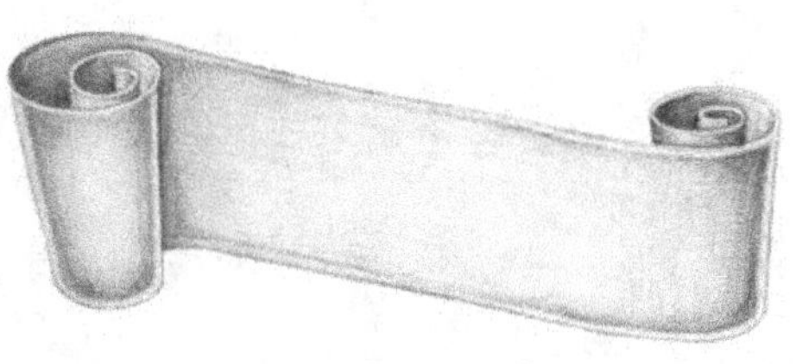

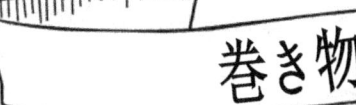

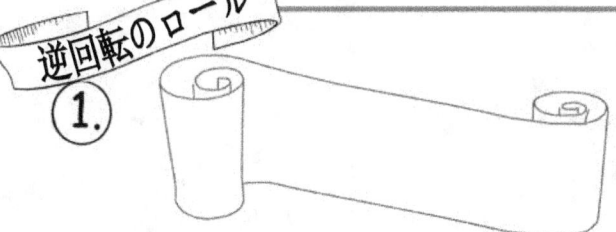

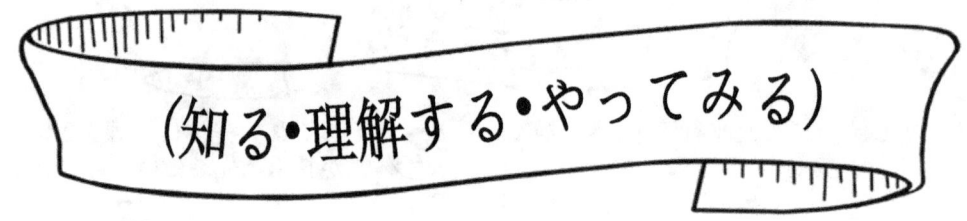

(知る•理解する•やってみる)

風になびくバナー

知る:
曲線、重なる線、遠近法、引っ込んだ線

理解する:
- 単純な線をガイドとして使えば、どんな3Dの形（バナー）も描ける
- 奥行きの錯覚を表現する
- 重なりと陰影で3Dのように見せる

やってみる:
- 提供されたテクニックを使って自分だけのバナー/リボン/巻物を描く
- 立体と面白みを出すため、少なくともひだを 2つ描く
- 紙をバナーでいっぱいにする。写し描きは厳禁。影を付ける

用語集:
カーブ – 滑らかで途切れなくまっすぐな部分から出てくる線や縁のこと
重なり合い – 何かを他の物の上に置いて、その一部を覆うこと
遠近法 – 二次元の表面に三次元の錯覚を映すため、画家が用いるテクニックのこと
遠近法は奥行きや引っ込んだ空間を表現する助けになる
引っ込んだ線 – 空間の後ろ側に下がったように見える線のこと

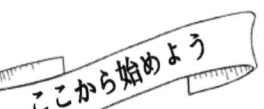

風になびくバナー

ここから始めよう

① まず反転させた「S」字を描く。（後ほど消すのでこの線は軽いタッチ描く）

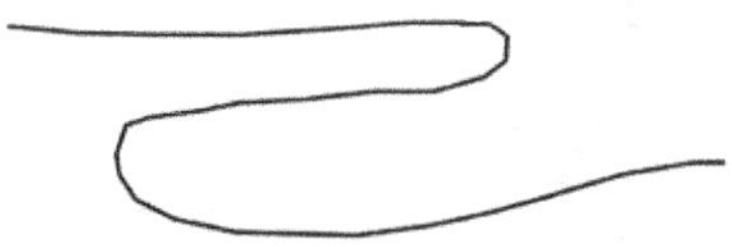

② まず反転させたS字の上側と下側を線で囲む

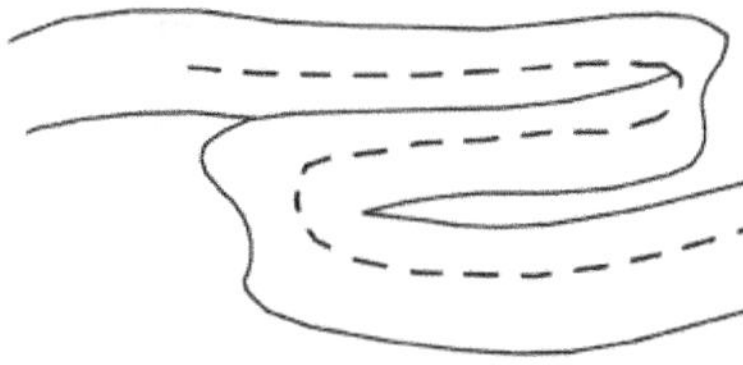

③ ひだと先端の詳細を加える

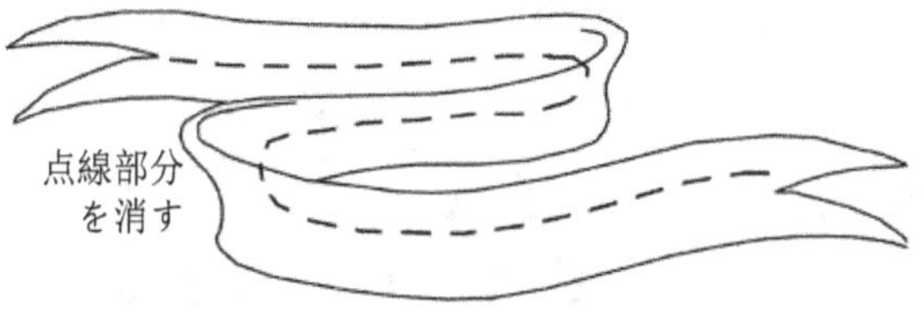
点線部分
を消す

④ 影を付け、文字を加える

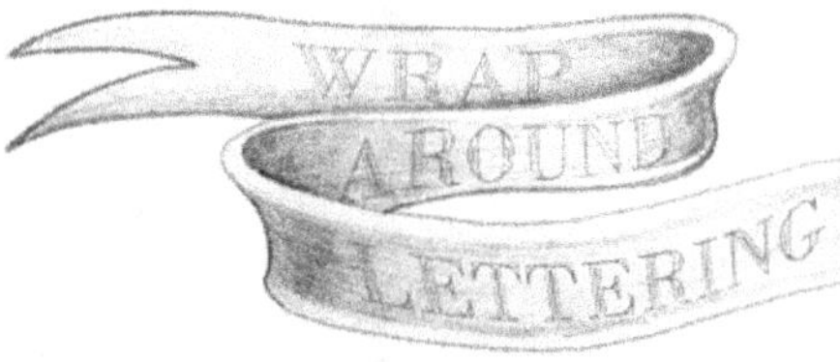
WRAP
AROUND
LETTERING

他にも試してみよう

① 反転させたS字を緩める

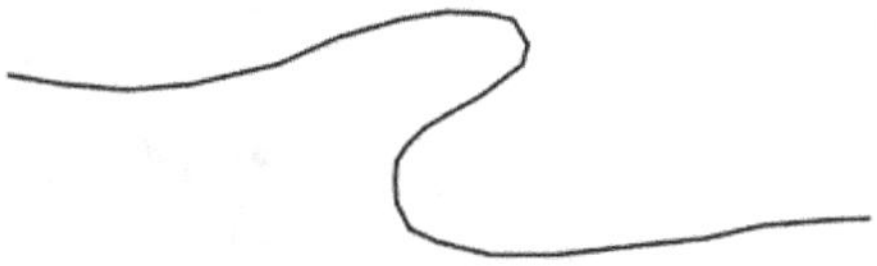

② 上下を囲むように線を描き、真ん中の点線を消す

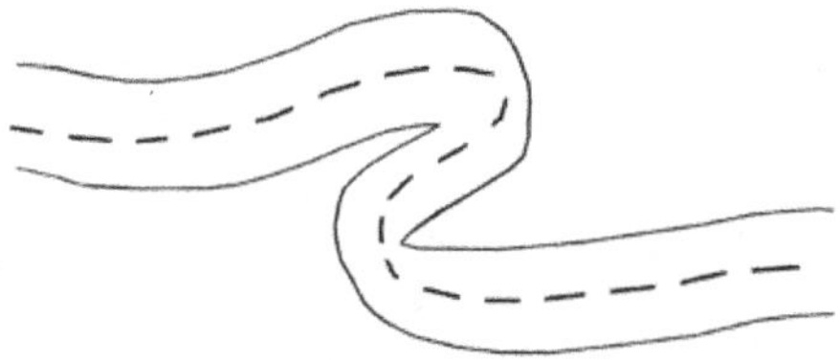

③ 先端を仕上げる

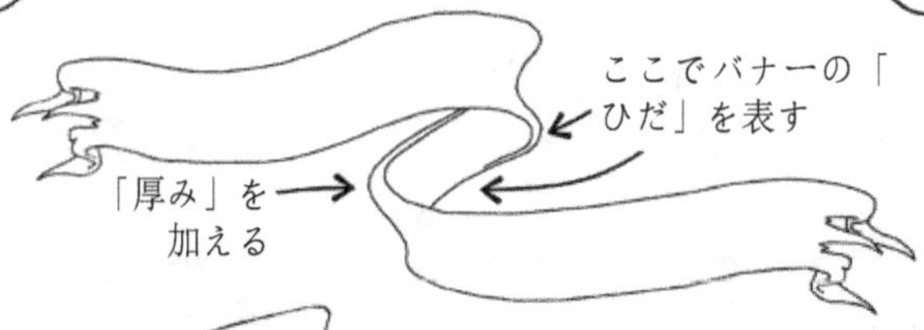
ここでバナーの「
ひだ」を表す
「厚み」を
加える

④ 影とメッセージを加える

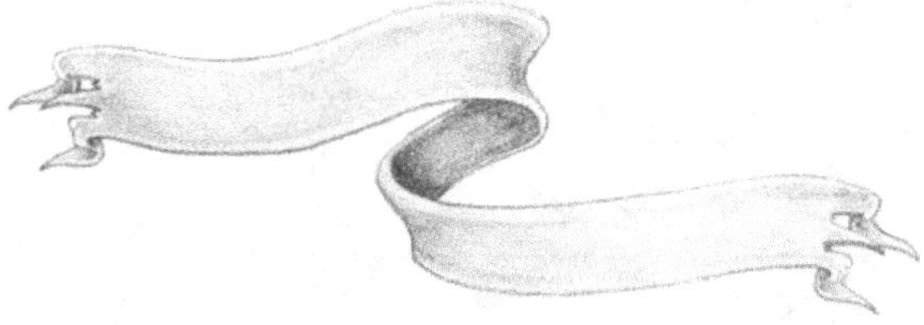

シンプルなバナー

① アーチ型の線を描く

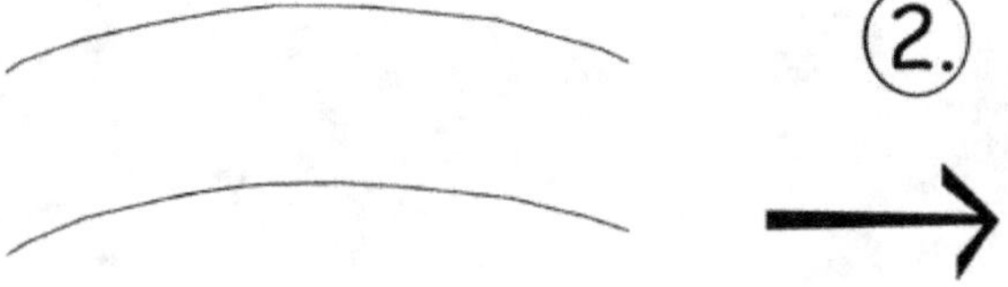

②

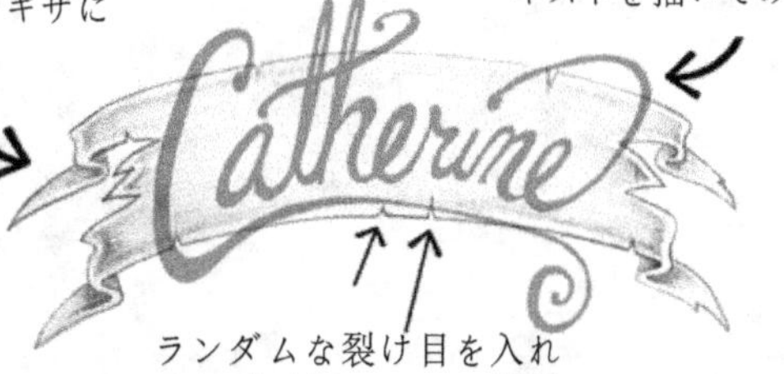
両先端は
ギザギザに
バナーからはみ出すようにテ
キストを描いてみる
Catherine
ランダムな裂け目を入れ
て年季が入っている様子
を表す

他にも 風になびくバナー

1.

2.

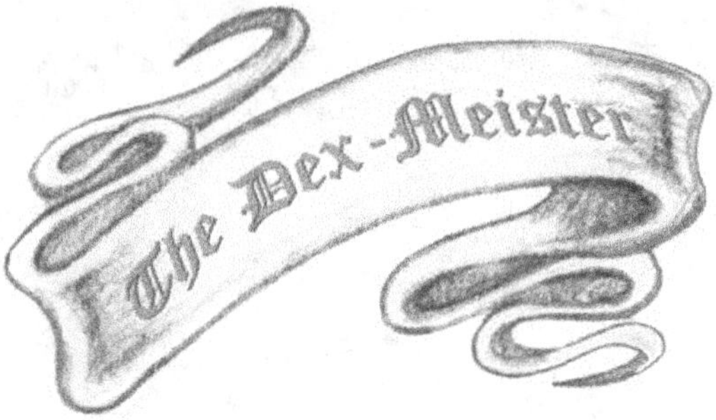

1.

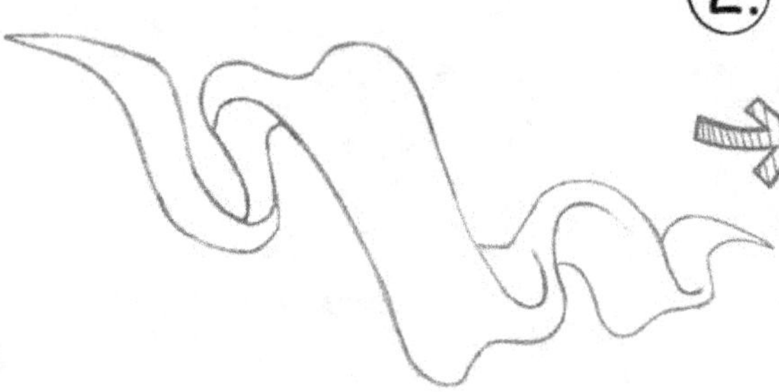

2.

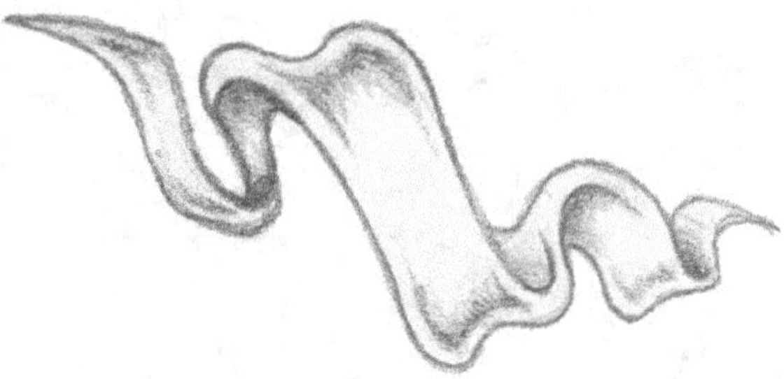

1.

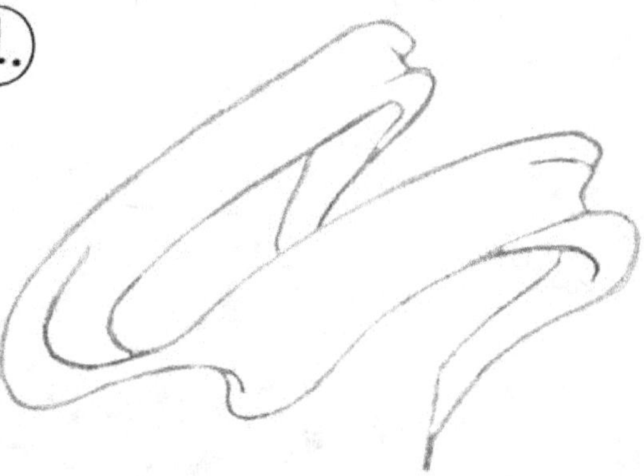

2.

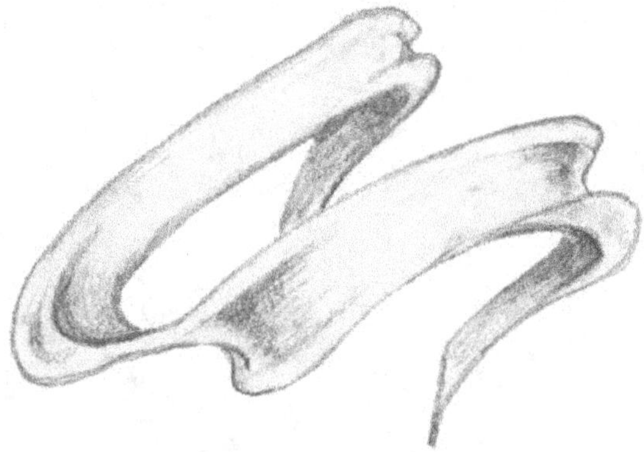

1.

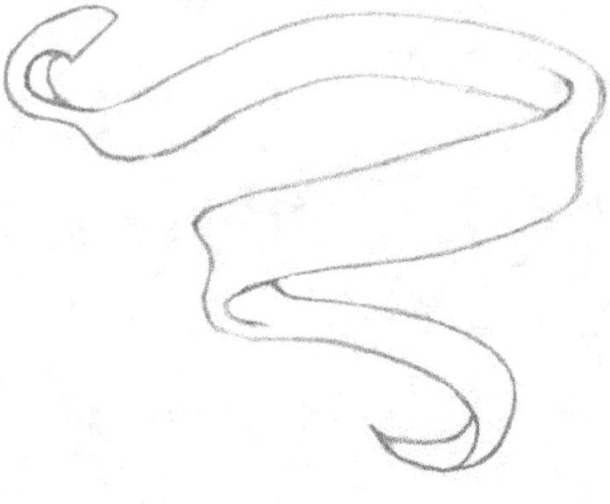

2.

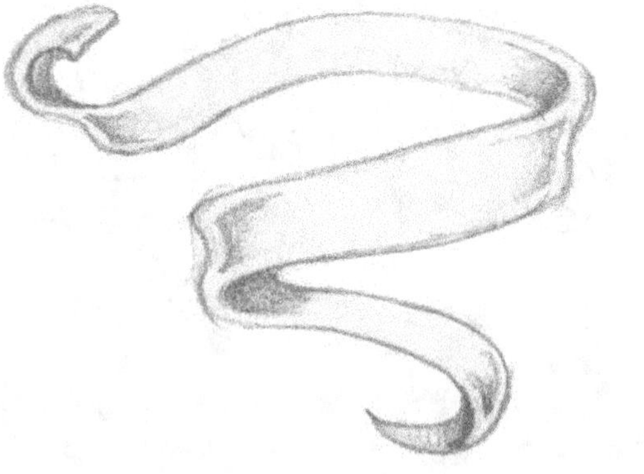

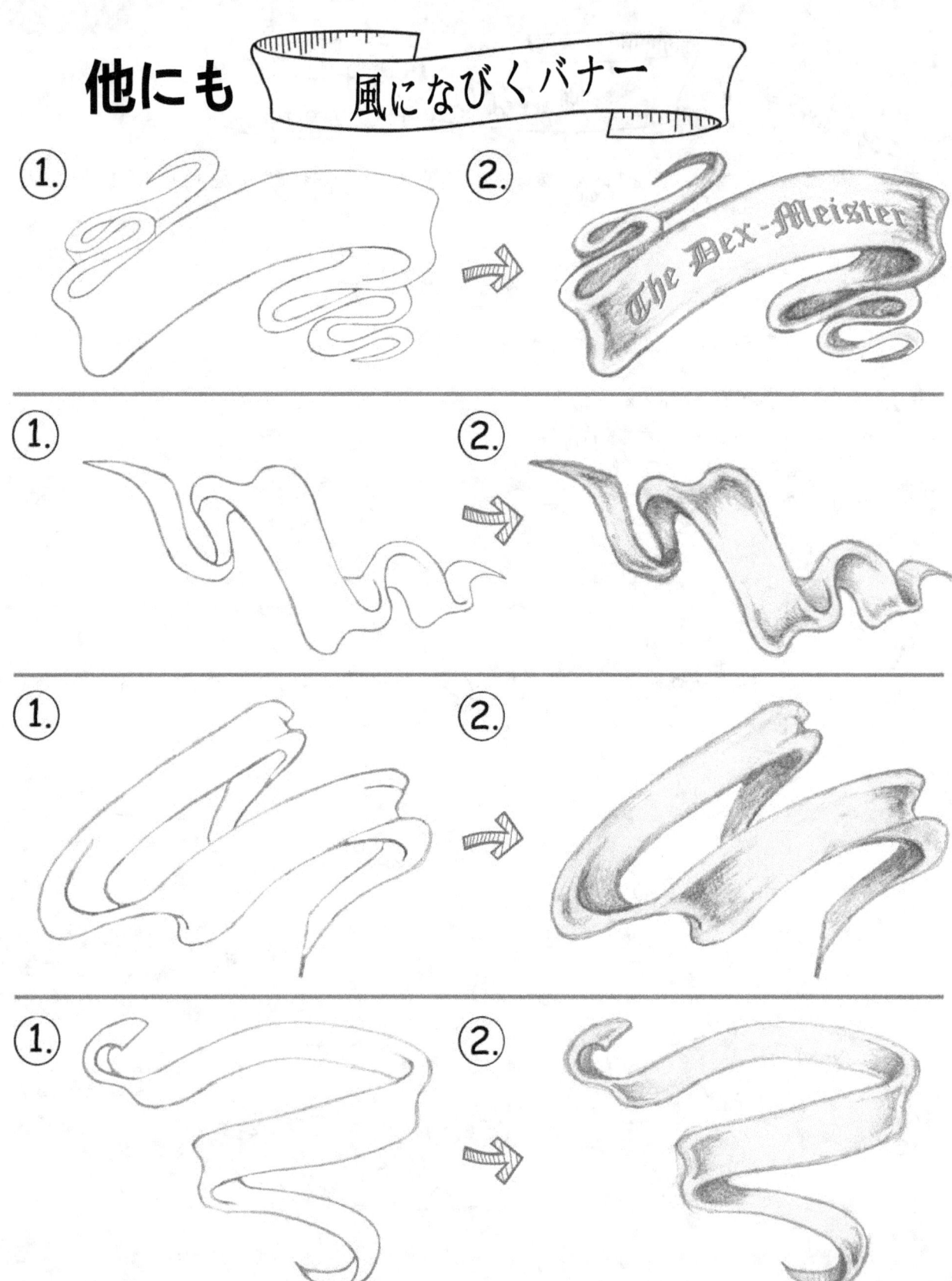

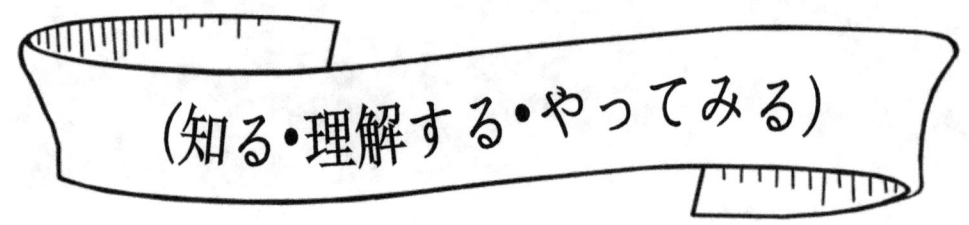

(知る•理解する•やってみる)

アメリカ国旗

知る:
重なり合う形を単純に繰り返すだけで、風になびく旗が描ける

理解する:
- 折り重なるような錯覚を描く
- 表面の曲線の周りにストライプやパターンを重ねると、リアルな奥行きを再現する助けになる

やってみる:
- 用意されたコツやテクニックを使って風になびくバージョンのアメリカ国旗を描く
- 建国時の東部13州を表すため、ストライプを13本描く
- 50州を表すため星を50個描く
- 写し描きは厳禁。影を付ける

用語集:
重なり合う – あるものが他の物の上に重なる、またはその一部を覆うこと
繰り返し – 同じ形をもう一度描くこと
囲む – 形を示すため輪郭線を使って物体を描くこと

アメリカ国旗

1. まず角度を付けた長方形を描く

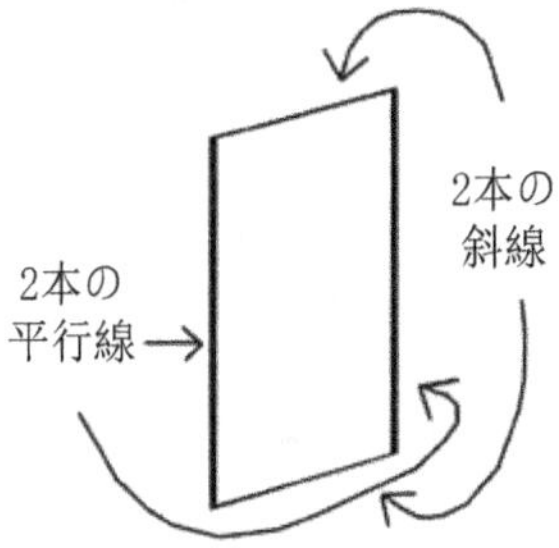
2本の斜線
2本の平行線

2. ステップ1の手順を繰り返す

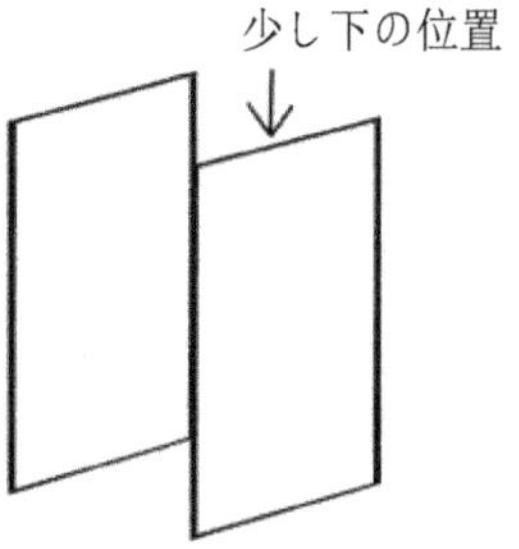
少し下の位置

3. もう一度、繰り返す

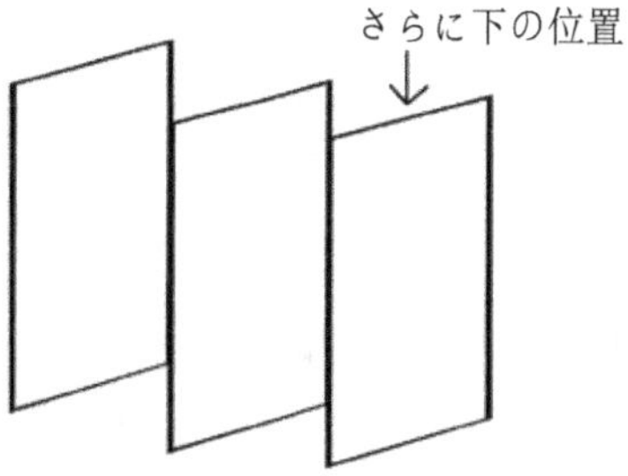
さらに下の位置

4.

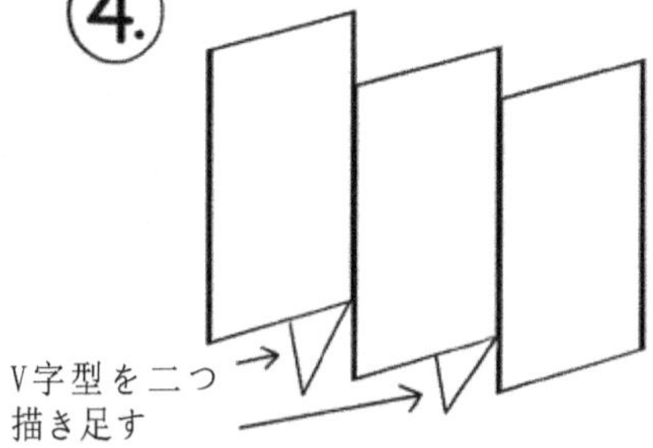
V字型を二つ
描き足す

5.

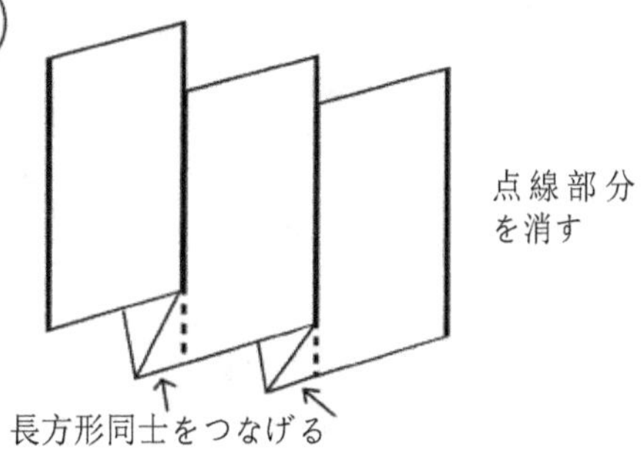
点線部分
を消す
長方形同士をつなげる

6.

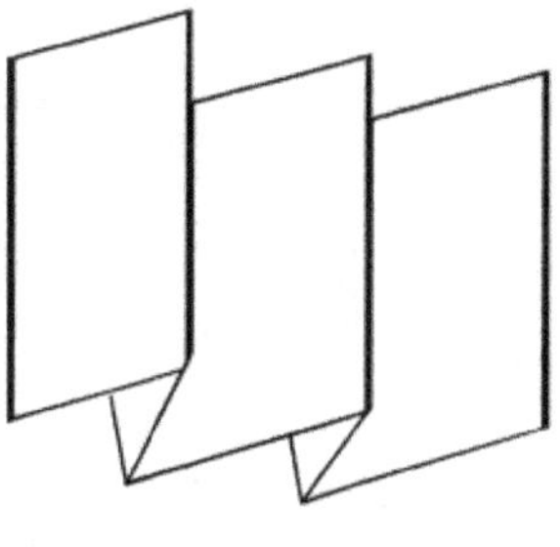

7. 頂点を丸くする

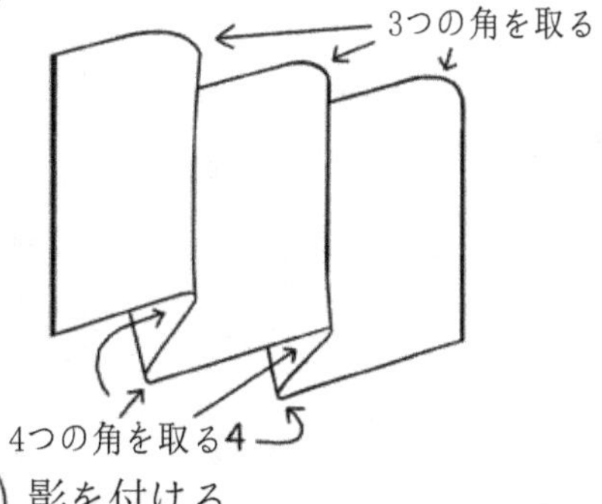
3つの角を取る
4つの角を取る4

8. ストライプと星を描く部分を描き入れる

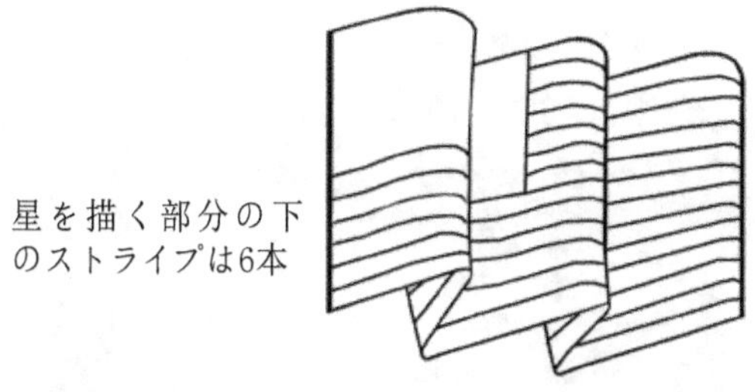
星を描く部分の下
のストライプは6本

建国時の13州を表すため、ストライプの数は合計13本

9. 影を付ける

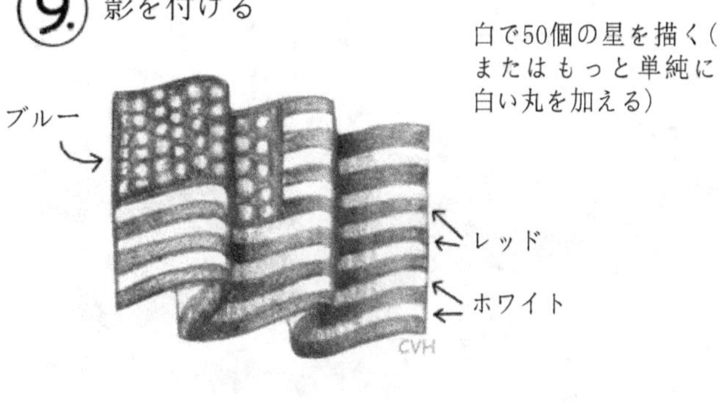
白で50個の星を描く(
またはもっと単純に
白い丸を加える)
ブルー
レッド
ホワイト
CVH

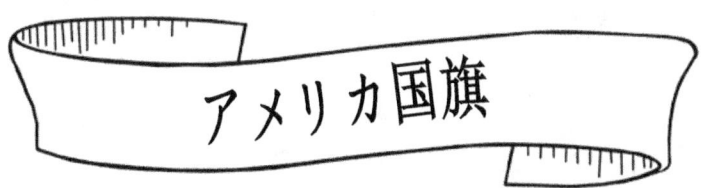

第2章

顔のパーツ

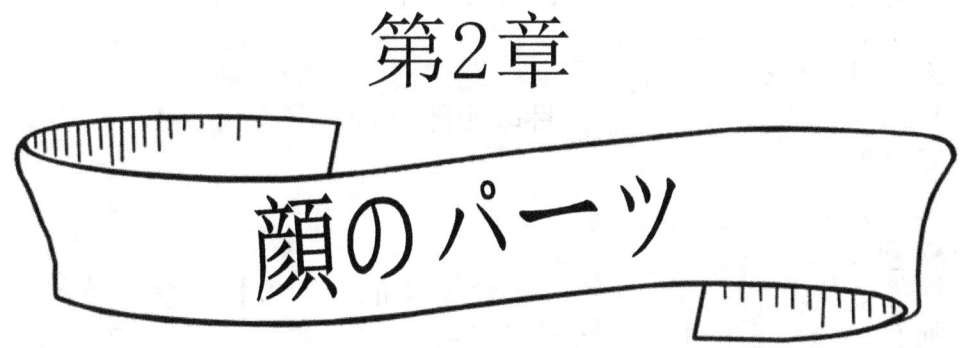

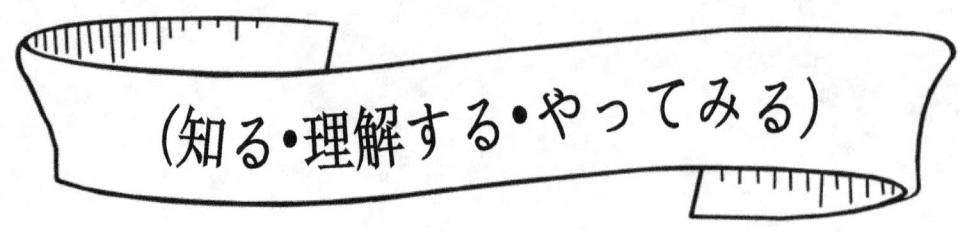

(知る•理解する•やってみる)

人の目

知る:
目の見える部分（光彩、瞳孔、強膜）

理解する:
- 平均的な人の目は、標準的なガイドライン/寸法を使って描くことができる
- 人の目は球体である
- 平均的な人の目は、目と目の距離と同じ幅である(目一つ分離れている)

やってみる:
- 準備されたテクニックを使い、基本的な人の目を描く練習をする
- 瞳孔から放射線状(自転車のタイヤのスポークのよう)に線を描き、斑紋を詳細に表す
- 最後に眉毛とまつげを描き足す
- 影を付ける。光彩内の小さな部分は影を消してハイライトを示す

用語集:
光彩 – 目の色のついた部分
瞳孔 – 目の一番色の濃い部分、光彩の真ん中にある
強膜 – 目の白目の部分
球体 – 三次元のボールのような形で、平面の円ではない

人の目を描いてみよう

1. まず円を描く。これが光彩になる

コツ:
写し描きできる円を探して描こう

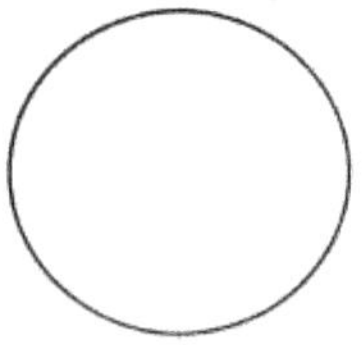

2. 真ん中に小さな円を描き入れる

真ん中に小さな円を描き入れる

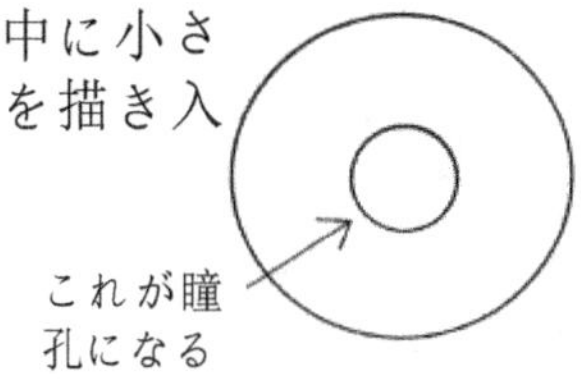
これが瞳孔になる

3. 大きな円にかぶせてアーチ型の線を描く

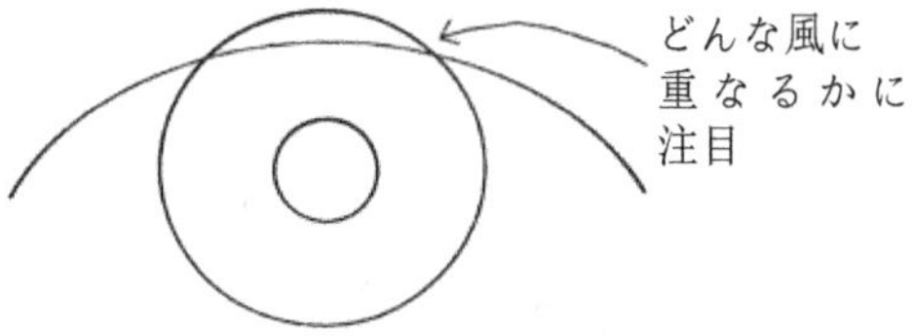
どんな風に重なるかに注目

4. 底の縁を描き入れる

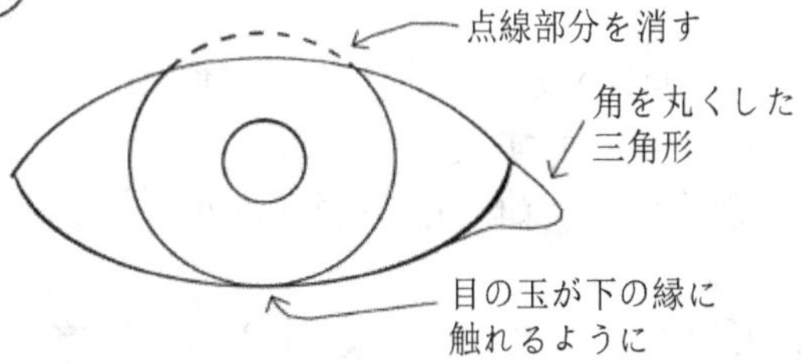
点線部分を消す
角を丸くした三角形
目の玉が下の縁に触れるように

5.

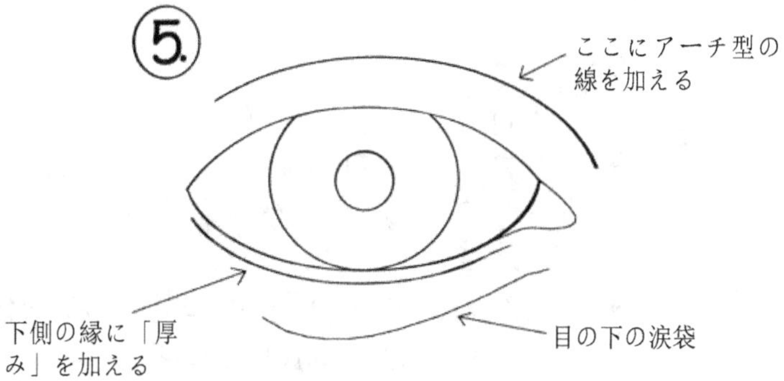
ここにアーチ型の線を加える
下側の縁に「厚み」を加える
目の下の涙袋

6. まぶたの周りに「放射線状」にまつげを描く

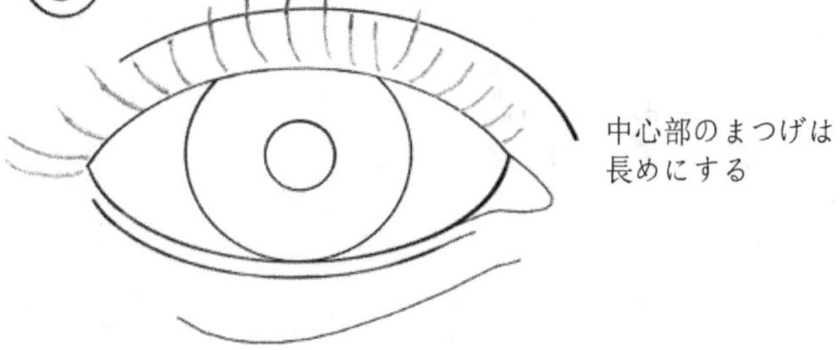
中心部のまつげは長めにする

7. 瞳孔の周りにスポークを描き入れる

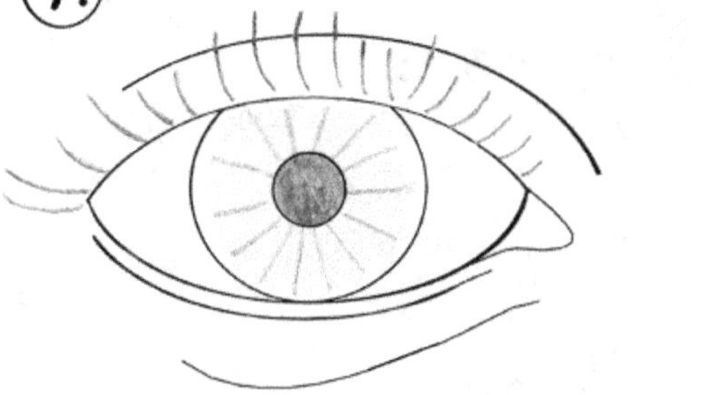

8. まぶたと涙袋を濃くする

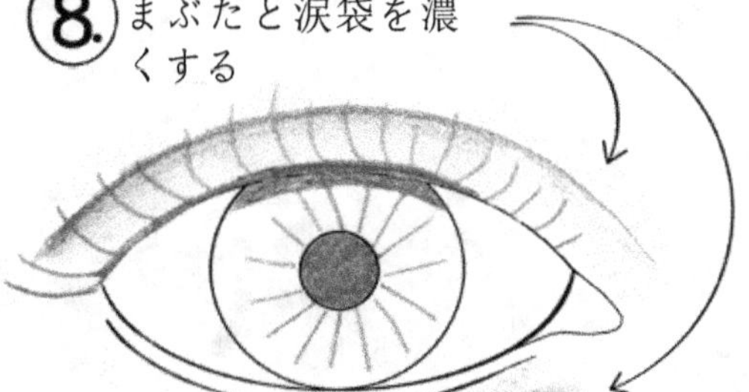

9. 陰影を付ける。上のまつげを増やし、下側にも短いまつげを描き入れる

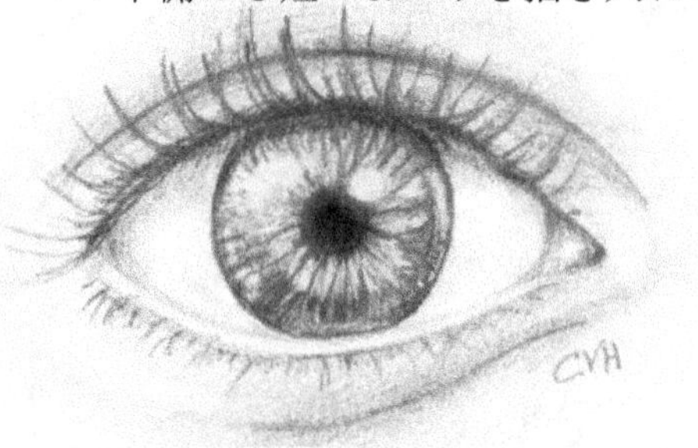
CVH

目を輝かせるため、光彩の一部を消す。瞳孔のスポークを描き加える

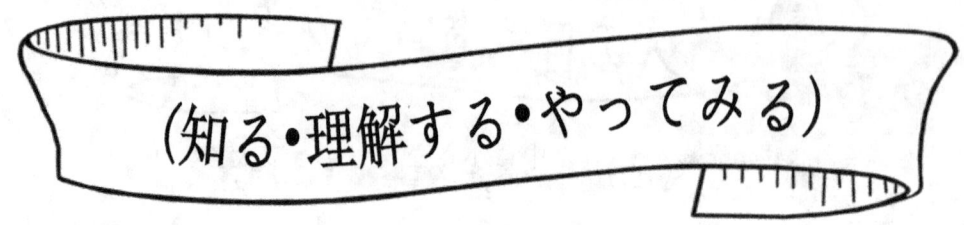

(知る•理解する•やってみる)

眼球

知る:
光彩、瞳孔、強膜、眼球、重なり

理解する:
- 平面の形(長さと横幅)と立体(奥行きが加わる)の違いを理解する
- リアルな眼球を描くため、割合と観察を駆使する
- 一連のシンプルな幾何学形をつなげると、複雑(で自然)な物体を描ける
- その場にある大きさの異なる物体を重ねて描くと、奥行きの錯覚を作りあげる助けになる
- 陰影のコントラストをはっきりさせると、立体や3Dのように見える

やってみる:
- 用意された手順に従い、バランス、陰影法、濃淡の混ざり合いに注意しながらオリジナルの眼球をデザインする
- 黒鉛筆や色鉛筆で陰影を付ける

用語集:
光彩 – 目の色が付いた部分
瞳孔 – 光彩の中心部にある、一番色の濃い部分
強膜 – 眼球の白い部分

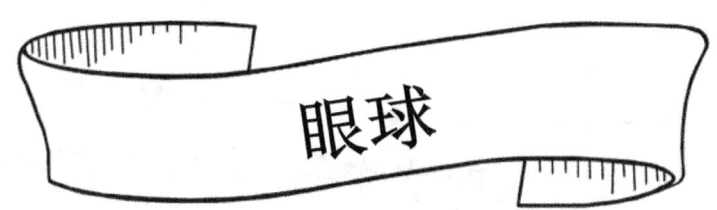

眼球

① まず円を描く

コツ:
写し描きできる円形の物を探そう！

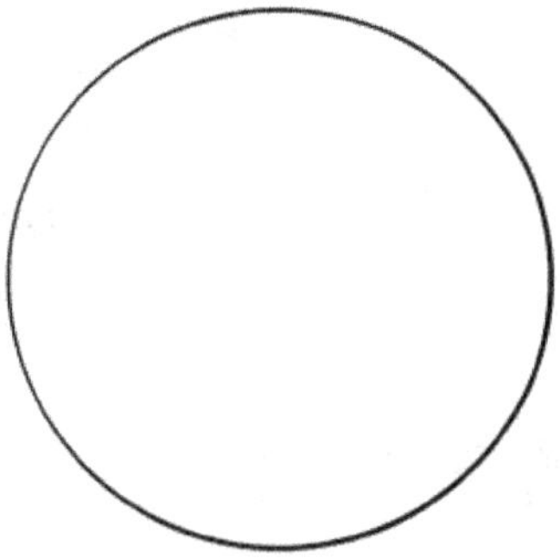

② 中心部に小さめの円を描き入れる。この部分が光彩になる

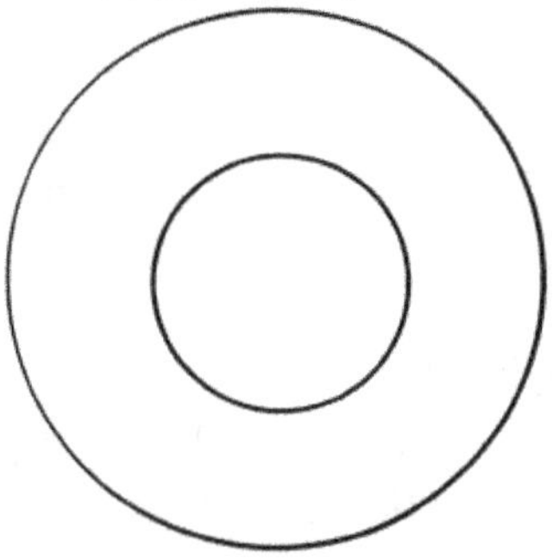

③ 光彩の中心部にもう一つ小さめの円を描き入れる

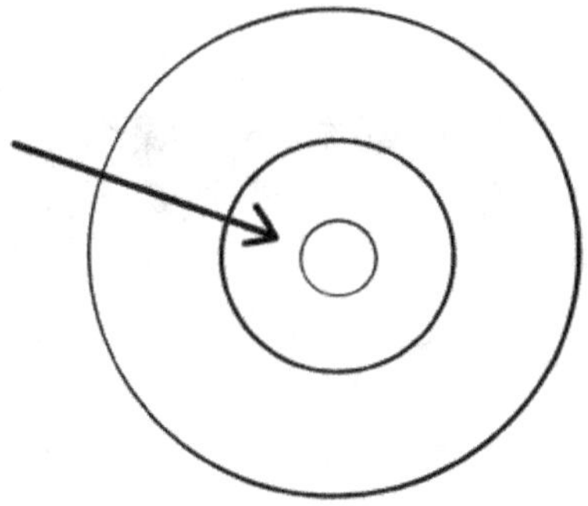
この部分が瞳孔

④ 瞳孔を黒く塗る。瞳孔の周りに「スポーク」を描き入れる

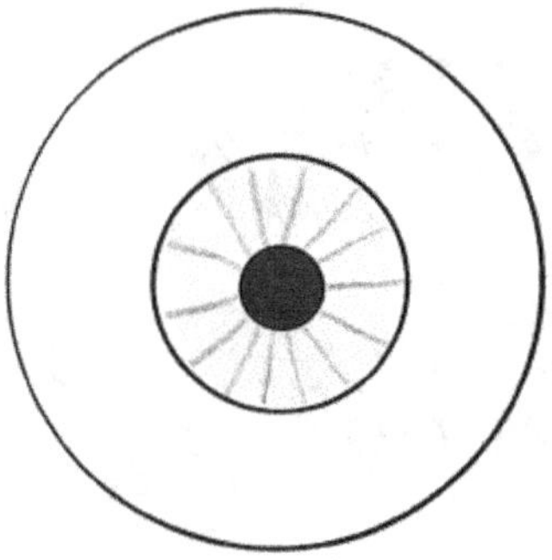

⑤ 光彩の縁を濃くして、さらにスポークを加える

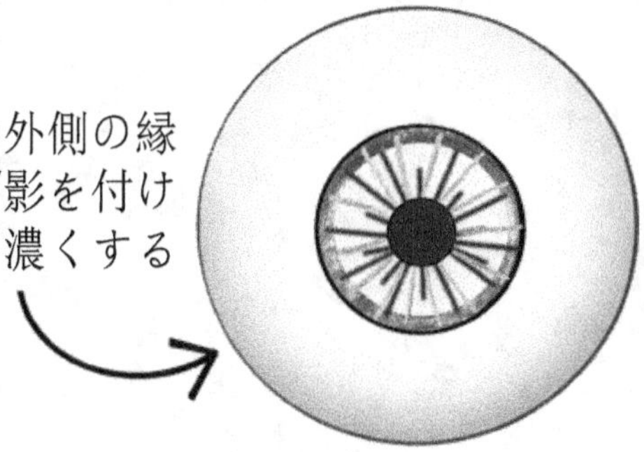
眼球の外側の縁に斑点/影を付けて、色を濃くする

⑥ 光彩全体に影を付ける。必要ならさらにスポークを加える

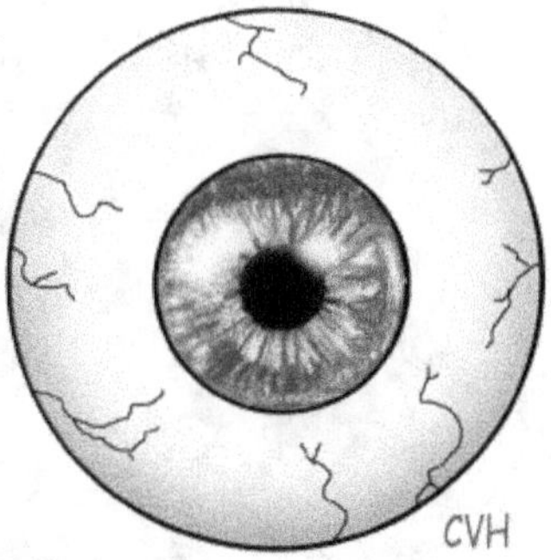
光彩のある部分の色を消して目の「輝き」を表現する
毛細血管になるよう細い線を加える
CVH

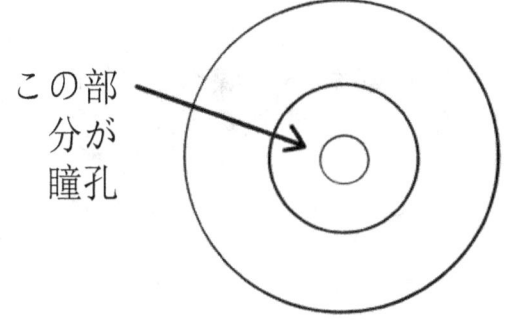

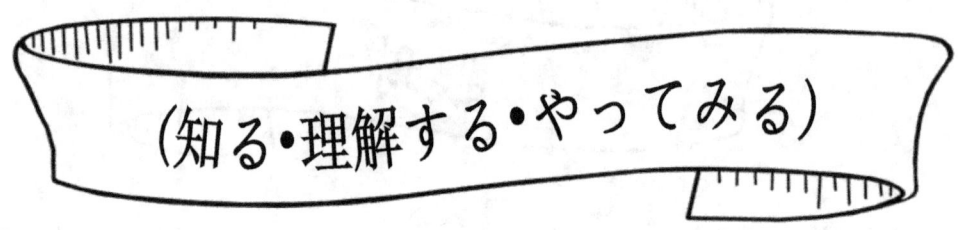

(知る•理解する•やってみる)

鼻

知る:
平均的な人の鼻は、標準的なガイドライン/寸法を使って描ける

理解する:

- 平均的な人の鼻の幅は、目と目の間の距離と同じ
- 突き出した鼻を描くときは、(光源にもょりますが)たいてい中心部が明るく、横に行くにつれて濃くなる
- 人の鼻は、目の間の部分が狭く、顔の下に行くにつれて幅が太くなる

やってみる:
用意されたテクニックを使い、一般的な人の鼻を描く練習をしょう。鉛筆を使って陰影を付けますが、陰影法、影、濃淡の混じり合う様子に注目しょう
コツ: 鼻の穴は濃くし過ぎない。顔の他の部分ょり目立ってしまうと「ブタの鼻」のょうになってしまう

用語集:
陰影法 － 明暗度を混在させること。影の部分を濃くし、他の部分を明るいままにすることにょり、作品で明るい部分から暗い部分、または暗い部分から明るい部分への変化を表現すること。陰影法は立体や奥行きの錯覚を起こさせるのに使う

人の鼻を描いてみよう

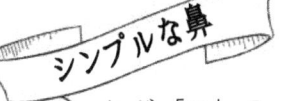

シンプルな鼻

1. まず「U」の字を描く

2. 両側に小さめの「U」の字を2つ描く

3. 鼻の側面を軽いタッチで描く

4. 片側に暗めの影を付ける

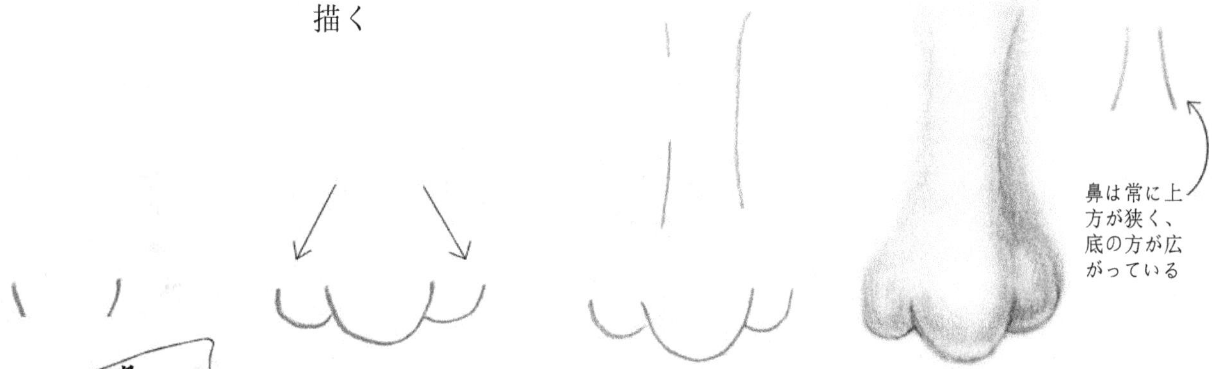
鼻は常に上方が狭く、底の方が広がっている

上級編の鼻

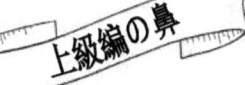

1. まず幅広のUの字を描き、先端をカーブさせる

2. 側面に(かっこ)の形を描き入れる

3. 鼻の側面を軽いタッチで描き入れる

4. 片側を暗めにして影を入れる

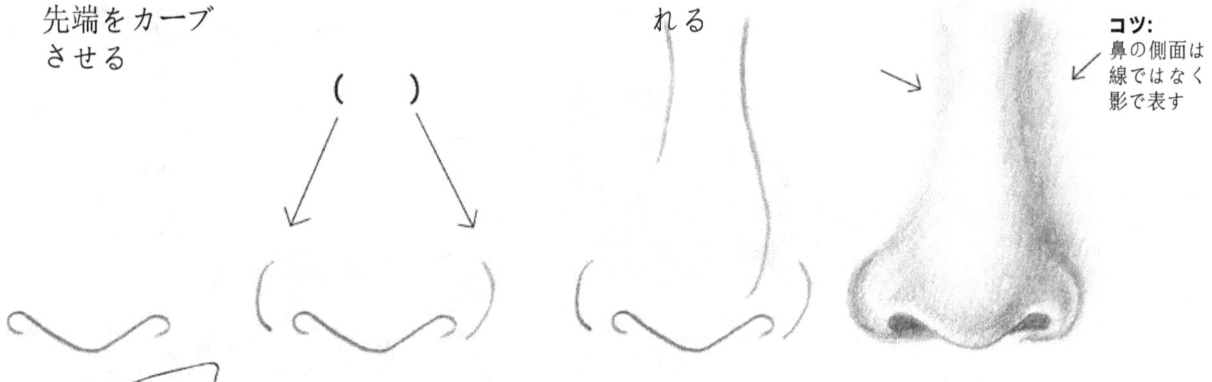
コツ:
鼻の側面は線ではなく影で表す

他の方法

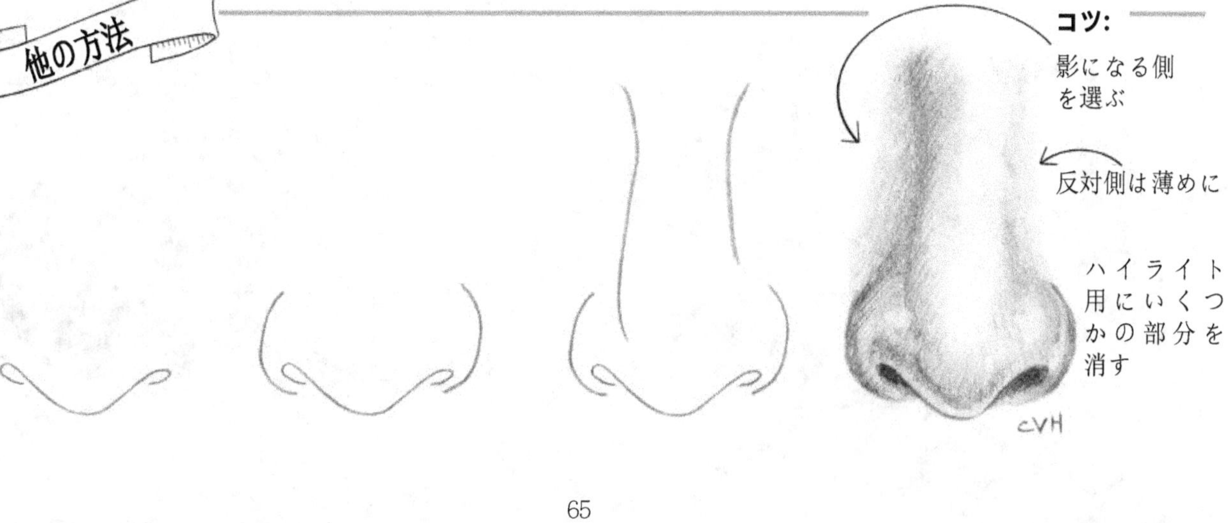
コツ:
影になる側を選ぶ
反対側は薄めに
ハイライト用にいくつかの部分を消す
cVH

鼻をピックアップ

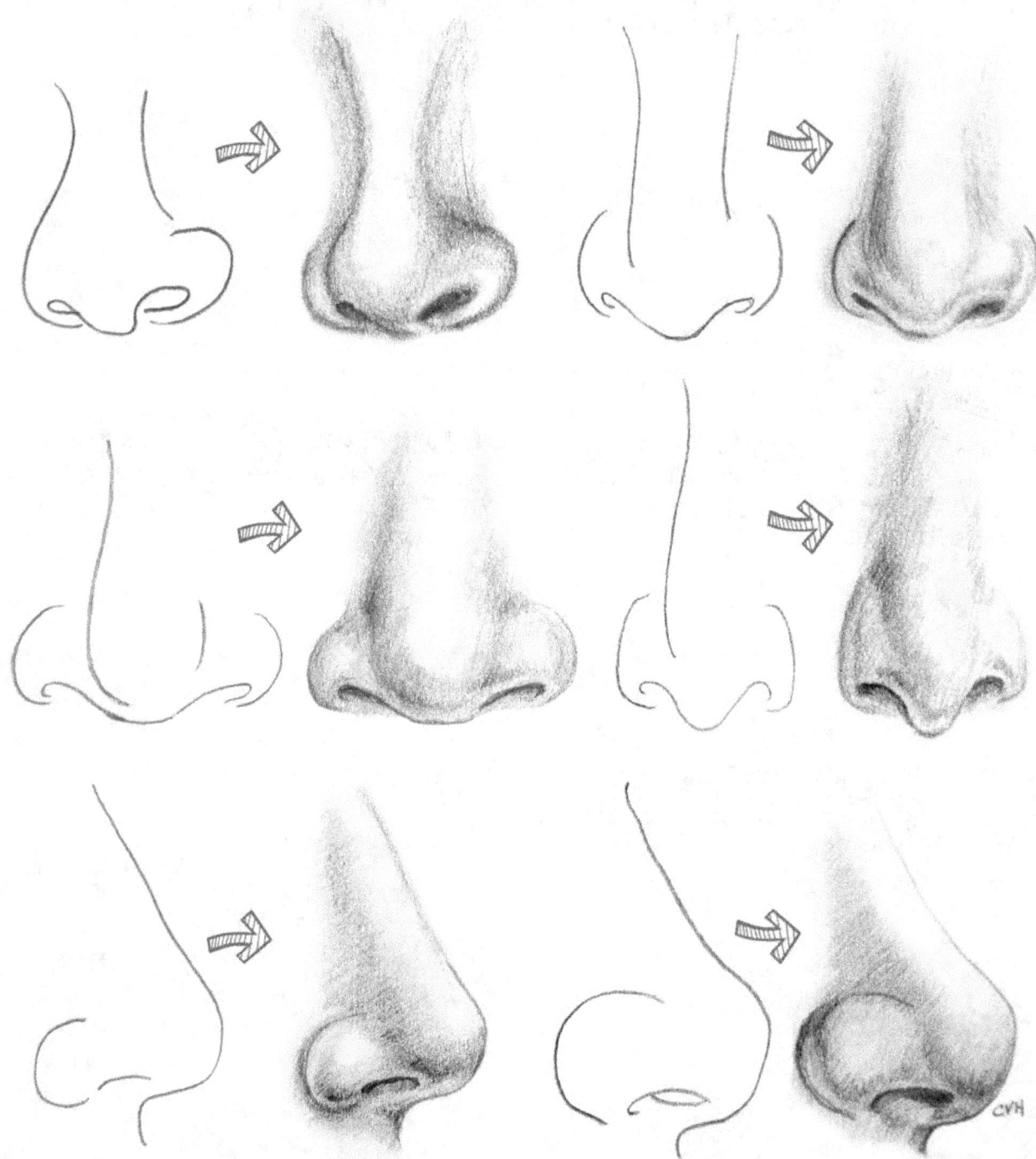

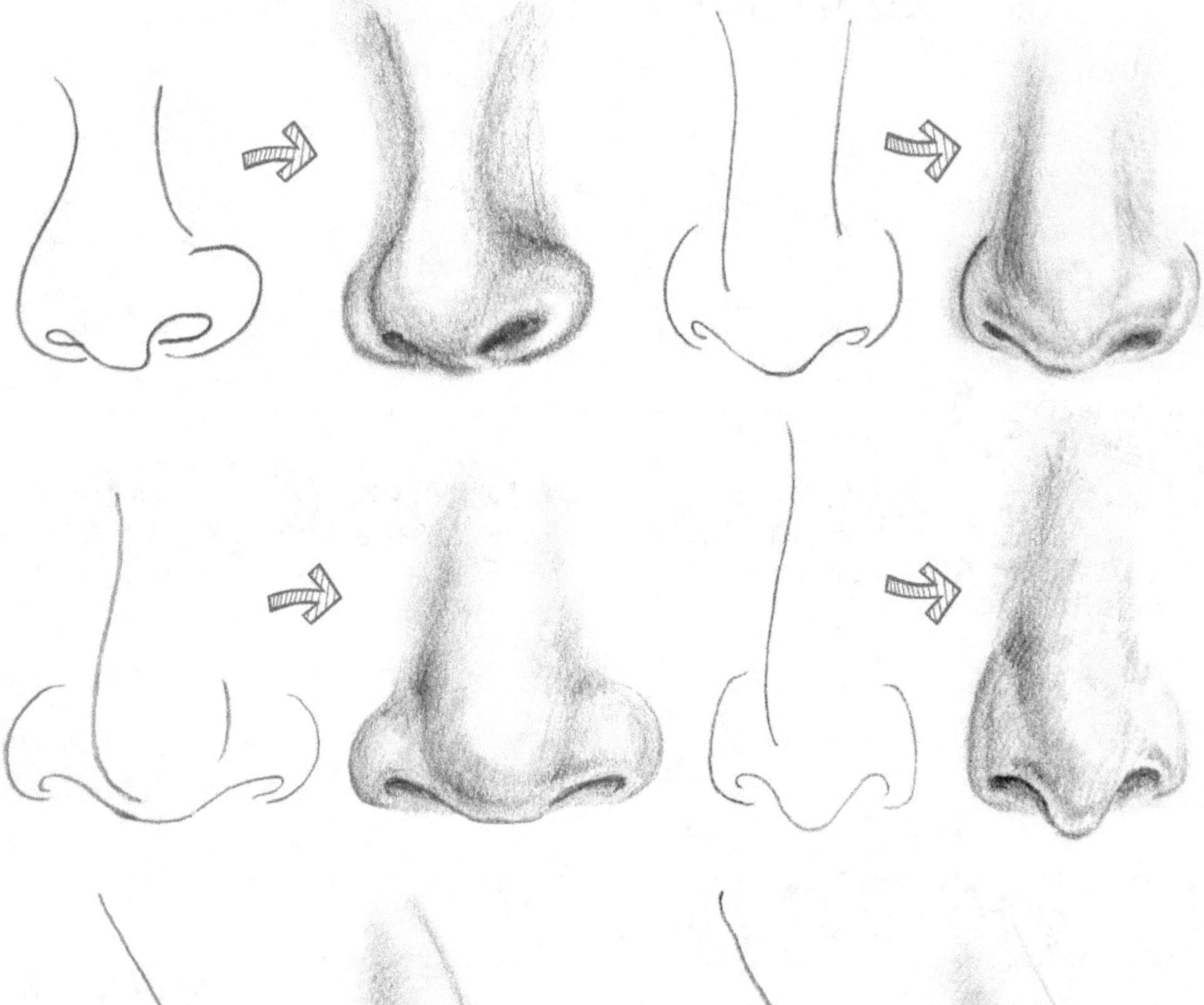

(知る•理解する•やってみる)

口

知る:

平均的な人の口は、標準的なガイドライン/寸法を用いてリアルに描ける。(顔を描くとき、瞳孔を通る目の幅を測れば口の幅が分る)

理解する:

- 平均的な人の下唇は、上唇より厚みがあり、大きい（ほとんどの人の場合!)
- 唇の水平面の方向に合わせて影を付けると、立体的なカーブラインができ、輪郭がはっきりする

やってみる:

- 用意されたテクニックを使い、基本的な人の口を描く練習をしよう
- 陰影を付ける
- 上唇と下唇が合わさる線を一番暗くしよう。下唇の中心部の影を少し消して自然な輝きが出るようにしよう

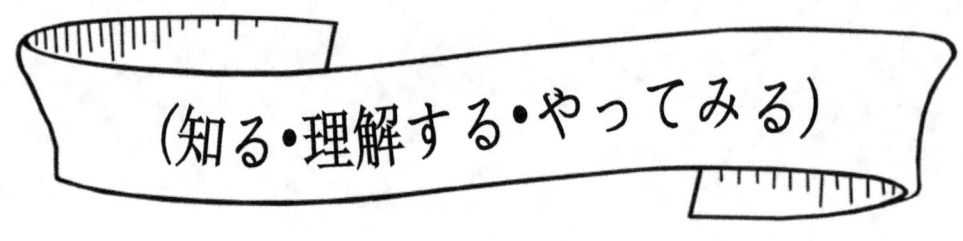

人の口を描いてみよう

① まず「夕日」を描く

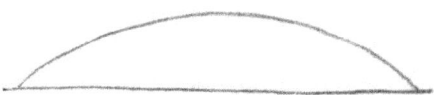

② 中心部を緩やかにくぼませる

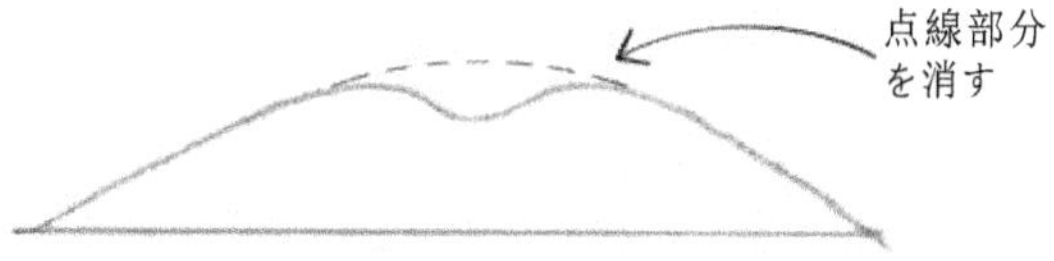
点線部分
を消す

③ 次に（底辺に）緩やかなくぼみを2つ加える

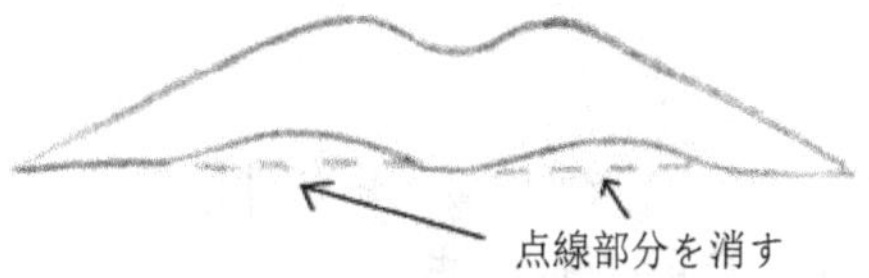
点線部分を消す

④ 下唇の位置を示す短い線を描き加える

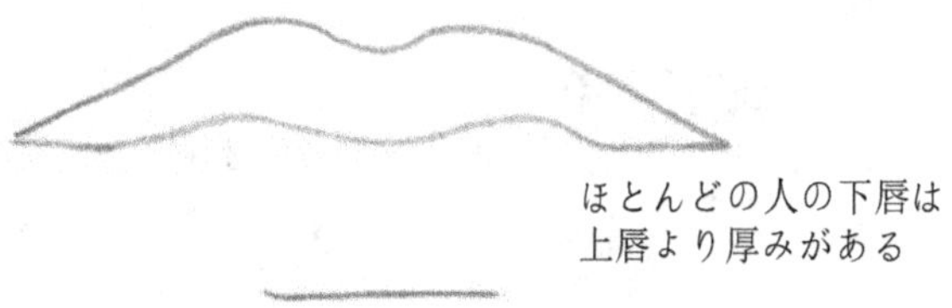
ほとんどの人の下唇は
上唇より厚みがある

⑤ カーブさせた線で下唇をつなげる

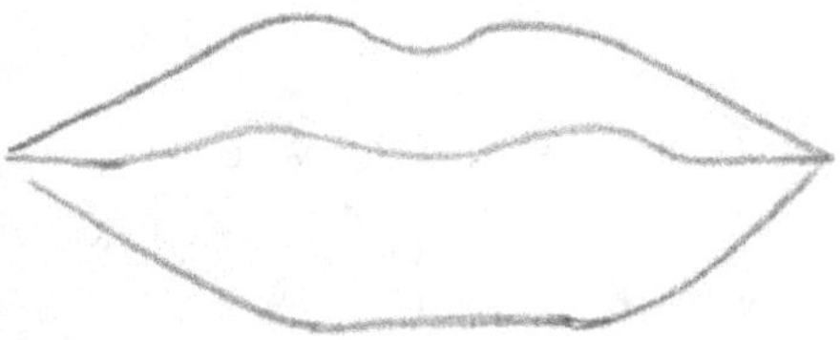

⑥ 唇のしわを描き入れる

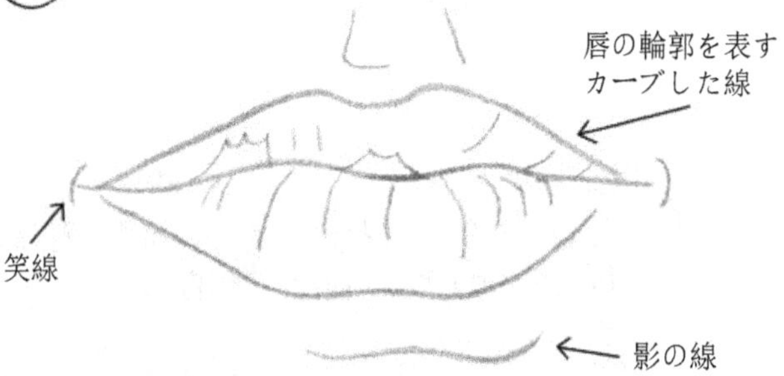
唇の輪郭を表す
カーブした線
笑線
影の線

⑦ 陰影を付ける

コツ:

右と左が完全に同じになるようにしなくてもよい。人の顔は完璧な左右対称ではない！

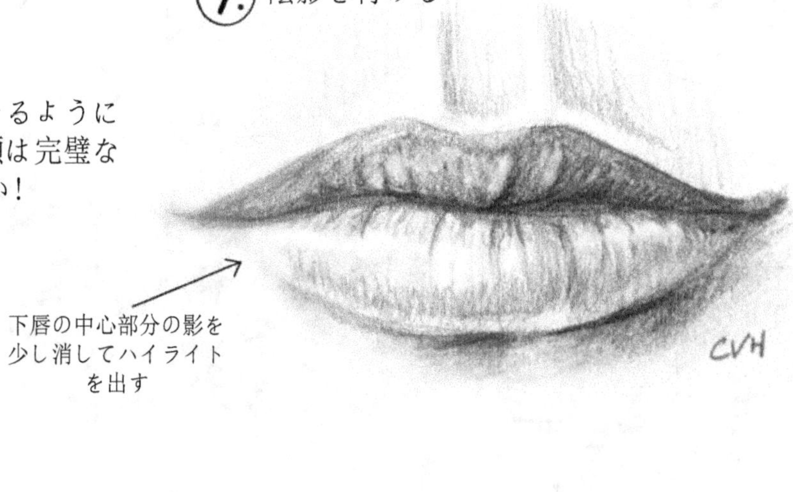
下唇の中心部分の影を
少し消してハイライト
を出す
CVH

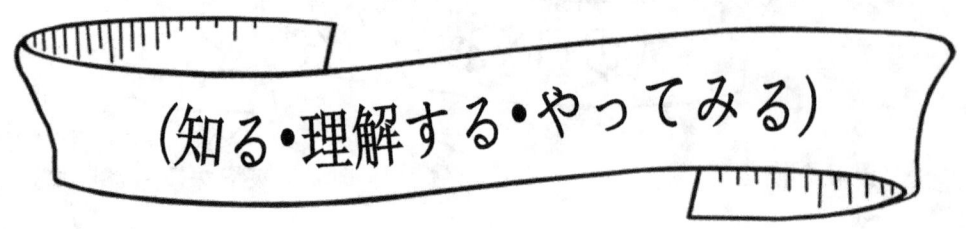

(知る•理解する•やってみる)

耳

知る:

- 耳は音を知覚し、平衡感覚と体の姿勢を保つのを助ける人体の器官
- 耳は頭の両側に、やや左右対称に付いている

理解する:

- 平均的な人の耳は標準的なガイドライン/寸法でリアルに描ける（耳を描くときはアイラインの先端から鼻の底の線までの位置に配置する）
- 明暗度スケールを使って影の濃淡を出すと、さらにリアルな仕上がりになる

やってみる:

- 用意されたテクニックを使い、基本的な人の耳を描く練習をしよう
- 耳の「穴」の中と耳上部のカーブした部分は、一番暗くしよう。耳たぶのある部分を消して、自然な光を効果的に表現する

用語集:

シンメトリー –　左右対称であること。各部分のバランスがとれていること

人の耳を描いてみよう

1. まず2つの円を斜めに重ねて描く

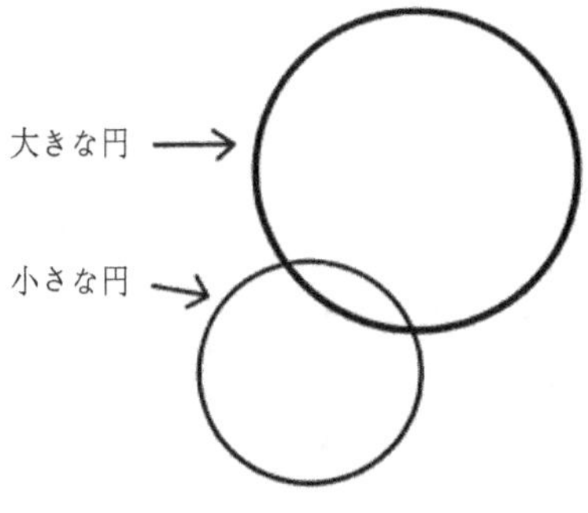
大きな円
小さな円

2. 点線部分を消す

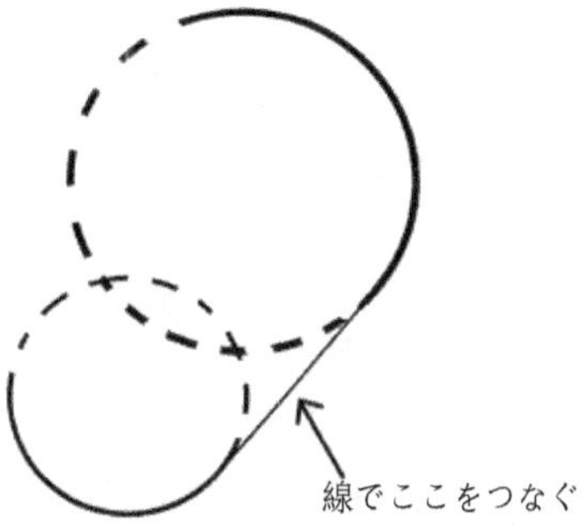
線でここをつなぐ

3. はてなマークの上部を描く

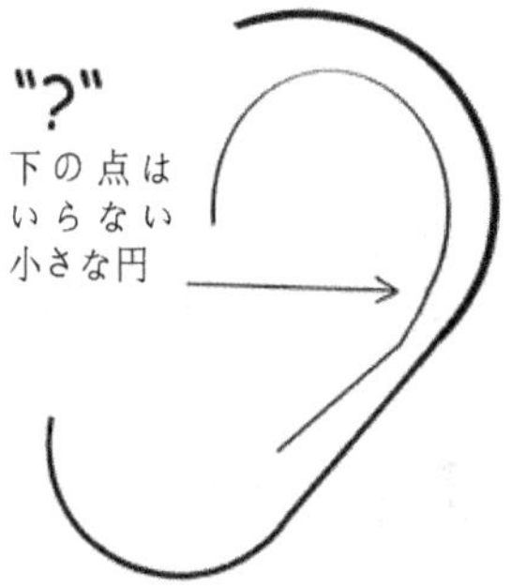
"?"
下の点はいらない
小さな円

4. 小さな円を描き加える

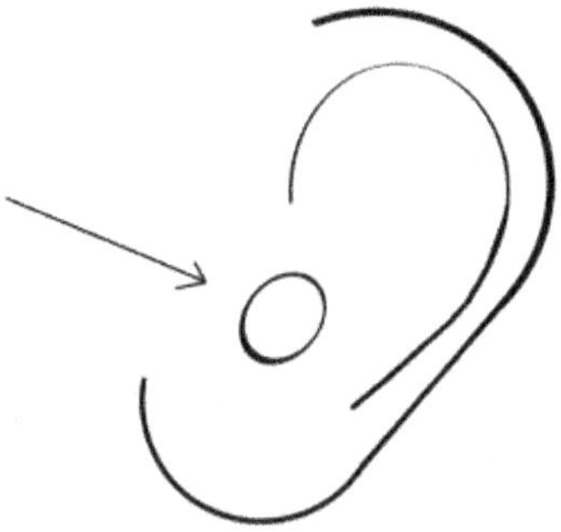

5. 下のように詳細を描き足す

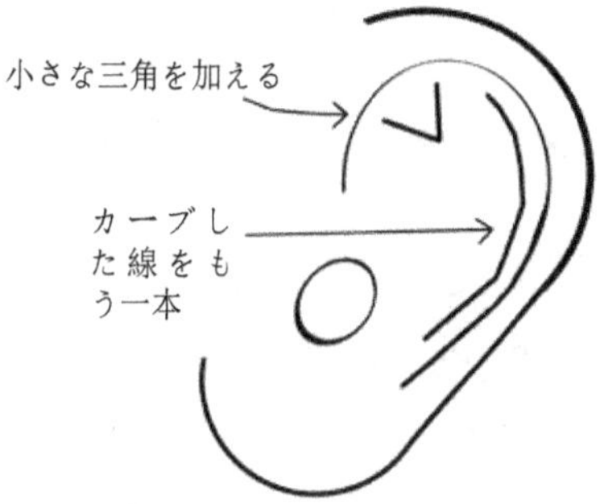
小さな三角を加える
カーブした線をもう一本

6. さらに詳細を描き足す

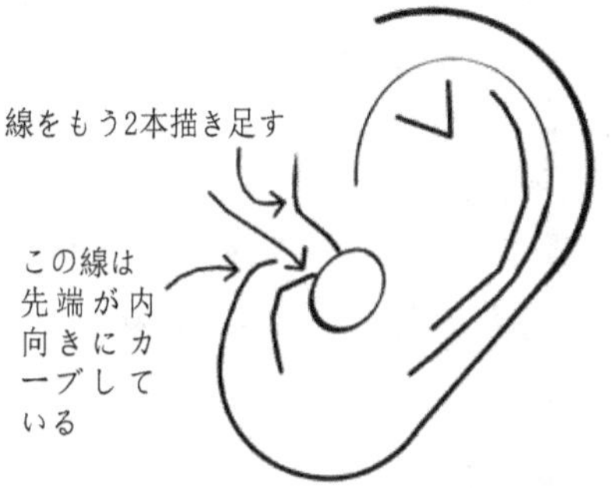
線をもう2本描き足す
この線は先端が内向きにカーブしている

7. 下の二つの形を加え、影を付ける

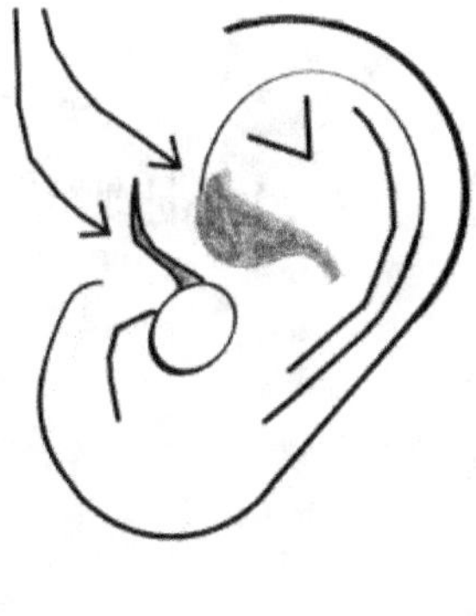

8. 下の部分にも色を付ける

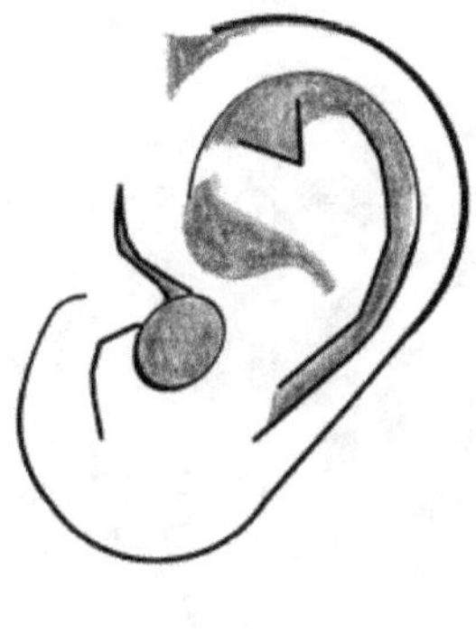

9. 陰影を付ける

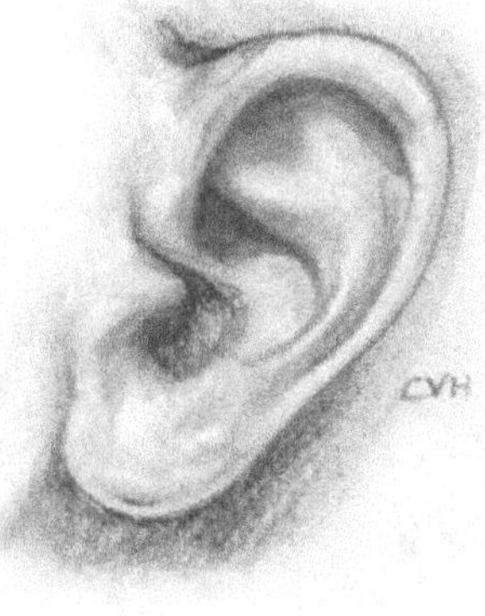
CVH

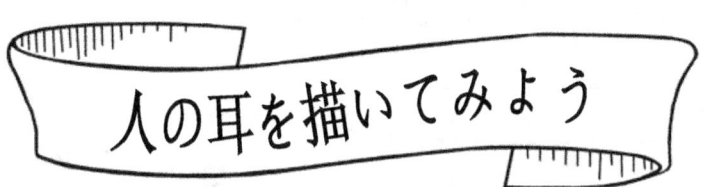

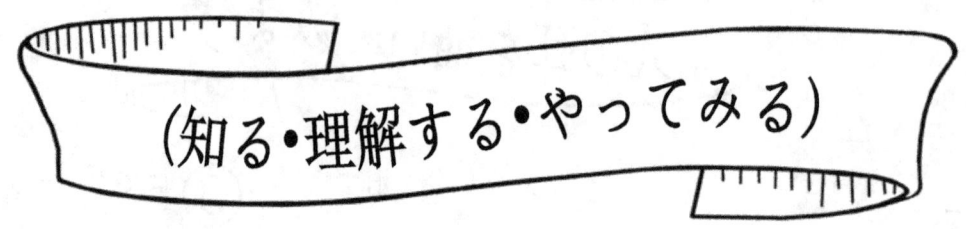

(知る•理解する•やってみる)

頭

知る:
人の顔を描く簡単な手順

理解する:
- 画面の分割を駆使して頭と一般的な表情を描く
- 特定の部分の形や大きさが少し違うと、見た目がユニークになる
- 凹凸(鼻、唇など)があるので影ができる
- 人の頭はグリッド線を使って測定/描くことができる

やってみる:
- 用意されたテクニックを使い、一般的な人の顔/頭を描く練習をしよう
- ガイドラインを使い、器官を配置し、影を付ける
- 「顔のチェックリスト」に従う

後は...
自画像 – まず基本的な顔のグリッド線を使い、その後鏡を使って自分の器官の形や大きさを確認する。自分のアイデンティティや特性に注目する。わたしたちを一般的な顔よりもユニークにしてくれるのは小さな差異!

用語集:
プロポーション – 一つのパーツの大きさや配置を他のものと比較すること

顔のチェックリスト

頭:
眉毛、首、鼻、下唇、あご、(光源によっては)頬骨の下に影を付ける

唇:
- 上唇が下唇より小さく、(少し暗めの影が入る)人がほとんどである
- 下唇の一部を消して「光る」ようにする
- 丸みのある輪郭線を描いて立体的にする

目:
- 瞳孔を黒く、光彩は明るめにする
- 瞳孔から放射線状に「スポーク」を描いて精巧にする
- 光彩の中に白い部分を残しハイライト効果を付ける
- 目の上側(まつげが生える部分)は下側より暗めにすべきである
- 顔の中央に向かうにつれて、まつげは短くなる

鼻:
- 鼻の側面は(輪郭線ではなく)影で表す
- 「ブタ」鼻にならないよう気を付ける

最後に取り上げるけど、大切な点...
- ガイドラインは消す
- 眉毛、まつげ、髪型を描き上げる

注意: ほとんどの人の髪は肌よりも暗くなっている。紙の中で最も暗い部分になるのは、髪、眼球(光彩/瞳孔)、眉毛。ほとんどの顔でそうですが、例外も少しある

コツ: 自画像を描くとき、鏡が自分の正面に来るようにしよう。顔を下に向けて鏡を見る生徒は、真正面が鼻になるので、変顔の自画像になってしまう!

基本的な人の顔

①.

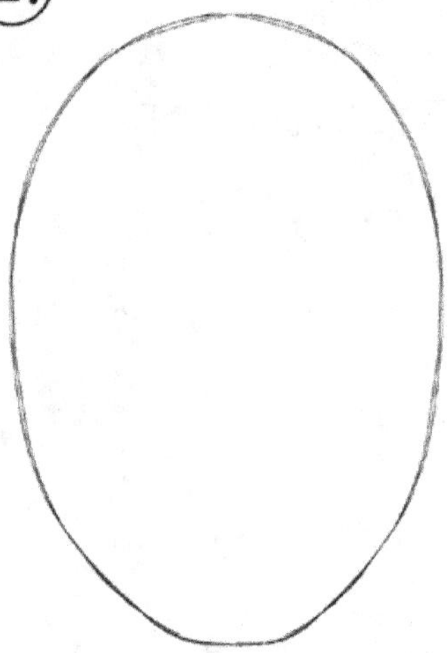

まず楕円形や逆さにした「卵型」を描く。一番上の部分は少し平らにする

②.

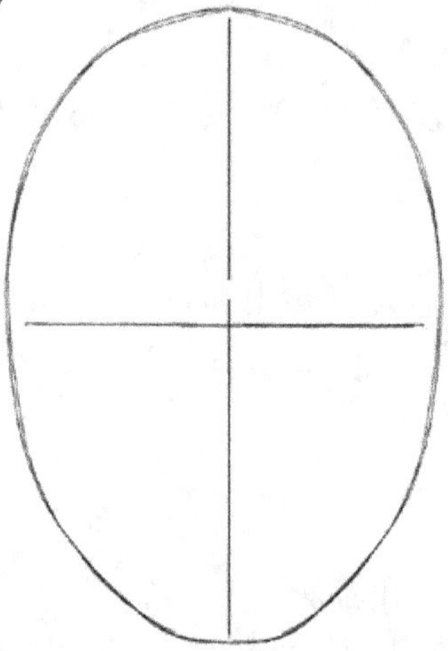

顔の真ん中に小文字の「T」を描く

③.

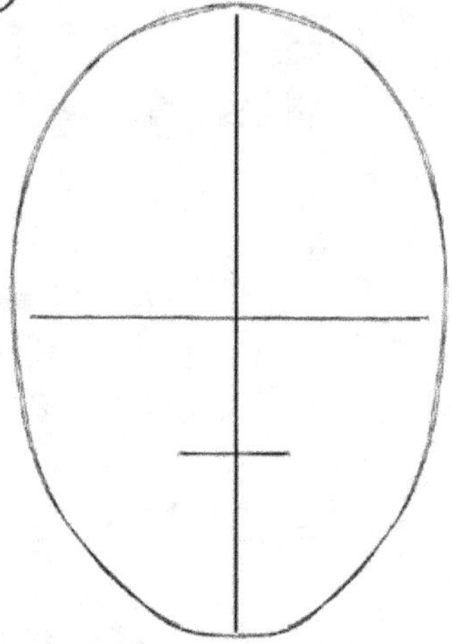

「T」字の真ん中に指を置き、他の指をあごに置く。中間点を探し、そこに線を描く。この線が鼻の底辺になる

④.

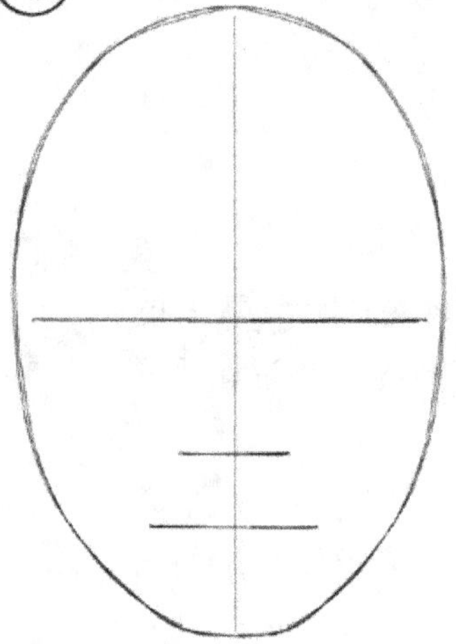

鼻の底辺を決めた線の真ん中に指を置き、他の指をあごに置く。指の中間点を見つけたら、そこに最後の線を引く。これが口の位置になる

⑤.

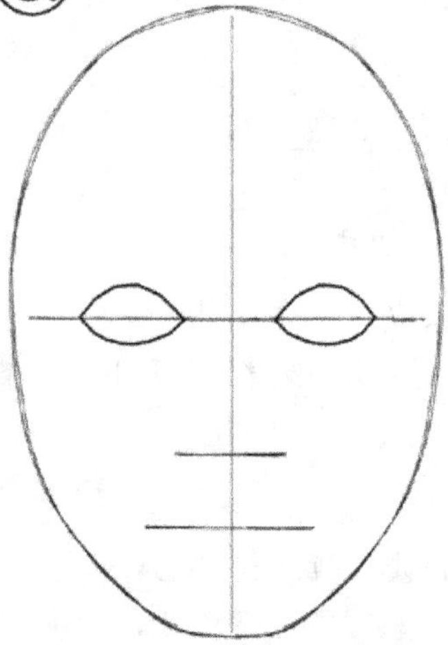

一番上の横線上にアーモンド/ラグビーボール型の目を2つ描く
コツ: 目と目の間の距離が、目の横幅になる

⑥.

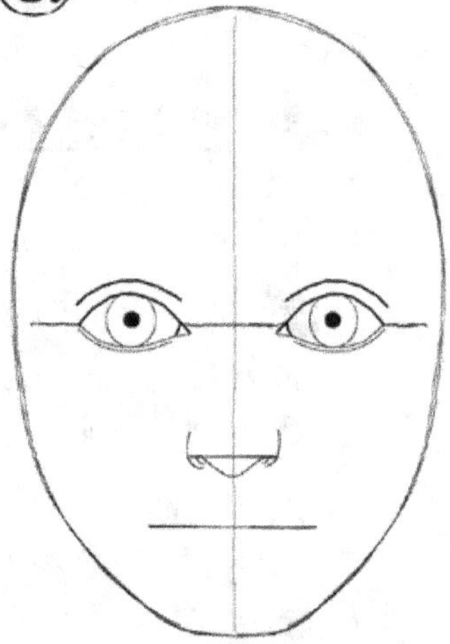

光彩、瞳孔、まぶたなどを加える。
二番目の線上に鼻を描く
コツ: 鼻の底辺の幅は、目と目の間の距離とだいたい同じ長さになる

基本的な人の顔

...続き

⑦.

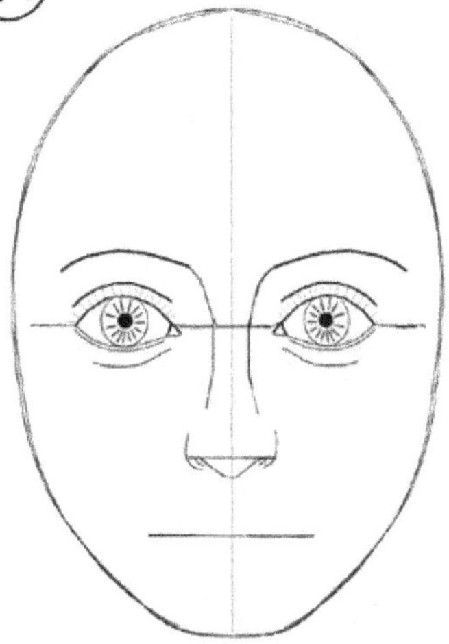

光彩の「スポーク」、眉毛の線、小鼻を描き加える コツ1: 小鼻の端と眉毛の先端をつなぐ!
コツ2: 鼻で一番ふくらみがあるのは底の部分で、一番細いのは眉の間の部分になる（三角形だと考える）

⑧.

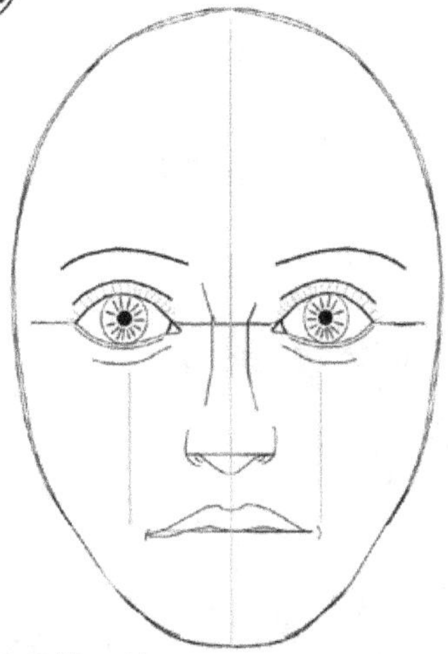

唇を描き始める。たいていの口の幅は、瞳孔と瞳孔の間の距離と同じ
コツ: 上唇の外側に小さな「キューピッドの弓(二重曲線)」を忘れずに描こう

⑨.

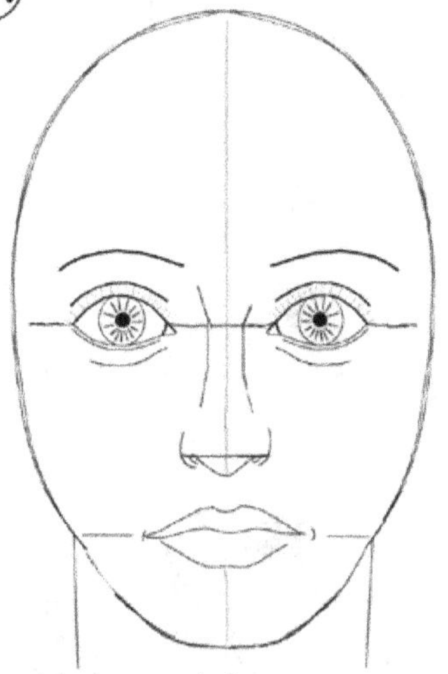

首のラインを描くコツ: 首の太さは口の端とだいたい同じ幅になる下唇を描き足す
コツ: ほとんどの人の下唇は、上唇より厚い

⑩

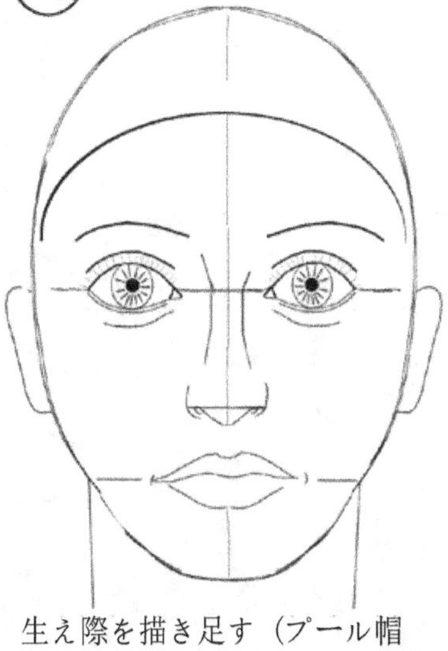

生え際を描き足す（プール帽のよう）。耳を描く
コツ: 耳の一番上は、アイラインと同じ高さになり、耳の一番下は鼻の底辺と同じ高さになる

⑪

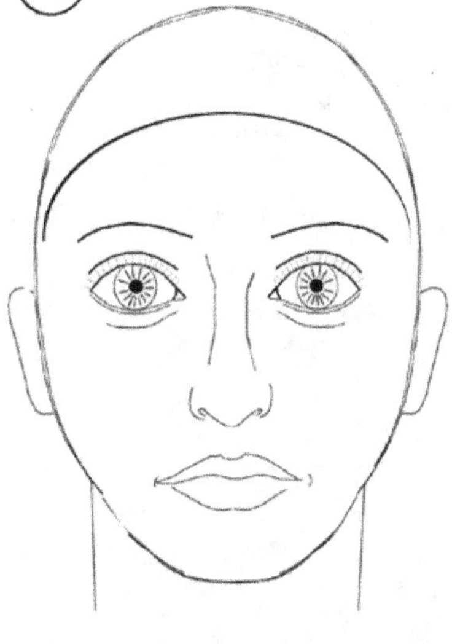

ガイドラインを消す

⑫

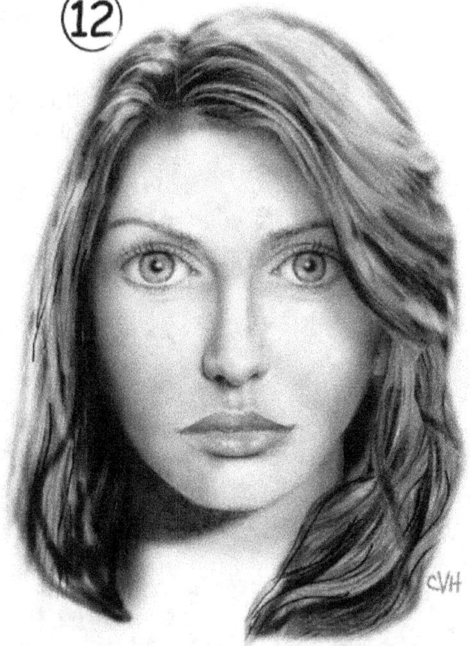

髪と陰影を加える

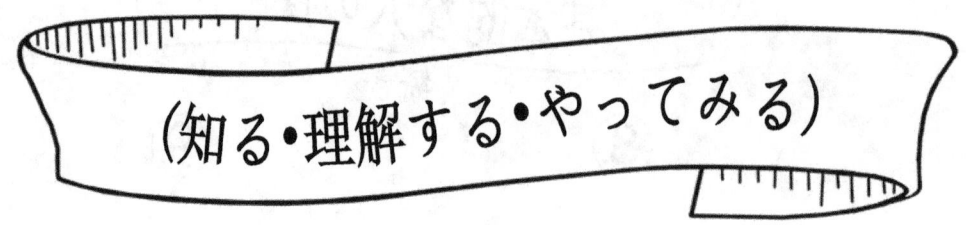

(知る•理解する•やってみる)

頭蓋骨

知る:

- 頭蓋骨を描くシンプルな手順
- 頭の主要な骨

理解する:

- 頭蓋骨を描くプロポーションの基本
- 人の頭の特徴はグリッド線で測定/再現できる

やってみる:

- 用意されたテクニックを使い、一般的な人の顔/頭を描く練習をしよう
- まずガイドラインを描いてから、パーツを配置し、影を付ける

用語集:

頭蓋 – 脳頭蓋を囲む頭蓋骨の一部
頭蓋骨 – 顔の構造を支え、頭蓋腔を形成する部分
下顎骨 – 顎骨の下の部分
プロポーション – 一つのパーツの大きさや配置を他のものと比較すること

頭蓋骨を描いてみよう

1. まず円を描く

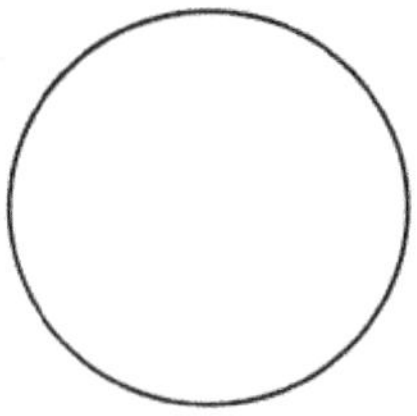

2. 長方形を描き足す

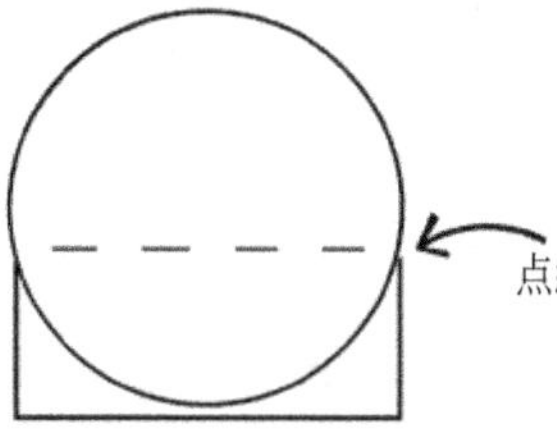
点線部分を消す

3. あごの線を加える

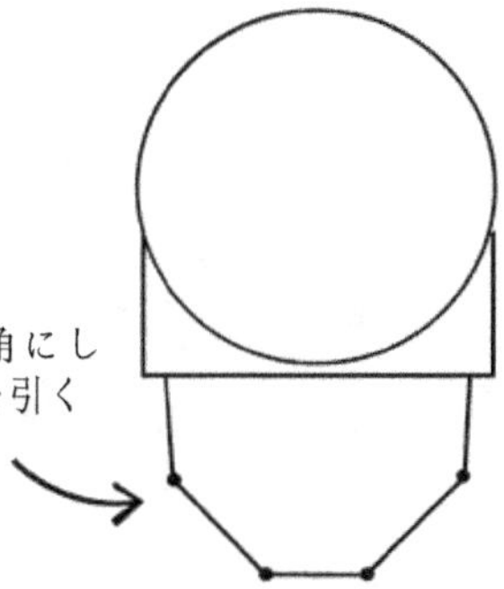
点を角にして線を引く

4.

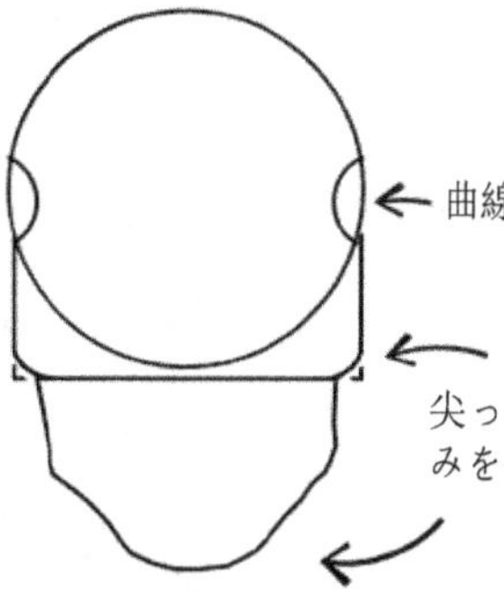
曲線を加える
尖った角をなくし丸みを付ける

5.

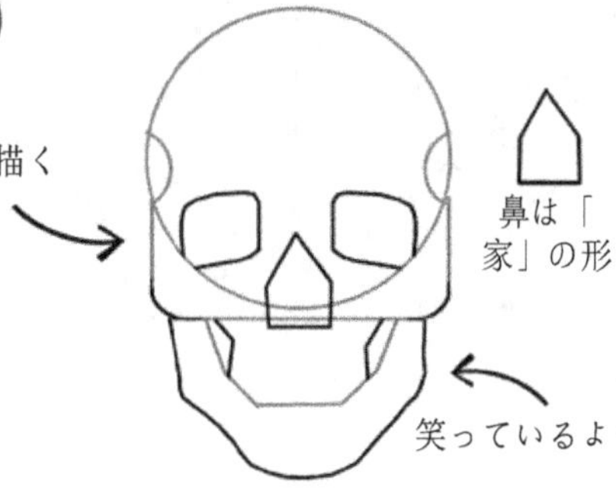
目を描く
鼻は「家」の形
笑っているように

6.

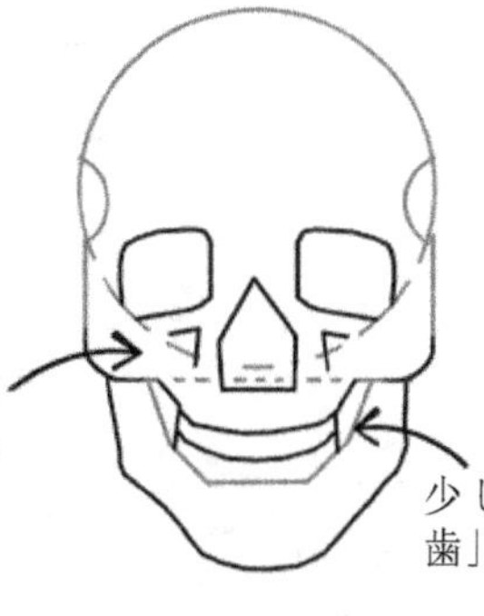
点線部分を消す
「矢印」の形を加える
少しカーブした「歯」の線を2本引く

7.

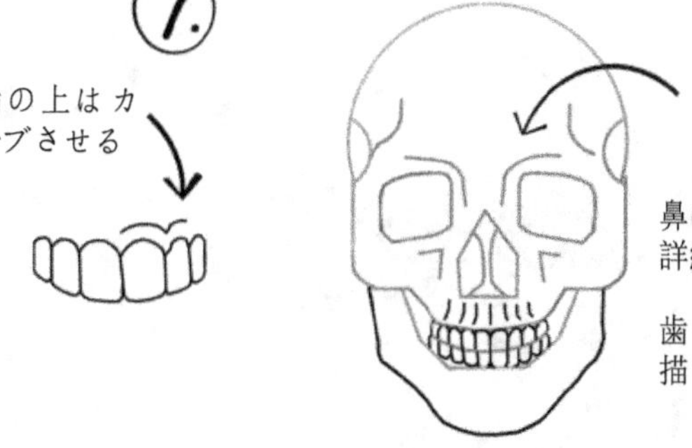
歯の上はカーブさせる
眉毛の隆起部分
鼻の内側の詳細
歯を描き入れる

8. 陰影を付ける

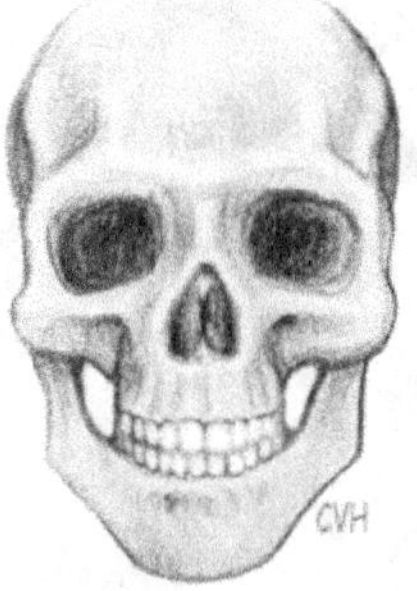
CVH

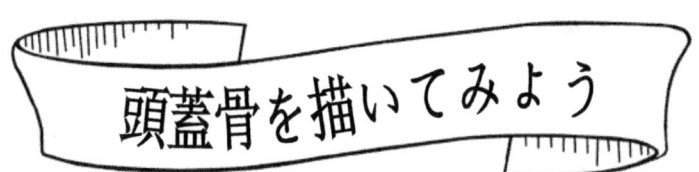

第3章

透視画法

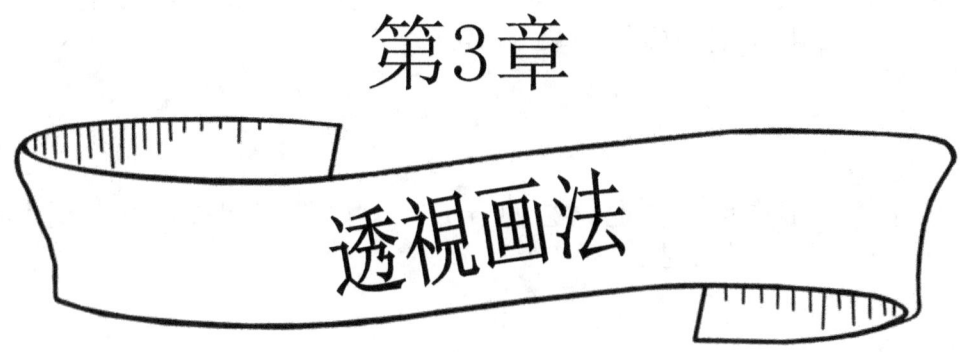

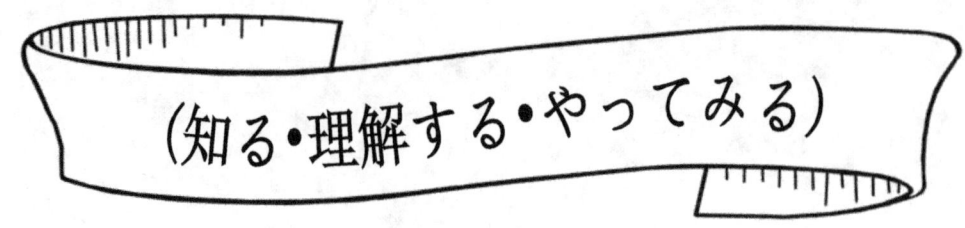

(知る•理解する•やってみる)

一点透視画法

知る:
一点透視画法

理解する:
- 線透視画法では、すべての線が水平線上の一つの点に集まる
- 後退線により空間の後ろに下がったように見えるまっすぐな境目ができる

やってみる:
- 水平線、消失点、後退線を使って3Dの錯覚を起こさせる街並みのオリジナル作品を描こう

含めるもの:
- 少なくとも建物を6つ
- 道
- 窓、レンガ、出入り口などの詳細
- 車、標識、看板などの「おまけ」

用語集:
水平線 – 水面や地面が終わり、空が始まるように見える線のこと
一点透視画法 – 線透視画法の一種で、すべての線が水平線上の一つの点に集まるように見える
後退線 – 前面から後ろに伸びる、または離れていくように見える線のこと
消失点 – 奥行きの錯覚を起こさせるため、近くの物体と遠くの物体の間の線画出会うように見える水平線上の点のこと

消失点とは、平行する線が出会うように見える想像上の点のこと

ワンポイント

線透視画法

水平線、消失点、後退線を駆使する

定規を使う

1. まず水平線と消失点を描く
消失点

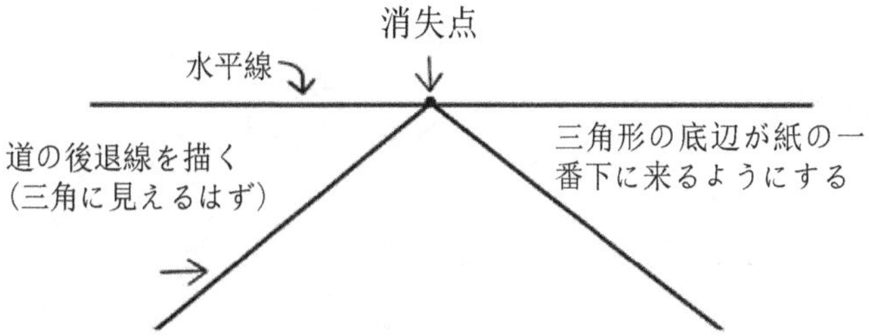
消失点
水平線
道の後退線を描く
（三角に見えるはず）
三角形の底辺が紙の一番下に来るようにする

2. 長方形を描く。これが一つ目の建物になる

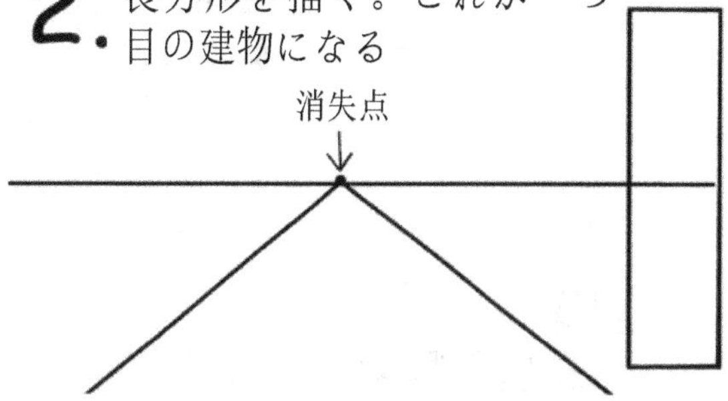
消失点

3. 長方形の角から消失点に線を引きます。これが後退線になる。

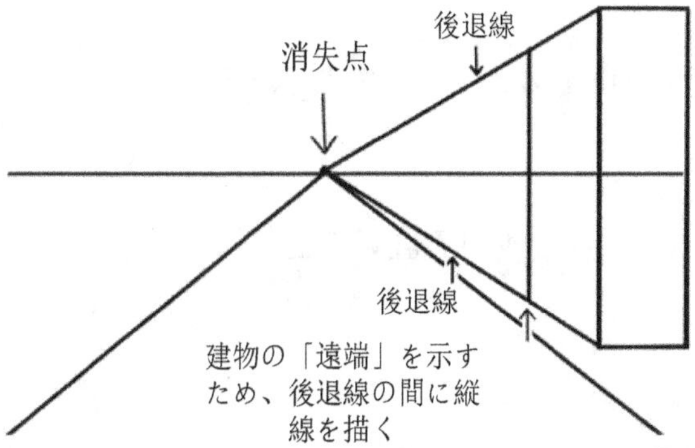
消失点
後退線
後退線
建物の「遠端」を示すため、後退線の間に縦線を描く

4. 「遠端」から消失点まで、後退線を消して仕上げる（点線部分を消す）

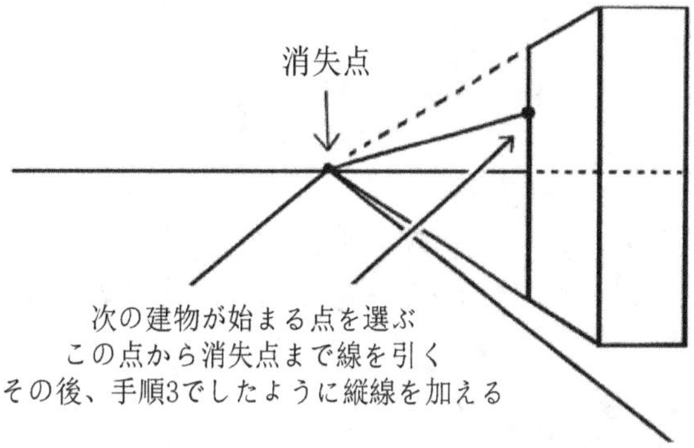
消失点
次の建物が始まる点を選ぶ
この点から消失点まで線を引く
その後、手順3でしたように縦線を加える

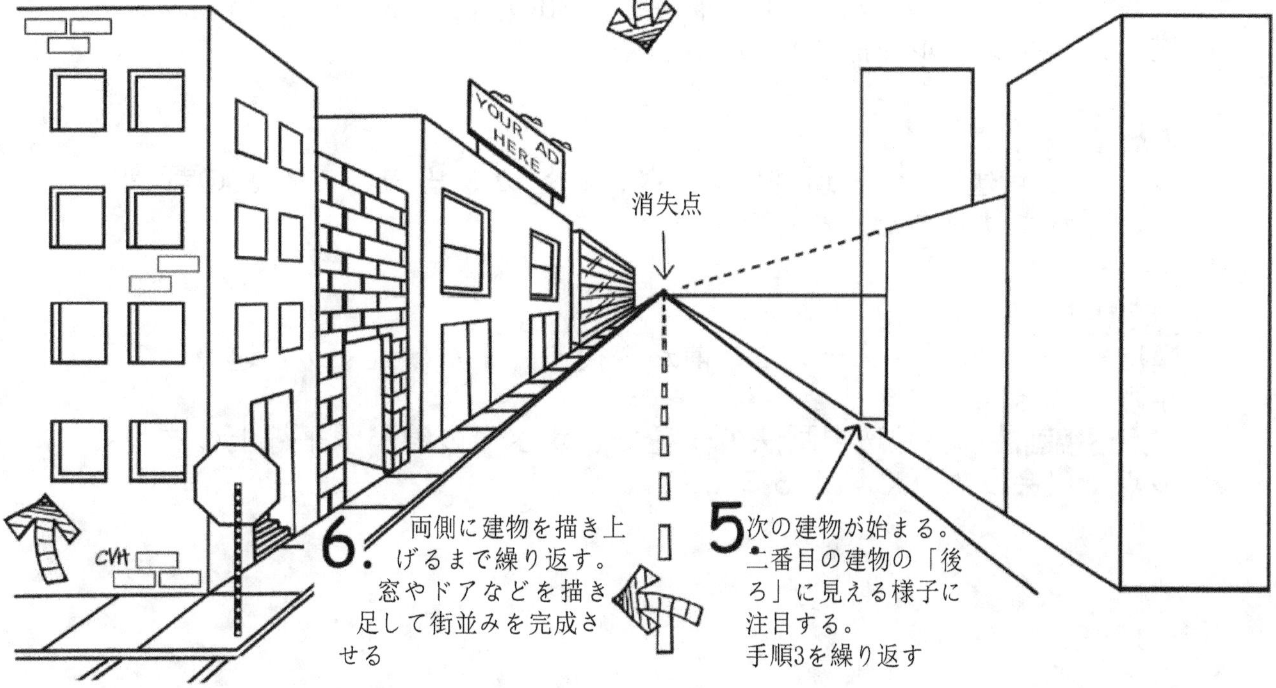
YOUR AD HERE
消失点
CVH

5. 次の建物が始まる。二番目の建物の「後ろ」に見える様子に注目する。
手順3を繰り返す

6. 両側に建物を描き上げるまで繰り返す。窓やドアなどを描き足して街並みを完成させる

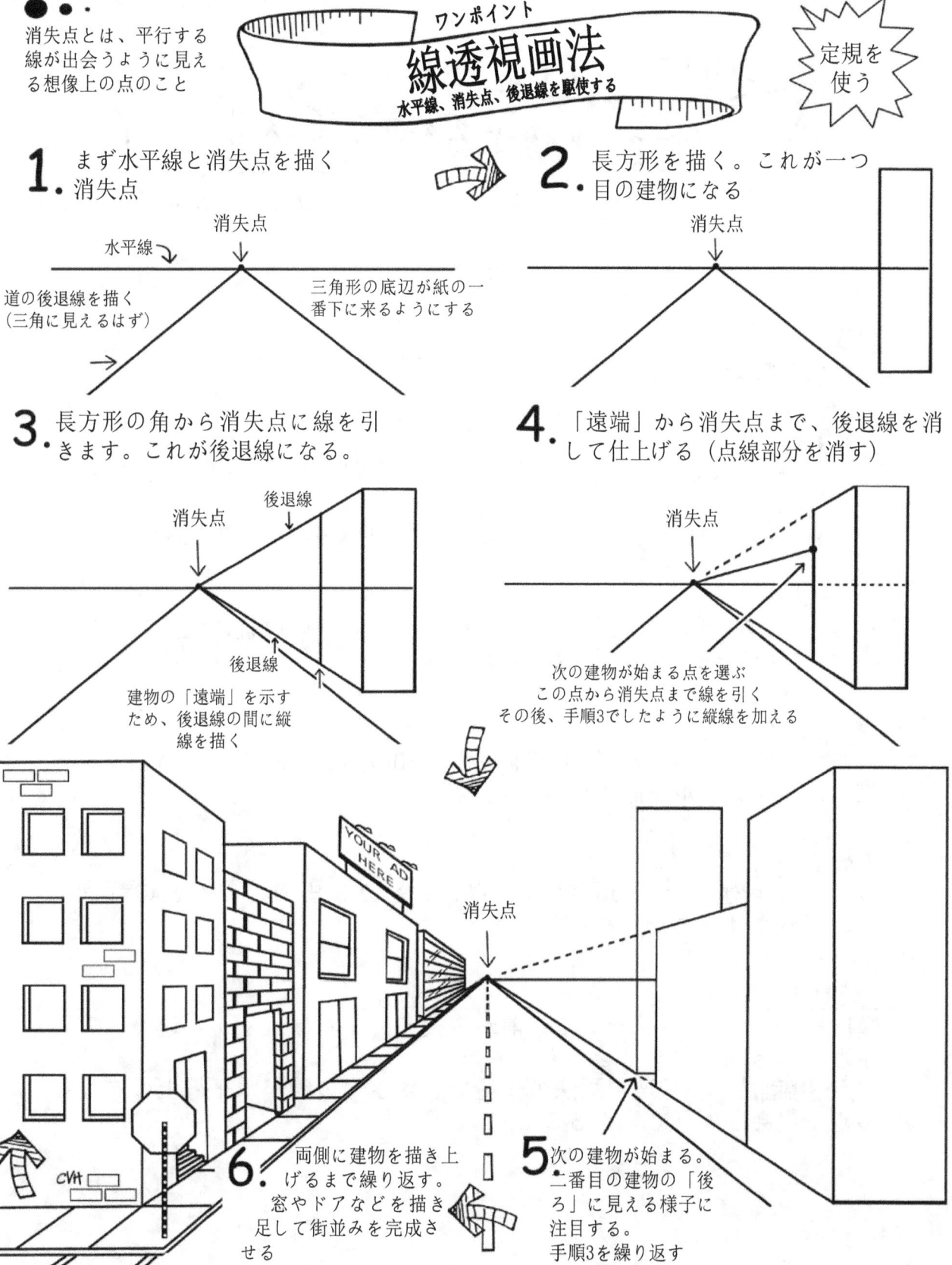

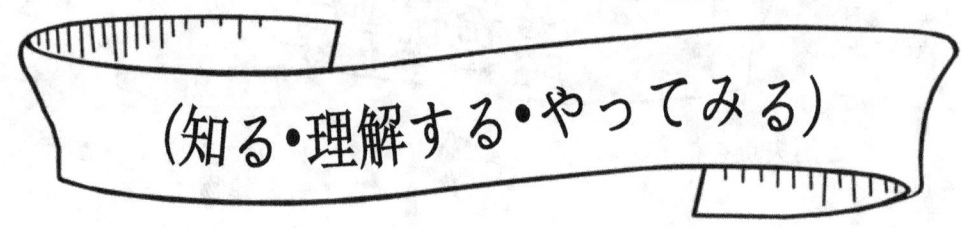

（知る・理解する・やってみる）

二点透視画法

知る:

二点透視画法

理解する:

- 線透視画法では、すべての線が水平線上のいずれかの二つ　の点で出会う
- 奥行きの錯覚を起こすため、透視画法のテクニックを使用する
- 対象物の大きさにより変化する
- 重なり
- 近くにある物体は、ページに描いた地面の低い位置に配置し、遠い時はページの高い位置に配置する

やってみる:

水平線、消失点2　つ、後退線を使って3Dの錯覚を起こし、街並みを描いたオリジナル作品を作る

含めるもの:

少なくとも建物7つ、道路2本、窓、レンガ、出入り口などの詳細と、「おまけ」をたくさん含める

用語集:

奥行き　－　アートワークで、前から後ろ、または近くから遠くへの距離のこと

二点透視画法　－　線透視画法の一種で、すべての線が水平線上の二つの点で出会うように見えること

あなたが描く建物は、水平線のはるか下、または上になるかもしれない

ツーポイント

線透視画法

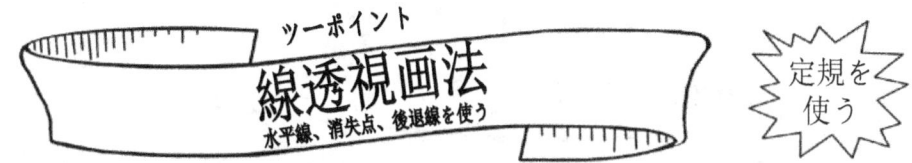

水平線、消失点、後退線を使う

定規を使う

1. まず水平線と消失点二つ、そして一つ目の建物用に縦線を描く

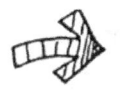

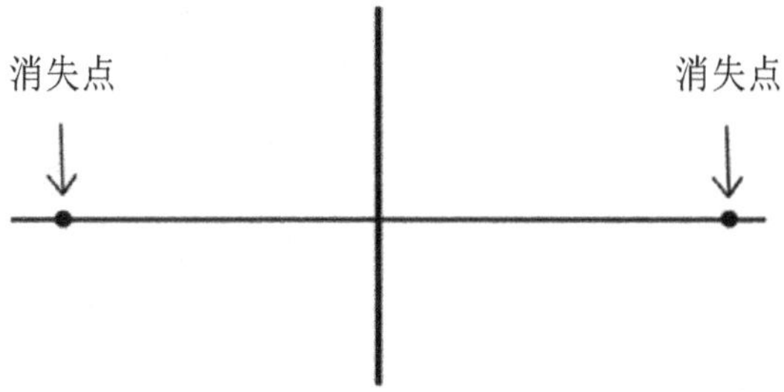
消失点
消失点

2. 次に真ん中の縦線から二つの消失点に向けて、後退線を描く

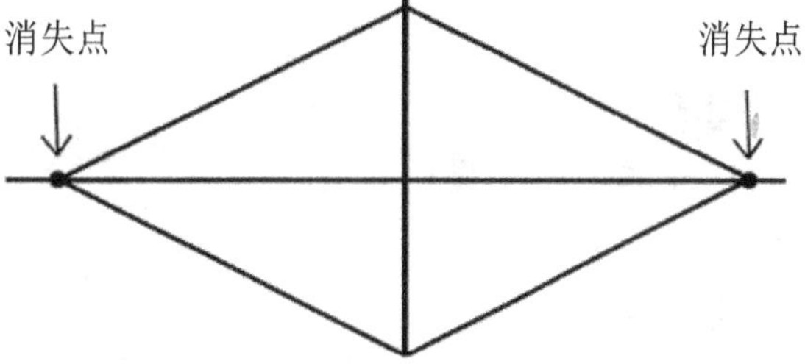
消失点
消失点

3. 真ん中の縦線の両側に線を2本引く。これが一つ目の建物になる

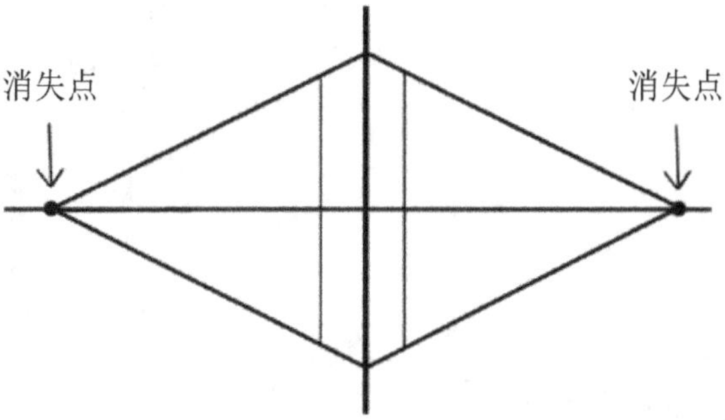
消失点
消失点

4. 他の背の低い建物を各。この新しい建物の屋根が水平線より低いことに注目

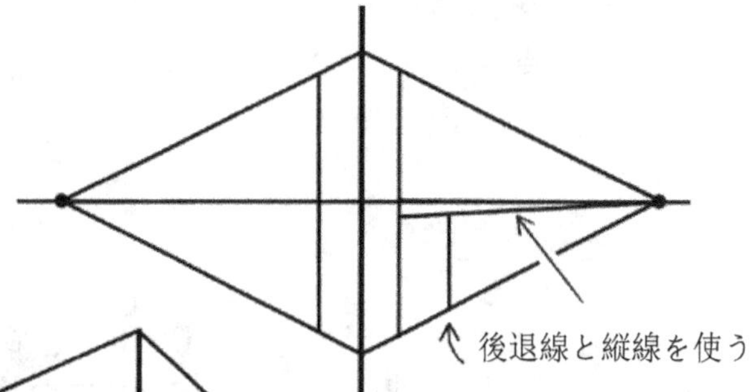
後退線と縦線を使う

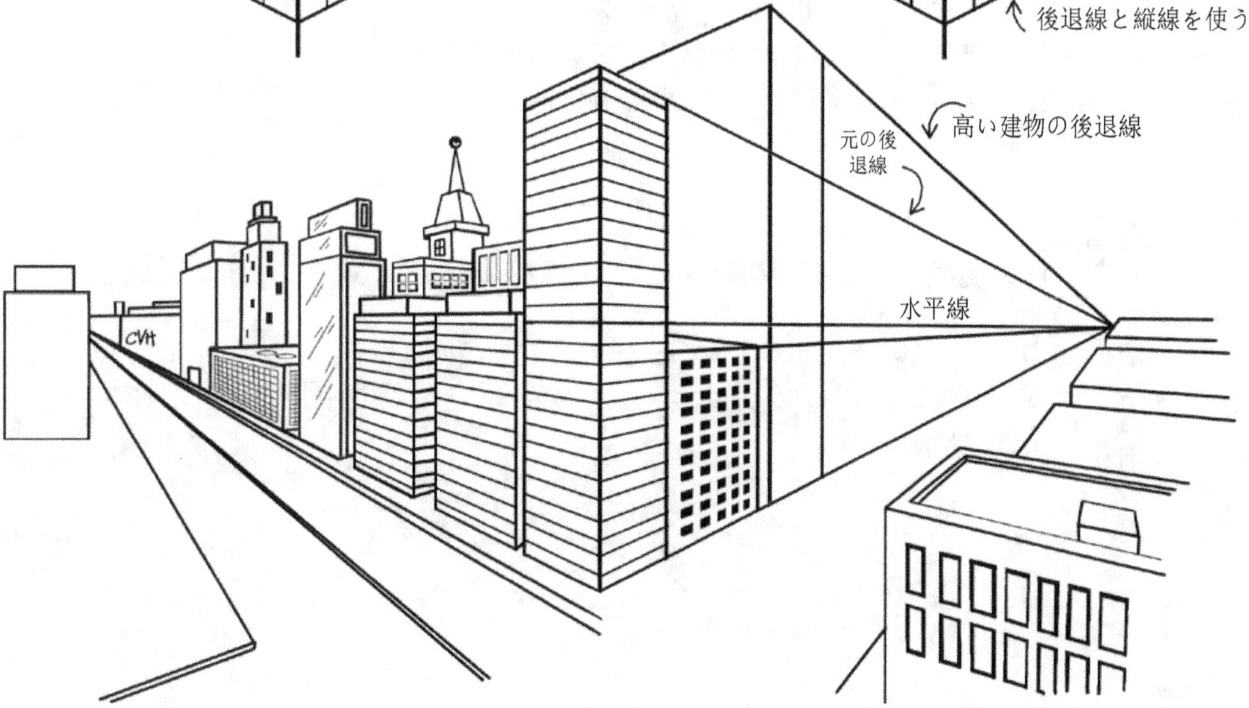
高い建物の後退線
元の後退線
水平線

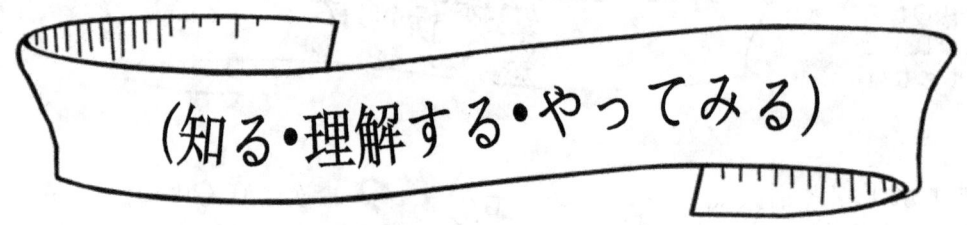

(知る•理解する•やってみる)

空中からの視点

知る:

空中からの視点

理解する:

- 「鳥の視点」から見た眺めを描くテクニックを使う
- 後退線の使用

やってみる:

- 消失点と後退線を使って「鳥の視点」から見たオリジナルの街並みを描く

含めるもの:

- 少なくとも建物8つ
- 窓、レンガ、出入り口などの詳細
- 基本の建物の周りに、木や道、その他「おまけ」
- 屋根の詳細: 送風機、プール、配管、ヘリポートやその他屋根にある物

用語集:

空中からの視点 – かなり高いところからの視点のこと、鳥の視点ともいう

鳥の視点 – 観察者が鳥になったように、物体を高いところから見下ろす視点のこと。このテクニックは青写真や平面図、地図の作成によく使われる

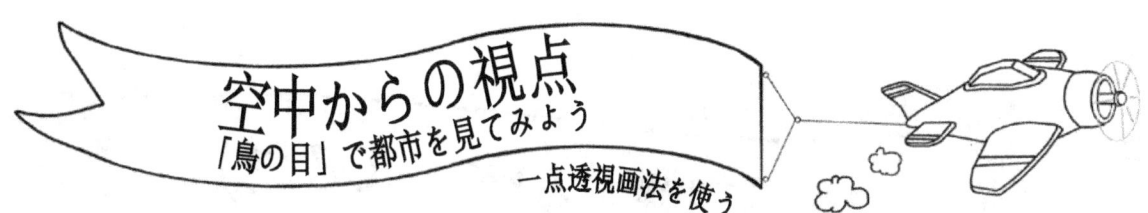

空中からの視点
「鳥の目」で都市を見てみよう
一点透視画法を使う

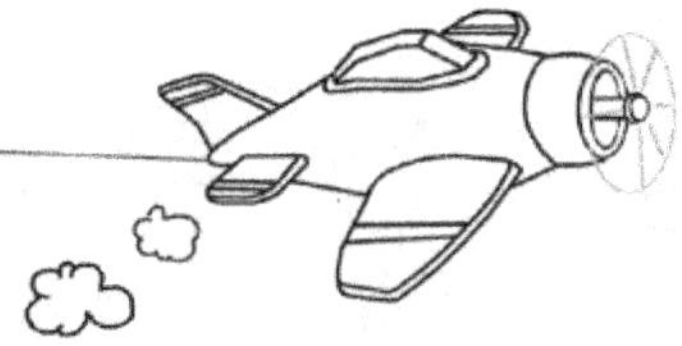

1. まず中央の消失点の周りに四角い形をいくつか描く
これが建物の屋根になる

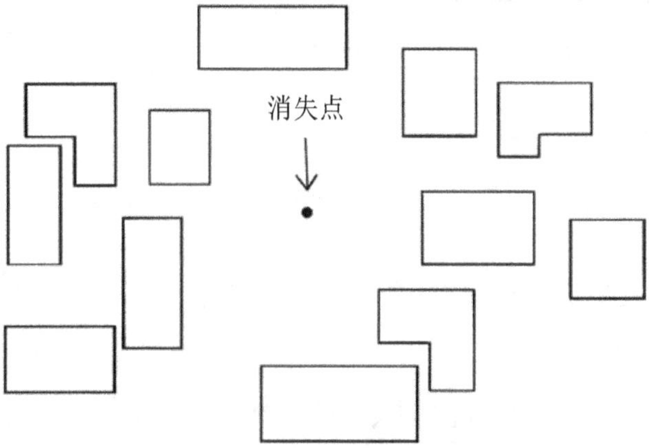
消失点

2. 次にそれぞれの角から消失点に向かって後退線を描く（後退線は形を通過しない）

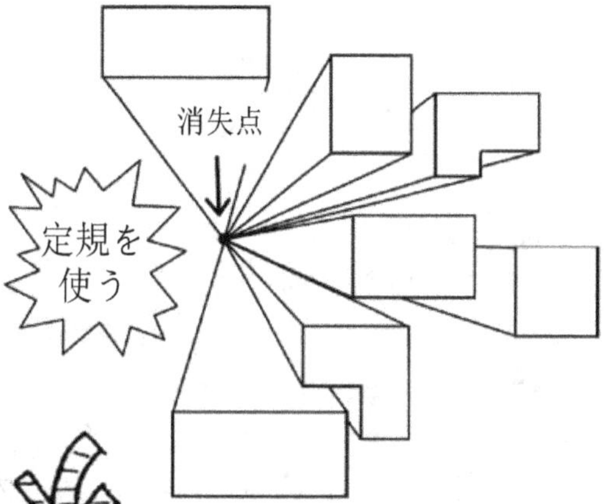
消失点
定規を使う

3. 後退線をすべて描き込んだら、各建物の下の部分を描く

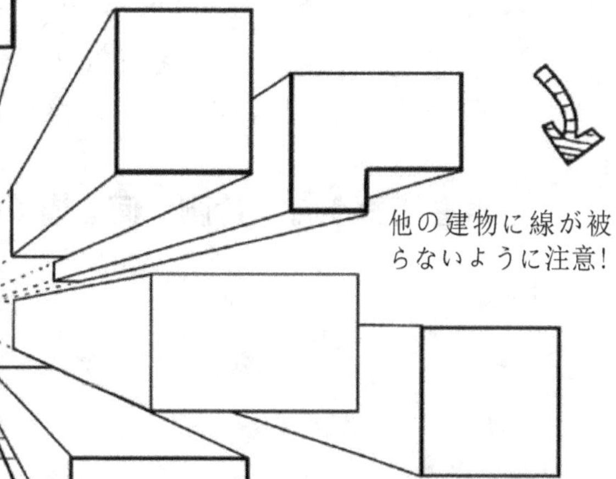
他の建物に線が被らないように注意!

4. 建物の一番下から消失点に向かう後退線を消す

5. 「窓」の線と屋根の詳細を描き入れる

6. 建物の足もとに木や道、その他「おまけ」を描き入れて仕上げる

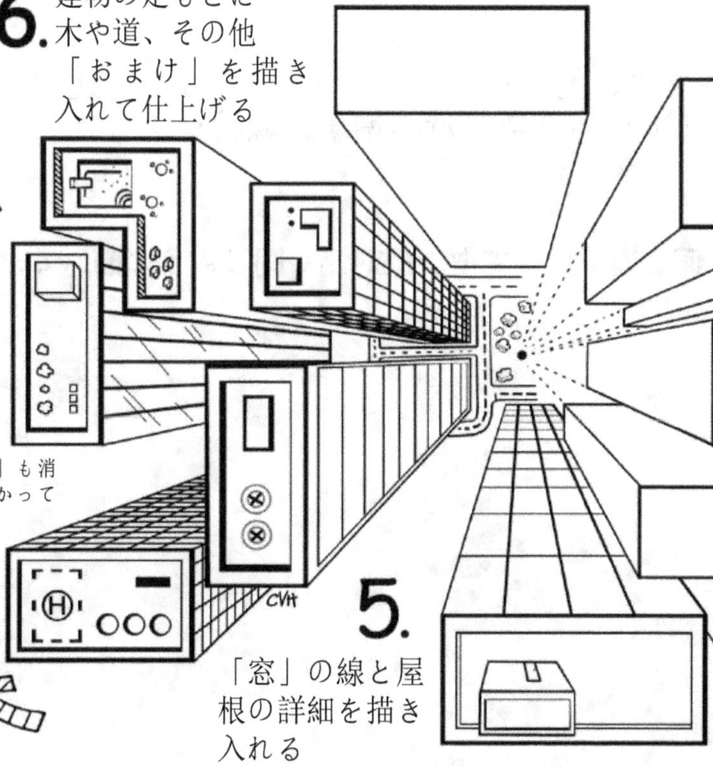
CVH

コツ:
「窓の線」も消失点に向かって後退する!

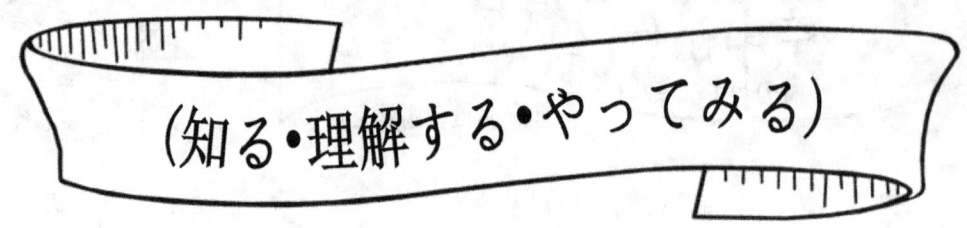

(知る•理解する•やってみる)

ブロック体と透視画法

知る:
場面の近くと遠くにある物体の違い

理解する:
- 一点透視画法を使って奥行きの錯覚を起こせる

やってみる:
- 用意されたテクニックに従い、一点透視画法、後退線、ブロック体を使って 3Dレタリングの錯覚を起こし、自分の名前を書いてみる
- 影を付け、傾斜部分を加える

コツ: 字の角をとがらせて、先が丸くならないようにする。透視画法を使う時、先が丸まっていると難易度が増す。練習によって上手になったら、丸いバブルレターを使ってみよう

定規を使おう 。 片側に何を描くにしても、反対側も同じように描いてみる!

ブロック体：透視画法を使って自分の名前を描く

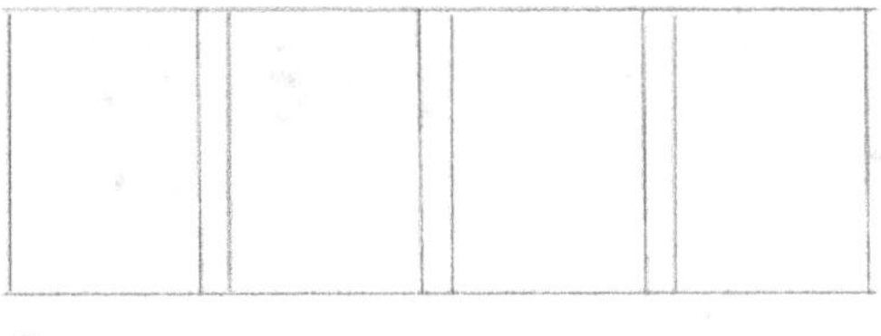

① まず名前の文字を描く欄を準備する。必ず各欄の間に余白を取る

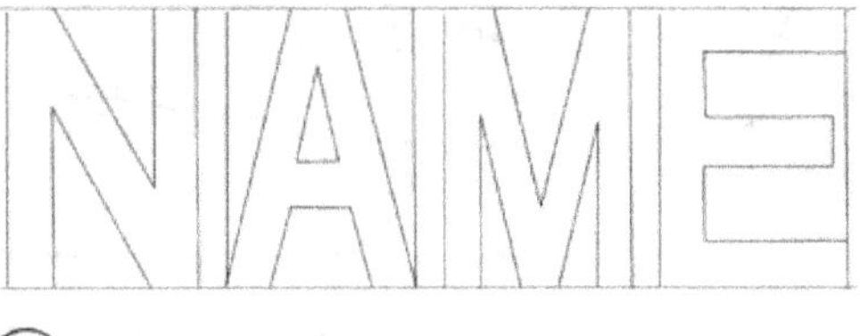

② (2)　各欄に名前の文字を「刻み込む」必要に応じ、欄の縁を文字の一部として使う

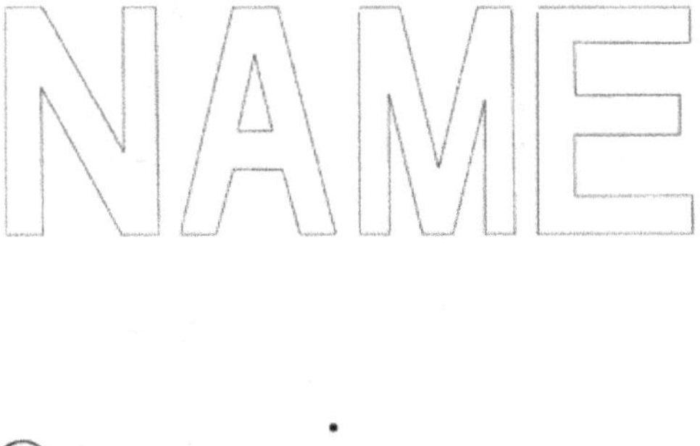

③ 必要ない線を消す。文字の下の中心部に点を描く。これが消失点になる

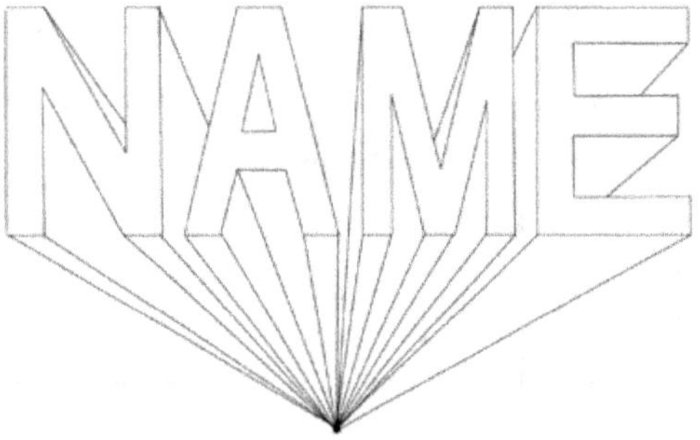

④ 定規を使って、各文字の角から消失点に向けて線を引く。線が他の文字に触れたらやめる。各文字の底から始めるとやりやすい

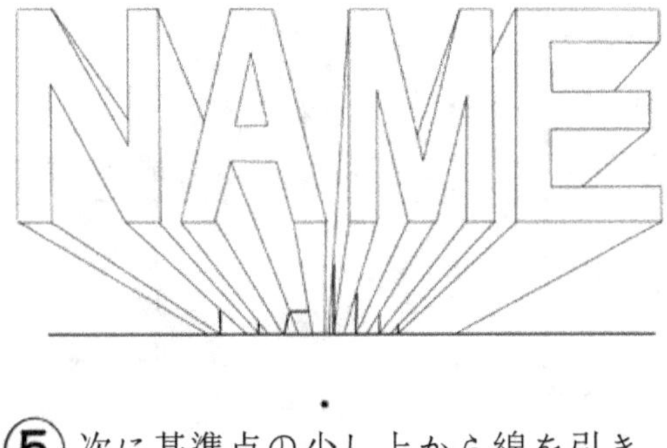

⑤ 次に基準点の少し上から線を引き、その下の線は消す。その後、その文字の最遠端とつながるよう線を引く

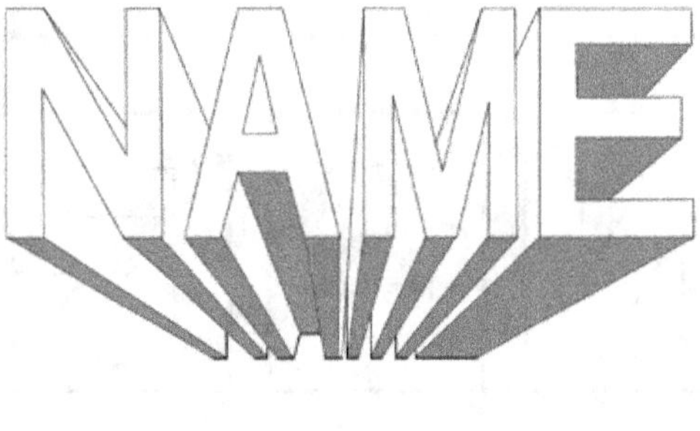

⑥ 必要ない線を消す。文字の後退部に暗い影を付ける

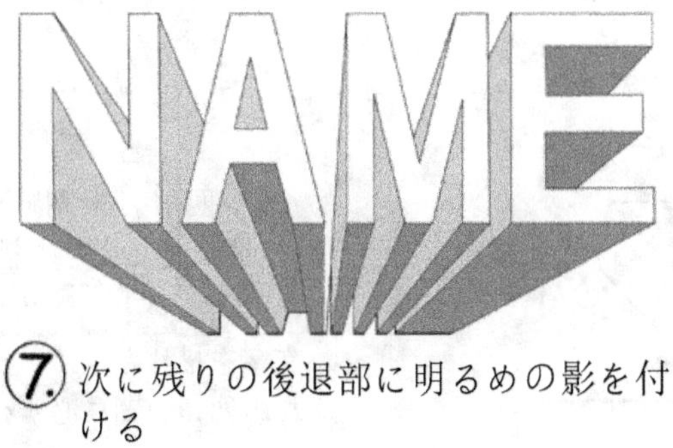

⑦ 次に残りの後退部に明るめの影を付ける

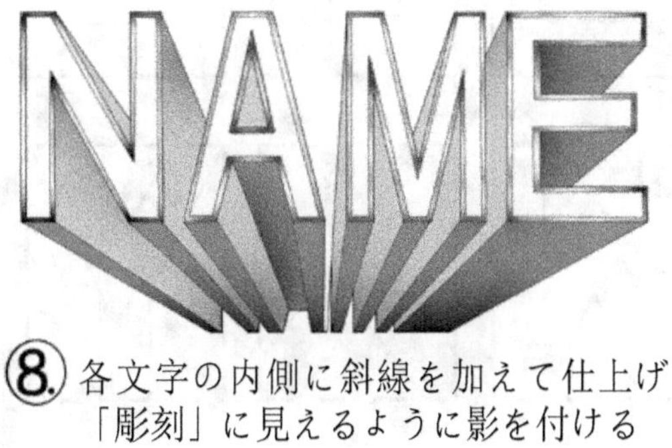

⑧ 各文字の内側に斜線を加えて仕上げる。「彫刻」に見えるように影を付ける

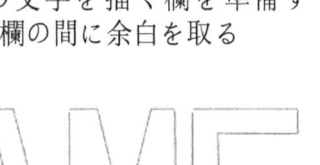

アルファベットを「描くコツ」

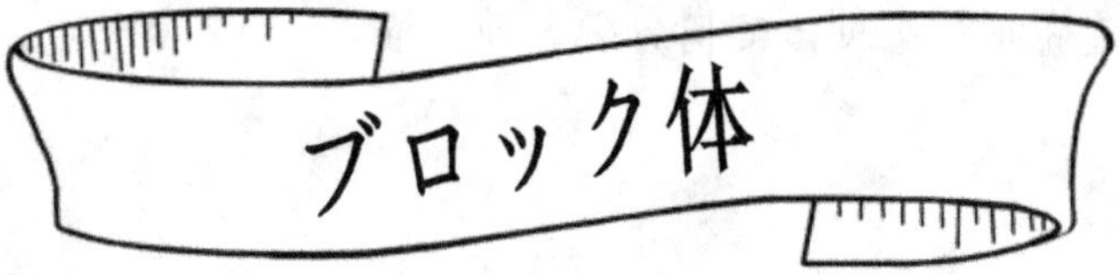

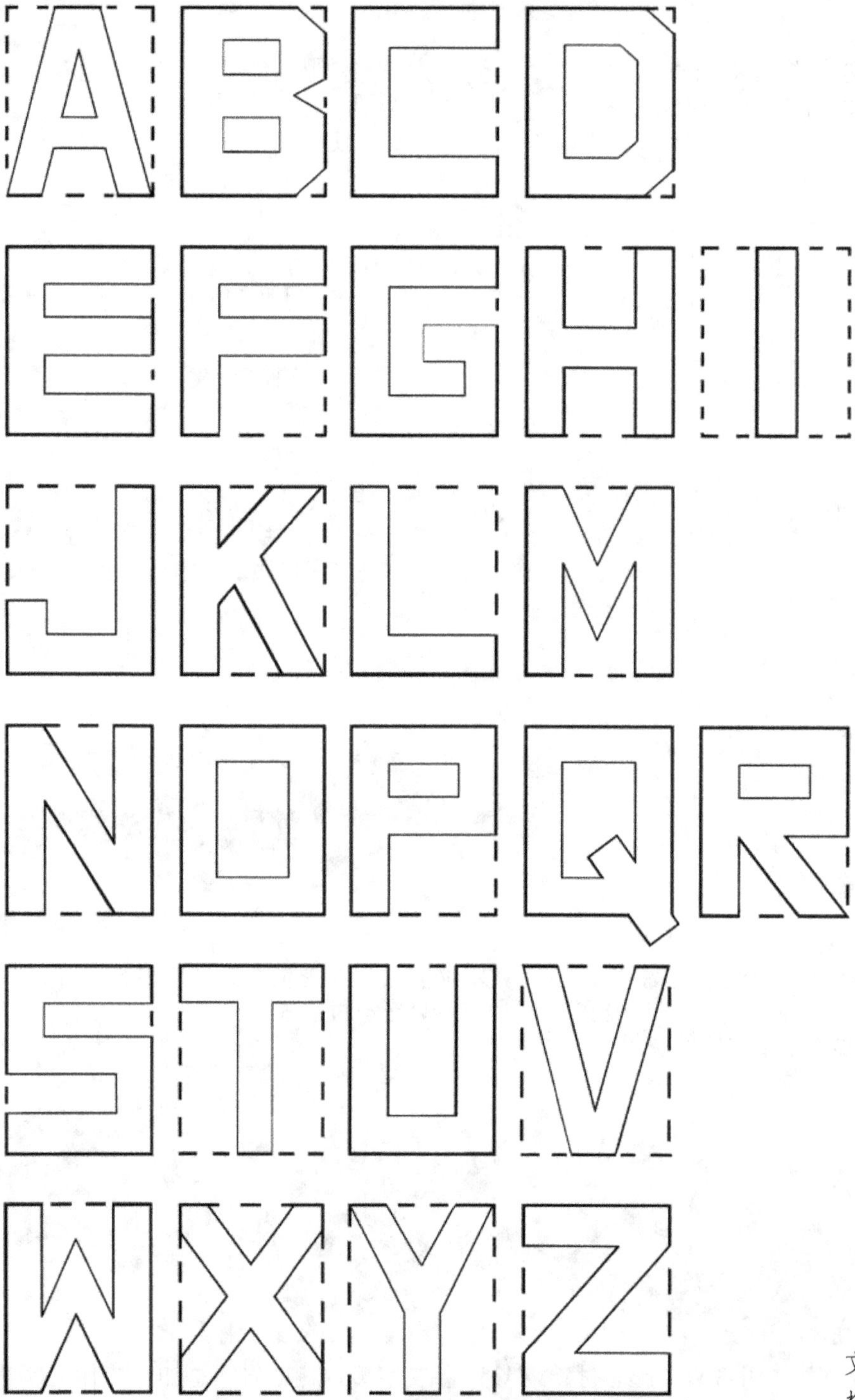

「ブロック体」の作り方が知りたい？

1. まず、四角を描く

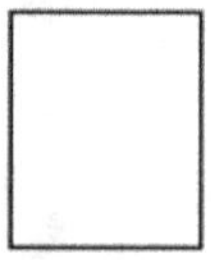

2. 四角の縁を使って中に文字を描く

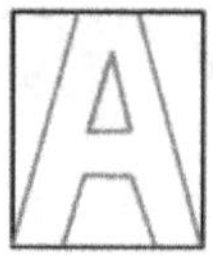

3. 文字の一部ではない部分を消す

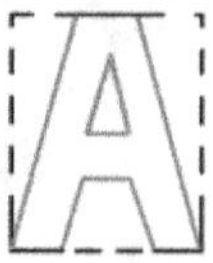

4. これだけで、ブロック体が完成!

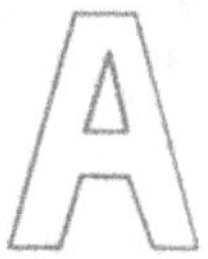

コツ：

まず四角を全部描いてから、中に文字を描く

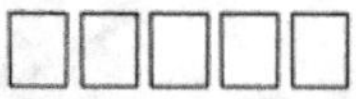

文字を描くときは、それぞれの四角の間に必ず余白を残しておく

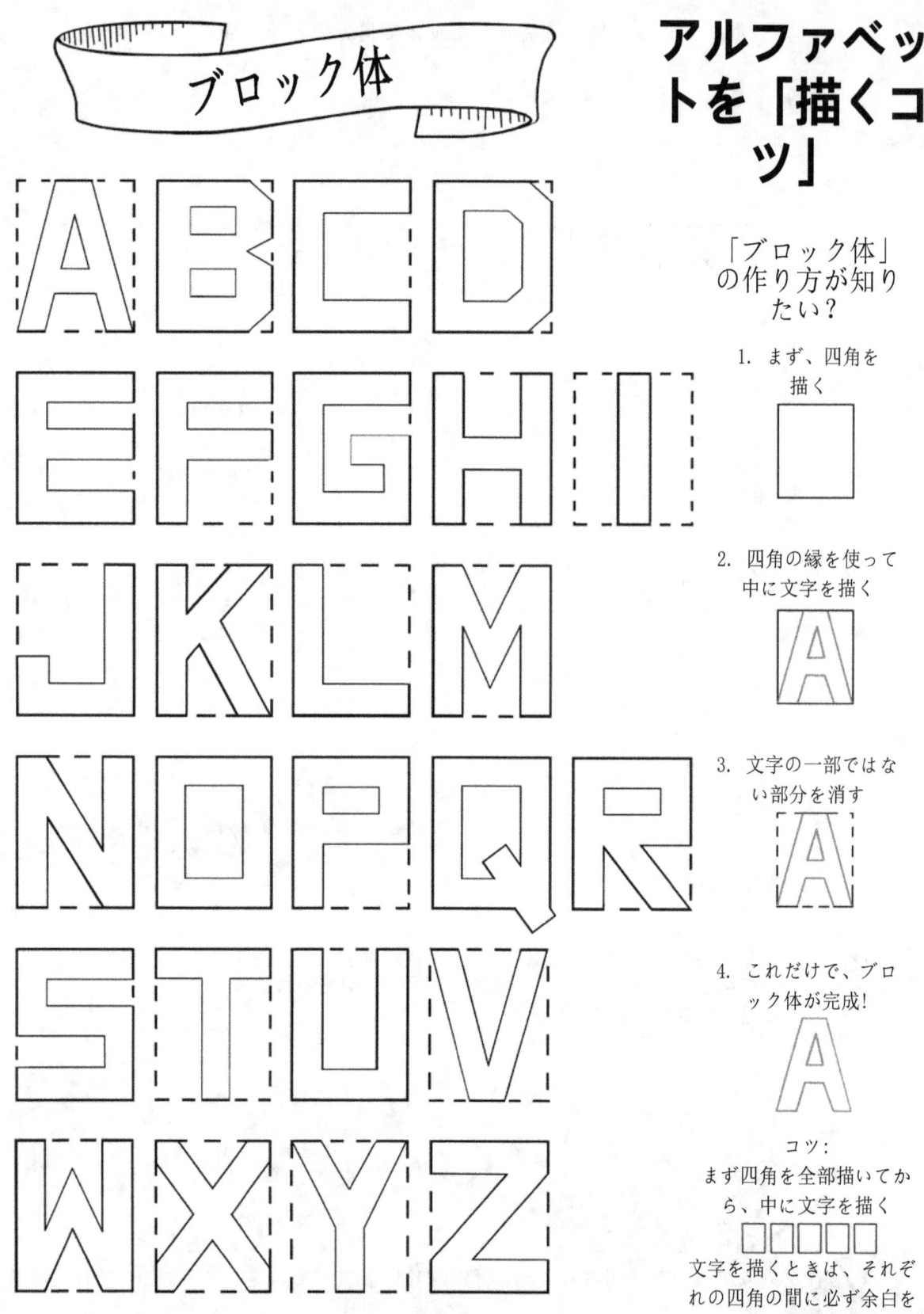

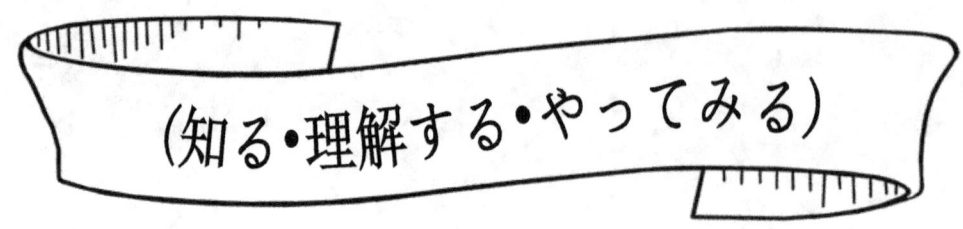

(知る•理解する•やってみる)

氷山を描く

知る:
アートワークで奥行きを出す方法

理解する:
- その場の物体を重ねたり、大きさを変えたりすれば、奥行きの錯覚を起こさせる助けになる
- 自分の近くにあるように見せたい物体は、普通ページの下の方に大きく描く。自分から遠くにあるように見せたい物体は、普通ページの上の方に小さく描く

やってみる:
大きさの違う氷山を少なくとも3つ、さざ波、水平線を含めて、重なりと奥行きを表したオリジナルのアートワークを描こう

用語集:
水平線 – 水面や地面が終わり、空が始まるように見える線
自然な形 – 自然界に見られる不規則な形
透視画法 – 二次元(2D)の表面に三次元(3D)の錯覚を起こさせるために使うテクニックのこと。透視画法は奥行きや後退する空間を表す助けになる

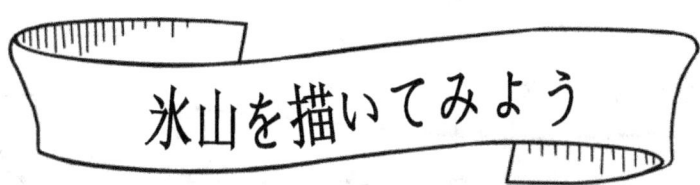

氷山を描いてみよう

① まず自然な形を描く

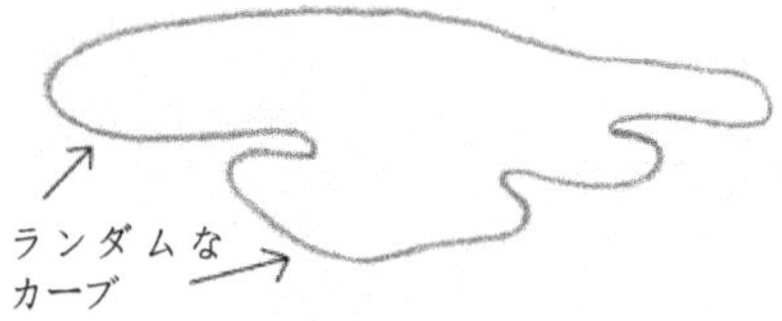
ランダムな
カーブ

② それぞれのカーブに、方向の縦線を描く

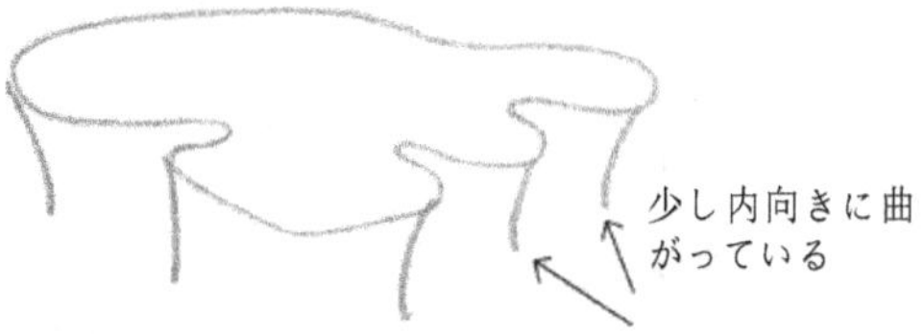
少し内向きに曲
がっている

③ さきほど描いた縦線を緩やかにカーブさせた底辺でつなぐ

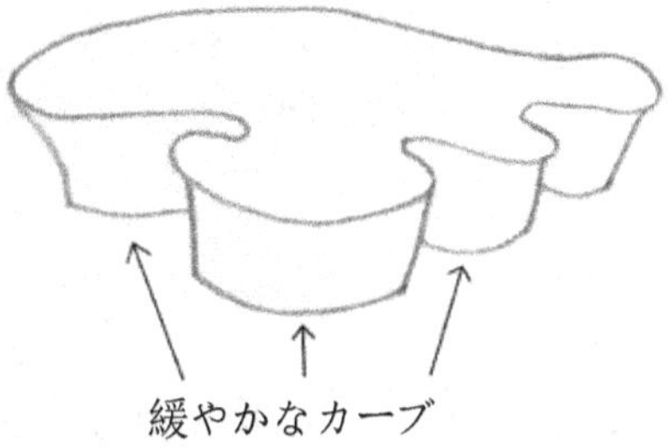
緩やかなカーブ

④ ページの上方に小さめの自然な形を描き加える

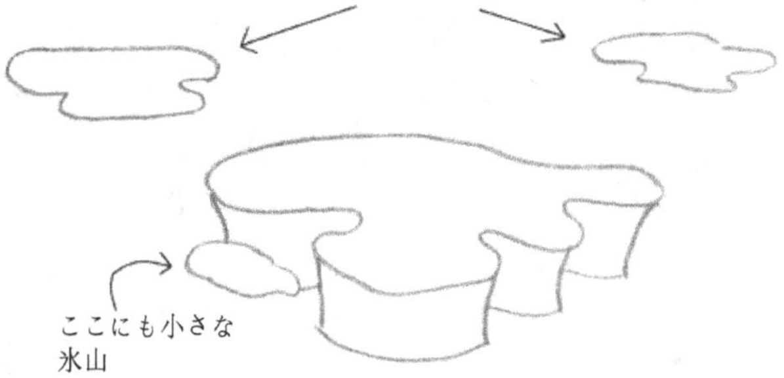
ここにも小さな
氷山

⑤ 小さめの形に縦線を描き加える

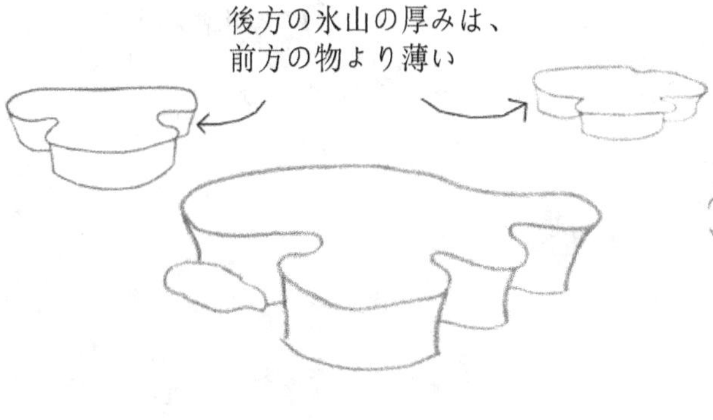
後方の氷山の厚みは、
前方の物より薄い

⑥ 影を付ける

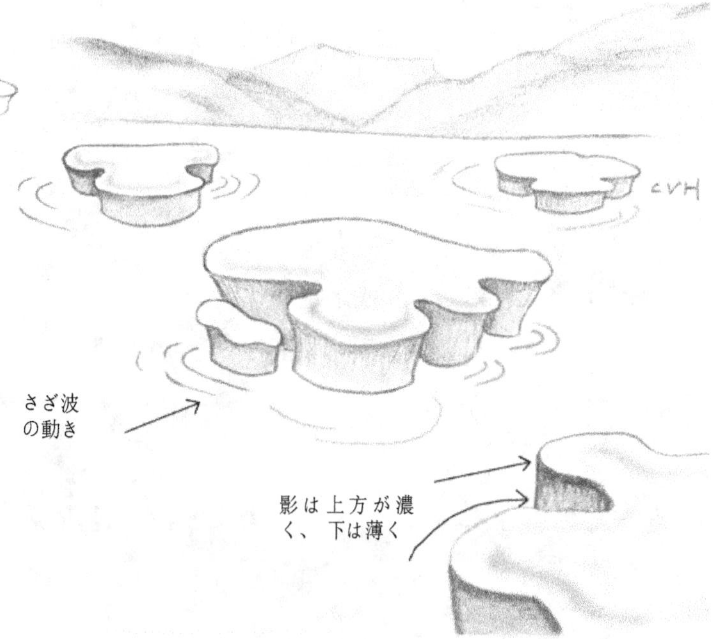
CVH
さざ波
の動き
影は上方が濃
く、下は薄く

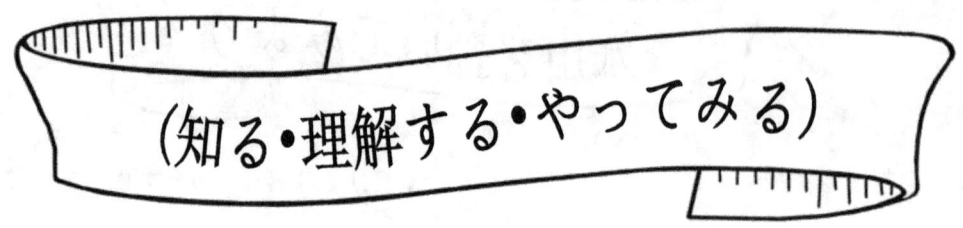

(知る•理解する•やってみる)

ターンテーブルを 2つ描く

知る:
後退線を使い、アートワークで奥行きを表現する他の方法

理解する:
わたしたちの近くにあるように見せたい物体は、普通ページの下の方に大きく描く。わたしたちから遠くにあるように見せたい物体は、普通ページの上の方に小さく描く。物体が一つしかなくても、「近い」部分を大きく描き、「遠い」部分を小さく書けば、奥行きを表現できる

やってみる:
配布資料に掲載した 2つのターンテーブルでオリジナル作品を描く

用語集:
透視画法 － 二次元(2D)の表面に三次元(3D)の錯覚を起こさせるのに使うテクニックのこと。透視画法は奥行きや引っ込んだ空間を描く助けになる

2つのターンテーブル

1. まず斜めの線を描く

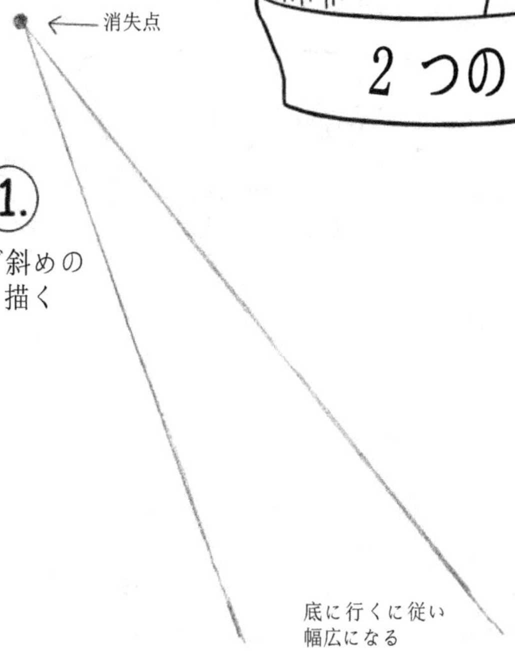
消失点
底に行くに従い幅広になる

2.

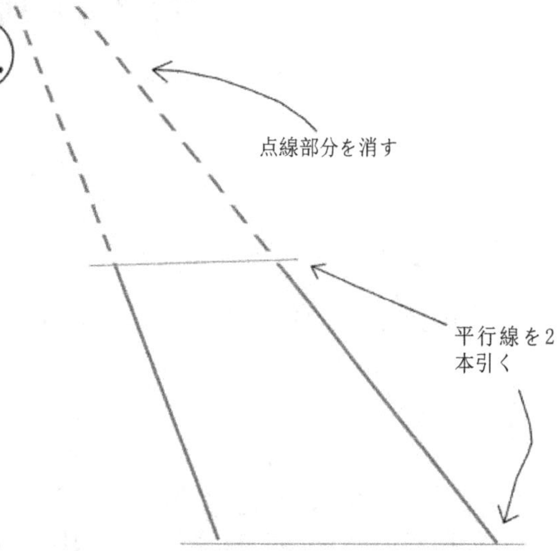
点線部分を消す
平行線を2本引く

3. 楕円2つ描き足す

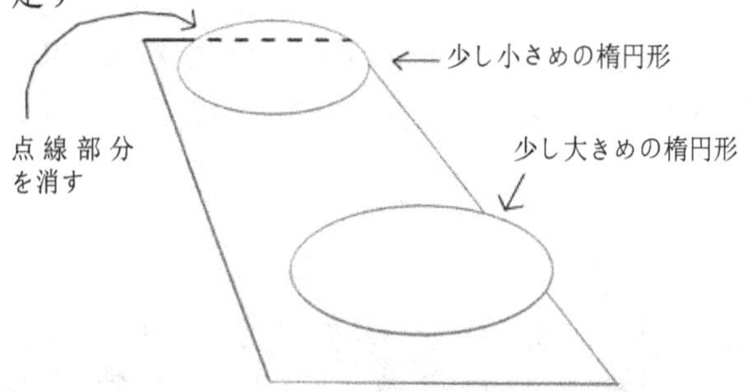
少し小さめの楕円形
点線部分を消す
少し大きめの楕円形

4. 楕円とテーブル面に「厚み」を加える

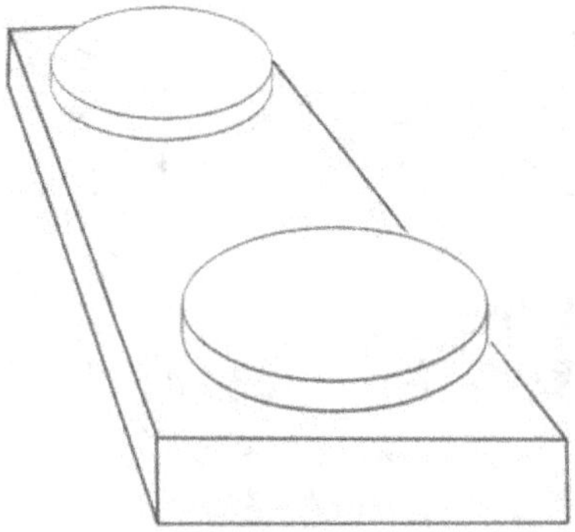

5. レコードの針と楕円形の中心を描き入れる

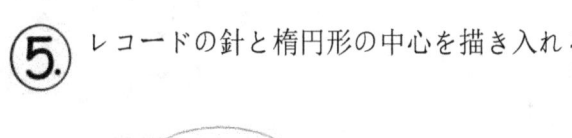

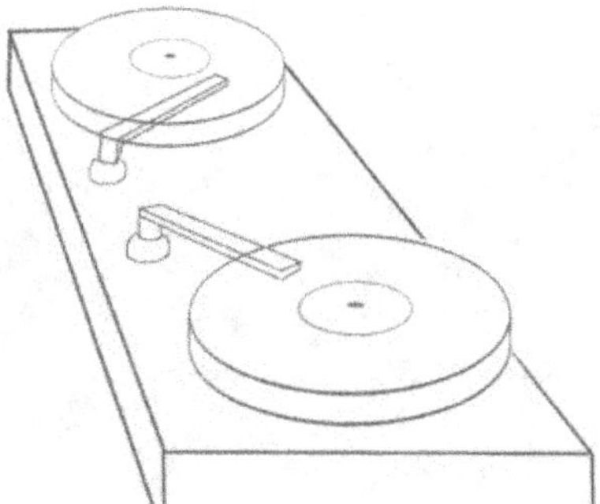

6. 影を付ける

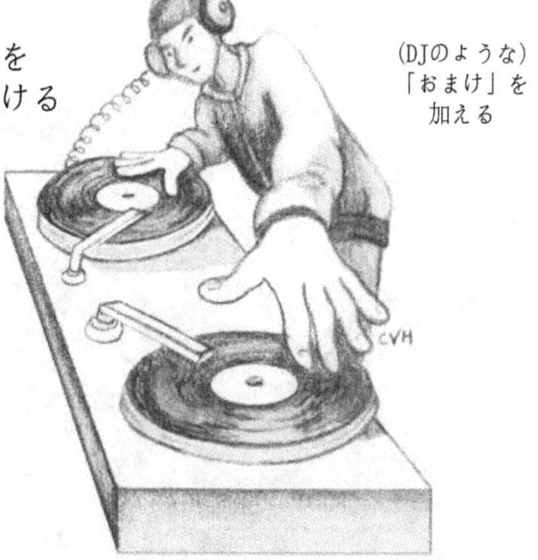
(DJのような)「おまけ」を加える
CVH

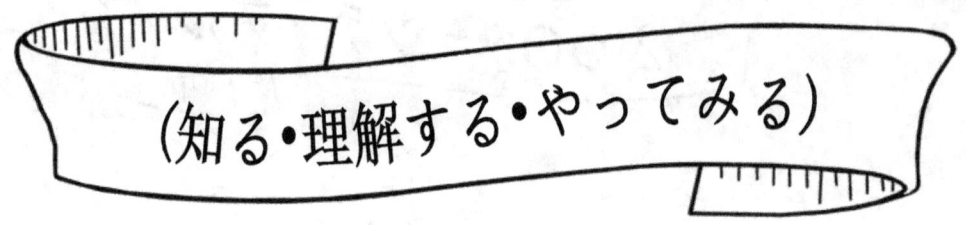

(知る•理解する•やってみる)

ページを開いた本

知る:
後退線は奥行きの錯覚を起こさせる助けになる

理解する:
- 物体を描く時、ページの下に一番近い部分が他の物より大きく見えるようにする
- 面白みとリアルさを出すため、物体の直線にカーブを加える

やってみる:
学習したテクニックを使い、オリジナルでページを開いた本を題材にした作品を描く。ページにろうそく、羽ペン、インク壺や文字などの「おまけ」を加える

用語集:
透視画法 – 二次元(2D)の表面に三次元(3D)の錯覚を起こさせるのについ会うテクニックのこと。透視画法は奥行きや引っ込んだ空間を表す助けになる
後退線 – 後ろの空間に引っ込めた線のこと

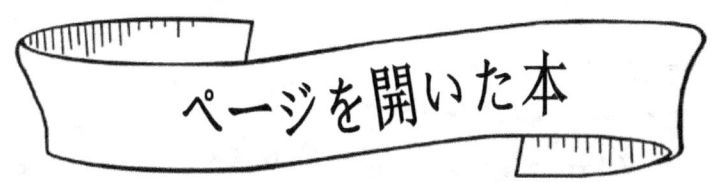

ページを開いた本

1. 下の図のように斜線と上に「羽を広げた鳥」のような形を描く

2. 左側の「羽」に斜線を引く

3. 今描いた斜線を長方形にする 長方形の短辺が直角であることに注意

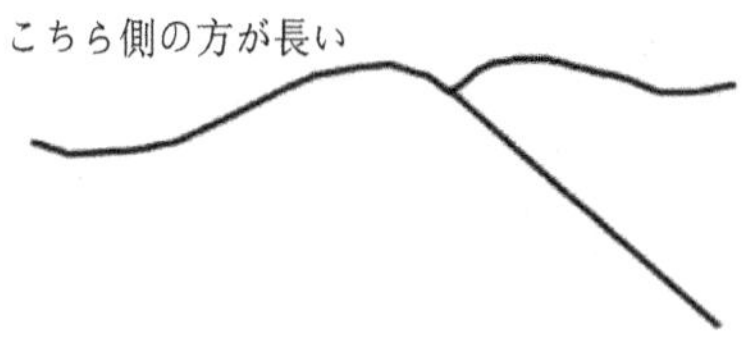
こちら側の方が長い

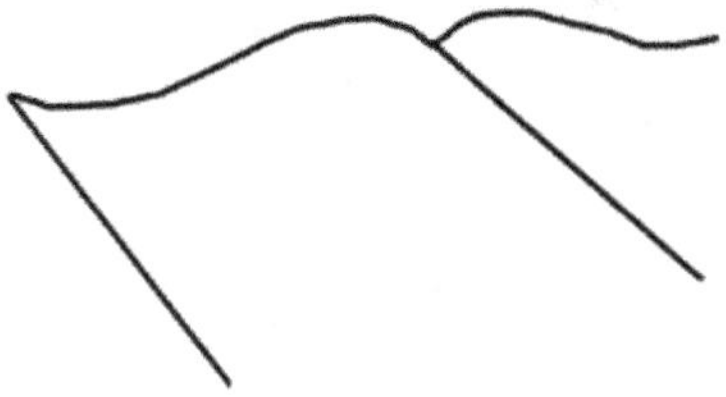

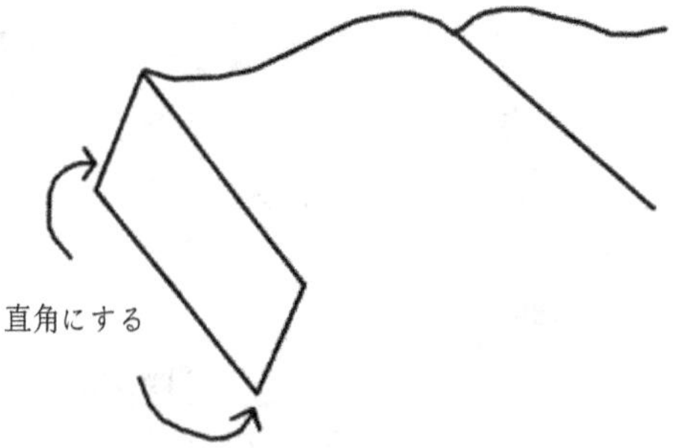
直角にする

4. カーブを2つ描き、本の「終わり」を示す。底面に手順2と同様、「羽を広げた鳥」の形を描く

5. 本の「終わり」部分にカーブを描き足し、下の図のように底に角度を付ける 点線部分を消す

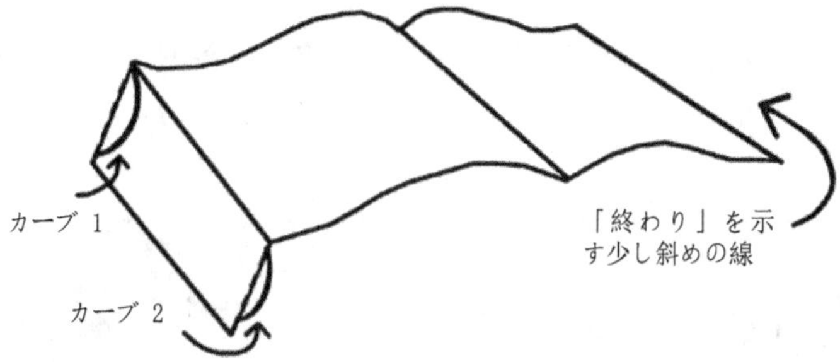
カーブ 1
カーブ 2
「終わり」を示す少し斜めの線

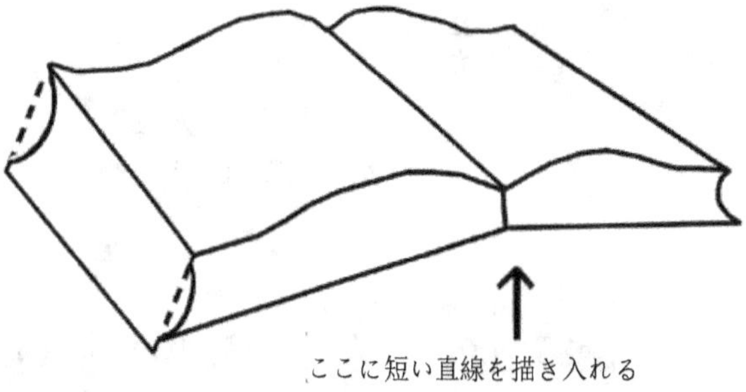
ここに短い直線を描き入れる

6. 下にブックカバーを描き加える

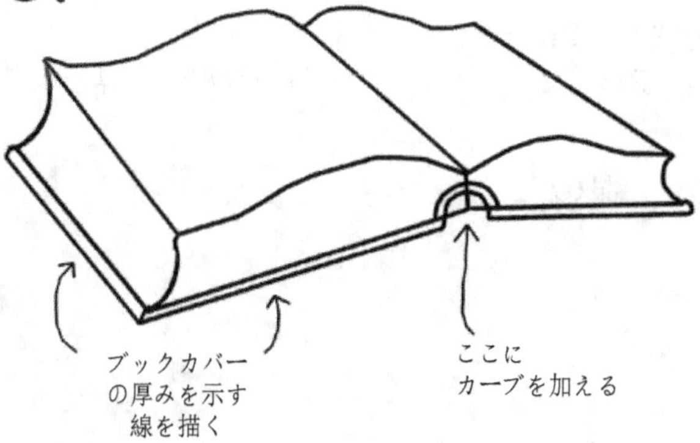
ブックカバーの厚みを示す線を描く
ここにカーブを加える

7. 最後にページの線を加え、面白みを増す「おまけ」を描きこむ。

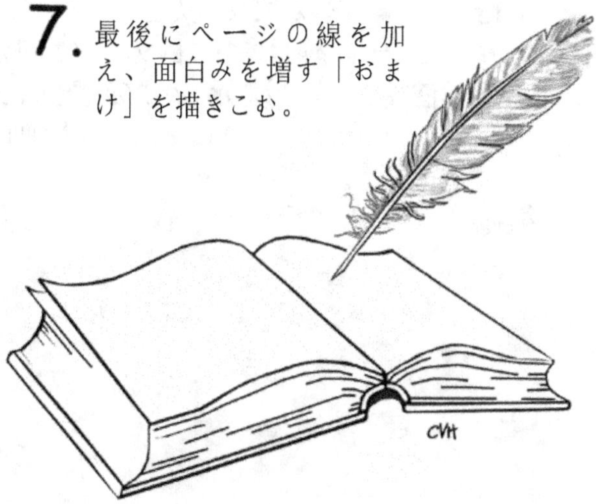

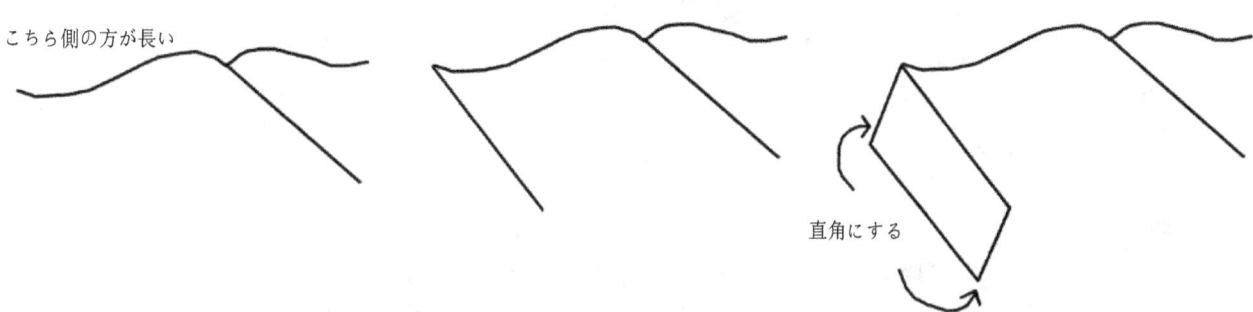

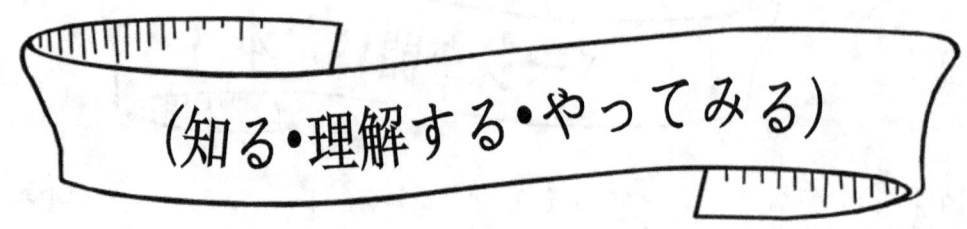

(知る•理解する•やってみる)

観音開きの門

知る:
縦線、平行線

理解する:
ほとんどの建築図面で、縦線か水平線のどちらかをすべて平行に引く。同じ図面上で、この両種類の線が完全に平行かつまっすぐということは稀である。このレッスンでは、縦線はすべて直線で平行だが、水平線はそうではない。

やってみる:
学習したテクニックを使って観音開きの門のオリジナル作品を描こう。渦巻き装飾やかんぬき、レンガの塀など、「おまけ」のデザインを描き込んでみよう。

用語集:
建築図面 – 人工の建物を描いた図面
水平の – 水平線に平行なまっすぐで平らな横線。縦線の反意語
平行 – 二本かそれ以上の直線や、同じ平面上の縁が重なっていないこと。平行線は、同じ方向に向かう
透視画法 – 二次元(2D)の表面に三次元(3D)の錯覚を起こさせるのに使うテクニックのこと。透視画法は奥行きや引っ込んだ空間を描く助けになる
縦線 – 上から下に、まっすぐに向かう線のこと

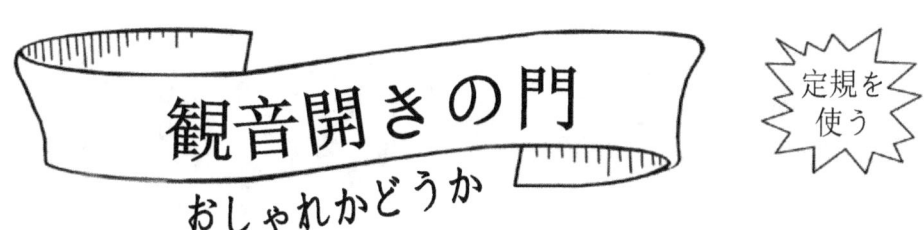

観音開きの門

おしゃれかどうか

定規を使う

1. まず以下のように斜めの長方形を描く

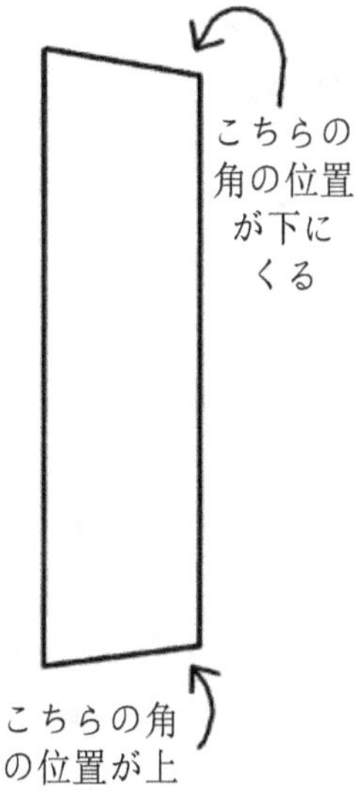
こちらの角の位置が下にくる
こちらの角の位置が上

2. 同じ形を反転させて描く

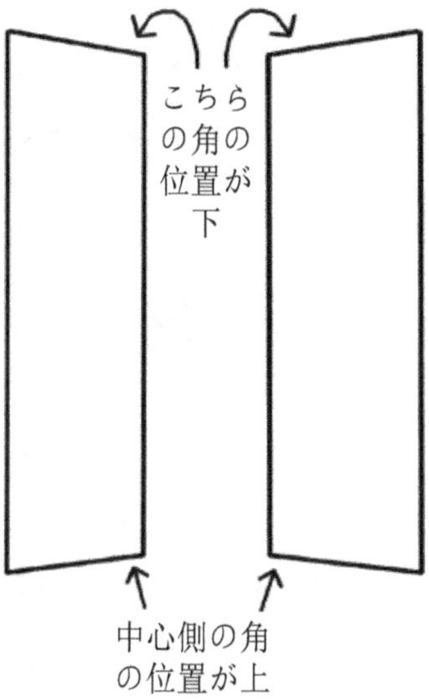
こちらの角の位置が下
中心側の角の位置が上

3. 両側に細い長方形を加え、それぞれの門にラインを2本引く（角の位置は上）

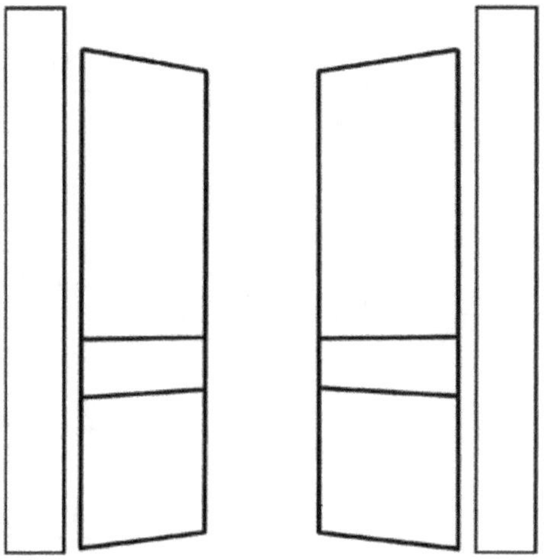

4. 門の扉の内側に間隔を狭めた平行線を描き足す

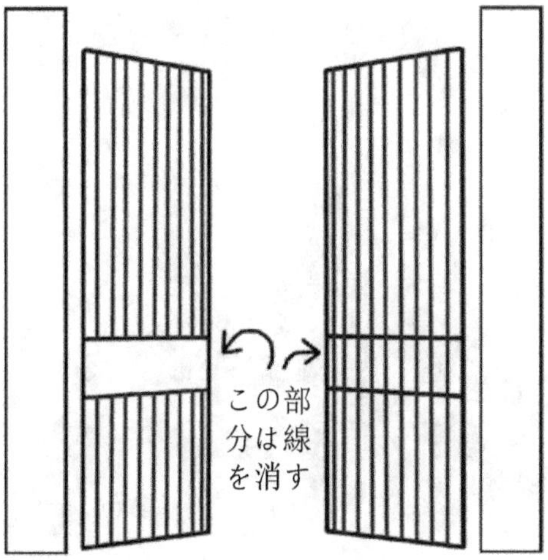
この部分は線を消す

5. 門の内側と上方におしゃれな渦巻き装飾を描く

想像力を働かせよう！

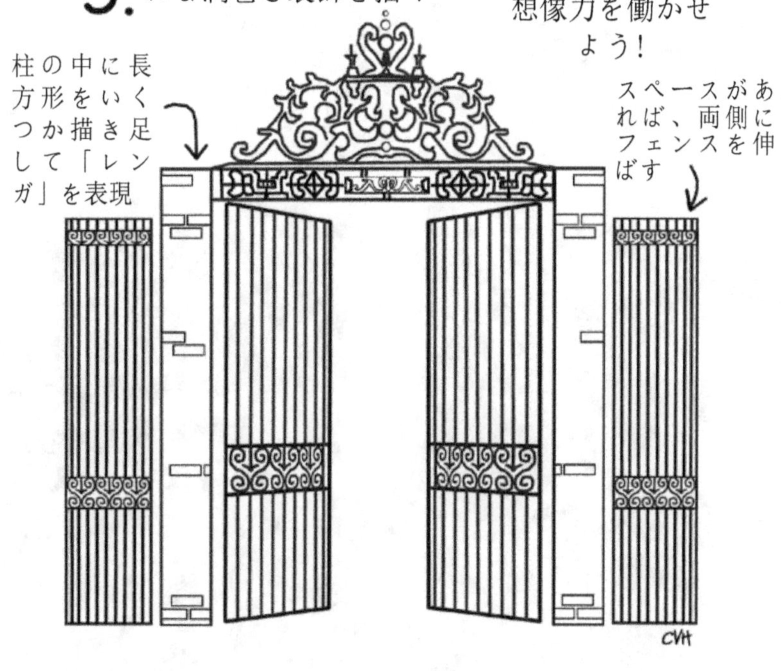
柱の中に長方形をいくつか描き足して「レンガ」を表現
スペースがあれば、両側にフェンスを伸ばす
CVH

第4章

祝日と季節

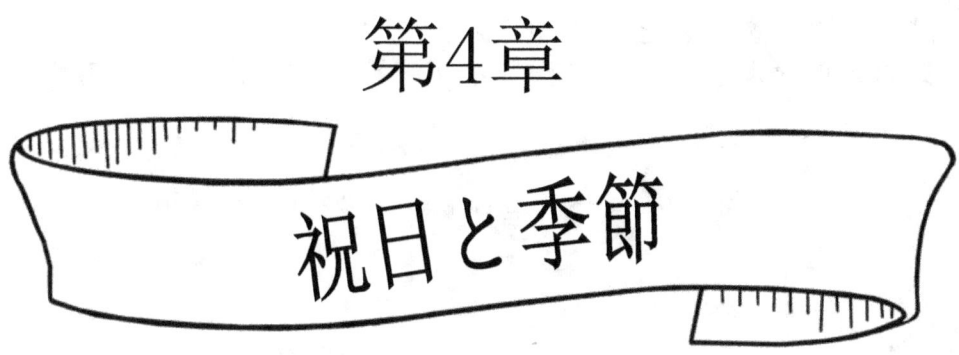

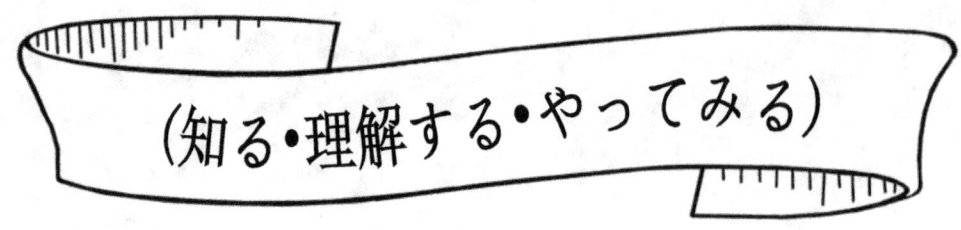

(知る•理解する•やってみる)

バレンタインデー
鍵付きのハート型ロック

知る:
様々な角度から見た物を描くと、作品に趣が加わる

理解する:
- 描いた物に奥行きと趣を与える方法
- シンプルな形を、さらに複雑なアイテムに変化させる方法

やってみる:
昔ながらのカギ付きのハート型ロックを題材に、オリジナル作品を描こう

用語集:
奥行き – 三次元。アートワークで前面から後方まで、または手前から奥への距離を表す
透視画法 – 二次元(2D)の表面に三次元(3D)の錯覚を起こさせるのに使われるテクニック。透視画法は奥行きや引っ込んだ空間を描く助けになる

鍵付きのハート型ロック

① 以下のように三角形を描く

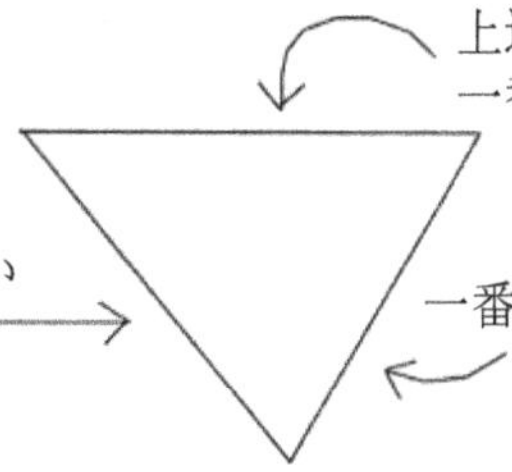

上辺が
一番長い
中くらい
の長さ
一番短い線

②

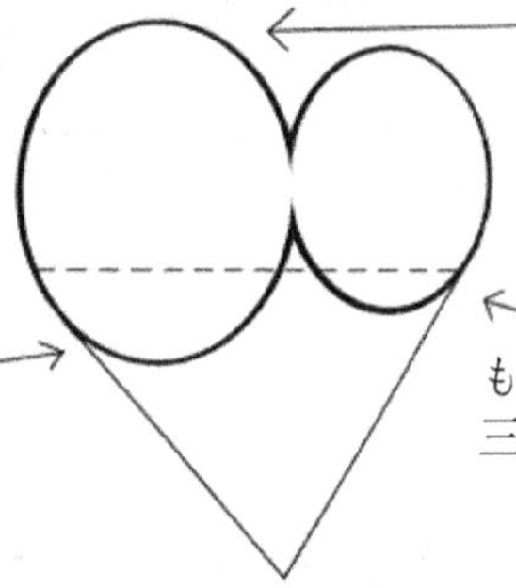

この楕円形の位置が
少し高い
楕円形を2つ描き足す
下側は三
角形に重
なる
もう一つの楕円形ほど
三角形とは重ならない

③

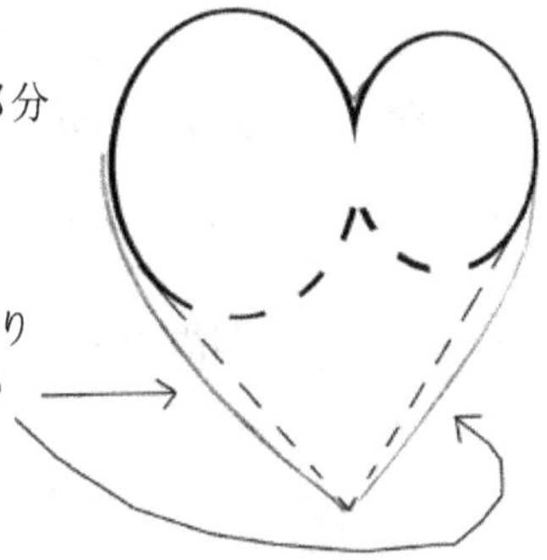

点線部分
を消す
三角形の線より
少し膨らませる

④

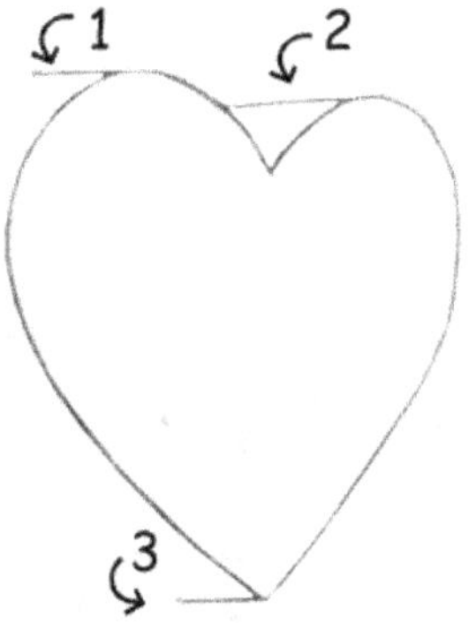

1
2
3
ハート型の先
端から縦線を
描き足す

⑤

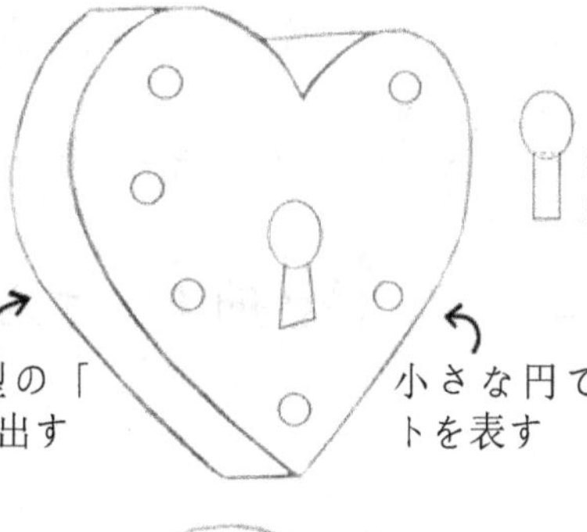

鍵穴になるよう
細い長方形の上
に円を描く
ハート型の「
厚み」を出す
小さな円でリベッ
トを表す

⑥

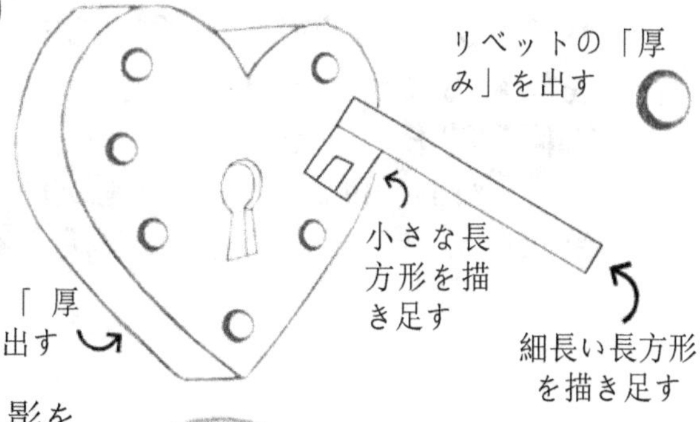

リベットの「厚
み」を出す
小さな長
方形を描
き足す
鍵の「厚
み」を出す
細長い長方形
を描き足す

⑦

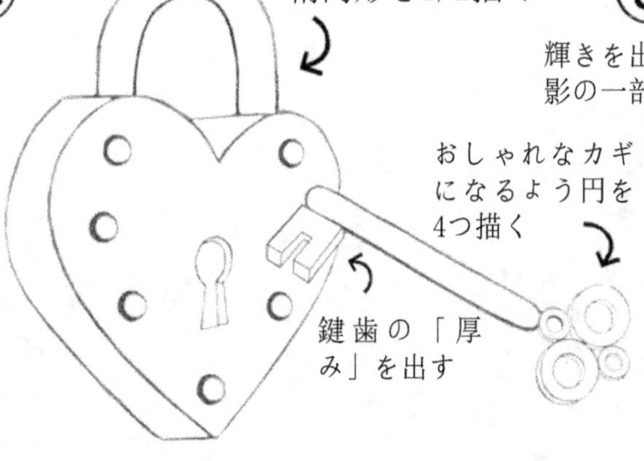

楕円形を1/2描く
おしゃれなカギ
になるよう円を
4つ描く
鍵歯の「厚
み」を出す

⑧ 影を
付ける

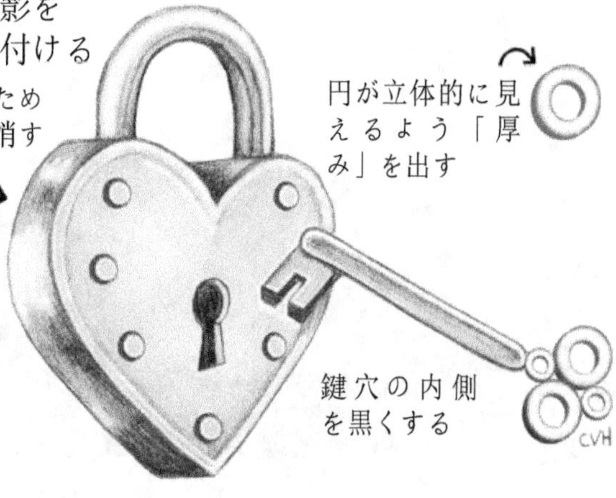

輝きを出すため
影の一部を消す
円が立体的に見
えるよう「厚
み」を出す
鍵穴の内側
を黒くする
CVH

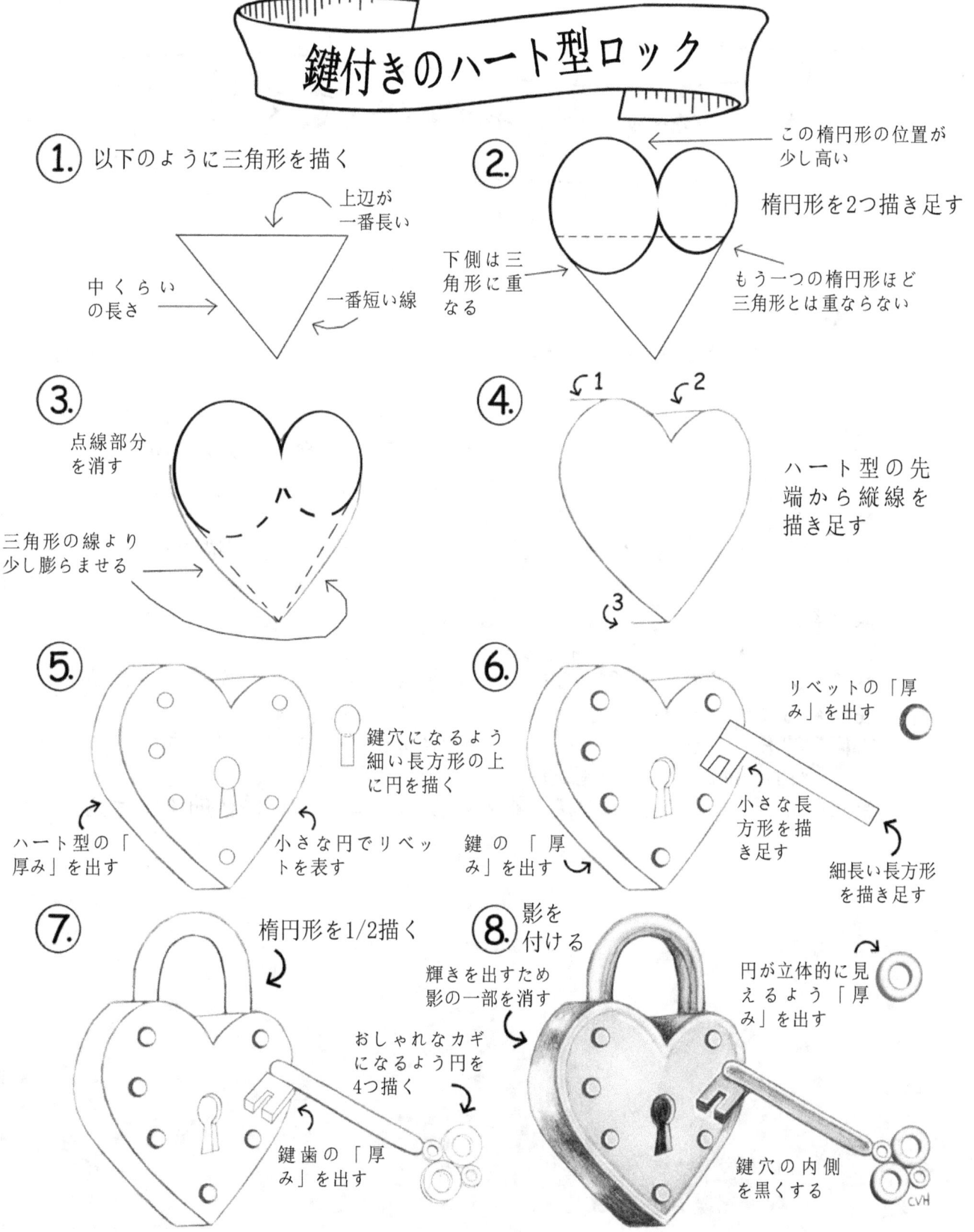

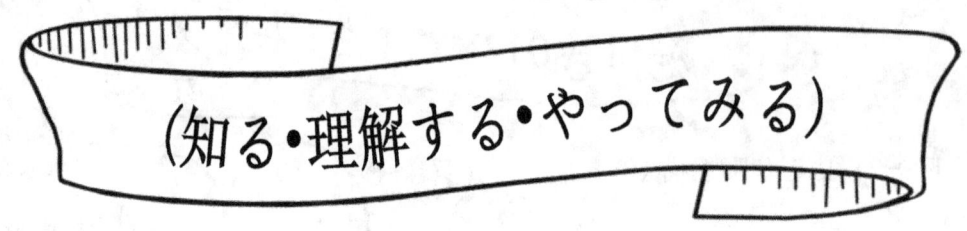

（知る•理解する•やってみる）

バラ

知る:
幾何学的な形と自然な形の違い

理解する:
一連のシンプルな幾何学的形をつなげて複雑な（自然）の物が描ける

やってみる:
用意されたテクニックを使ってオリジナルのバラの絵を描こう

用語集:
アシンメトリー – 左右非対称の物体
バランス – デザイン原則の一つであるバランスとは、作品に安定感**を与えるようア**ート要素を調整する方法のことを指す
幾何学的形 – 自然なデザインより数学的な要素を持つ形や立体のこと。幾何学的デザインは普通直線でできている
自然な形 – 自然界に見られる不規則な形のことで、機械的または角ばった形ではない

バラの描き方

1. 大きな円の上に軽いタッチで小さな楕円形を描く

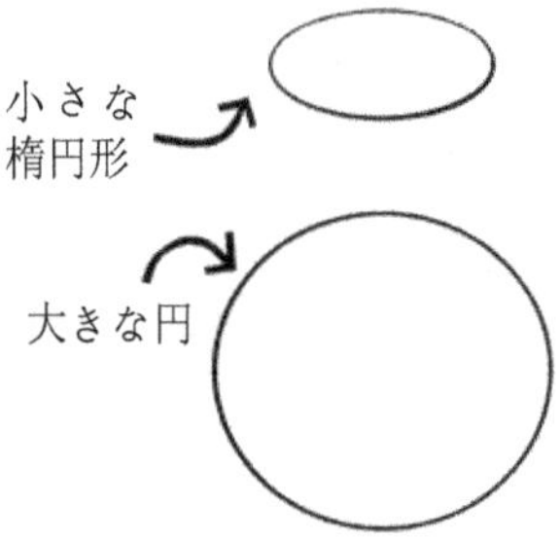
小さな
楕円形
大きな円

2. 左の形を先端から引いた2本の線でつなぐ

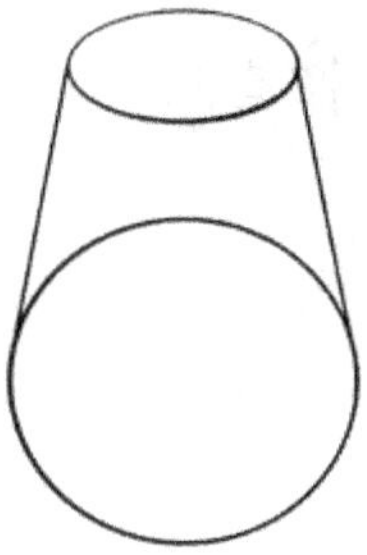

3. 下のように、斜め/カーブ下線を描き足す

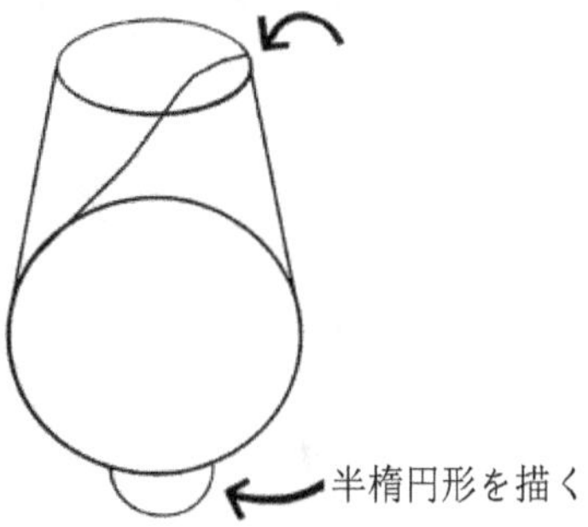
半楕円形を描く

4. 点線部分を消す

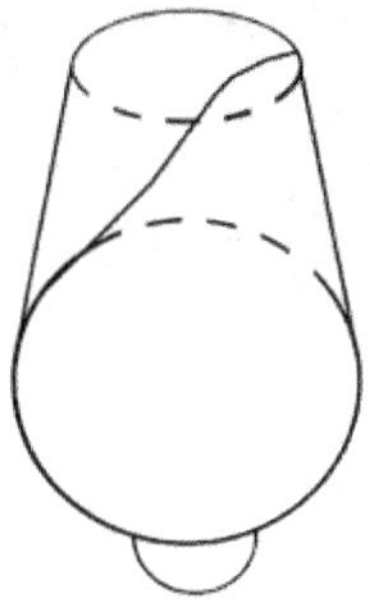

5.

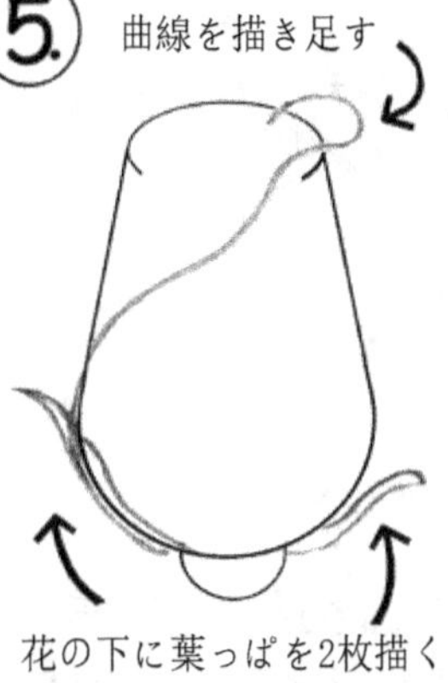
曲線を描き足す
花の下に葉っぱを2枚描く

6.

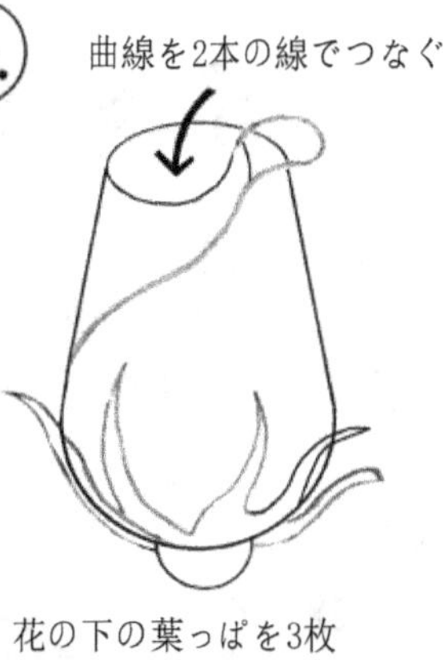
曲線を2本の線でつなぐ
花の下の葉っぱを3枚

7.

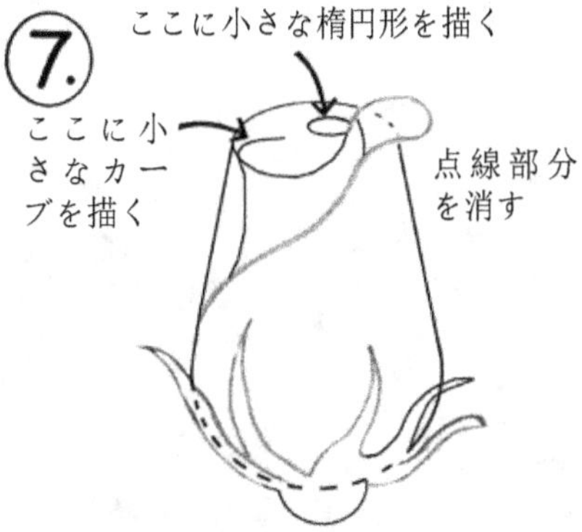
ここに小さな楕円形を描く
ここに小さなカーブを描く
点線部分を消す

8.

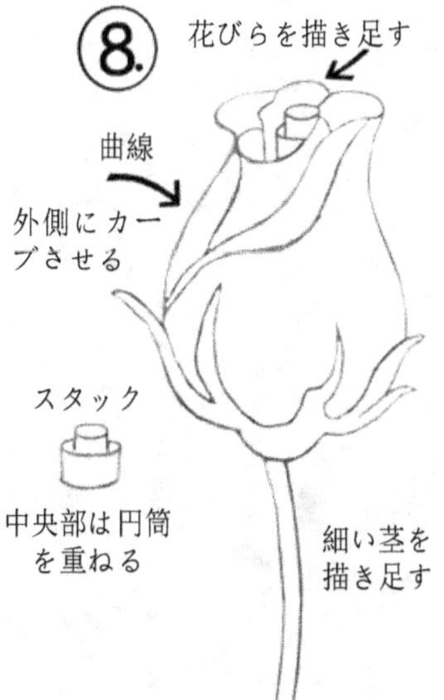
花びらを描き足す
曲線
外側にカーブさせる
スタック
中央部は円筒を重ねる
細い茎を描き足す

9. 描き足す

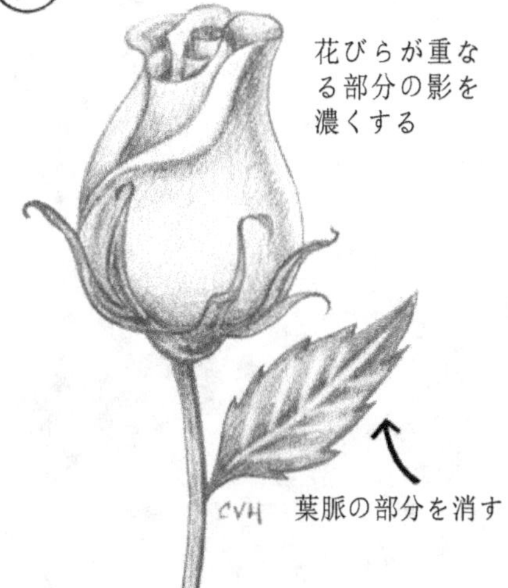
花びらが重なる部分の影を濃くする
CVH
葉脈の部分を消す

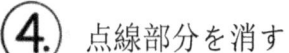

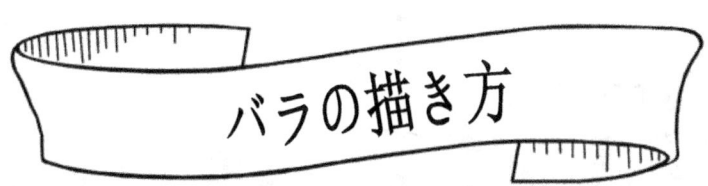

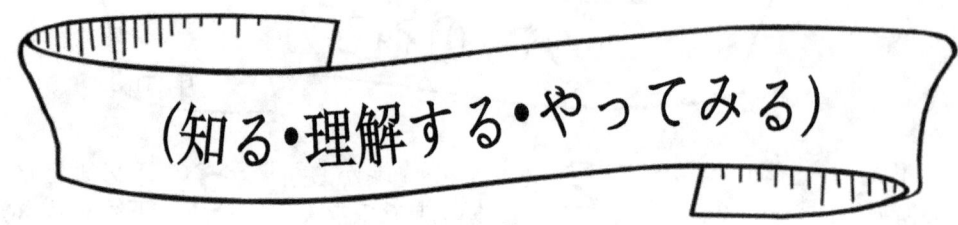

(知る•理解する•やってみる)

白鳥で作るハート型

知る:
鏡面対称

理解する:
- 鏡面対称とは、イメージや物体の一部を反対側に複製(投影)するように構成すること
- 自然界では、完璧な左右対称がみられることはほとんどない

やってみる:
生徒たちは、単純な形と用意されたコツや秘訣を使って「白鳥で作るハート型」の左右対称のデザインを描いてみる

用語集:
鏡面対称 – イメージや物体の一部を反対側に複製または投影するように構成すること。形式的均衡とも言い、左右非対称や不調和のバランスの反対語
シンメトリー は十のパターン分類の一つである

片側に何を描くにしても、反対側も同じように描く

白鳥で作るハート型

左右対称

1. ほぼ接しそうな楕円形を2つ描く

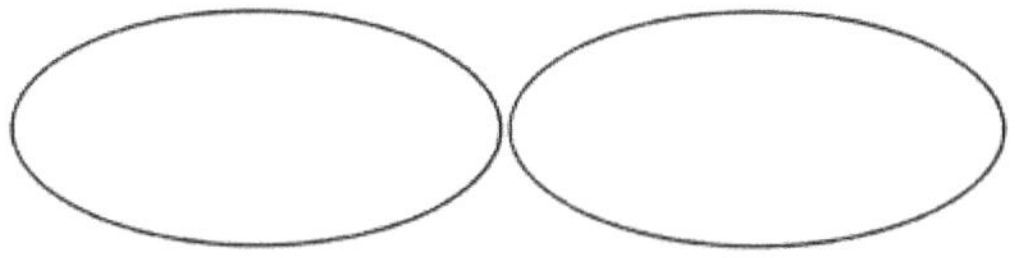

2. 楕円形の2/3から下の部分に線を引く

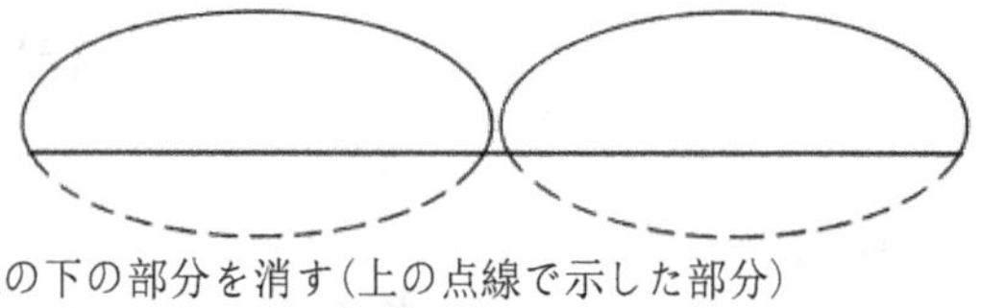
線の下の部分を消す(上の点線で示した部分)

3. 両側に三角形の尾を描き加える

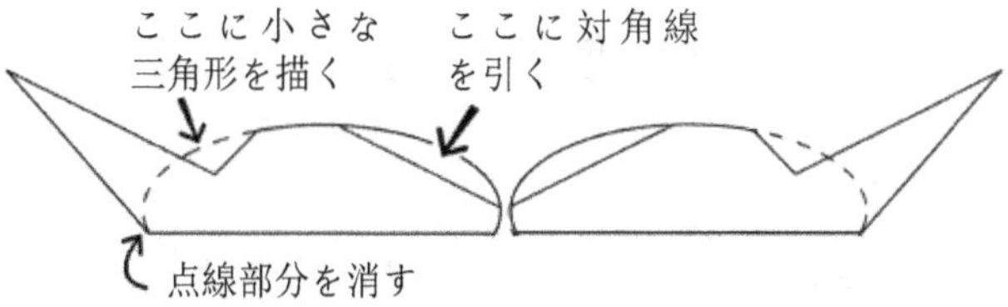
ここに小さな三角形を描く
ここに対角線を引く
点線部分を消す

4. 対角線に触れるように円を描く

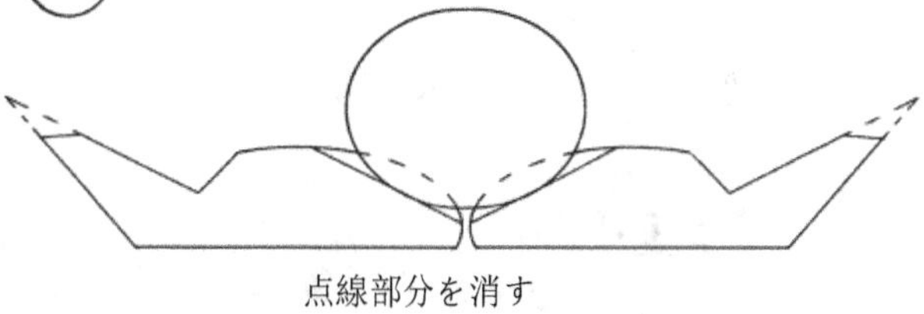
点線部分を消す

5.

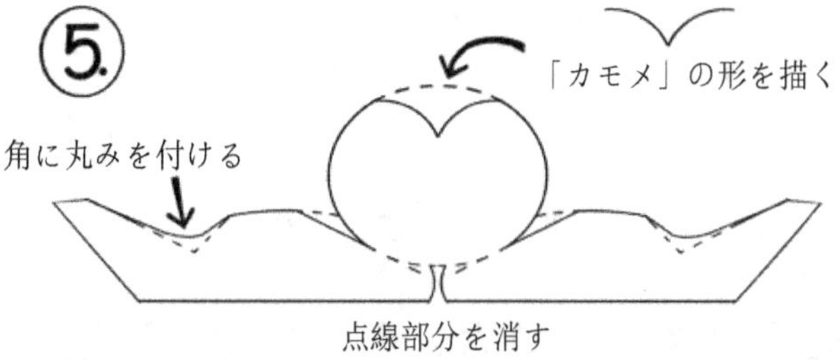
「カモメ」の形を描く
角に丸みを付ける
点線部分を消す

6.

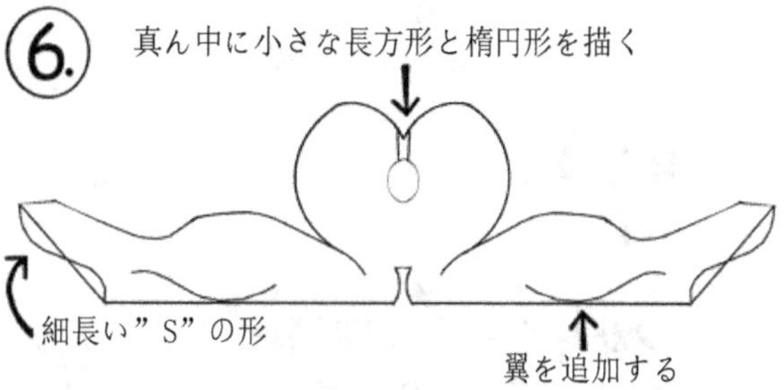
真ん中に小さな長方形と楕円形を描く
細長い”S”の形
翼を追加する

7.

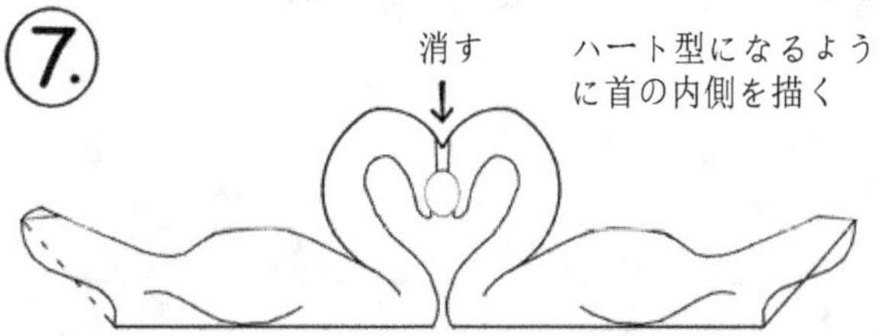
消す
ハート型になるように首の内側を描く

8.

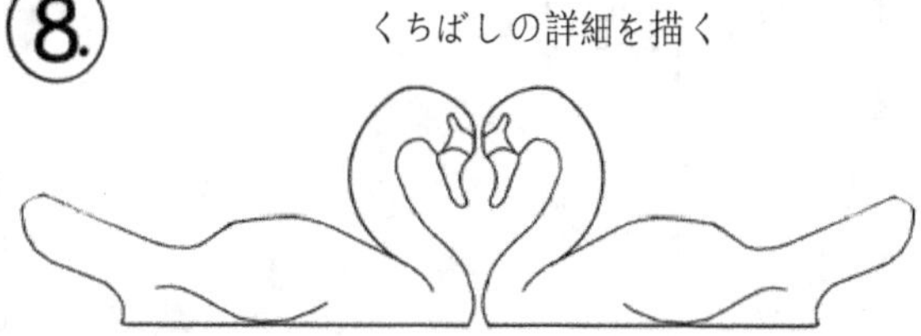
くちばしの詳細を描く

9. 陰影を付ける

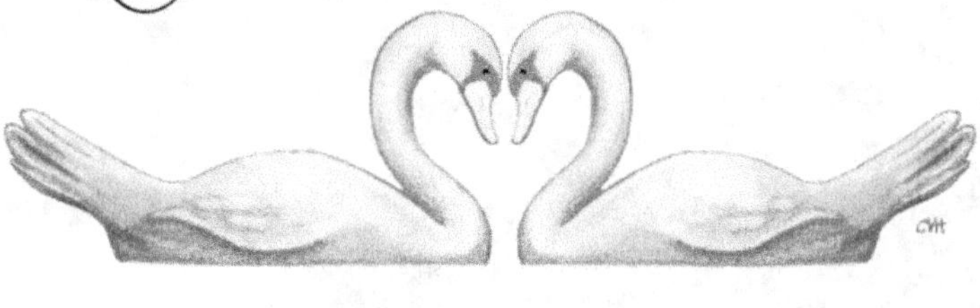

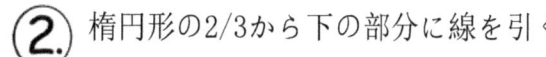

(知る•理解する•やってみる)

有刺鉄線とハート

知る:
単純な幾何学的形を組み合わせると、もっと複雑なものが描ける

理解する:
物を立体的に表すため、重ね合わせるテクニックを使おう

やってみる:
オリジナルの有刺鉄線で囲まれたハートを描こう。ハートが「包まれている」様子と奥行きの錯覚を起こさせるため、ハートの上に曲線や重なり合う線を使おう

用語集:
立体 – アート要素の一つで、三次元(高さ、横幅、奥行き)かつ容積を囲むもの
重なり合う – 置かれたものの一部を他の物で覆うこと。この表現方法は奥行きの錯覚を起こさせる最も重要な手法の一つである。(他の手法には後退する平面で大きさや配置を変えること、線透視画法や空気遠近法)

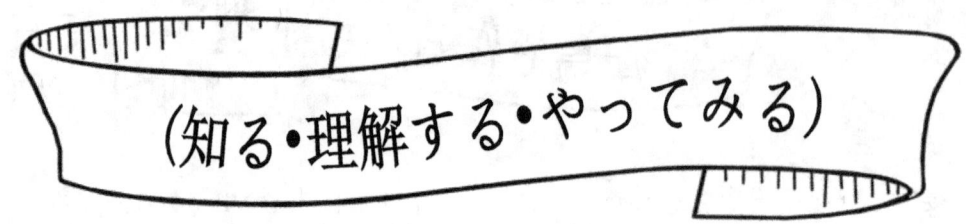

有刺鉄線とハート

1. まず円を2つ描く

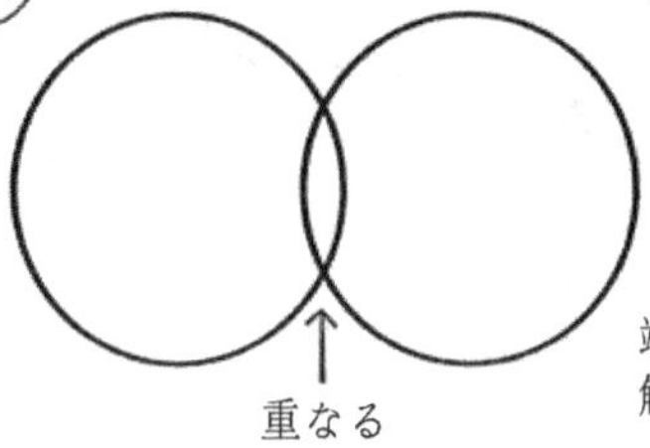
重なる

2. 下に三角形を描く

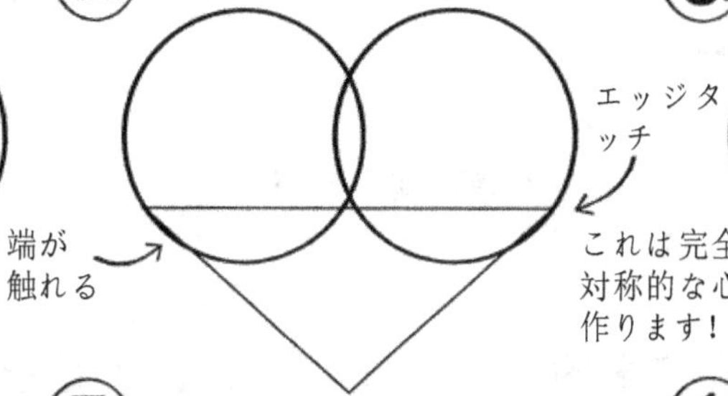
エッジタッチ
端が触れる

3. 内側の線を消す

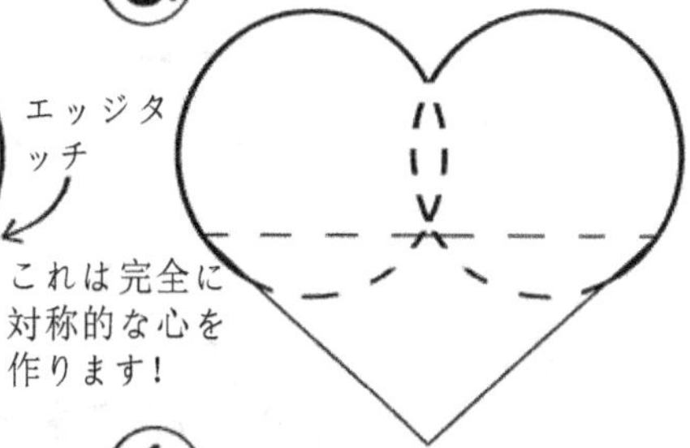
これは完全に対称的な心を作ります!

4. 少しカーブした対角線を描く

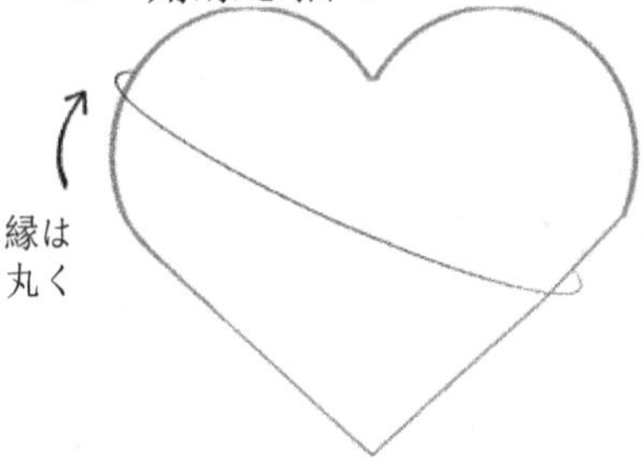
縁は丸く

5. 点線になるよう間を消す

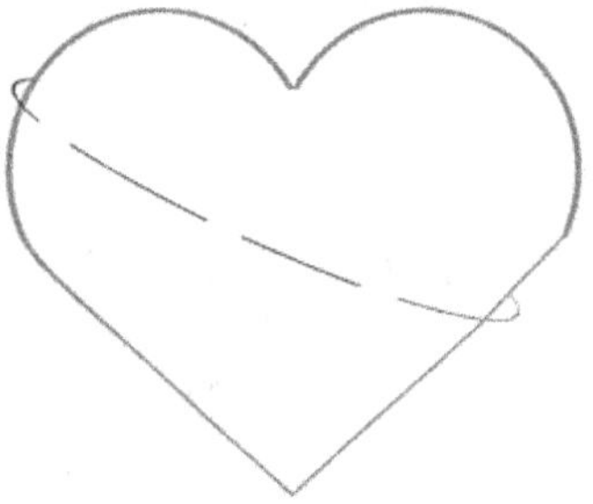

6. 有刺鉄線を描く

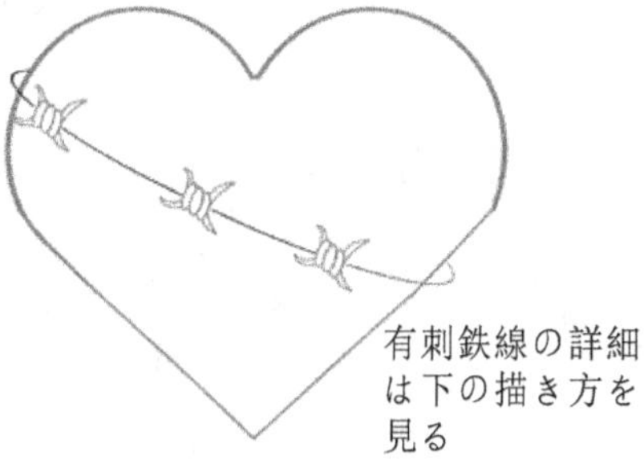
有刺鉄線の詳細は下の描き方を見る

7. 有刺鉄線の間にもう一本線を描く

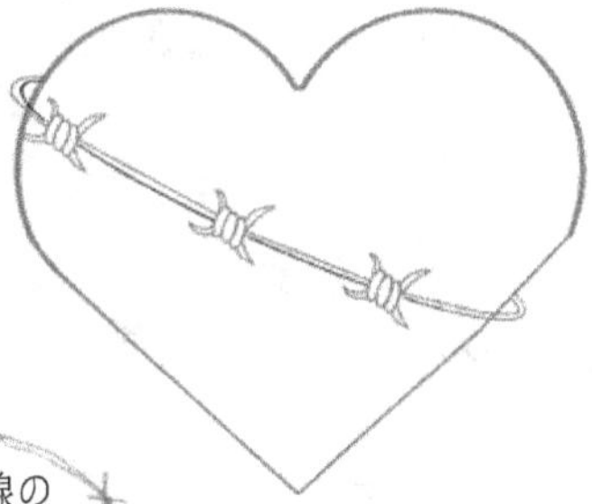

8. ハートの周りをさらに線で「包む」

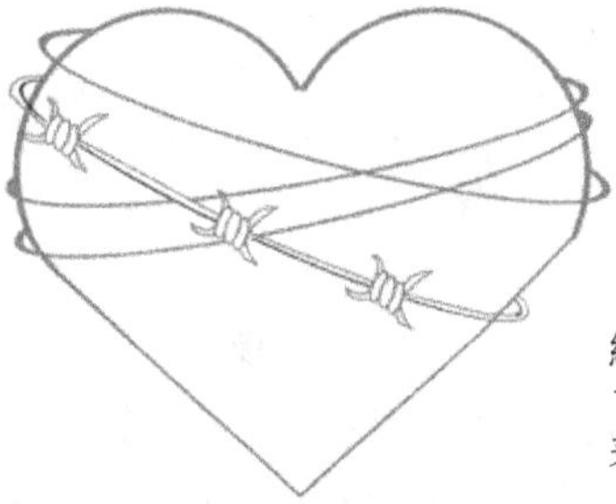

9. 有刺鉄線と線をさらに描き加える

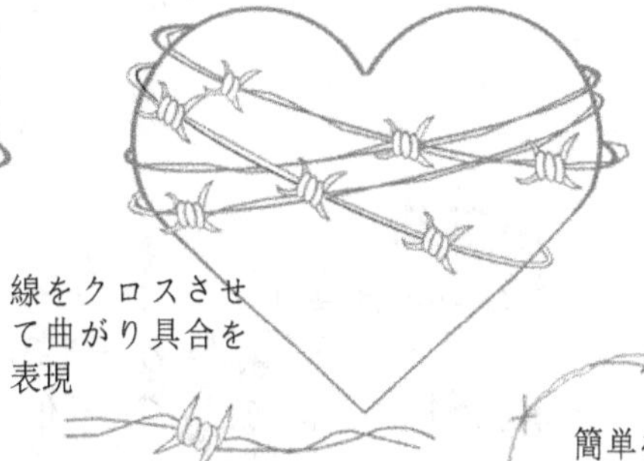
線をクロスさせて曲がり具合を表現

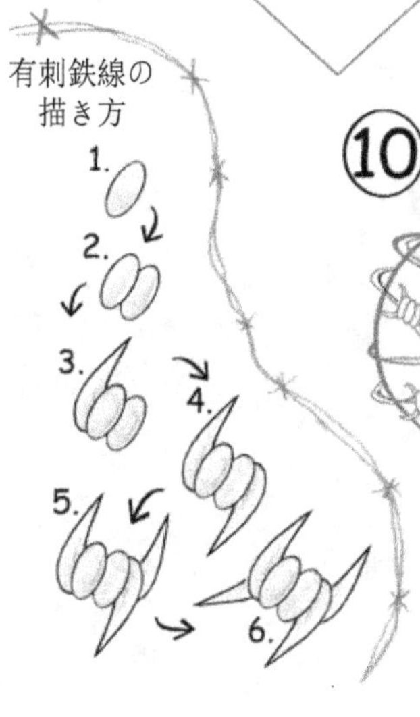
有刺鉄線の描き方
1.
2.
3.
4.
5.
6.

10. 「血」を滴らせる

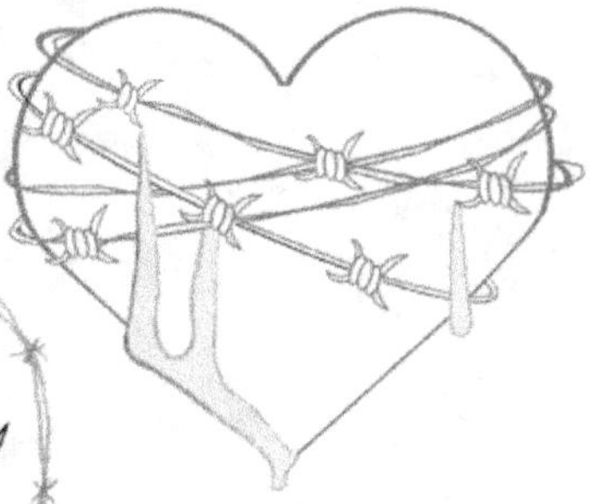

11. 陰影を付ける

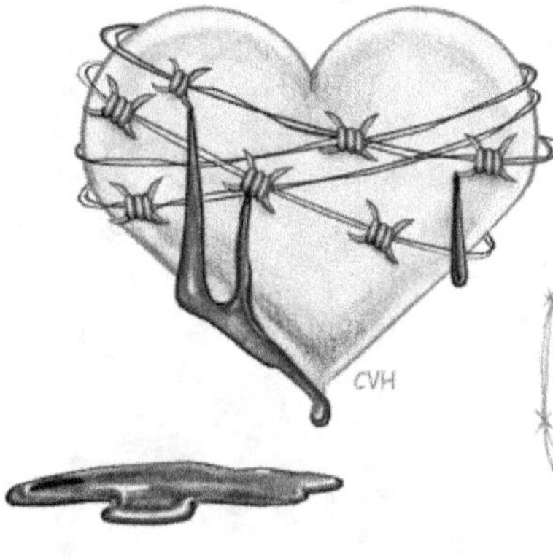
CVH

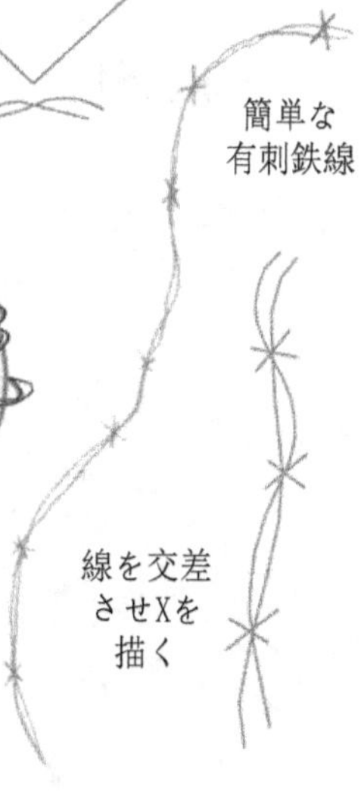
簡単な有刺鉄線
線を交差させXを描く

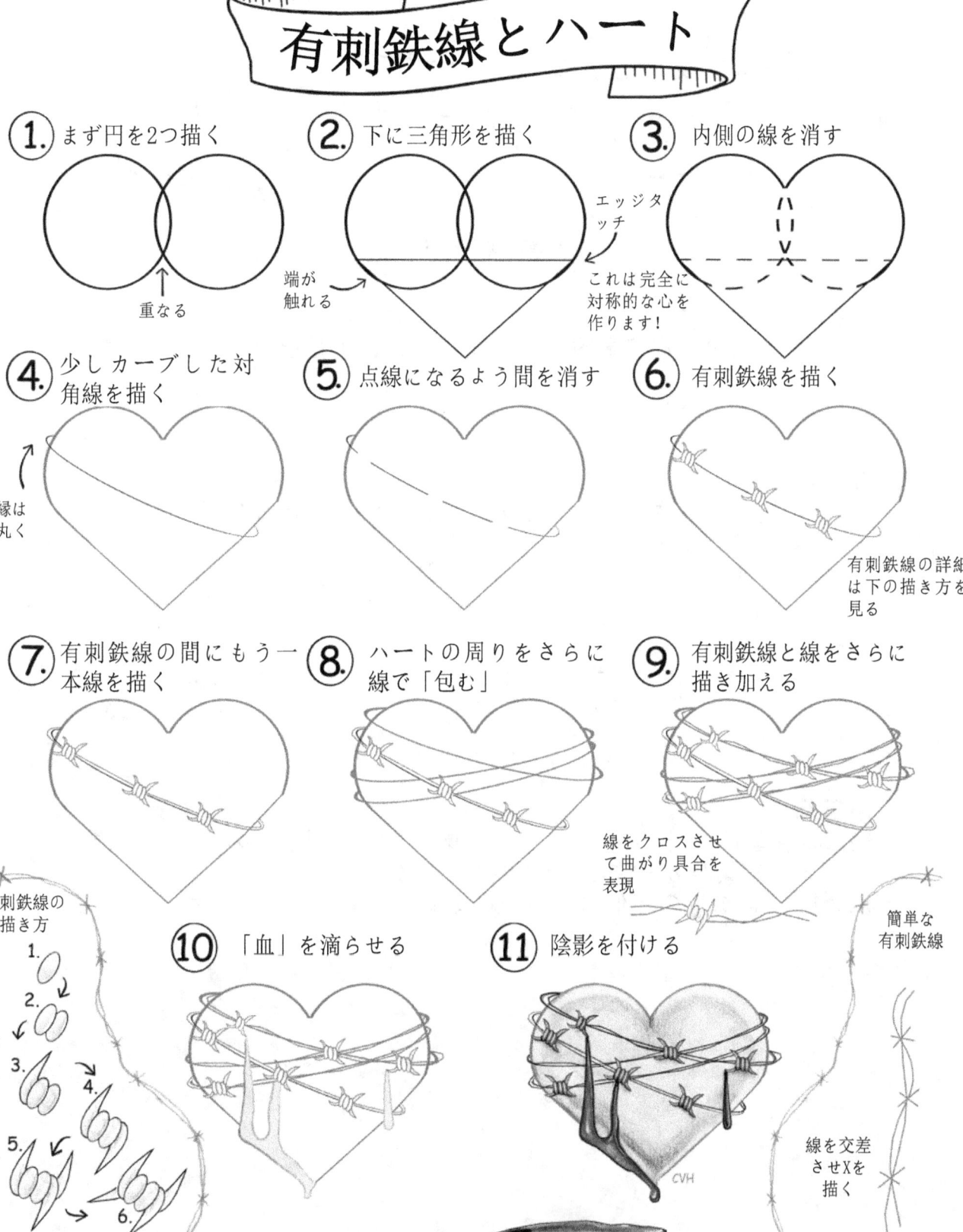

(知る•理解する•やってみる)

巻き物とバラ

知る:

- 一連の簡単な幾何学的形をつなげると、複雑な(自然の)ものを描ける
- 曲線を重ね合わせて遠近感が出る

理解する:

- その場にある物の重なりと大きさの違いは奥行きの錯覚を起こさせる助けになる
- 陰影の明確なコントラストで、立体と3Dに見える

やってみる:

配布資料で準備された手順に従い、自分だけのバラのつぼみの周りを囲むバナーを描いてみよう。バナーにメッセージを加え、陰影を付ける

用語集:

陰影の明確なコントラスト – アートワークで、明暗度の明るさと暗さに大きな差異があること(中間のトーンが少ない)

重なり – あるものが他の物の上にある、またはその一部を覆うこと

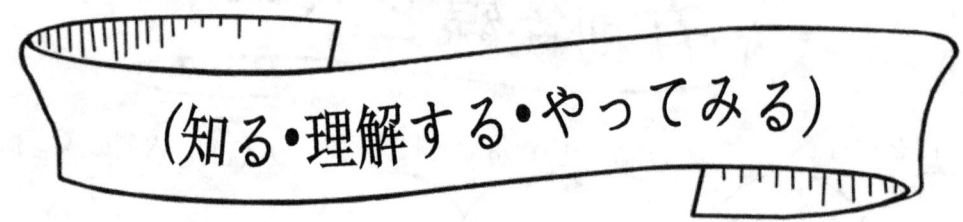

巻き物とバラ

1. まず渦巻きを描く

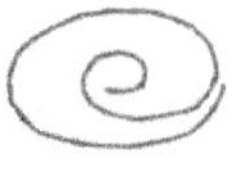

2. 底を描く(ワイングラスのような曲線)

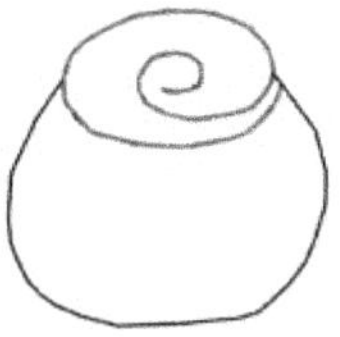

3. 「翼」と花びらを3枚描く

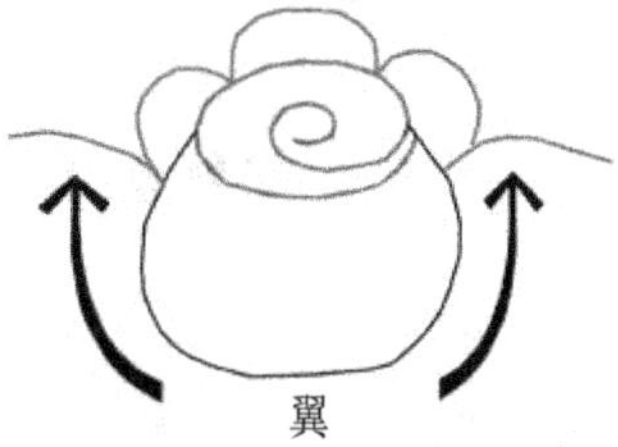

翼

4. 「翼」に厚みを加える

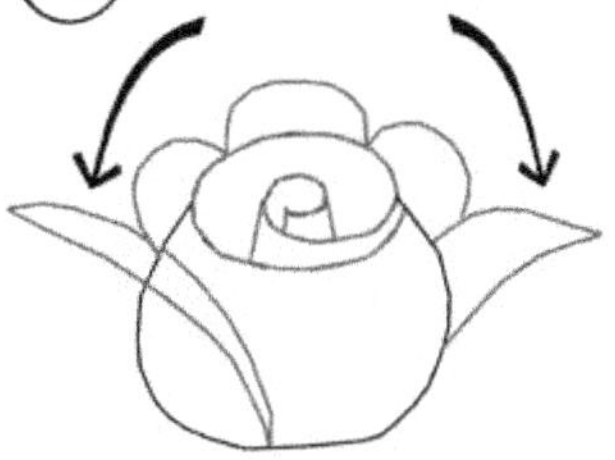

5. 下に曲線の花びらと茎を描く

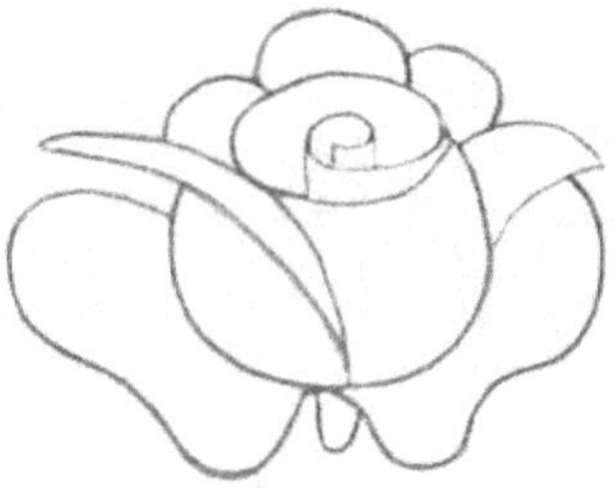

6. バラの完成!
次に巻き物を描く

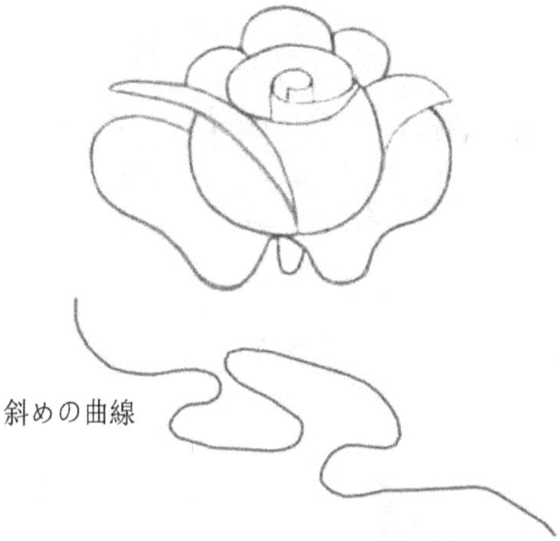

斜めの曲線

7. それぞれのカーブから縦線を伸ばす

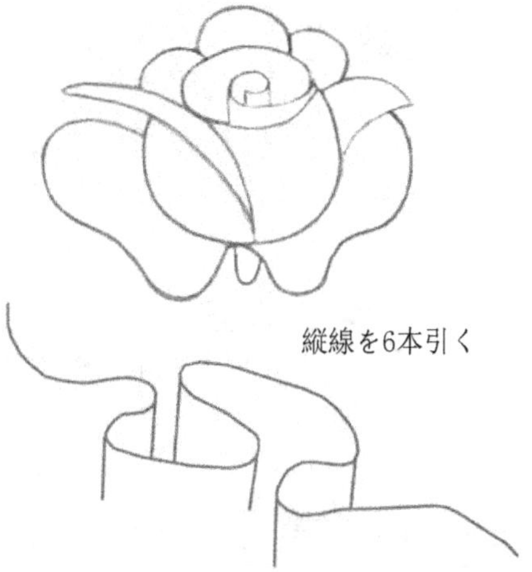

縦線を6本引く

8. バナーの下側と先端を描く

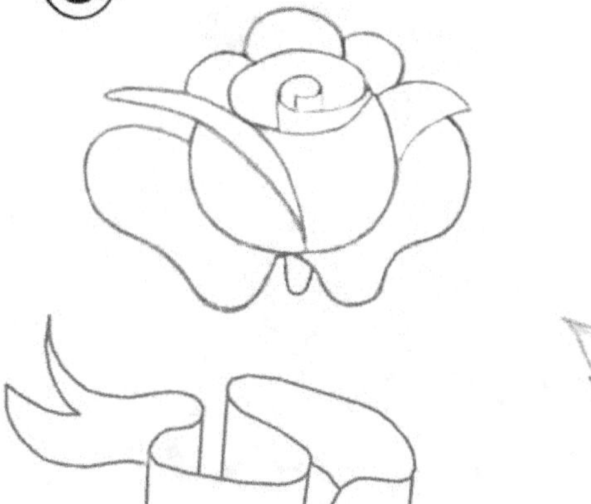

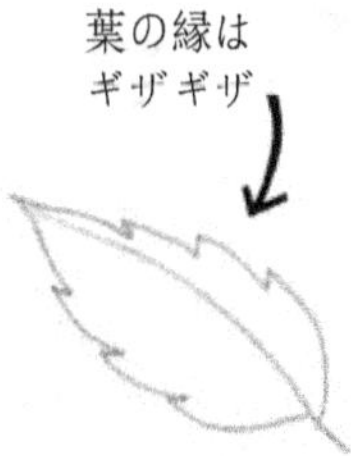

葉の縁は
ギザギザ

9. 茎、葉、メッセージを描き、影を付ける!

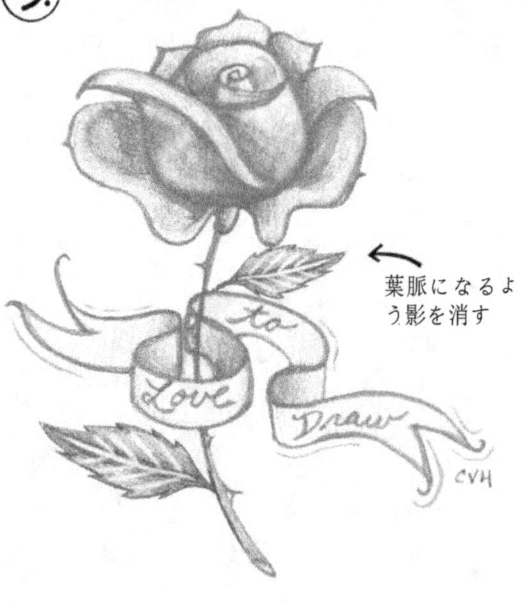

Love
to
Draw
葉脈になるよう影を消す
CVH

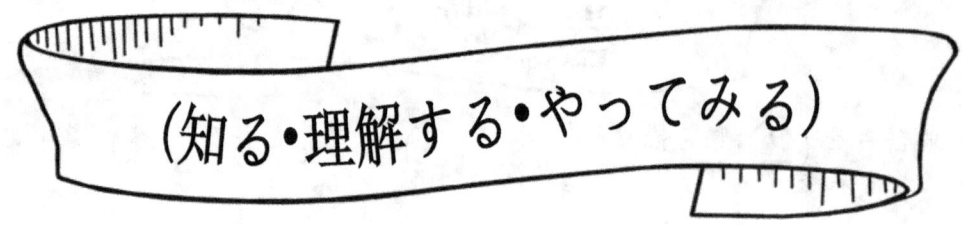

(知る•理解する•やってみる)

金貨の入った壺

知る:
- 単純な形を組み合わせると、もっと複雑なものが描ける
- 多くの物体（人工と自然の物）は円柱を基にしている

理解する:
- 円盤は円柱を低くしたもの
- 円柱の原則(底は丸みがあり上は楕円形)を描画に使えば、様々な形を描ける

やってみる:
金貨という「円盤」がたくさん入った壺を立体的に描いて3Dの錯覚を起こす

用語集:
円柱 – 三次元に見える円筒のこと
円盤 – 楕円形を三次元で表したもの
楕円 – 円に角度を付けて見たもの（楕円形）

金貨の入った壺

1. まず楕円形を描く

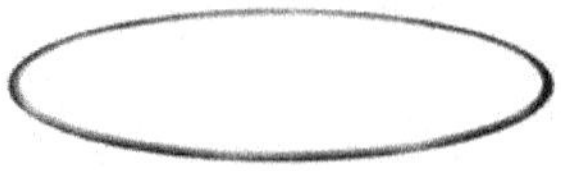

2. 円形の底を描く

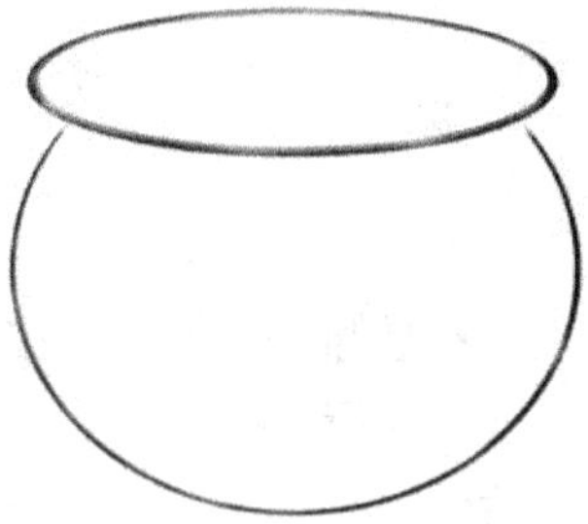

3. 楕円形の下を縁取り「厚み」を出す

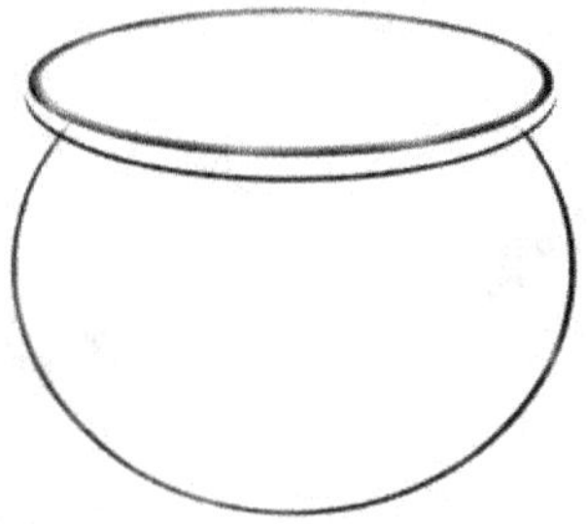

4. 楕円形の内側を縁取り「厚み」を出す

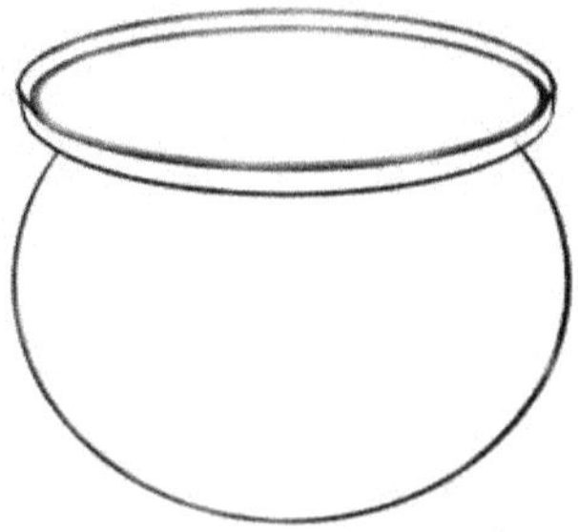

5.

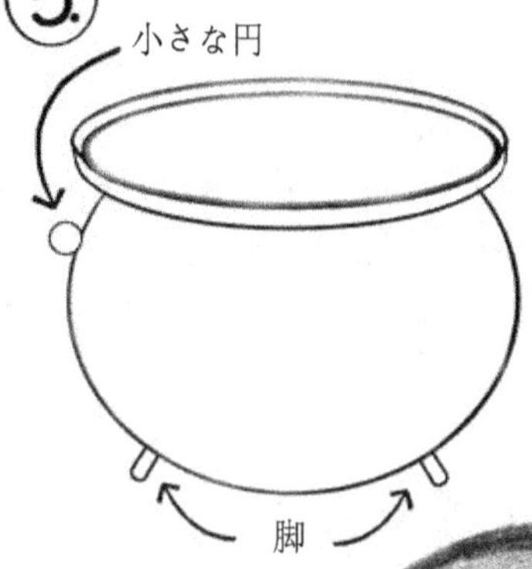

6.

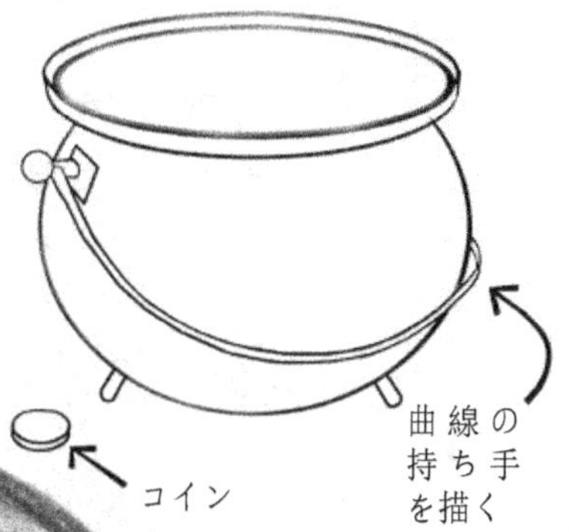

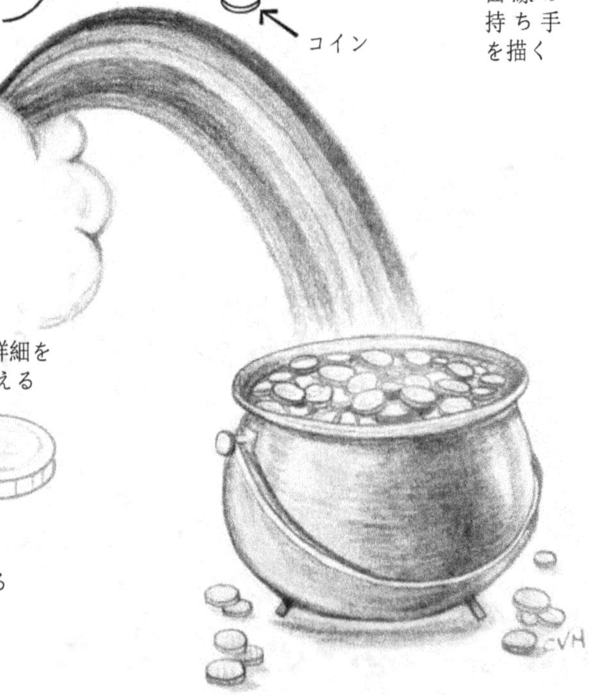

立体的なコインを描く2つの方法

どちらが気に入るか両方試してみよう！

1. 楕円形を描く　2. もう一つ描く　3. 点線部分を消す　4. 詳細を加える

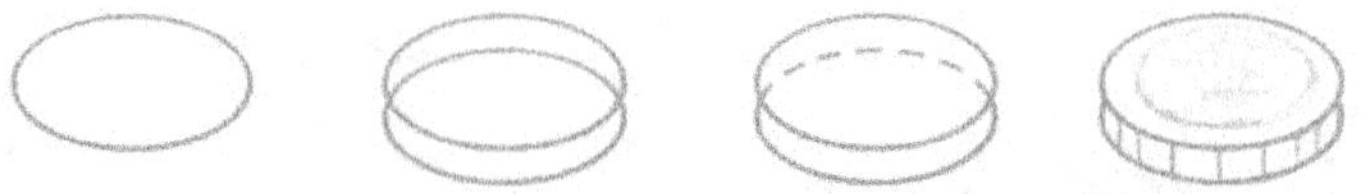

または

1. 楕円形を描く　2. 線を2本加える　3. 底をつなげる

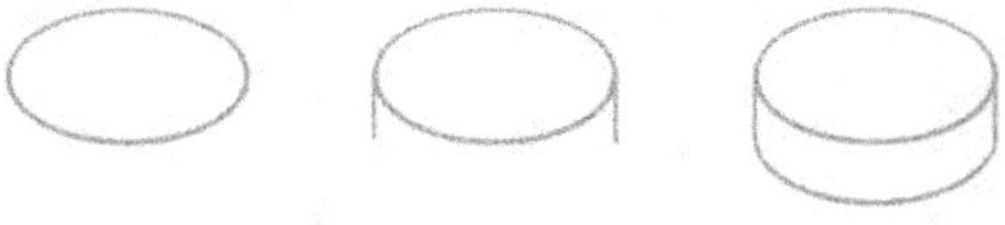

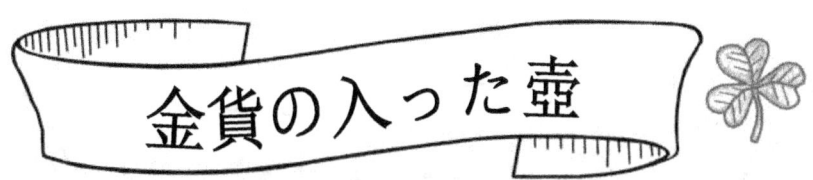

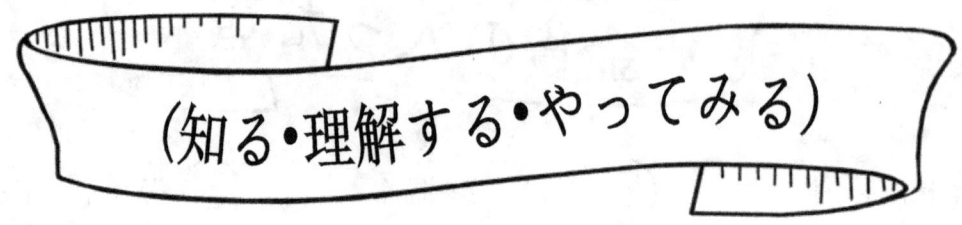

(知る•理解する•やってみる)

キュートなイースターの仲間

知る:

- 単純な形を組み合わせると複雑な物体が描ける
- 重なり合った円錐で乗り物が描ける
- 輪郭を描いた物体の内側を「ハッチング」すれば立体的になり、ボリュームが出て影がつけられる

理解する:

- 物体に影、質感、または立体感を出す「ハッチング」と「クロスハッチング」のテクニック
- 画家はものの手触りや材質を表すため質感を用いる

やってみる:

配布資料にある物体の輪郭を使ってアートワークを描いてみる。「おまけ」を描き加える。質感と影を出すため精巧なハッチングを試してみる

用語集:

円錐 – 楕円形の先端から伸びる最終的に出会う2本の線でできた形
ハッチング – 間隔の狭い一連の平行線。ハッチング下線の上から対角に線を加えると、クロスハッチングになる。
質感 – アートワークでものの手触りや材質を表すこと
量感 – 立体の中の空間を表す

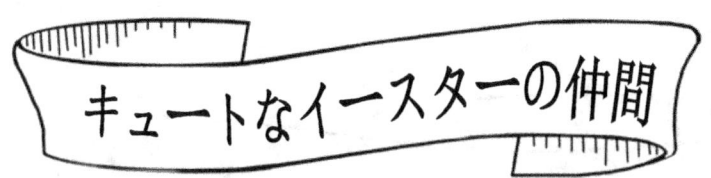

キュートなイースターの仲間

1. まず楕円形を描く

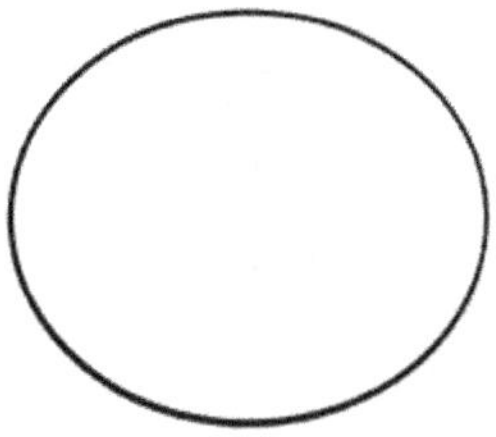

2. 楕円形に重なるよう二つ目の楕円形を描く

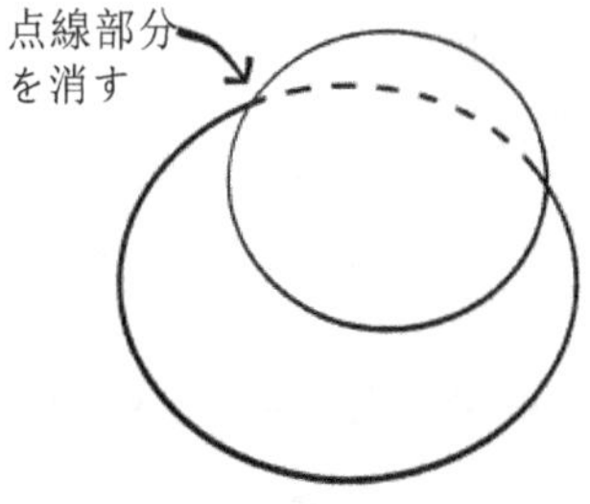
点線部分を消す

3. 底に小さな半円を2つ描く

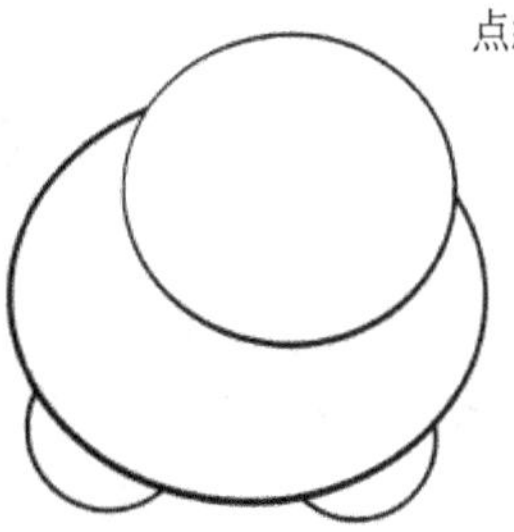

4. 三角形のくちばしを描く

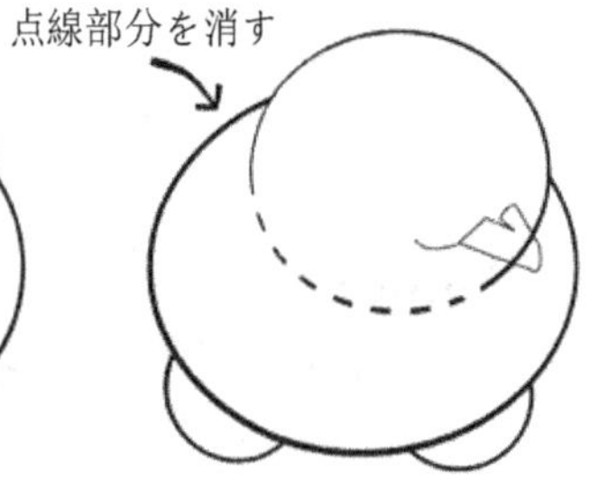
点線部分を消す

5. 目と細い足を2本描く

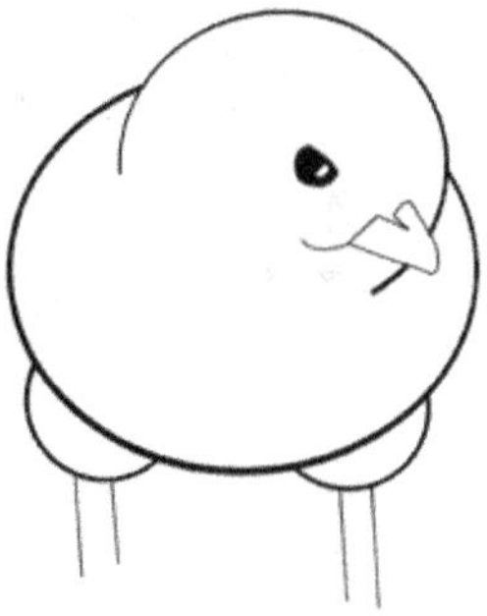

6. 足に3本ずつかぎづめを描く

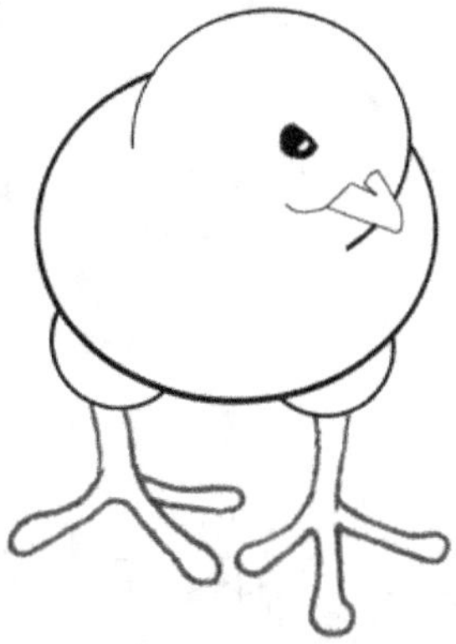

7. 輪郭線をハッチングで「フワフワ」にする

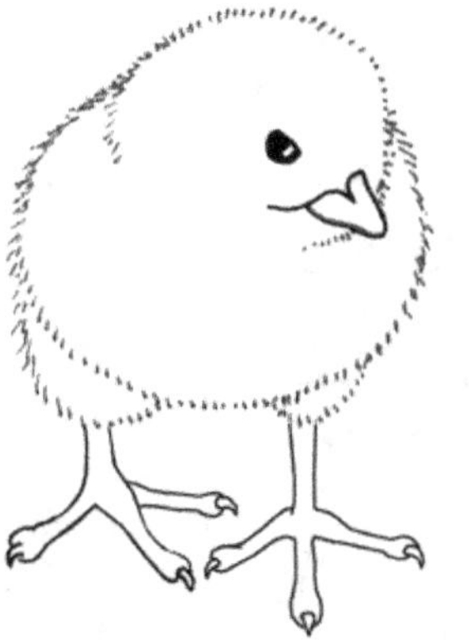

8. 陰影を付ける

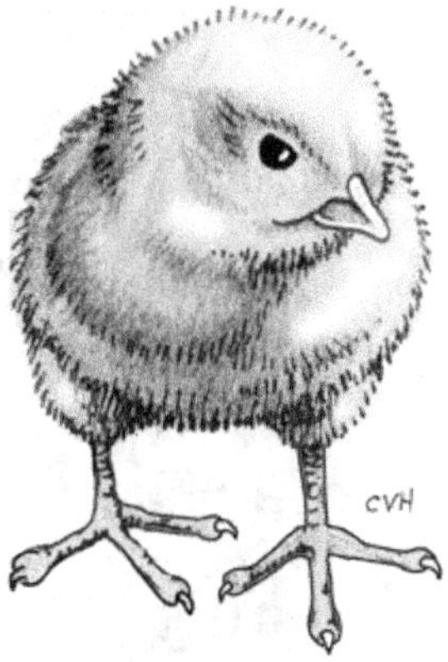
CVH

イースターバスケット

1. 楕円形を2つ描く

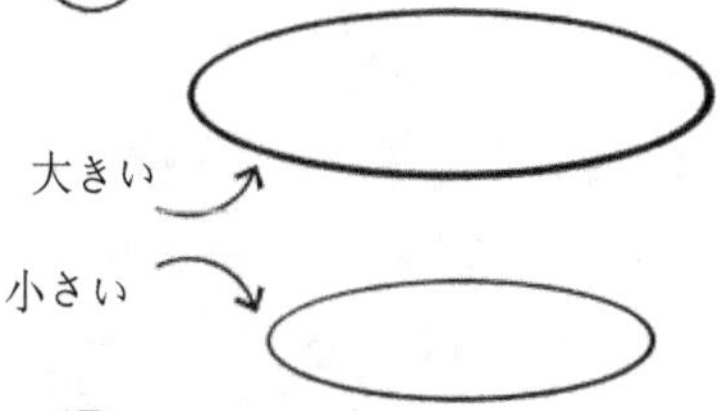
大きい
小さい

2. 両脇をつなぐ

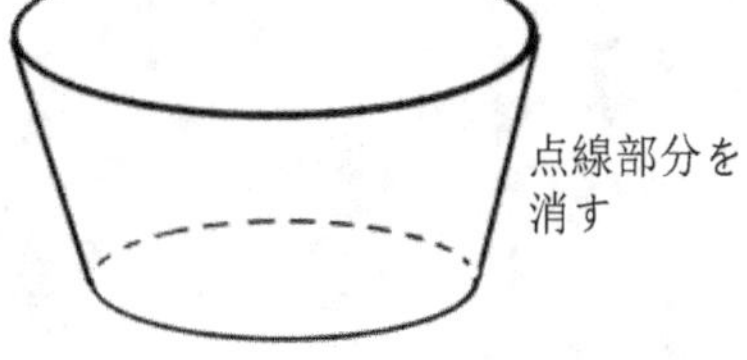
点線部分を消す

3.

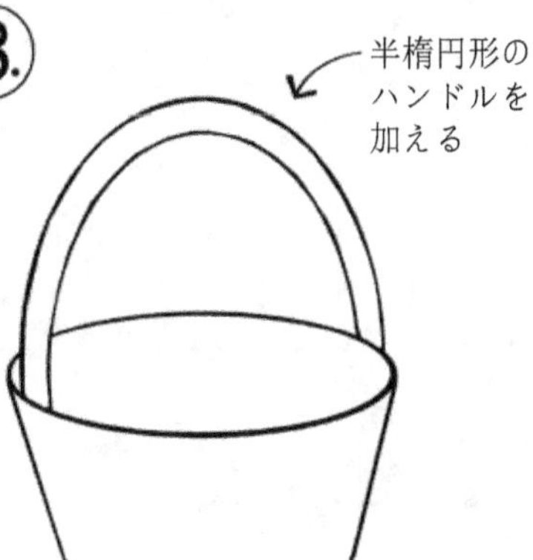
半楕円形のハンドルを加える

4. 陰影を付ける

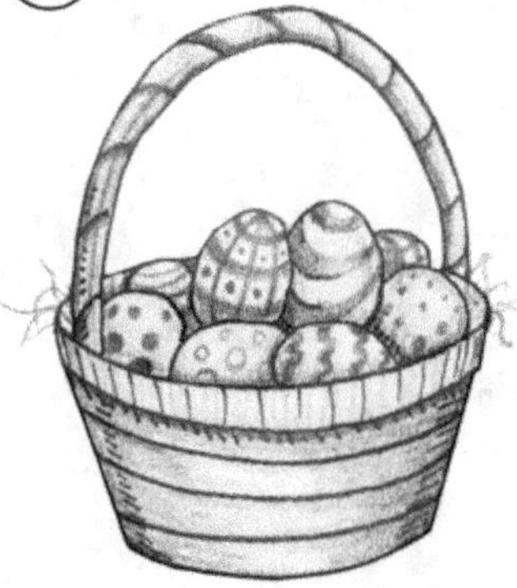

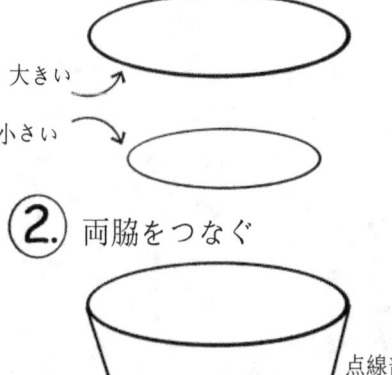

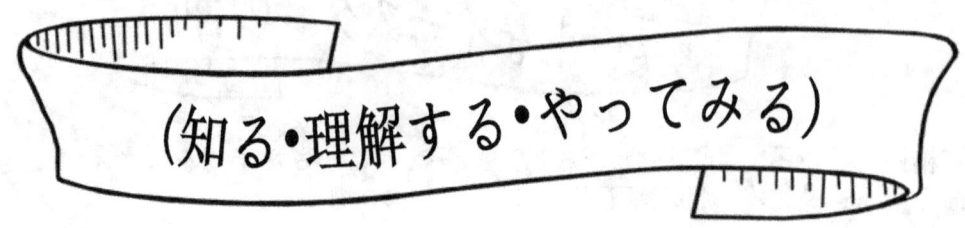

(知る•理解する•やってみる)

イースターエッグ

知る:
ある形に輪郭線とパターン、影を描き加えると立体的になる

理解する:
物体の周りを「囲む」線と模様を描いて3Dに見えるようにするテクニック

やってみる:
イースターエッグの絵をオリジナルのパターンで囲み、立体にする。配布資料にあるようにイースターエッグでいっぱいのバスケットを描いてみる

用語集:
パターン － 同じデザインの形や線、色を繰り返すこと
繰り返し － アート要素を組み合わせて、同じアート要素を何度も何度も使用する手法
囲む － 他の物体の周りを曲線で包むこと

イースターエッグ

1. まず基本の卵の形を描く

2. 奥行きを表す曲線を描き加える

3. 装飾またはパターンを加える

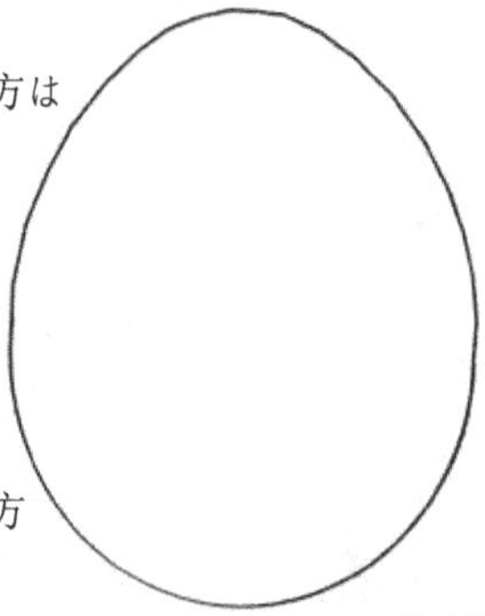

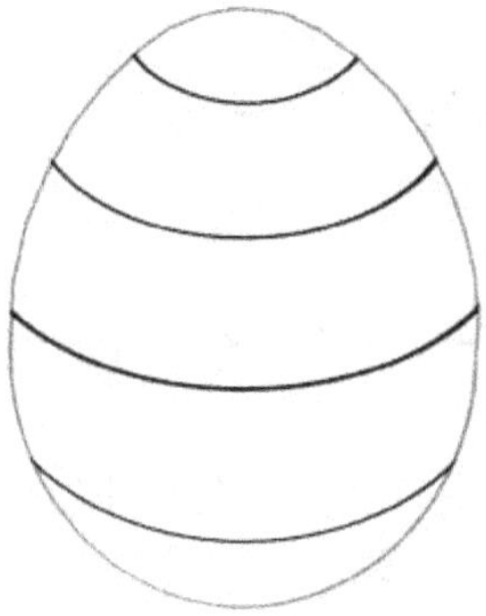

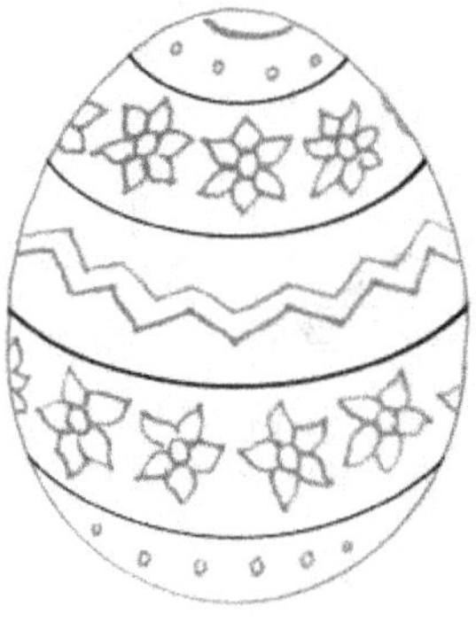

またはこんな方法も
や影を描き加える

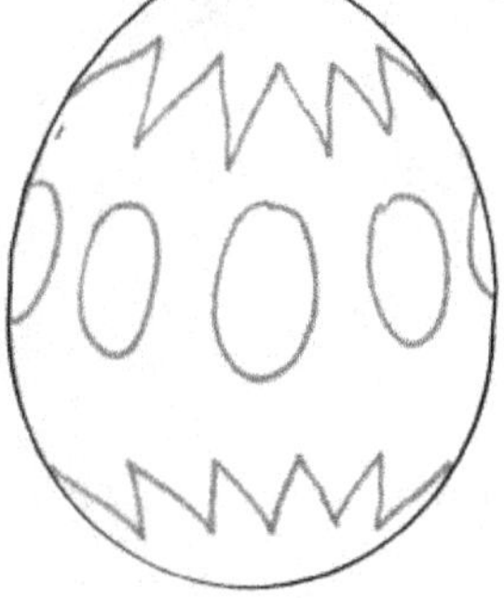

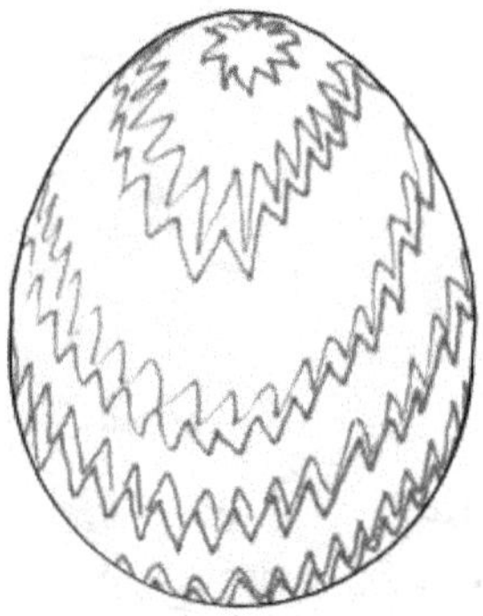

色や影を描き加える

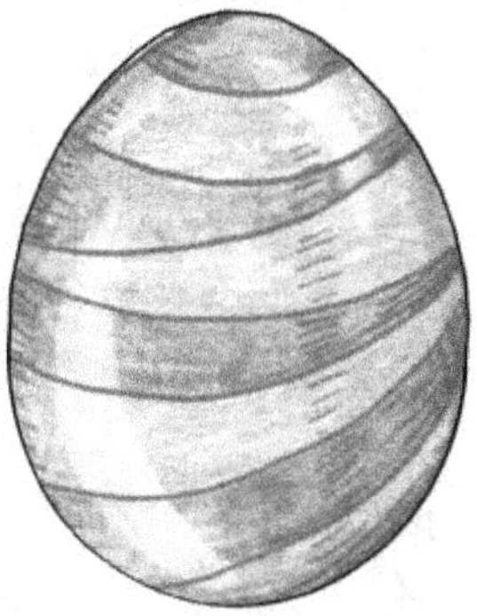

卵でいっぱいのバスケット

まず何個か卵を描く

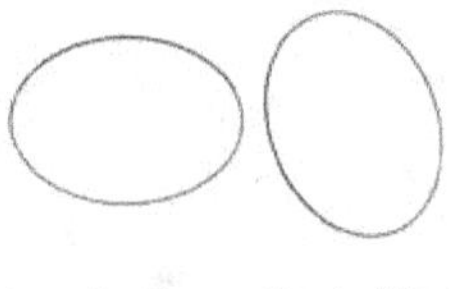

その下にさらに卵を描き加える

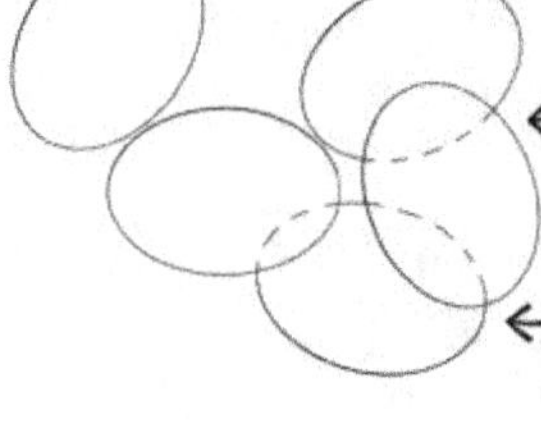

さらに描き加える

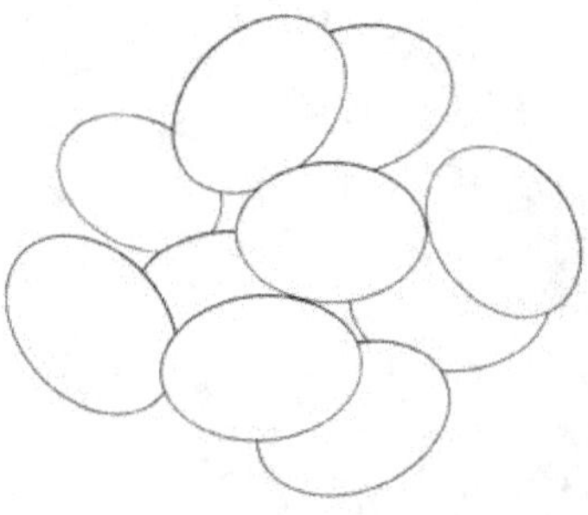

装飾し影を付ける

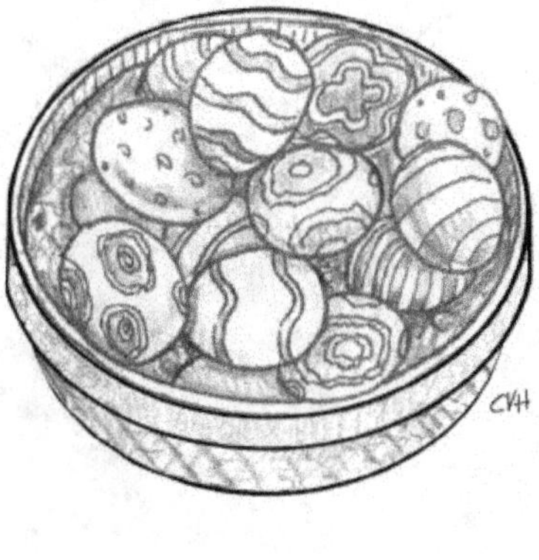

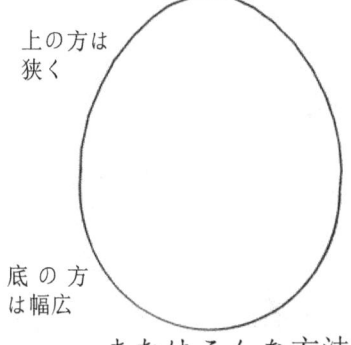

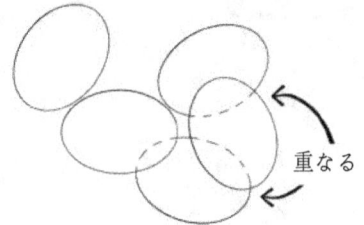

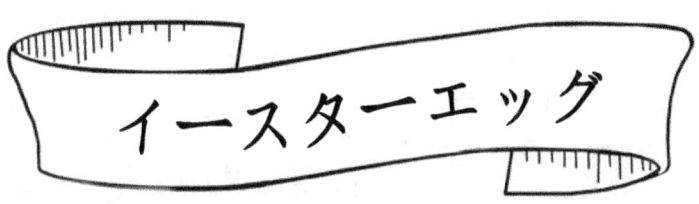

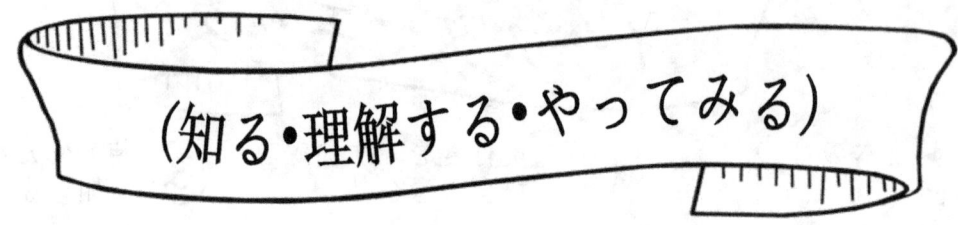

(知る•理解する•やってみる)

春のチューリップ

知る:

- 単純な一連の幾何学的形を組み合わせると、複雑(で自然)な物体を描ける
- 幾何学的形と自然界に見られる形の違い
- 線を重ね合わせて遠近感が出る

理解する:

- その場にある物の重なり合いと大きさの違いは、奥行きの錯覚を起こさせる助けになる。
- 陰影のコントラストを鮮明にすると、立体感や3D効果が出せる

やってみる:

準備されたコツや秘訣を使って、自分だけのチューリップの花束を描こう。少なくとも花を3本描くこと。ユニークな作品にするため、ワークシートにはないものを描き加えよう。(例: 花瓶、茎にリボンをつけるなど)写し描きは厳禁。影を付ける

用語集:

陰影の鮮明なコントラスト – 作品の中で暗い部分と明るい部分の差が大きいこと(中間はあまりない)

重なり合い – 何かを他の物の上に置いて、その一部を覆うこと

春のチューリップ

1. まず円形を描く

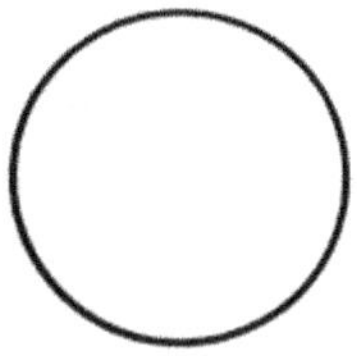

2. 「三角」帽を加える

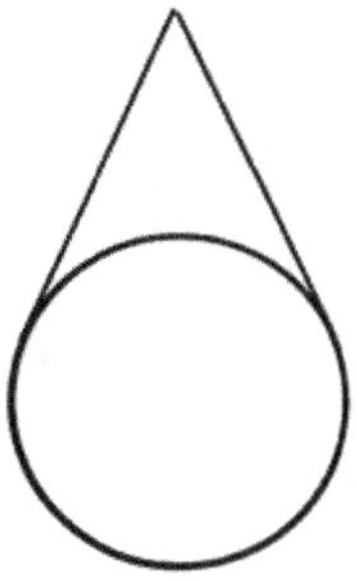

3. 円の上部を消す

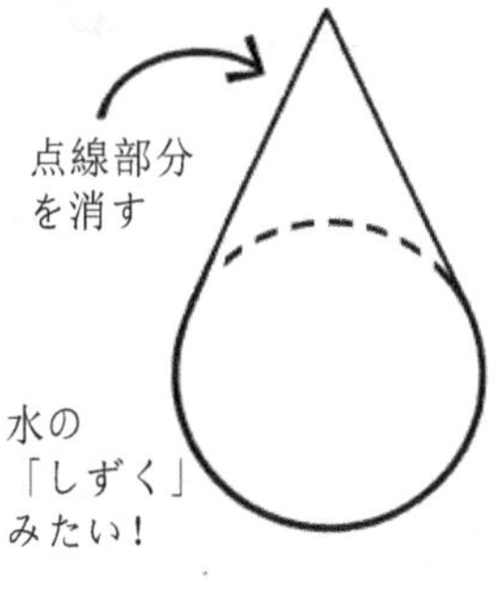
点線部分を消す
水の「しずく」みたい！

4. 「しずく」をもう一つ加える

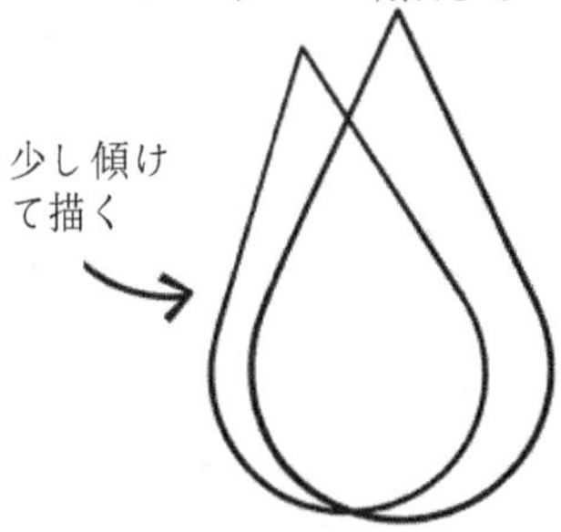
少し傾けて描く

5. 一つ目のしずくの内側の部分を消す

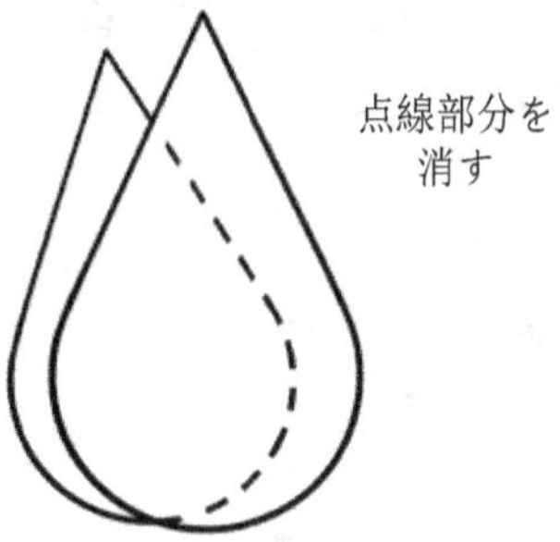
点線部分を消す

6. 「しずく」をもう一つ加える

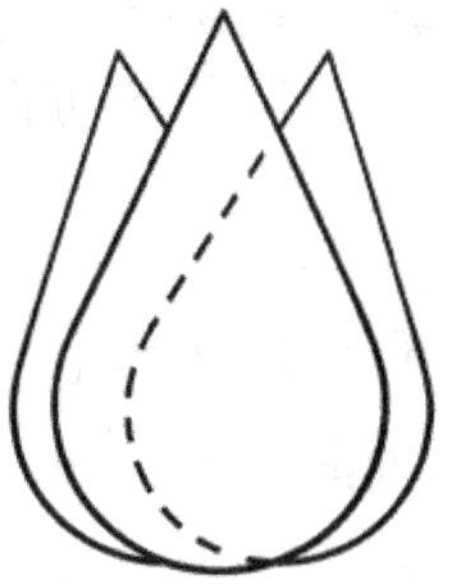

7. 頂点を二つ加える

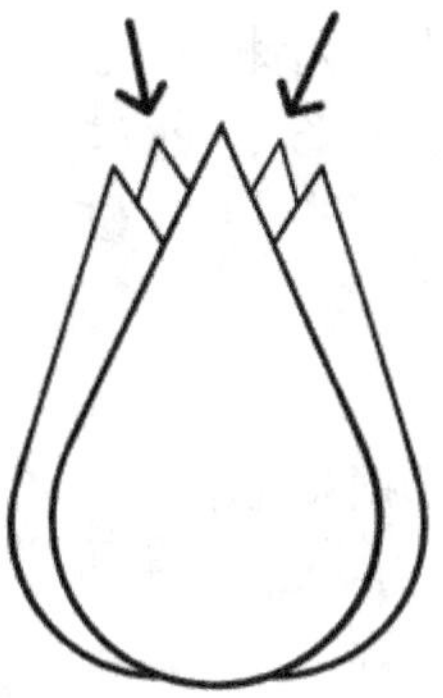

8. めしべになる曲線を加える

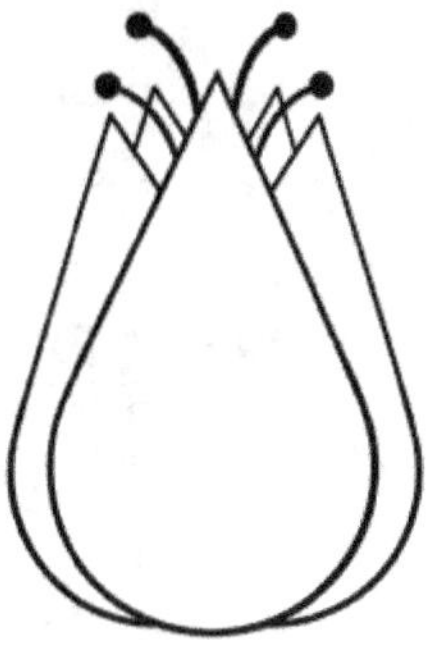

9. 茎のベースになる半円を描く

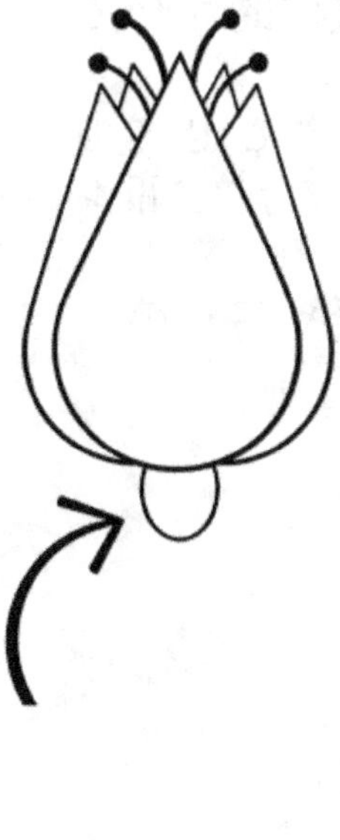

10. 茎になる線を2本描く

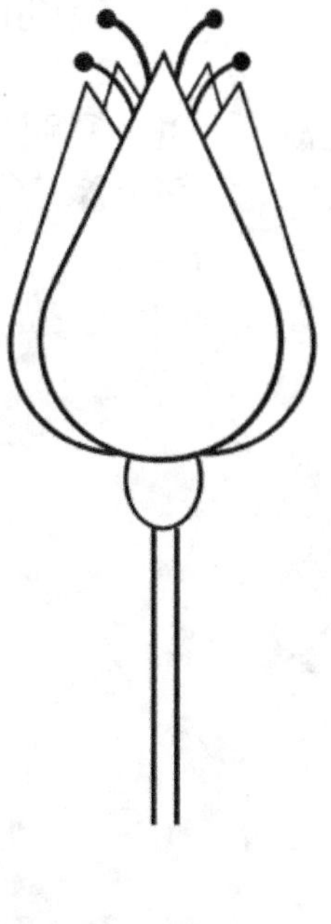

11. 葉を斜めに描く

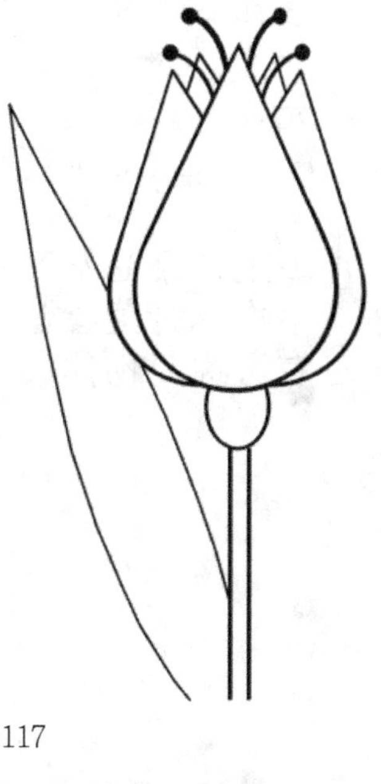

12. 陰影を付ける

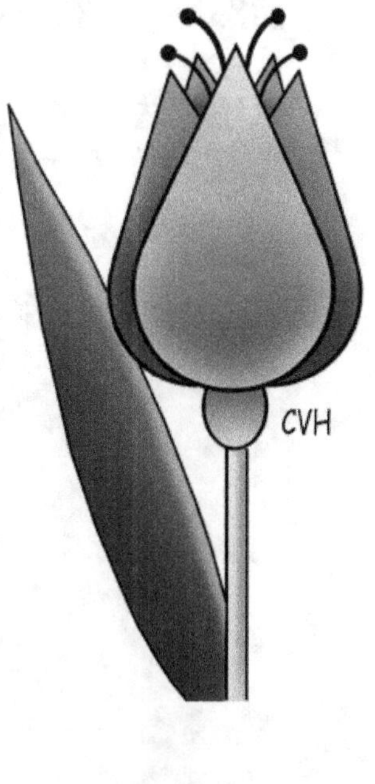
CVH

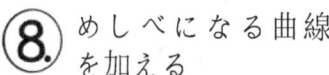

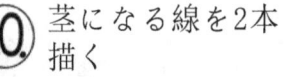

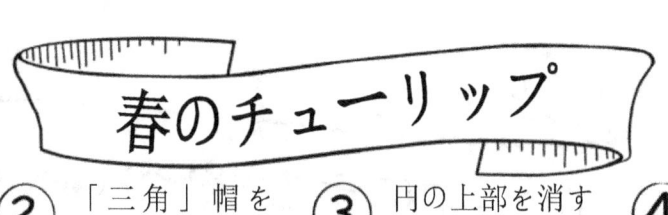

(知る•理解する•やってみる)

桜の花

知る:

バランス、自然界にある形、パターン、遠近法、繰り返し、シンメトリー/アシンメトリー

理解する:

- 単純な形を組み合わせることは、複雑な立体を描く第一歩
- 絵画を簡単にする、とは物体の主要な部分を単純な形に分解すること。単純な形を見つけると、さらに詳細を加えられる

やってみる:

- 用意された手順に従い、オリジナルの桜の花の静物画を描こう
- まず輪郭線で単純な幾何学的形を描き、リアルさを追求するため重なり合わせる
- 鉛筆で影を付ける（指示があれば水彩色鉛筆を使う）

用語集:

自然 – 自然界に見られる不規則な形のこと。規則的で機械的な形ではない
透視画法 – 二次元(2D)の表面に三次元(3D)の錯覚を起こさせるのに使われるテクニックのこと.透視画法は奥行きや引っ込んだ空間を描く助けになる
静物画 – テーブルの上に乗せた動かない物体を描いた絵や写真のこと。(通常は花瓶、果物、野菜など)
シンメトリー – 左右対称の物体

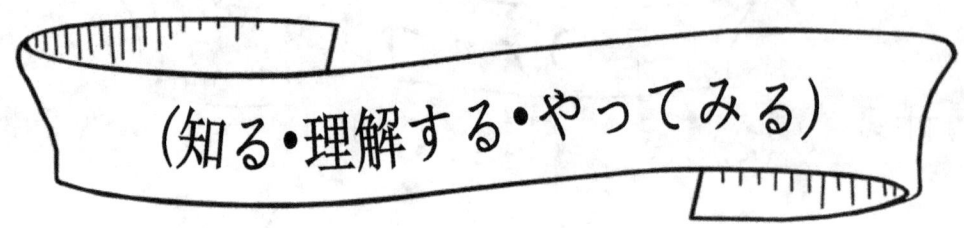

桜の花

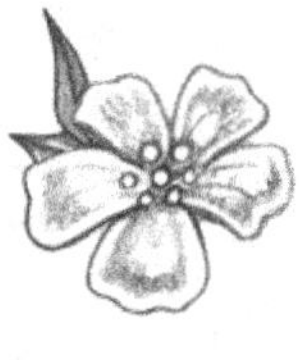

1. まず”Z”を反転させたジグザグを描く

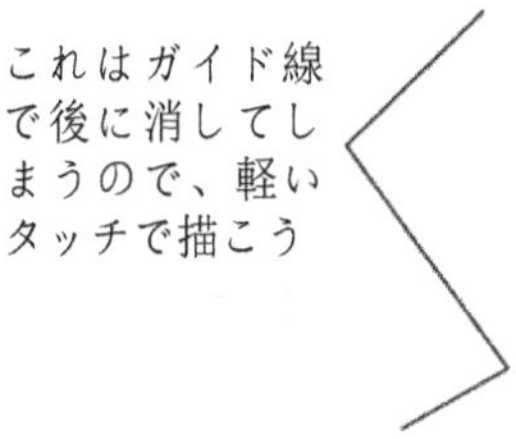
これはガイド線
で後に消してし
まうので、軽い
タッチで描こう

2. それぞれの曲がり目に円を描く

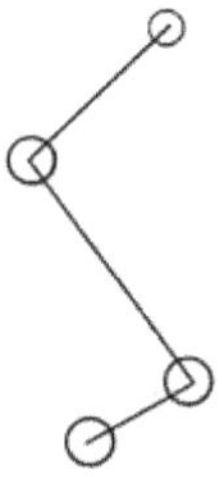

3. 枝の両側に線を加えて「太く」する

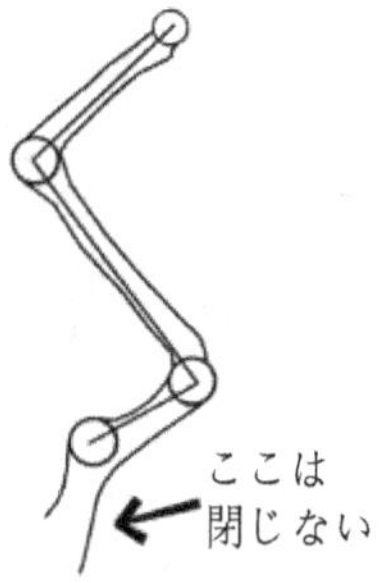
ここは
閉じない

4. 点線部分(元のガイド線)を消す

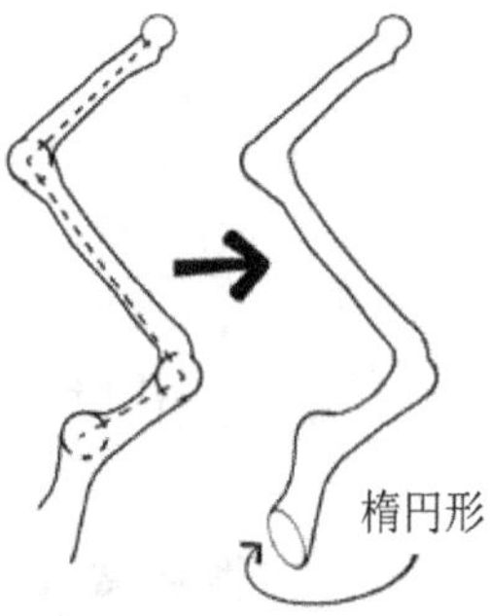
楕円形

5. 一つ目の花用にガイドとなる円を加える

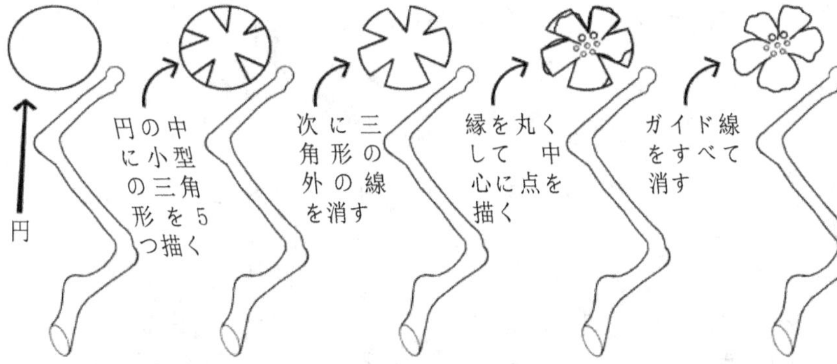
円
円の中
に小型
の三角
形を５
つ描く
次に三
角形の
外の線
を消す
縁を丸く
して 中
心に点を
描く
ガイド線
をすべて
消す

6. 花びらの詳細を描き足す

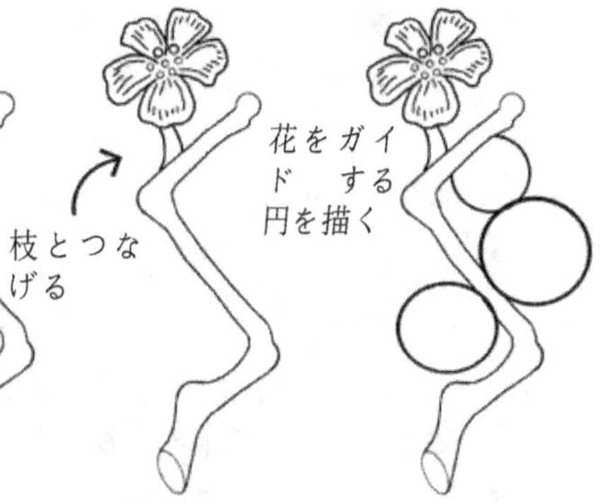
枝とつな
げる
花をガイ
ド する
円を描く

7. 円を花に変える

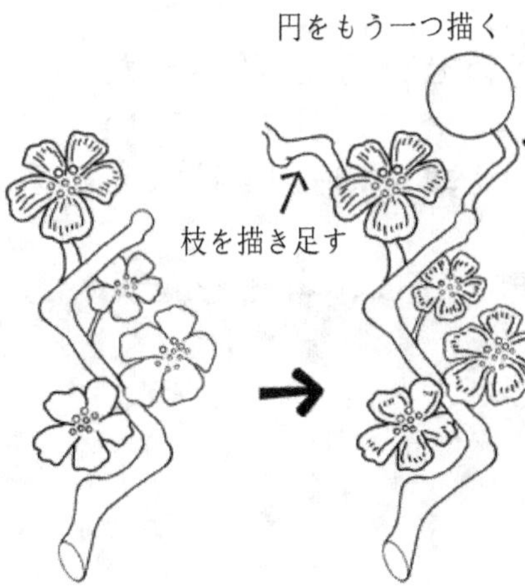
円をもう一つ描く
枝を描き足す
枝を描
き足す

8. 先端につぼみを加える

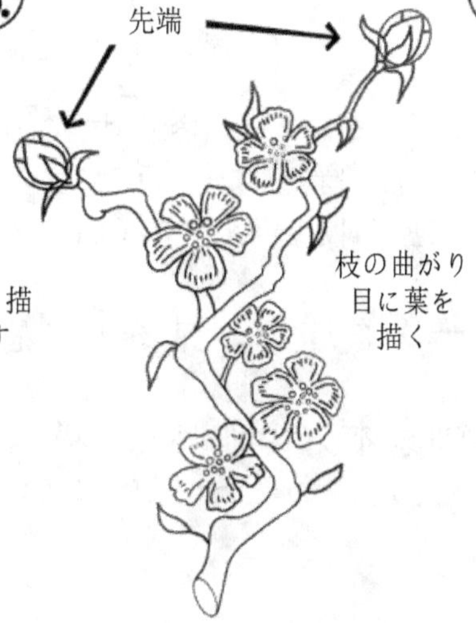
先端
枝の曲がり
目に葉を
描く

9. 影を付ける

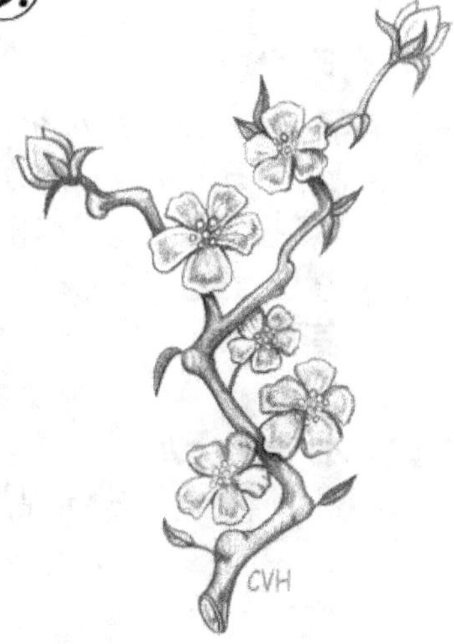
CVH

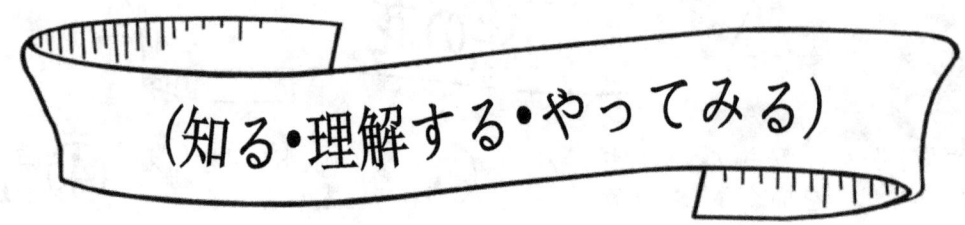

(知る•理解する•やってみる)

ハロウィンのキャラクター

知る:
単純な幾何学的形を使って簡単にオリジナルの漫画風キャラクターを描けるようになる。

理解する:
- オリジナル作品を描くには、複写や写し描きした要素があってはならない
- 絵に表現力が加われば、キャラクターの感情や気持ち、アイデアを表現できる

やってみる:
用意された幾何学的ガイドラインを使ってオリジナルのハロウィンをテーマにしたマンガ風のキャラクターを描いて練習しよう。ガイドラインは必要な場合、消してしまうので軽いタッチで描こう。必要に応じて特定の要素を加えたり、変更したりしてユニークさを出しよう。配布資料にはないキャラクターを造りましょう。自分の想像力を使い「おまけ」をたくさん描こう

用語集:
マンガ – 人を考えさせたり、怒らせたり、笑わせたり、驚かせたりするために描かれた、普通は単純な絵のこと。マンガはたいてい単純な線と基本的な色を使い、一つの枠や一連のコマに描いて考えを伝える
表現力 – アートワークを通じ、見る人に感情や気持ち、考えを伝えること
オリジナル – ある画家本人の作品だと考えられるアートワークのこと。複製、模造品、またはコピーではないもの

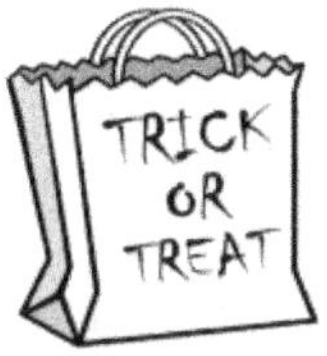
TRICK
OR
TREAT

ハロウィンのキャラクター

小さいけど

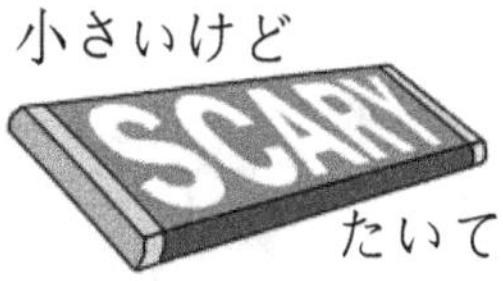
SCARY

たいていキュート!

① まず、単純な形で体を描く…

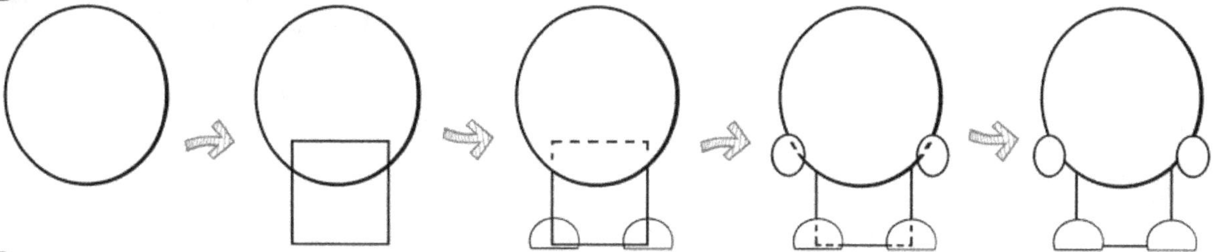

② 次に表情を表す目を選ぶ…

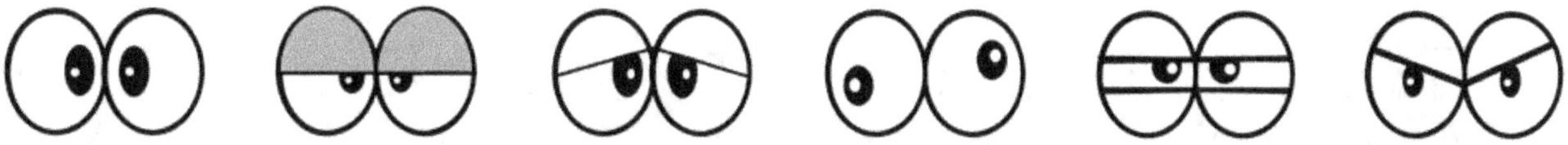

③ 最後に、ユニークで面白いキャラクターを造り上げるのに必要な詳細をできるだけたくさん加える

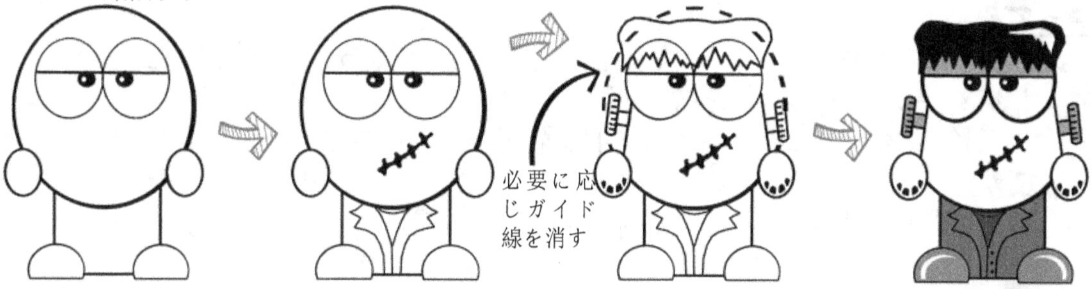
必要に応じガイド線を消す

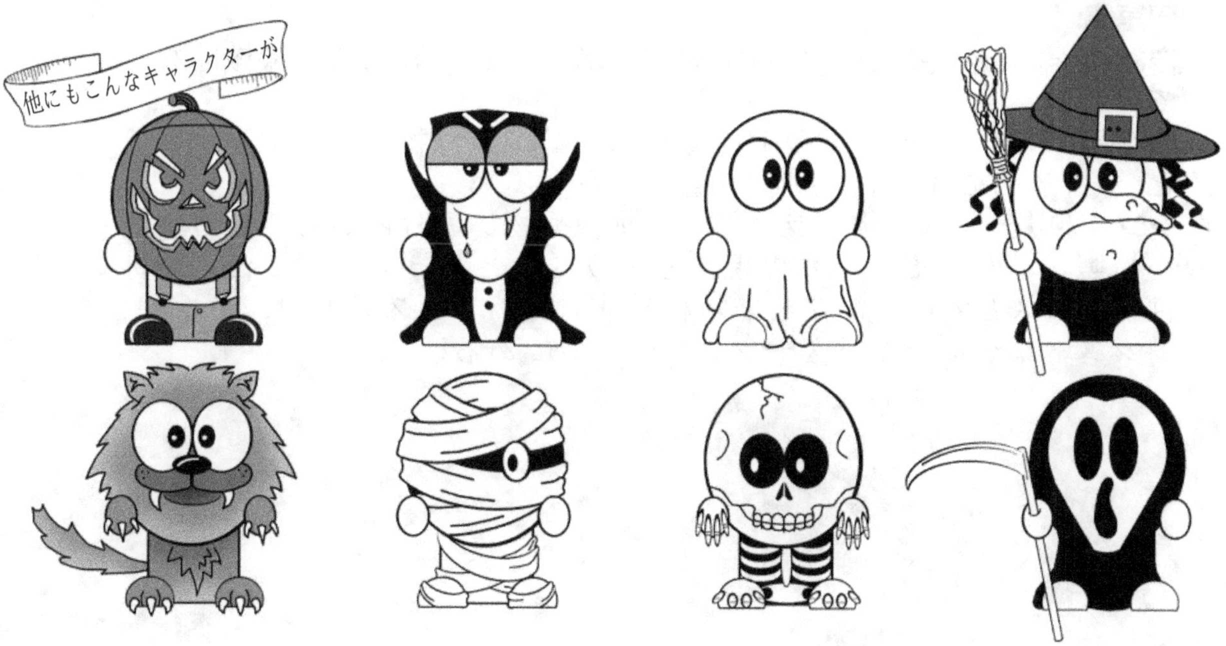
他にもこんなキャラクターが

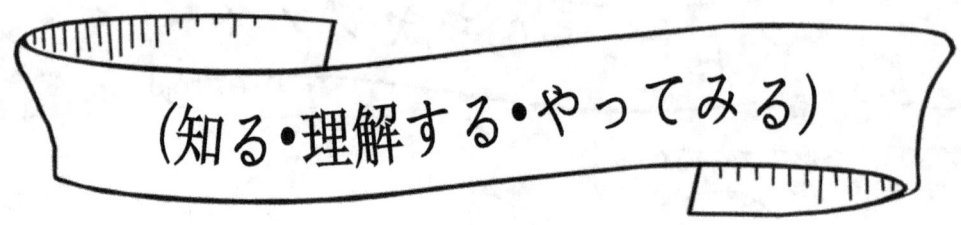

(知る•理解する•やってみる)

紅葉

知る:
自然の形、シンメトリー、アシンメトリー

理解する:
複雑な立体を描く最初のステップは、単純な形を重ね合わせることかもしれない

やってみる:
- 用意された手順(または実生活で採取した葉っぱを準備)に従い、オリジナルの静物画を描こう
- まず輪郭線と単純な幾何学的形を描き、必要に応じて重ね合わせてガイドラインとする
- 鉛筆で影を付ける（または指示に応じて水彩色鉛筆を使う）

用語集:
自然の – 自然界に見られる不規則な形のこと。規則的で機械的な形ではない
静物画 – テーブルの上に置かれた動かない物体の絵や写真のこと。(一般的には花瓶、果物、野菜など)
シンメトリー –（対称バランス）– 画像や物体の片側がもう一方の側を複製、またはそっくり再現するようにまとまっていること。対称性バランスともいう。左右非対称や非対称バランスの反対
シンメトリーは十のパターン分類の一つである

本物の葉が手に入るなら、その輪郭線をなぞり、ステップ6へ

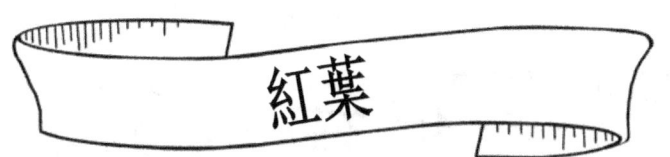

紅葉

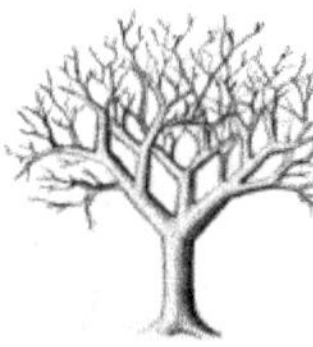

①しずくの形を描く

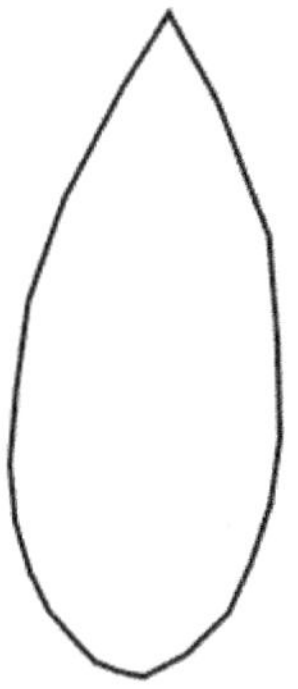

②外側に広がる扇型になるよう、さらに2つしずくを描く

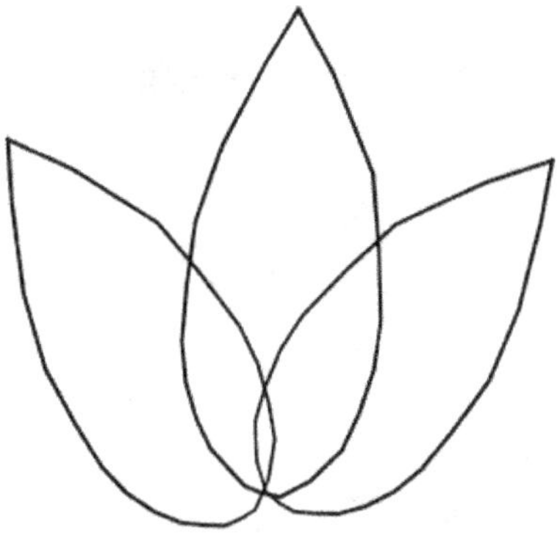

③下のように、しずくの周りにギザギザを入れる

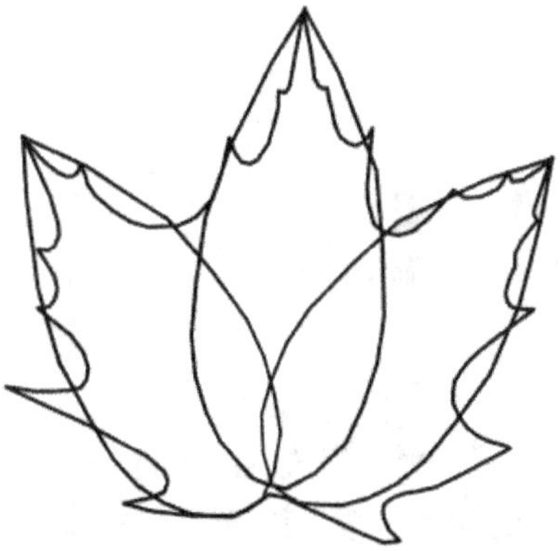

④点線で示したもとのしずくの輪郭線を消す

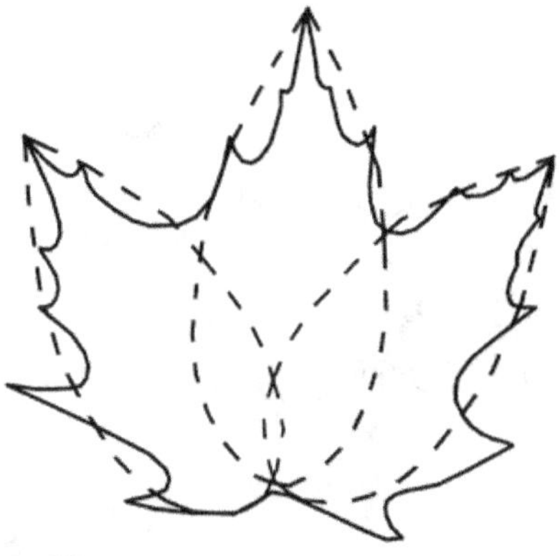

⑤下のように自然な形に見えるはず

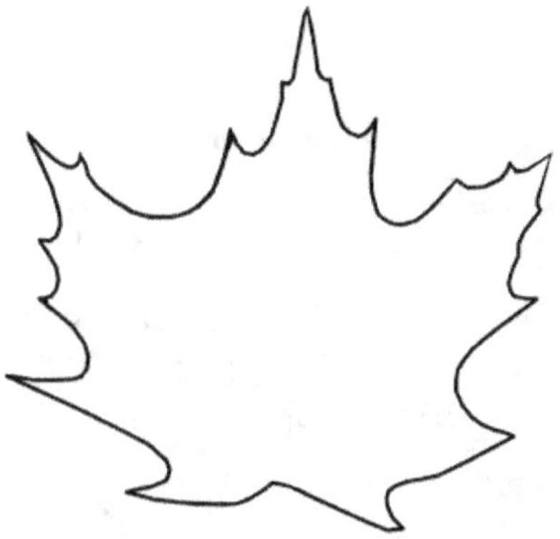

⑥先端から底の中心に向かって「葉脈」を描く

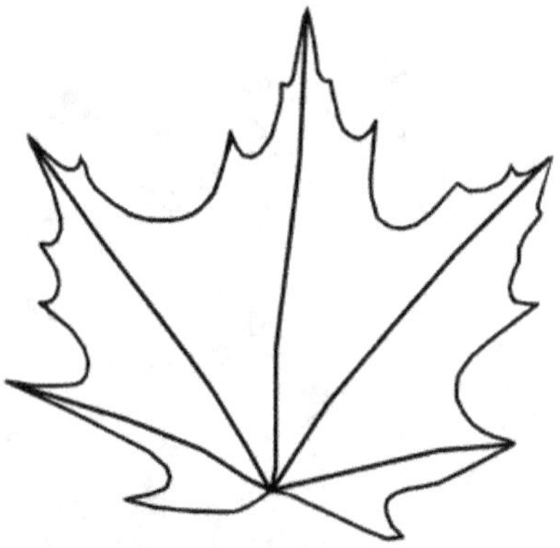

⑦短い葉脈を描き加える

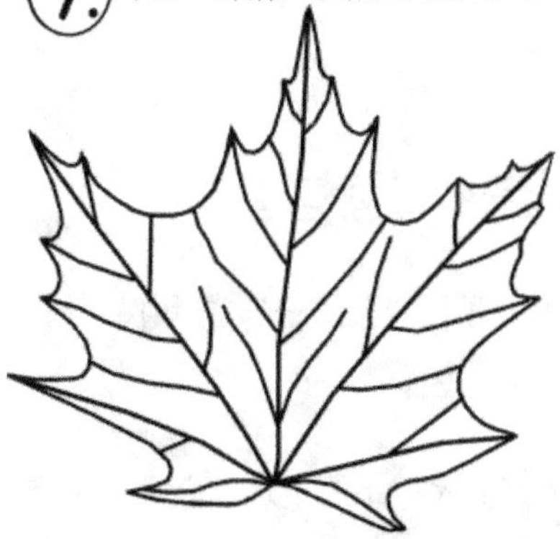

⑧葉脈と茎を描き込む

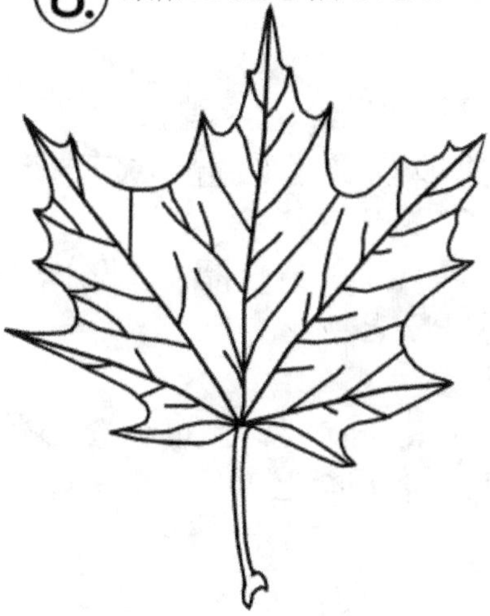

⑨影を付ける

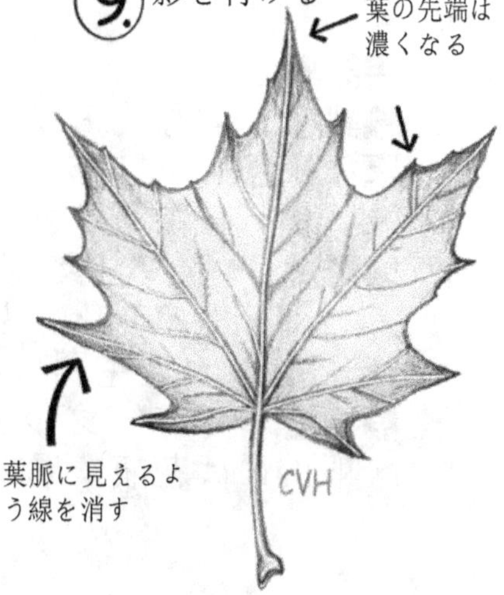
葉の先端は濃くなる
葉脈に見えるよう線を消す
CVH

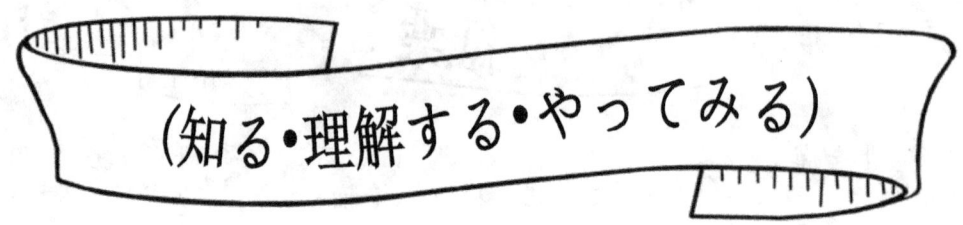

(知る•理解する•やってみる)

サンクスギビングの静物画

知る:

輪郭線、重なり合い、遠近法、「静物画」

理解する:

- 複雑な立体を描く最初のステップは、単純な形を重ね合わせること
- 大きな物体は近くに見えるよう、ページの下側に描く必要がある。小さな物体は遠目に見えるよう、ページの上方に描くべき（例:鉢に入れた果物)

やってみる:

- 近くと遠くの物体を描いた絵を見て、重なり合いの例を話し合う。奥行きの錯覚を起こさせるため、重なり合いや大きさの違いがどのように助けになっているかに注目する
- 用意された手順に従い（または厳選した果物や野菜を実際に置いて)「サンクスギビング」をテーマにしたオリジナルの静物画を描く
- まず輪郭線と単純な幾何学的形を描き、必要に応じて重ね合わせてガイドラインとする
- 鉛筆か(指示に応じて)水彩色鉛筆を使い、影を付ける

用語集:

輪郭線 – 対象物の縁を囲み定義する線

重なり合い – 何かを他の物の上に置いて、その一部を覆うことにより、奥行きの錯覚を起こさせること

陰影法 – 絵の中で明るい部分から暗い部分、または暗い部分から明るい部分への変化を表すこと

形 – 囲まれた空間のこと

静物画 – テーブルの上に置かれた動かない物体の絵や写真のこと(一般的には花瓶、果物、野菜など)

静物画とは動かない物体を描いた絵のこと

サンクスギビング

静物画

コツ：・軽いタッチで描く　・大きく描く・手順1を紙の右側から始める

1. まず紙の右側に円形を描く

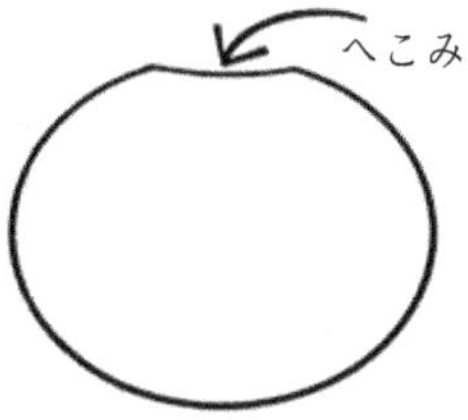
へこみ

2. 円と、斜めにした楕円形を描き加える

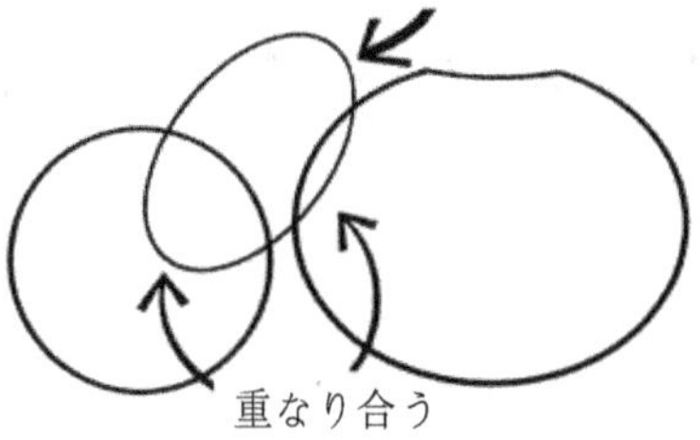
重なり合う

3. 円形をもう一つ加える

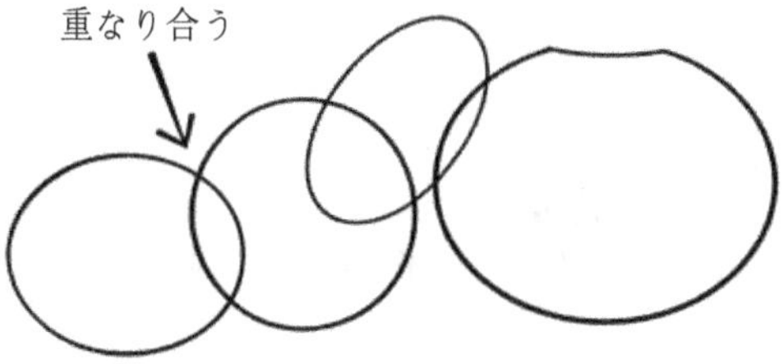
重なり合う

4. 点線で示した部分を消す

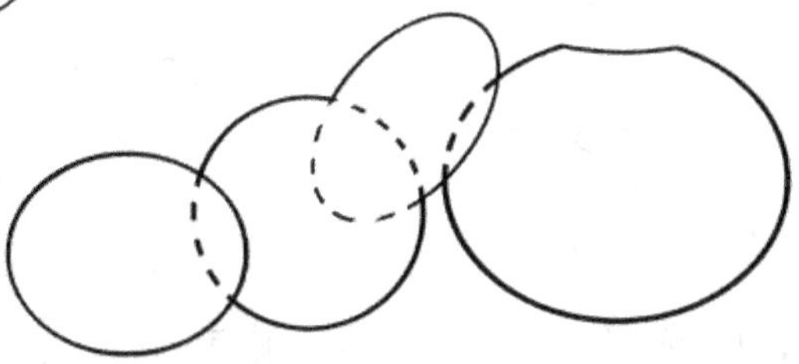

5. 茎を加える

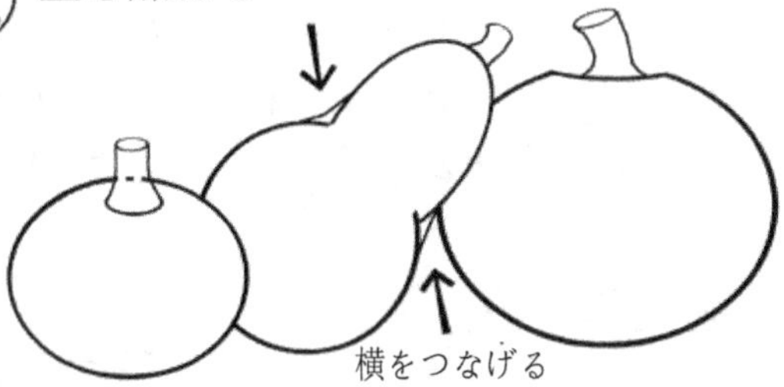
横をつなげる

6. 楕円形を加える

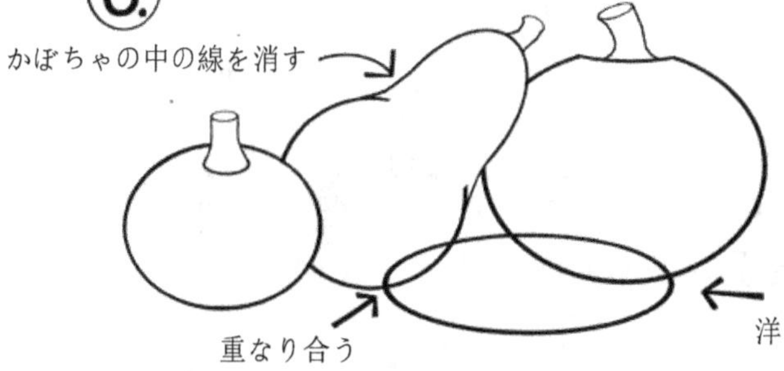
かぼちゃの中の線を消す
重なり合う

7. 点線部分を消す

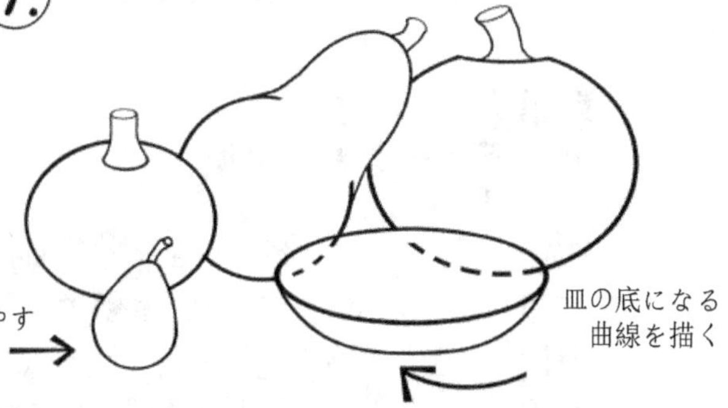
洋ナシを増やす
皿の底になる曲線を描く

8. 皿に楕円形/円形を加える

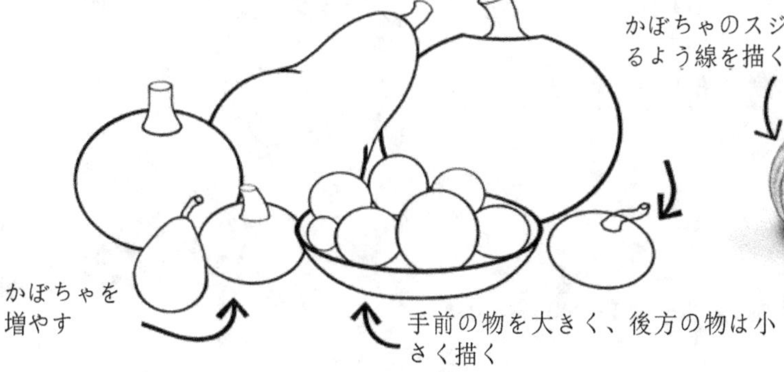
かぼちゃを増やす
手前の物を大きく、後方の物は小さく描く

9. 色鉛筆で影を付ける

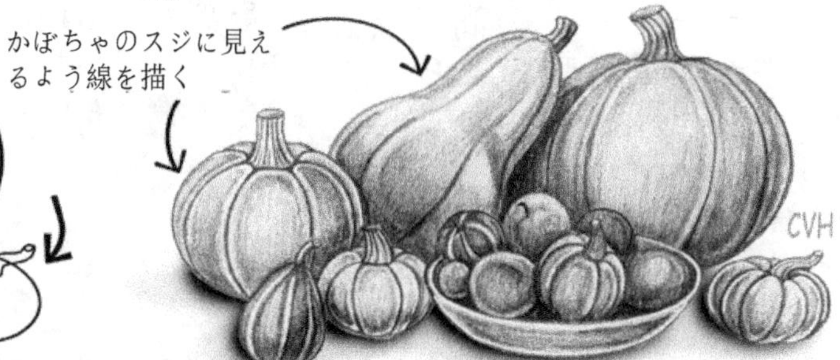
かぼちゃのスジに見えるよう線を描く
CVH

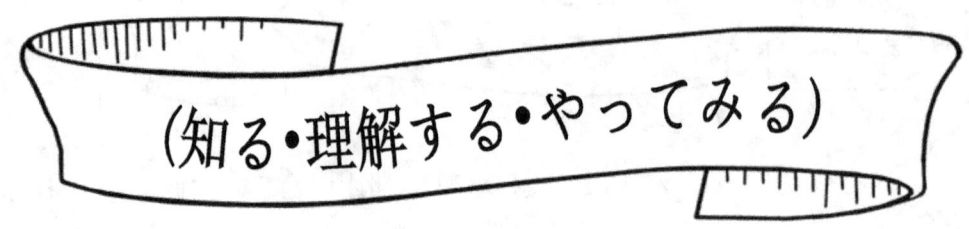

(知る•理解する•やってみる)

クランベリーの缶

知る:

円柱、ポップアート

理解する:

- アートワークで円柱は円や円筒が3Dに見えるようにする
- アンディーウォーホルが描いたキャンベルのトマトスープ缶は、1962年にポップアートのアイコンになった

やってみる:

ウォーホルの「ポップアート」スタイルを使い、円柱の缶を描こう。3Dに見えるよう缶の周りをラベルと文字で「囲もう」。影を付けよう

用語集:

アンディーウォーホル –（1928年8月6日 – 1987年2月22日）は、アメリカ出身のアーティストで、ポップアートとして知られる視覚芸術運動の主導者。彼の作品は、画家の表現と1960年代に花開いたセレブリティ文化と広告の関係を探求した

円柱 – 立体的に見える円筒のこと

楕円 – 二次元の円を伸ばしたような形

ポップアート – ビルボード看板、コミック、雑誌の広告、スーパーマーケットの商品など、大衆文化のなじみのあるイメージに注目した芸術運動のこと

POP ART
ポップアート

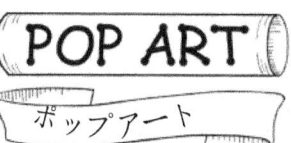

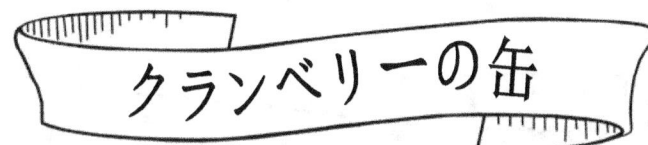

クランベリーの缶

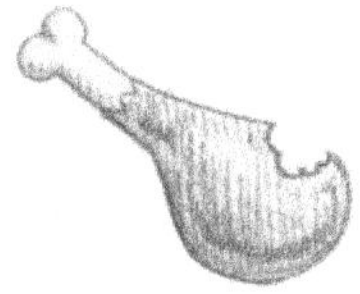

① ず楕円形を描く

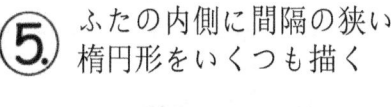

② 楕円形をもう一つ描く

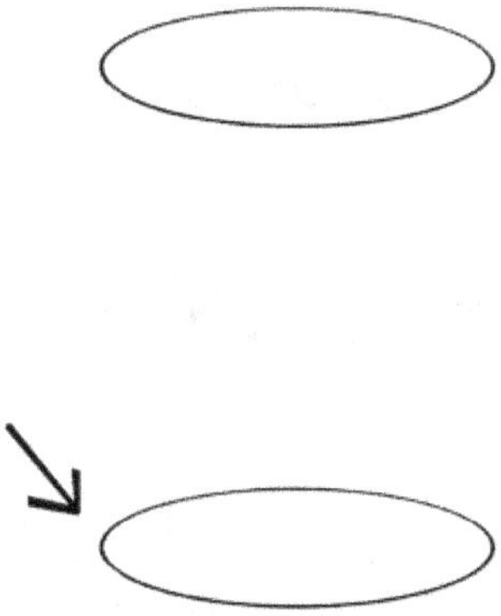

③ 2本の均等な線でつなぐ

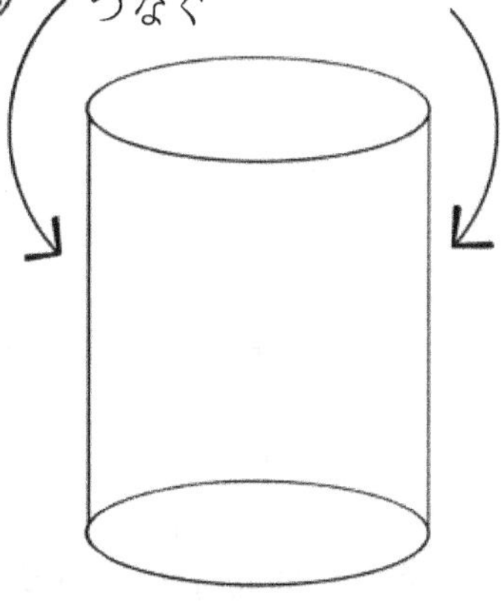

④ 「厚み」を表すため、上の縁の内側に細い楕円形を描く

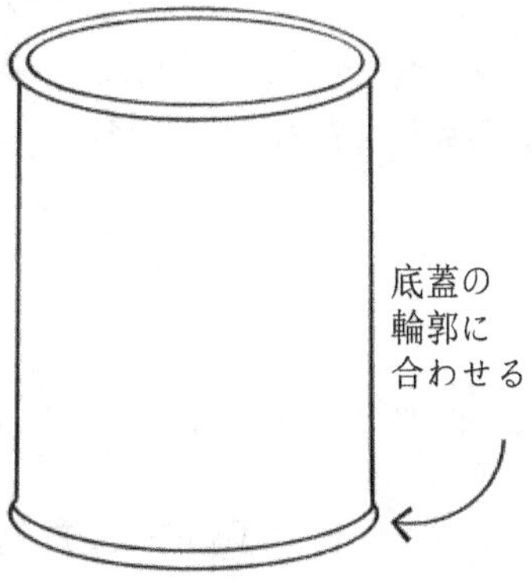

⑤ ふたの内側に間隔の狭い楕円形をいくつも描く

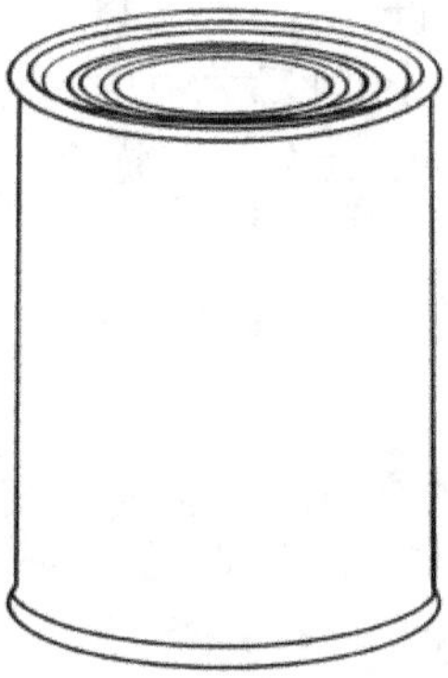

⑥ ラベル部分を表す曲線を描く

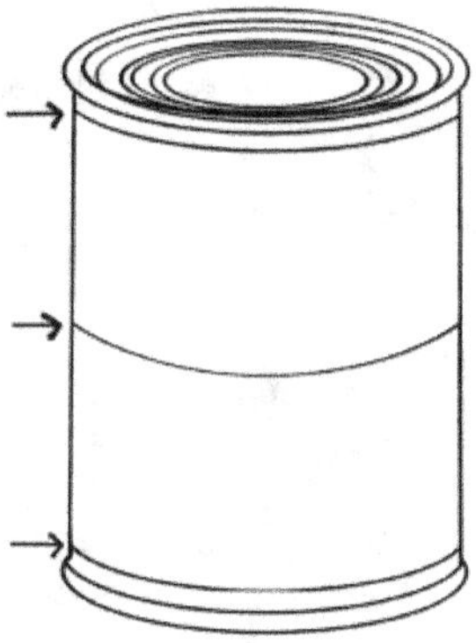

⑦ 軽いタッチで緩やかな点線を描き、文字を入れる箇所を示す

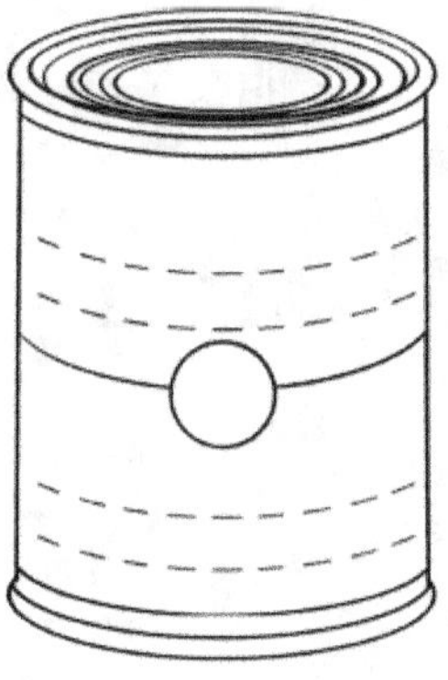

⑧ 文字を書き込む

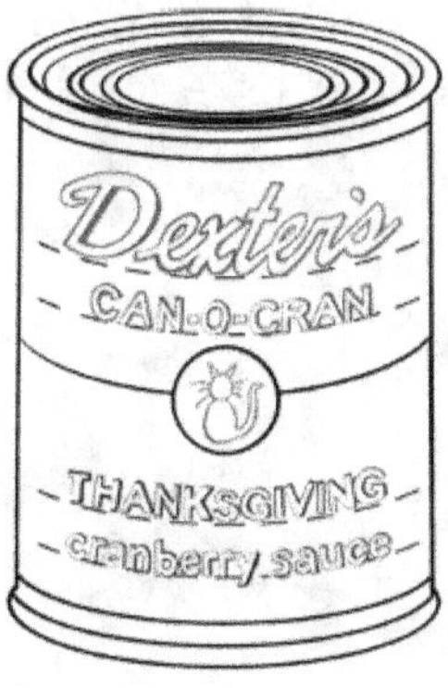

⑨ 影を付ける

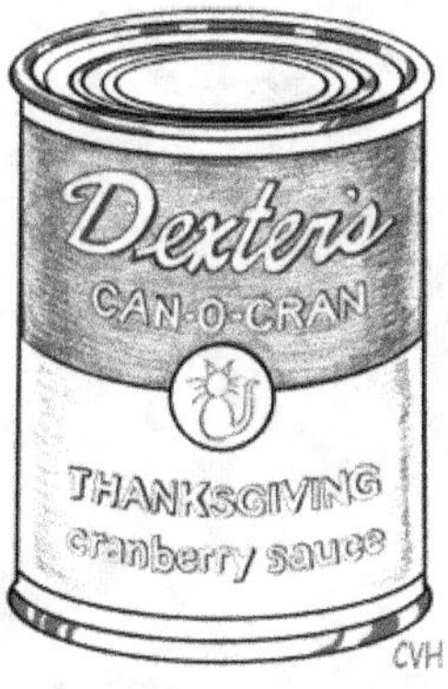

(知る•理解する•やってみる)

パンプキン

知る:
陰影法、層を造る、短縮法、重ね合わせ

理解する:
- 二次元の形に明暗度を加えて三次元(3D)の立体を描く
- 明暗度の明るさや暗さで、物体の光源を表す

やってみる:
用意されたコツや秘訣を使い、独自のパンプキンを描こう。パンプキンの真ん中はページの下側にあり、側面は短縮法を示すため後ろに下がっているように見せなければならない。写し描きは厳禁。影を付ける

用語集:
調合 – 表面に塗るトーンを混合して、一つの色味の起点や終点が分るようなはっきりした線をなくすこと
短縮法 – 空間の前に突き出たり後ろに引っ込んだりする奥行きの錯覚を起こさせる物体の表現方法の一つ。短縮法が成功するかどうかは、近くにある物と遠くにある物の大きさの対比を明らかにする視点や遠近法にかかっている
重なり合い – 何かを他の物の上に置いて、その一部を覆うこと
陰影法 – 絵の中で明るさから暗さ、または暗い部分から明るい部分への変化を表すこと

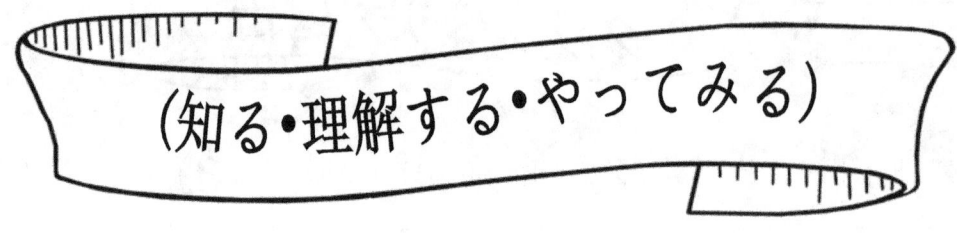

二つの方法で

パンプキンを描こう

1. 細長い楕円形を描く

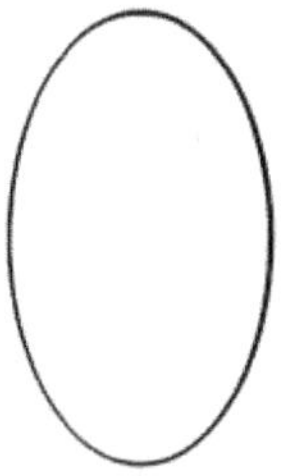

2. その隣に後ろに隠れるように楕円形を2つ描く

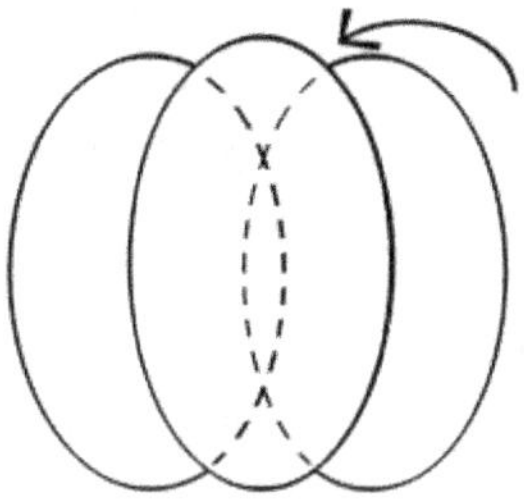
点線部分を消す
重なり合う

3. その隣に後ろに隠れるように、また楕円形を2つ描く

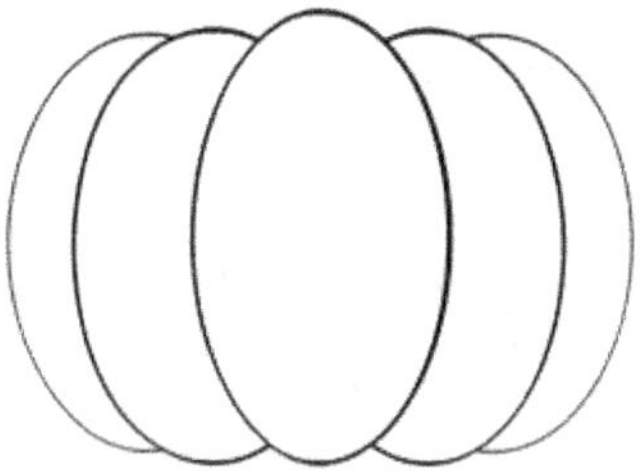

4. 茎を描き足す

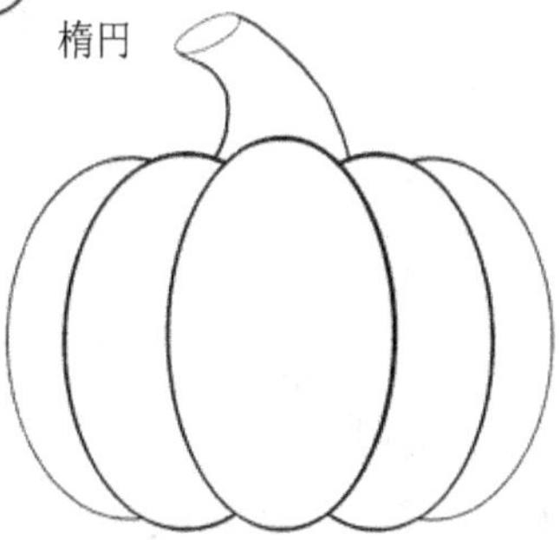
楕円

5. 詳細を描き込む

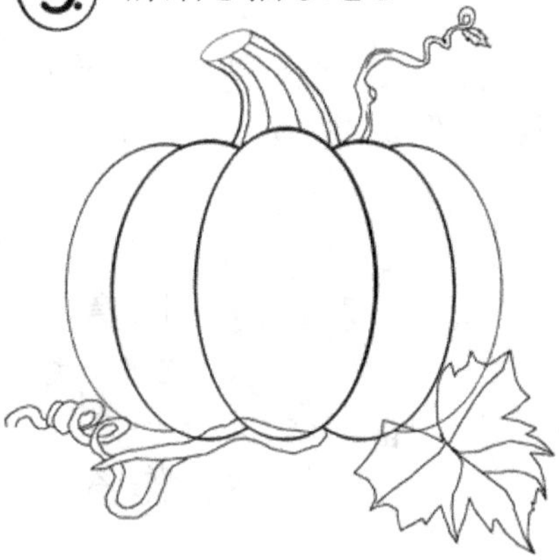

6. 影を付ける

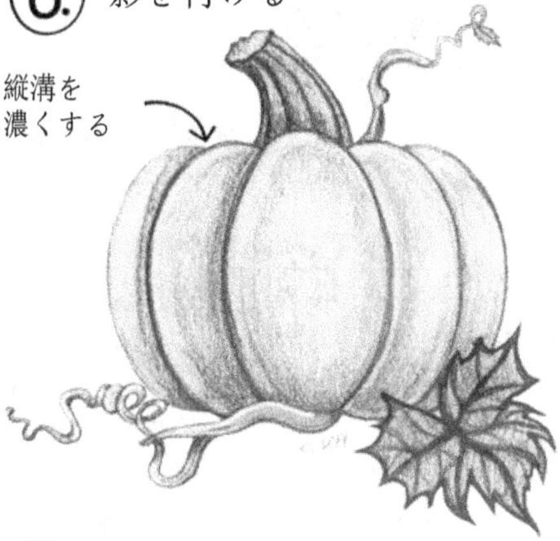
縦溝を
濃くする

もう一つの方法

1. 丸っこい楕円形を描く

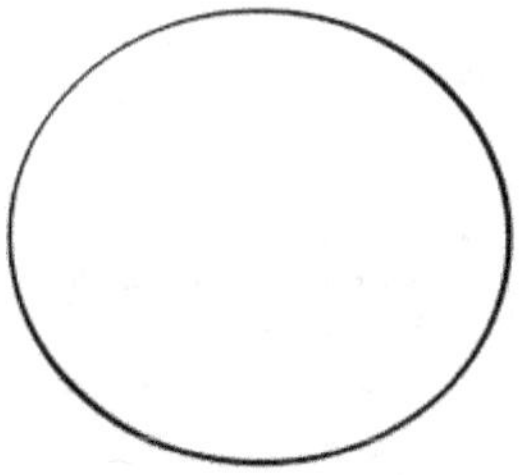

2. 頂点の中心部に小さな楕円形を描く

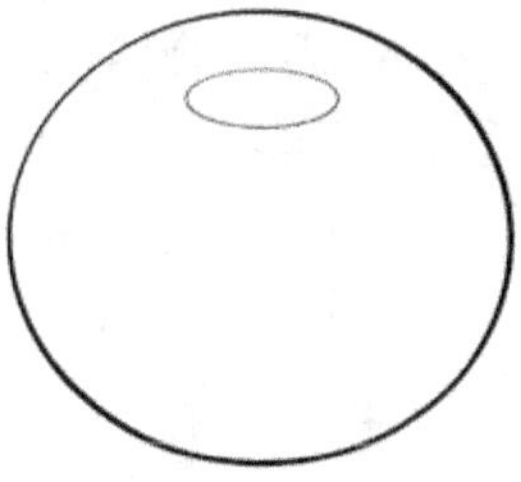

3. 楕円形から曲線で(かっこ)を下に向けて描く

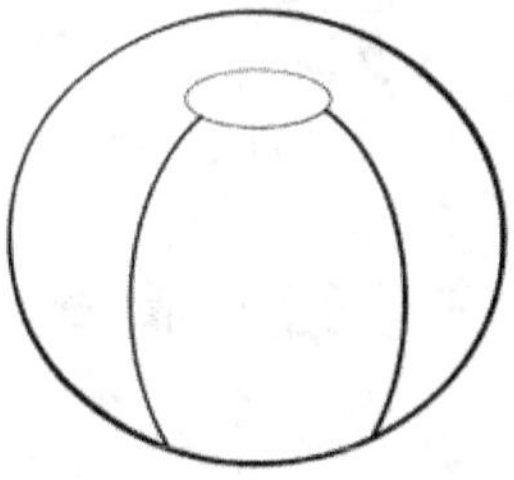

4. 曲線を2本加える

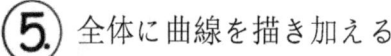

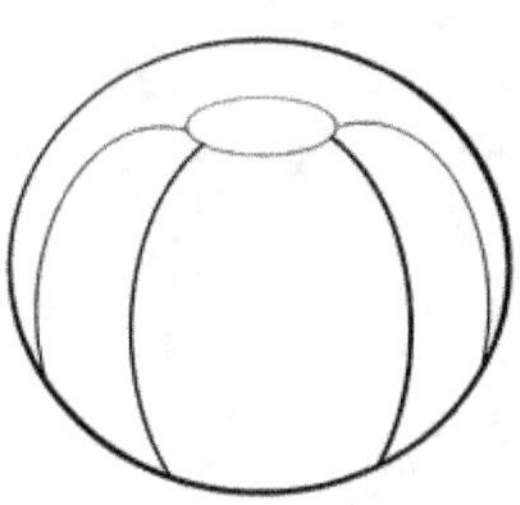

5. 全体に曲線を描き加える

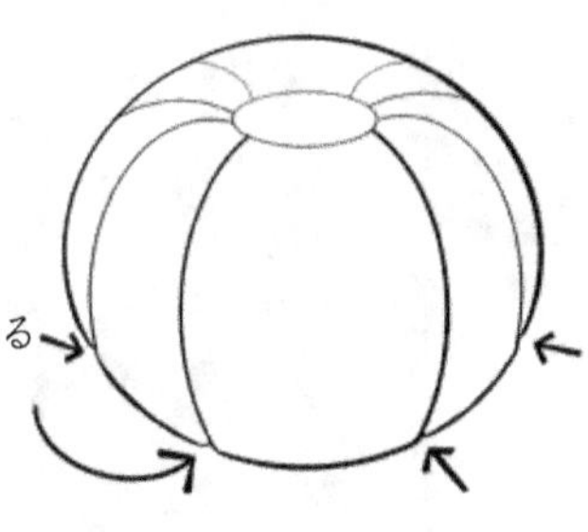
くぼませる

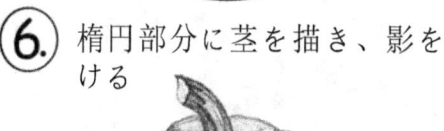

6. 楕円部分に茎を描き、影を付ける

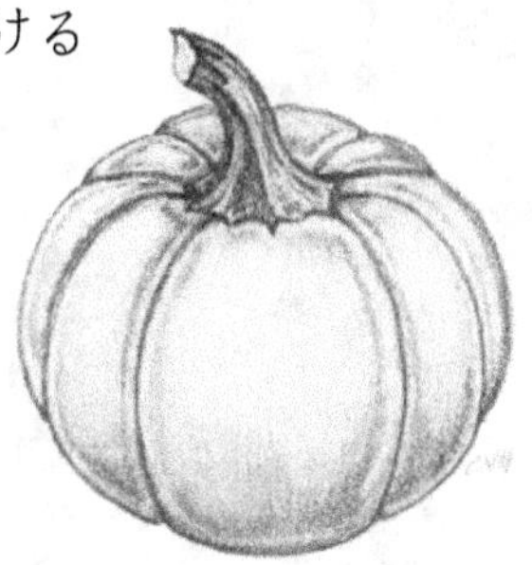

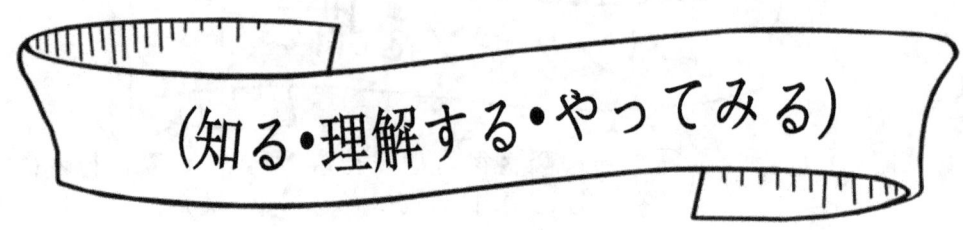

(知る•理解する•やってみる)

ジャックオーランタン

知る:
バランス、立体、3D

理解する:

- 物体にパターンと影を加えて立体感や広がりを与える
- 遠近感を表すため、後退線を使う

やってみる:
まず基本のパンプキンを描き、その後、用意されたコツや秘訣を使ってデザインを「くりぬく」。たくさんの「おまけ」を描き加え、「くりぬいた」部分すべてが確実につながるようにして、浮いた部分がないようにする。オリジナル作品を作ろう！写し描きは厳禁。影を付ける

用語集:
バランス – アートワークで安定感、配列の心地よさを生み出す、または構成パーツを割り当てる方法のこと
立体 – 量感を囲む三次元の形(高さ、横幅、奥行き)のこと
三次元 – 高さ、横幅、奥行きがある、またはあるように見えること

ジャックオーランタン

1. まず基本のカボチャの絵を描く

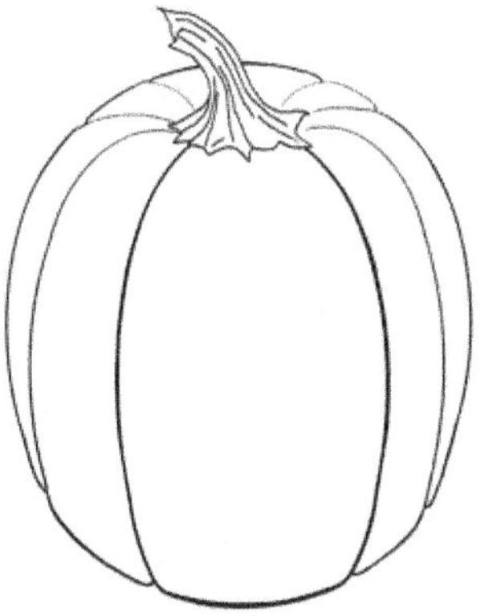

2. 目、鼻、口の 下絵を描く

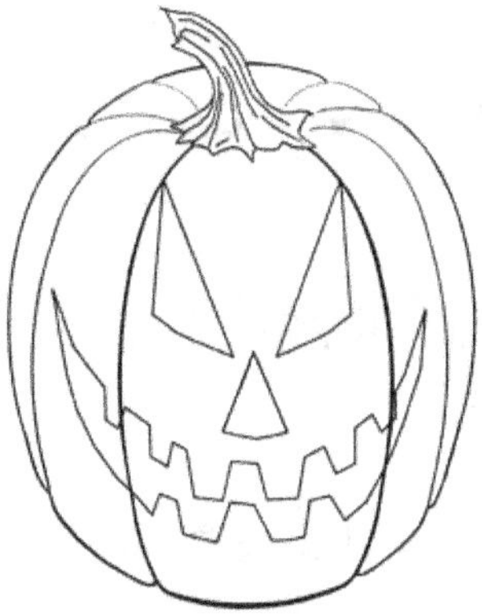

3. 目、鼻、口の中にある余分な線をすべて消す

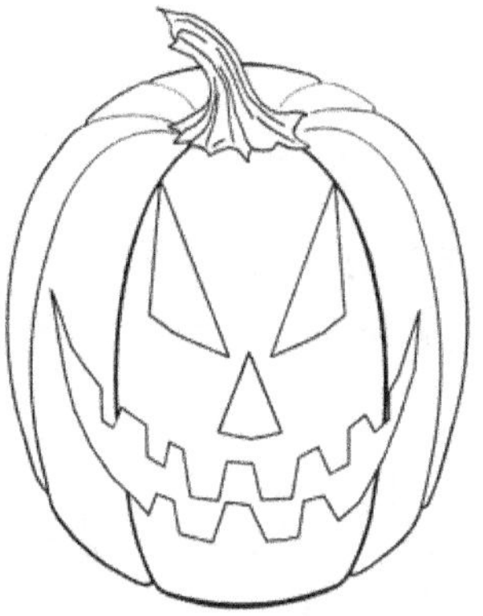

4. 目、鼻、口の角　45°の短い線を 描く

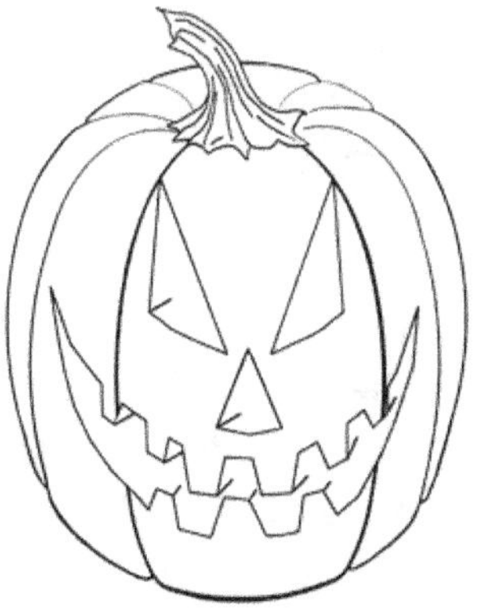

5. 「厚み」を出すため、角とつなげる

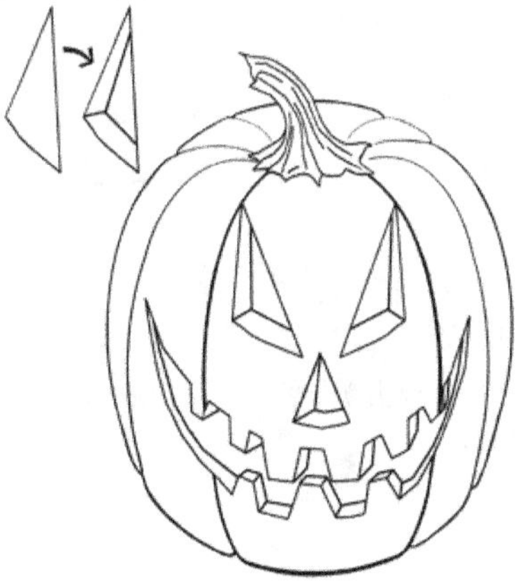

6. 影を付ける

「くりぬいた」穴の部分の明暗度が一番明るい。カボチャの中にろうそくが入っていることを表現する！

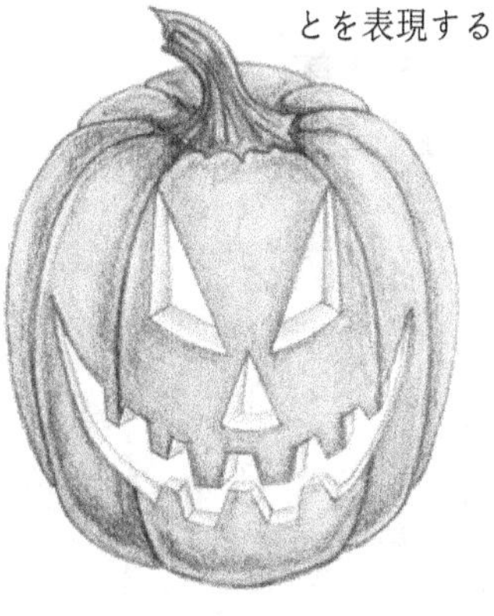

クリエイティブに

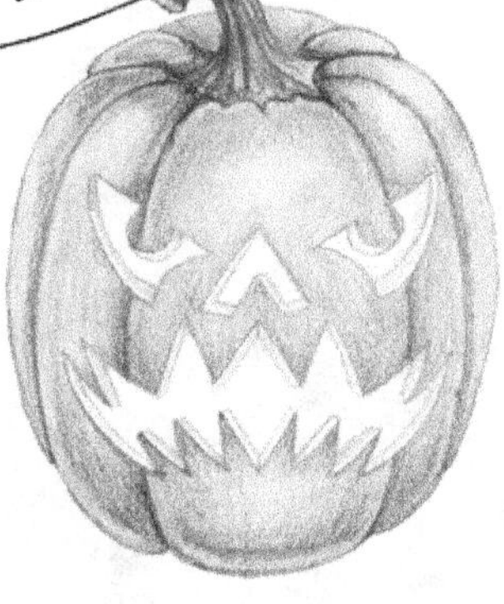

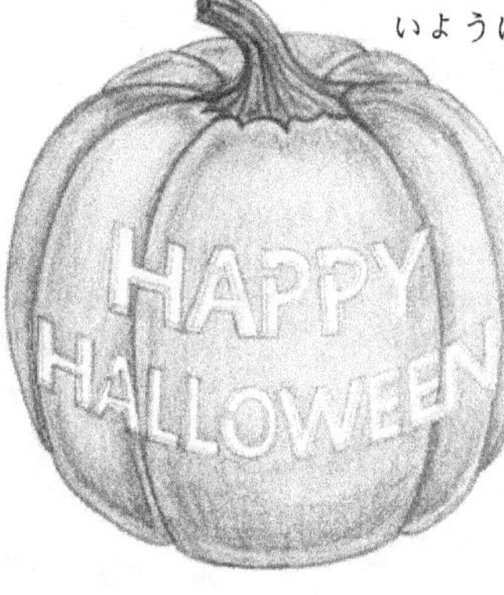

「くりぬき部分」を必ずつなぎ、浮いている部分がないようにFLOATING PIECES!

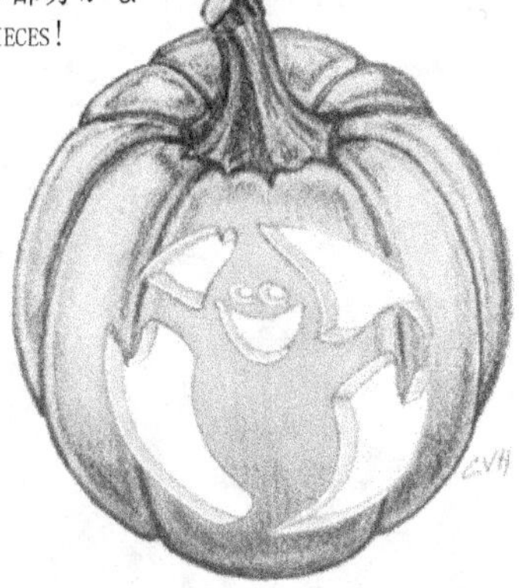

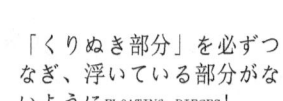

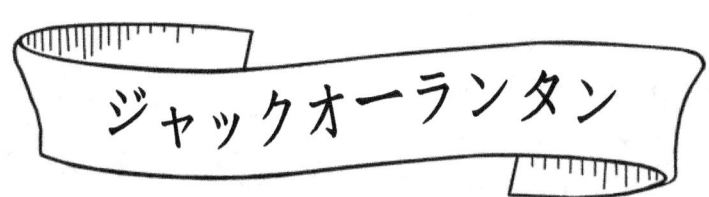

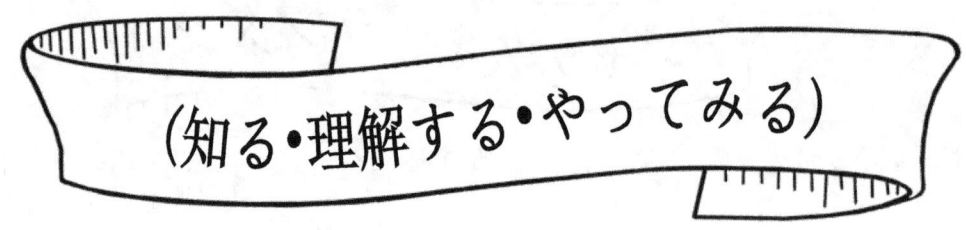

(知る•理解する•やってみる)

クリスマスの家畜小屋

知る:
家をクォータービューで描く単純な手順

理解する:
クォータービューで三次元に見える家を描く方法

やってみる:
遠近感を出した風景画の中にあるクリスマスの馬小屋を描く

用語集:
風景画 – 風景を描写するアートワークのこと。通常、風景の中に空が含まれる
透視画法 – 奥行きや引っ込んだ空間を描き、二次元(2D)の表面で三次元(3D)の錯覚を起こさせること
クォータービュー – 顔やその他対象物を全面と側面の真ん中、斜めからの視点で描く手法のこと

クリスマスの家畜小屋

1. 長方形を描く　（下のように内側に線を引く）

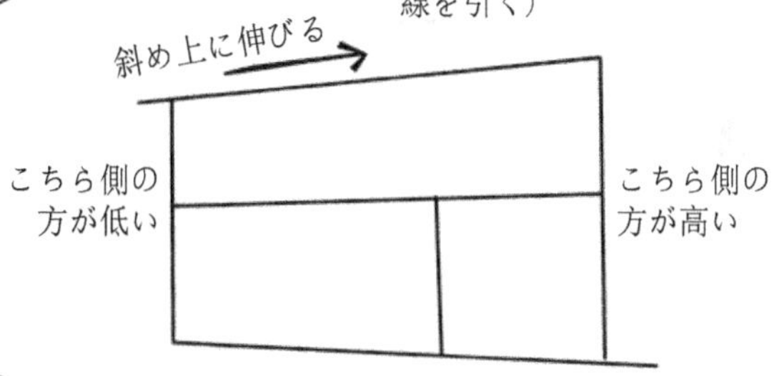

斜め上に伸びる
こちら側の方が低い
こちら側の方が高い

2.

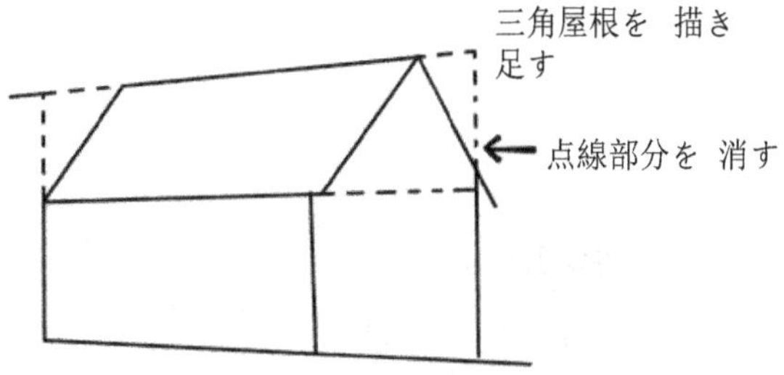

三角屋根を 描き足す
点線部分を 消す

3.

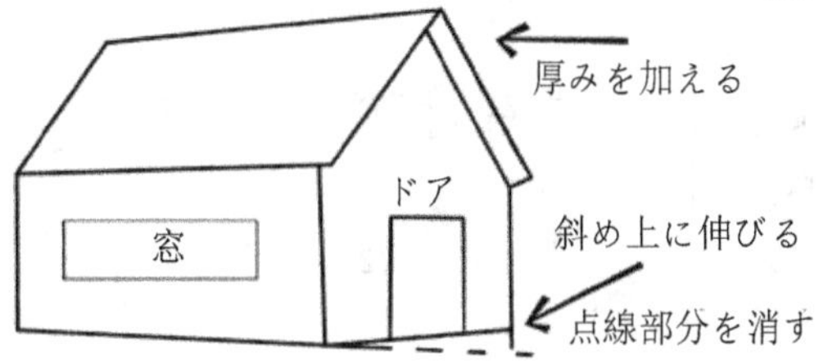

厚みを加える
ドア
窓
斜め上に伸びる
点線部分を消す

4.

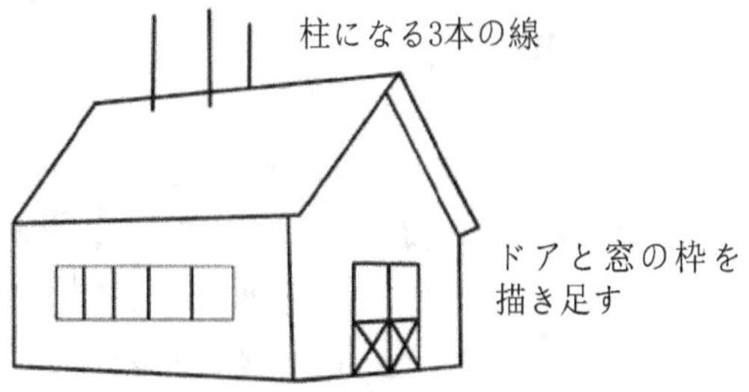

柱になる3本の線
ドアと窓の枠を描き足す

5.

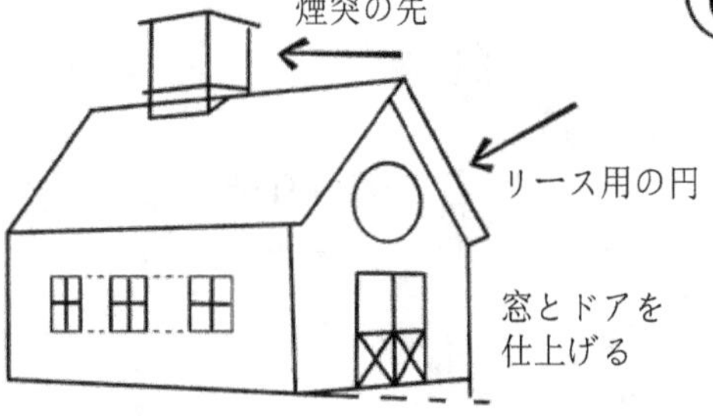

煙突の先
リース用の円
窓とドアを仕上げる

6.

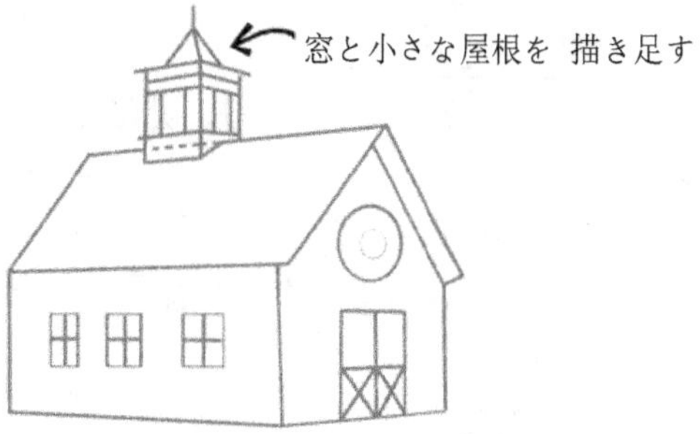

窓と小さな屋根を 描き足す

7. 木を描き足す

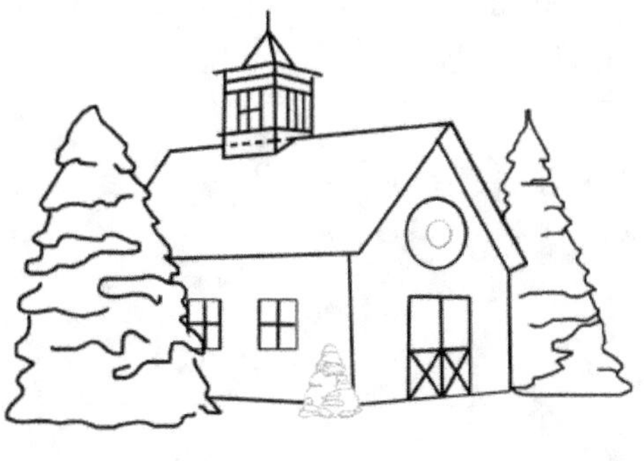

8. 影を付ける

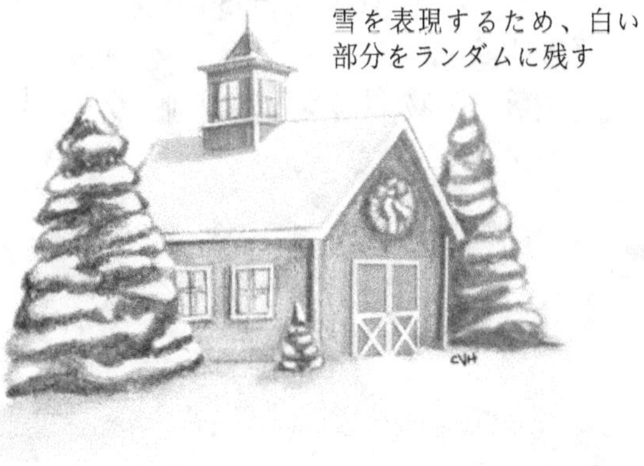

雪を表現するため、白い部分をランダムに残す
CVH

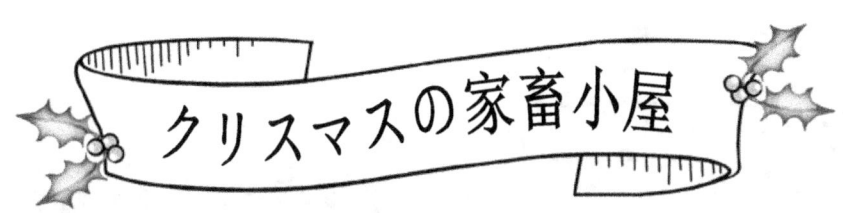

(知る•理解する•やってみる)

クリスマス飾り

知る:
幾何学的形、ハイライト、繰り返し、質感

理解する:
- 形と立体の違い
- アートワークの中の要素を調整し、左右対称、またはバランスが取れているように見せる方法
- 単純な形を使って効果的なデザインを描く方法
- 質感を見せる方法

やってみる:
- 用意された手順に従い、つながった単純な円を複雑な立体形にして、オリジナルでボールの飾りを描く
- 重なり合いと陰影法を中心とする学習済みの3Dテクニックを使い、奥行きの錯覚を起こさせる

用語集:
バランス – デザイン原則の一つであるバランスとは、作品に安定感や心地良さ、または調和のとれた感じを与え、デザインと構成部分やその一部の割合を考えてアート要素を調整することを指している
繰り返し – パターンを継続して何度も繰り返すこと
質感 – 物体の特定の触り心地を表現するため画家が使用するテクニックのこと

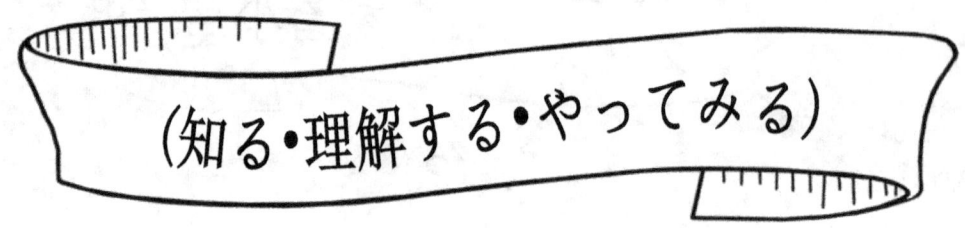

クリスマス飾り

1. まず円を描く

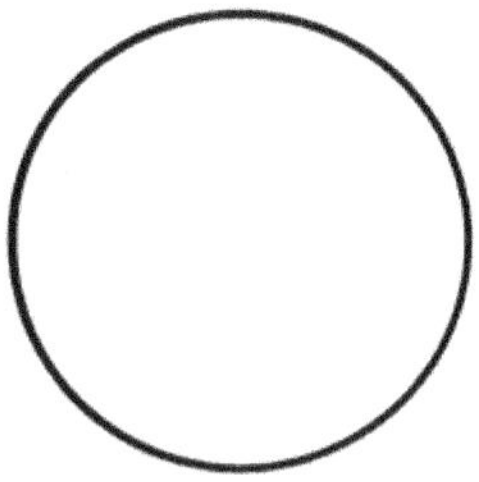

2. 円のすぐ上に小さな楕円形を描く

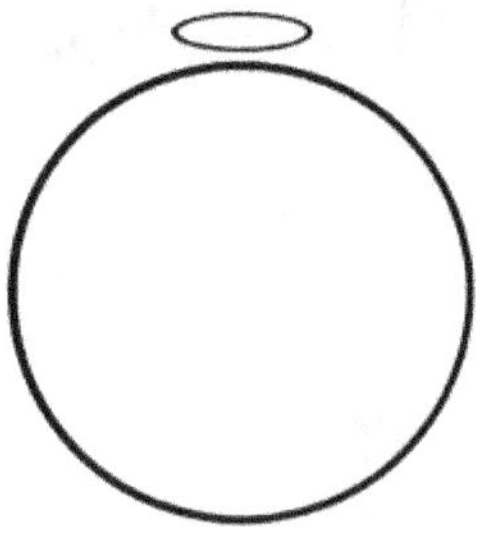

3. 楕円の先端から下向きに縦線を描き足す

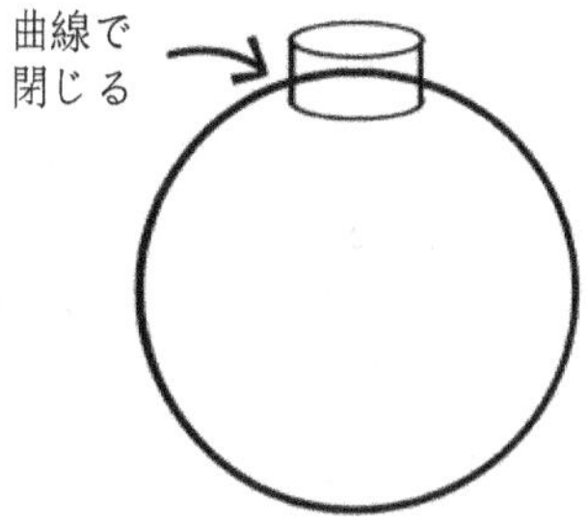
曲線で
閉じる

4. 楕円の中心にループを描き足す

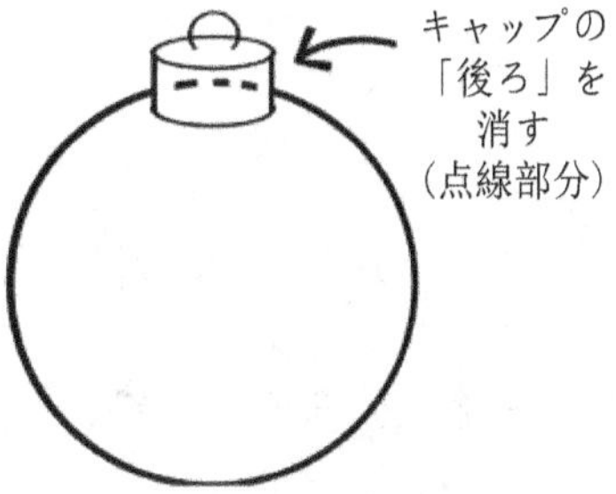
キャップの
「後ろ」を
消す
（点線部分）

5. 質感を出すため、キャップに縦線を加える

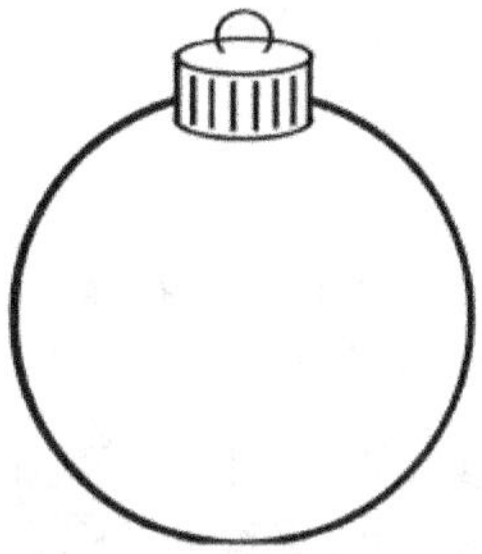

6. フックを描き足す

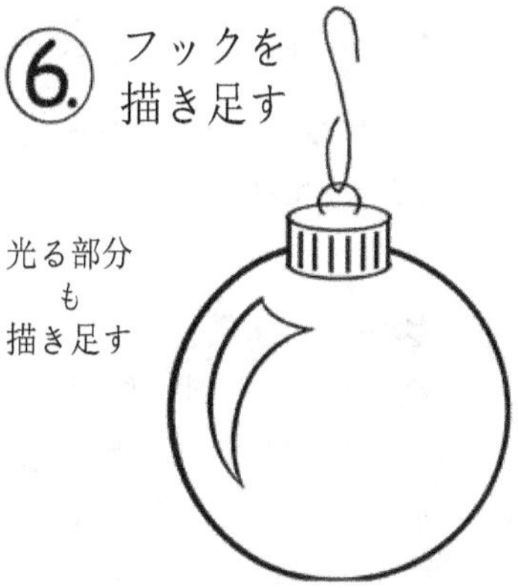
光る部分
も
描き足す

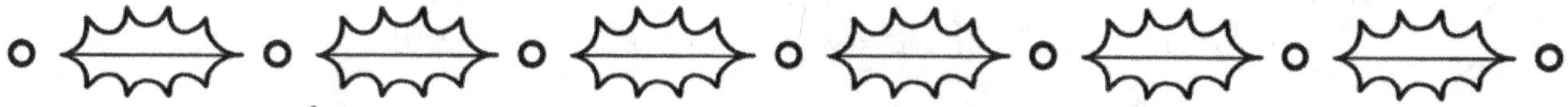

ヒイラギとベリーの ボーダー

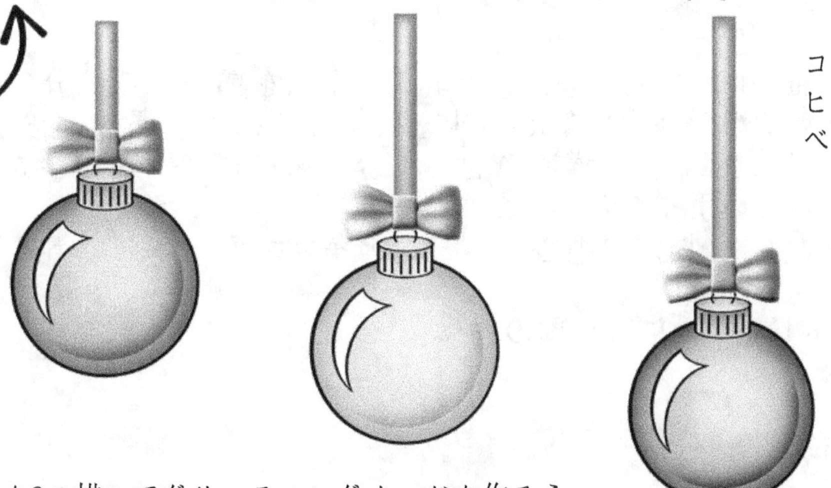

コツ：
ヒイラギは緑で、
ベリーは赤です

少なくとも飾りを3つ描いてグリーティングカードを作ろう

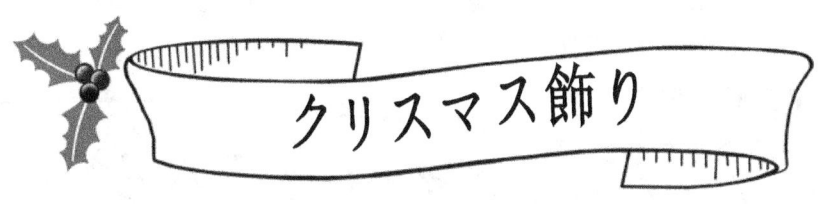

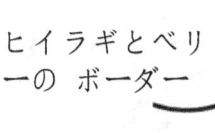

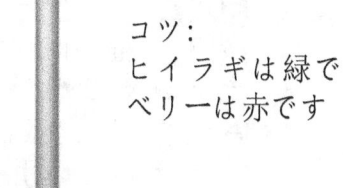

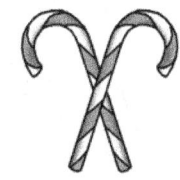

(知る•理解する•やってみる)

単純な雪の結晶

知る:
45°と90°の角、繰り返し、回転対称性

理解する:
- 雪の結晶には一つとして同じものはない
- 物体を様々な大きさで描くと、面白みや奥行きが出る

オプション: アートワークで、特定の面白い部分に注目させるため焦点を強調する

やってみる:
- 用意された手順に従い、回転対称性に注目してオリジナルの雪の結晶をデザインする
- 生徒は様式や大きさが異なる様々な雪の結晶を組み合わせて、冬景色を描くオプション：面白みを出すため、景色の一つか二つの箇所で最小限の色味(色鉛筆)を使って焦点を創り出す。

用語集:
焦点 – 面白さや注意の中心となる、作品を構成する部分のこと。焦点はいくつかの理由で最も興味を引く部分になり得る;形式上、強調される部分である; 議論の的となる意味を含む、調和していない、または人目を引くなど
回転対称性 – 物体の中心から一定の角度で回転させても、物体の見た目が変わらないこと
シンメトリー – 左右対称の物体

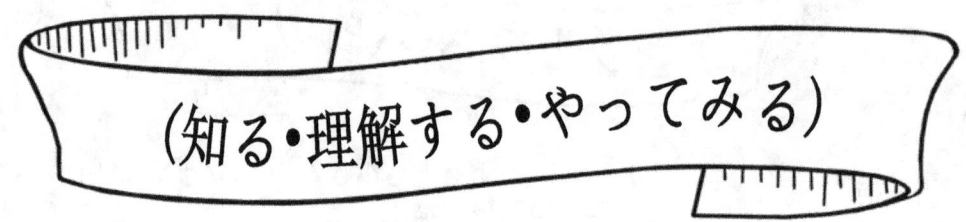

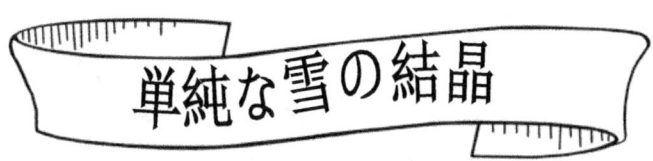

単純な雪の結晶

1. 定規を使い左右対称の十字を描く

2. 十字の上に小さめの″X″を描く

3. 十字と″X″の先端上に線を引く

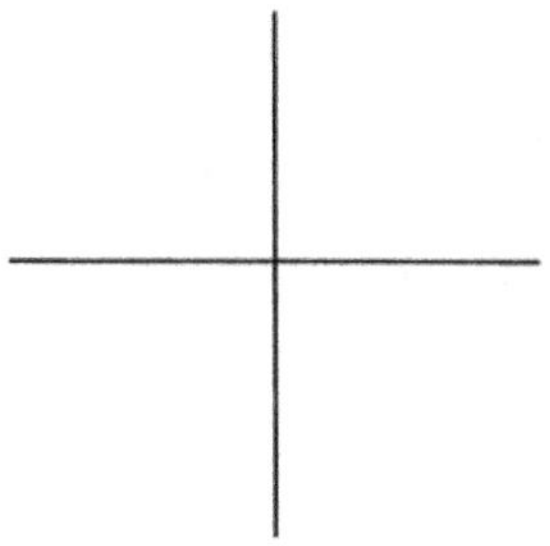

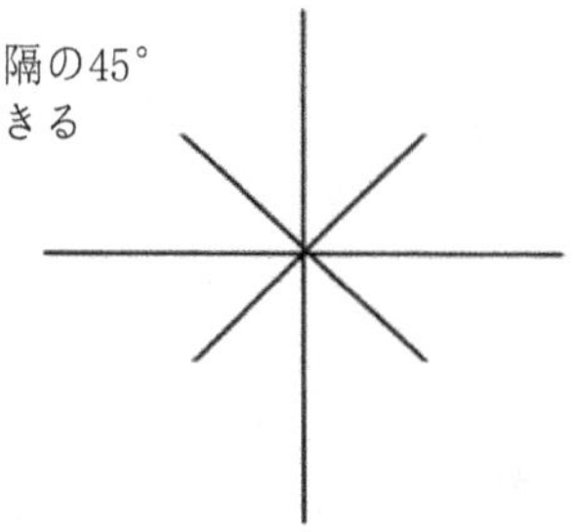
これで等間隔の45°
角が 8個できる

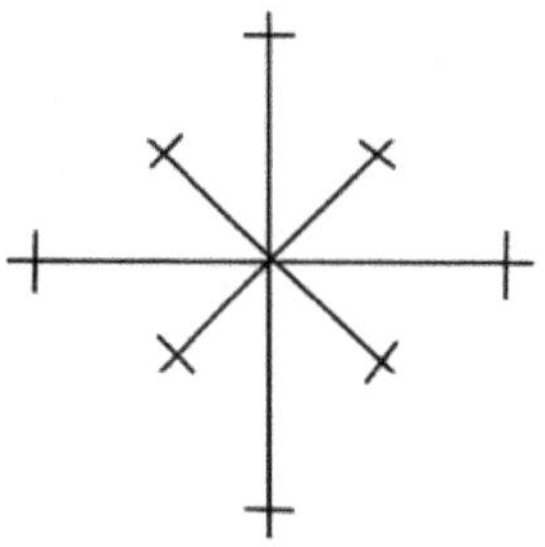

4. それぞれの″X″の先に小さな円を描く

5. 十字と″X″の先端上に2本目の長めの線を描く

6. 中心部に小さな円を描く

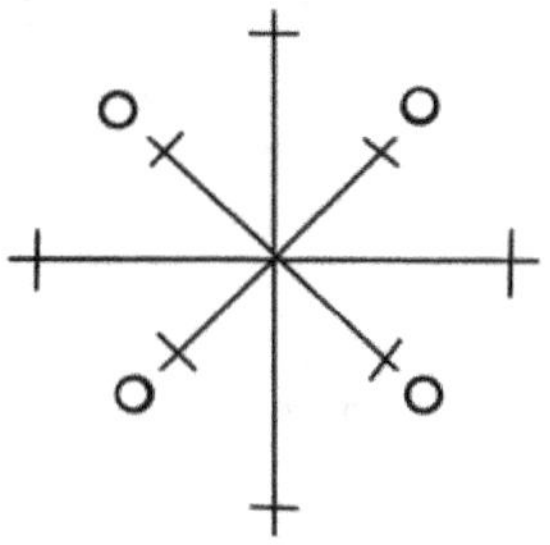

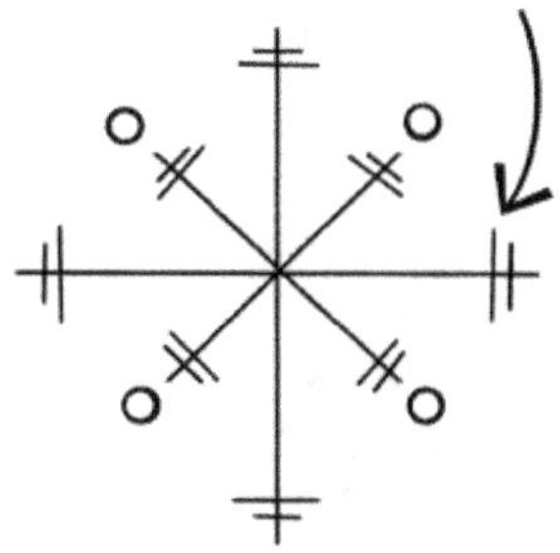

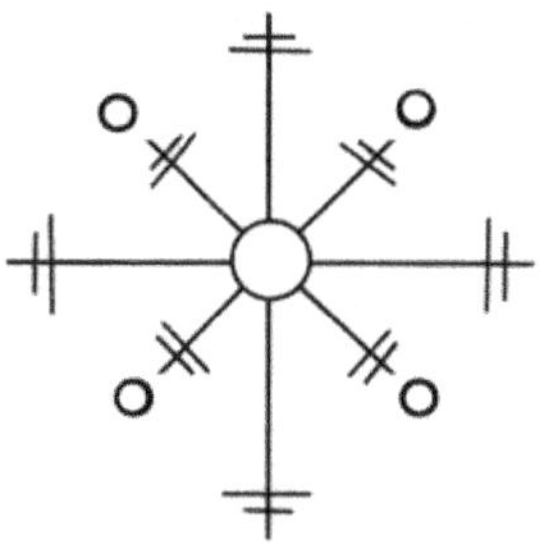

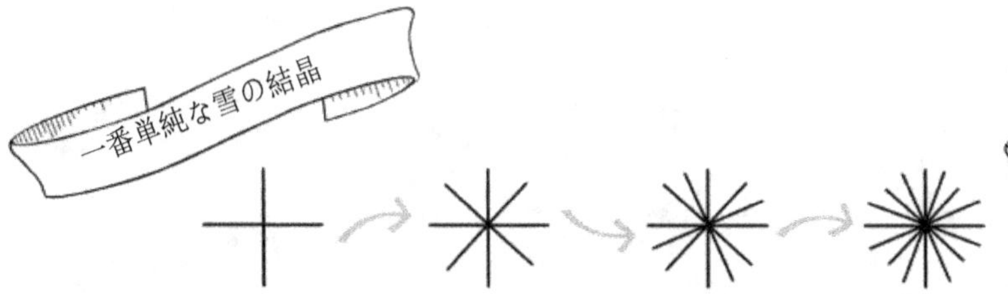
一番単純な雪の結晶

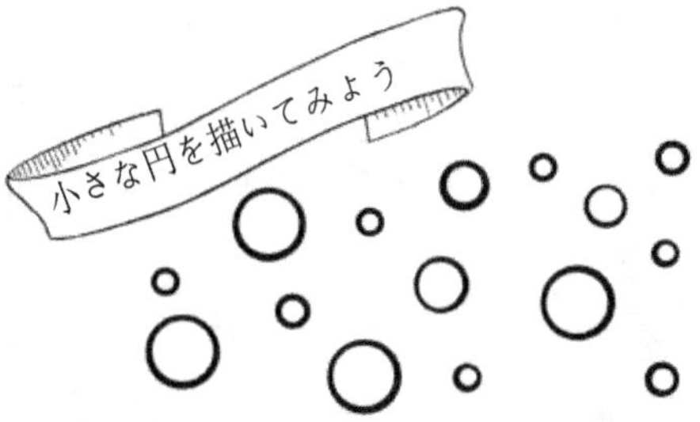
小さな円を描いてみよう

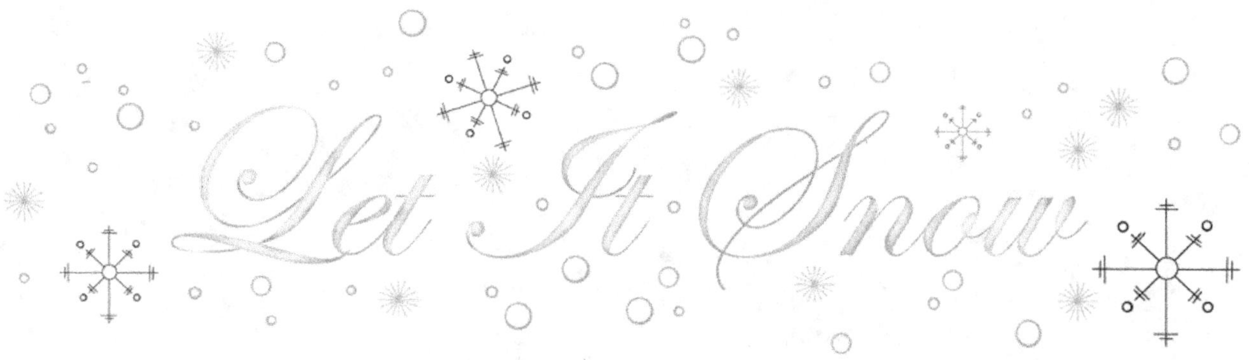
Let It Snow

第5章

動物

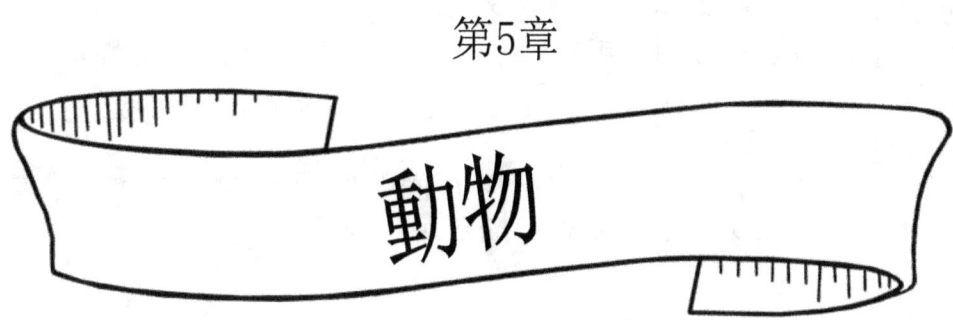

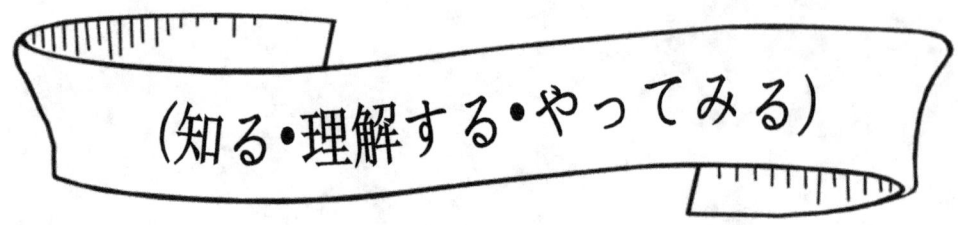

(知る•理解する•やってみる)

漫画風の動物

知る:
用意された手順を使えば、ほぼすべての漫画キャラクターも、オリジナルで描けます。

理解する:
オリジナルの漫画キャラクターを描くため、変更したり追加したりできる基本的で一般的な手順

やってみる:
配布資料にはないキャラクターを正面と側面から描こう。想像力を働かせ、「おまけ」をたくさん描き足しよう

用語集:
漫画　–人々を考えさせたり、怒らせたり、笑わせたり、びっくりさせたりするため描かれる、普通は単純な絵のこと。漫画とは普通、枠やコマ割りの中にシンプルな線と基本的な色を使って描く一連の絵のこと
オリジナル –　複製や模倣とは違う、画家本人の作とみなされる作品すべて

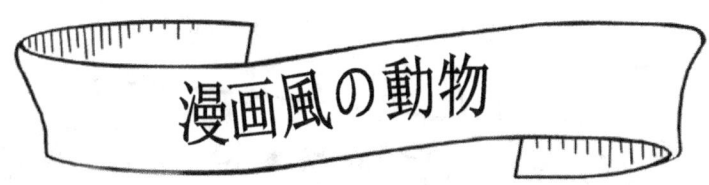

漫画風の動物

以下の手順に従い、漫画に出てくるほぼすべての動物の正面図を描こう！

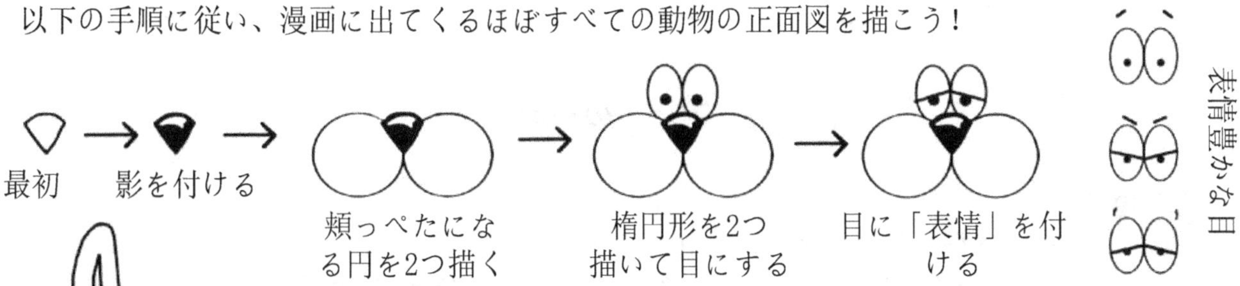
最初
影を付ける
頬っぺたになる円を2つ描く
楕円形を2つ描いて目にする
目に「表情」を付ける
表情豊かな目

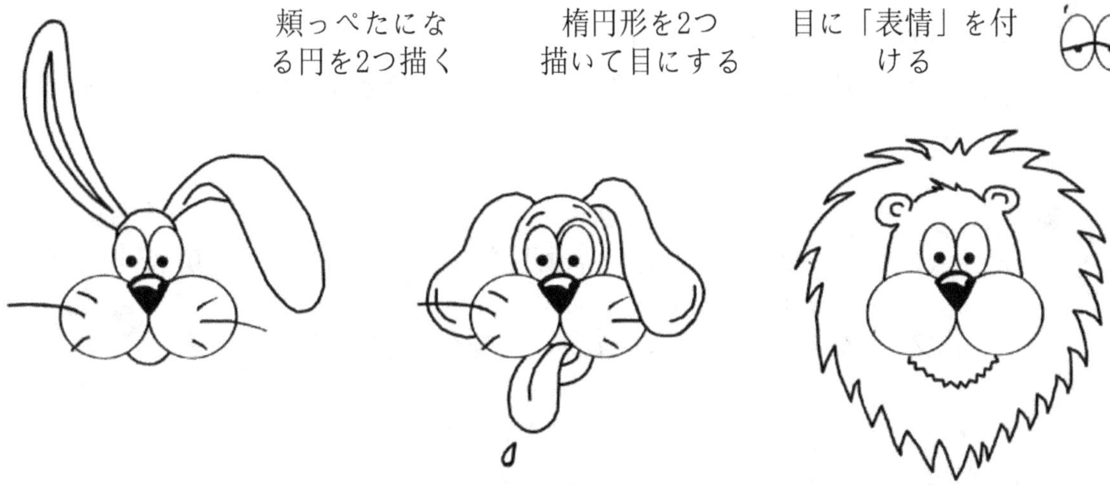

以下の手順に従い、漫画に出てくるほぼすべての動物の側面図を描こう！

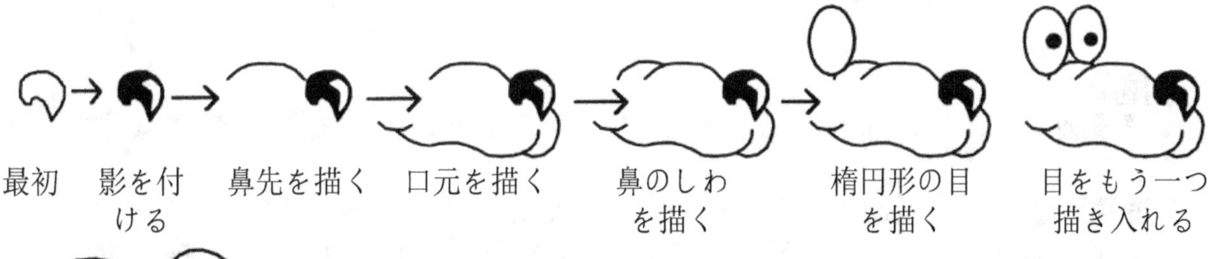
最初
影を付ける
鼻先を描く
口元を描く
鼻のしわを描く
楕円形の目を描く
目をもう一つ描き入れる

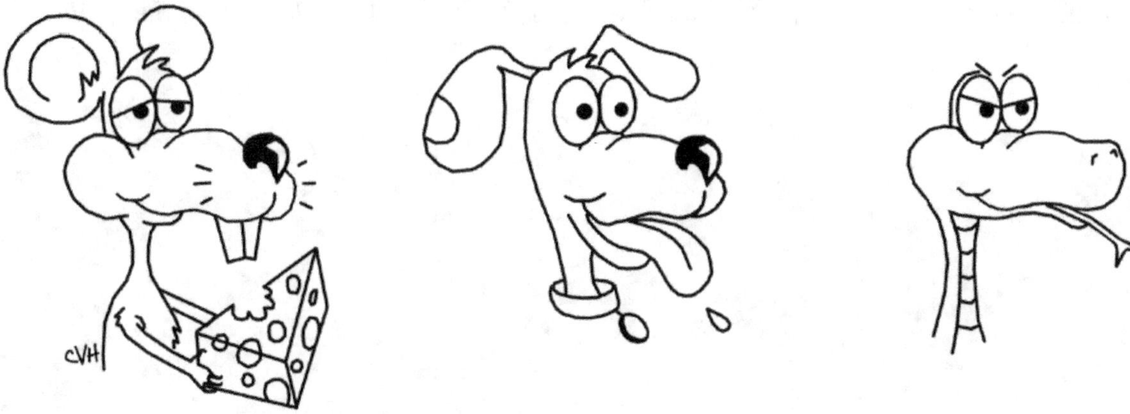
CVH

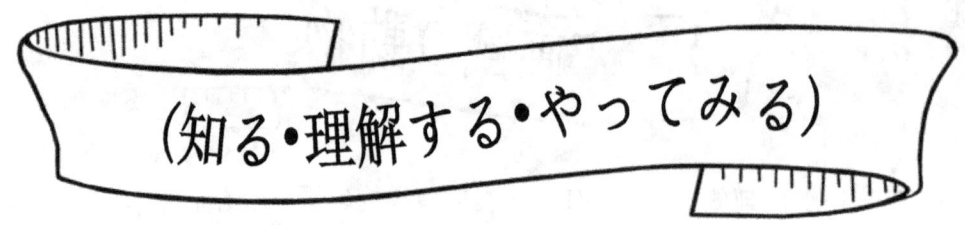

(知る•理解する•やってみる)

アヒルの一家

知る:

- アートワークで奥行きを出す方法
- 単純な形を使い、それらを組み合わせて分かりやすいアヒルを描く方法

理解する:

- その場に物体を重ね、大きさと配置に違いを出せば、奥行きの錯覚を起こさせる助けになる
- アートワークでは線、形、質感、陰影を使い、動きを表すことができる

やってみる:

少なくとも親アヒル1羽、小アヒル4羽、風景に動きを出すさざ波を含めて、オリジナルのアートワークを描こう

用語集:

風景画 – 風景を描写するアートワークのこと。たいてい風景には空を含む

透視画法 – 二次元(2D)の表面に三次元(3D)の錯覚を起こさせるのに使われるテクニック透視画法は奥行きや引っ込んだ空間を描く助けになる

アヒルの一家

1. まず小さな円を描く

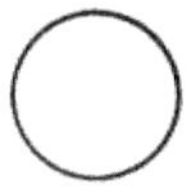

2. 丸みのあるくちばしを描く

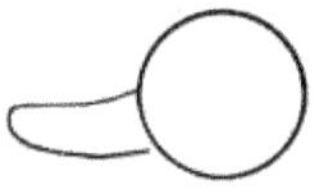

3. 少しカーブさせた首を描く

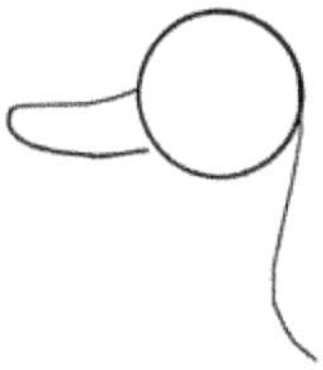

4. 楕円形の体を加える

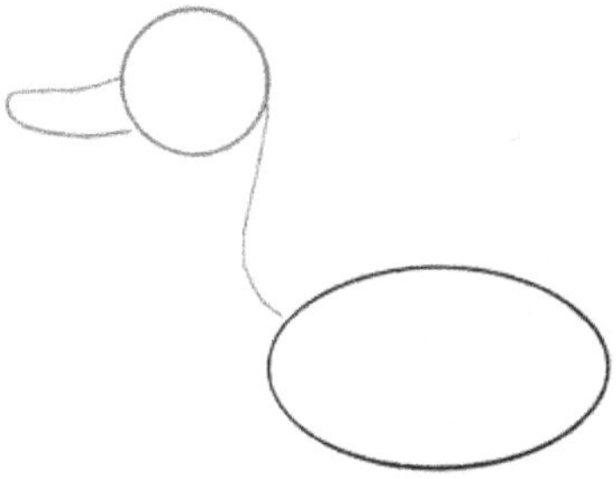

5. 三角形の尾を描く

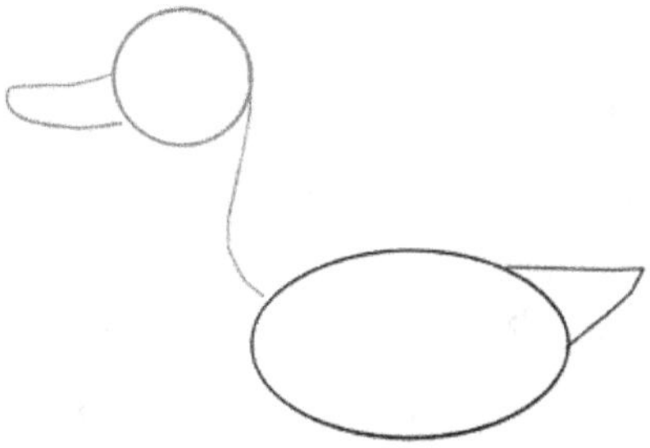

6. 尾の詳細を描く

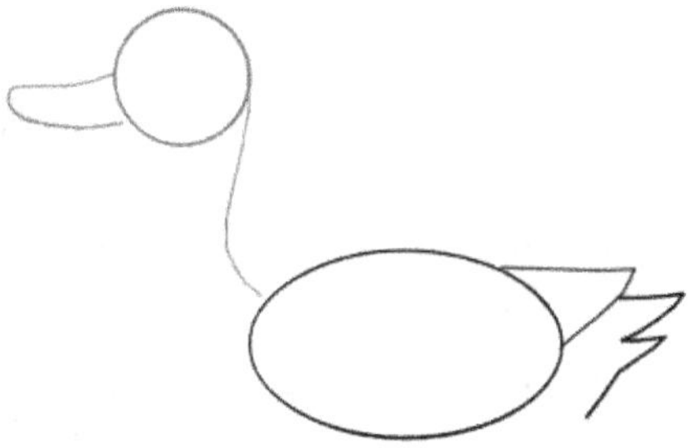

7. 首の前面と胸を描く

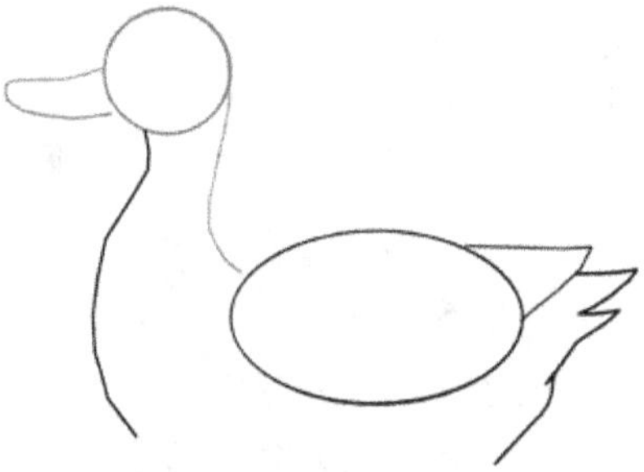

8. 点線部分を消す

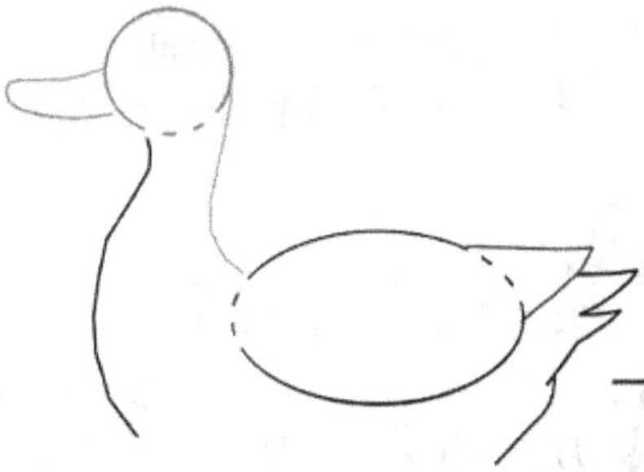

9. 目と動きを表す水紋を描き加える

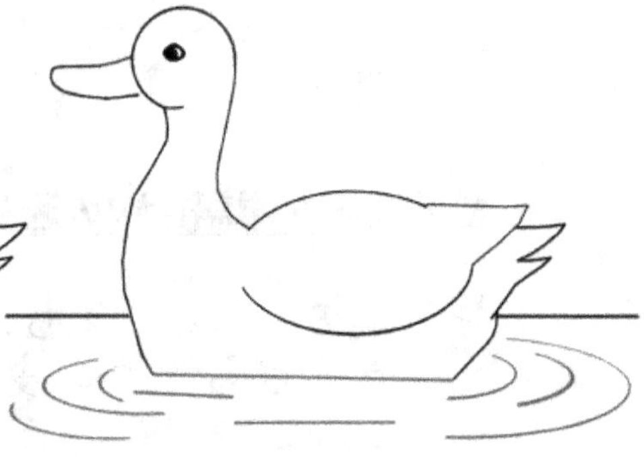

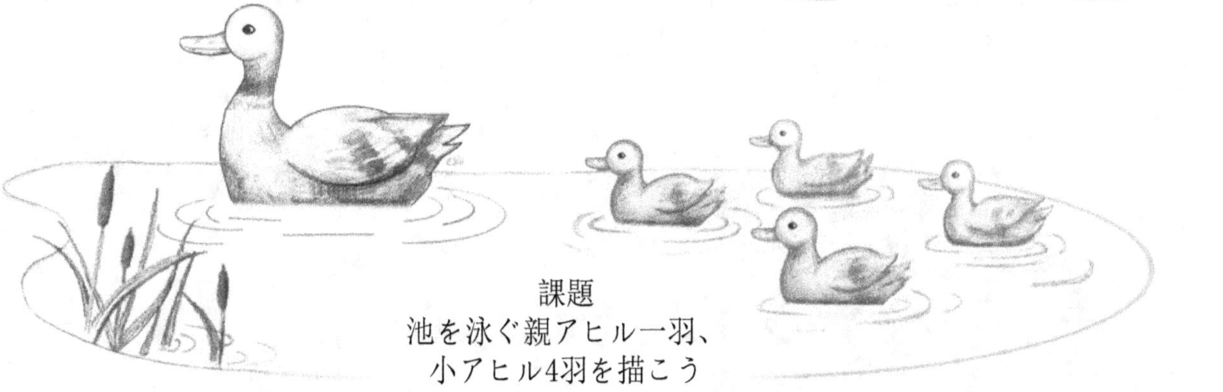

課題
池を泳ぐ親アヒル一羽、
小アヒル4羽を描こう

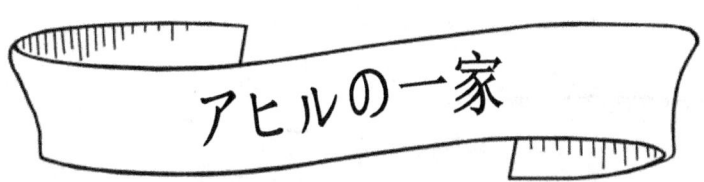

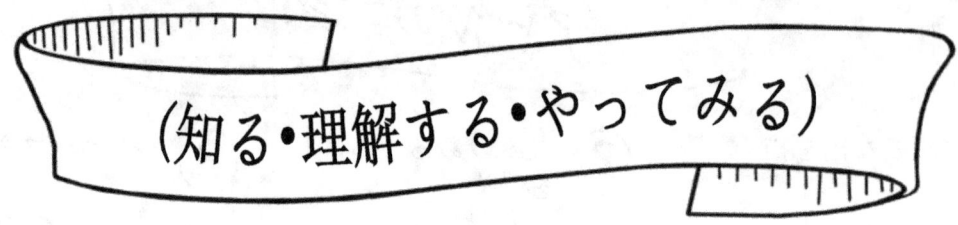

(知る•理解する•やってみる)

バニーラビット

<u>知る:</u>
質感

<u>理解する:</u>
アートワークで物の触り心地や素材を表すため画家が使うテクニック

<u>やってみる:</u>
短いハッチラインを使い、ウサギの「フワフワ」感を出したオリジナルのアートワークを描いてみましょう。影を付ける

<u>用語集:</u>
ハッチング – 間隔の狭い平行線のこと
質感 – アートワークで物の触り心地を描写する方法。画家は筆の流れ、鉛筆のラインなどでおおよその質感を表す

<u>質感を表す単語は次の通り:</u>
平坦、滑らか、輝く、光沢のある、キラキラ下、ベルベットのような、羽のような、柔らかい、　濡れた、ねばねばした、フワフワした、ざらざらした、皮のような、ひび割れた、チクチクした、粗い、ごつごつした、でこぼこの、しわしわの、膨らんだ、さび付いた、ぬるぬるした、など

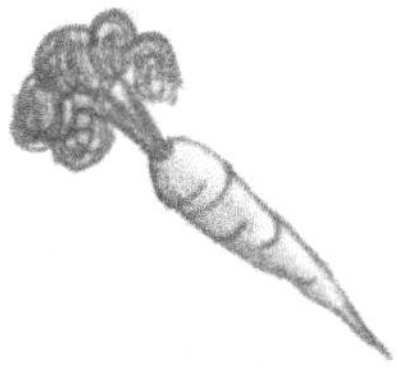

バニーラビット

1. まず楕円形を描く

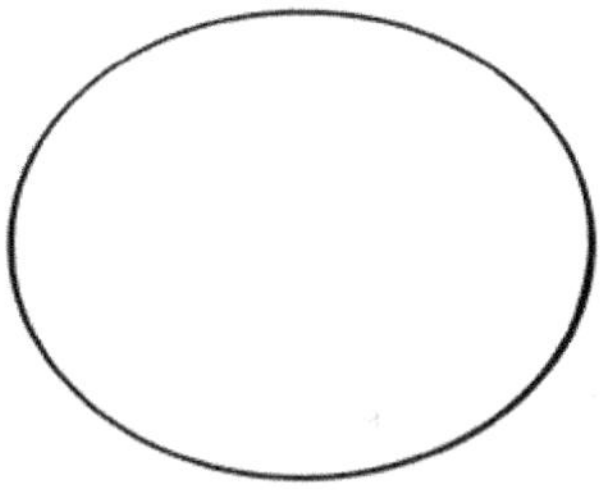

2. 「卵」の形を加える

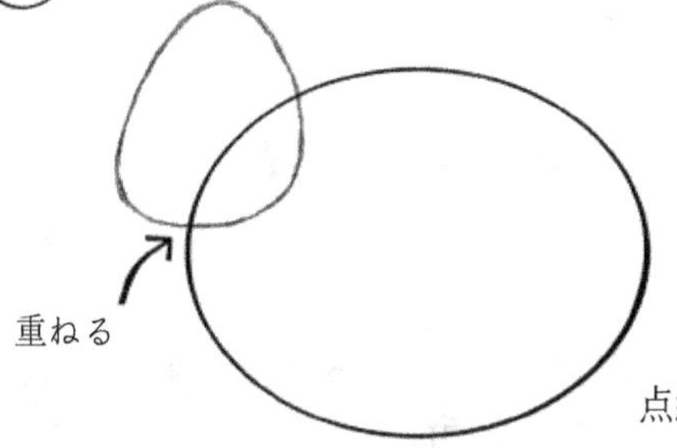

重ねる

3. 足になる細長い楕円形を3つ加える

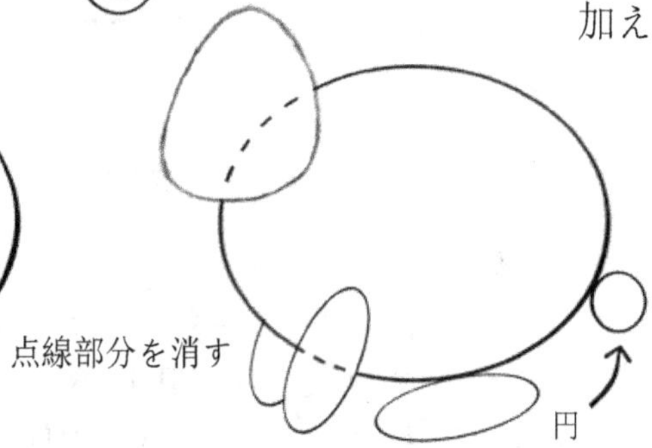

点線部分を消す
円

4. 耳、顔、丸い足先を加える

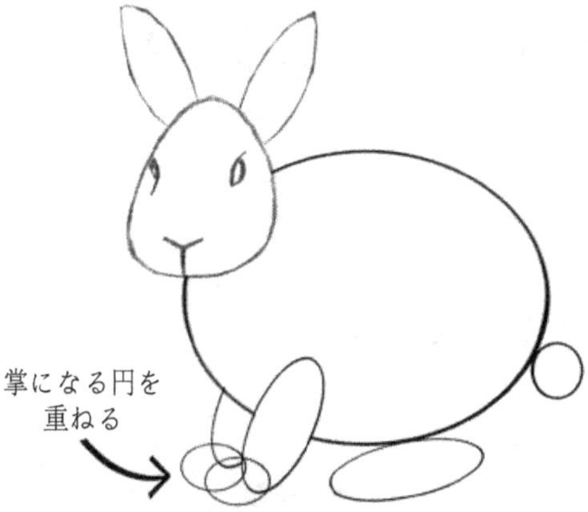

掌になる円を重ねる

5. 点線部分を消す

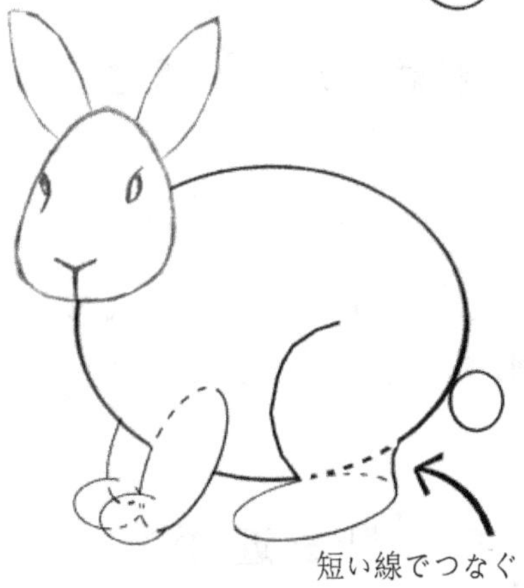

短い線でつなぐ

6. 円形のしっぽの周りに「毛」を描く

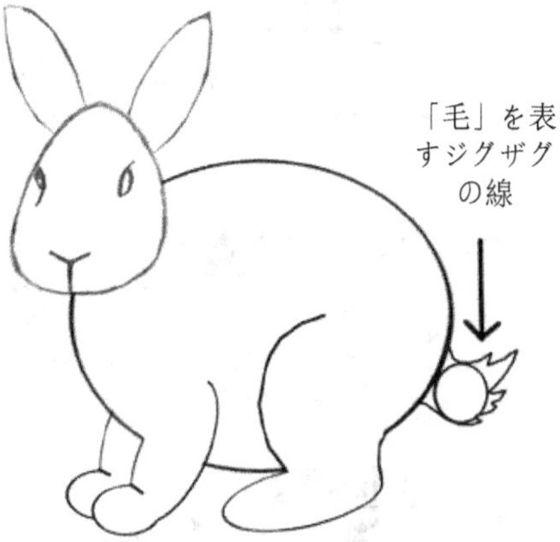

「毛」を表すジグザグの線

7.

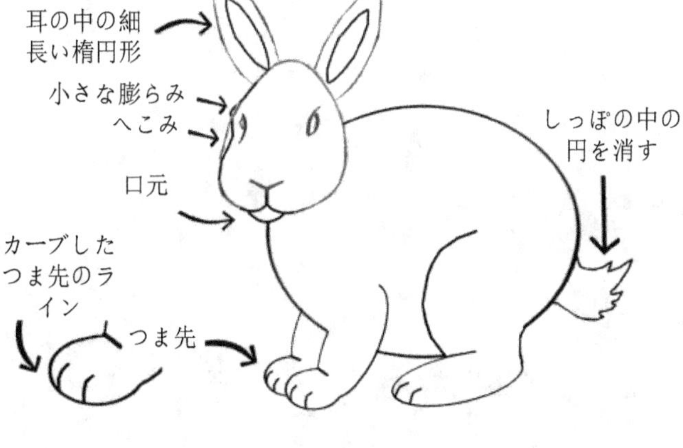

耳の中の細長い楕円形
小さな膨らみ
へこみ
口元
カーブしたつま先のライン
つま先
しっぽの中の円を消す

8. 縁を「フワフワ」にして影を付ける

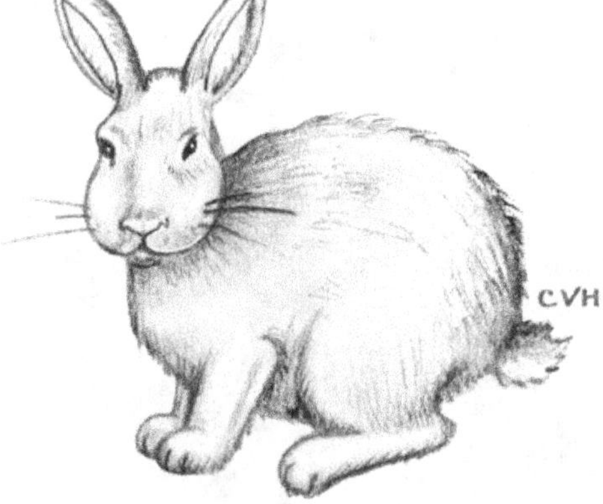

CVH

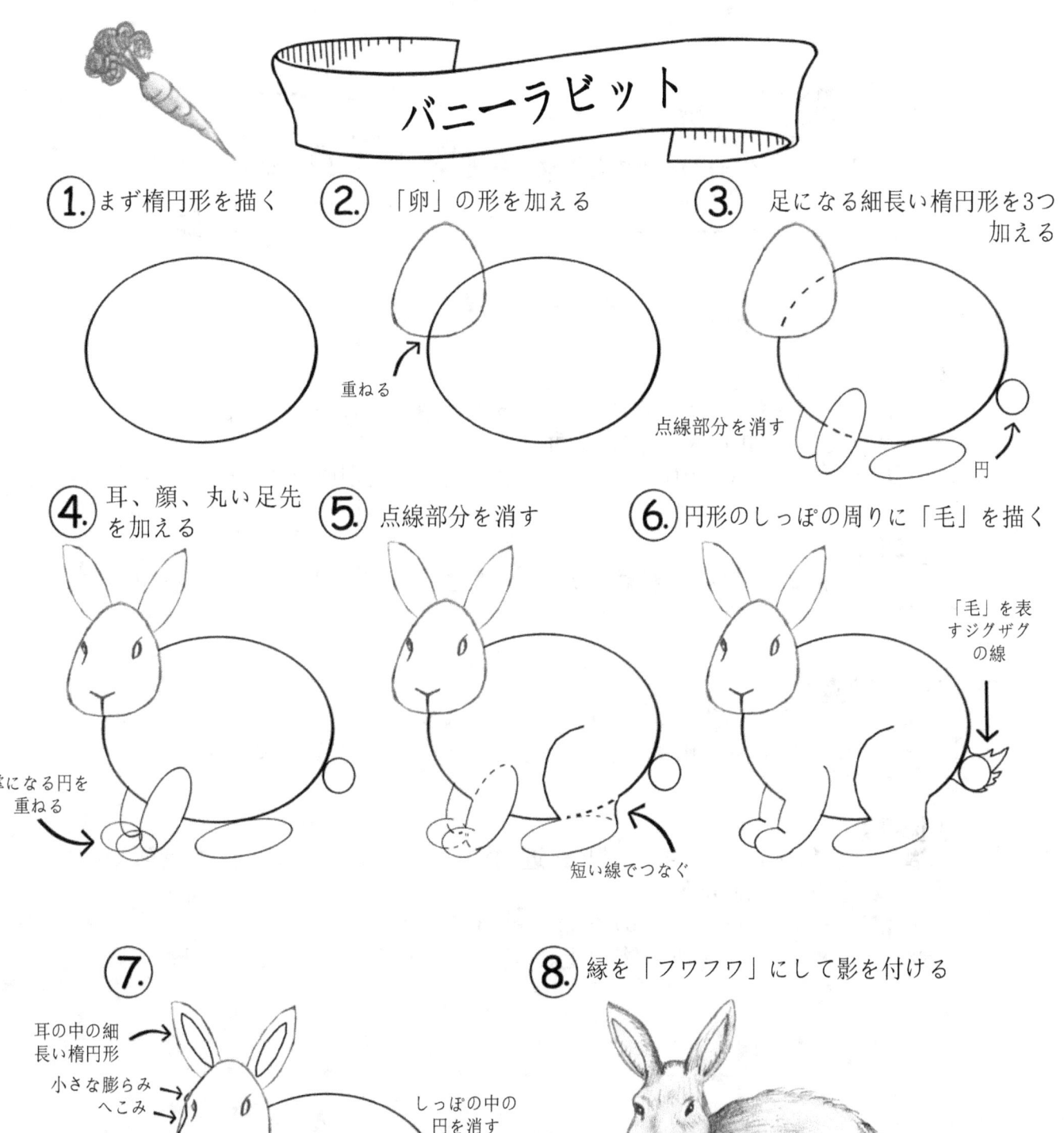

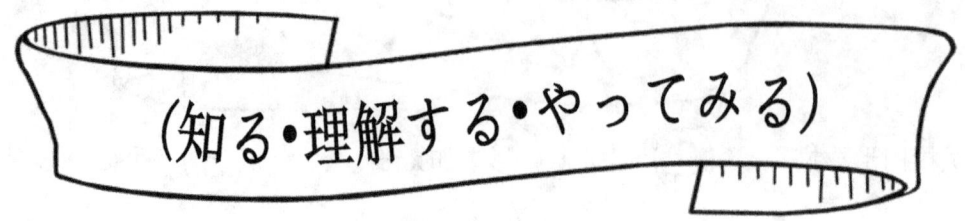

(知る•理解する•やってみる)

ペンギンを描く

知る:

- 単純な形を組み合わせれば、もっと複雑な物体を描ける
- 他の要素を加えると、絵の面白みが増し、ストーリーが伝わり、詳細を描ける(氷山の描き方を説明した「透視画法」の章を参照)

理解する:

アイテムを重ねたり、層にしたりすると、奥行きとリアルさを出す助けになる

やってみる:

用意された手順に従い、オリジナルでペンギンのアートワークを描こう。ペンギンを氷山の「上」に配置し、風景に溶け込ませよう

用語集:

詳細 – 全体の中の一部のこと。近寄ると最もはっきり見える物体や風景の特徴的な部分
多層構造 – 何かを他の物の表面に重ねて置くこと
重なり合い – 何かを他の物の上に置いて、その一部を覆うこと

ペンギンを描こう

1. まず楕円形を描く

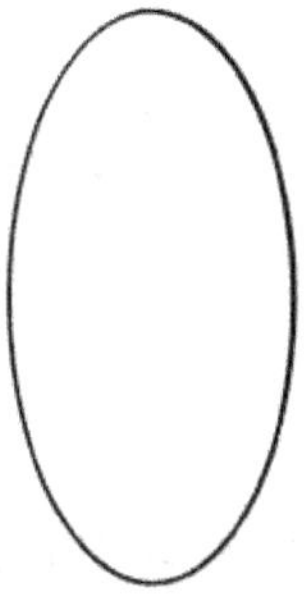

2. 小さな円を加える

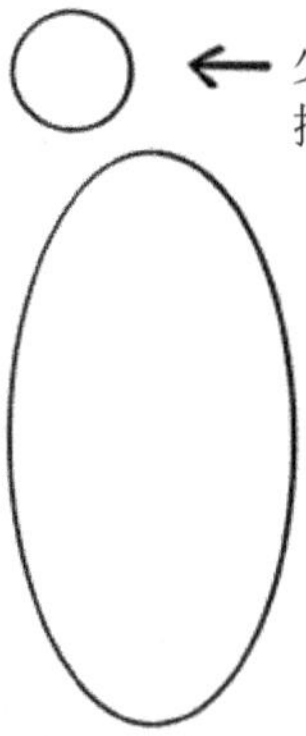
少し片側に寄せて描く

3. ネックラインを曲線でつなぐ

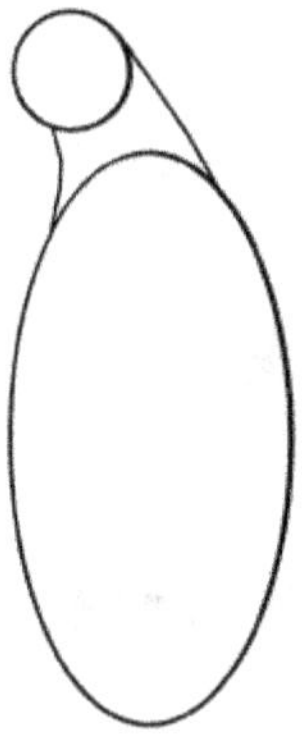

4. 細長い楕円のフリッパーを描く

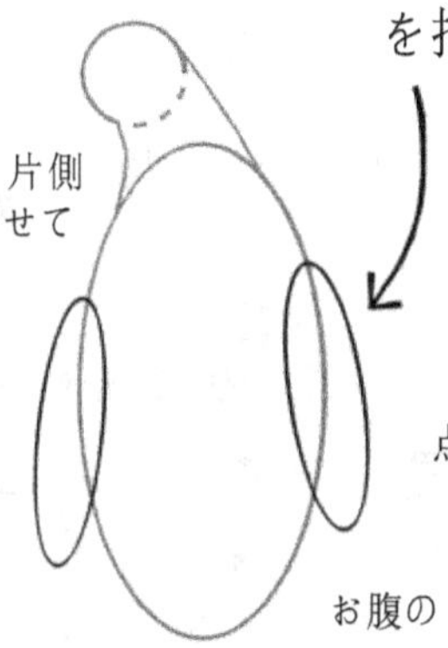
少し片側に寄せて描く

5.

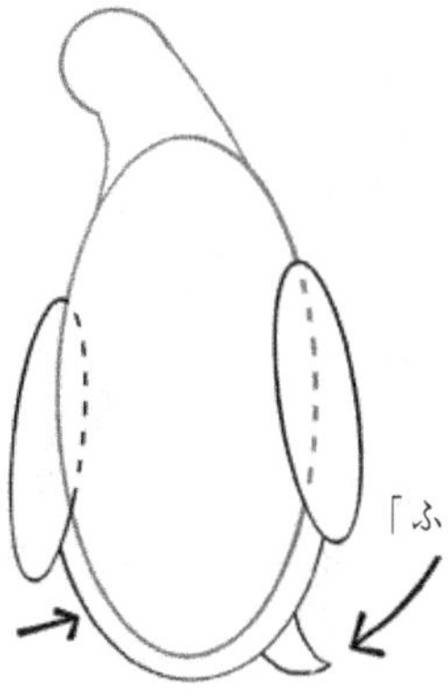
点線部分を消す
お腹の「厚み」を出す
「ふかひれ」型の尾

6. くちばしと目を加える

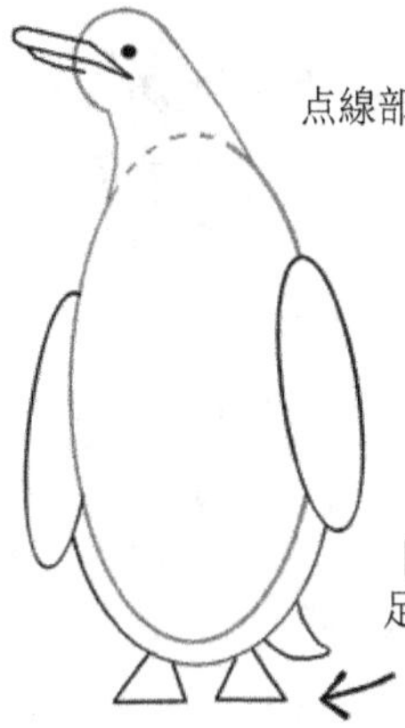
点線部分を消す
「三角」の足を描く

7.

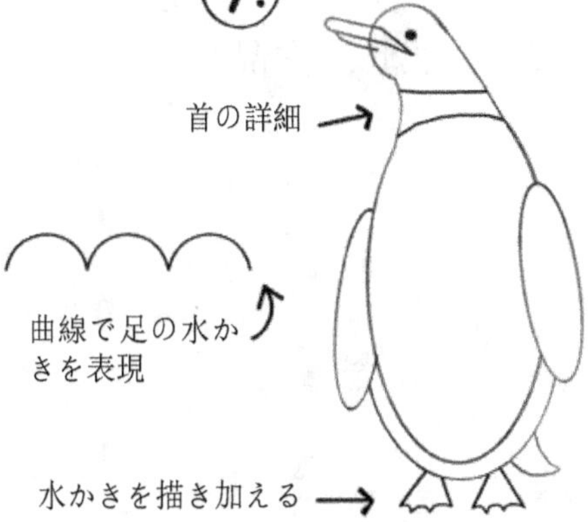
首の詳細
曲線で足の水かきを表現
水かきを描き加える

8. 影を付ける

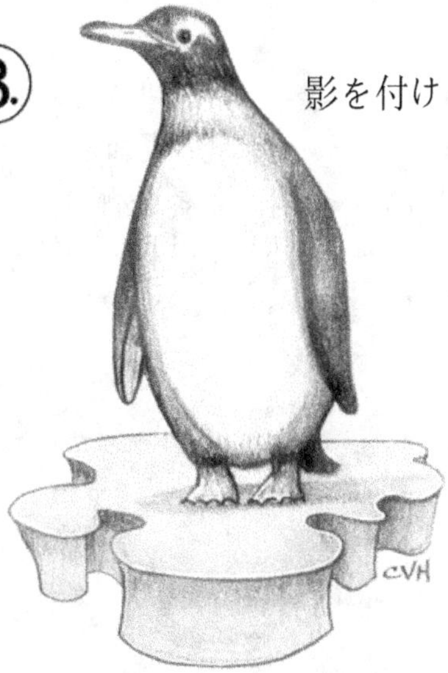
CVH

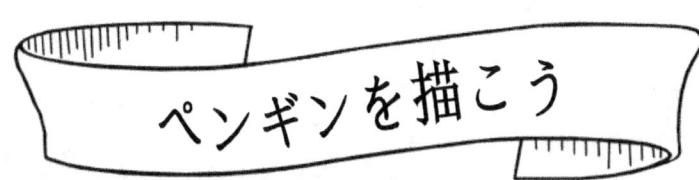

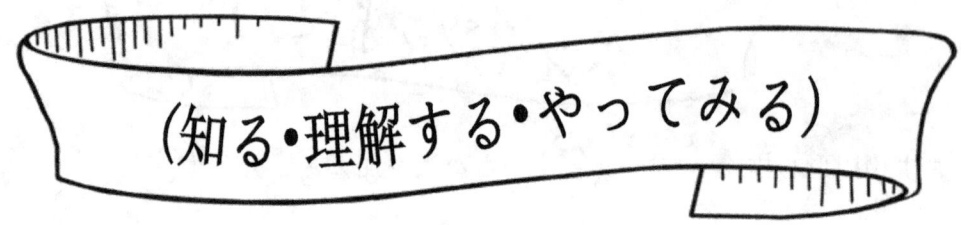

(知る•理解する•やってみる)

翼を描く

知る:
シンメトリーとアシンメトリー

理解する:
バランスはアートワークに面白みやデザイン性を加える助けになる。シンメトリーとアシンメトリーは二種類のバランスを出す方法

やってみる:
- 用意されたアイデアを使い、左右対称の翼を持つ生き物を描いて、シンメトリーを練習しよう

または
- 用意されたアイデアを使い、左右非対称の位置にある翼を持つ生き物を描いて、アシンメトリーを練習しよう
- 光輪、角、三叉などの「おまけ」を描き加えよう

用語集:
アシンメトリー – 左右非対称の物体
バランス – デザイン原則の一つであるバランスとは、作品に安定感を出すためアート要素を配置する方法を指す
シンメトリー – 左右対称の物体のこと

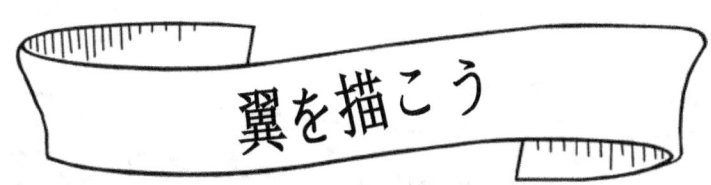

翼を描こう

天使の翼

1. まず基本の足のない人形を描く

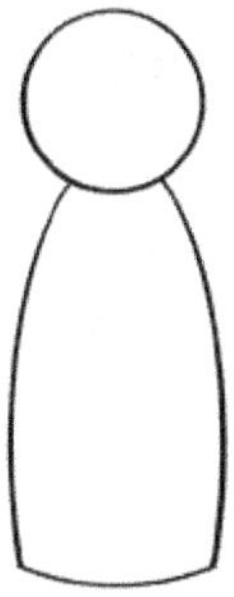

2. 軽いタッチで角度を付けた翼を描く

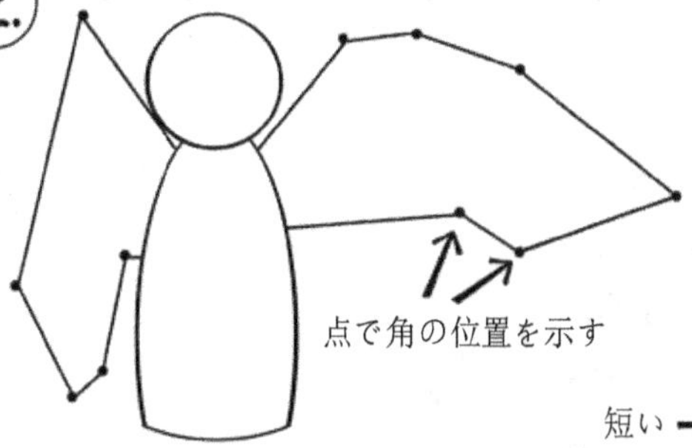
点で角の位置を示す

3.

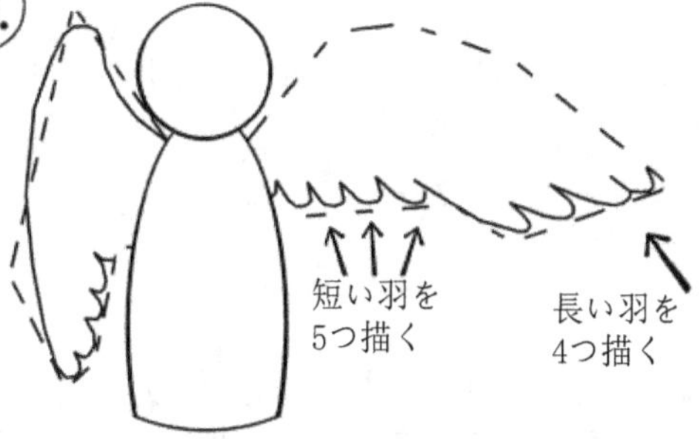
角を丸める
短い羽を
5つ描く
長い羽を
4つ描く

4.

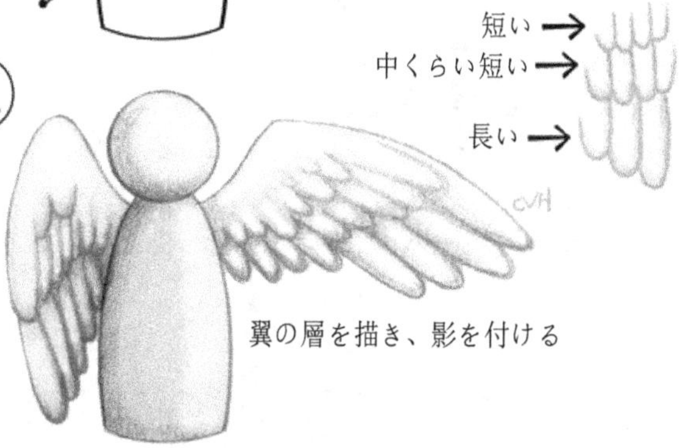
短い
中くらい短い
長い
CVH
翼の層を描き、影を付ける

悪魔の翼

1. まず基本の足のない人形を描く

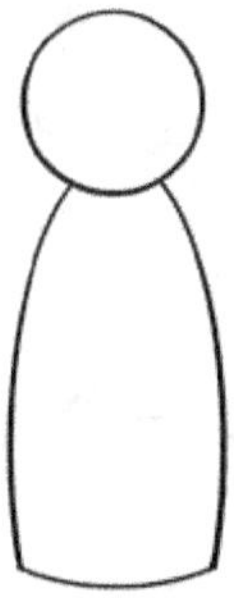

2. 軽いタッチで角度を付けた翼を描く

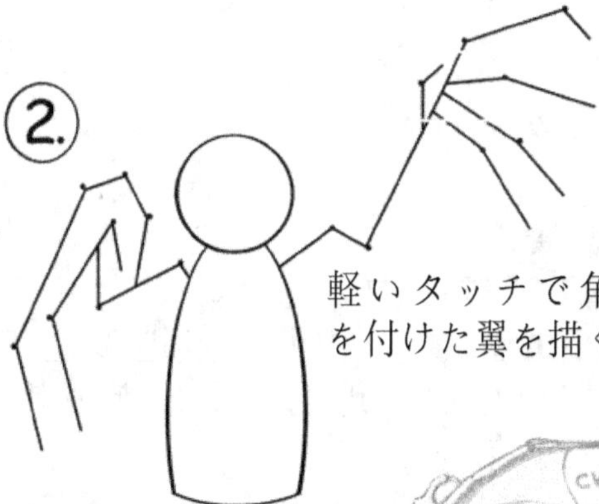

3.

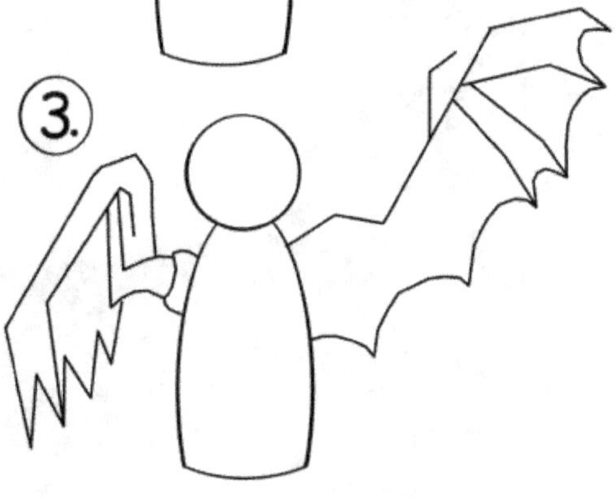

4.

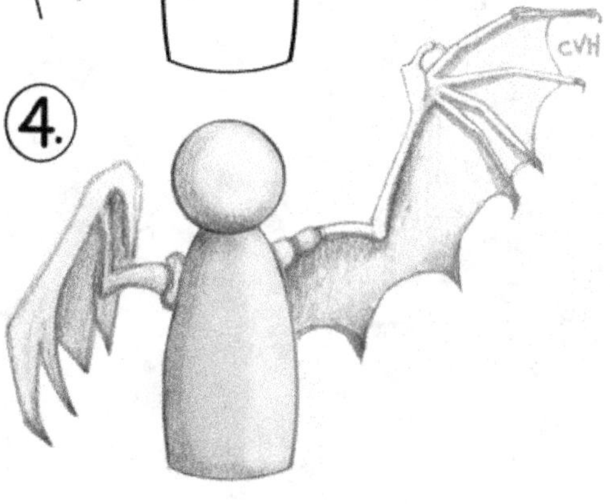
CVH

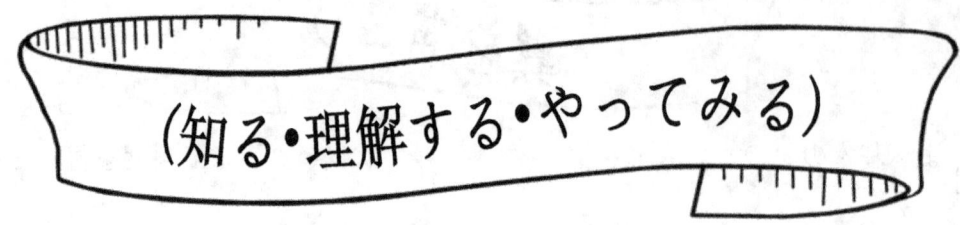

(知る•理解する•やってみる)

空飛ぶ鳥

知る:
シルエットと輪郭

理解する:
- シルエットは正確なアウトラインだが、内側の詳細は含まないーただの無地の色の塊
- 分かりやすいシルエットの描き方

やってみる:
少なくとも飛行中の三羽の鳥のシルエットを中心としたオリジナルの風景画を描こう。必ずそれぞれの鳥の羽の詳細、頭、胴体、尾の正確なアウトラインを含めるようにする
コツ: 他の人が見て、何のシルエットか分かるなら、良く描けていると分かる!

用語集:
輪郭 – 絵の中の物体のアウトラインやその他目に見える縁のこと
シルエット – 内側が無地の色で塗られた詳細なアウトラインで、たいていは白い地面の上にある黒い物体のこと。ポートレートに良く使われる

シルエットは正確な
アウトラインのこと

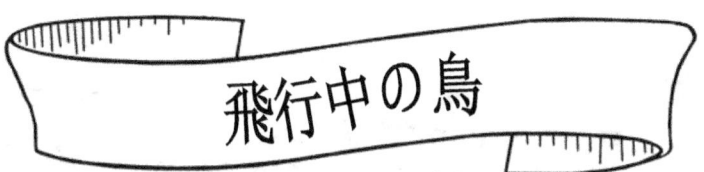

飛行中の鳥

以下は 描くこと
のできる三種類の
鳥のシルエット

①まず幅広い「V」字型を描く

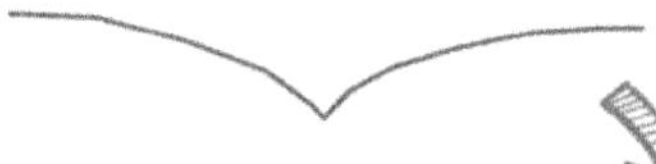

②"V"字の中心部の下に
小さな円を描く

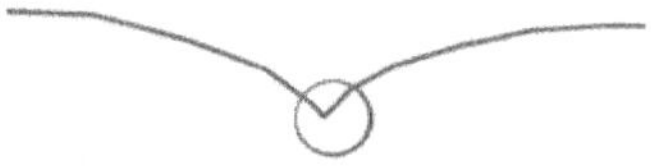

③"V"の字に厚みを出し、小さな三角の尾を付ける

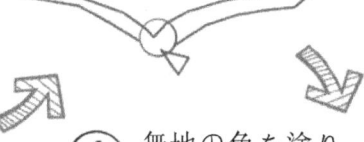

④無地の色を塗り、翼の先に 「羽」の
詳細を描き加える

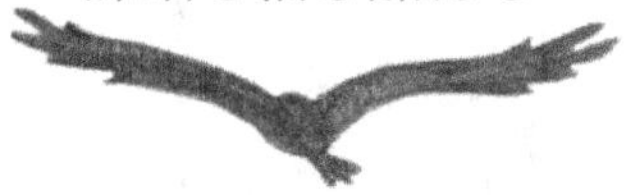

---

①まず幅広い「W」字型を描く

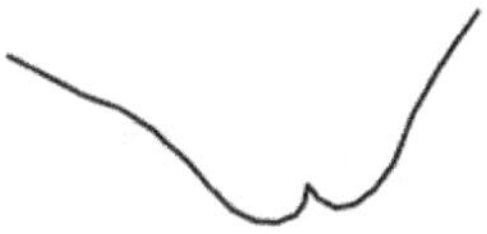

②「W」に「厚み」を加える

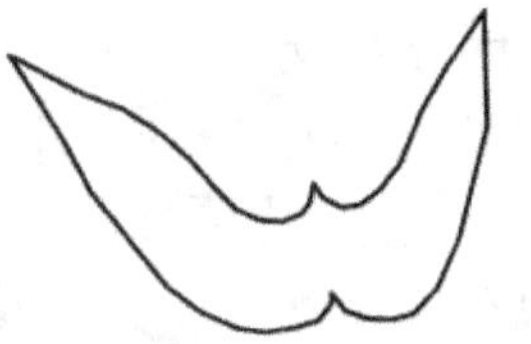

③円で頭を、三角で尾を描く

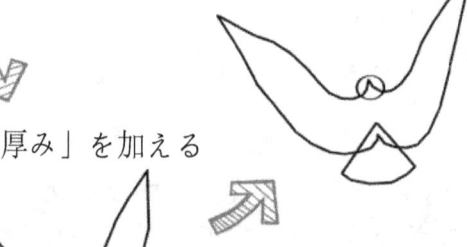

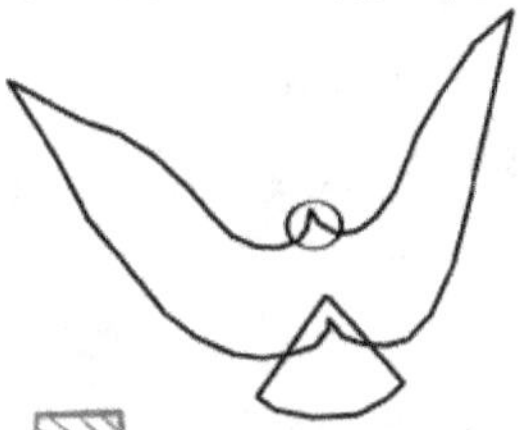

④無地の色を塗り、翼の
先に 「羽」の詳細を
描き加える

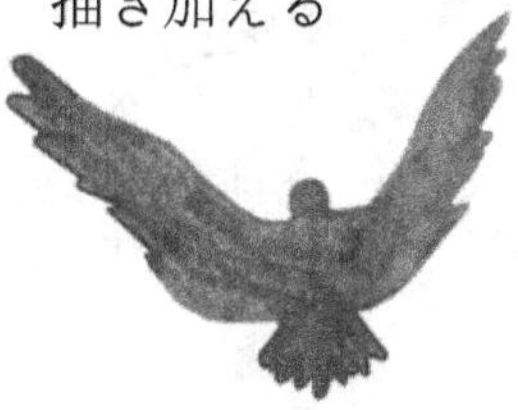

---

①まず幅広い「V」字型を描く

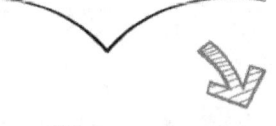

②「V」字に羽罪を加え、側面
を斜線で閉じる

③頭の部分に「ふかひれ」型を、尾を三角形で描く

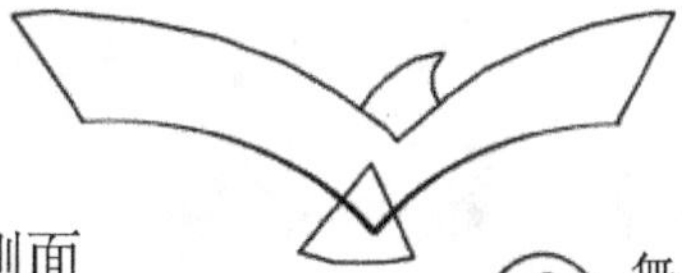

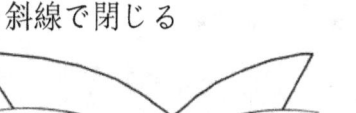

④無地の色を塗り、翼の先に「
羽」の詳細を描き加える

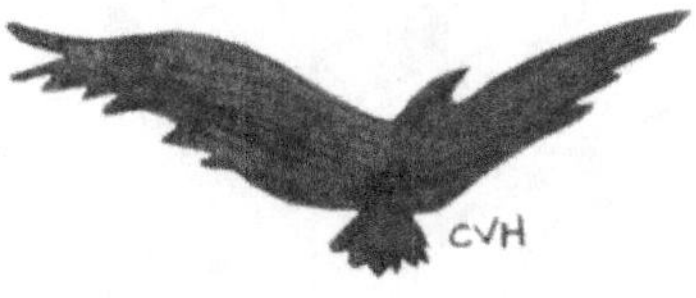

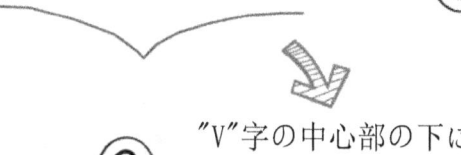

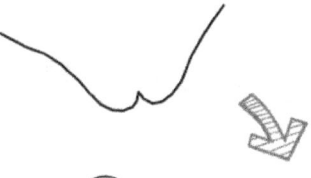

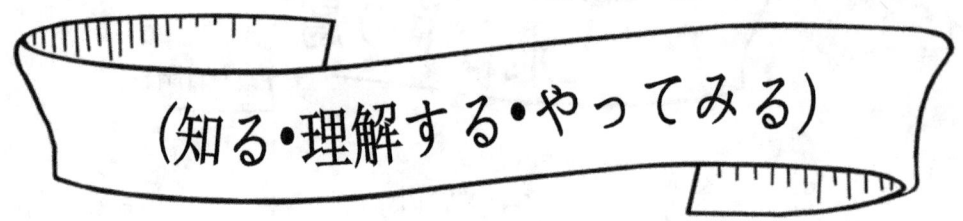

(知る•理解する•やってみる)

ピットブルを描く

知る:
単純な形を組み合わせると、もっと複雑な物体が描ける

理解する:
複雑な物体はすべて、つながった一連の幾何学的形と自然な形で簡略化できる

やってみる:
オリジナルでピットブルのアートワークを描こう。輪郭線と陰影法を使って筋肉の繊維を示す。影を付ける

用語集:
複雑 – 込み入って複雑な関係を表現するため、アート要素を関わり合うように組み合わせる方法。異なる色、大きさ、質感から成るたくさんの形で構成された絵のことを複雑な絵と呼ぶ
輪郭線 – 塊、形、または物体のアウトラインやその他目に見える縁のこと

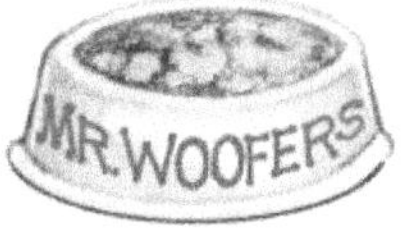
MR.WOOFERS

ピットブルを描こう

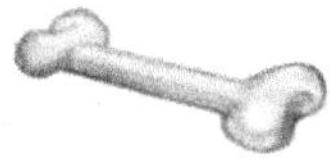

① 初めに

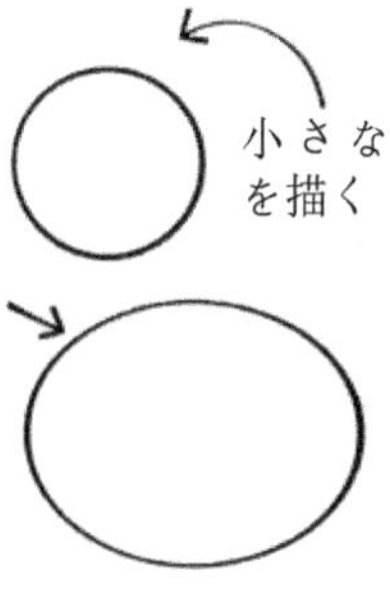
小さな円
を描く
少し
大きめの
楕円形

② ネックラインをつなげる

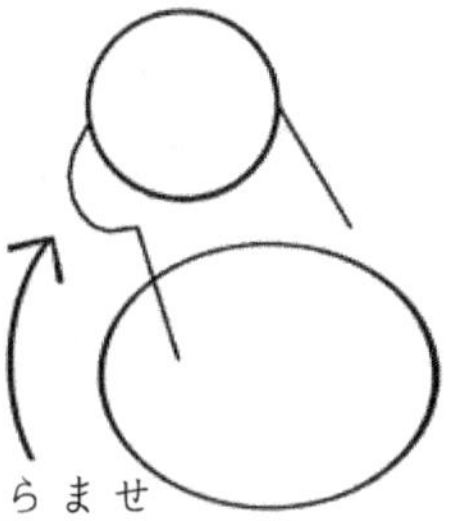
膨らませ
て描く

③ 尖った耳と脚を描き加える

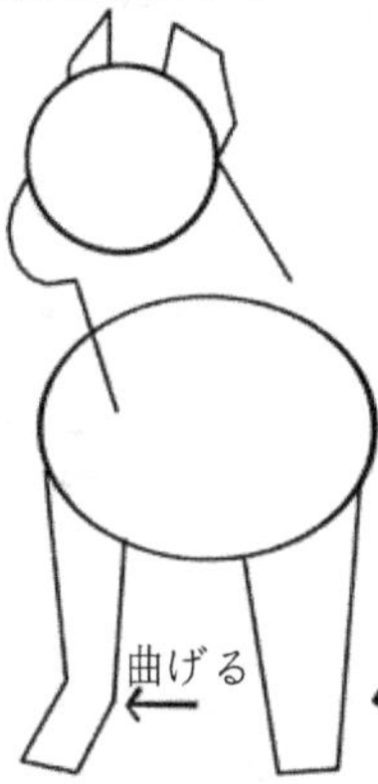
上の方が太
い
曲げる

④ 点線部分を消す

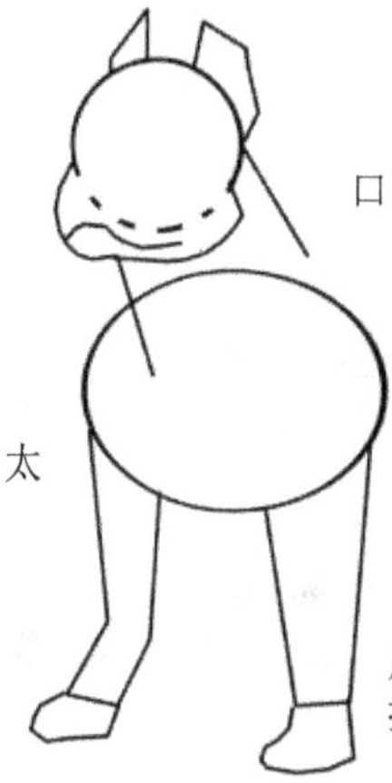
口を描く
足を
描く

⑤ 後ろ足を描く

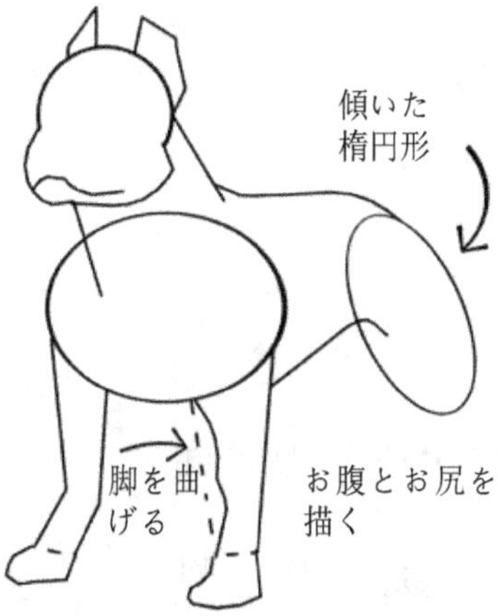
傾いた
楕円形
脚を曲
げる
お腹とお尻を
描く

⑥ 耳のひだ

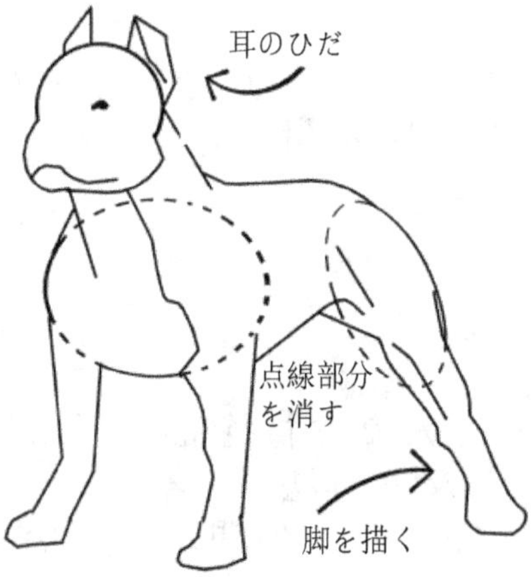
耳のひだ
点線部分
を消す
脚を描く

⑦

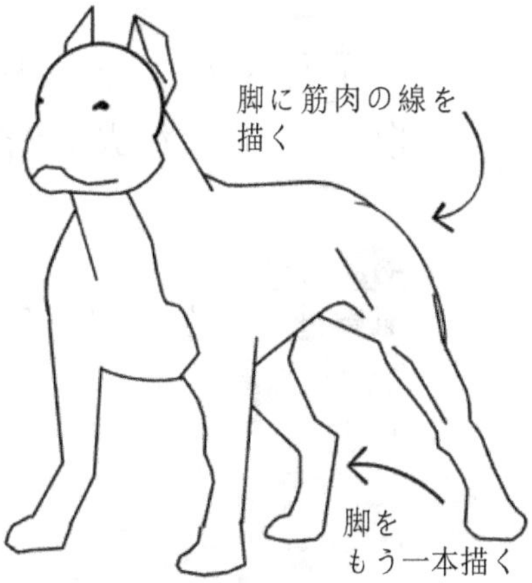
脚に筋肉の線を
描く
脚を
もう一本描く

⑧

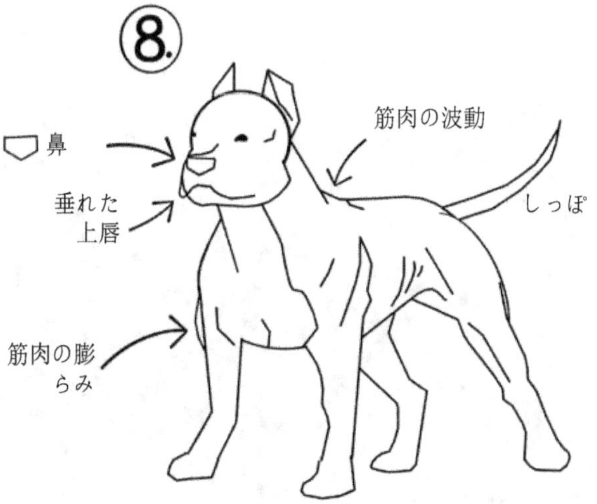
鼻
垂れた
上唇
筋肉の波動
しっぽ
筋肉の膨
らみ

⑨

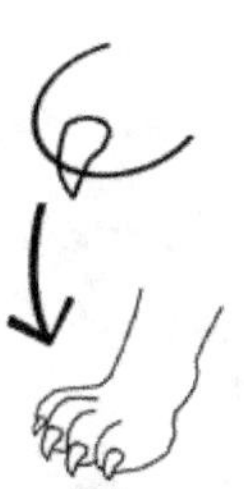
つま先に
爪を描く

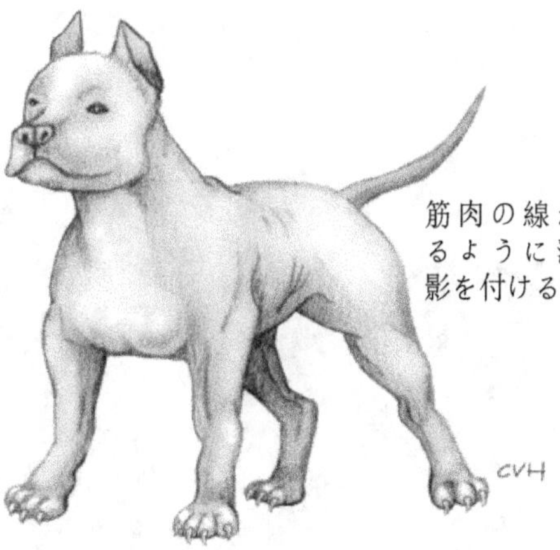
筋肉の線が分
るように薄く
影を付ける
CVH

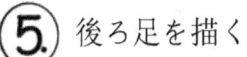

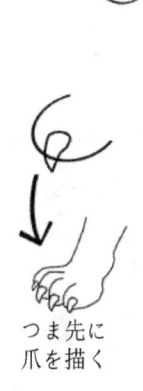

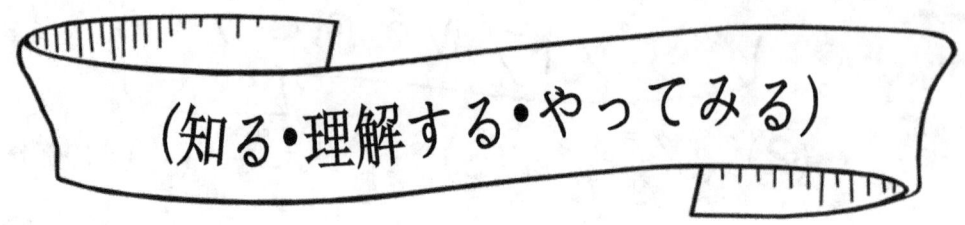

(知る•理解する•やってみる)

犬小屋

知る:
クォータービューの家を描く簡単な手順

理解する:
3Dに見える家を描く方法の一つは、クォータービューで遠近感を出すこと

やってみる:
遠近法を使って風景の中にオリジナルで羽目板の犬小屋を描こう。自分で選んだ犬を描き入れ、影を付ける

用語集:
風景画 – 風景を描写したアートワークのこと。風景画にはたいてい空が含まれる
透視画法 – 奥行きや引っ込んだ空間を描いて、二次元(2D)の表面に三次元(3D)の錯覚を起こさせる方法
クォータービュー – 真正面と側面の間から顔やその他対象物を見ること

犬小屋

1. まず縦線を3本描く

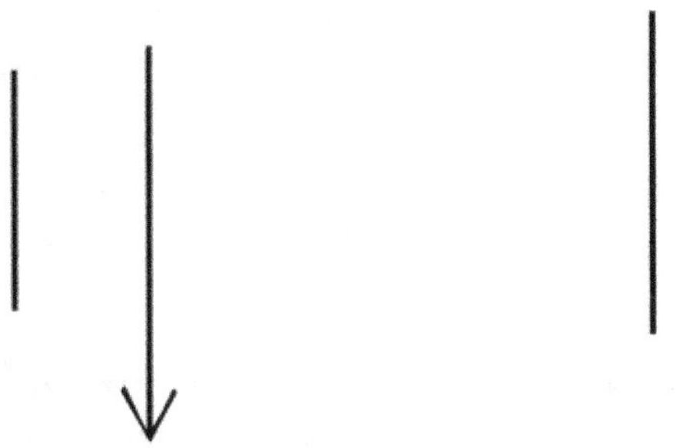

2. 縦線を上と下でつなぐ

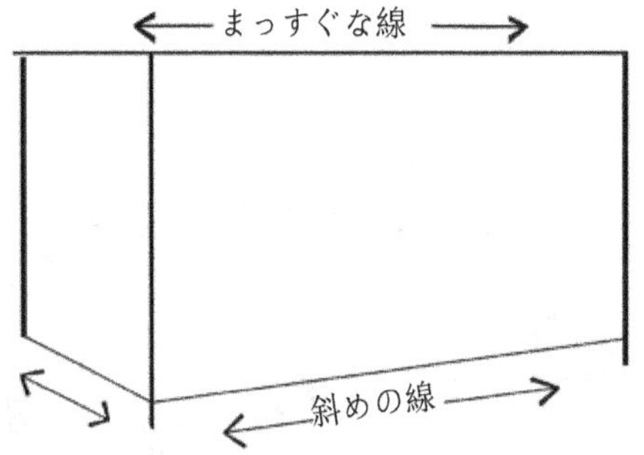
まっすぐな線
斜めの線

3. 上向きの矢印を描く

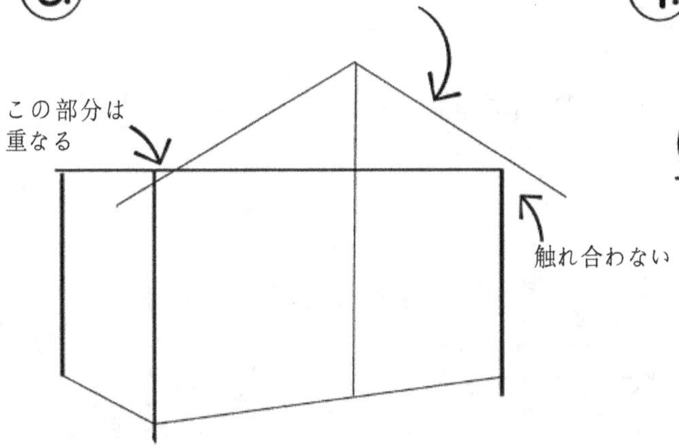
この部分は
重なる
触れ合わない

4. 屋根の「厚み」を出す

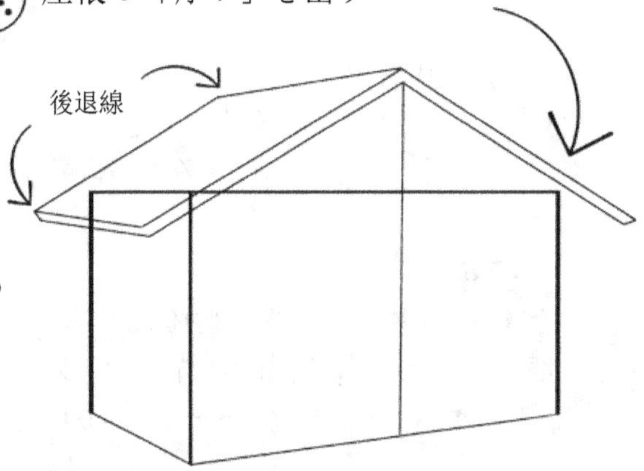
後退線

5.

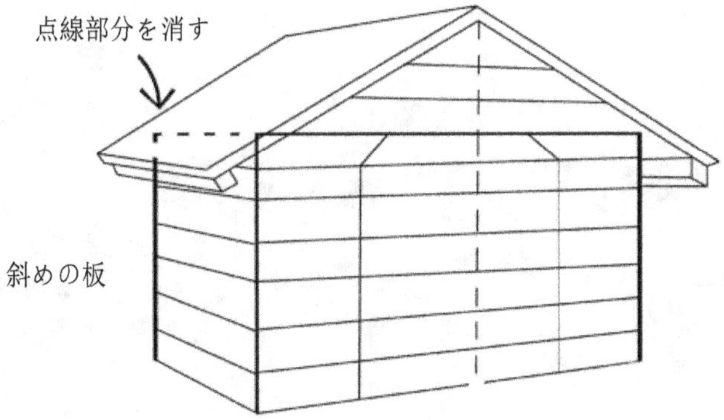
点線部分を消す
斜めの板

6. 犬を描き、影を付ける

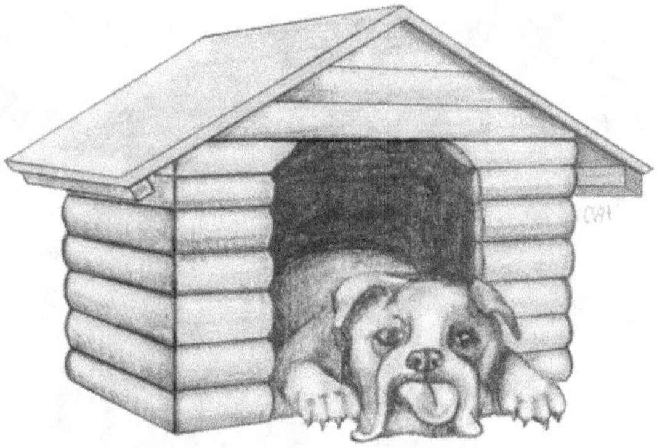

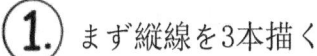

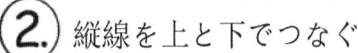

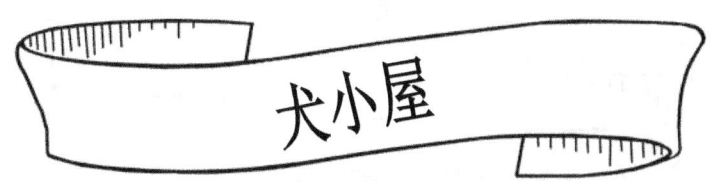

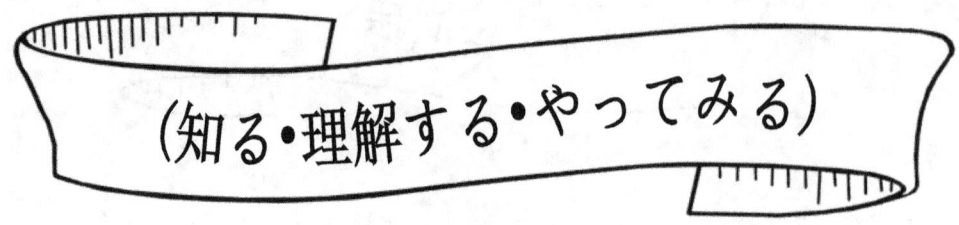

(知る•理解する•やってみる)

ライオンの頭

知る:
ライオンの頭を描く手順

理解する:
- 単純なグリッド線が、均整の取れたライオンの頭を描く助けになる
- アートワークの中の物の手触りや素材を表すため、画家が用いるテクニック

やってみる:
用意された手順を使って、ライオンの頭を描く練習をする。一連の曲線を使ってたてがみの質感を表す。影を付けよう

用語集:
グリッド線 – 描く物体の配置を決めるガイド線として使う交差する線、または平行線の枠やパターンのこと
釣り合い – ある部分を他のものと比較した大きさや配置のこと
質感 – アートワークの中で、ある物の手触りを見た目で表現すること

ライオンの頭を描く

1. まず下のように線を描く

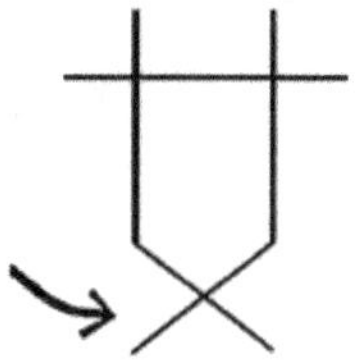

2. 目、ほほ、あごを描く

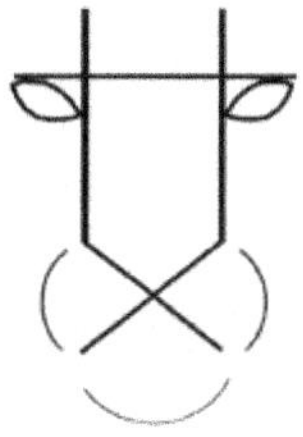

3. 円で頭を描く

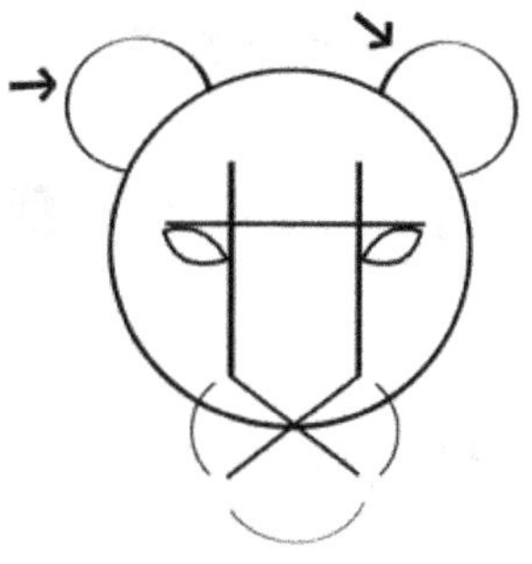

丸い耳

4. 卵型のたてがみ

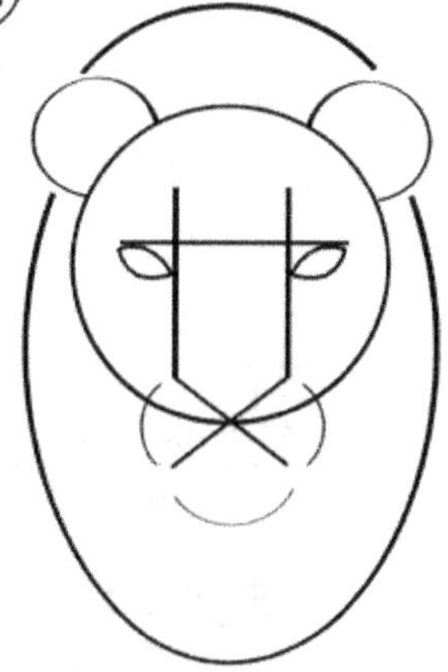

5. たてがみの周りに「ジグザグ」線を描く

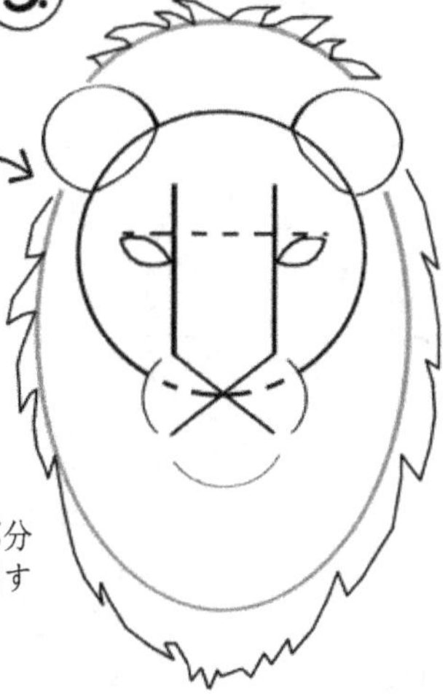

耳の前に曲線を加える
点線部分を消す

6. ハート型の鼻を描く

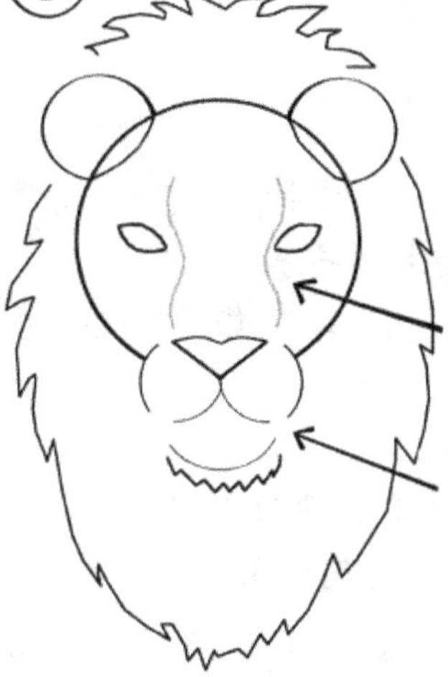

鼻の側面のカーブ
丸い口

7.

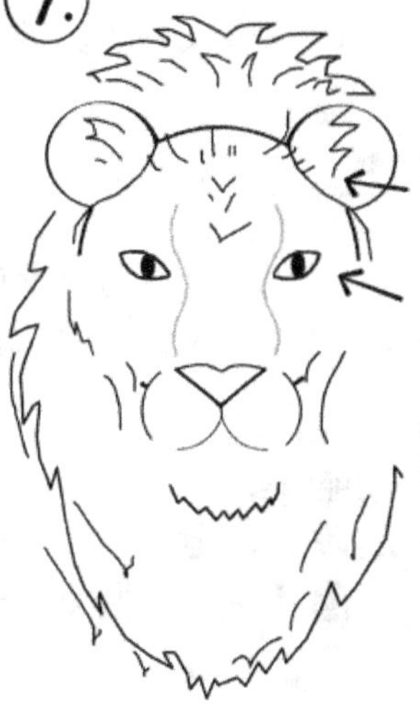

耳毛
目の瞳孔
毛皮の線を増やす

8. 毛を増やす

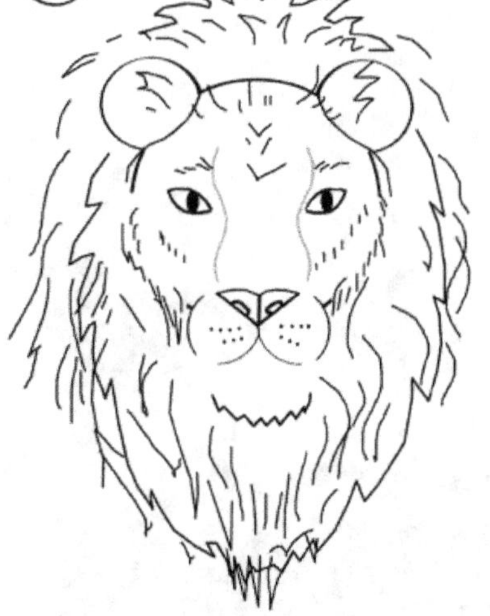

9. 影を付ける

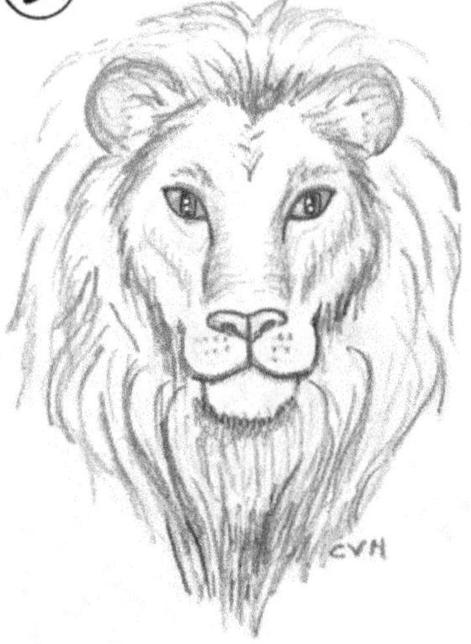

CVH

(知る•理解する•やってみる)

牛の頭骸骨

知る:
単純な形を組み合わせると、もっと複雑な物体が描ける

理解する:
単純な形を層にして組み合わせ、線でつなぎ、内側の線を消す手法は、画家が似顔絵を描くにに使う方法

やってみる:
- 部屋の中にあるアイテムを見回して、物体を単純な形に分解し単純な見え方に方法を練習する。
- 用意された手順に従い、自分だけの牛の頭蓋骨を描く

用語集:
組み合わせ – 二つかそれ以上の物体を一緒にすること
多層構造 – 何かを他の物の表面に重ねて置くこと

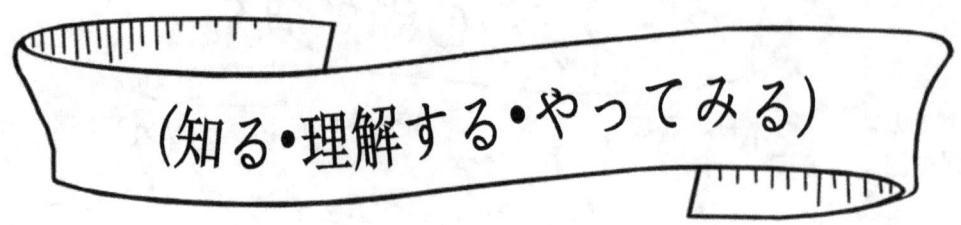

牛の頭蓋骨を描く

1. まず円を

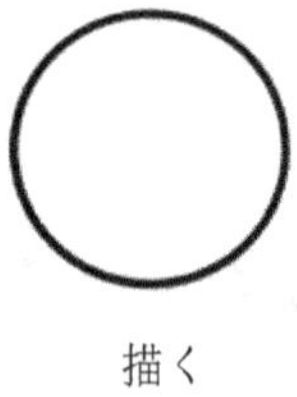
描く

2. 楕円形を描く

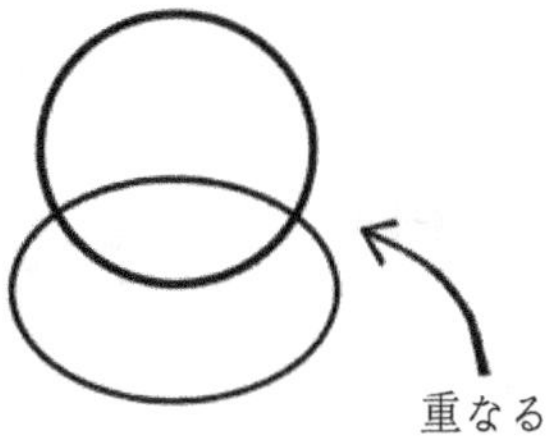
重なる

3. 長方形を描く

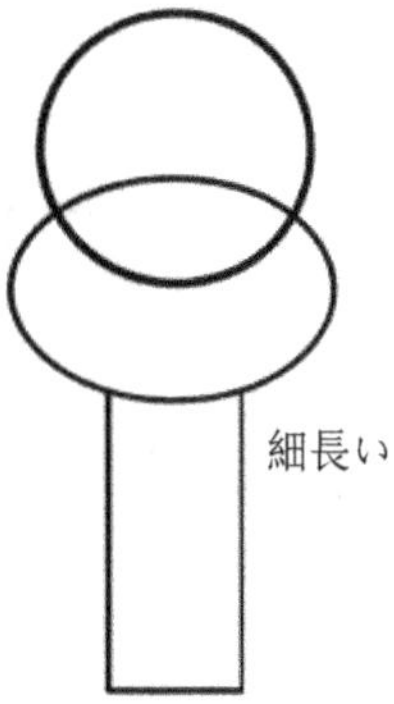
細長い

4. 内側を消す

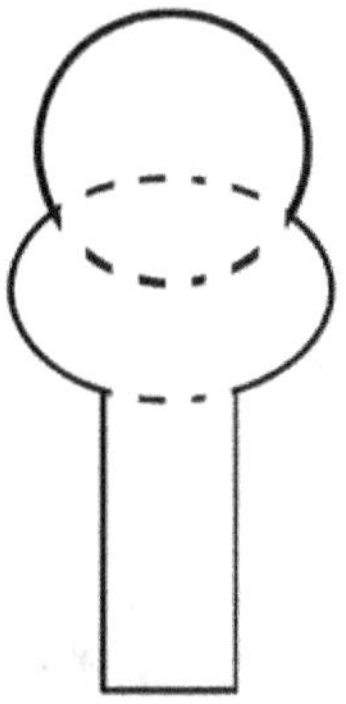

5. 小さな四角を加える

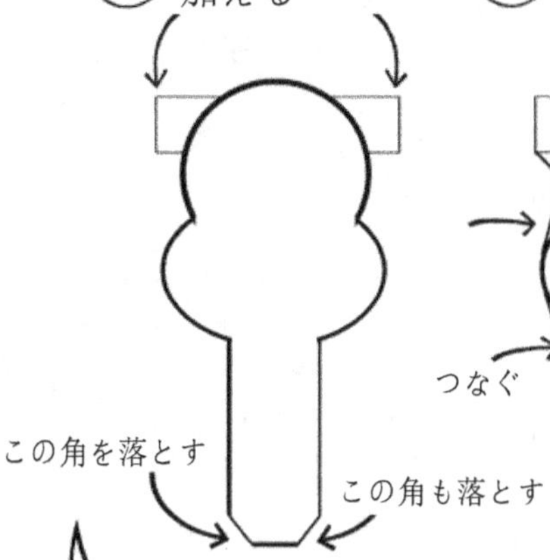
この角を落とす
この角も落とす

6. 外側の縁をつなぐ

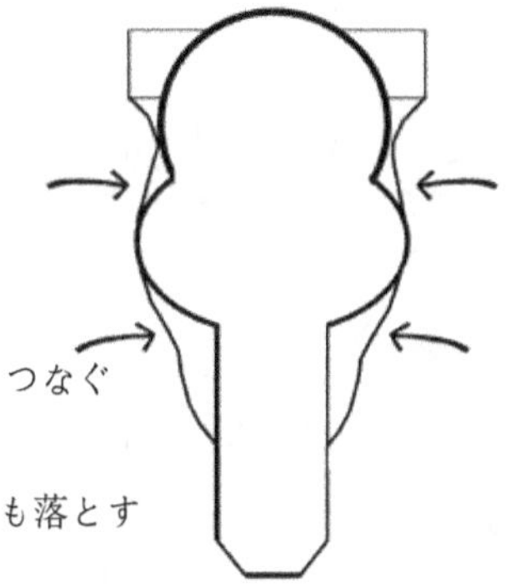
つなぐ

7. 内側を消す

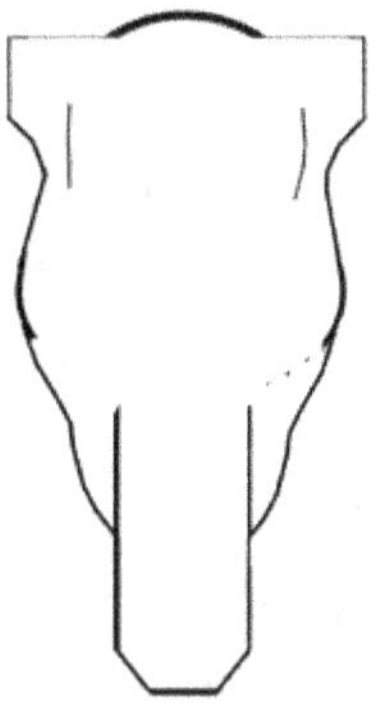

8. 四角を加える

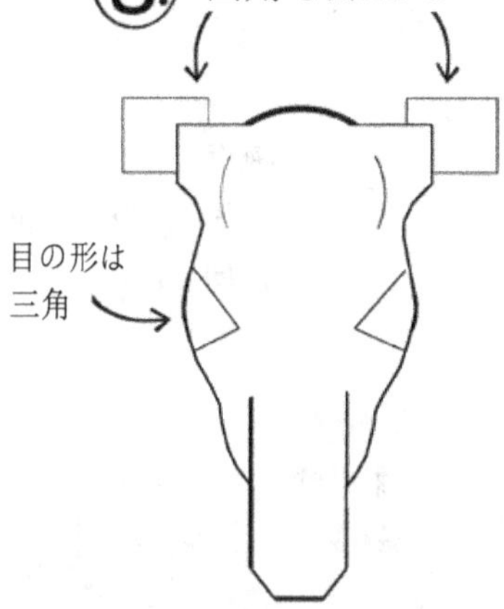
目の形は三角

9. カーブした角を加える

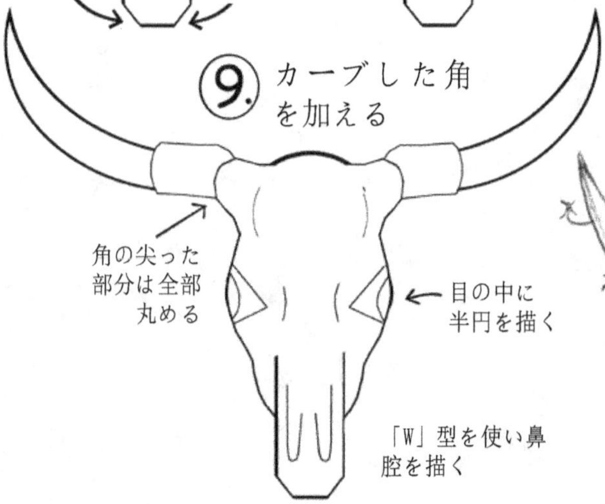
角の尖った部分は全部丸める
目の中に半円を描く
「W」型を使い鼻腔を描く

10. 影を付け、ひび割れや有刺鉄線などの「おまけ」を加える

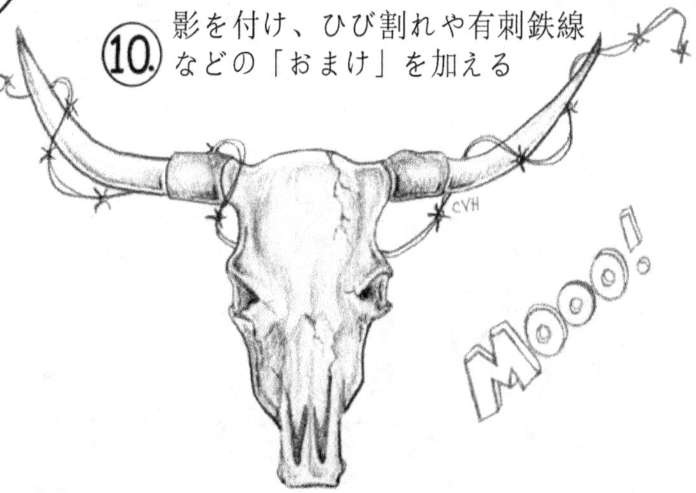
CVH
MOOO!

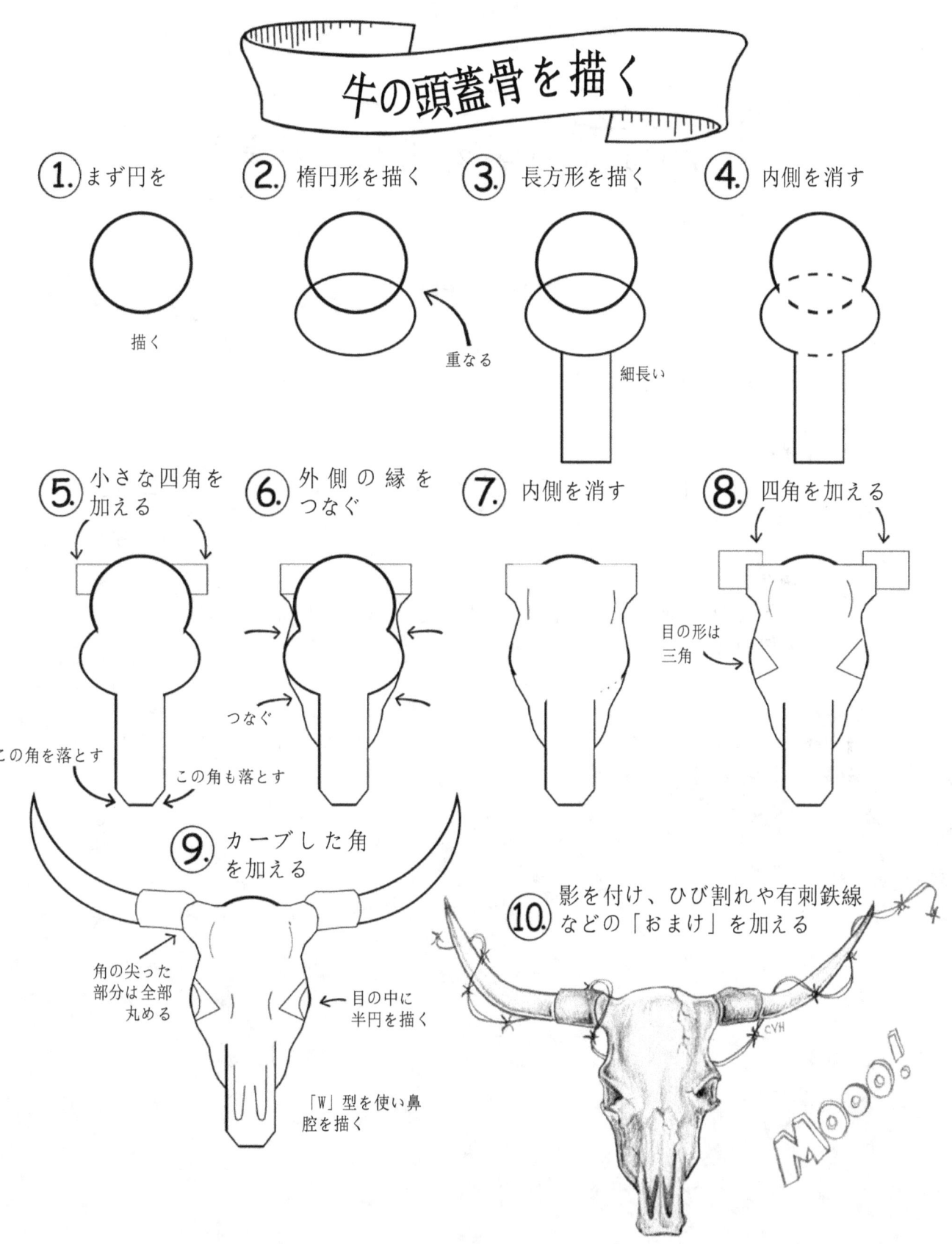

(知る•理解する•やってみる)

コブラを描く

<u>知る:</u>
単純な形を組み合わせると、もっと複雑な物体が描ける

<u>理解する:</u>
円筒の周りを「囲む」ように輪郭線を加えると、詳細と3Dの立体感を出せる

<u>やってみる:</u>
- 用意された手順に従い、自分だけのとぐろを巻いたコブラを描こう
- 影を付ける

<u>用語集:</u>
輪郭線 –物体の立体感を表すアウトラインや内側の詳細な線のこと
量感 – 立体の中の容積を表す

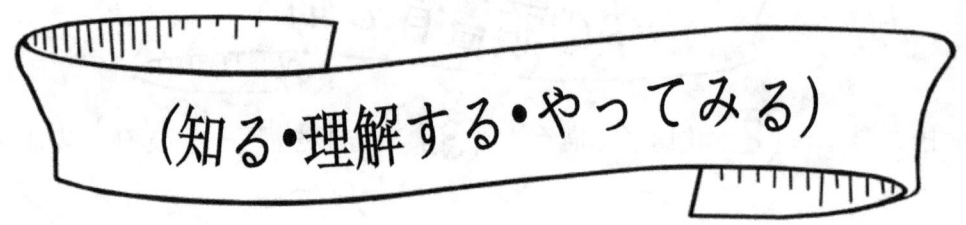

コブラを描こう

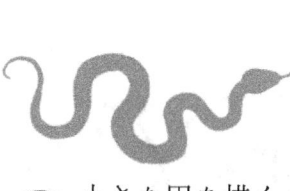

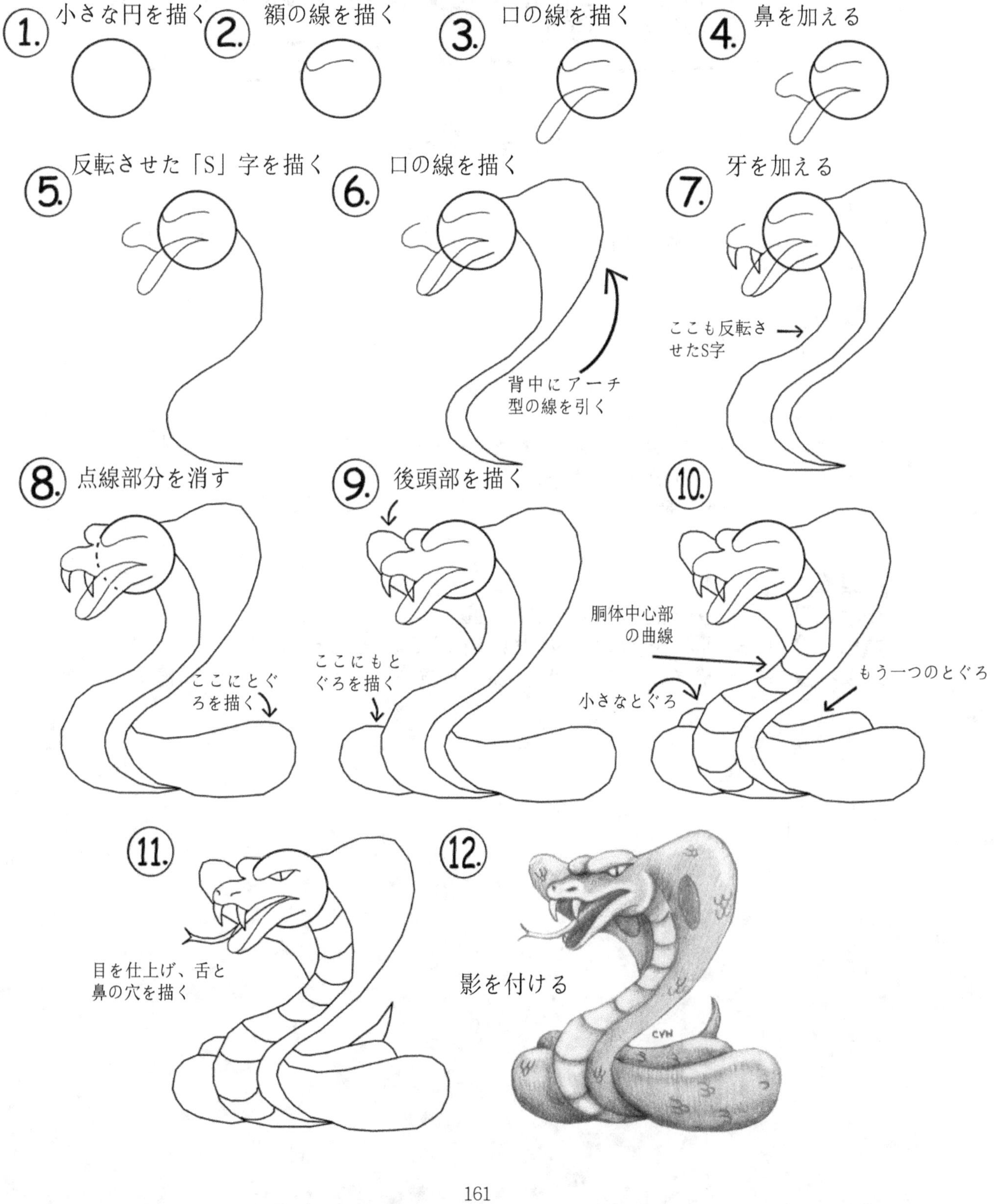
1. 小さな円を描く
2. 額の線を描く
3. 口の線を描く
4. 鼻を加える
5. 反転させた「S」字を描く
6. 口の線を描く
背中にアーチ型の線を引く
7. 牙を加える
ここも反転させたS字
8. 点線部分を消す
ここにとぐろを描く
9. 後頭部を描く
ここにもとぐろを描く
10.
胴体中心部の曲線
小さなとぐろ
もう一つのとぐろ
11.
目を仕上げ、舌と鼻の穴を描く
12.
影を付ける
CVH

(知る•理解する•やってみる)

木登りするトラ

知る:

- 重なり合い、多層構造、パターン

理解する:

単純な形の多層構造は、複雑な立体を描く第一歩になり得る

やってみる:

用意された手順に従い、木登りするトラを描こう。トラの体を「包む」オリジナルの縞模様を描いて、独自性を出そう。「包む」ことで立体感を出す。影を付ける

用語集:

多層構造 – 何かを他の物の表面に重ねて置くこと
重なり合い – 何かを他の物の上に置いて、その一部を覆うこと
パターン – デザインの中で形、線、色を繰り返してできる模様のこと

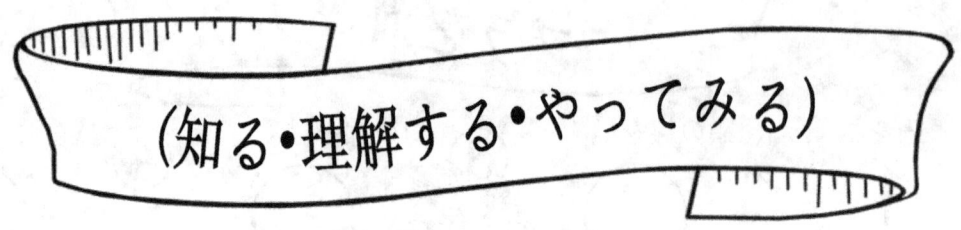

木登りするトラ

①まず重なり合う2つの楕円形を描く

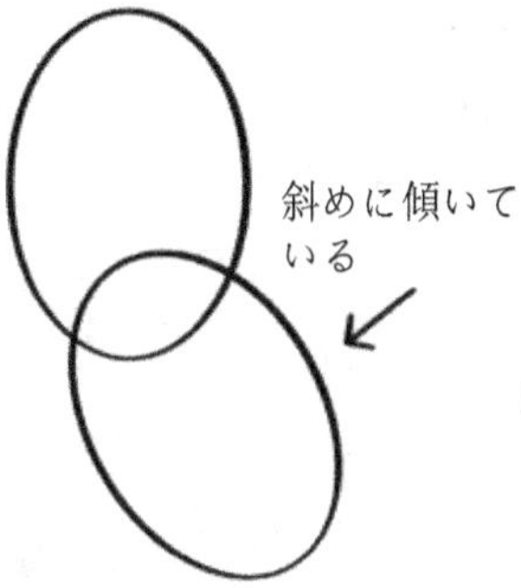

②四肢になる4つの小さな楕円形を描く

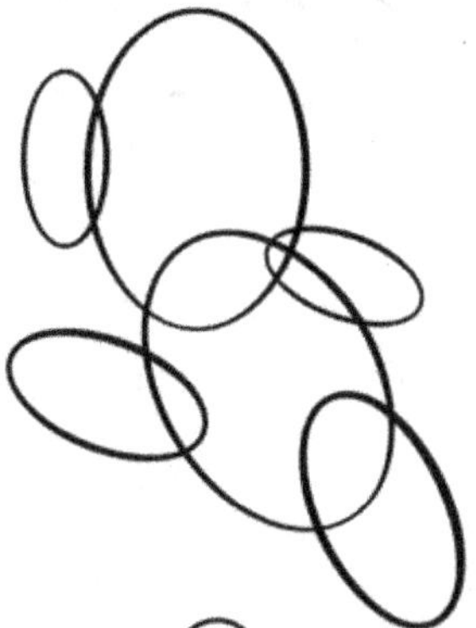

③以下のように要らない部分を消す

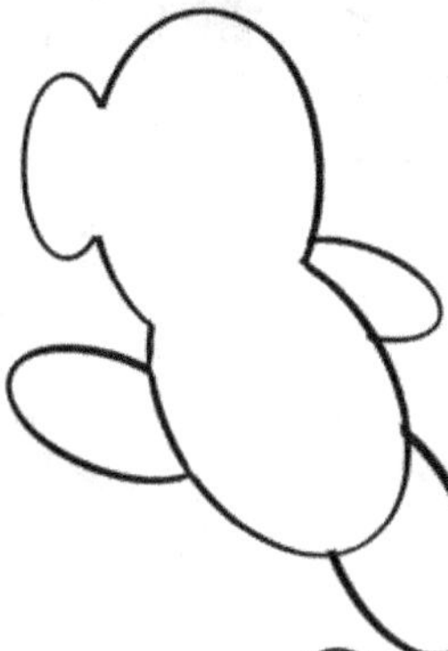

④円の掌を2つ、頭を1つ、後ろ足になる楕円形を2つ描く

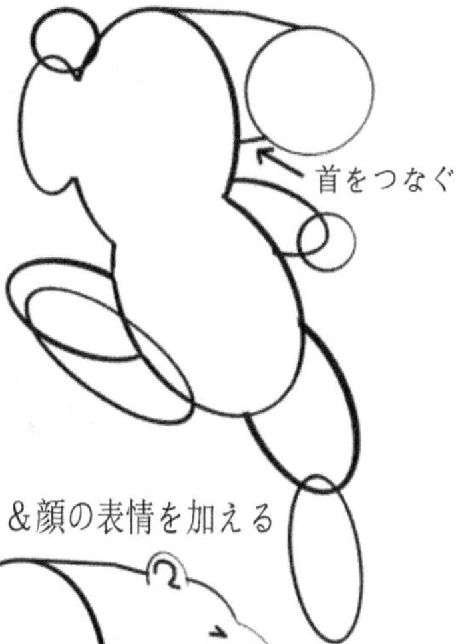

⑤耳、鼻、ほほと脚2本、しっぽを描き加える

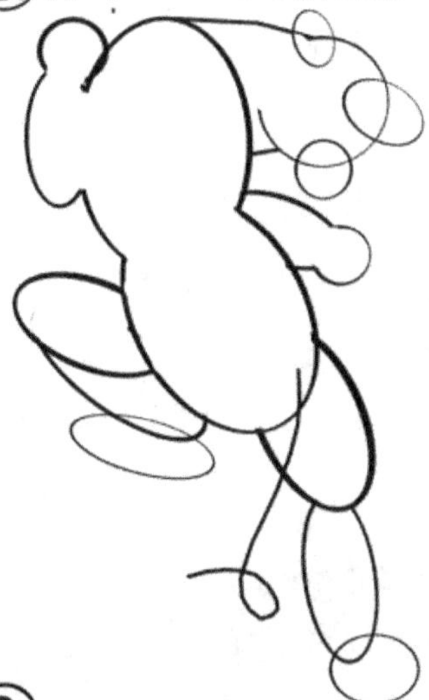

⑥以下の様に要らない部分を消す

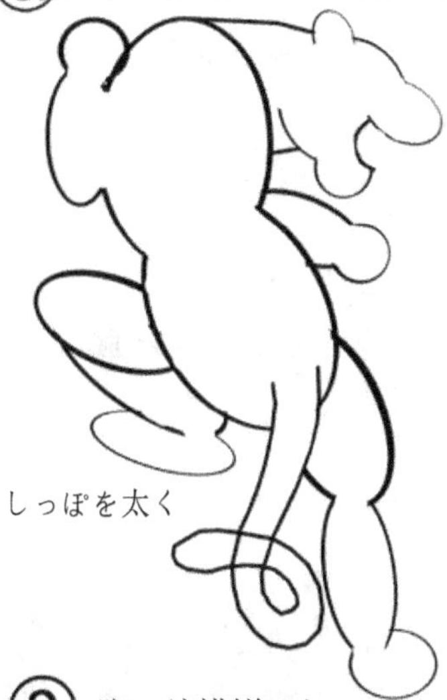

⑦かぎづめ＆顔の表情を加える

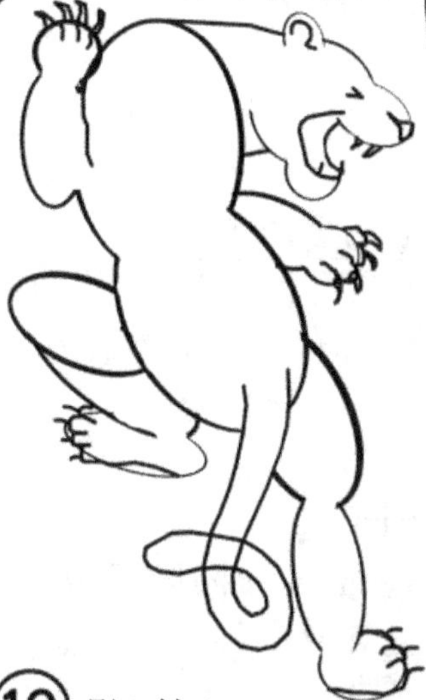

⑧胴体を縞模様で「囲む」

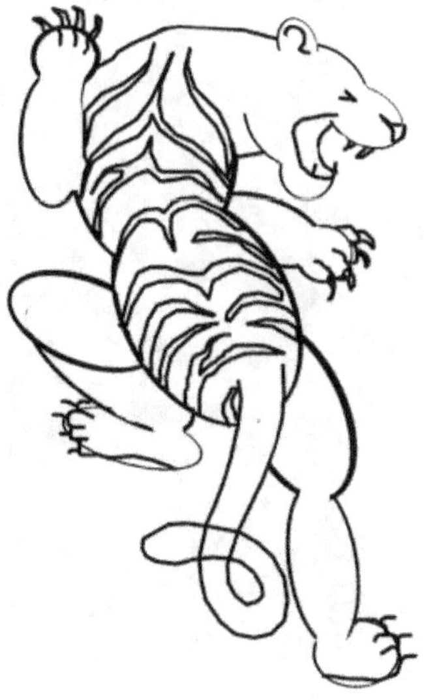

⑨脚に縞模様を入れる

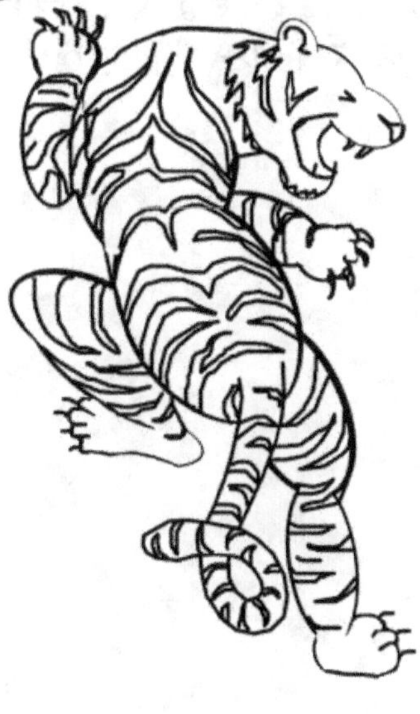

⑩影を付ける

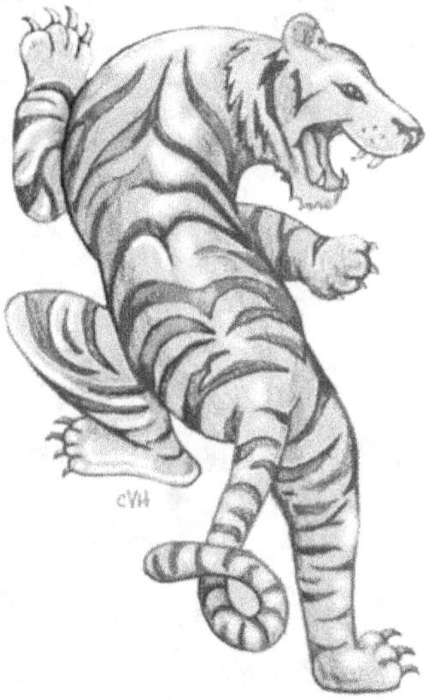

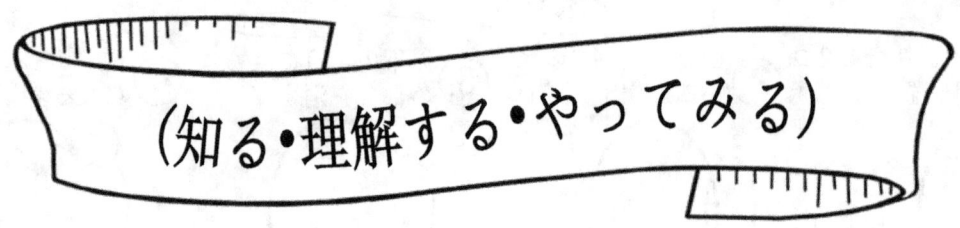

(知る•理解する•やってみる)

龍

知る:
輪郭線、重なり合い、パターン、様式化

理解する:
単純な渦巻き線から始めて、龍を表すユニークなアートワークになるまで描き込む

やってみる:
- 用意された手順に従い、様式化した龍を描く
- 詳細と立体感を出すため、パターンと輪郭線を使う
- 影を付ける

用語集:
輪郭線 – 物体の立体感を表すアウトラインや内側の詳細な線のこと
重なり合い – 何かを他の物の上に置いて、その一部を覆うこと
パターン – デザインの中で形、線、色を繰り返すこと
様式化 – 自然や伝統に従うのではなく、自然の形、立体、色、質感を変え、前もって定めたスタイルや様式で表すこと

東洋風の龍

1. まず曲線を描く

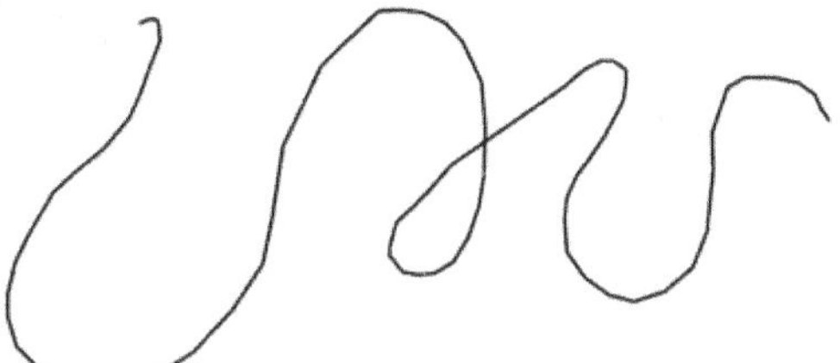

2. 線を二重に太くする

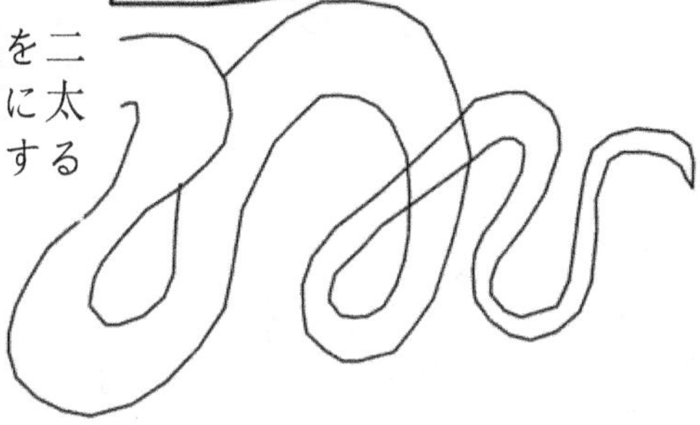

3. 円形の頭と口を描き加える

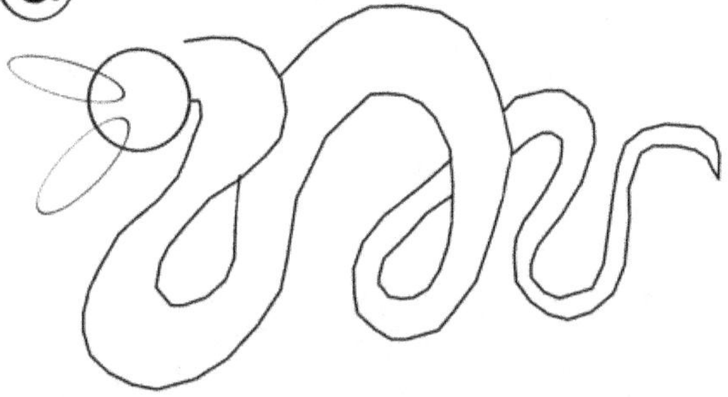

4. 角と眉を描く

足を描く

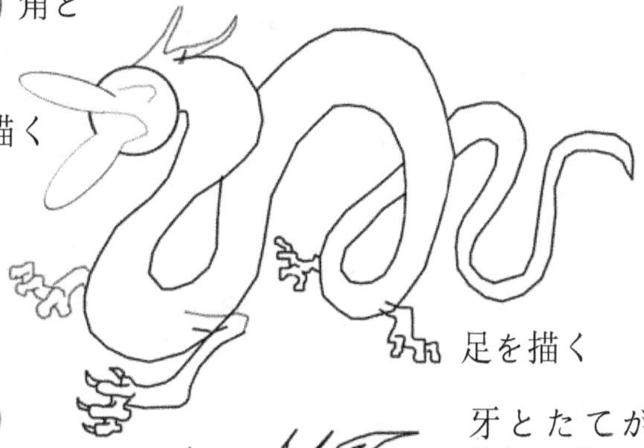

5. 背中のたてがみとお腹の隆起を描く

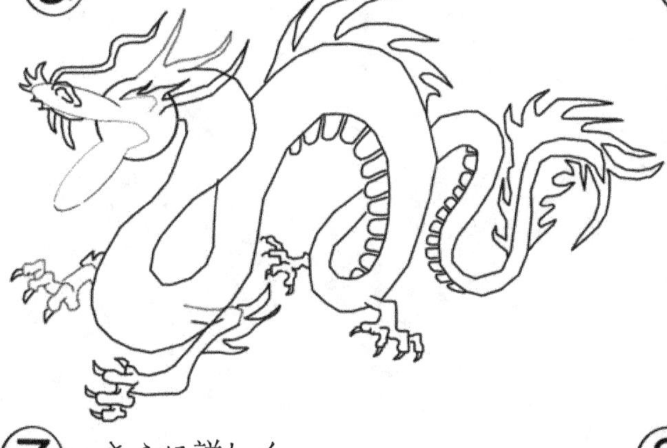

6. 牙とたてがみの詳細を描く

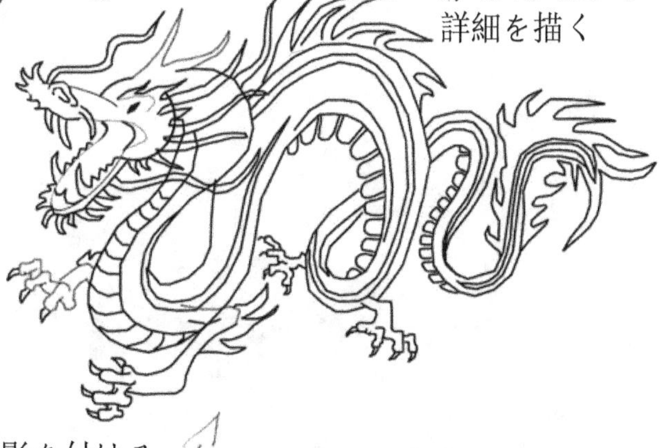

7. さらに詳しく

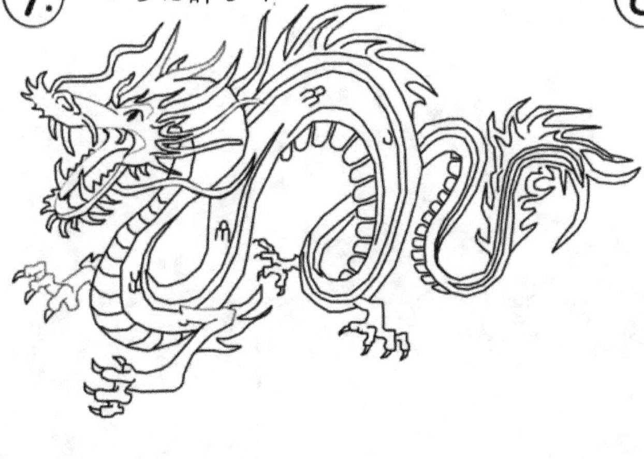

8. 影を付ける

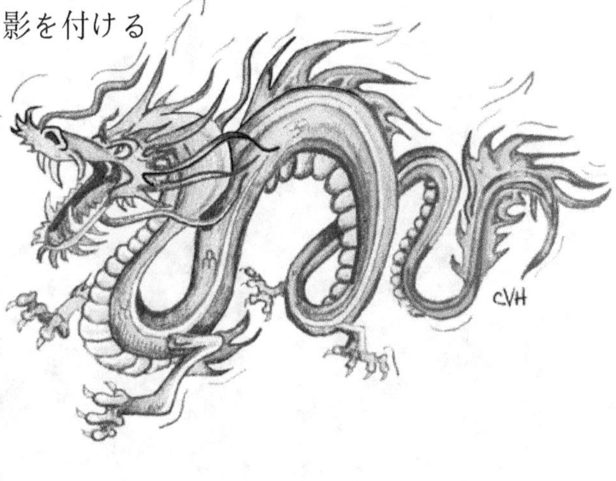

第6章

クールなイラスト

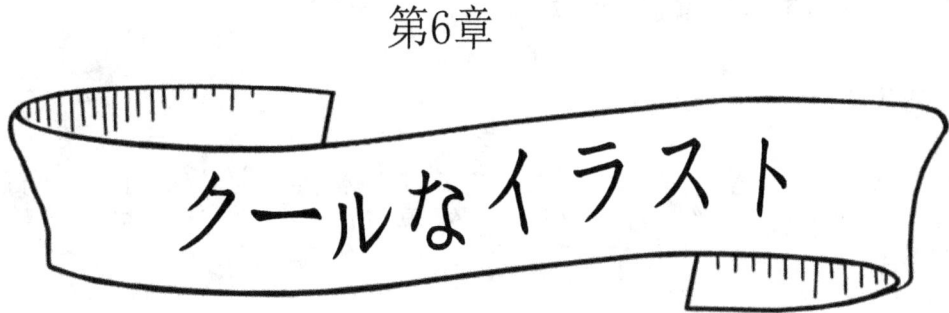

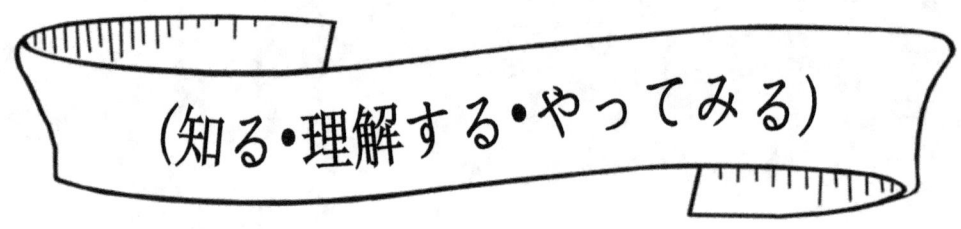

(知る•理解する•やってみる)

合掌

知る:
- 左右対称の自然な形

理解する:
- 輪郭線、陰影法、些細な詳細を使った、リアルな合掌の描き方
- 自然の形を単純な斜めの線に分解する方法

やってみる:
用意された手順に従い、リアルな合掌を描く。ユニークな絵にするため、ロザリーや手錠などの「おまけ」を描き込む。手が左右対称になるか心配しなくてもよい。自然界では、まったく左右対称の物は稀。影を付ける

用語集:
輪郭線 – 物体の立体感を表すアウトラインや内側の詳細な線のこと
自然の形 –自然界に見られるような不規則な形のこと。機械的で角のある形ではない
シンメトリー – 左右対称の物体のこと

合掌

1. まず単純な幾何学的形を描く

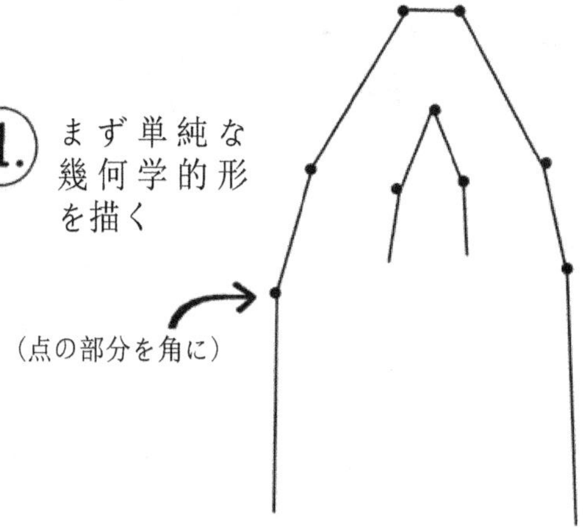

2. 内側に折れ線を2本描く

(点の部分を角に)

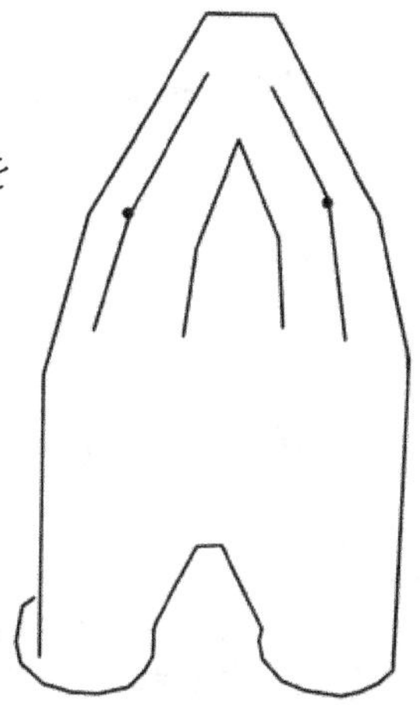

3. 「Y」字型を3つ描く

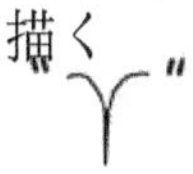

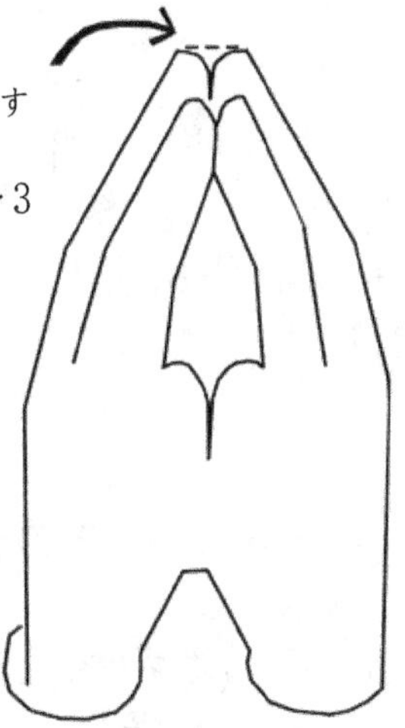

4. 指関節、詰め、袖の詳細を描く

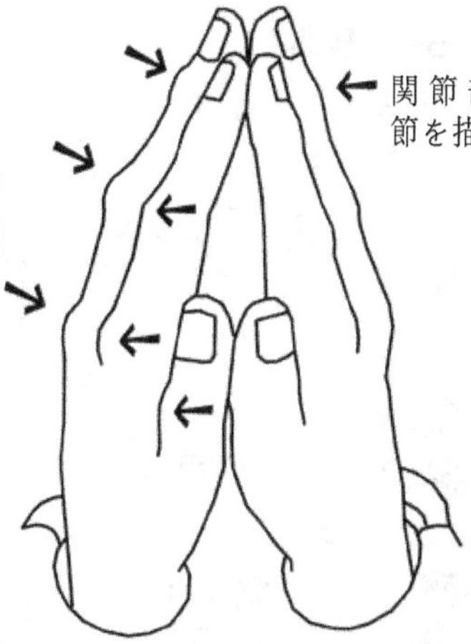

5. 指のしわ、爪、手首とロザリーの詳細を描く

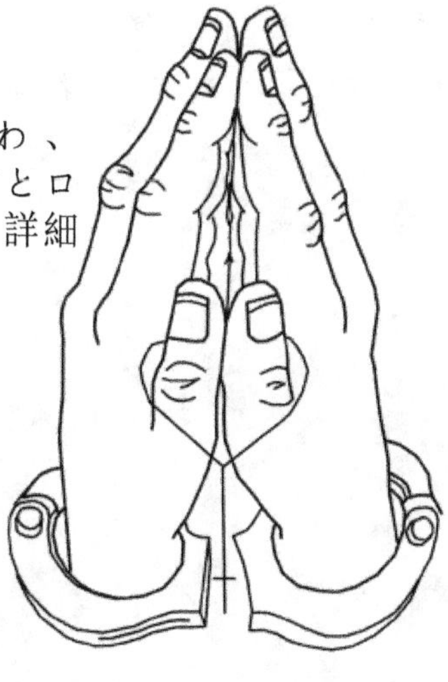

6. 影を付ける

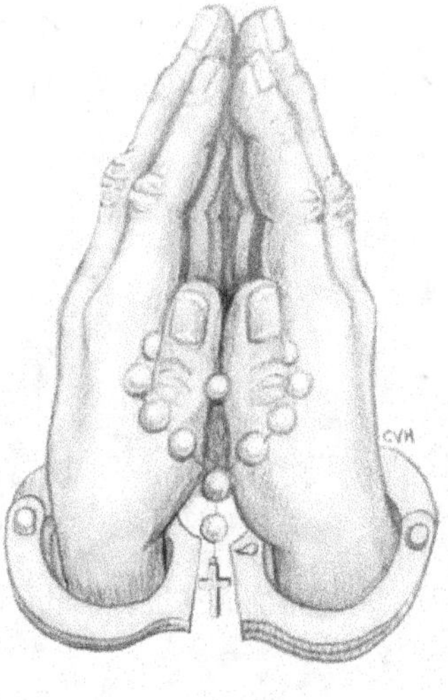

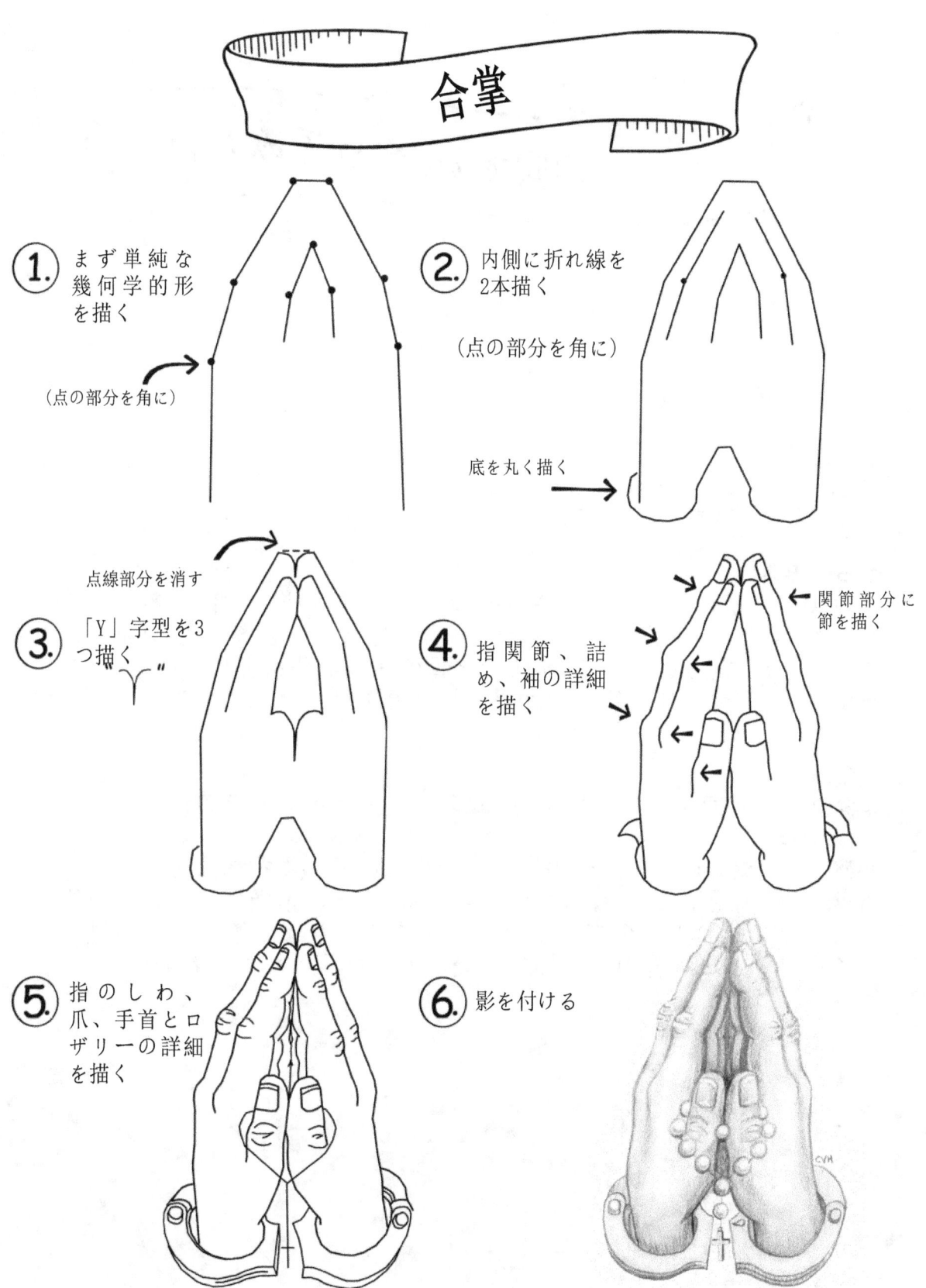

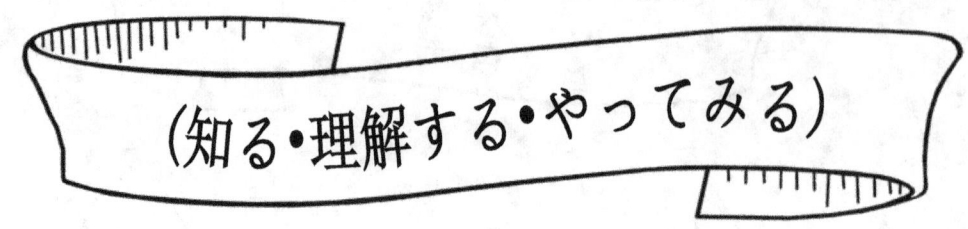

(知る•理解する•やってみる)

骸骨の手

知る:
手の骨、輪郭線を観察する

理解する:
観察を通して見たままの絵を描く

やってみる:
自分の手を基にして、用意されたコツと秘訣を使い、骨の各部分の名称を学びながら骸骨の手を描く。描く時は、手を観察し関節がどこにあるかに注意する。関節は骨と骨の間の部分を表している
コツ: 手を写す時は、鉛筆を90°に持つとよい

用語集:
輪郭 – 塊、立体、または物体の縁のアウトラインやその他目に見える縁のこと
観察 – 視覚を通して、外の世界についての知識を得ること
コツ: 黒画用紙に白の油性パステルで描くと、本当にかっこよく描ける。その場合も手のアウトラインを描くときは鉛筆を使う。見えにくいけれど、骸骨の手を描いた後、下絵を消さなくてもよい

見て!

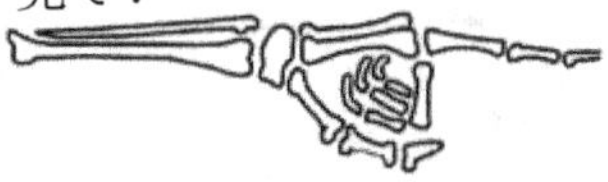

骸骨の手

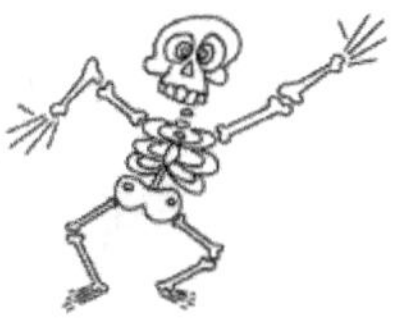

1.

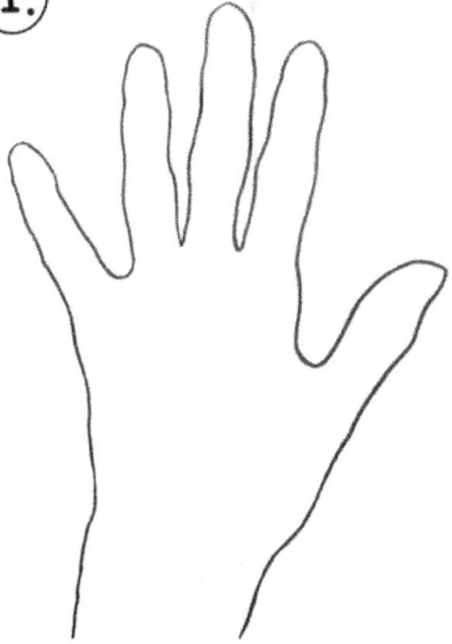

自分の手を写し描きする。右利きなら左手を写す。左利きなら逆にする

コツ： 手形をキレイに取るため、鉛筆は常に90° にすること。

2.

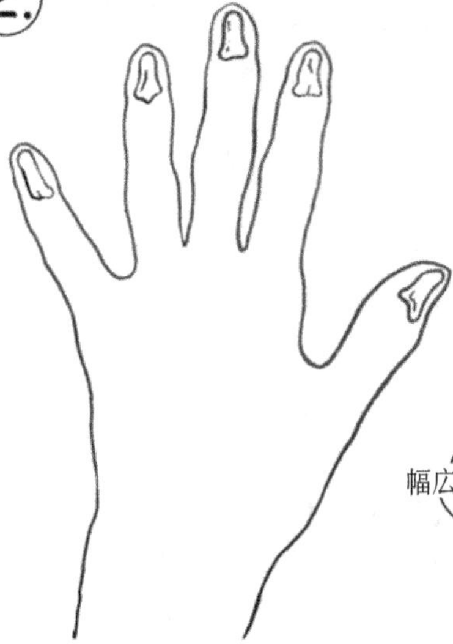

次に、第一関節の上に指骨を描く

注意： この骨は爪の部分にあり、丸い矢じりのように見える。

3.

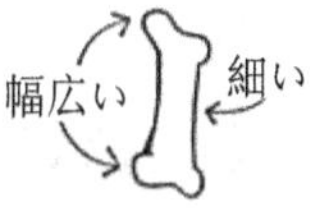

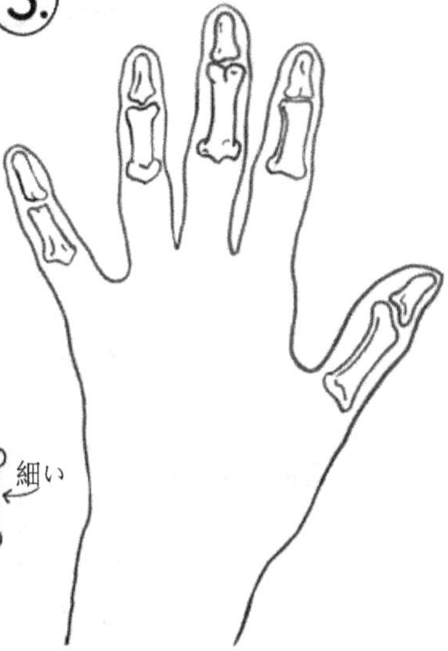

中節骨を描く。この骨は先端が太く、中心部が細くなっている

4.

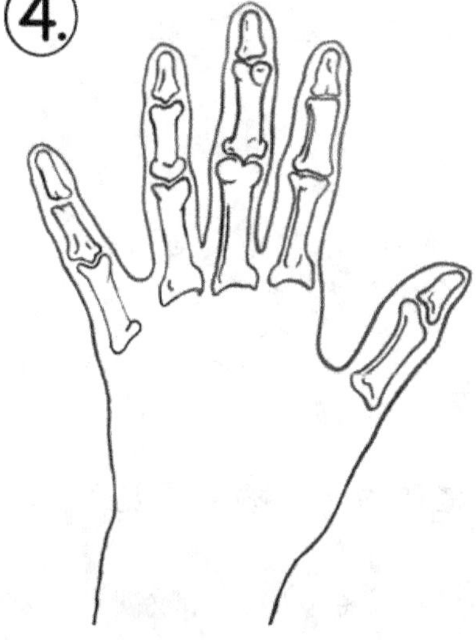

次に基節骨を描く

これで骸骨の手の指の部分は完成。

5.

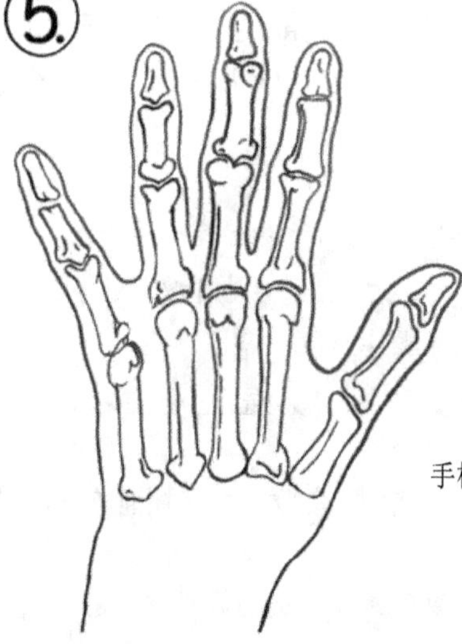

次に中手骨を描く。ほぼ手首にまで届く長さ

手の下絵を消す

6.

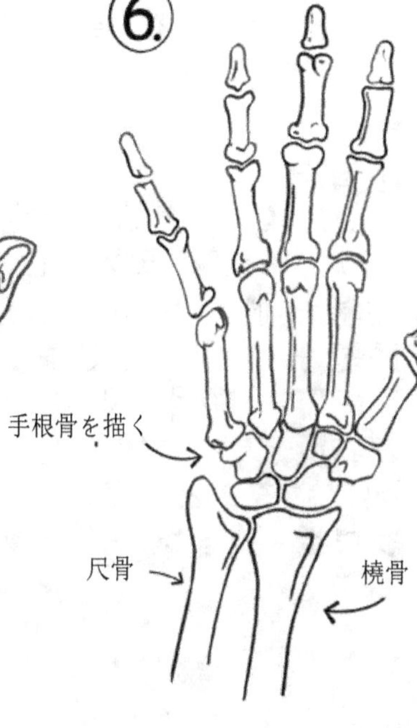

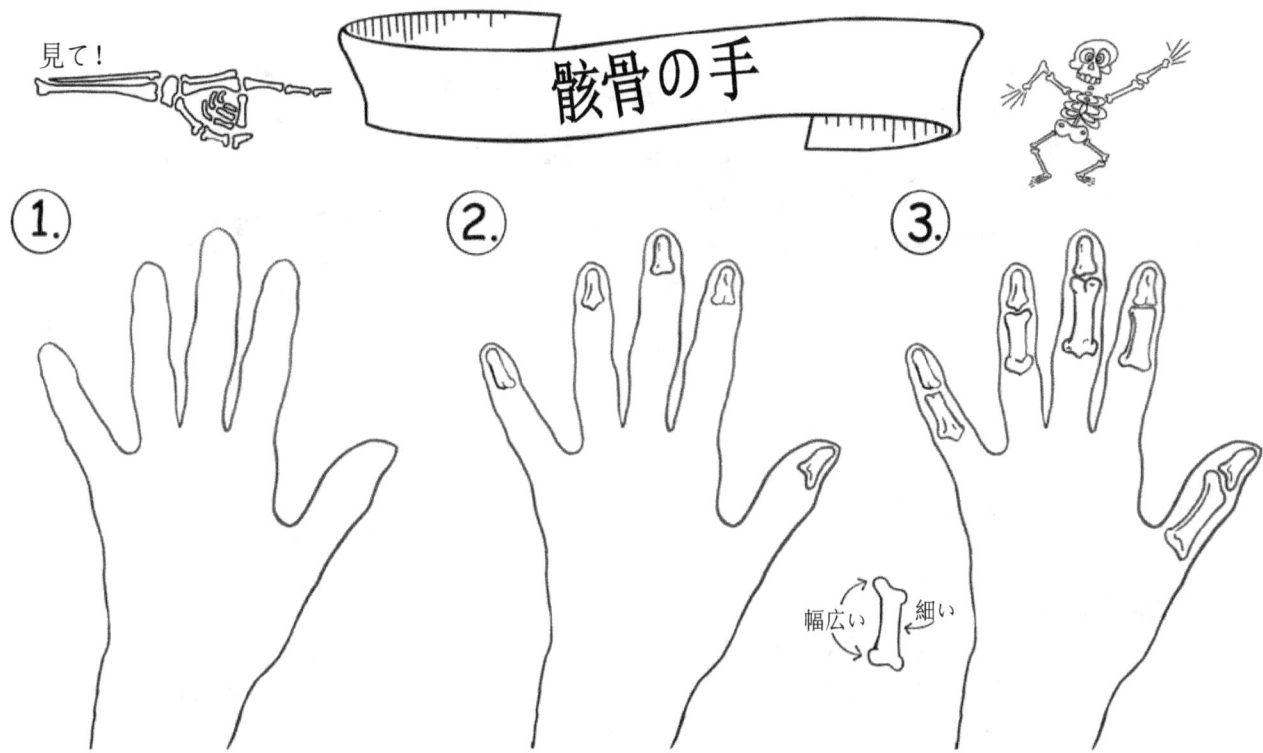

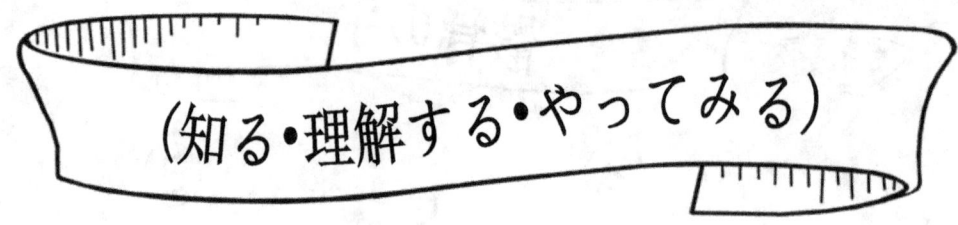

(知る•理解する•やってみる)

三つのドクロ

知る:
- 左右反転/バランス
- 頭の主要な骨

理解する:
- ドクロを描くための基本的な比率
- 左右反転とは、画像や物体で片側が反対側を複製(鏡に映す)するように配置すること
- 自然界で、完全な左右対称は稀
- 複雑な立体は、簡単な形に簡略化できる

やってみる:
生徒は頭の主要な骨と人の頭蓋骨の基本的な比率について話し合う。その後、複雑な立体に装飾する単純な幾何学的形と左右反転を使った、オリジナル作品「三つのドクロ」を描く

用語集:
バランス – 作品に安定感を与えるためアート要素を調整する方法。デザインのパーツを心地よく、調和がとれるようアレンジすること
頭蓋 – 脳頭蓋を囲む頭蓋骨の一部
頭蓋骨 – 顔の構造を支え、頭蓋腔を形成する部分
下顎骨 – 顎骨の下の部分
左右反転 – 画像や物体で片側が反対側を複製(鏡に映す)するように配置すること
プロポーション – 一つのパーツの大きさや配置を他のものと比較すること

三つのドクロ

1. まず円を描く

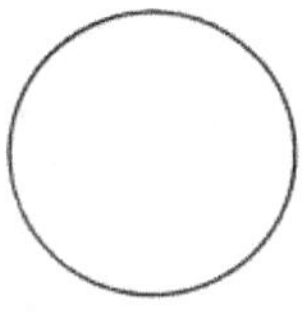

2. 両側に円を2つ描き加える

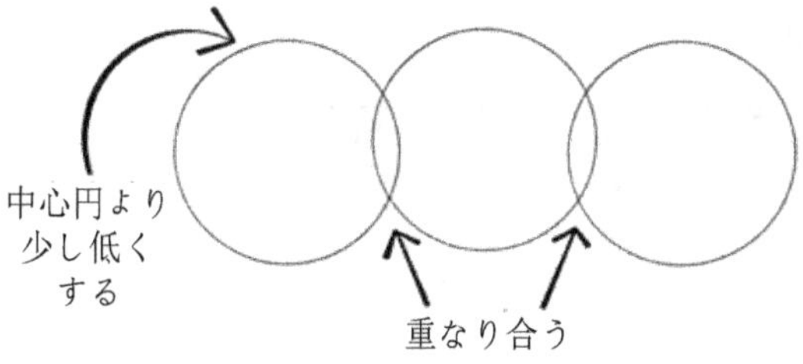
中心円より
少し低く
する
重なり合う

3. 円の下に以下のように形を加える

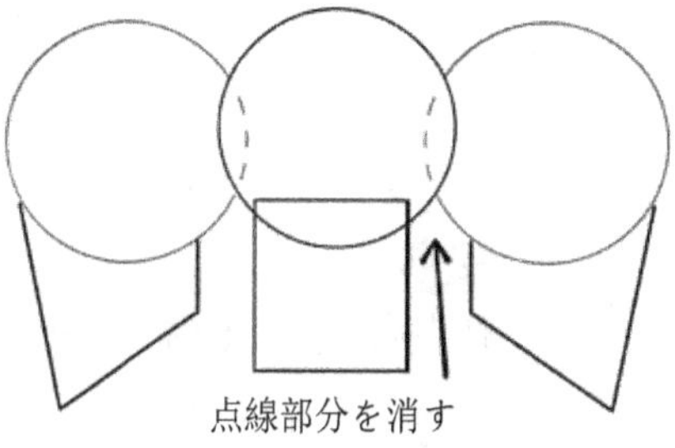
点線部分を消す

4. 三角形の鼻を加え、あごを削り点線部分を消す

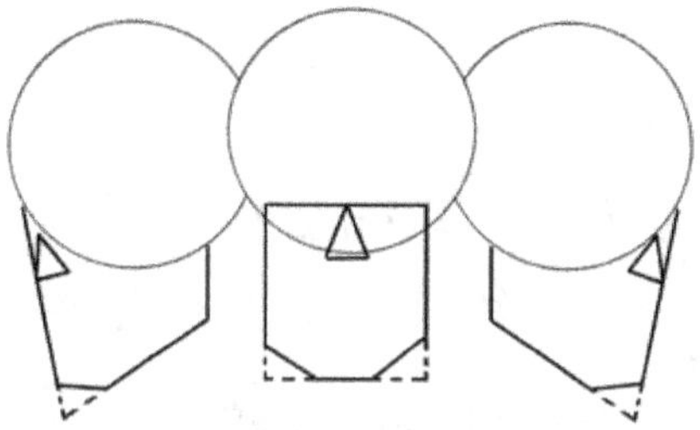

5. 以下のように円の下半分の位置に楕円形の目を描く

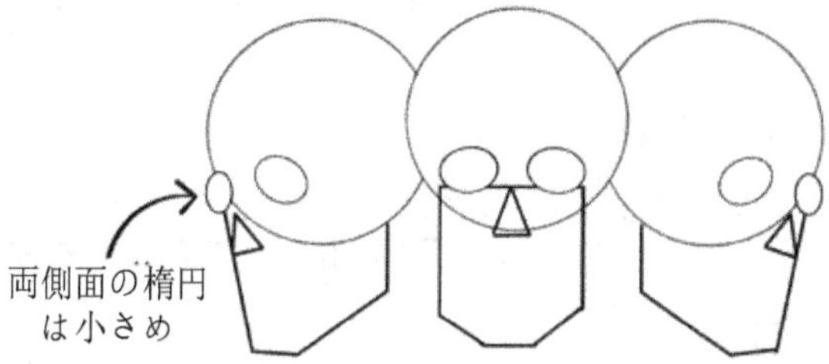
両側面の楕円
は小さめ

6. 下のように眉隆線と頬骨を描く

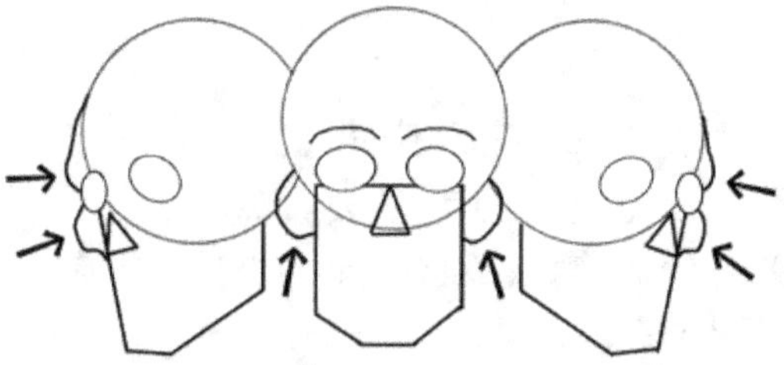

7. 歯のラインと側面の詳細を描く

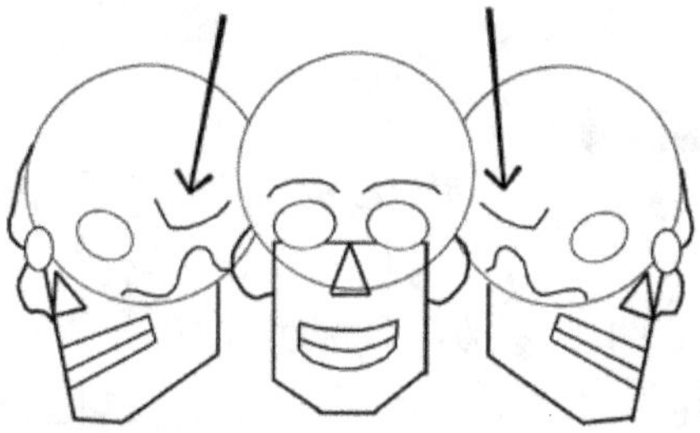

8. 歯の詳細を描き、あごの線を緩やかにして点線部分を消す

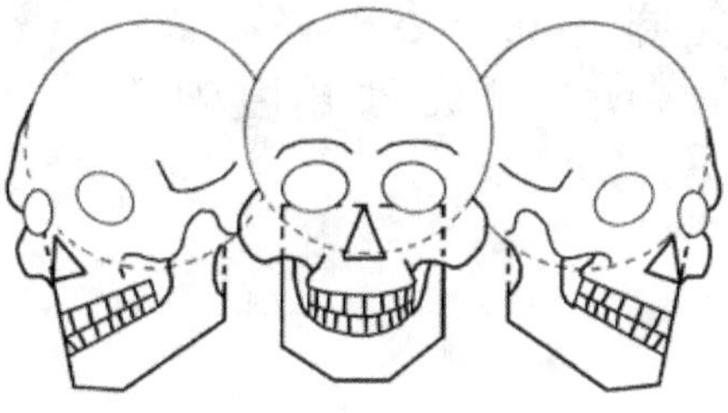

9. 尖った縁をスムーズにして影を付ける

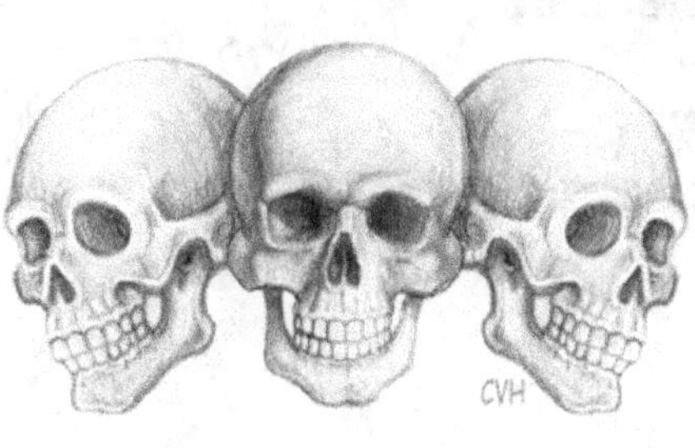
CVH

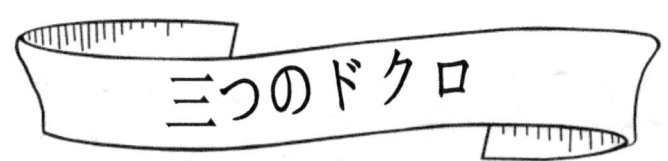

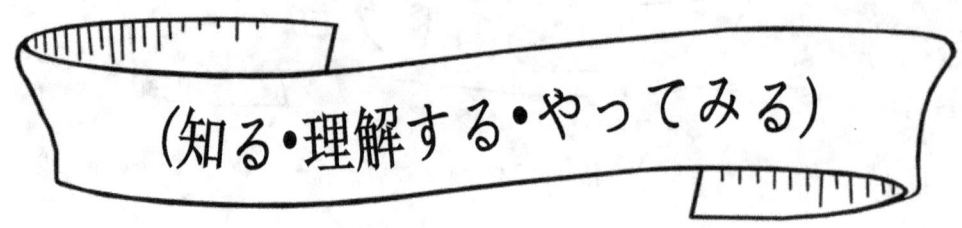

(知る•理解する•やってみる)

手の位置 (人差し指)

知る:
短縮法、透視画法

理解する:
物体の近くにある部分と遠くにある部分の大きさを対照させて、三次元(3D)の錯覚を起こさせる方法

やってみる:
正面から見た人差し指のオリジナル作品を描く。短縮法を活用し、人差し指が必ず手の他の部分よりずっと大きくなるようにする。写し描きは厳禁。影を付ける
コツ:　影を付ける時は、指の間と関節のひだの部分の明暗度を一番暗くする。第一関節、指の中心部とひだの間は影を消して、自然なハイライト効果を出す

用語集:
短縮法 – 物体を前に突き出している、または後ろの空間に下がっているように見せて、奥行きの錯覚を起こさせる表現方法。短縮法が成功するかどうかは、たいてい近くの部分と遠くの部分の大きさを対照的に見せる視点や遠近法にかかっている
ハイライト – 表面で最も光を反射する部分。明暗度を使い、絵の中である部分に注意を引いたり、強調したりすること
透視画法 – アートワークで、奥行きや引っ込んだ空間を描くテクニック。二次元(2D)の表面に三次元(3D)の錯覚を起こさせること
視点 – 何かを観察したり熟考したりする場所、または角度のこと。観察者が見つめる方向

手の位置

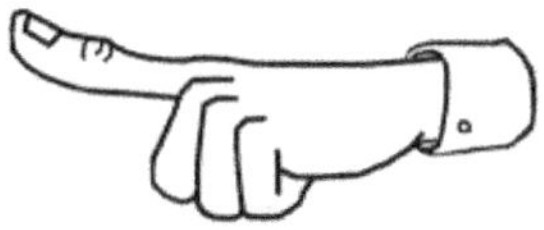

あなたを指差す

1. まず円を描く

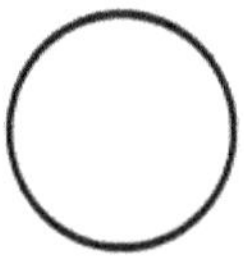

2. 斜めの楕円を描く

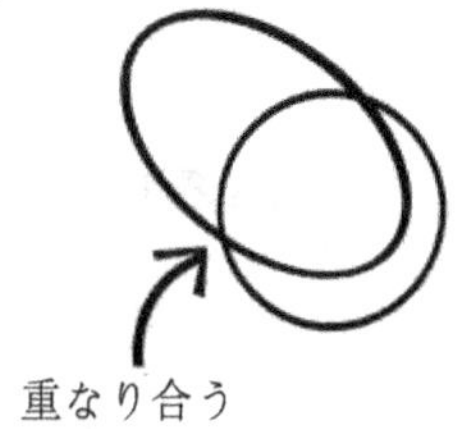
重なり合う

3. その隣に細長い楕円形を描く

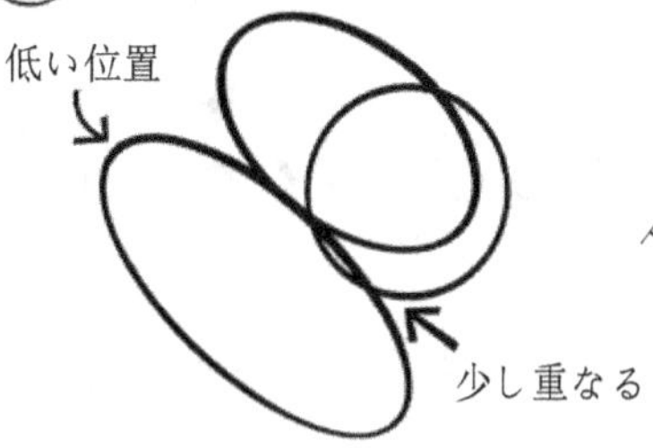
低い位置
少し重なる

4. 細長い楕円形をもう一つ描く

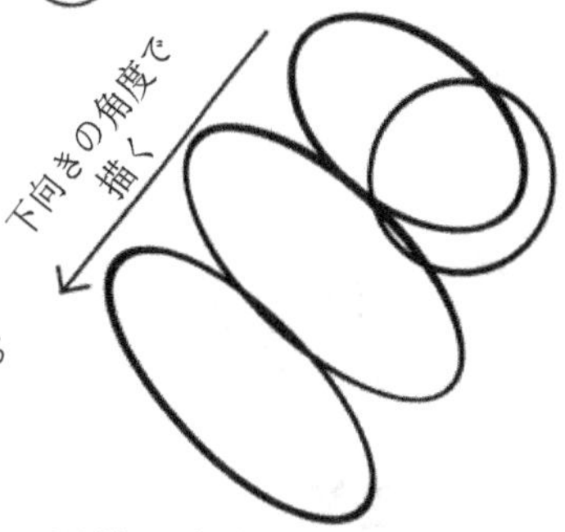
下向きの角度で描く

5. 最後にもう一つ斜めの楕円形を描く

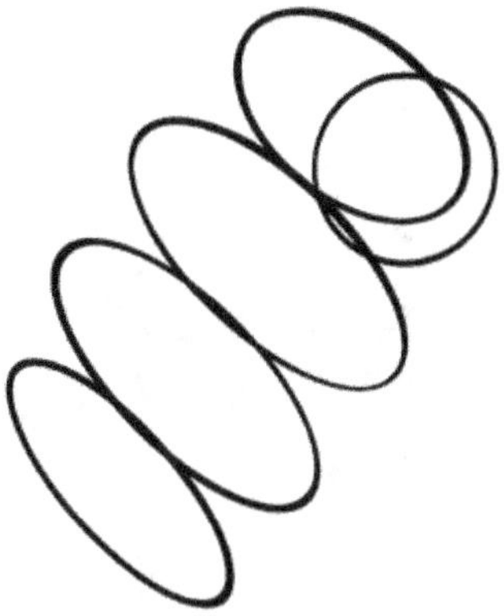

6. 親指になる楕円形を描く

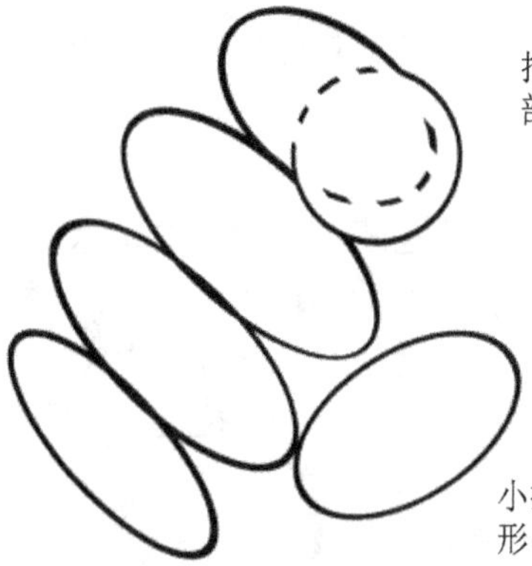

7. 関節の上部をカーブした線でつなぐ

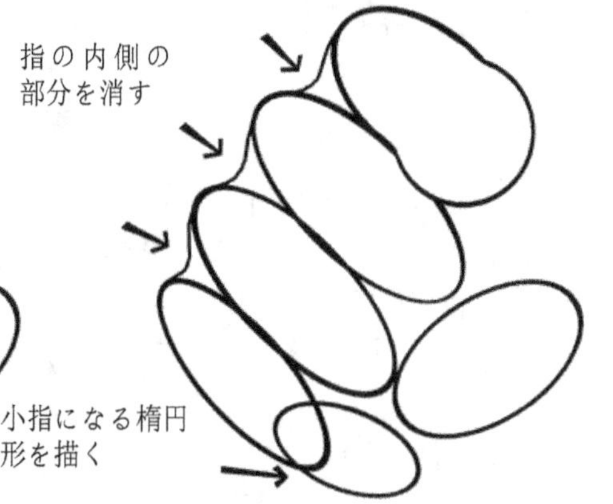
指の内側の部分を消す
小指になる楕円形を描く

8. 爪を描く

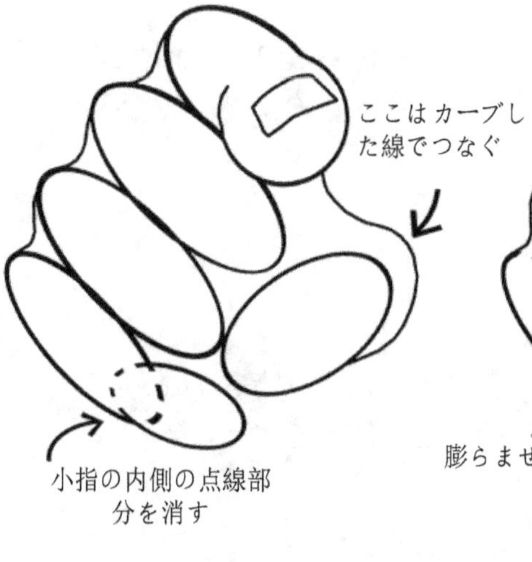
ここはカーブした線でつなぐ
小指の内側の点線部分を消す

9. 関節にしわを描き、点線部分を消す

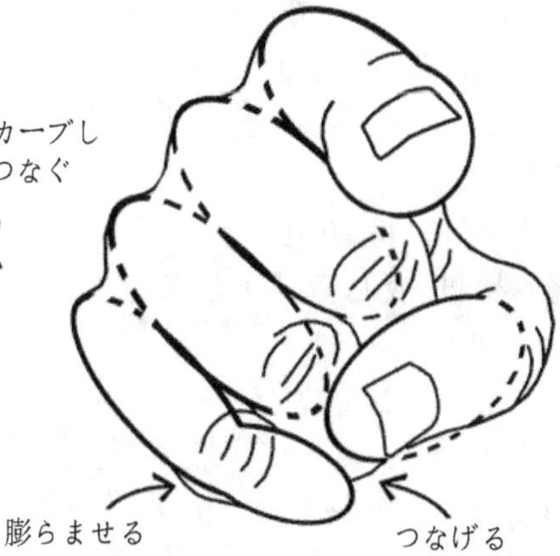
膨らませる
つなげる

10. 影を付ける

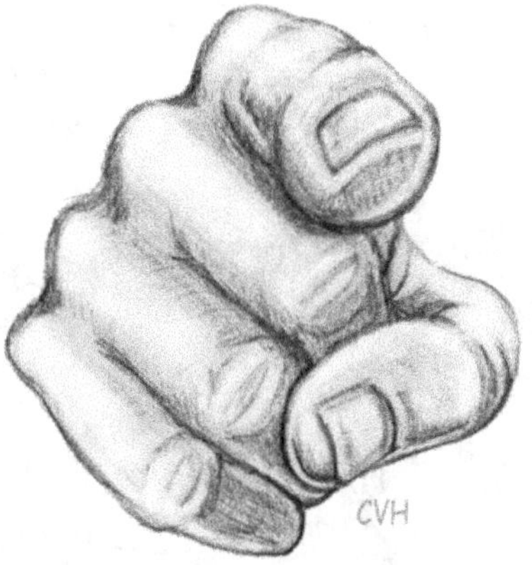
CVH

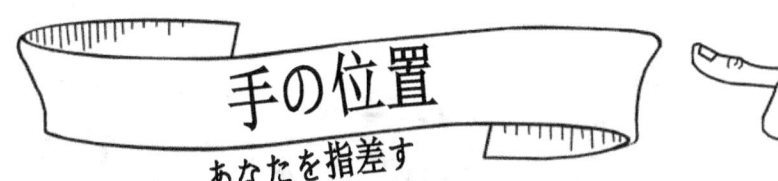

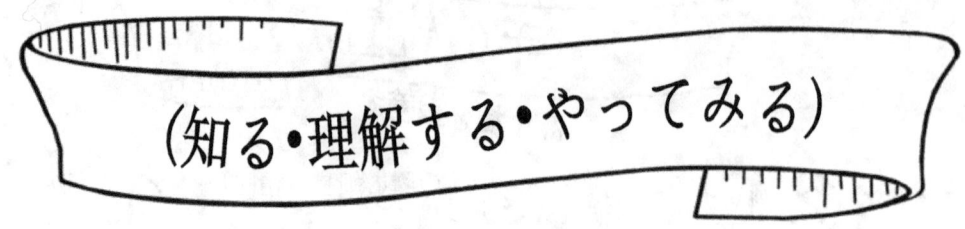

(知る・理解する・やってみる)

手の位置
(メルティングクロックを握っている)

知る:
透視画法、プロポーション

理解する:
- 物を掴んでいる手を描くため、物と物の比率、透視画法と観察を用いる
- 形と大きさの微妙な違いにより、私たちの手はユニークになる

やってみる:
物(メルティングクロック)を掴んでいる人の手のオリジナル作品を描こう。まず一連の「扇型」の楕円形を描き、それらの形をもとに徐々に指を描いていく。自分のくぼませた手を見て、自然な大きさや角度を観察して参考にする。写し描きは厳禁。影を付ける

用語集:
立体 – 容積・
を囲む3Dの形(高さ、横幅、奥行き)
ハイライト – 表面で最も光を反射する部分。明暗度を使い、絵の中である部分に注意を引いたり、強調したりすること
透視画法 – 二次元の表面に三次元の錯覚を起こさせるため、画家が用いるテクニックのこと。透視画法は奥行きや引っ込んだ空間を描く助けになる
プロポーション – デザイン原則の一つで、プロポーションとは物体のある部分を他の部分と比較して関係を表すこと

追加資料:
1931年にサルバドール・ダリは彼の最も有名な作品「記憶の固執」を描いた。この作品はシュールレアリスムの手法で柔らかく溶ける懐中時計を紹介した。

1931年にサルバドール・ダリは有名な作品記憶の固執にメルティングクロックを描いた

手の位置

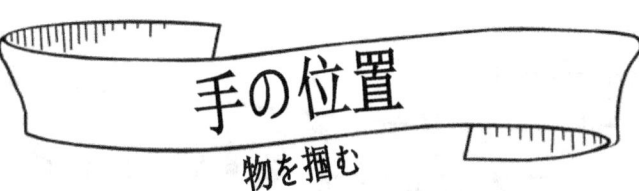

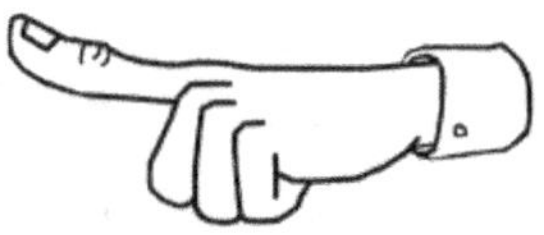

物を掴む

1. 斜めの楕円形を描く
2. 楕円形をもう一つ描く
3. ここに少し小さめの 楕円形を描く
4. 小指を描く

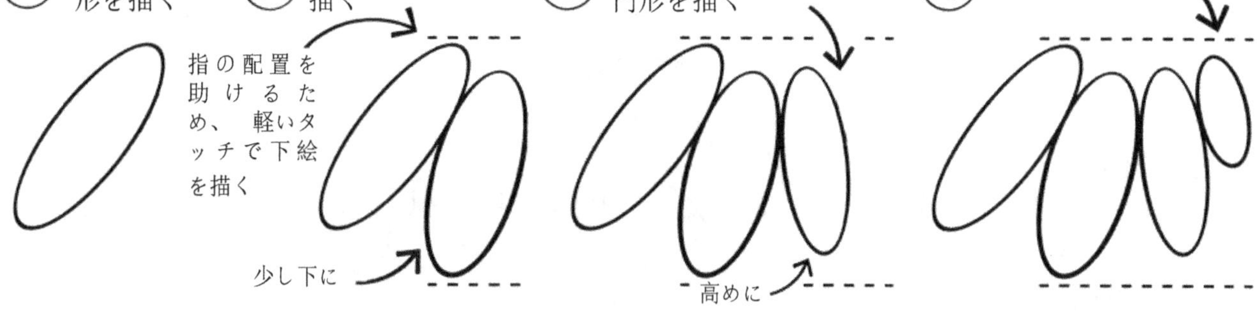
指の配置を助けるため、軽いタッチで下絵を描く
少し下に
高めに

5. 親指を描き加える
6. 下絵を消し、爪を描き足す
7. 関節のあたりに「しわ」を描く

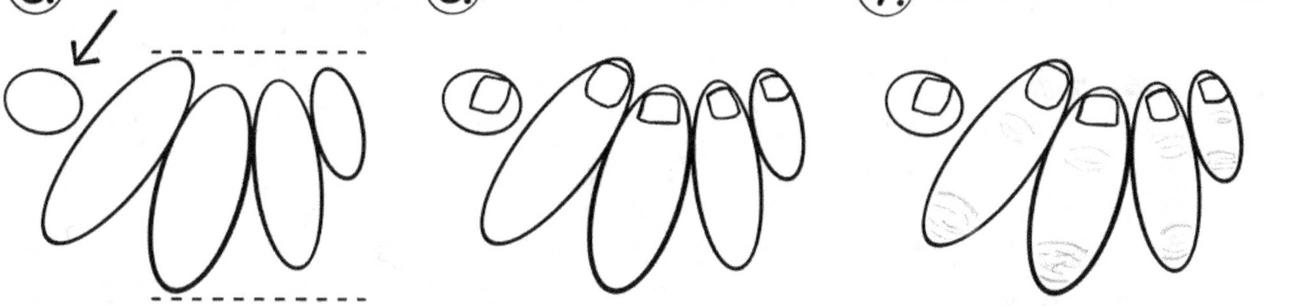

8. 掌の部分に時計になる円を描く
9. 各指から時計が「溶けて」垂れる様子を描く
10. 時計の文字盤を描き、影を付ける

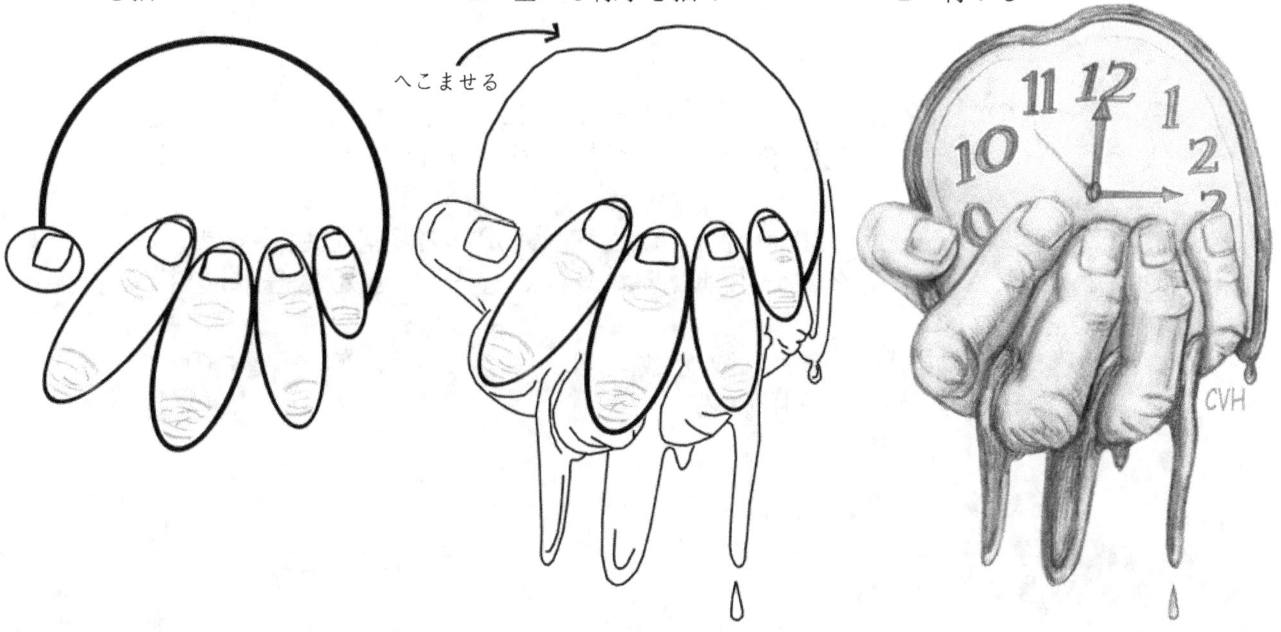
へこませる
CVH

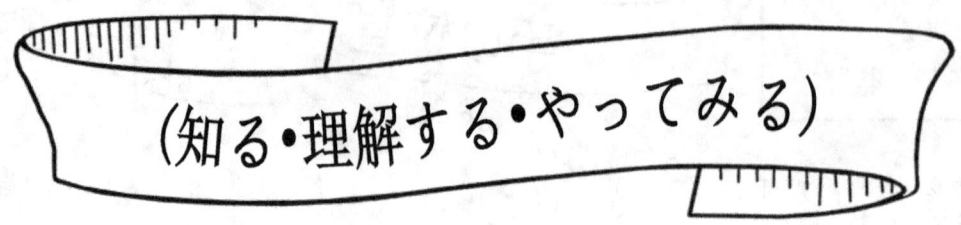

(知る•理解する•やってみる)

懐中時計

知る:

角度、バランス、パターン、透視画法、繰り返し、ローマ数字

理解する:

単純な幾何学的形を特定のパターンや角度で配置すると、物体のリアルさやディテールが増し、面白みや奥行きの錯覚を出せる

やってみる:

- 用意された手順に従い、単純な幾何学的形の下絵を基に、詳細な「開いた」ストップウォッチを描く
- 数字やローマ数字を使い、時計の文字盤の周りに数字をバランス良く均等に配列する(例:12は6から180°の位置)
- 透視画法を中心に学習した3Dテクニックを使い、奥行きの錯覚を起こさせる。生徒はさらに、大きさ、位置、詳細、色合いも考慮する

用語集:

角 – 一本の共通線から二つの異なる平面に形成される形。「角度」はそれらの線の間の空間を指すこともあり、方向や支店を指すこともある

透視画法 – 二次元(2D)の表面に三次元(3D)の錯覚を起こさせるのに使われるテクニック。透視画法は奥行きや引っ込んだ空間を描く助けになる

ローマ数字 – 古代ローマの数を数えるシステムで、値を表すのにラテン文字の組み合わせを用いる

懐中時計

1. まず円形を 描く

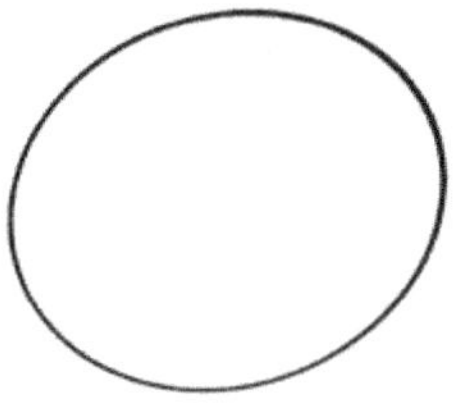

2. その周りにも円形を描く

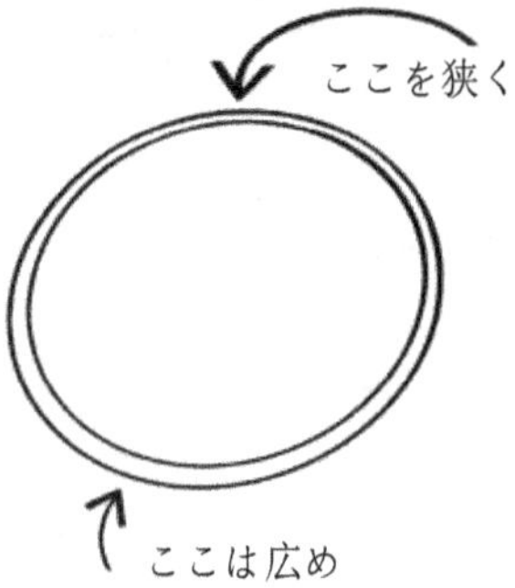
ここを狭く
ここは広め

3. もう一つ描く

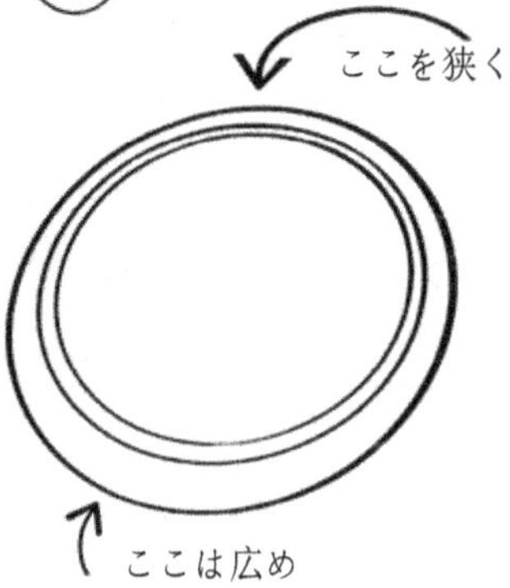
ここを狭く
ここは広め

4.

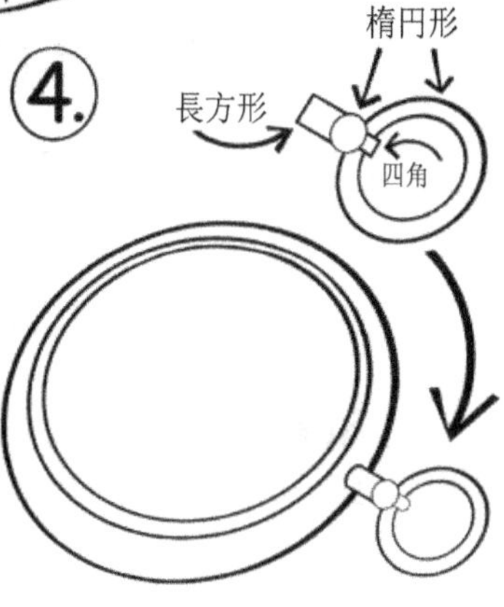
楕円形
長方形
四角

5. 蓋になる楕円形を斜めに描く

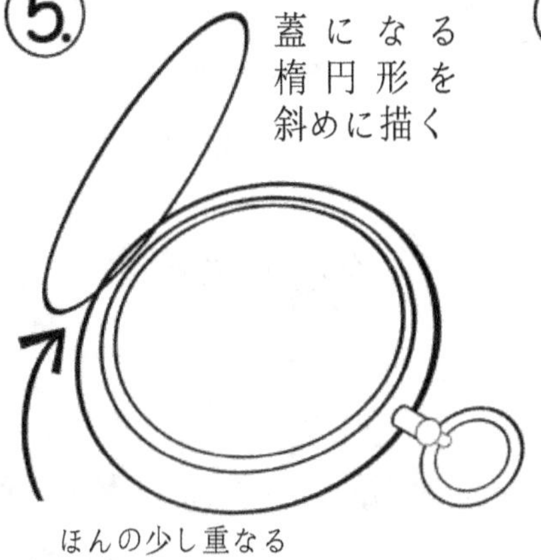
ほんの少し重なる

6. 蓋の周りに楕円形を 書き足す

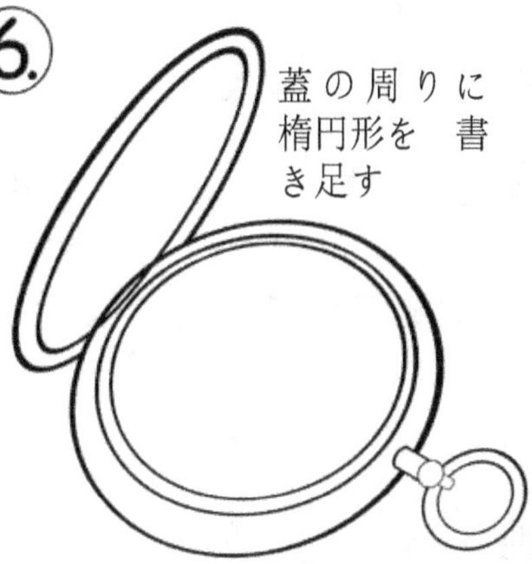

7. 長細い円柱を描く

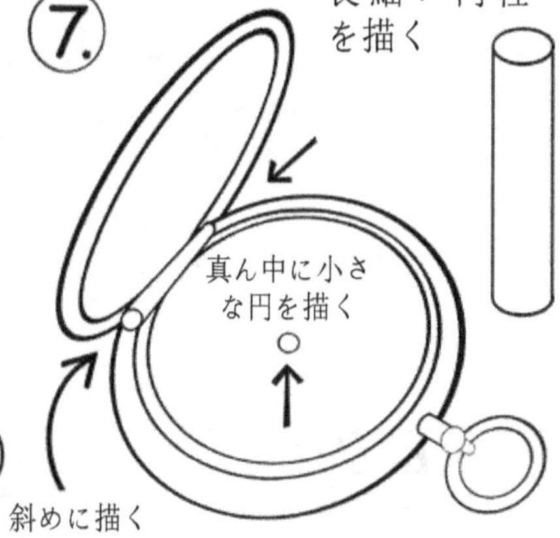
真ん中に小さな円を描く
斜めに描く

8. 時計の文字盤に 等間隔で数字を描く

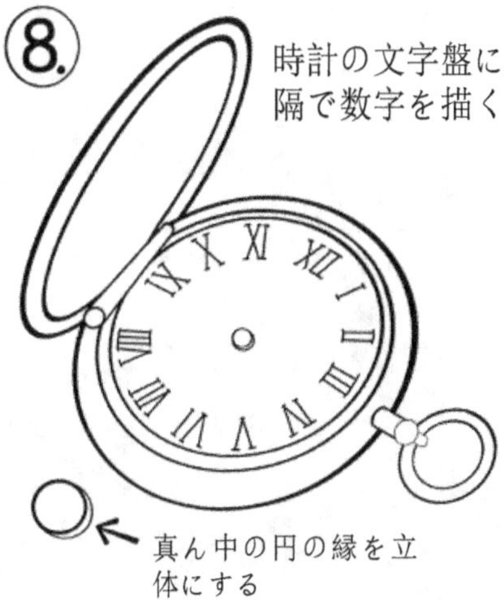
真ん中の円の縁を立体にする

9. チェーンを描き加えて影を付ける

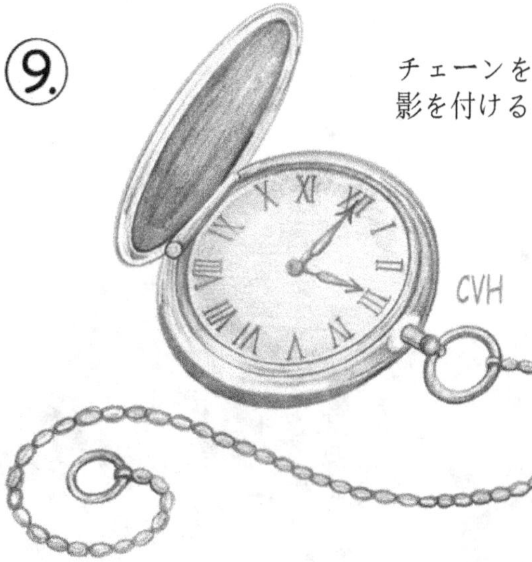
CVH

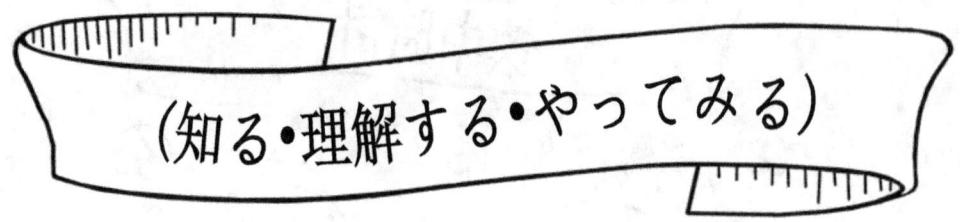

(知る•理解する•やってみる)

チェーンリンク

知る:
重なり合い

理解する:
重なり合いのテクニックと陰影を使って絡み合う立体の様子を描く方法

やってみる:
- 用意されたコツと秘訣を使い絡み合うリアルなチェーンを描く
- 影を付ける
- 金属の「輝く」様子を表すため、それぞれのリンクで影の一部を消す

用語集:
重なり合い – 何かを他の物の上に置いて、その一部を覆うこと

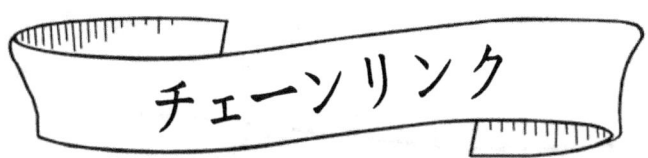

チェーンリンク

1. まず長方形を描く

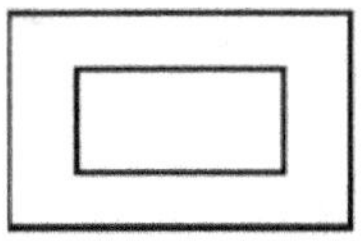

長方形の中にも長方形

2. 角をすべて丸める

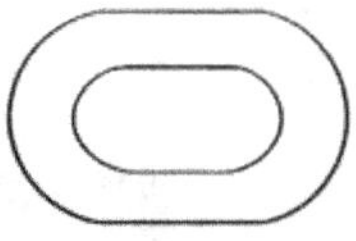

（端からの距離は左右同じ）

3. 小型の角を丸めた 長方形をもう一つ描く

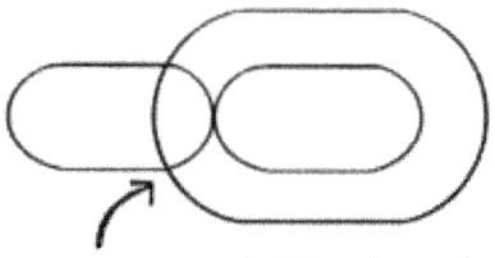

もう一つの小型の角を丸めた長方形に触れるようにする

4. 小型の角を丸めた長方形を

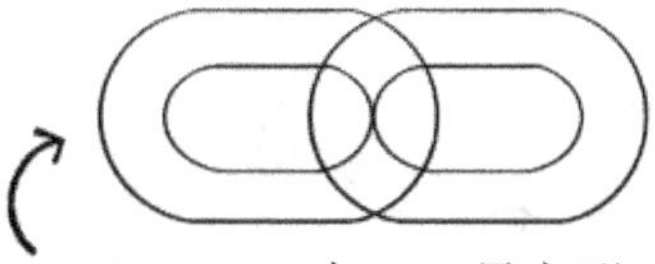

もう一つの大きな長方形で囲む

5. 点線部分を消す

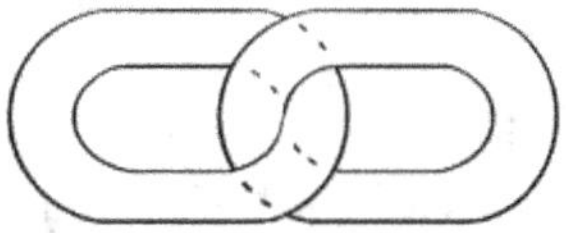

6. 次のくさりの一部を描き足す

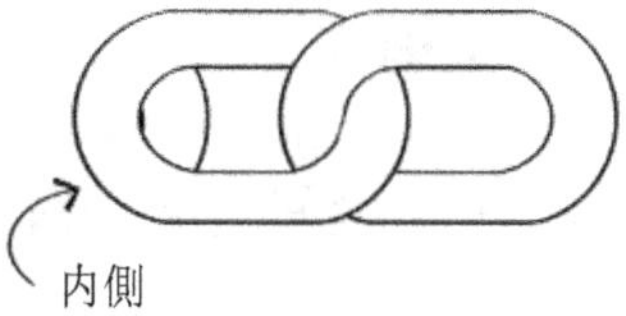

内側

7. くさりを完成させる

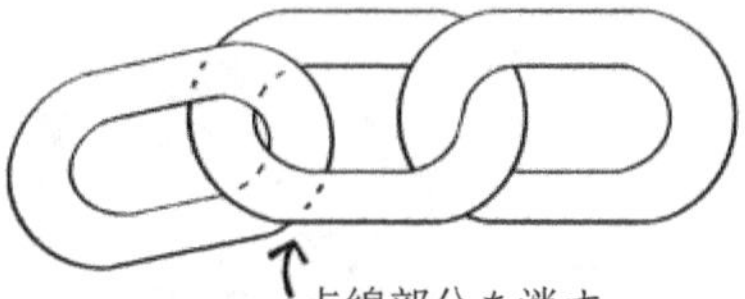

点線部分を消す

8. さらにくさりを描き入れる

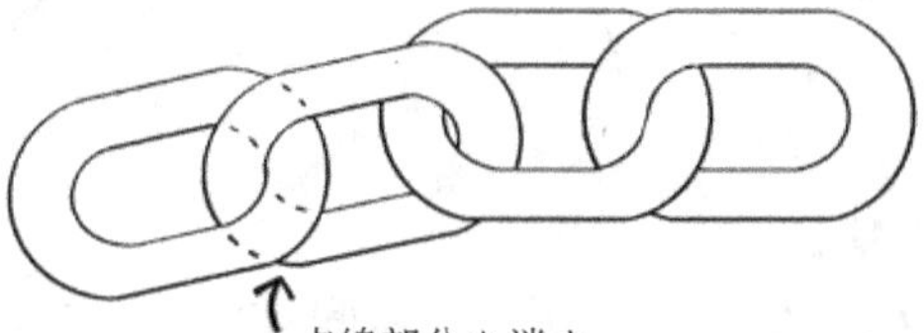

点線部分を消す

9. 次のくさりを横向きにしてみる

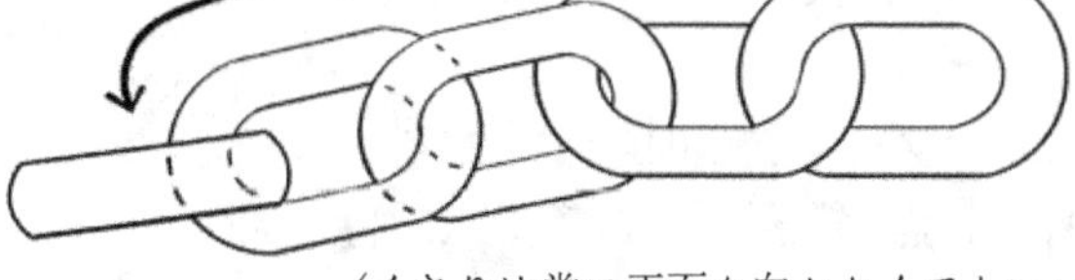

（くさりは常に正面を向かなくてもいい）

10. 望みの効果が出るまで、くさりを描く

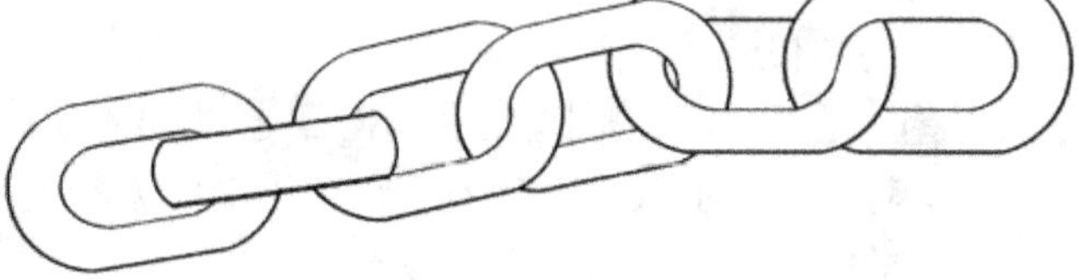

11. 影を付ける

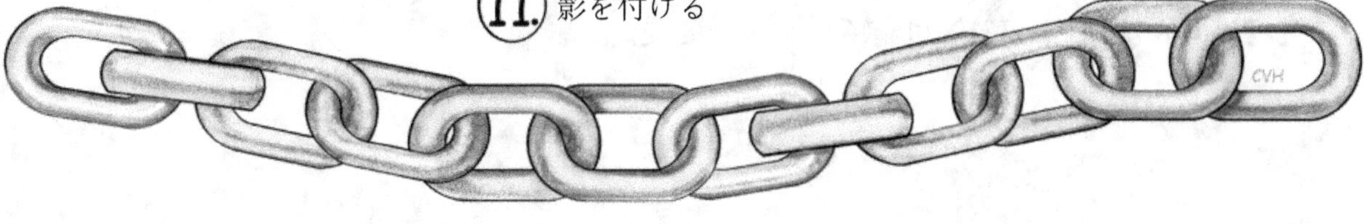

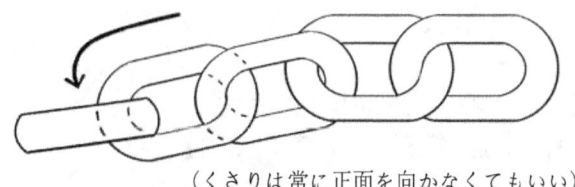

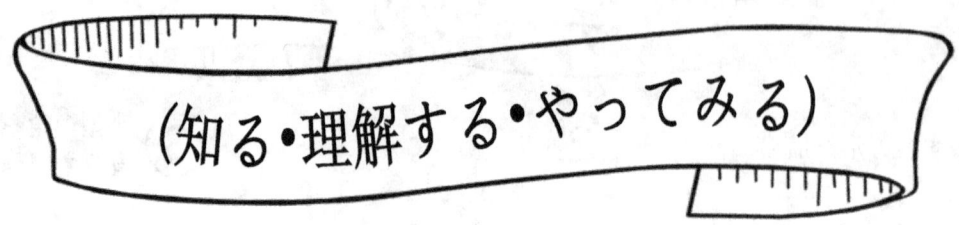

(知る•理解する•やってみる)

羅針盤

知る:
バランス、羅針盤、繰り返し、回転対称性

理解する:
- 作品の中の要素を調整して、左右対称またはバランスを均等にする
- 羅針盤は方位とその中間点を表示するのに使われる

やってみる:
- 用意された手順に従い、回転対称性に注意してオリジナルの羅針盤描く
- 鉛筆で影を付けるか、マーカーで色付けする

用語集:
バランス – デザイン原則の一つであるバランスとは、作品に安定感や心地良さ、または調和のとれた感じを与え、デザインと構成部分やその一部の割合を考えてアート要素を調整することを指している
コンパス – 地表の相対的に動かない座標系の中で方角を測定する航海道具のこと。座標系は四角主要な方向ー北、南、東、西ー(または方角)を定義する
羅針盤–(風配図と呼ぶこともある)はコンパス、地図、海図、または境界標上で主要な方角の定位とその中間点を表示するのに使われる絵柄
回転対称 – 物体の中心から一定の角度で回転させても、物体の見た目が変わらないこと
シンメトリー – 左右対称の物体のこと

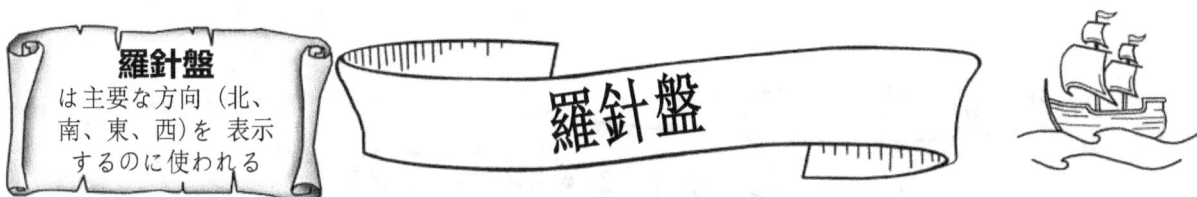

羅針盤

羅針盤
は主要な方向（北、南、東、西）を 表示するのに使われる

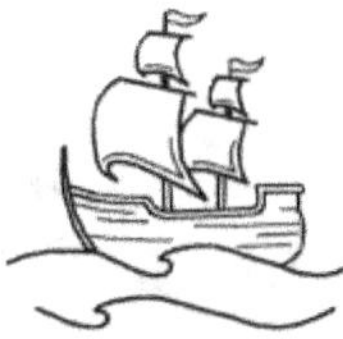

①. 定規を使って左右対称の十字を描く

②. 十字にまたがるように “X” 字型を描く

③. ″X″線上に等間隔で点を4つ描く

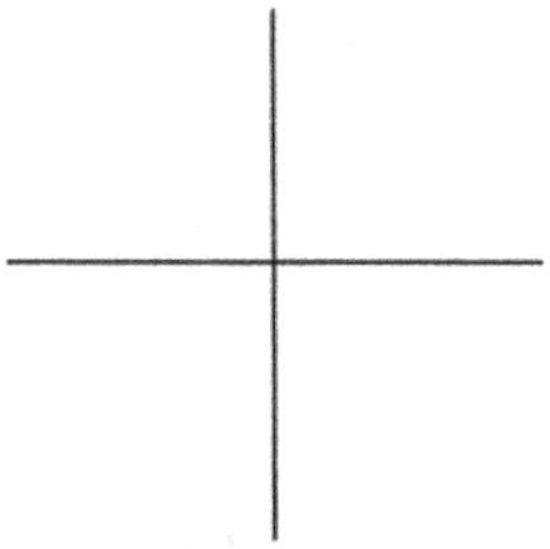

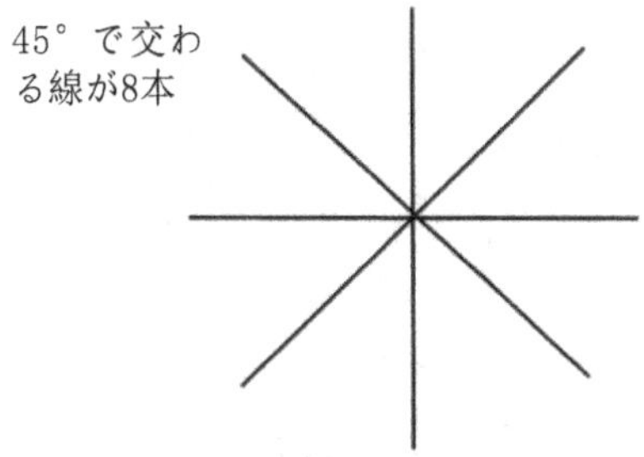
45° で交わる線が8本

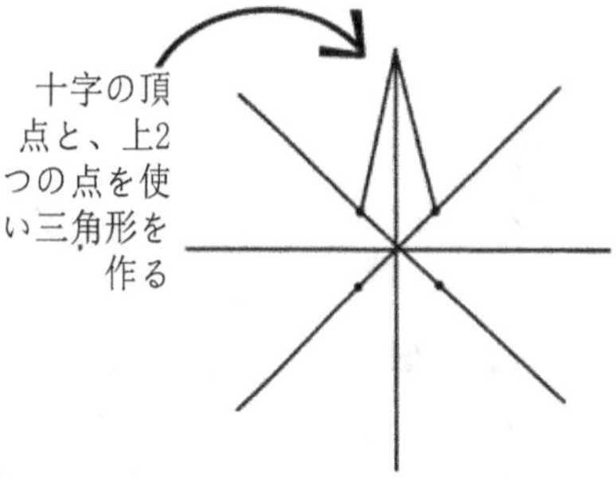
十字の頂点と、上2つの点を使い三角形を作る

④. それぞれの点から最初の十字上の一番近い頂点に線を引く。

⑤. 最初の点より上の部分にまた点を二個ずつ描く

⑥. それぞれの点から二つ目の十字上の一番近い頂点に線を引く

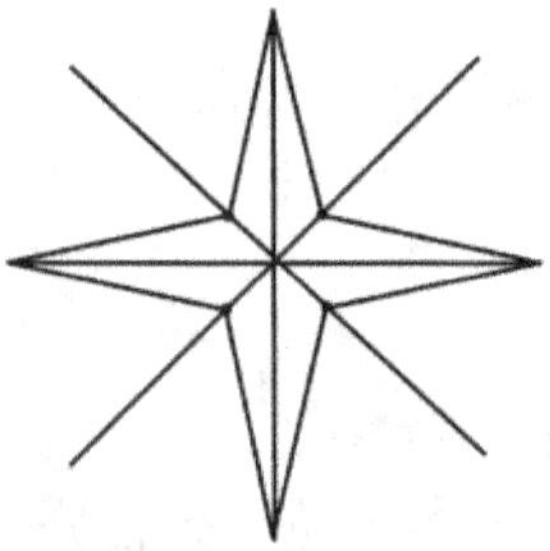

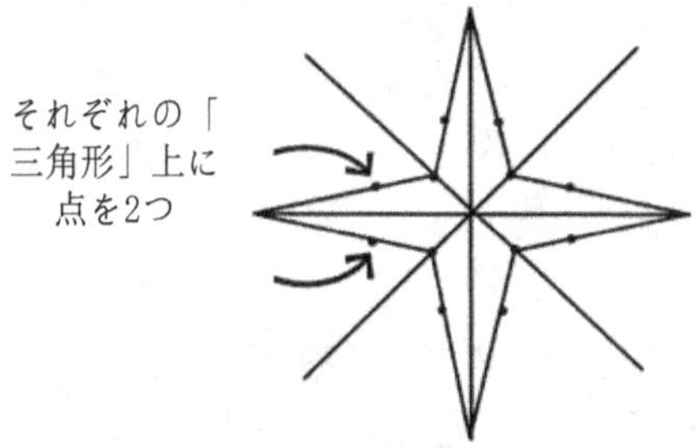
それぞれの「三角形」上に点を2つ

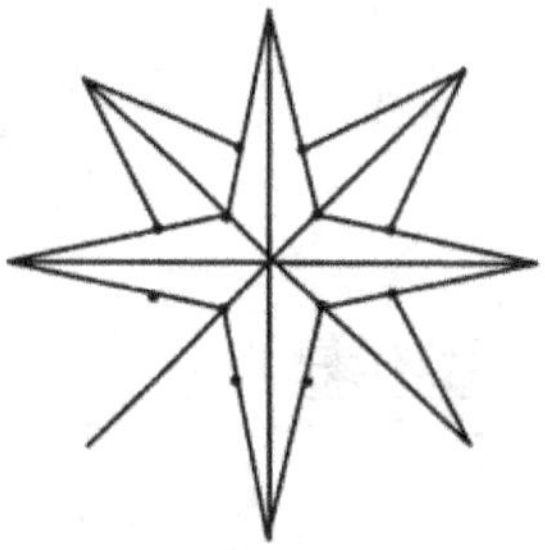

⑦. 細ペンで線を濃くし、余分な鉛筆線を消す

⑧. 各三角形の右側を黒くする

⑨. 残りの部分にも薄く影を付ける

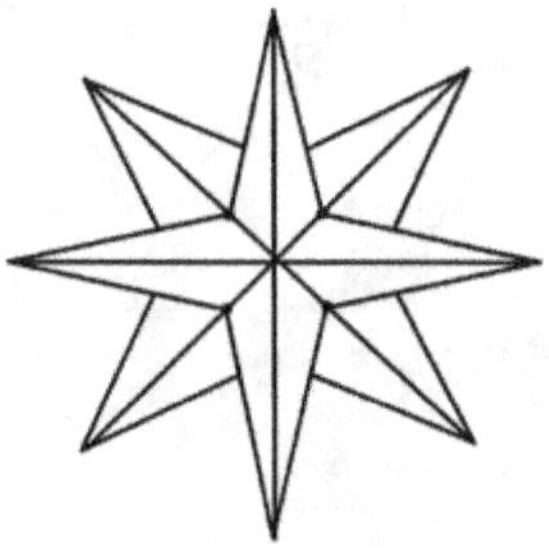

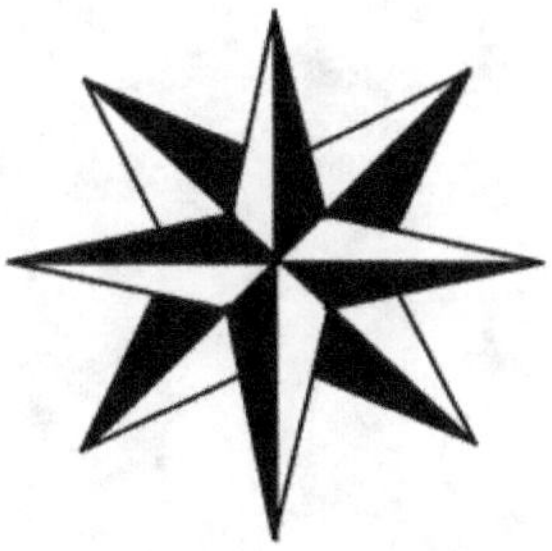

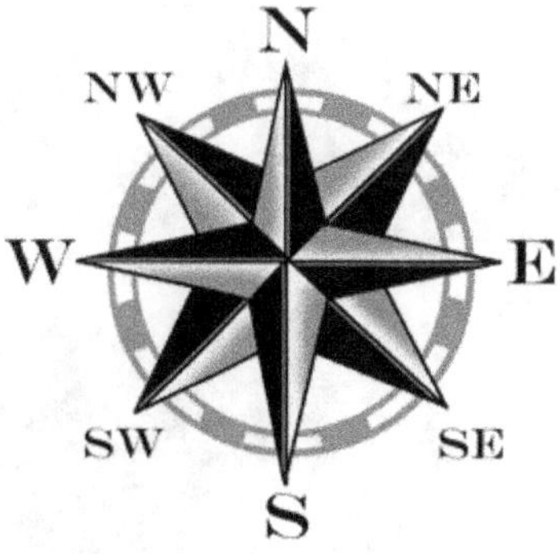
N
NW
NE
W
E
SW
SE
S

(知る•理解する•やってみる)

お菓子のカップケーキ

知る:
バランス、卵型、繰り返し

理解する:
- 形と立体の違い
- 作品の中の要素を調整して、左右対称またはバランスを均等にする
- アートの中で卵型を使うと、物体を3Dに見せられる

やってみる:
- 用意された手順に従い、単純な形を徐々につなげて複雑な立体にし、オリジナルのカップケーキをデザインする
- 奥行きの錯覚を起こさせることに注目しながら、学習した3Dテクニックを使う。さらにサイズ、位置、詳細、色も熟考する

用語集:
バランス – デザイン原則の一つであるバランスとは、作品に安定感や心地良さ、または調和のとれた感じを与え、デザインと構成部分やその一部の割合を考えてアート要素を調整することを指している
楕円 –（卵型）二次元の円を長く伸ばしたような形

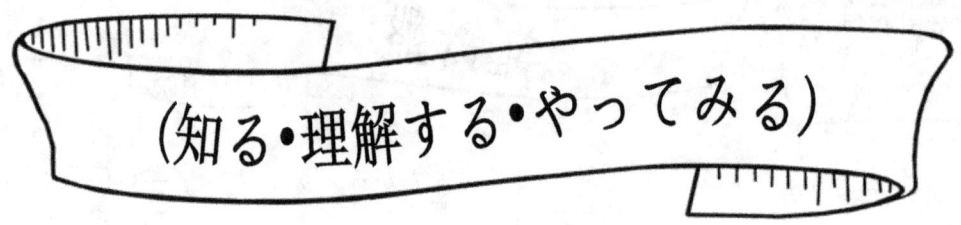

お菓子のカップケーキ

ジグザグ – 角度を付けた短い線

1. まず薄い楕円形を描く

2. 両側に少し傾いた縦線を描き足す

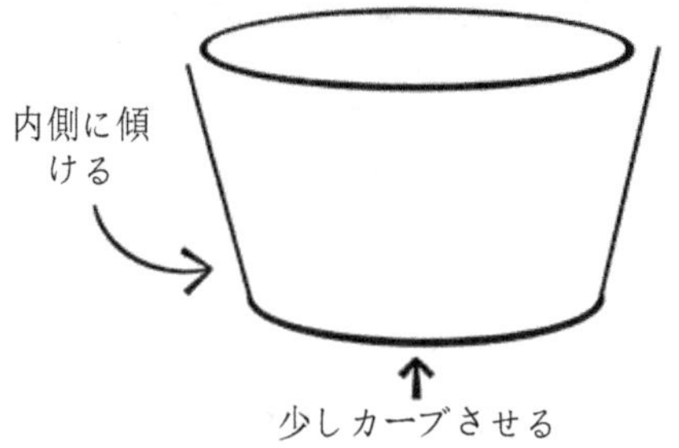
内側に傾ける
少しカーブさせる

3. 最初に描いた楕円形をジグザグ模様で囲む

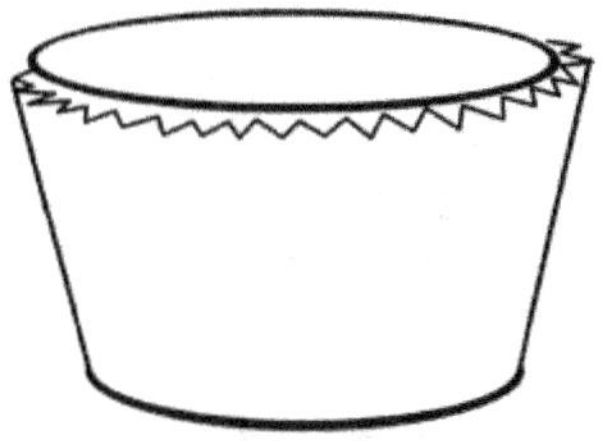

4. ジグザグの角から下に縦線を描く

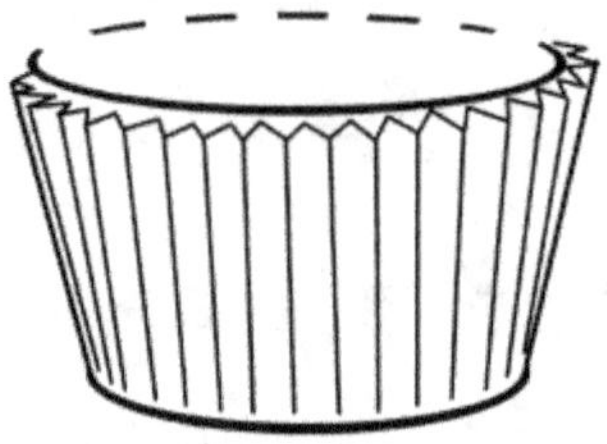
点線で示した楕円形の上部を消す

5. 生クリームを ひとすくい載せる

6. 生クリームの ひだを描く

上に飴細工を載せる

デコレーションと影を付ける

CVH

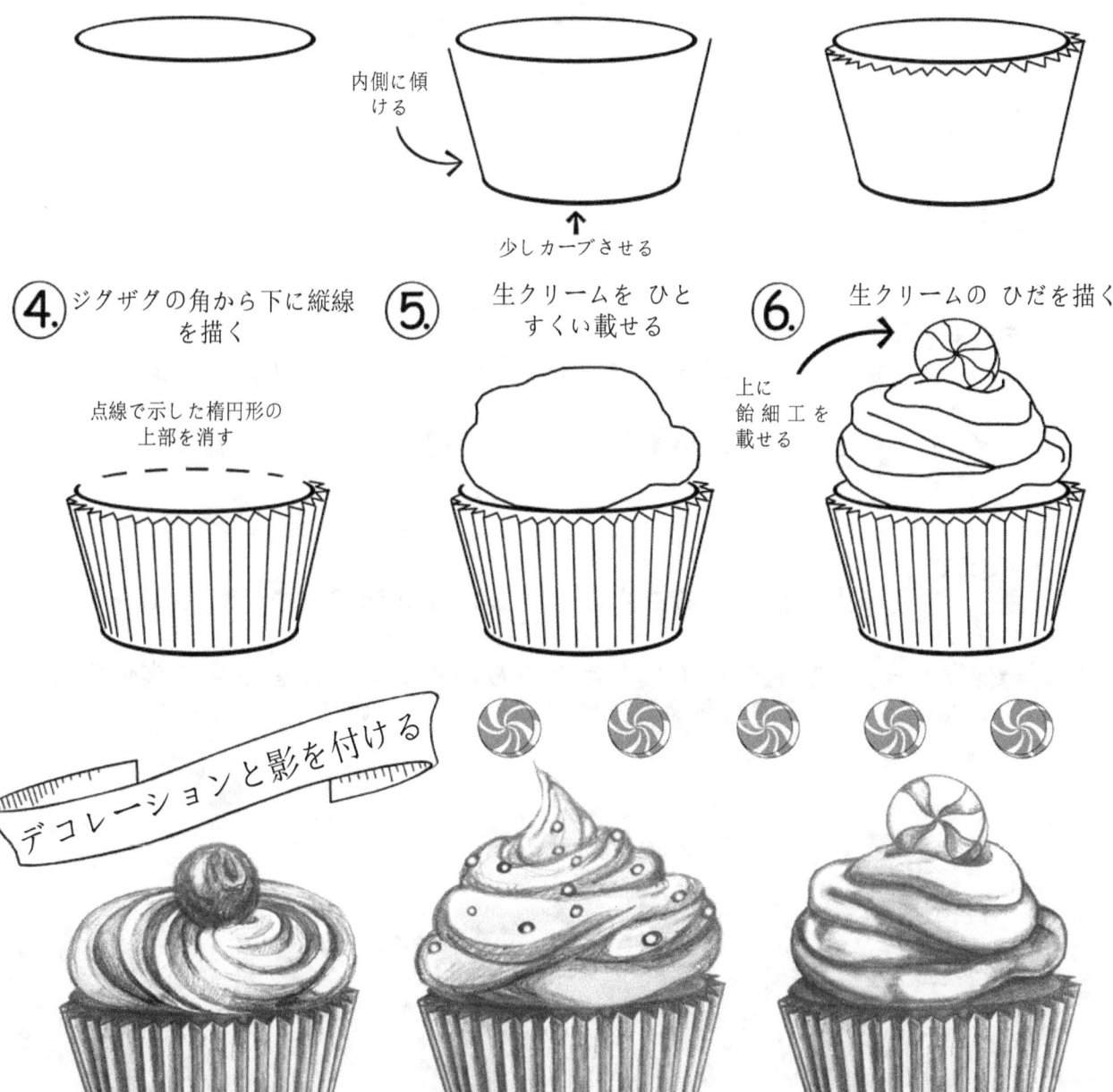

(知る•理解する•やってみる)

エイリアンのドクロ

知る:
幾何学的形、角

理解する:
単純な円形は様々なアート作品の基本的な始まりになり得る

やってみる:
- 用意されたコツと秘訣を使って、自分だけのエイリアンの骸骨を描く
- 3Dの丸みを効果的に出すため、外側の縁には内側より濃く影を付ける

用語集:
角 – 共通の点から広がる二本の線、または共通の点を交差してできる形のこと
幾何学 – 数学的デザインを持つあらゆる形や立体を指す。幾何学的デザインは、普通直線や幾何学的形でできている

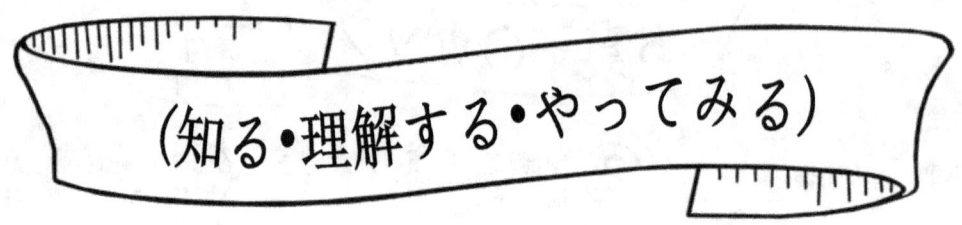

エイリアンのドクロ

1. まず円を描く

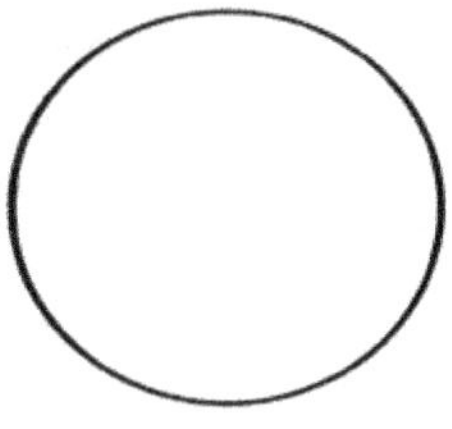

2. 小さな長方形を描く

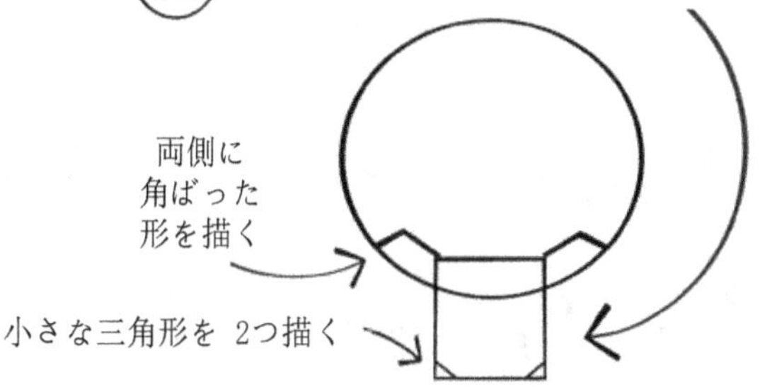
両側に
角ばった
形を描く
小さな三角形を 2つ描く

3.

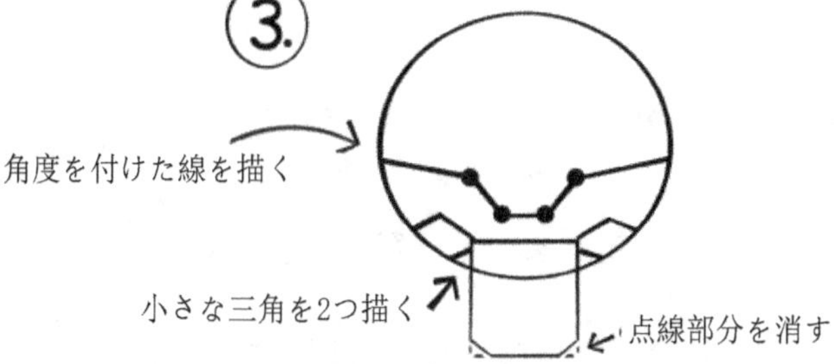
角度を付けた線を描く
小さな三角を2つ描く
点線部分を消す

4.

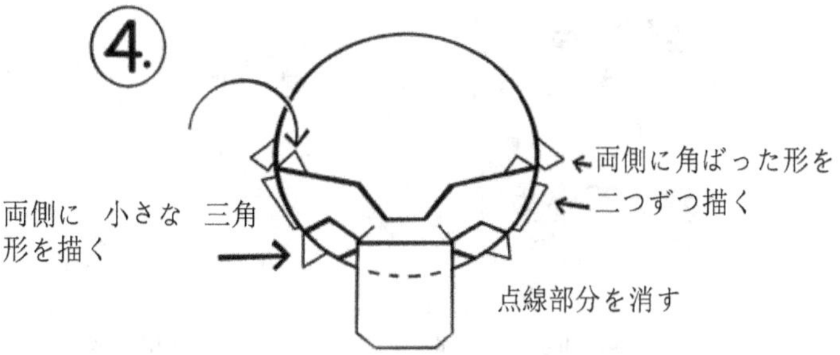
両側に角ばった形を
二つずつ描く
両側に 小さな 三角
形を描く
点線部分を消す

5.

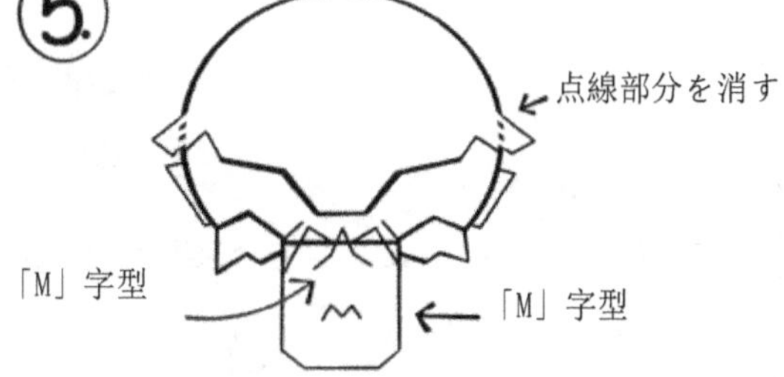
点線部分を消す
「M」字型
「M」字型

6.

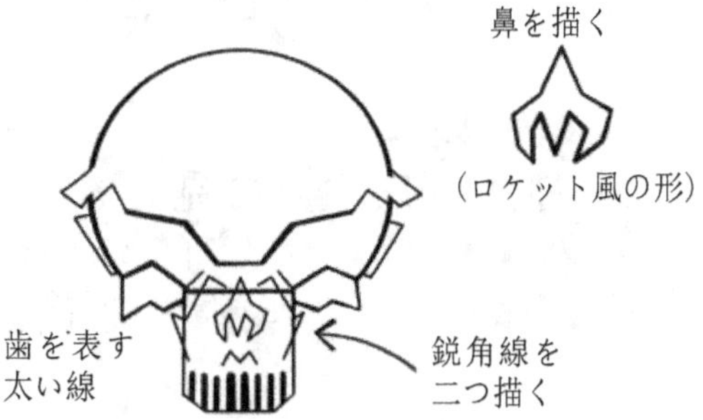
鼻を描く
（ロケット風の形）
歯を表す
太い線
鋭角線を
二つ描く

7.

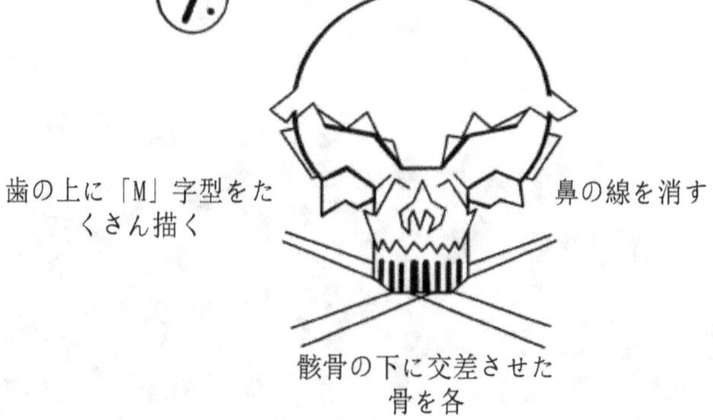
歯の上に「M」字型をた
くさん描く
鼻の線を消す
骸骨の下に交差させた
骨を各

8.

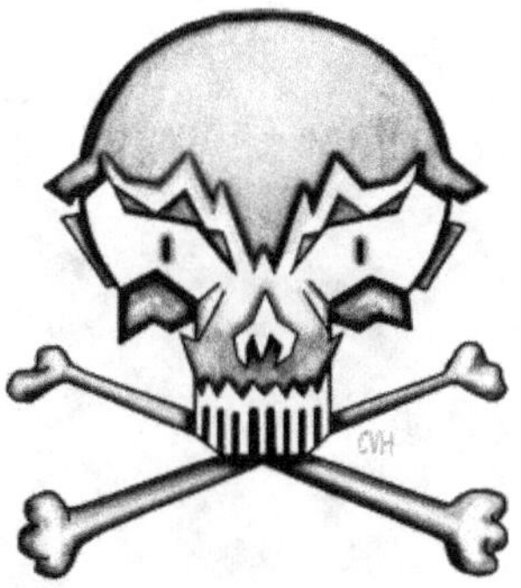

自分で考えた詳細を描く

影を付ける

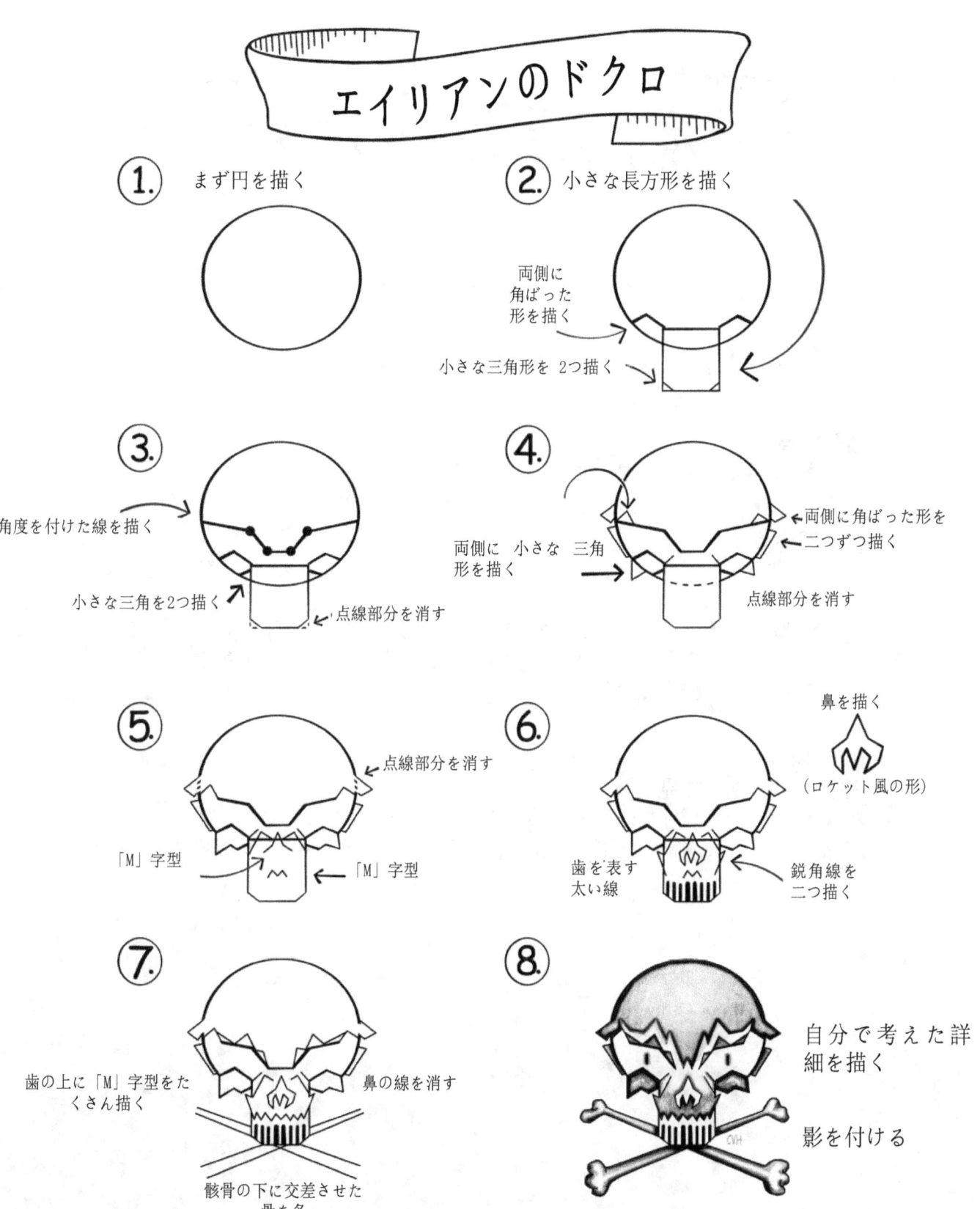

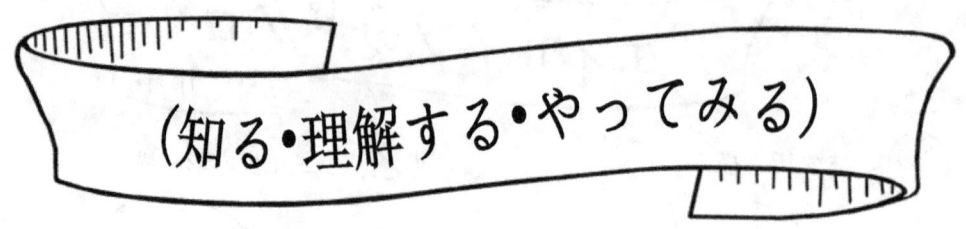

（知る•理解する•やってみる）

マイクをつかめ

知る:
球体、円柱、長方形、パターン

理解する:
形を組み合わせて、身の回りの物の絵をそっくりに描こう

やってみる:
- 用意されたアウトラインを使って、絵のスタイルを選び、独自のマイクを描こう
- 新型マイクの円を線で「囲ん」で、球体を描こう
旧式マイクの周りを線で「囲ん」で、角度と縁を表そう
- パターンで詳細と影を加えよう

用語集:
円柱 – 三次元に見える円筒のこと
パターン – デザインで形、線、色を繰り返すこと
球体 – ボールのような形の三次元の立体で、どの視点から見ても丸い

コードレスのマイクをつかめ

1. まず円を描く
2. 取っ手を描く
3. 立体に見えるよう曲線を加える
4. 影を付ける

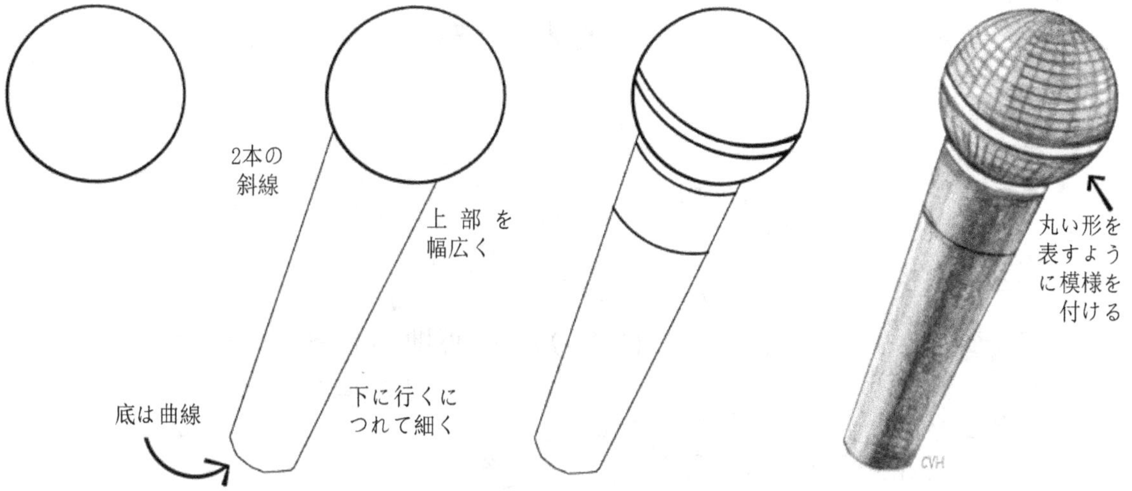
2本の
斜線
上部を
幅広く
底は曲線
下に行くに
つれて細く
丸い形を
表すよう
に模様を
付ける
CVH

旧式マイク

1. まず傾いた長方形を描く
2. 角を丸める
3. 以下のように角ばった形を加える
4. 詳細を加えて影を付ける

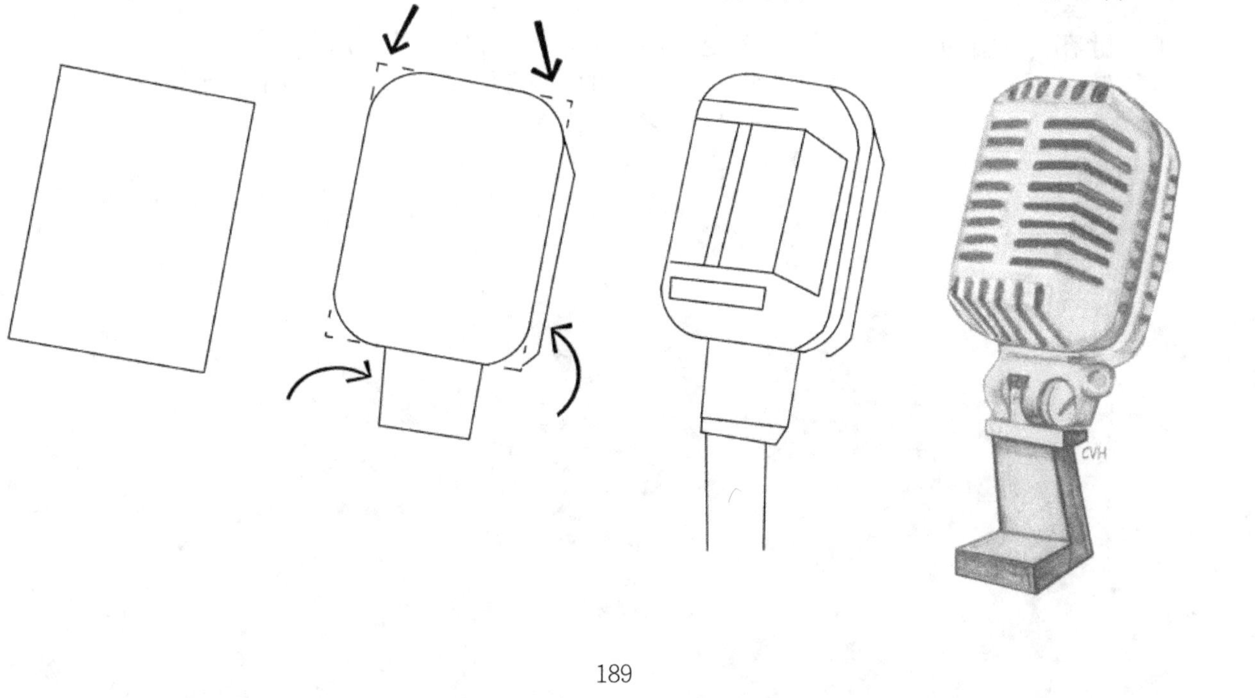
CVH

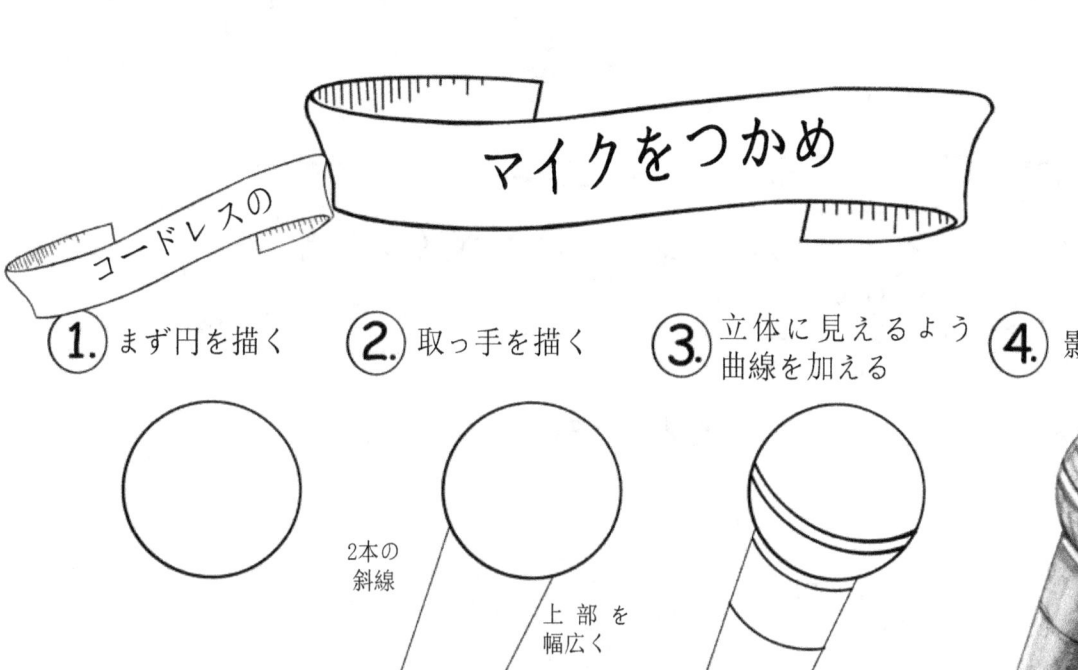

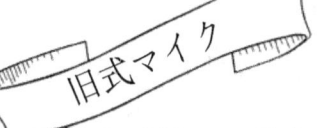

(知る•理解する•やってみる)

墓と掛け布

知る:
布のひだ、質感

理解する:
- 単純な形から複雑な立体を描く
- 画家は質感を出すことにより触り心地や材料を表現する
- 画家としてのスキルを磨く上で、布のひだを表現する方法を学ぶことは不可欠。布のひだは明暗度のグラデーションを反射する緩やかな表面が折り重なってできている

やってみる:
3Dで表現した墓を少なくとも2つ、「木のように見える」質感と布のひだを含めて、墓地の様子や墓石を描こう

用語集:
掛け布 – 掛けるとひだができる布や布を描写したもの
質感 – アートワークで物の触り心地を描写する方法。画家は筆の流れ、鉛筆のラインなどでおおよその質感を表す
明暗度 – 色の明るさや暗さ

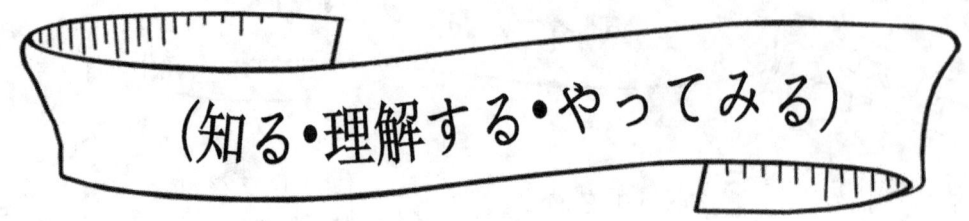

墓と掛け布

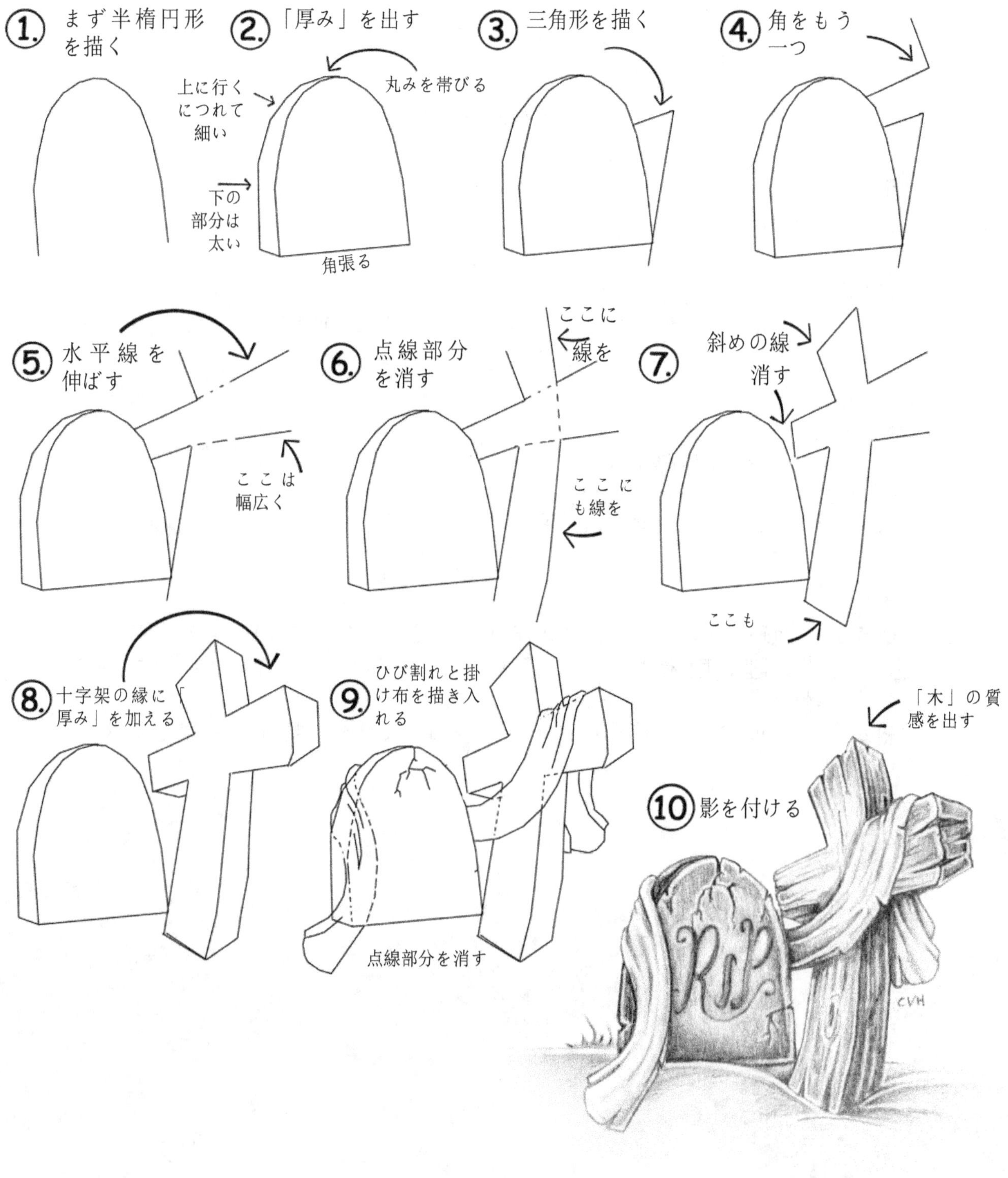

1. まず半楕円形を描く
2. 「厚み」を出す
上に行くにつれて細い
丸みを帯びる
下の部分は太い
角張る
3. 三角形を描く
4. 角をもう一つ
5. 水平線を伸ばす
ここは幅広く
6. 点線部分を消す
ここに線を
ここにも線を
7. 斜めの線消す
ここも
8. 十字架の縁に「厚み」を加える
9. ひび割れと掛け布を描き入れる
点線部分を消す
「木」の質感を出す
10 影を付ける
CVH

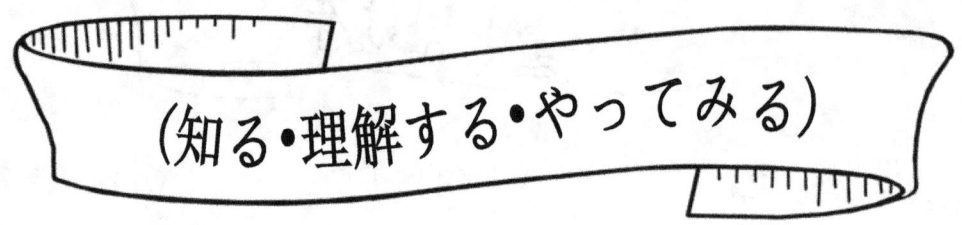

(知る•理解する•やってみる)

地球を描く

知る:
球体、大陸、曲線

理解する:
円の上に線や形をカーブさせて描くと、球体の錯覚を起こさせる助けになる

やってみる:
- 配布資料や地球儀から描く地球を選ぶ
- 円の周りの大陸を「囲む」
- 詳細を描き加え、影を付ける

用語集:
大陸 – 地球上の7つの大きな陸地のこと。アジア大陸、アフリカ大陸、北米大陸、南米大陸、南極大陸、ヨーロッパ大陸、オーストラリア大陸
球体 – ボールのような形の三次元の立体で、どの視点から見ても丸い

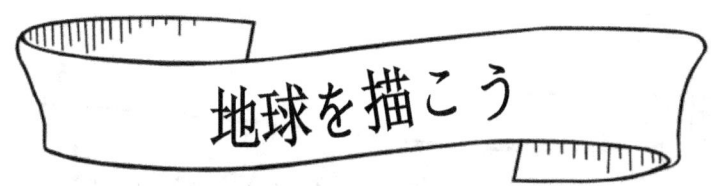

地球を描こう

このチュートリアルはたくさんの地球の見え方のうち、
二つだけ取り上げる

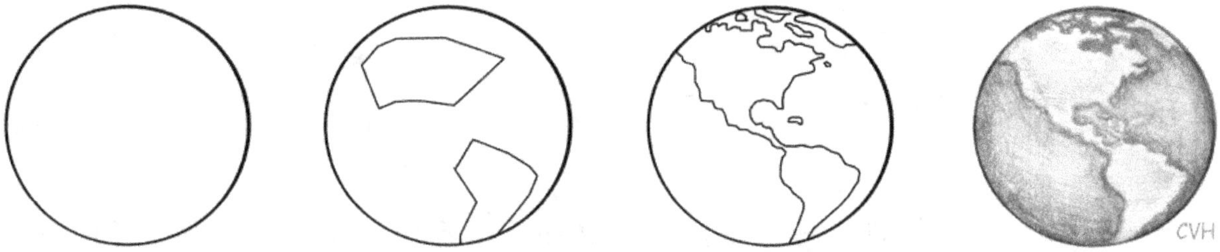

1. まず円を描く
2. 単純な形で大陸を描
3. 詳細を描き加える
4. 影を付ける

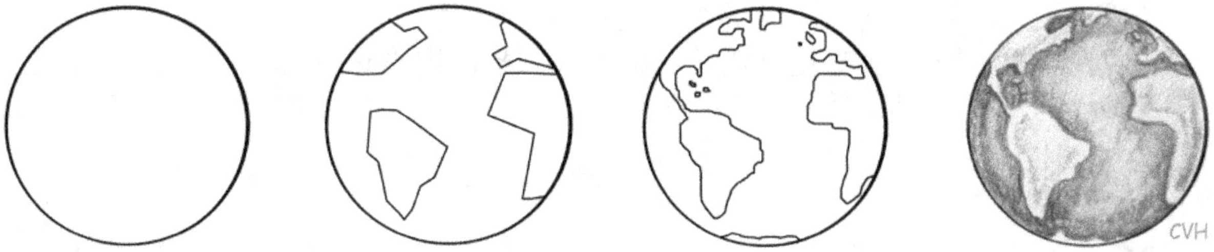

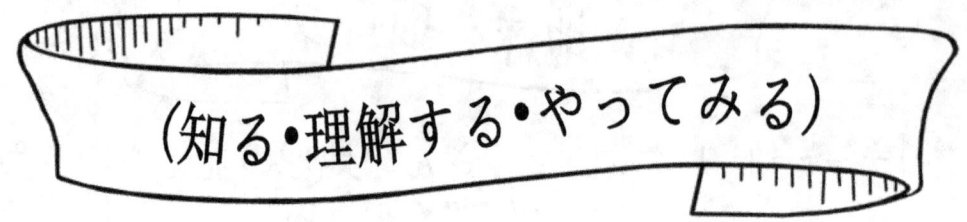

(知る•理解する•やってみる)

鳥かご

知る:
3Dの鳥かごを描くシンプルな手順

理解する:
- 向こう側が透けて見える円柱は立体をあらゆる角度から眺めるのを可能にする
- 形の上部周辺を囲む線は、立体の錯覚を起こさせる助けになる

やってみる:
- 用意された手順に従い、鳥かごを描こう。3Dの錯覚を起こさせるため、「前」と「後ろ」に必ず線を描こう
- 鳥など「おまけ」を描き加える

用語集:
円柱 – 三次元に見える円筒のこと
長円 – 角度を付けて見た円のこと(描くと楕円形になる)
透明 – 向こう側まで見えること

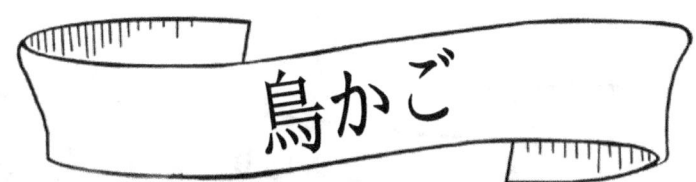

鳥かご

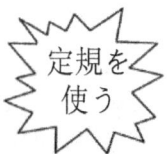

定規を使う

1. 上辺に丸みを付けた長方形を描く

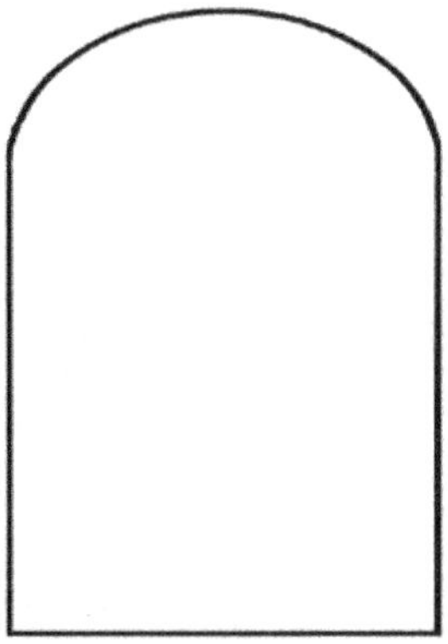

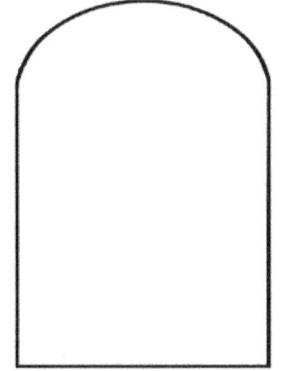

2. 長方形の底辺近くに楕円形を描く

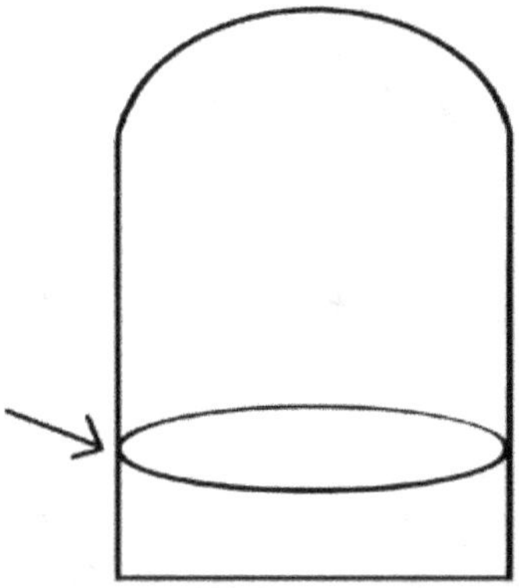

3. 楕円形に「厚み」を出すため、曲線を描き加える

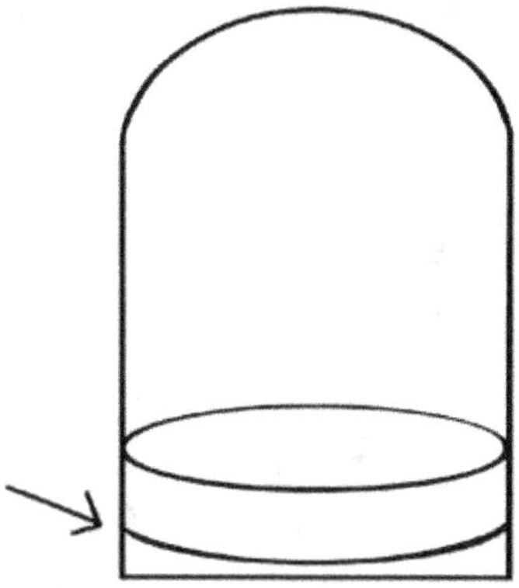

4. 楕円形の下の部分(点線部分)を消す

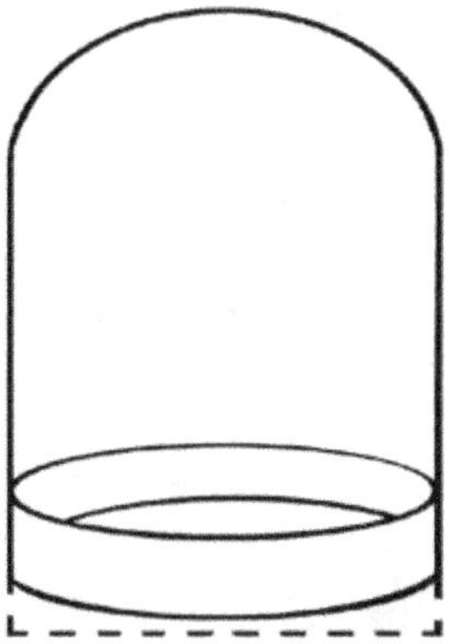

5. 楕円形を2つ加える

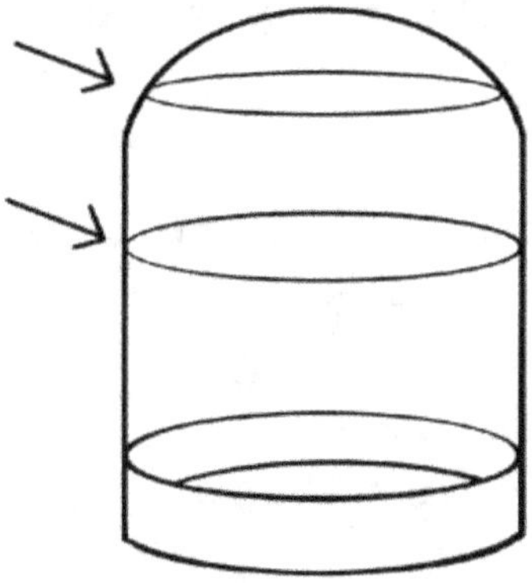

6. 上部近くをカーブさせた縦の平行線を描く

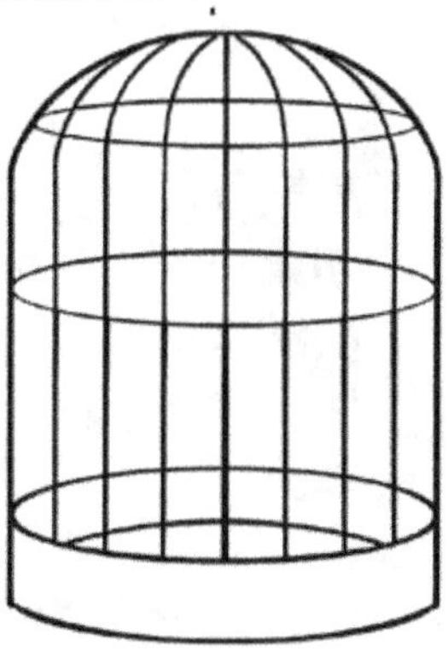

7. 鳥かごの「向こう側」にも縦線を加える

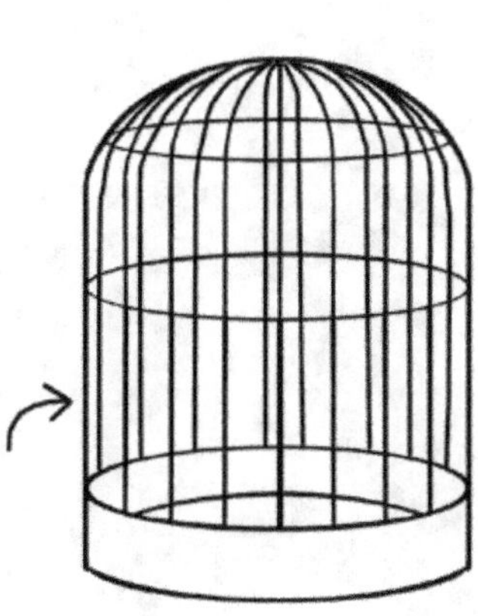

8. 頂点に飾りを付け、扉を開ける

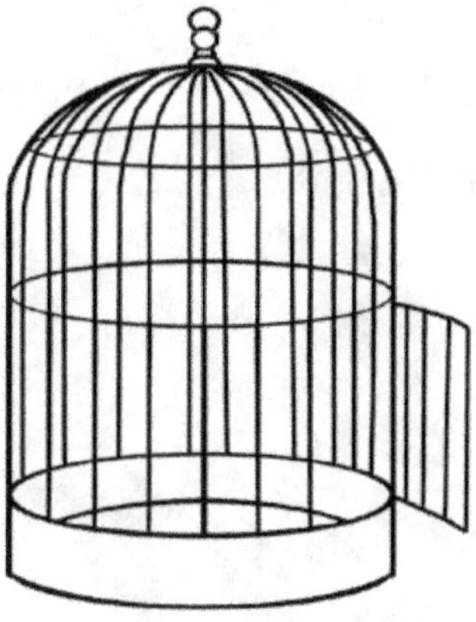

9. 影を付け、詳細と「おまけ」を描き入れる

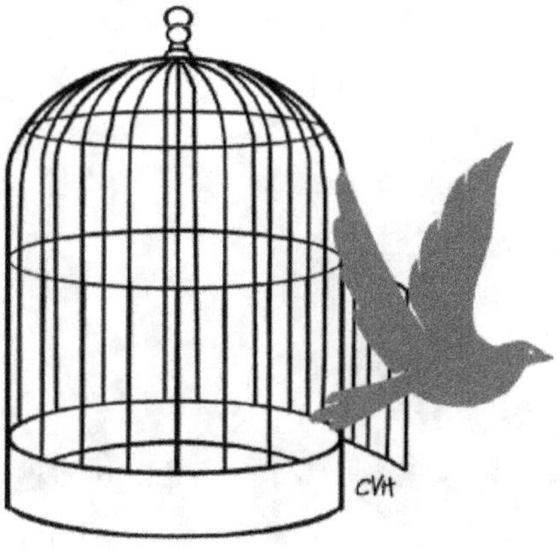

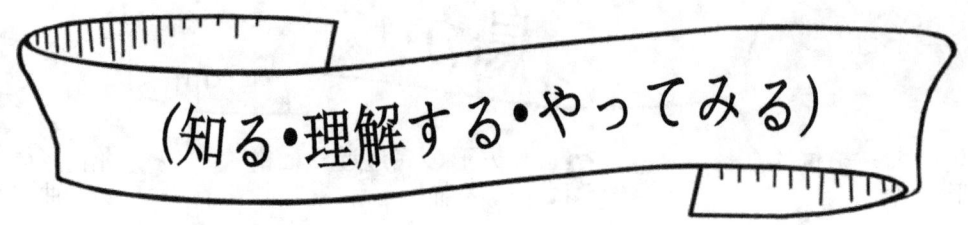

(知る•理解する•やってみる)

肉球とかぎづめ

知る:

肉球のスタンプと鋭いかぎづめを描くシンプルな手順

理解する:

- 単純な形を組み合わせると、立体をそっくりに描ける
- 絵画では、少しの詳細で強力な効果を出せる

やってみる:

用意された手順に従い、肉球のスタンプと鋭いかぎづめ一式を描こう

用語集:

効果 – 何らかの行動や過程の結果または成果
自然な形 – 自然界に見られる不規則な形のことで、機械的または角ばった形ではない
垂直 – 上下にまっすぐ進むこと

肉球とかぎ爪

肉球

1. まず幅広い卵型を描く

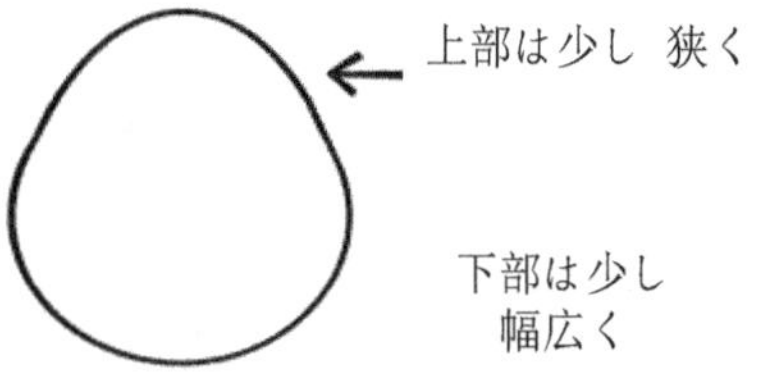

上部は少し 狭く
下部は少し
幅広く

2. 線を2本描く

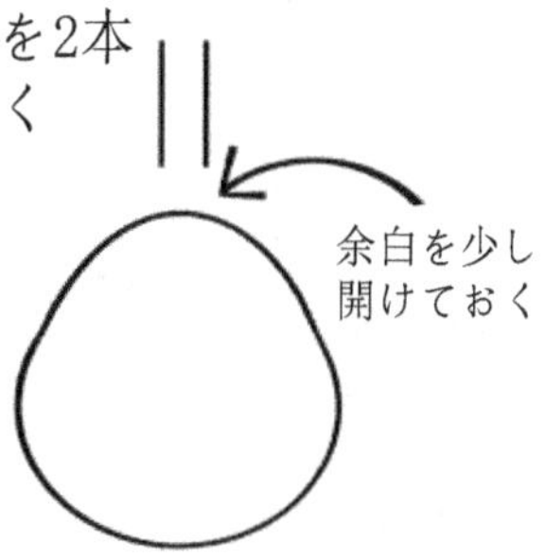

余白を少し
開けておく

3. 描く　斜線

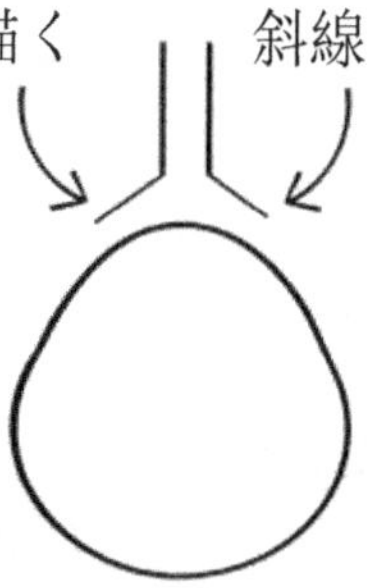

4. 縁を丸める

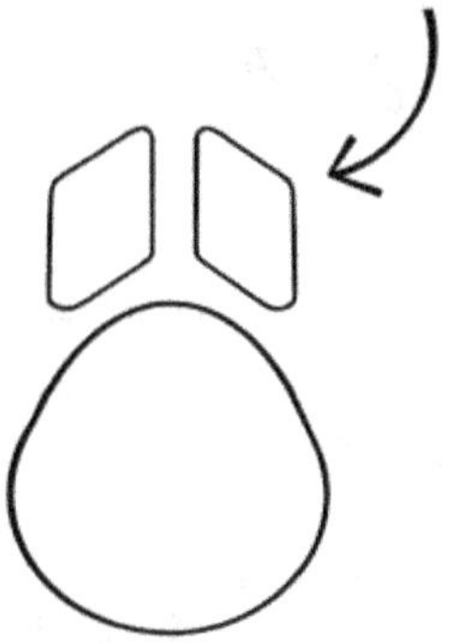

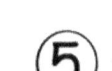

5. つま先をあと2つ描き加える

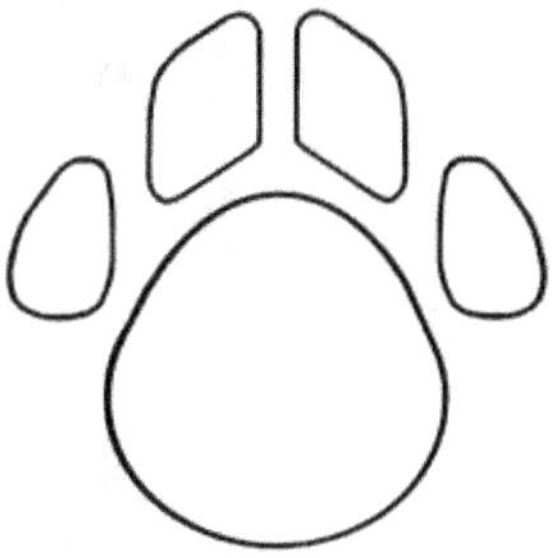

6. かぎ爪になる小さくカーブした三角形を描き足す

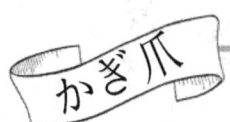

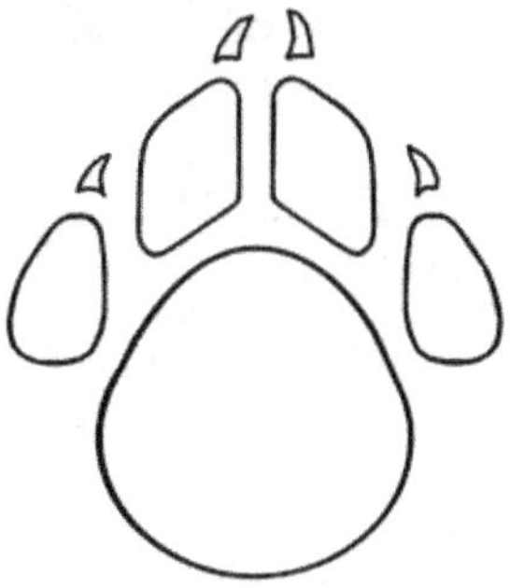

かぎ爪

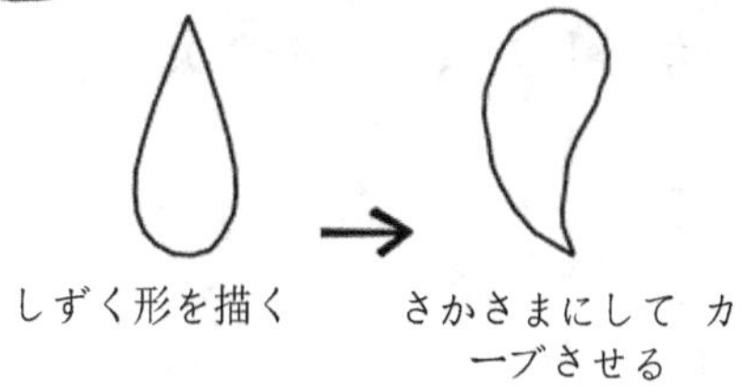

しずく形を描く
さかさまにして カーブさせる

1. まずカーブしたかぎ爪を4つ描く

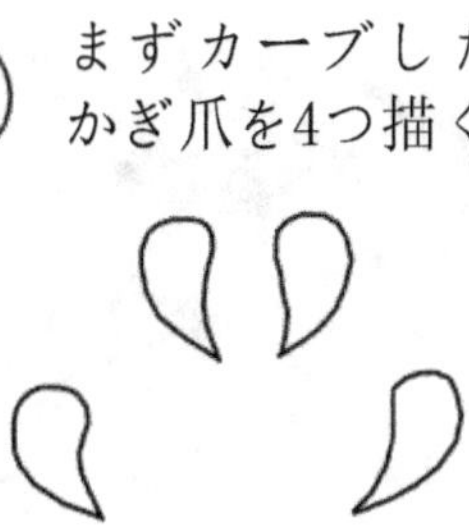

2. 各かぎ爪の先から長い三角形を描く

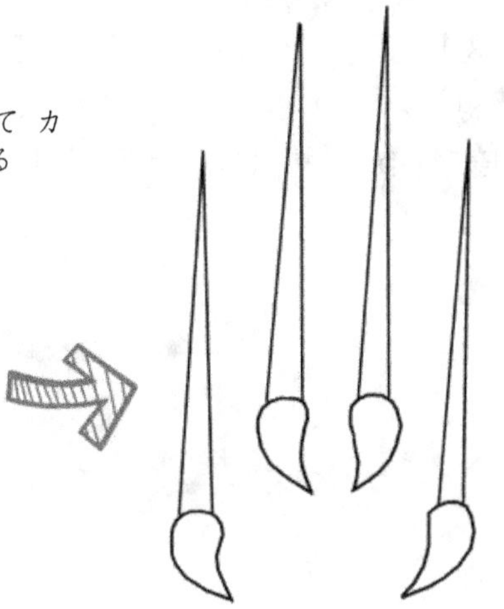

3. 影を付ける　各三角形の内側を黒く塗る

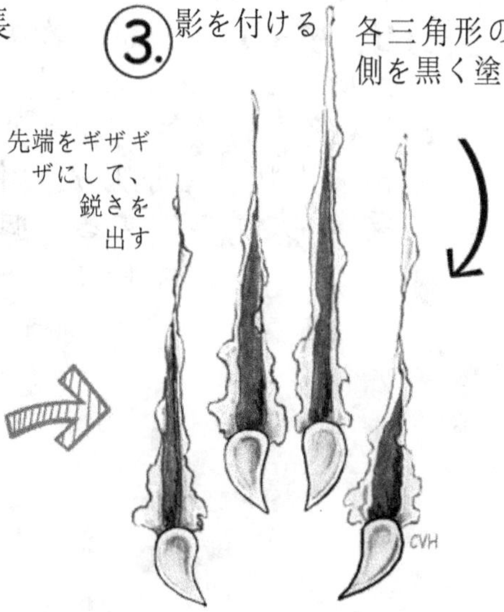

先端をギザギザにして、鋭さを出す
CVH

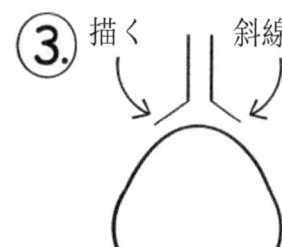

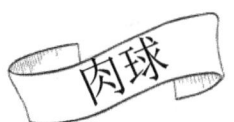

(知る•理解する•やってみる)

アニメ

知る:
アニメ、特徴を誇張すること、カリカチュア

理解する:
- アニメのイラストの特徴
- 特定のスタイルを確立するため、作品に誇張法やゆがみを使う

やってみる:
用意された手順に従い、オリジナルで「アニメ」スタイルのキャラクターを描く

用語集:
アニメ – 日本風のアニメーションで、しばしばキャラクターの顔の特徴を誇張する。フランス語でアニメーションを表す言葉を語源として、日本の伝統的な木版画風プリントとアメリカ風の作画デザインをミックスしたもの
カリカチュア – 対象物の目立った特徴や特色を誇張して、コミカルまたはグロテスクな効果を生み出す表現
ゆがめる – 物をデフォルメして見た目を変えること — 物体や形を通常の形状から崩したり伸ばしたりして、特徴を誇張すること、
誇張 – 大げさにする、脚色する、サイズを拡大したり縮小したりすること

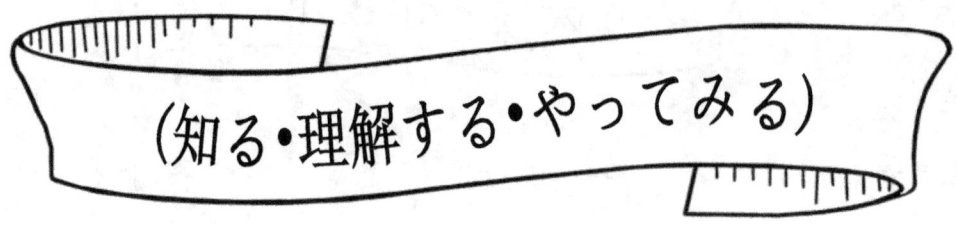

何でもアニメ風に

軽いタッチで！

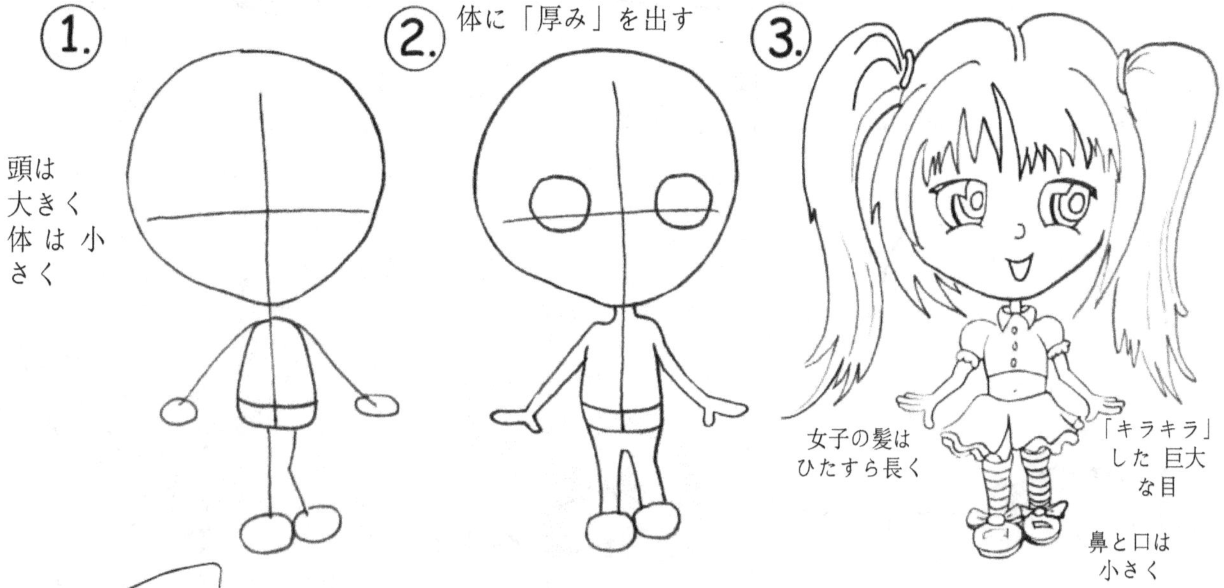

①
②
体に「厚み」を出す
③
頭は大きく体は小さく
女子の髪はひたすら長く
「キラキラ」した巨大な目
鼻と口は小さく

斜めから

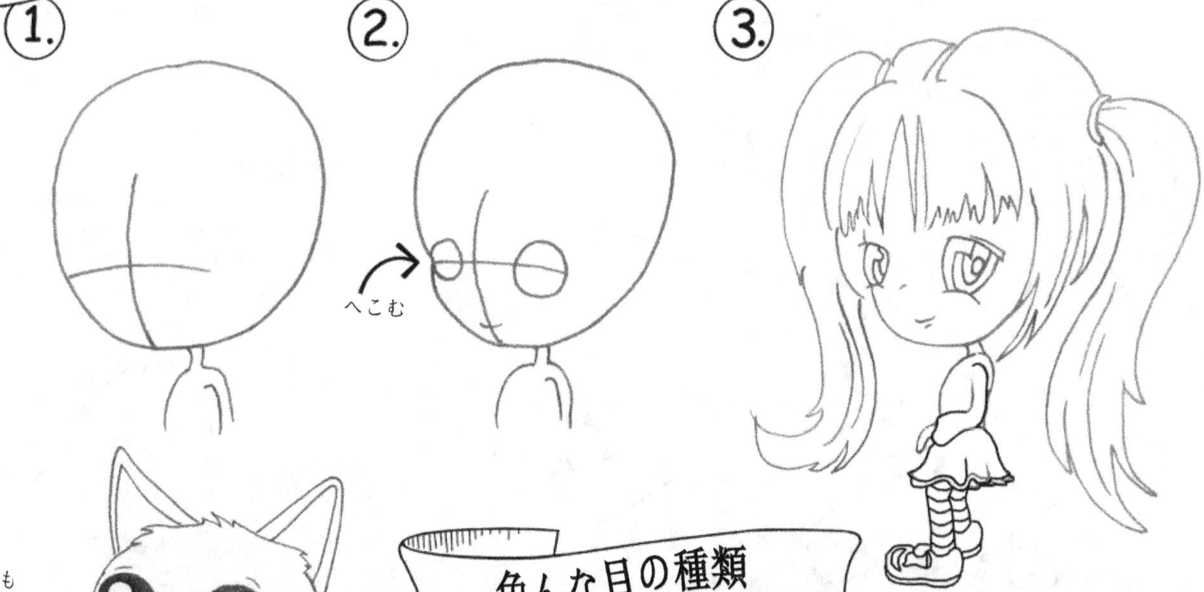

①
②
③
へこむ

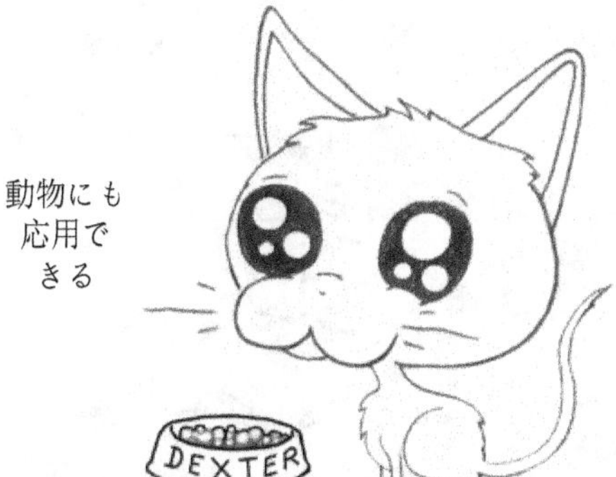

動物にも応用できる
DEXTER

色んな目の種類

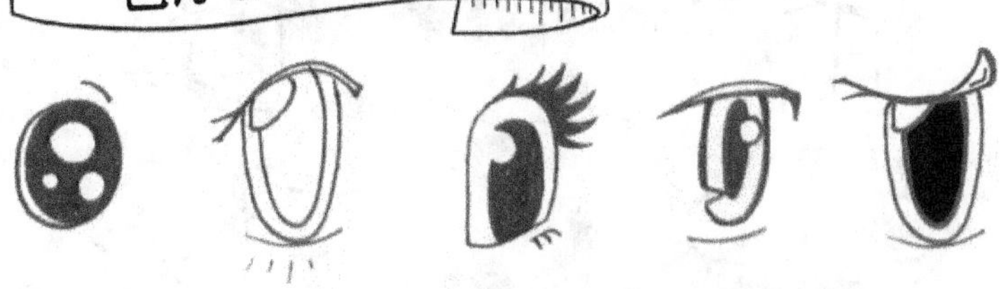

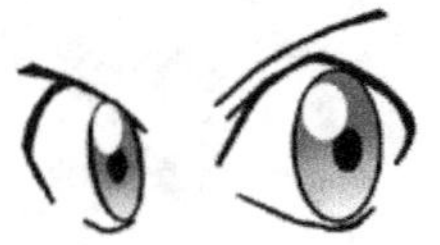

アニメの男の子

斜めの顔

夢
dream
和
harmony

1. まず頭を大きく描く

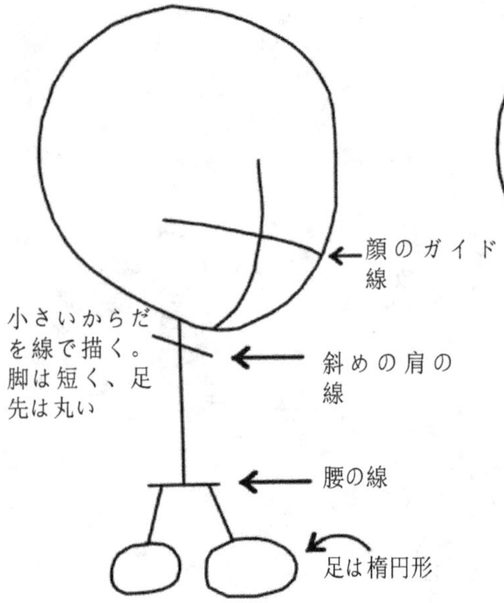

顔のガイド線
小さいからだを線で描く。脚は短く、足先は丸い
斜めの肩の線
腰の線
足は楕円形

2. 体を書き足す

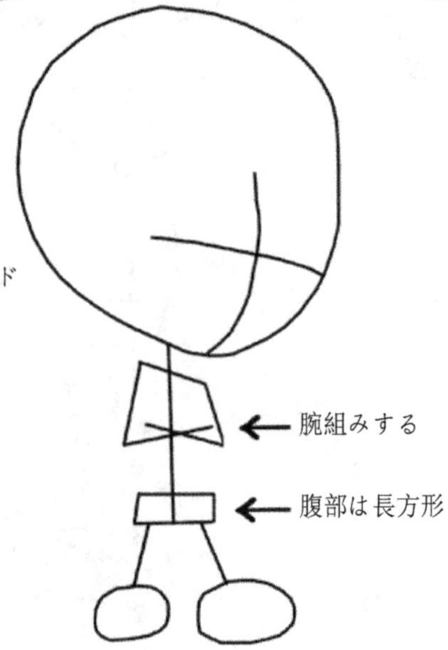

腕組みする
腹部は長方形

3. 胴体と脚に「厚み」を出す

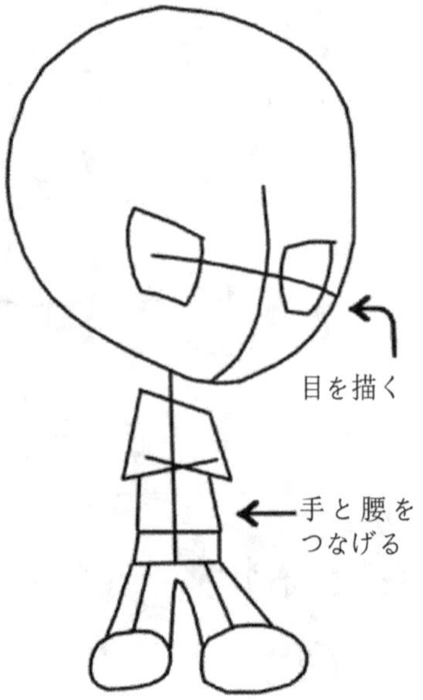

目を描く
手と腰をつなげる

4. 腕と上半身に「厚み」を出す

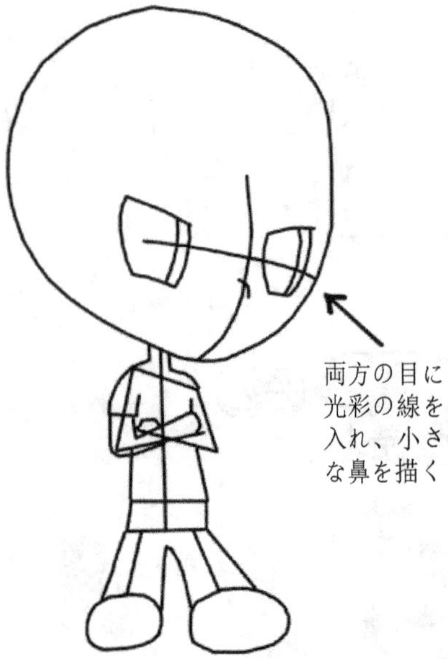

両方の目に光彩の線を入れ、小さな鼻を描く

5. 中心部のガイド線を消す

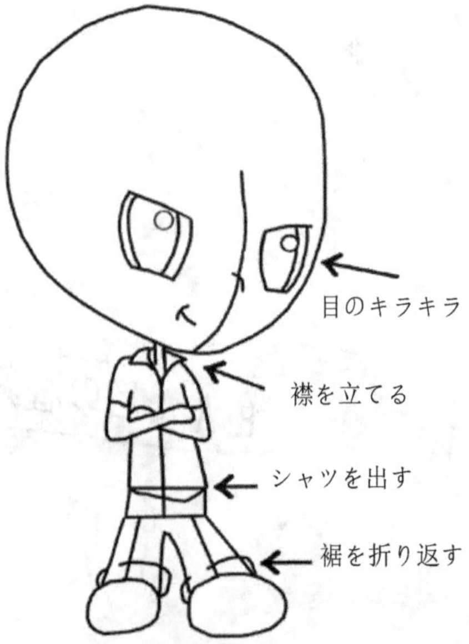

目のキラキラ
襟を立てる
シャツを出す
裾を折り返す

6. 下のガイド線を消し、髪を立てる

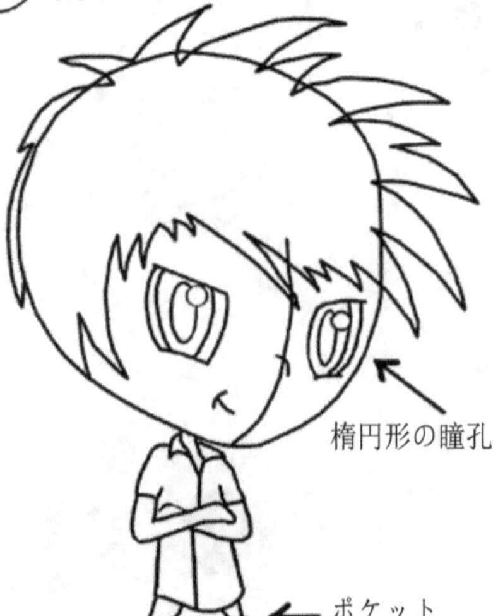

楕円形の瞳孔
ポケット

続く

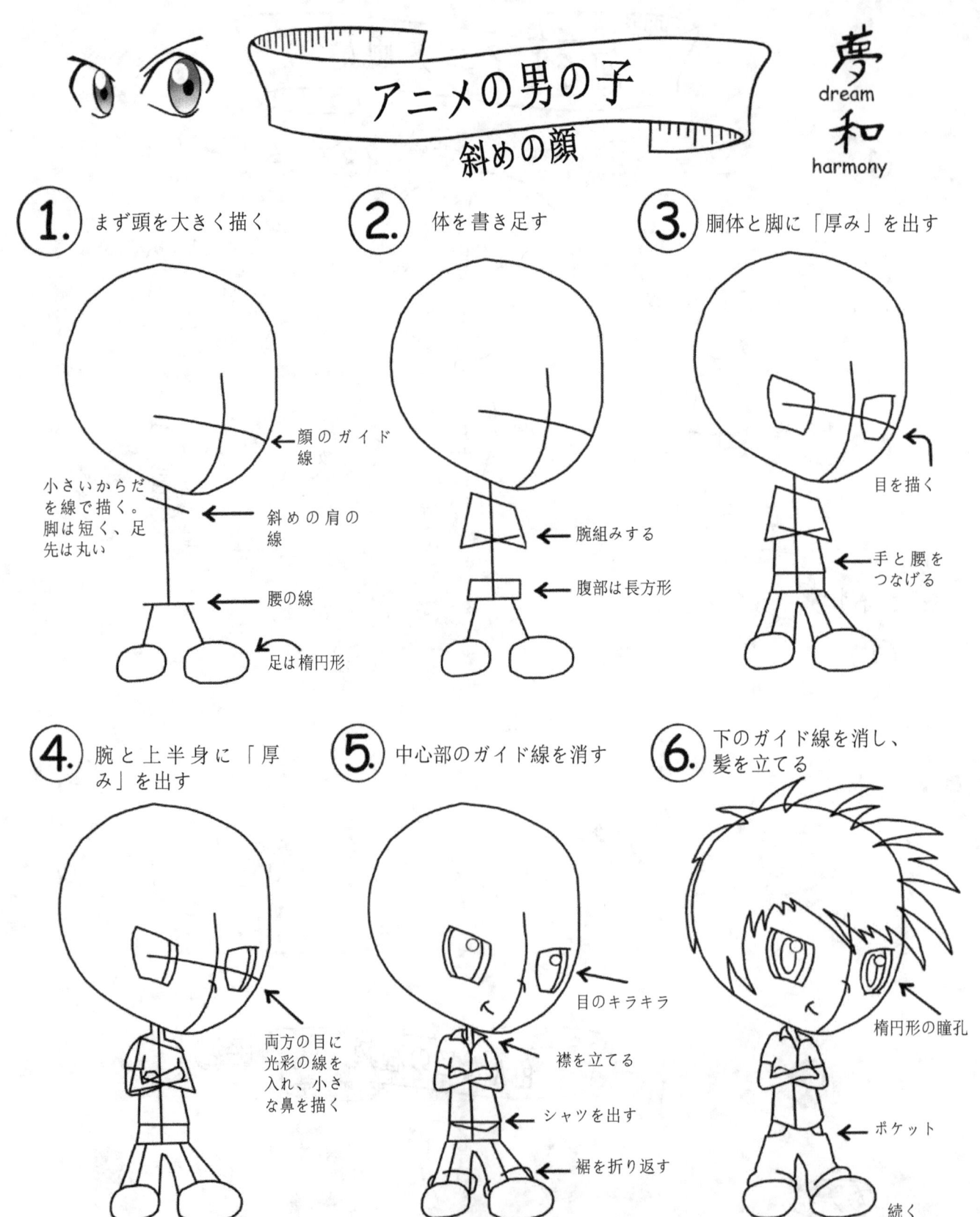

アニメの男の子

仕上げ

7. 頭とシャツのガイド線を消す

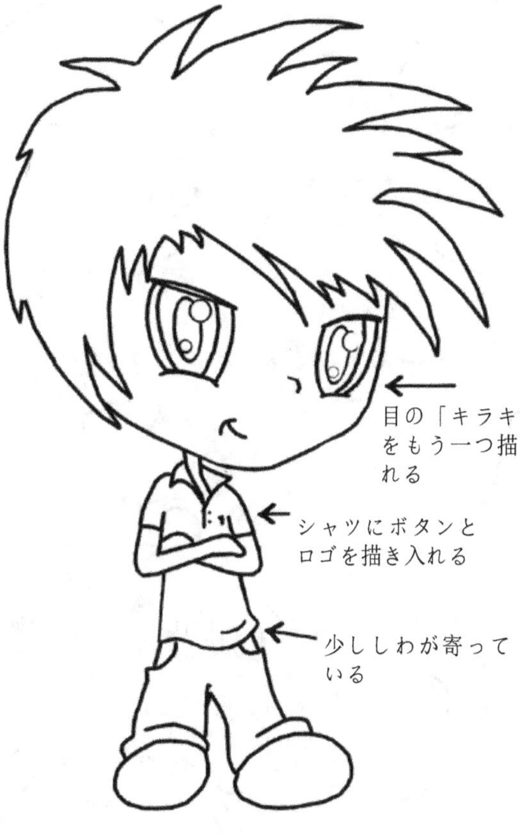
目の「キラキラ」をもう一つ描き入れる
シャツにボタンとロゴを描き入れる
少ししわが寄っている

8. 詳細を加える

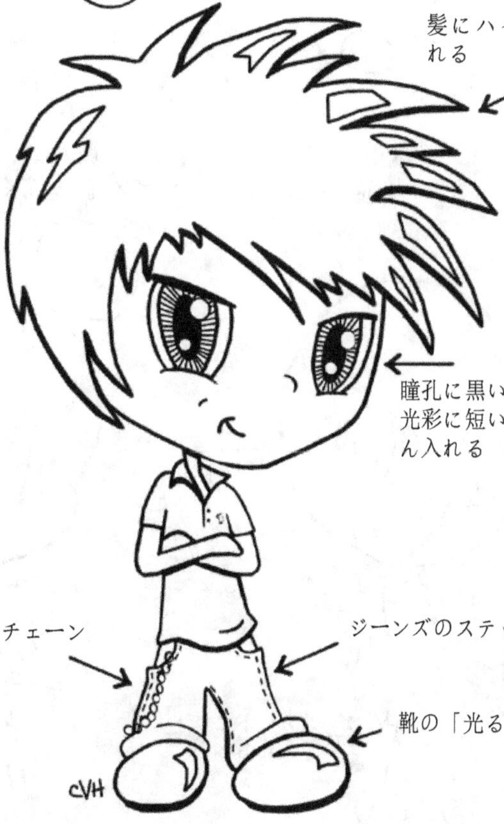
髪にハイライトを入れる
瞳孔に黒い影を入れ、光彩に短い線をたくさん入れる
財布のチェーン
ジーンズのステッチ
靴の「光る」部分
CVH

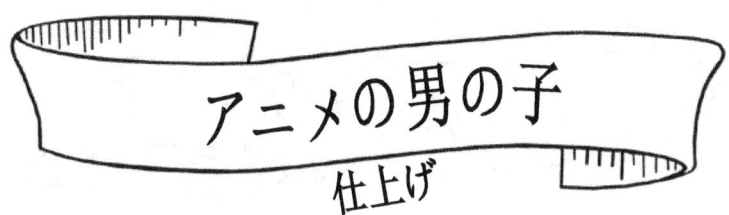

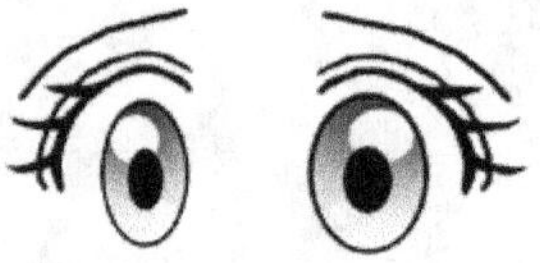

アニメの女の子

斜めの顔

恩
grace
楽
happy

1. 大きな頭を描く

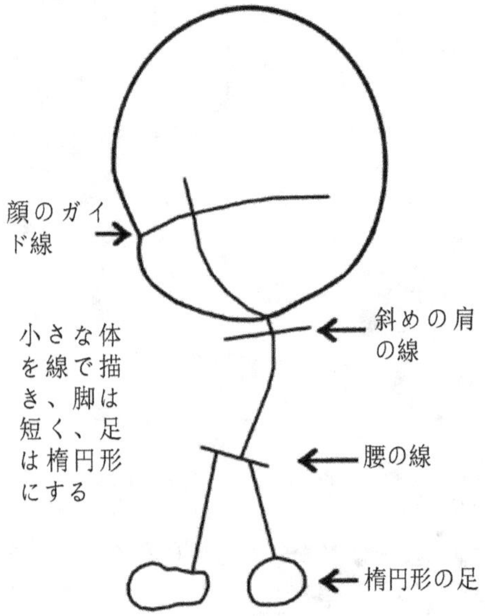

顔のガイド線
斜めの肩の線
小さな体を線で描き、脚は短く、足は楕円形にする
腰の線
楕円形の足

2. 体を描き加える

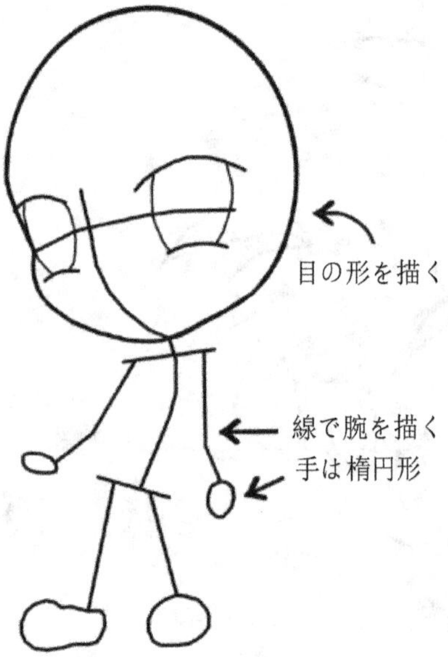

目の形を描く
線で腕を描く
手は楕円形

3. 胴体に「厚み」を出し スカートの形を描く

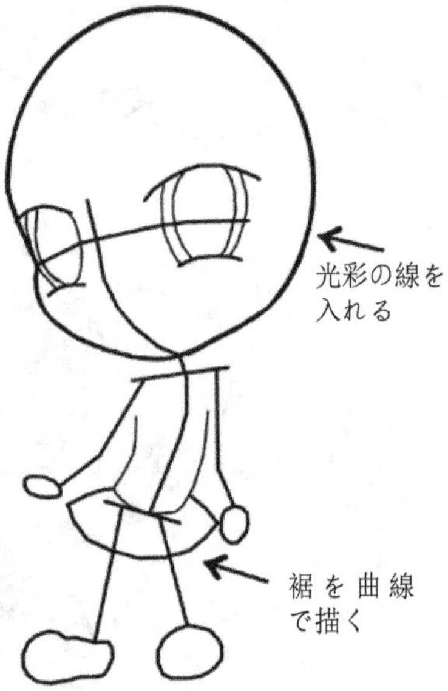

光彩の線を入れる
裾を曲線で描く

4. 上に「厚み」を出し スカートを描き入れる

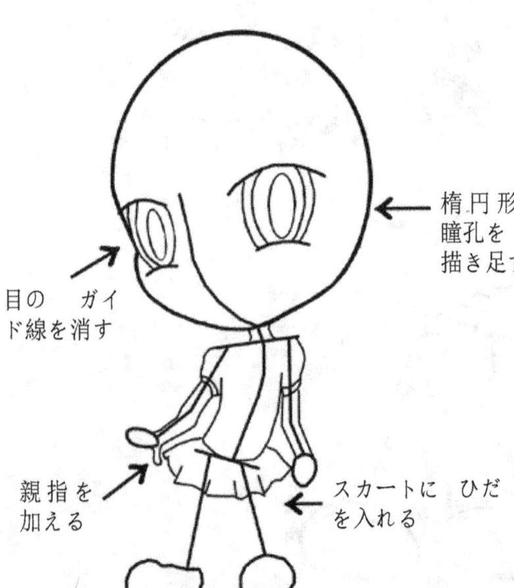

楕円形の瞳孔を描き足す
目の　ガイド線を消す
親指を加える
スカートに　ひだを入れる

5. 鼻と口、「お団子」を　描く

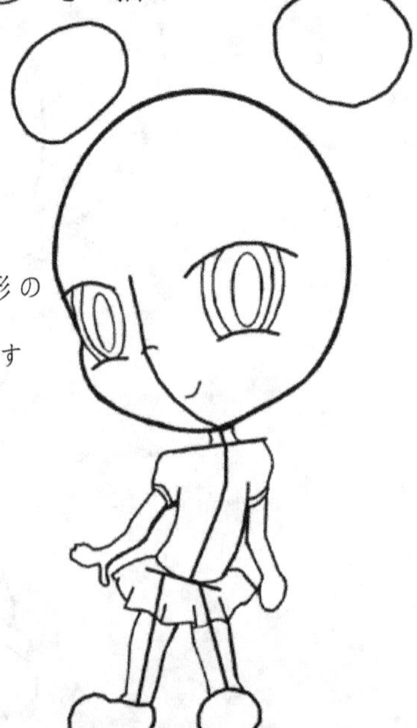

6. 中心のガイド線を消すを髪を描く

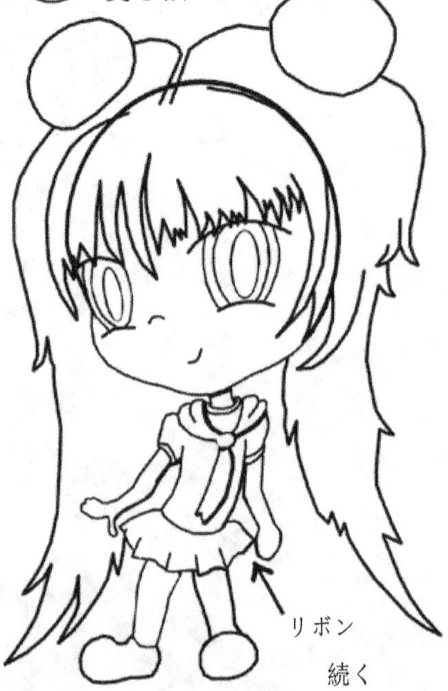

リボン

続く

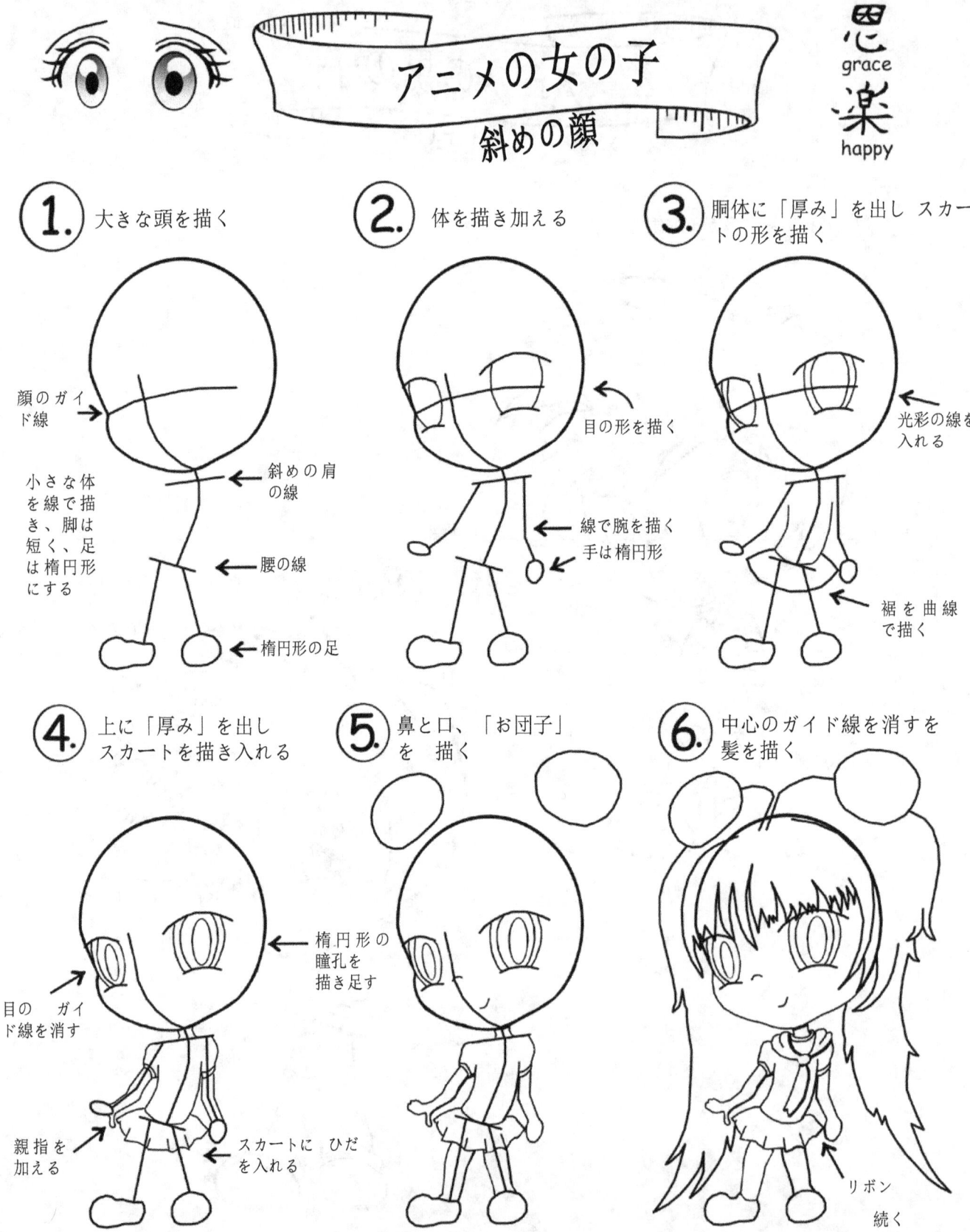

アニメの女の子

仕上げ

7. 頭の線を消す

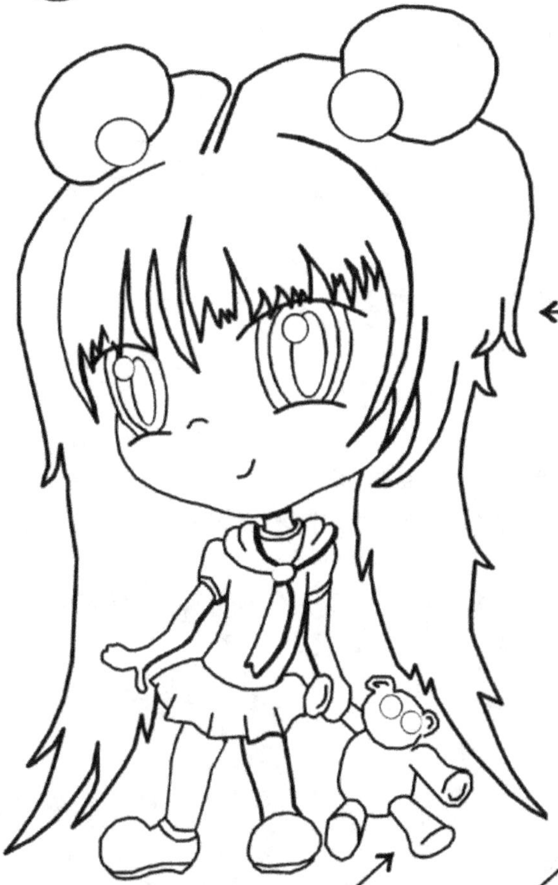

目に「キラキラ」を入れる

描きたかったらテディベア

8. 詳細を 描き足す

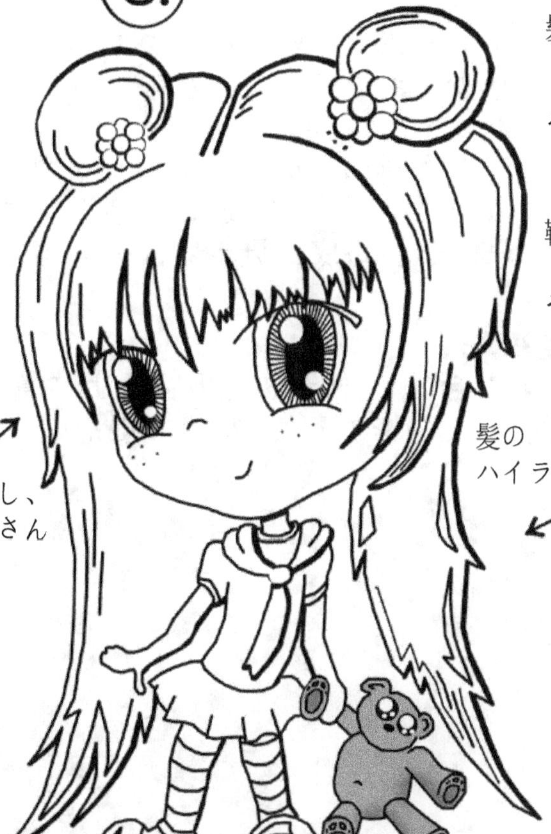

髪留め

そばかす

靴下の線

その他「おまけ」

髪のハイライト

瞳孔を黒くし、光彩にたくさん線を描く

靴の光る部分

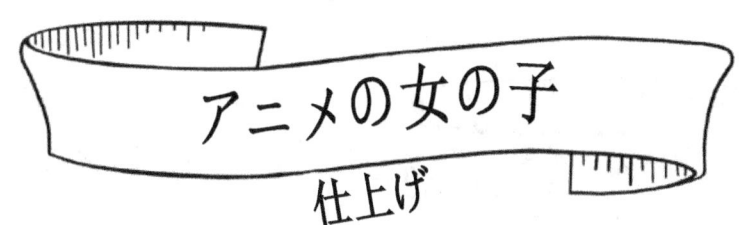

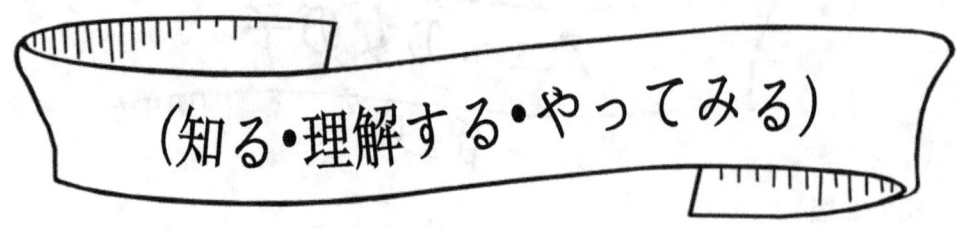

(知る•理解する•やってみる)

編み上げのコルセット

知る:
重複

理解する:
多層構造の錯覚を起こさせ、絵の一部が他の物より前や後ろにあるように見せる方法

やってみる:
- 手前と遠くの要素を持つ二次元の画像例を話し合う。重なり合いや大きさの違いが、どのように奥行きの錯覚を起こさせる助けになるかに注目する
- 配布資料の中の手順に従い、紐の層/編み上げ構造を描く。重なり合いや大きさの違いで遠近感を表す。生徒は絵の中で一番上の部分と一番底に見える部分を表示する

用語集:
重なり合い – 何かを他の物の上に置いて、その一部を覆うこと
観点 – 物体や景色を眺める地点のこと

編み上げのコルセット

1. 下の開いた「V」字を描く

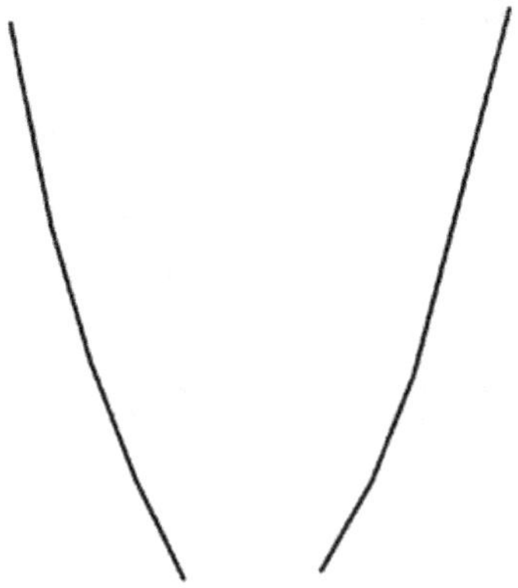

2. 両側にフックになる半楕円形を描く

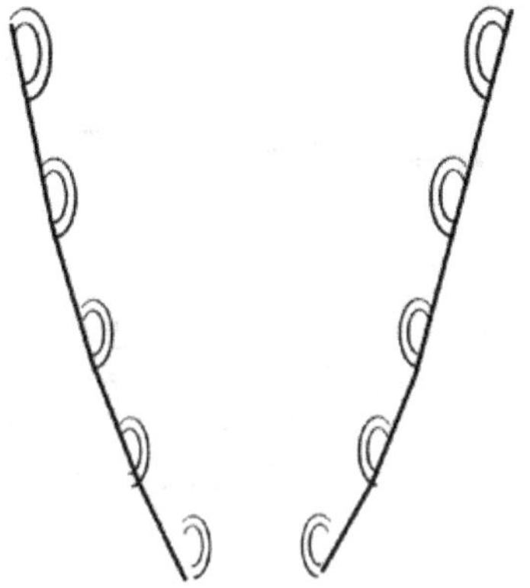

3. 「V」字のガイド線を消し、下のようにジグザグ線を描く

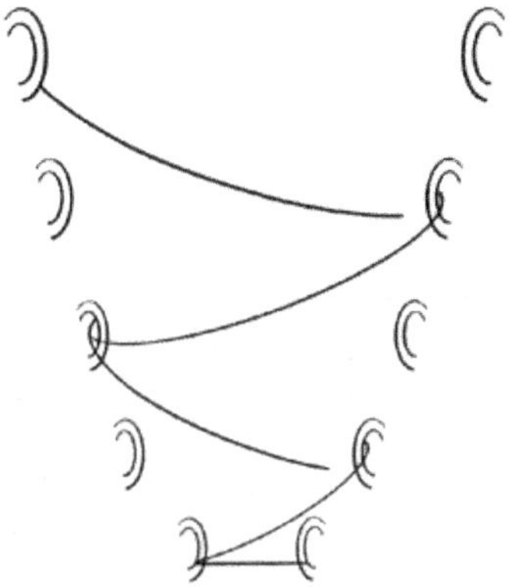

4. ジグザグ線を反対側に伸ばし、緩やかな「X」字にする

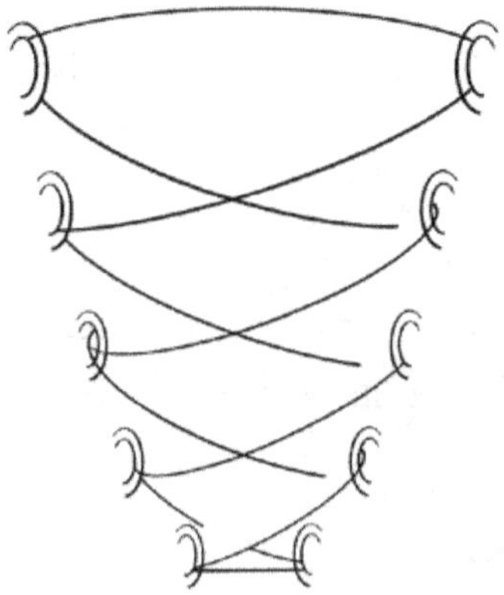

5. それぞれの「X」字に線を加えて編み上げ部分を「太く」する

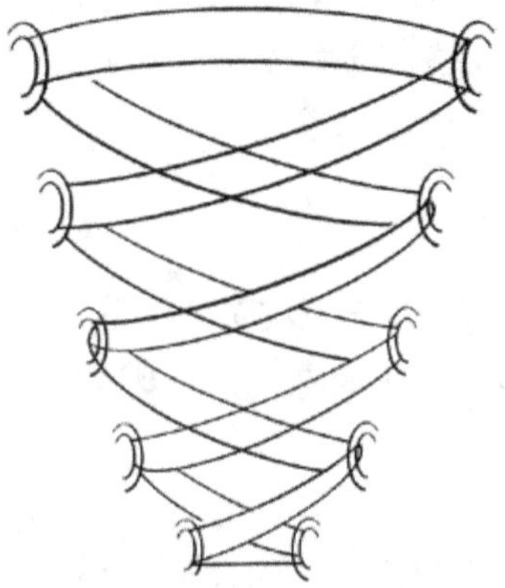

6. 特定の線を消して、ひもが互いに重なり合っているようにする

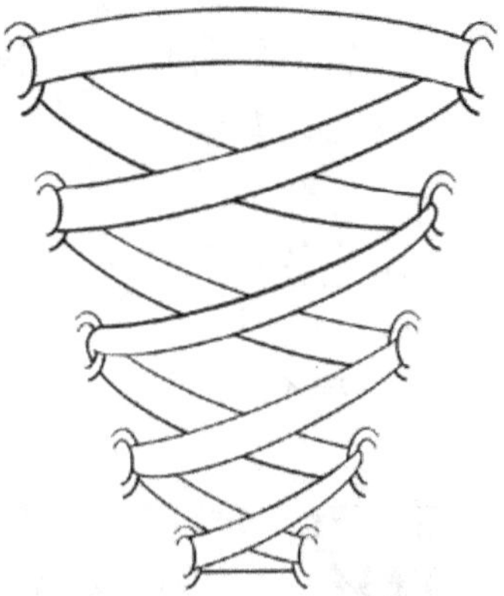

7. リボンを加える

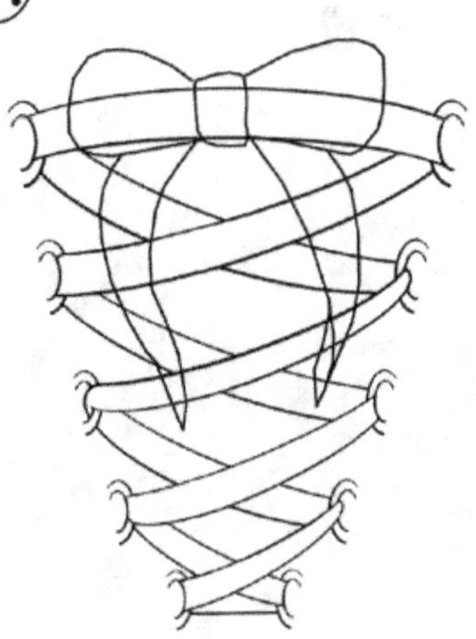

8. リボンの後ろの部分を消す

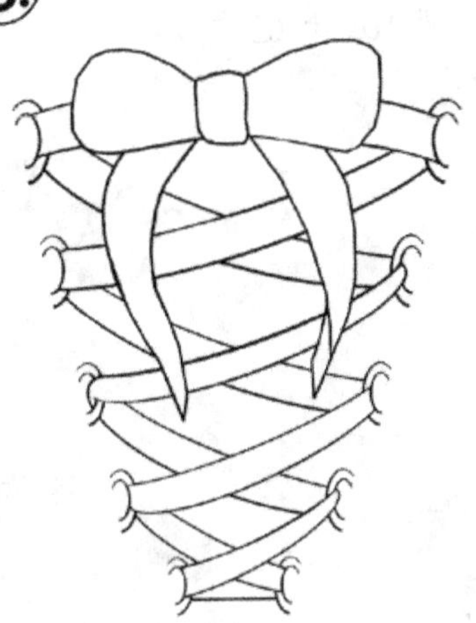

9. 影を付ける

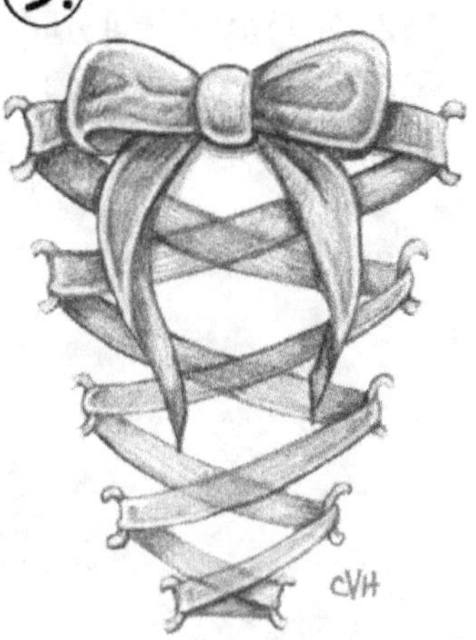

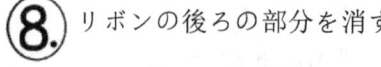

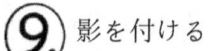

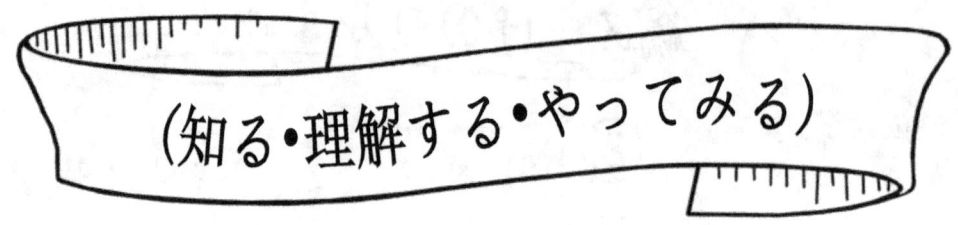

(知る•理解する•やってみる)

素敵なティーカップ

知る:
- 単純な形を組み合わせて複雑な物体を描く
- 円錐形の交差する部分を使えば容器(ティーカップ)の錯覚を起こせる
- 物体にパターンと影を描き入れれば、立体的になる

理解する:
- 円柱の原則(丸みを帯びた底辺と楕円形の上部)を使い、量感を支えているように見える物体を描く
- 物体の周りに「囲む」線のテクニックとパターンを描いて、立体に見せる

やってみる:
重なり合いを見せるオリジナルのティーカップとソーサーを描こう。ティーバックやスプーン、影などの「おまけ」を描き入れよう

用語集:
円錐形 – 長円の先から伸びる二本の線がくっついた形
長円 – 角度を付けた円（楕円形）
重なり合い – 何かを他の物の上に置いて、その一部を覆うこと
量感 – 立体の中の容積を指す

素敵なティーカップ

1. 細長い楕円形を描く

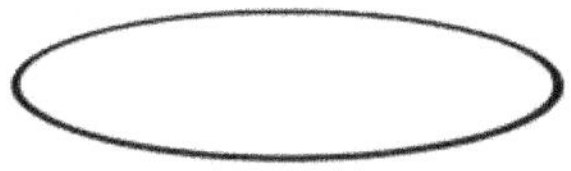

2. 斜めの縦線を2本引く

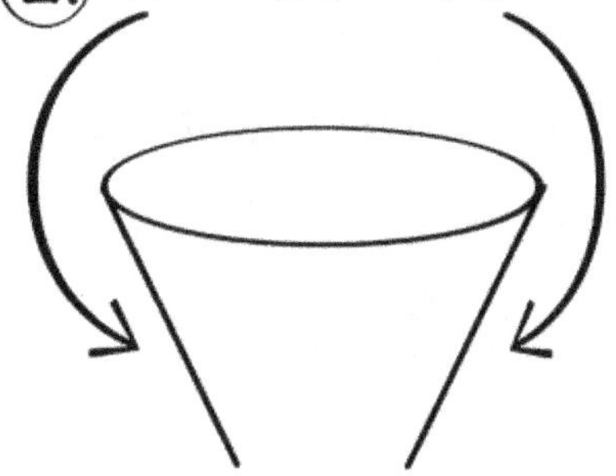

3. 曲線で底を描く

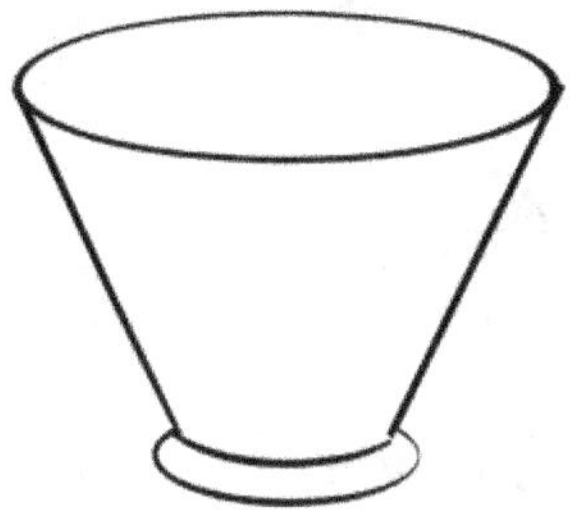

4. 両脇をカーブさせる

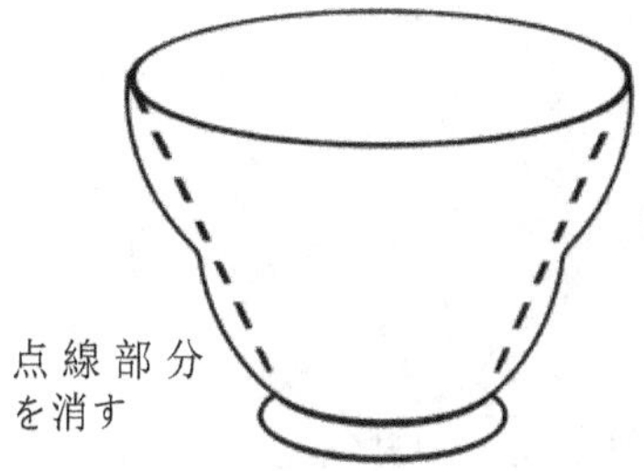
点線部分
を消す

5. 楕円形を二つ描く

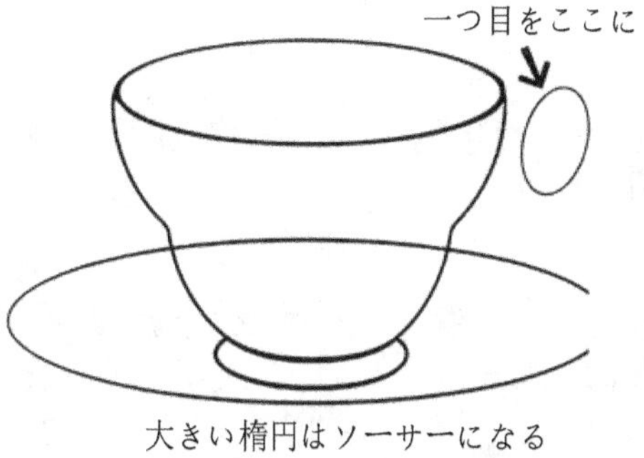
一つ目をここに
大きい楕円はソーサーになる

6.

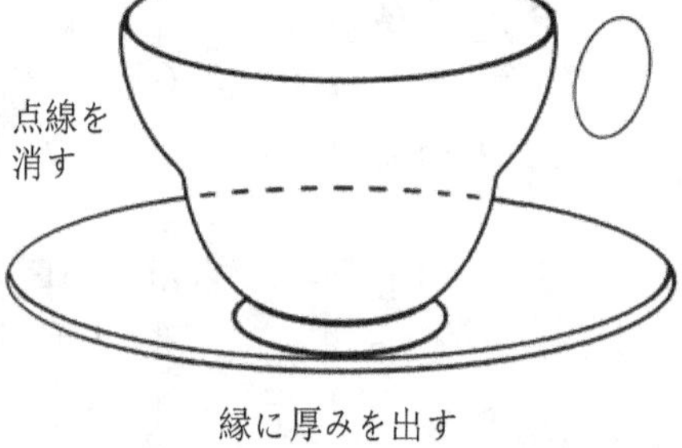
点線を
消す
縁に厚みを出す

7.

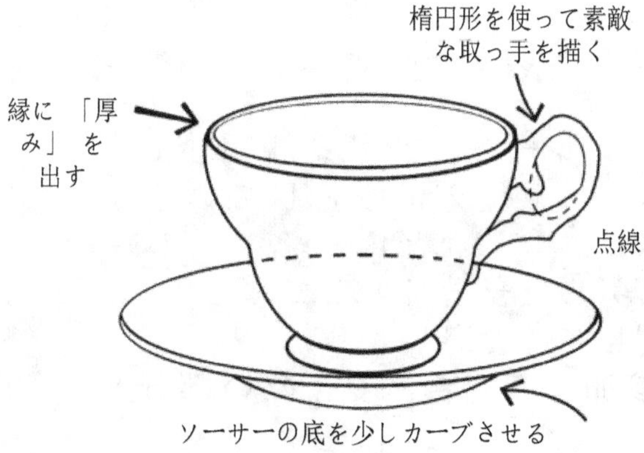
楕円形を使って素敵
な取っ手を描く
縁に「厚
み」を
出す
点線を消す
ソーサーの底を少しカーブさせる

8. 花や渦巻きのような素敵な
デザインを描き入れる

影を付ける

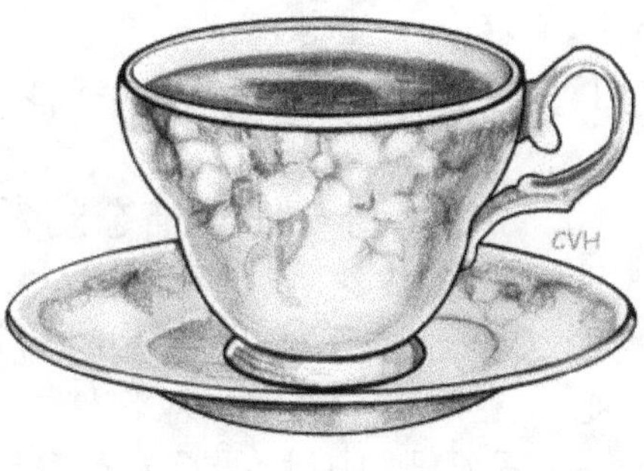
CVH

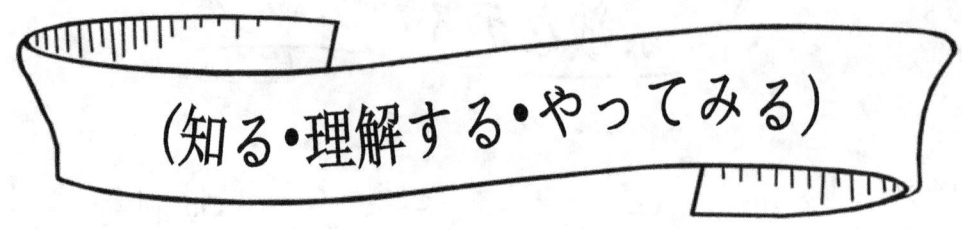

(知る•理解する•やってみる)

スニーカーのデザイン

知る:
バランス、デザイン、機能、線、繰り返し

理解する:

- ファッションが社会構造を築き、分断する様子
- ファッションはアイデンティティを反映し、人の性質を延長したもの
- 既存の構造からオリジナルデザインを創造する方法

やってみる:
生徒はシューズのコンセプト段階から最終製品までのデザインを手掛ける。シューズをデザインするにあたり、業界のトレンド、デザインコンセプト、パターン、素材、色、ライン、シンメトリー、履く人の正確、性別、年齢、好き嫌いなどを考慮する
覚えておく点: 靴の用途(スポーツ、カジュアル用など)、靴の形（ハイトップ、ロートップなど）、ステッチ、強化エリア、ロゴ、靴紐/ストラップ/マジックテープ、紐通し穴、靴底の素材、品質表示など

プレゼンテーション & 意見:
自分の作品には作者の主張/意見を含めなければならない。説明フォームには、以下の情報と授業で使用した大切な用語を含めるようにする。

1. あなたの靴のデザインとインスピレーション源を説明してください。どんなアイデンティティを伝えようとしていますか?（この靴は誰を対象としていますか?など）
2. デザイン過程で簡単だった、苦労した部分はどこですか?
3. あなたの靴の長所と短所を説明してください。
4. このプロジェクトにもう一度参加する場合、変えたい部分とその理由は何ですか?

靴は 機能的
な覆い 以上
の物

スニーカーをデザイン

課題：オリジナルでスニーカーをデザインしよう。以下のアイデアを使ってコンセプトのブレインストーミングをしよう

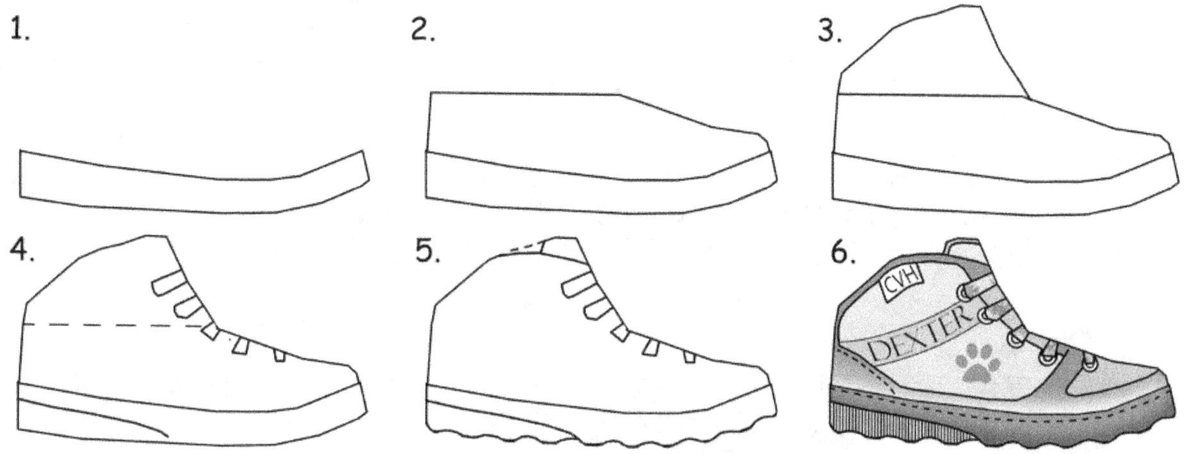

一般的なスニーカー
の形状例

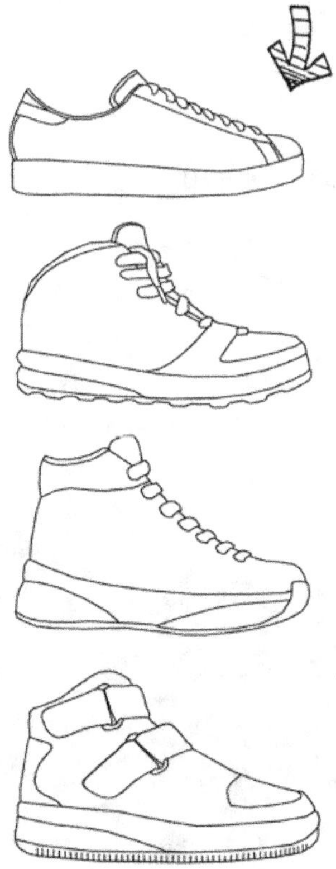

靴はあなたについて何を語るか?

1. 好きなデザイン要素について考えて、リストを作ろう。文字、フォント、いたずら書き、パターンなどを含めることができる
2. デザインに含めたい要素を決める　（線、フォント、文字、グラフィティなど）
3. どんなアイデンティティを伝えたいか決める シューズが対象にしているのは誰か?

美的考察:

業界のトレンド
パターン
素材
色
バランス
線
シンメトリー

以下を忘れずに:

靴の用途
靴の形
ステッチ
ロゴ（宣伝文句?）
靴紐/ストラップ靴
紐の穴
底の素材

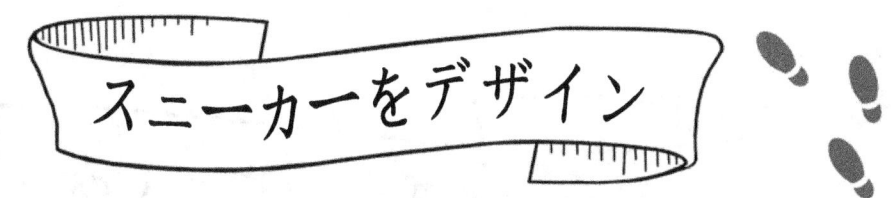

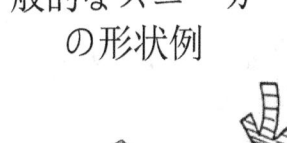

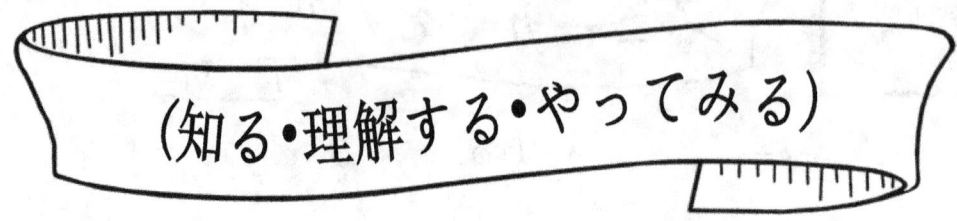

(知る•理解する•やってみる)

宝物箱

知る:
- 単純な形を組み合わせると複雑な物体ができる
- 物体にパターンを描き入れ影を付けると、立体感が出る

理解する:
- 立方体の原則を使い、量感を支えているように見える物体を描く
- 後退線を使用して、遠近感を表す
- シンプルな3D立方体を描く一つの方法

やってみる:
遠近感を表すオリジナルの宝物箱を描こう。箱の中にたくさんの「おまけ」を描き入れよう。箱を風景に溶け込ませる

用語集:
立方体 – 四角い面が6枚ある多面体で、3Dのように見える四角のこと
観点 – 物体や景色を眺める地点のこと
後退線 – 最前面から後ろに下がるまたは遠ざかる線のこと

宝物箱

1. まず傾いた長方形を描く

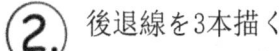

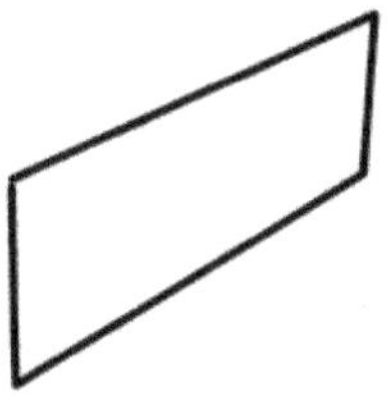

2. 後退線を3本描く

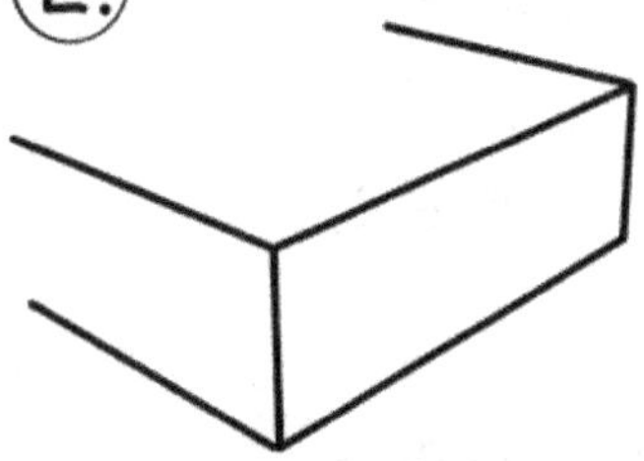

3. 頂点をつなぐ

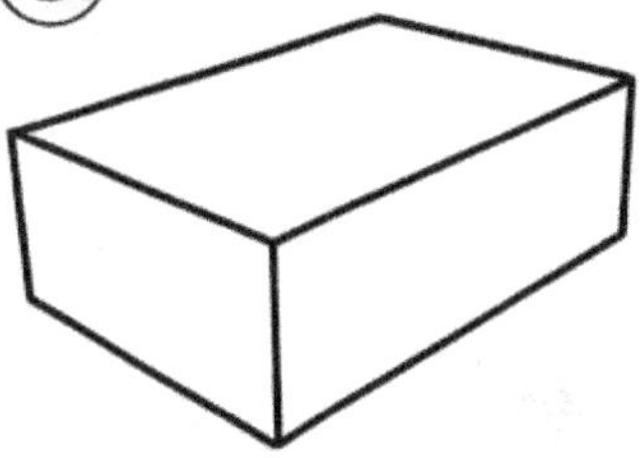

4. 開いた蓋を描く

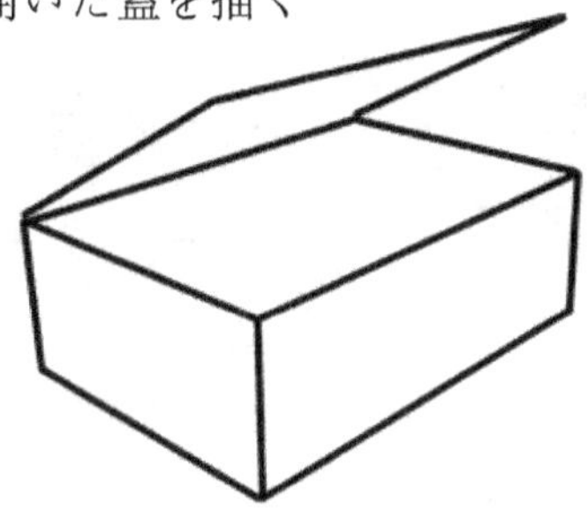

5. 蓋に「厚み」を出す

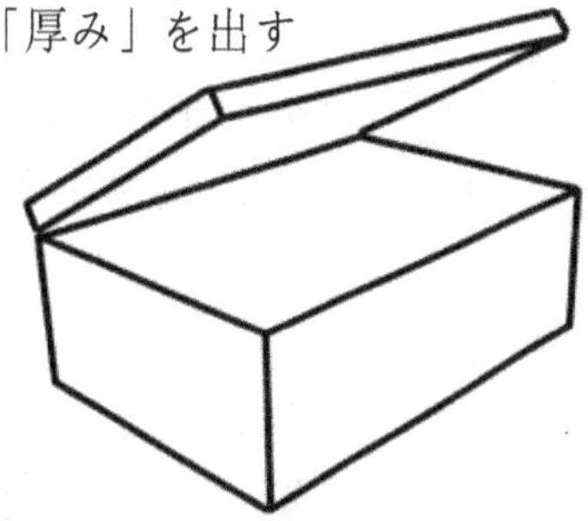

6.

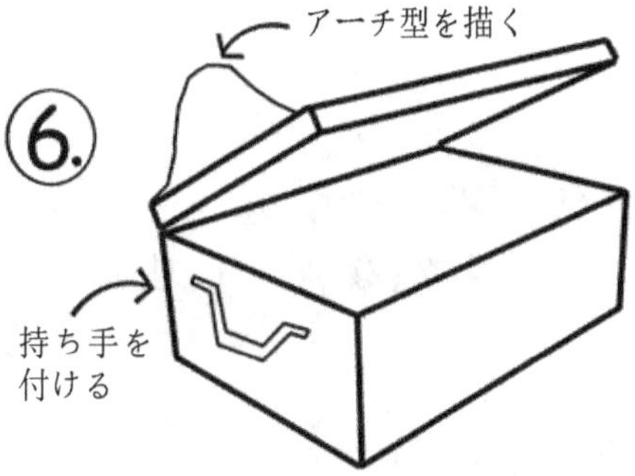
アーチ型を描く
持ち手を付ける

7.

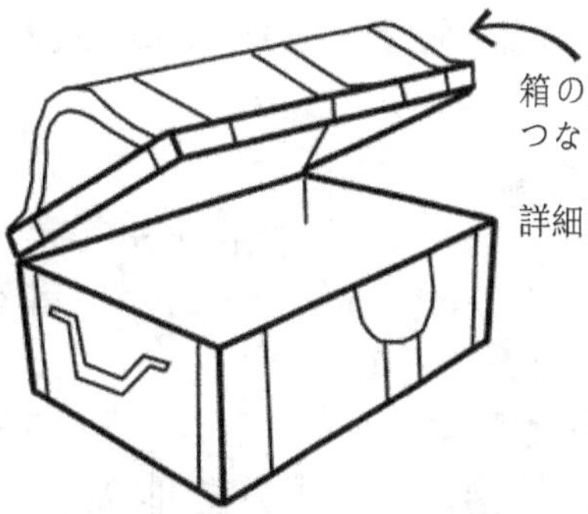
箱の蓋をつなぐ
詳細を 描き込む

8.

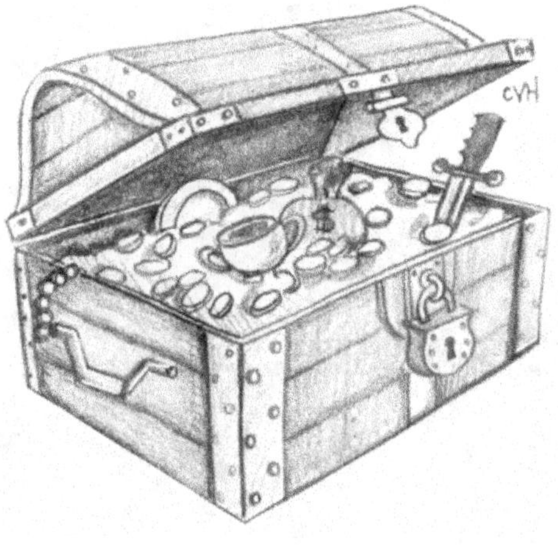

精巧なカギ…

1.

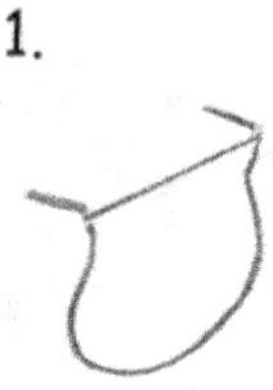

2.

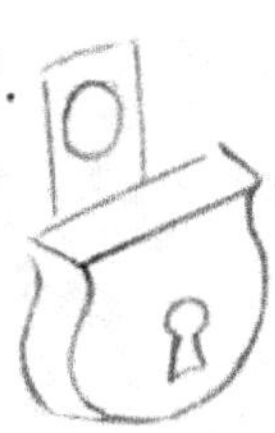

3.

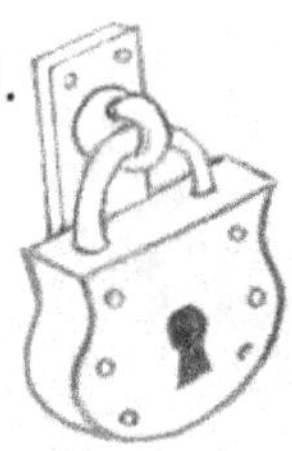

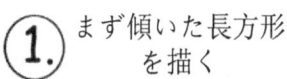

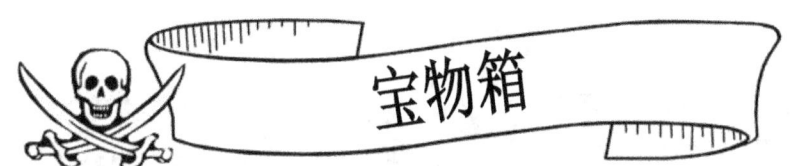

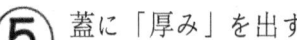

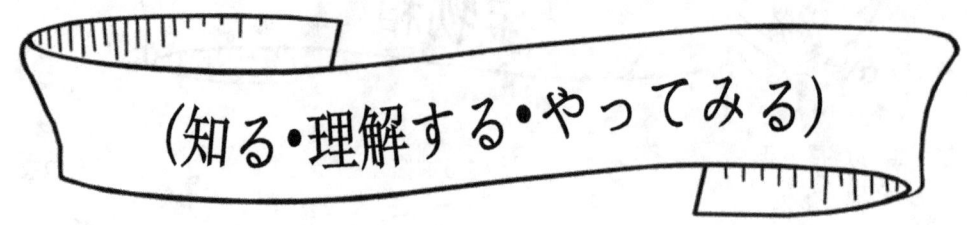

(知る•理解する•やってみる)

海賊の骸骨

知る:
幾何学的形、重なり合いと多層構造

理解する:
- 単純な形を層にするのは、複雑な立体を描く第一歩になり得る
- 平均的な人の体は「七頭身」で測れる

やってみる:
- 用意された手順に従い、独自のユニークな海賊の「ドクロ」を描こう
- 宝くじ、海賊船、宝の地図の巻き物など「おまけ」をたくさん描き入れる
- 海賊をその場に描き入れて影を付ける

用語集:
幾何学 – 数学的デザインのあらゆる形と立体。幾何学的デザインは、たいてい幾何学的な直線や形から成っている(自然な線や自由造形の線の反対)
層状に重ねる – 何かを他の表面や物体の上に置くこと
重なり合い – 何かを他の物の上に置いて、その一部を覆うこと

海賊の骸骨を描こう

1. まず楕円形を2つ描く

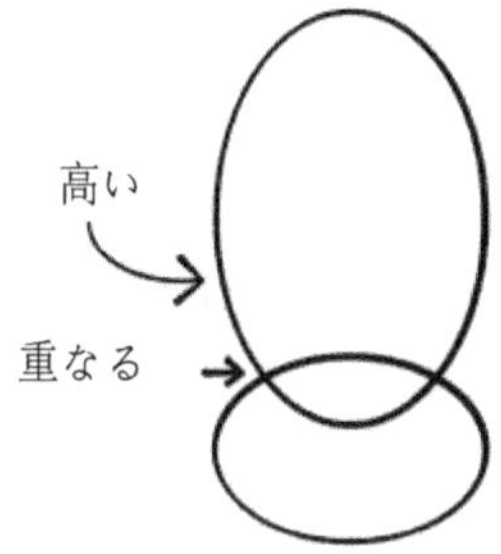
高い
重なる

2. 楕円形の腕と脚を描き足す

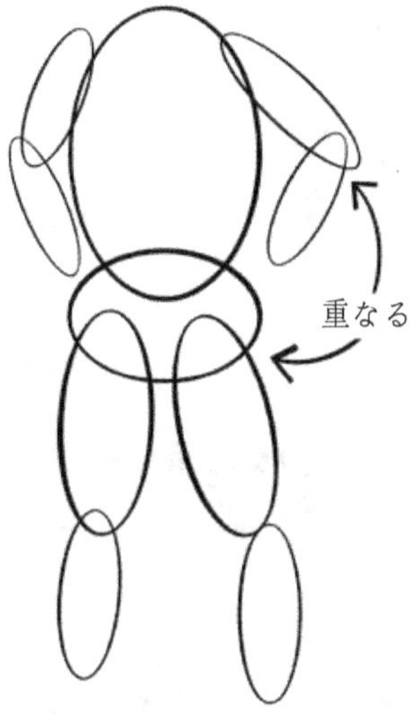
重なる

3.

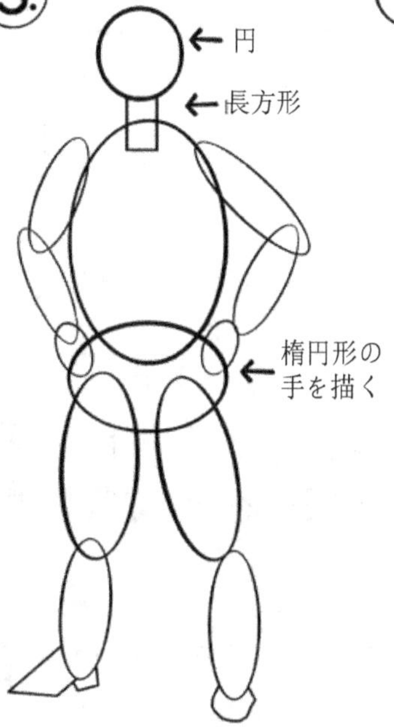
円
長方形
楕円形の手を描く

4. 点線部分を消す

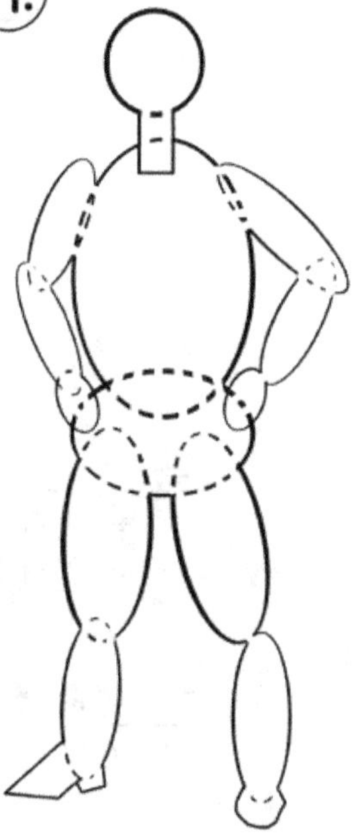

5. 内側の線を消すと こんな風に見えるはず

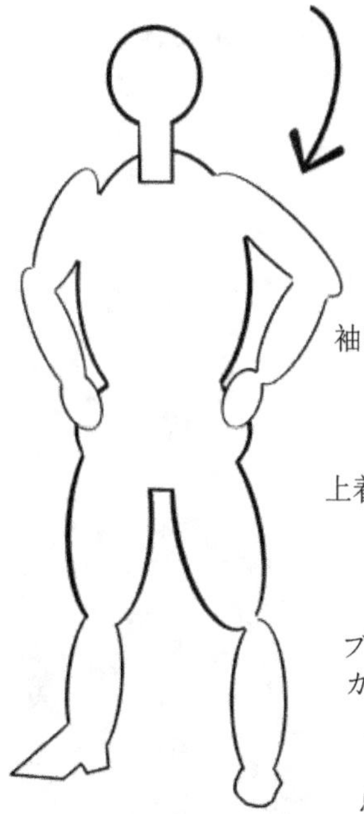

6.

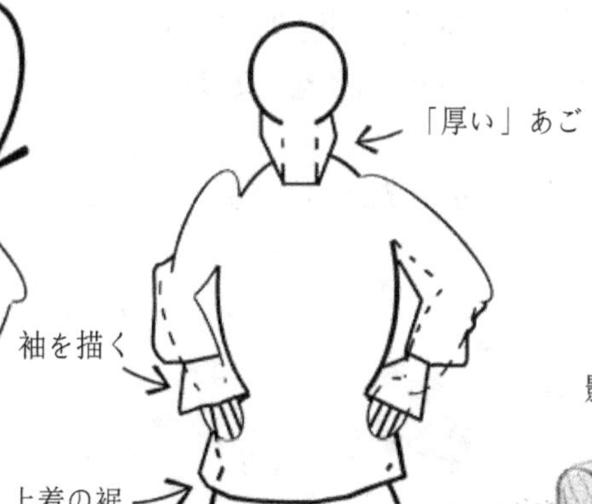
「厚い」あご
袖を描く
上着の裾
ブーツカバー
点線部分を消す

7.

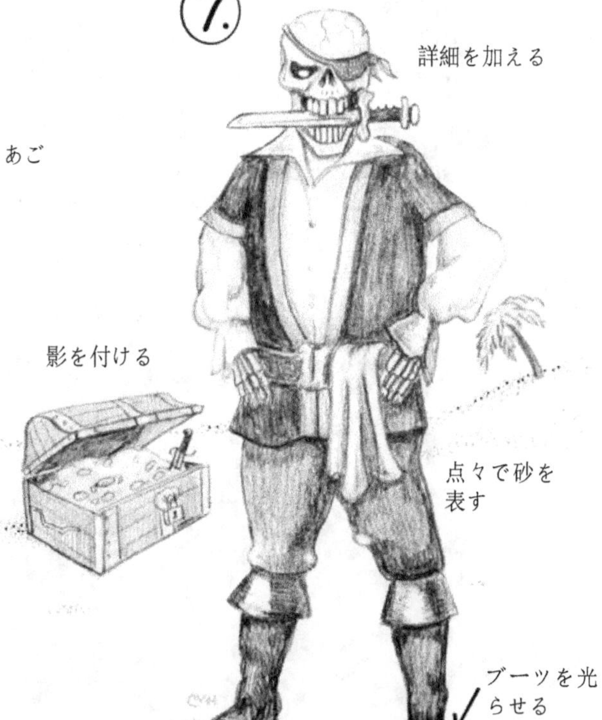
詳細を加える
影を付ける
点々で砂を表す
ブーツを光らせる

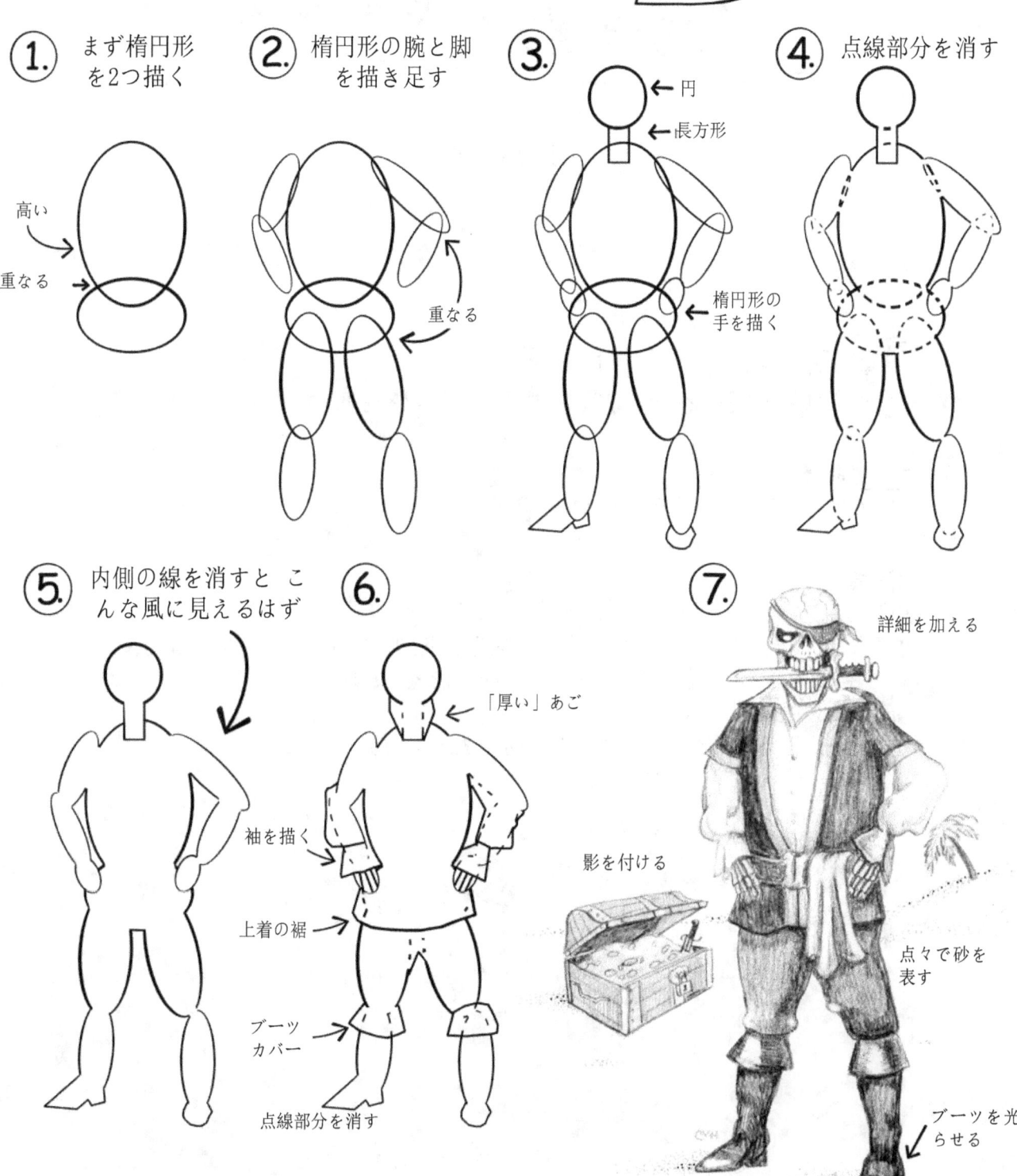

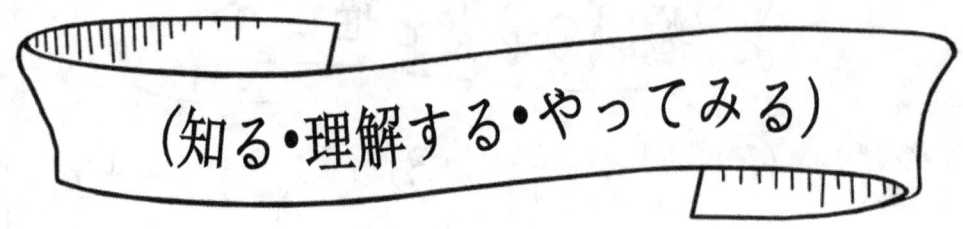

(知る•理解する•やってみる)

木の十字架

知る:
質感

理解する:
- 単純な形から複雑な立体を描く
- 画家は物の手触りや材質を表すため質感を使う

やってみる:
「木のような」質感で遠近感を含めたオリジナルの十字架を描こう

用語集:
観点 – 物体や景色を眺める地点のこと
質感 – アートワークで物の触り心地を描写する方法。画家は筆の流れ、鉛筆のラインなどでおおよその質感を表す
明暗度 – 色の明るさと暗さ
垂直線 – 上から下へまっすぐに描いた平行線のこと

木の十字架

1. まず縦線を2本描く

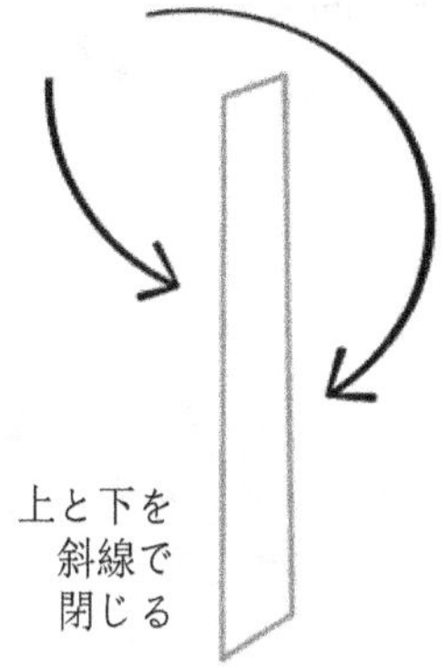
上と下を
斜線で
閉じる

2. 小文字の"T"になるように 水平線を2本加える

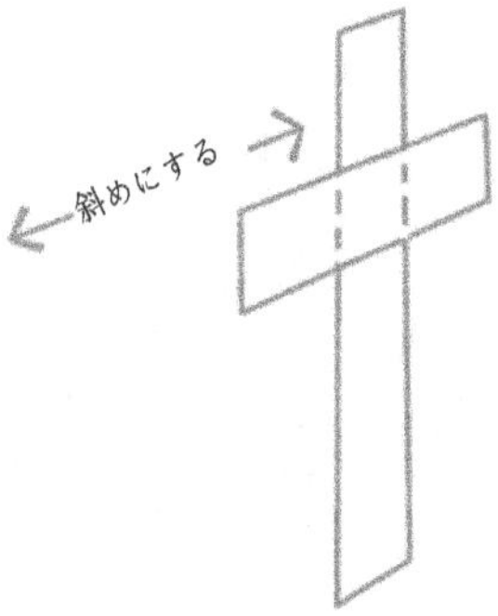
斜めにする

3. 斜めの短い線を7本

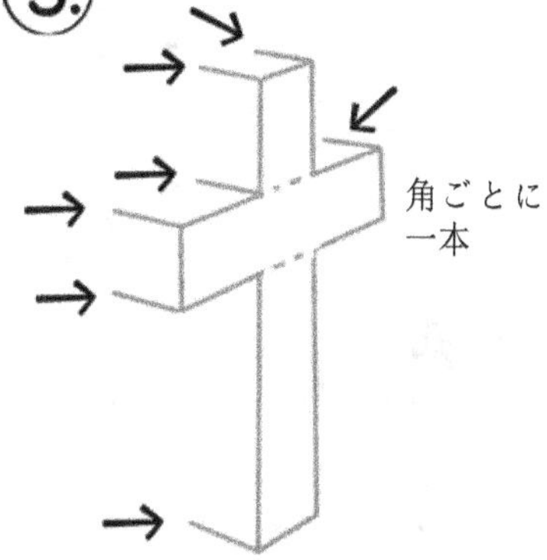
角ごとに
一本

4. 3Dの錯覚を起こさせるよう線同士をつなぐ

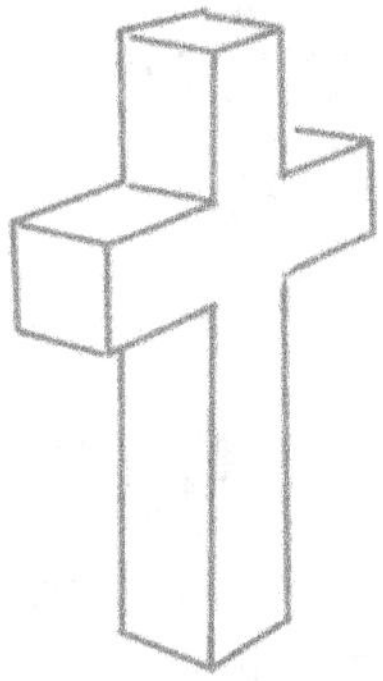

5. 下に斜めの平行線を2本描き入れる

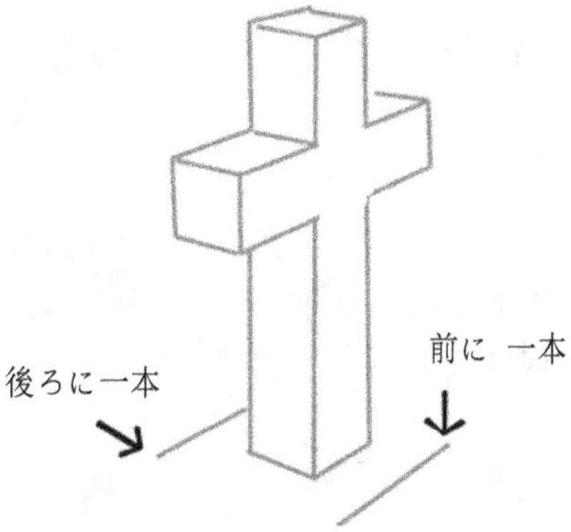
後ろに一本
前に 一本

6. 土台になるよう線をつなぐ

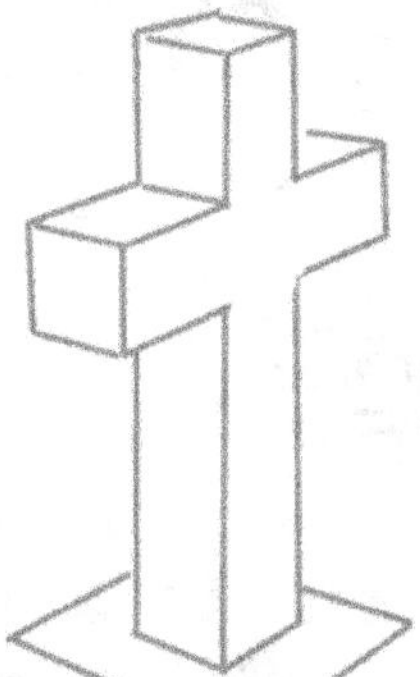

7. 土台に" "「V」字を2本加える

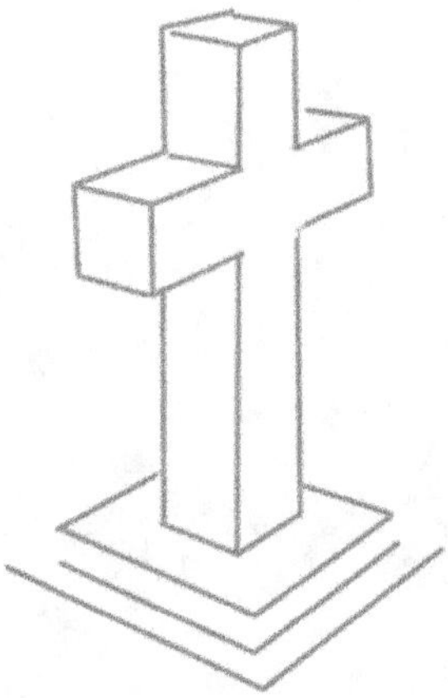

8. 土台を縦線で閉じる

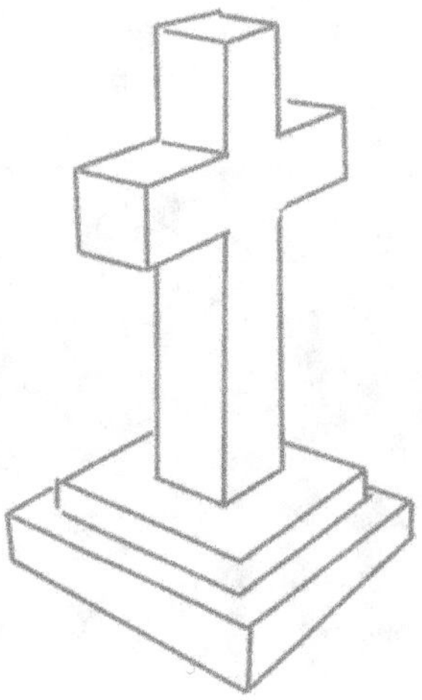

9. 「木に見える」よう影を付ける

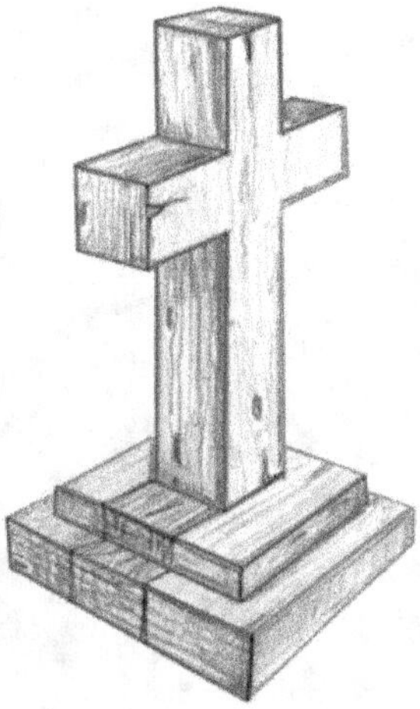

木目の
サンプル

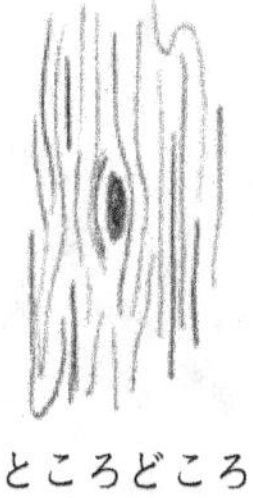

ところどころにコブがあり、何本もの線が同じ方向に走っている

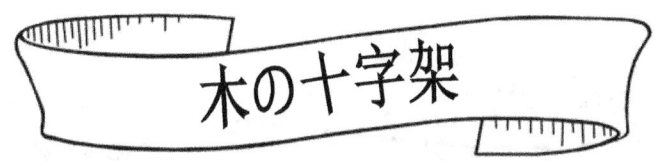

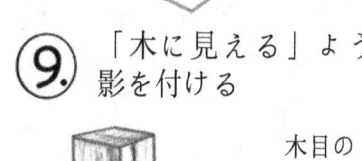

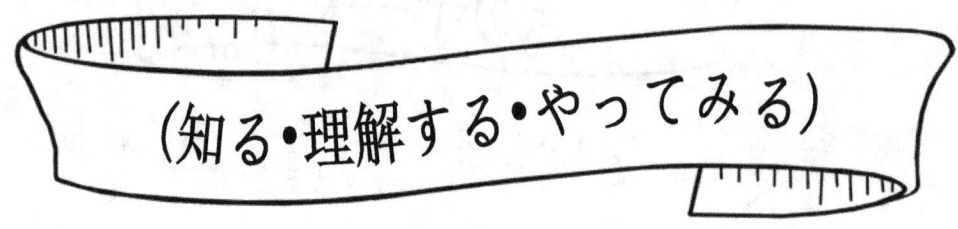

(知る•理解する•やってみる)

水たまり

知る:
自然の形、反射、奥行き

理解する:
自然な立体を描くとき、奥行きを出す方法

やってみる:
用意されたコツを使って奥行き、厚み、反射する性質を描写した自然な水たまりを描こう。影を付ける。水滴を忘れずに!

用語集:
奥行き – アートワークで前から後ろ、または近くから遠くの距離を見せること。奥行きが物体の最小距離を示す時、それを厚みと呼ぶこともできる
自然な形 – 自然界に見られる不規則な形のことで、規則的、または機械的な形ではない
反射 – 鏡や動きのない水のょうに反射する表面に形が映ること

水たまり

1. まず自然な形を描く

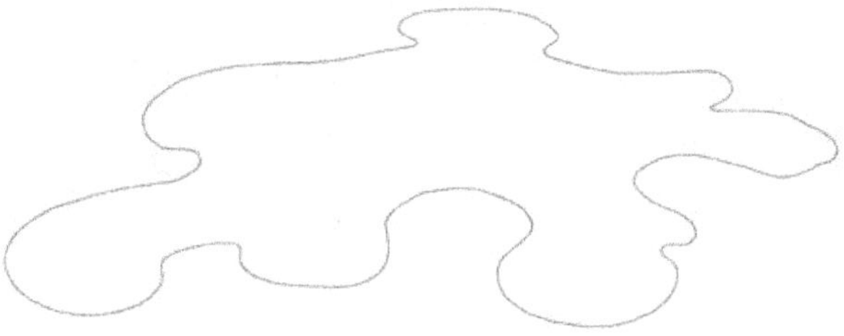

2. 輪郭線の片側に寄せて「厚み」を描く

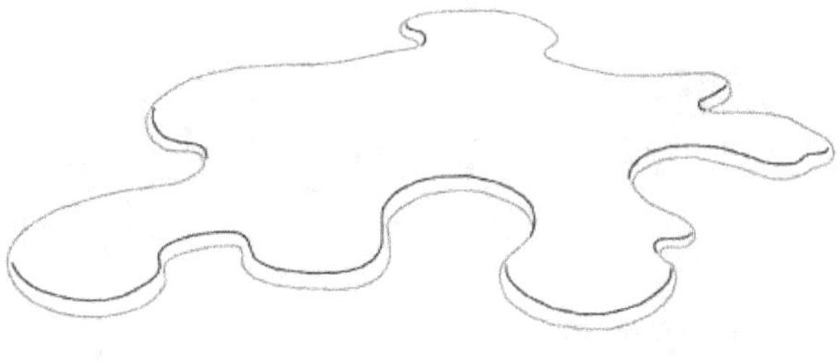

3. で描いた縁に影を付ける

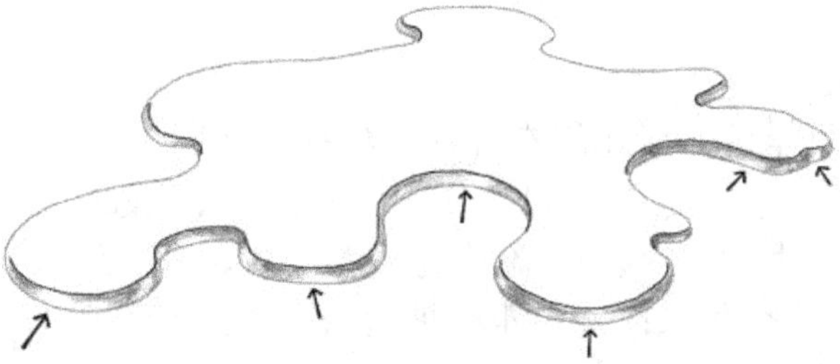

「ハイライト」効果を出すため影を付けない部分を残しておく

4. 無作為な水滴を描き入れる

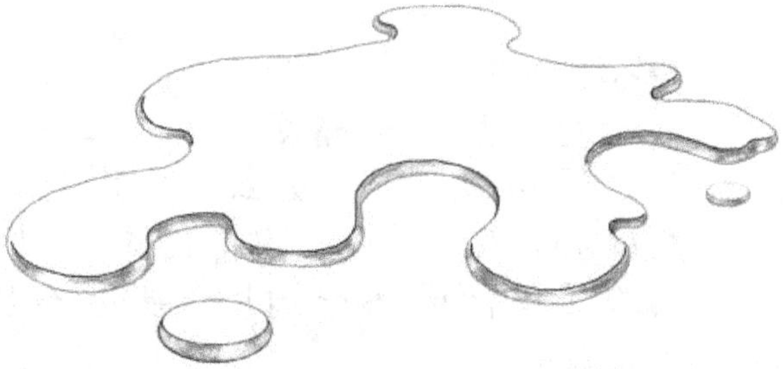

5. 水たまりの「上」の丸みを帯びた縁に軽く影を入れる

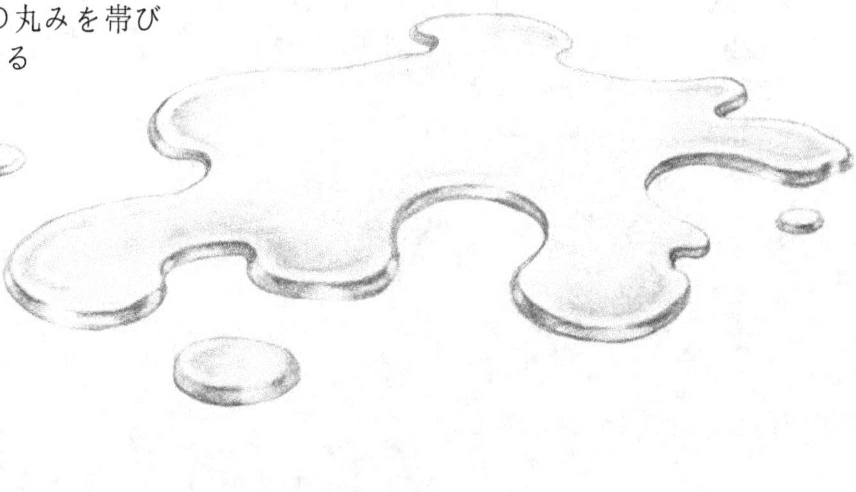

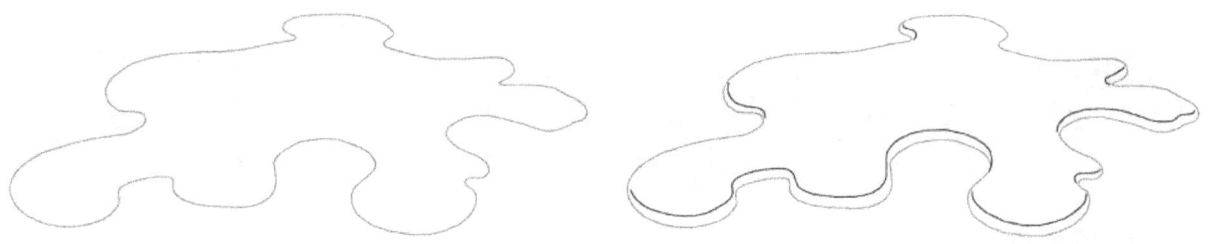

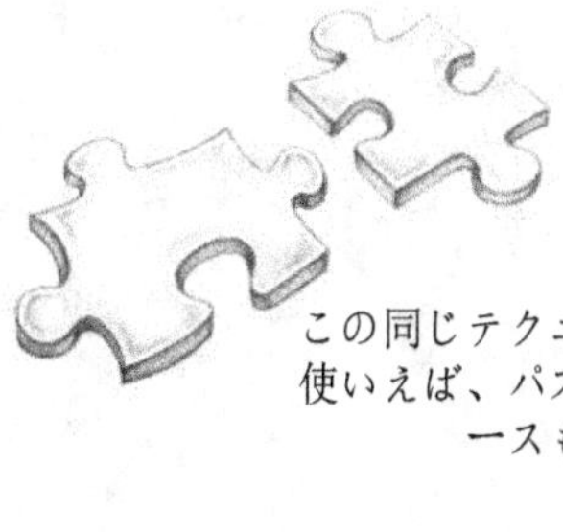

この同じテクニックを使いえば、パズルのピースも描ける

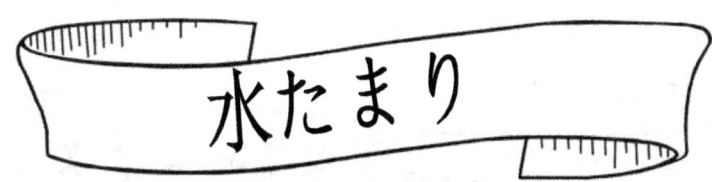

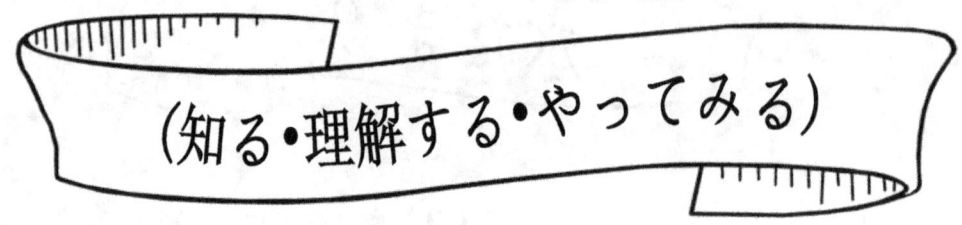

(知る•理解する•やってみる)

水たまりに浮かぶもの

知る:
- 絵の中の基本的な形の構造
- 形と立体は7つのアート要素のうちの２つ

理解する:
- 形と立体の違い
- 量感
- 陰影法
- 層状に重ねる/重なり合い

やってみる:
「水たまり」を描くプロジェクトで学んだ知識を応用する。水たまりに浮かべるアイテムを「水たまりに浮かぶもの」シートから、（または独自に）選ぶ。物体に影を付け、反射する性質を表すため、水たまりの一部の影を消し、動きを出すため水紋を描き加えるのを忘れずに！

用語集:
立体 – 容積を囲む三次元（高さ、横幅、奥行き）の形
反射 – 鏡や動きのない水のように反射する表面に形が映ること
形 – 空間を囲むこと
量感 – 立体の中の空間のこと

水たまりに浮かぶもの

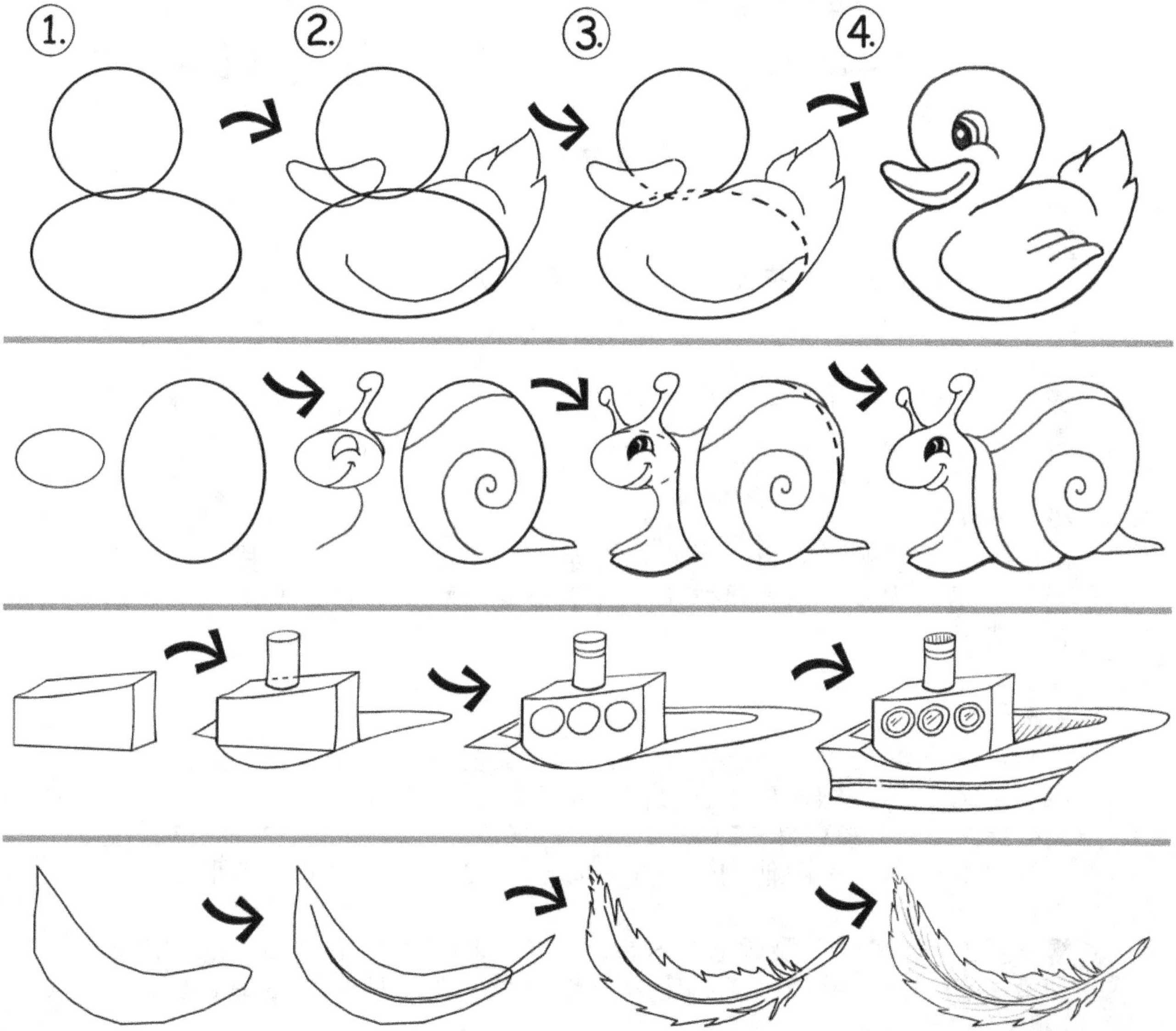

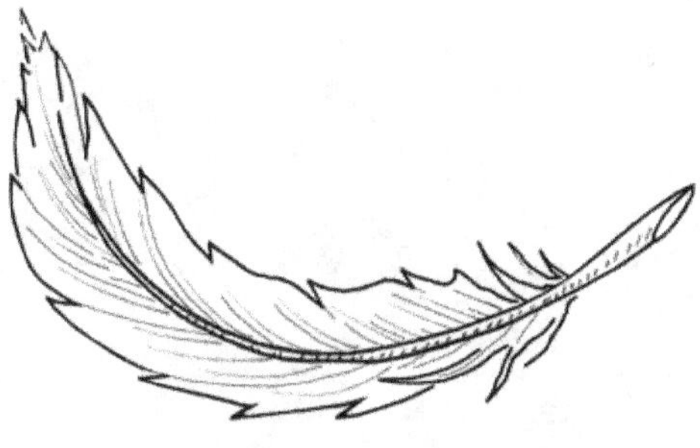

水たまりを描き、その上に「浮かぶ」アイテムを一つ選ぶ

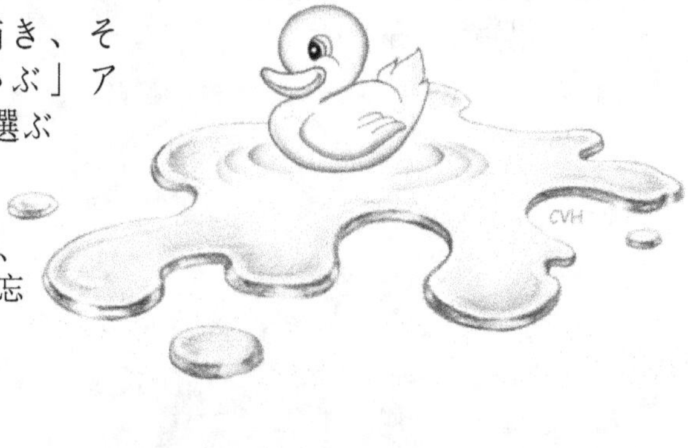

動きを表すため、水紋を描くのを忘れずに！

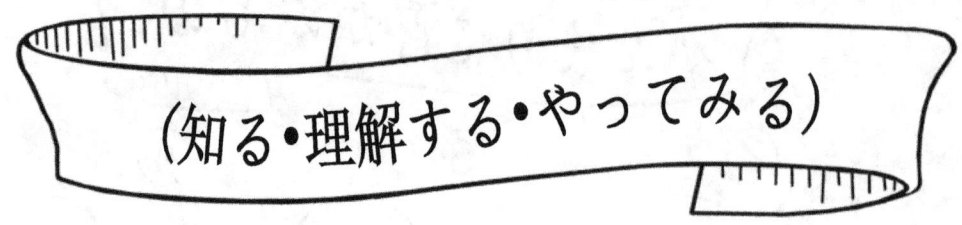

(知る•理解する•やってみる)

足あと

知る:
「小さな足あと」を描く単純なコツと秘訣

理解する:
身の回りの物をイラストにして、デザインやパターンを描くのに使える

やってみる:
用意された手順に従い、「小さな足あと」のデザインを描く。左右両方の足を描き、千鳥足で歩くパターンで配置して、リアルな足あとを表現する

用語集:
足あと – 歩いたり走ったりする人が残す型やあとのこと
パターン – 形、線、色を含む何らかの物を繰り返すこと
スタンプ – 水彩(たいていインクやペイント)カラーを付けたブロックやプレート、その他物体を平らな表面に押し付けて作る形やマークのこと
繰り返し – アート要素を組み合わせて、同じ要素を何度も繰り返し使う手法。同じ絵の中で特定の色や形が何度も使われるかもしれない
千鳥足 – 歩幅を不揃い、色んなジグザグ、または重なり合う位置に配置すること

上手にできるまでは少し練習が必要な場合があるが、「足あと」を描く面白くて楽しい方法

足あと

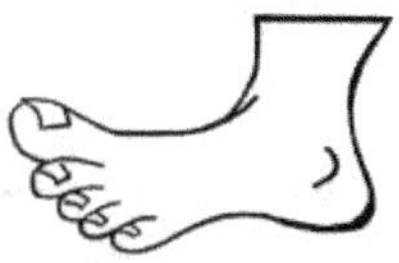

①まず水彩アクリル塗料かテンペラ絵具を用意する

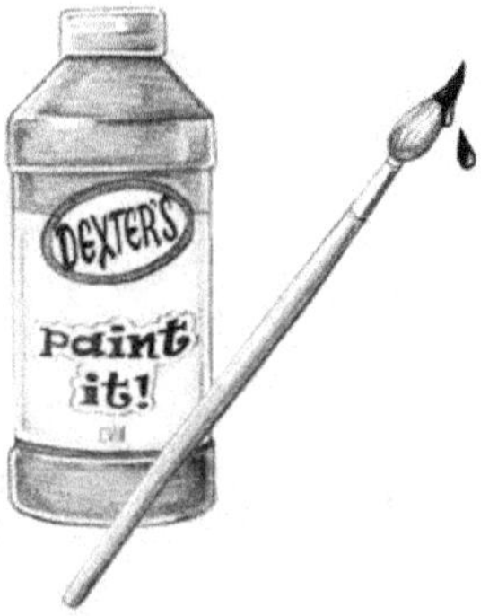

②握りこぶしを創り、手の外側に塗料を付ける

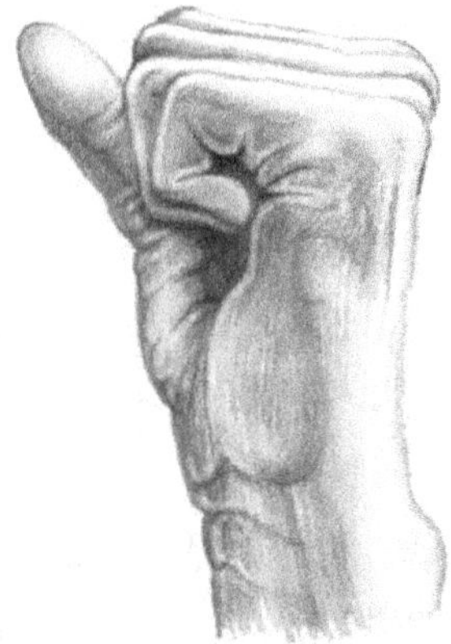

③要らない紙に手のスタンプを押し、塗料を洗い流す

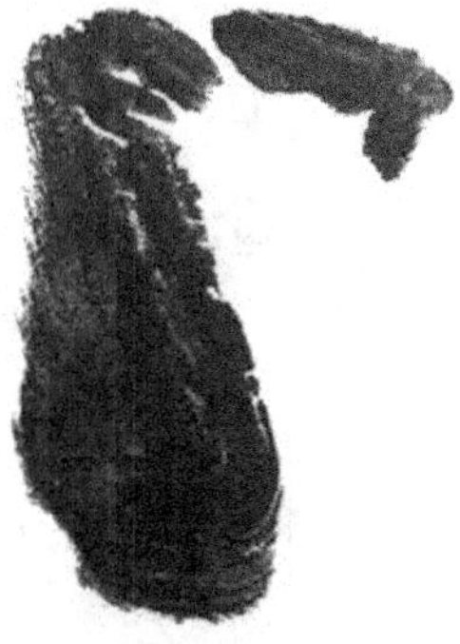

④新しい紙にもう一度スタンプを押す。親指を付ける
(手の親指を使う)

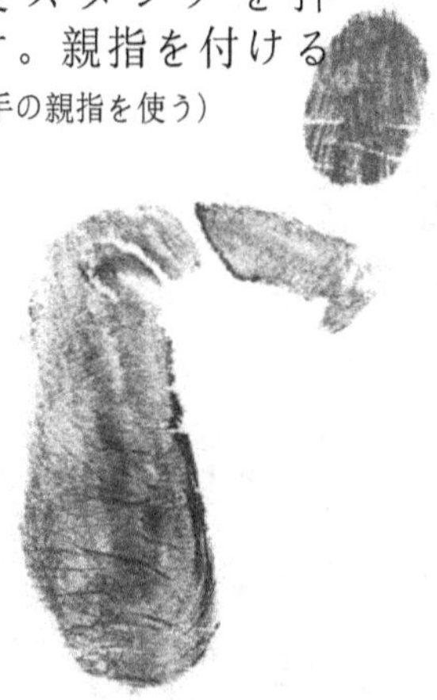

⑤足の人差し指を付ける
(手の人差し指を使う)

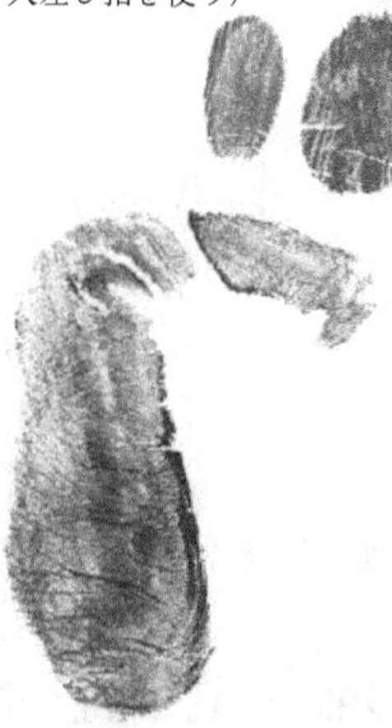

⑥中指を付ける...
(手の薬指を使う)

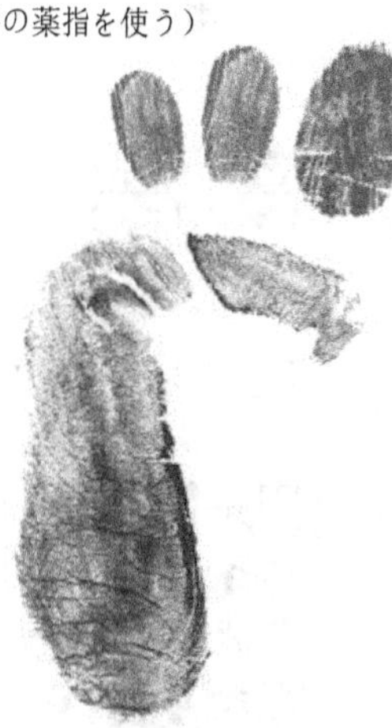

⑦薬指を付ける

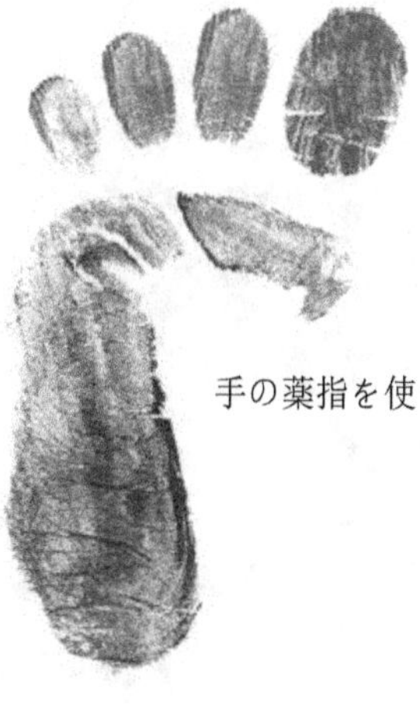

手の薬指を使う

⑧最後に小指を付ける

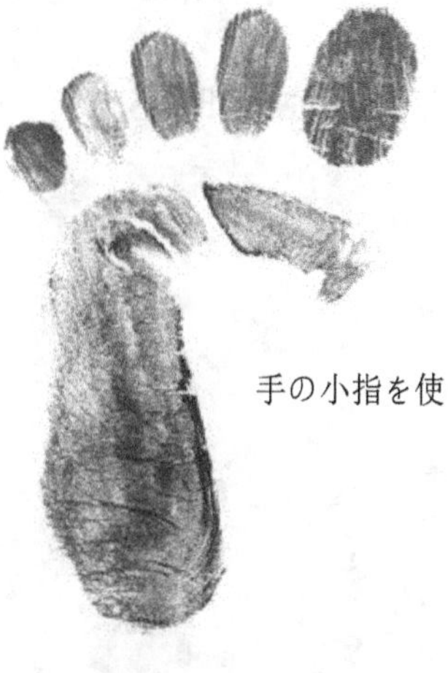

手の小指を使う

⑨反対側の手を使い2-8の手順を繰り返し、足あとを千鳥足にする

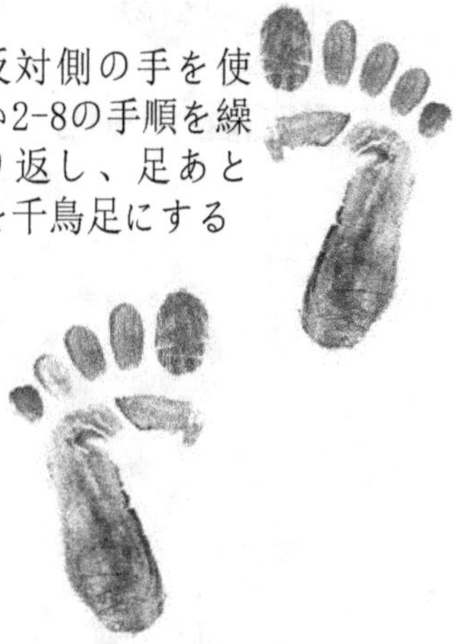

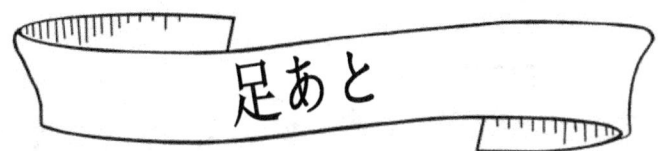

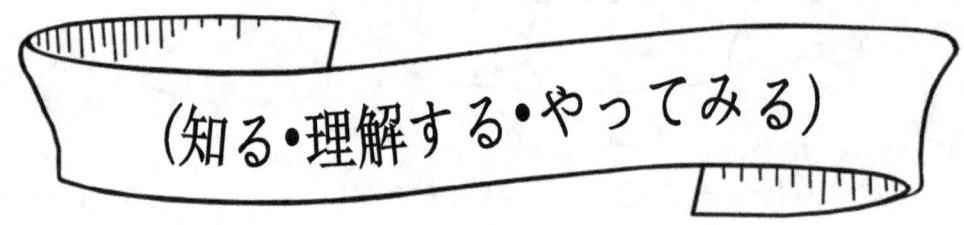

(知る•理解する•やってみる)

火の描き方

知る:

不揃いの線、重なり合い、ハイライト、明暗度

理解する:

- 単純な形を層のように重ねると、奥行きを表現し立体を描く助けになる
- 陰影を付けるときに明暗度を変えると、面白みとリアルさを出す助けになる

やってみる:

- 用意された手順に従い、自分で火を描写してみる
- 明暗度を使い、色の濃い部分と薄い部分を表現する
- ハイライトを表すため、ある部分の影を消す

用語集:

ハイライト – 表面で最も光を反射する部分。明暗度を使い、絵の中である部分に注意を引いたり、強調したりすること

重なり合い – 何かを他の物の上に置いて、その一部を覆うこと

不揃いな線 – 無計画または偶然にできたもので、何のパターンもないこと

明暗度 – 色や色調の明るさや暗さ

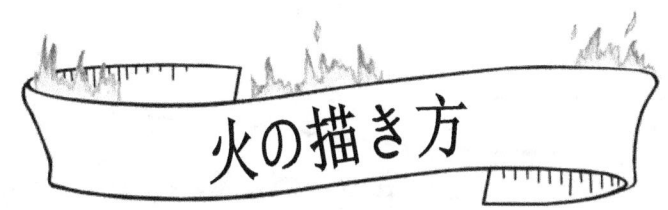

火の描き方

① まずしずくの形を描く

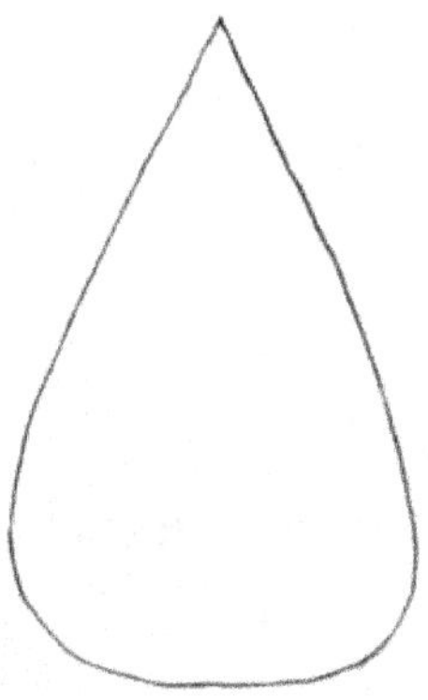

② 内側に不揃いにカーブ下線を描く

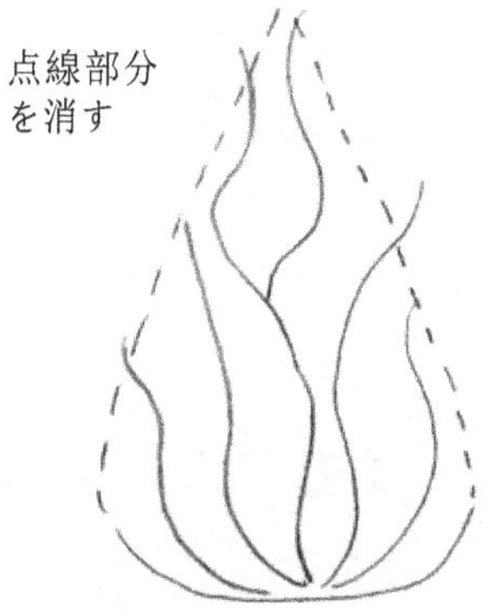
点線部分を消す

③ 点線部分に線を加えて炎の「厚み」を増す

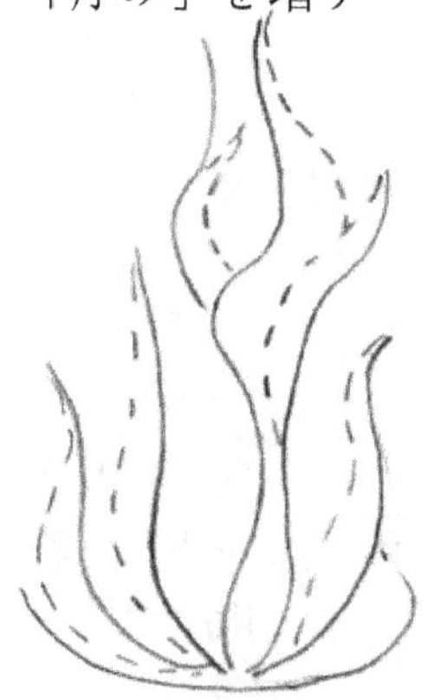

④ 不揃いな曲線をもう少し描き足す

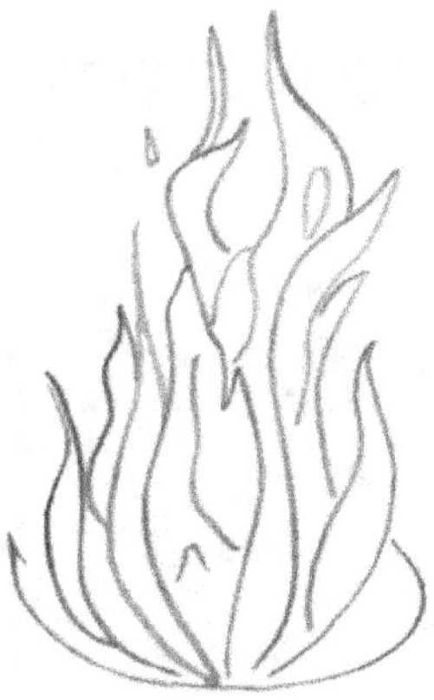

⑤ 火全体に軽く影を入れ、中心線を一部消す

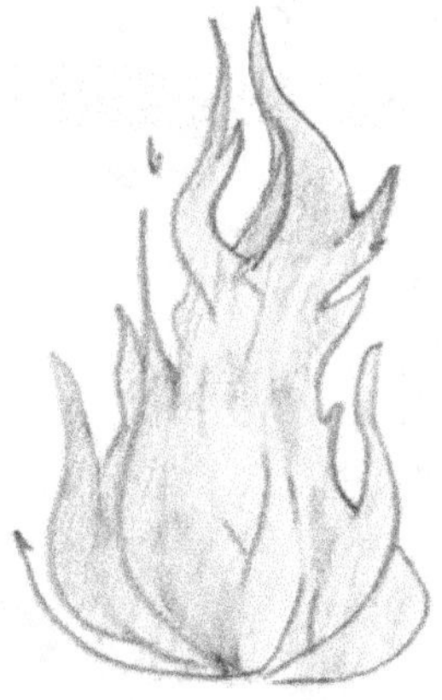

⑥ 影を付ける

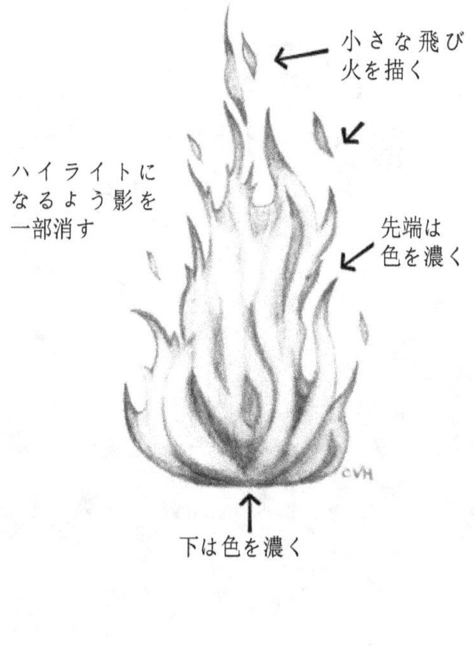
小さな飛び火を描く
ハイライトになるよう影を一部消す
先端は色を濃く
CVH
下は色を濃く

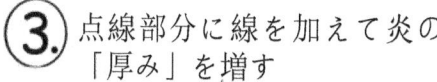

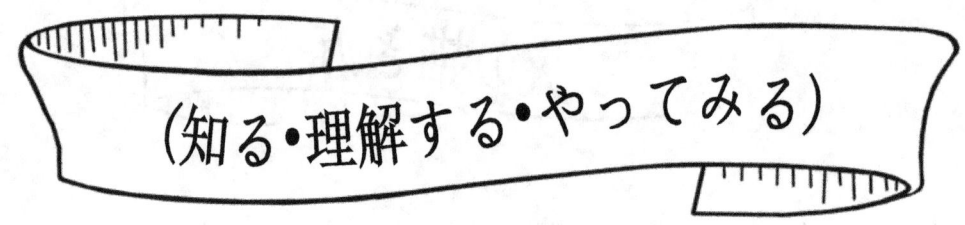

(知る•理解する•やってみる)

キャンドルの描き方

知る:

円柱、ハイライト、明暗度

理解する:

- 美術作品で円柱は円筒を三次元(3D)に見せる
- 影を付ける時、色調の明暗度を変えると、面白みとリアルさを出す助けになる

やってみる:

- 用意された手順に従い、自分で燃えるロウソクを描写する
- 明暗度を使い、暗い部分と明るい部分を示す
- ハイライト効果を出すため、影を一部消す（炎の一番近い部分）

用語集:

円柱 – 三次元に見える円筒のこと
ハイライト – 表面で最も光を反射する部分。明暗度を使い、絵の中である部分に注意を引いたり、強調したりすること
明暗度 – 色や色調の明るさや暗さ

キャンドルを描く

1. まず細長い長方形を描く

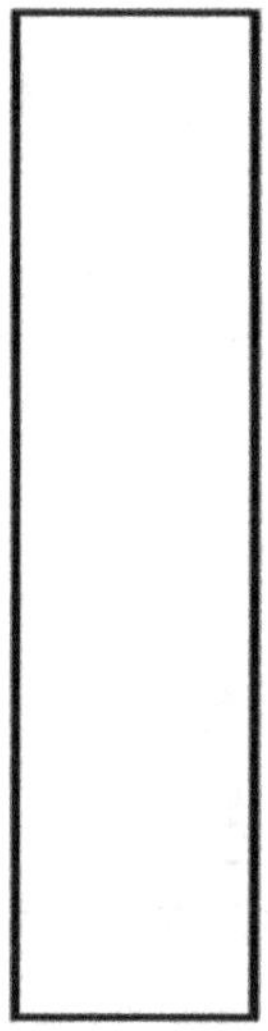

2. 一番上と下に楕円形を描き、円柱にする

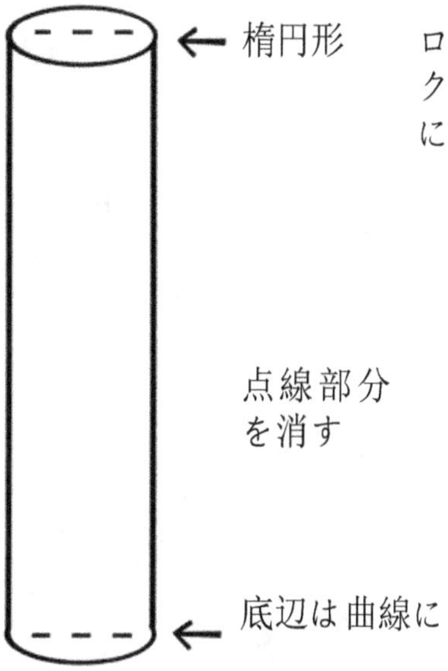

楕円形
点線部分を消す
底辺は曲線に

3. 楕円形を描く

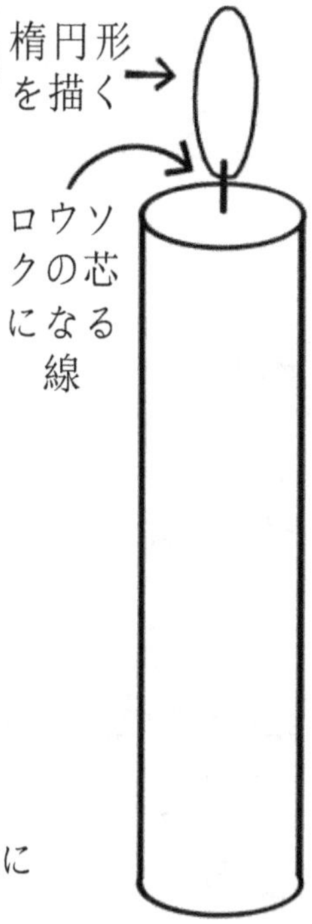

ロウソクの芯になる線

4.

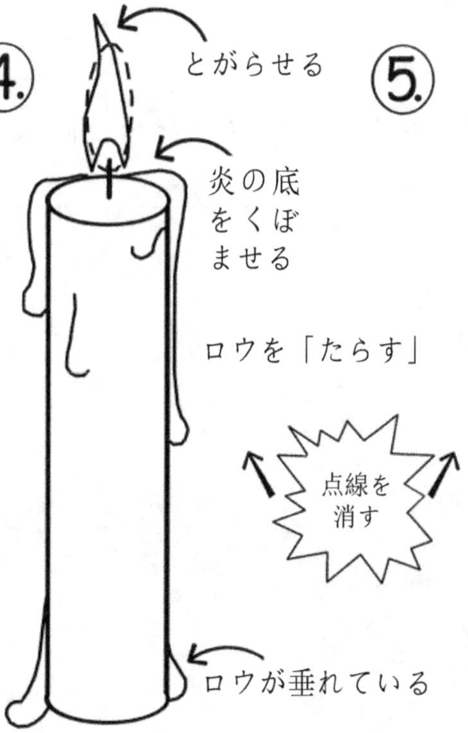

とがらせる
炎の底をくぼませる
ロウを「たらす」
点線を消す
ロウが垂れている

5.

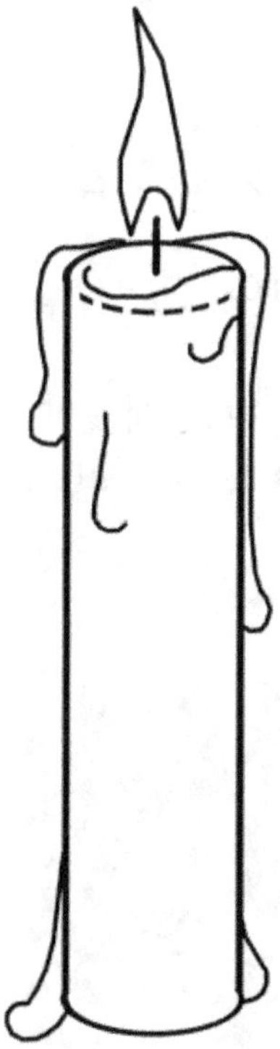

6.

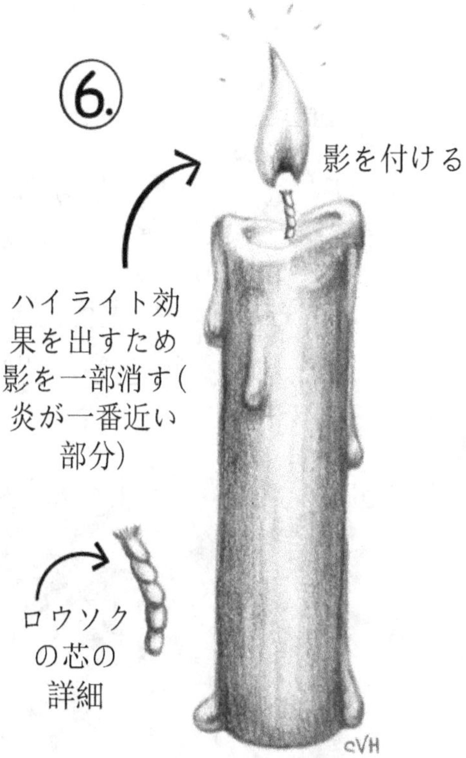

影を付ける
ハイライト効果を出すため影を一部消す(炎が一番近い部分)
ロウソクの芯の詳細
CVH

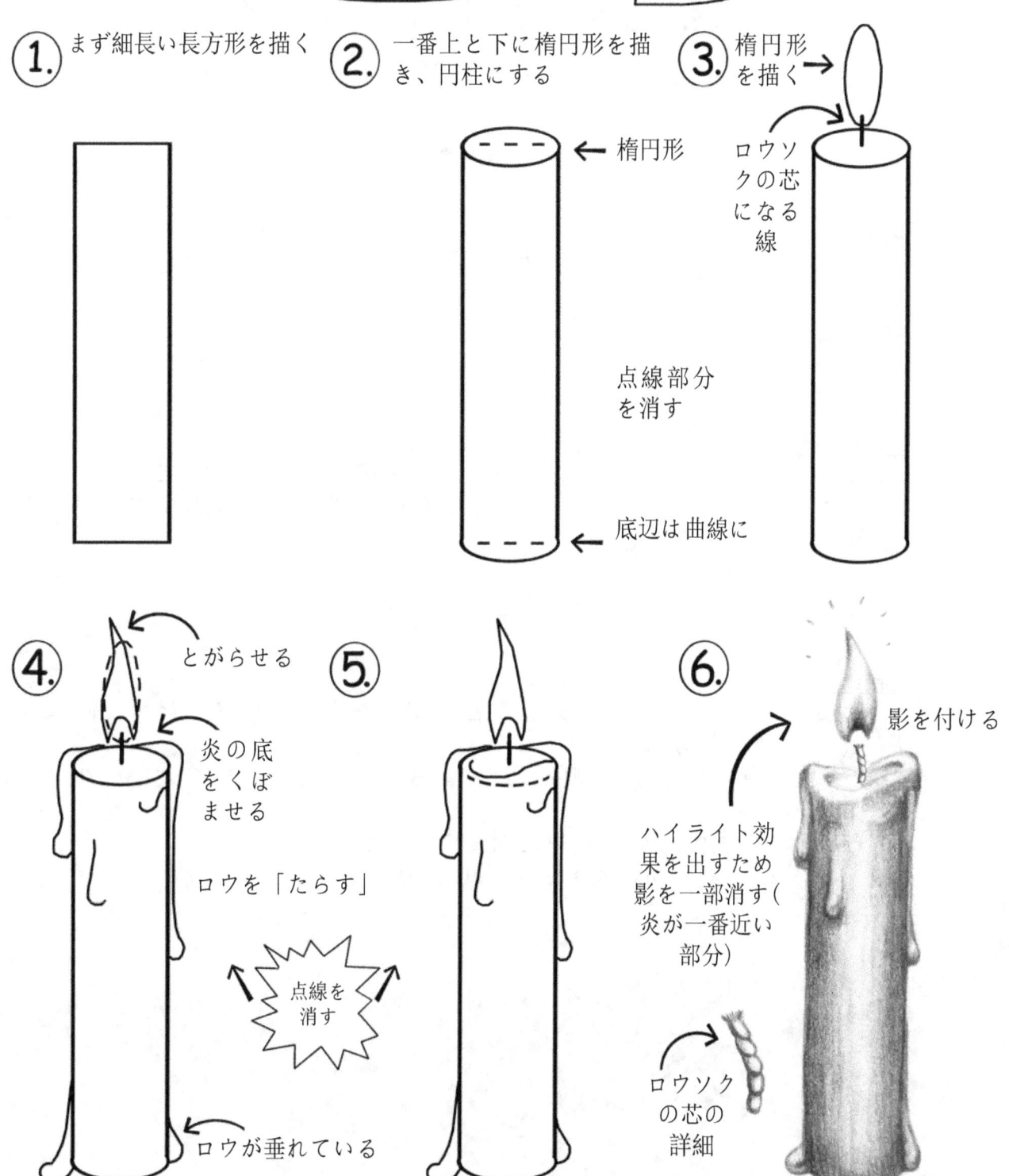

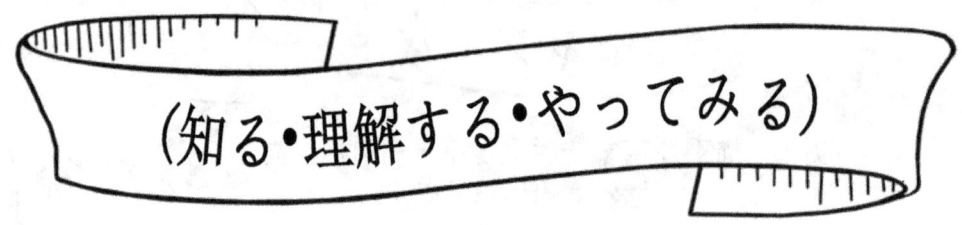

(知る•理解する•やってみる)

ドクロと炎

<u>**知る:**</u>
特長を誇張する、ハイライト、明暗度

<u>**理解する:**</u>
アートワークで誇張法とゆがみを使い、特定のスタイルを創り上げる

<u>**やってみる:**</u>
- 用意されたガイドラインを使って、自分のスタイルを確立したドクロと炎を描く。または一般的な人の頭蓋骨と特徴の誇張法を練習する
- 「おまけ」を描き入れ、影を付ける
- 炎をハイライトするため、影を一部消す

<u>**用語集:**</u>
ゆがめる – 物の見え方を変えること、物体をデフォルメしたり、伸ばしたりすることもある
誇張 – 大げさにしたり、脚色したりすること、大きさを拡大したり縮小したりすること
ハイライト – 表面で最も光を反射する部分。明暗度を使い、絵の中である部分に注意を引いたり、強調したりすること

ドクロと炎

① 4つの形を重ねる

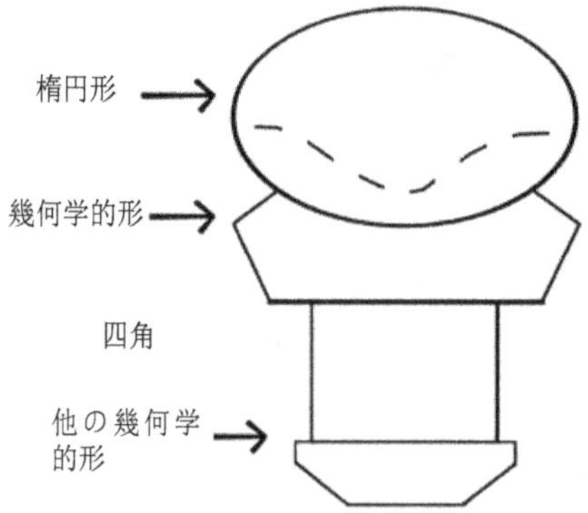
楕円形
幾何学的形
四角
他の幾何学的形

② 詳細を描き足す

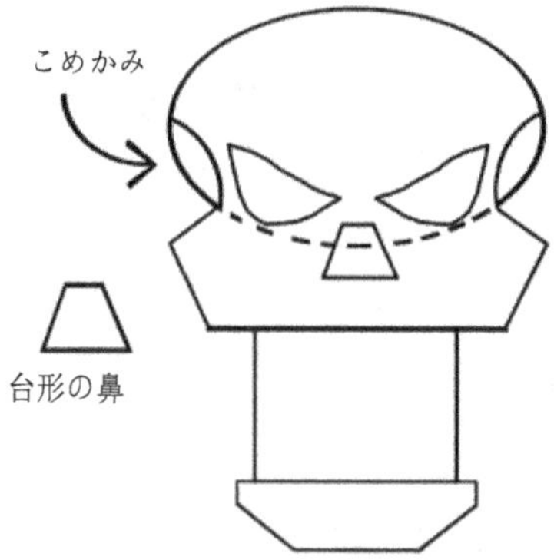
こめかみ
台形の鼻

③ 両側に長方形を描く

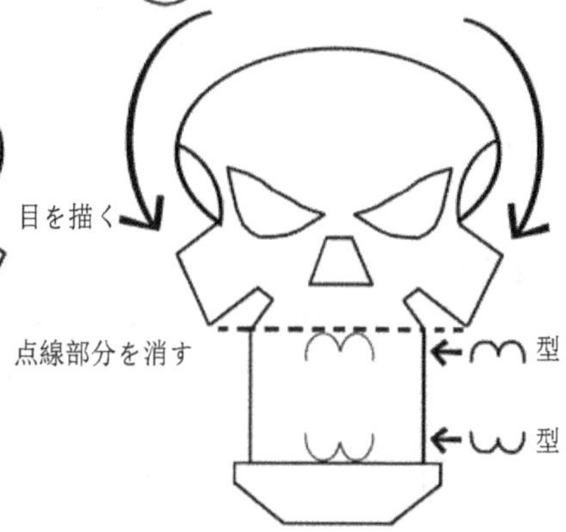
目を描く
点線部分を消す
型
型

④

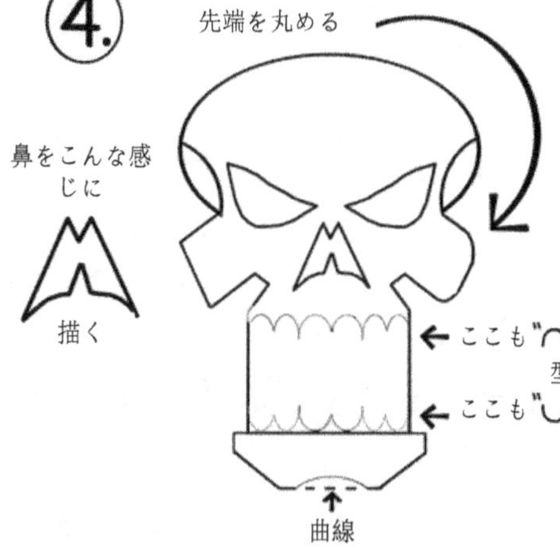
先端を丸める
鼻をこんな感じに
描く
ここも
型
ここも
曲線

⑤

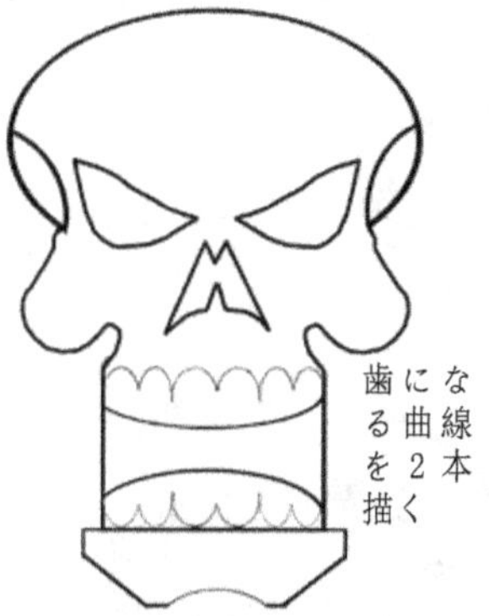
歯になる曲線を2本描く

⑥ 目の窩を「厚く」する

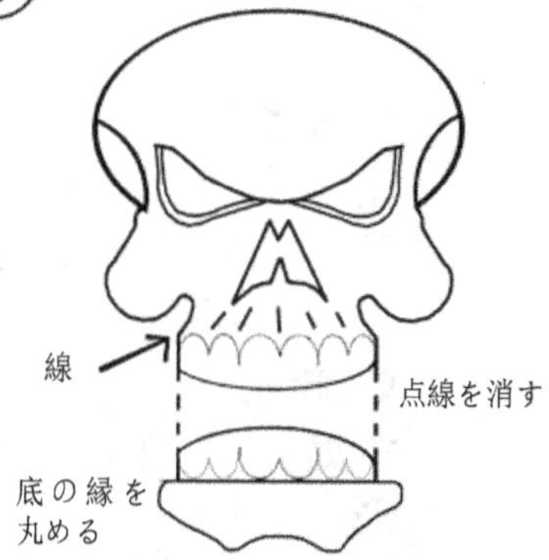
線
点線を消す
底の縁を丸める

⑦ 割れ目をたくさん描く

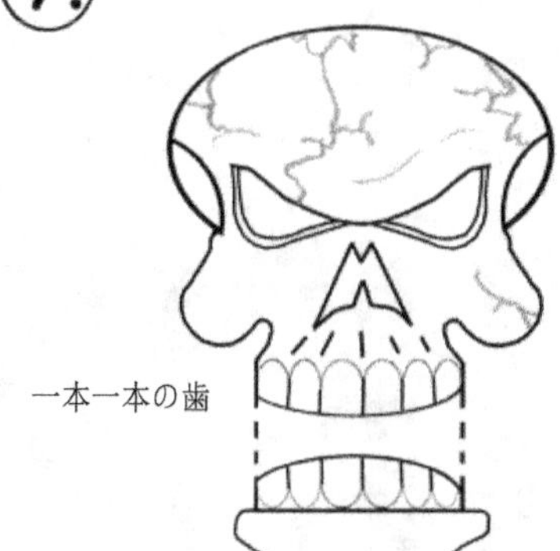
一本一本の歯

⑧ 影を付ける

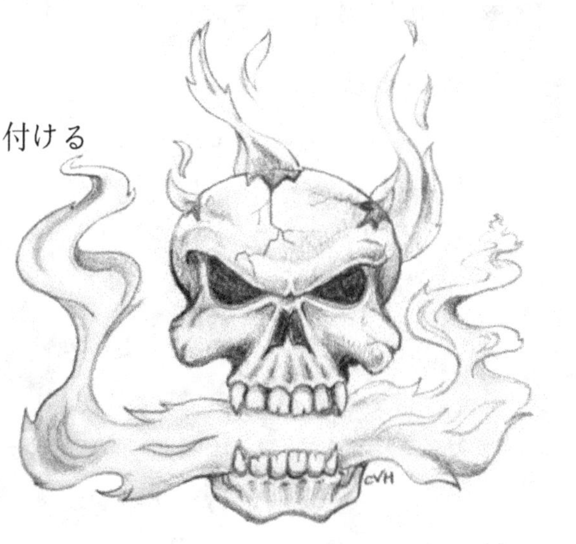
CVH

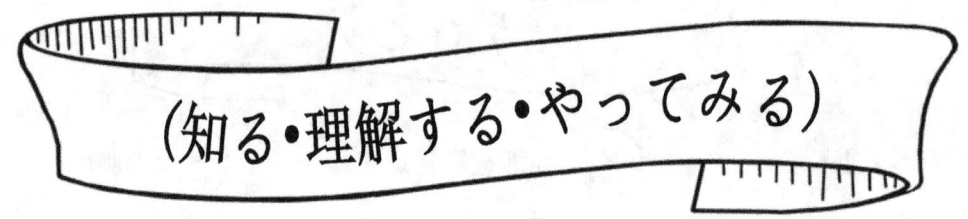

(知る•理解する•やってみる)

スポーツのボール

知る:
色んなスポーツのボールを描くシンプルな手順

理解する:
- 基本的な形に小さな変更/追加すると、特定のイメージをそっくりに描く助けになる
- 形と立体の違い
- 陰影法とパターンが形を立体に変える助けになる

やってみる:
用意された手順に従い、少なくとも四つのスポーツ道具の絵の内、二つを描く。影を付ける

用語集:
立体 – 容積を囲む三次元(高さ、横幅、奥行き)の形のこと
形 – 囲まれた空間のこと
量感 – 立体の中の空間のことを指す

スポーツのボールを描こう

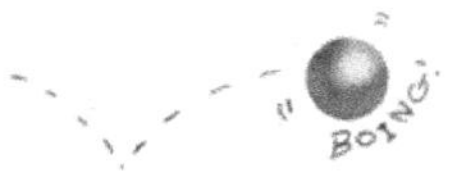

1. バスケットボール円を描く
2. 少しカーブした斜線を描き足す
3. 下のように曲線を3本加える
4. 影を付ける

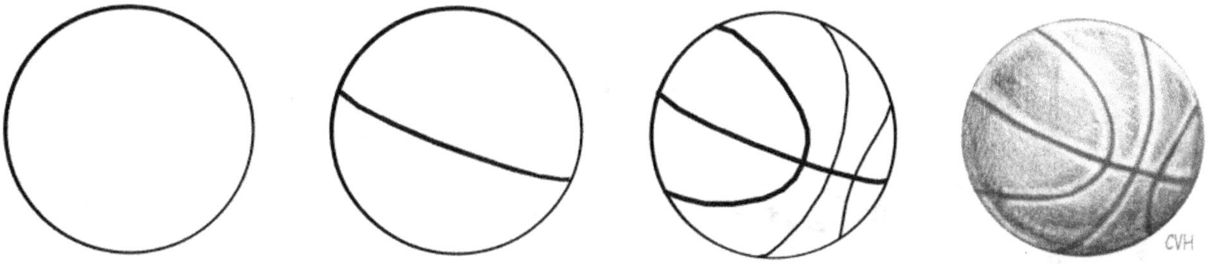

1. ラグビーボールまず楕円形を描く
2. 先端に丸っこいストライプを描く
3. 縫い目に「H」字型の模様を描く
4. 影を付ける

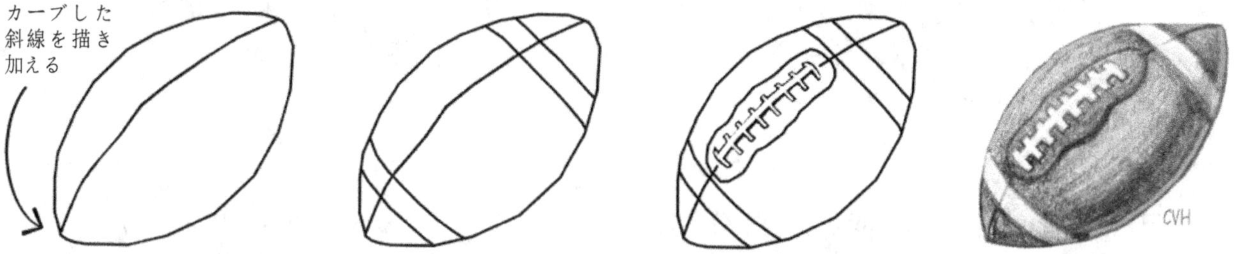

1. 野球ボールまず円を描く
2. 中心部へカーブする線を2本描く
3. 「V」字でステッチの詳細を描く
4. 影を付ける

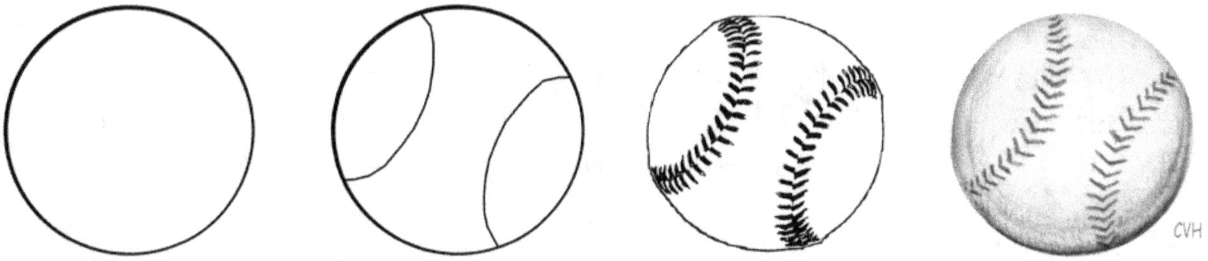

1. ホッケーパックまず楕円形を描く
2. 両脇に平行線を2本描く
3. 丸みを帯びた線で底をつなぐ
4. 影を付ける

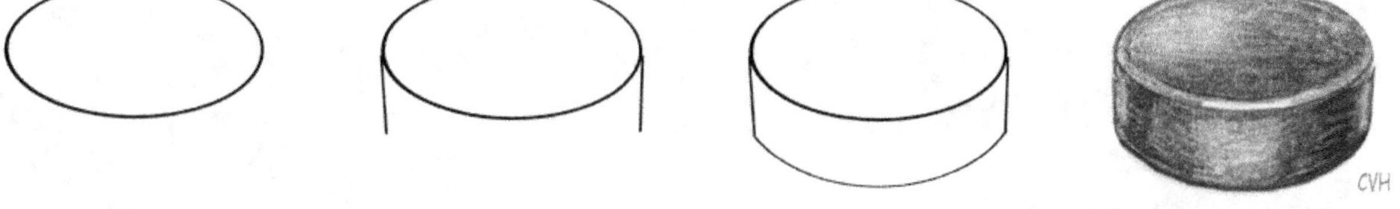

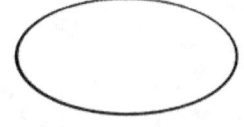

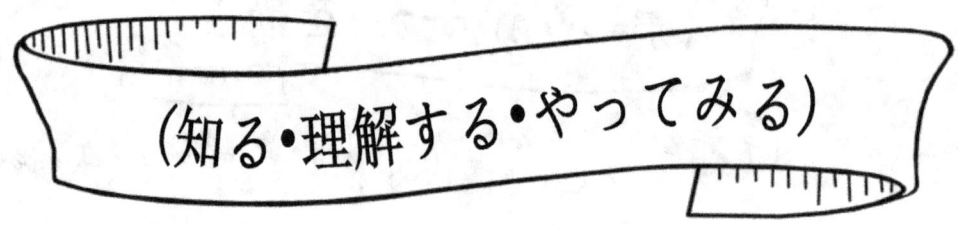

(知る•理解する•やってみる)

バスケットボールのゴール

知る:
- 単純な形を組み合わせると、もっと複雑な物体が描ける
- 重なり合い

理解する:
- アイテムを重ねたり層にしたりすると、リアルさを出す助けになる
- 物体のパーツの大きさに違いを出すと、奥行きの錯覚を起こさせる助けになる

やってみる:
用意された手順に従い、自分だけのオリジナルなバスケットボールのゴールを描こう。まず簡単な方から始め、その後もっと難しいバージョンをやってみる。写し描きは厳禁。影を付けよう

用語集:
重なり合い – 何かを他の物の上に置いて、その一部を覆うこと
透視画法 –二次元(2D)の表面に三次元(3D)の錯覚を起こさせるのに使われるテクニック。透視画法は奥行きや引っ込んだ空間を描く助けになる

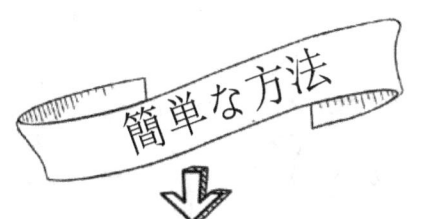

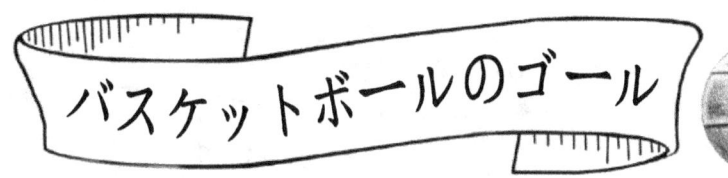

バスケットボールのゴール

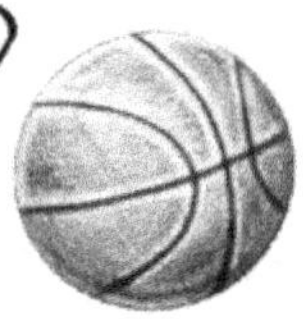

簡単な方法

1. まず楕円形を描く

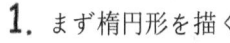

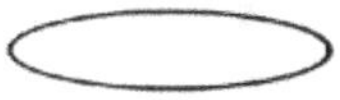

2. 内側に小さな楕円形を描く

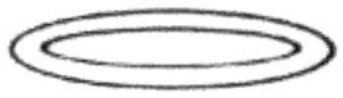

3. 底を閉じる

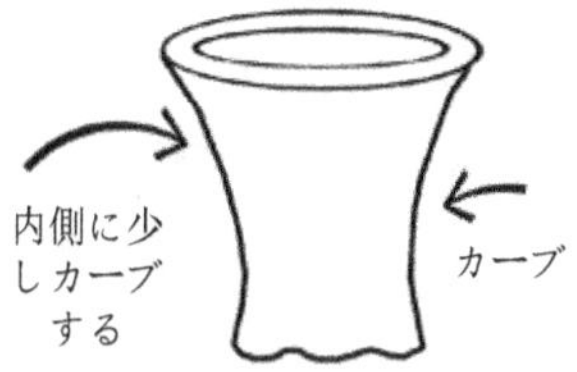

4. (横の輪郭に合わせて)ストライプを描く

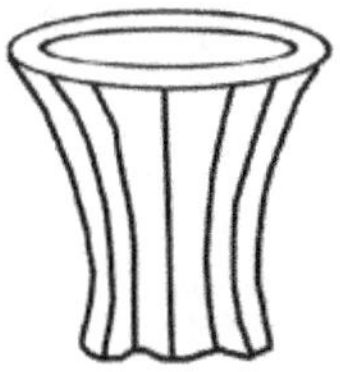

5. 斜線のストライプを描く

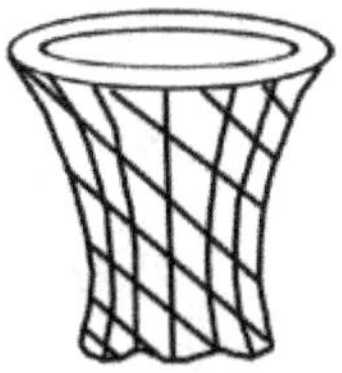

6. 楕円部分にストライプを描く

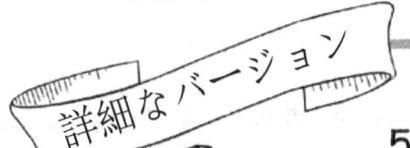

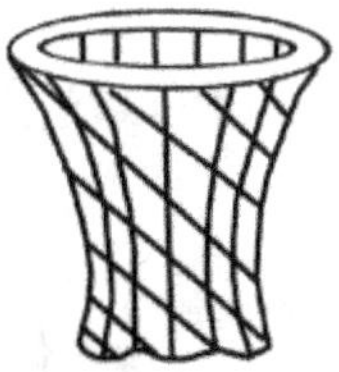

バックボードを描く

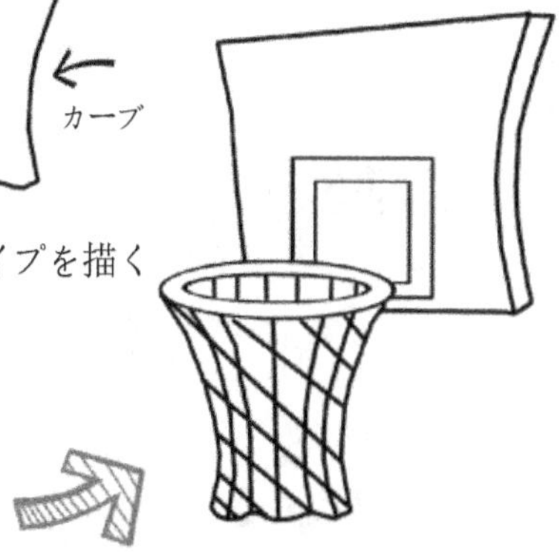

詳細なバージョン

1.

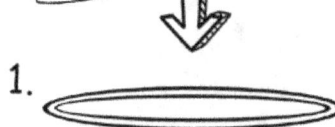

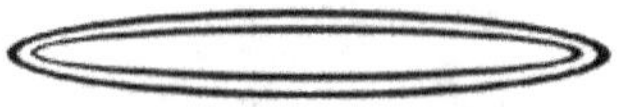

2.

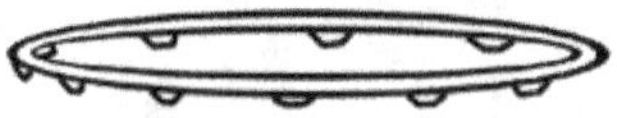

3.

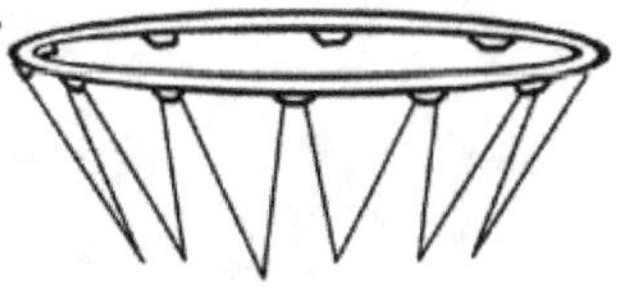

4.

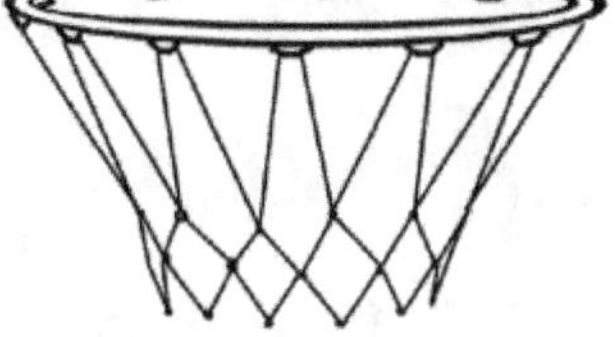

5.

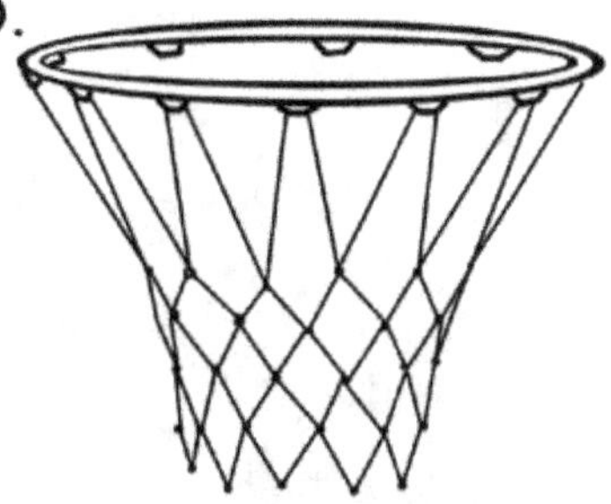

6.

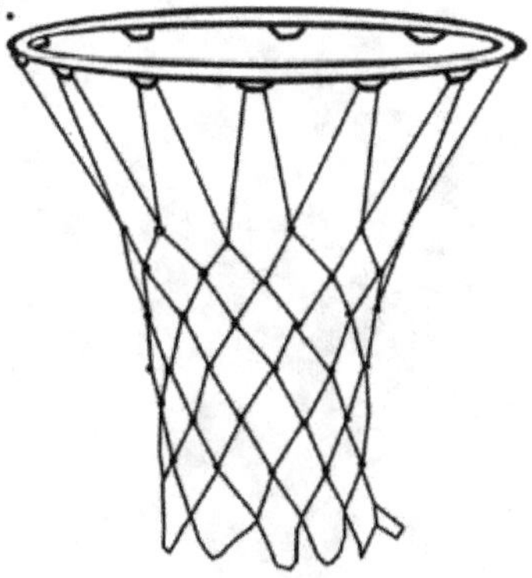

7.

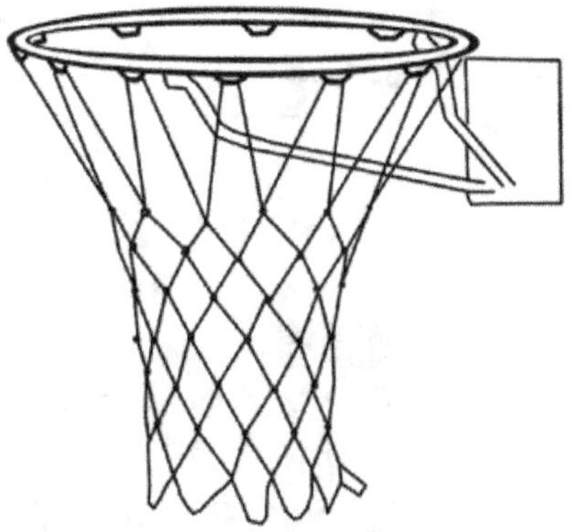

8.

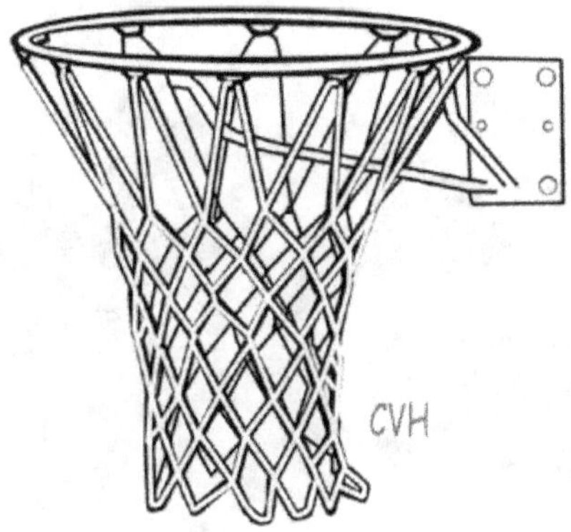

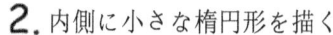

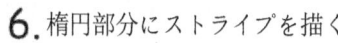

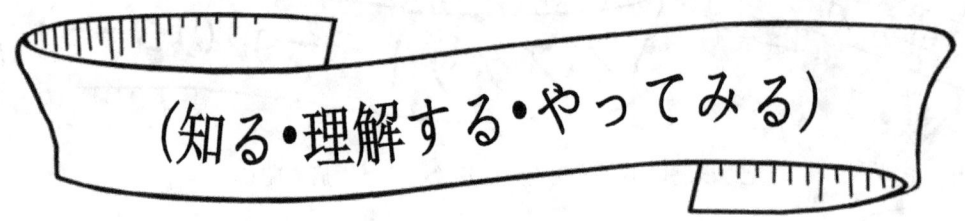

(知る•理解する•やってみる)

葉っぱのない木を描く

知る:
- 基本的な木の形は、簡略化すると円柱になる
- アシンメトリー
- 「Y」字トリック（枝はY字に見える）

理解する:
- アートで円柱を使うと円筒を3Dに見せられる
- ほとんどの木で枝は空に向かって伸びる(下向きに伸びない)
- どの木もユニークで、まったく同じものは二つとしてない
- 木は左右で同じように見えるかもしれないが、左右対称ではない

やってみる:
- 「“Y”トリック」テクニックを使って自分だけの木を描こう
- 影を付ける

用語集:
アシンメトリー – デザインの部分を調整して、片側を反対側と異ならせること
円柱 – 三次元のように見える円筒のこと

コツ:
各手順で枝を描き足す。先に行くにつれて小さく細く描く

葉っぱのない

木を描こう

ほとんどの木では、枝は太陽に向かって伸びる

1. ブロック体で「Y」字を描く

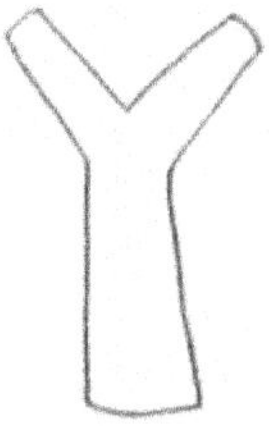

2. 「Y」字の上に「V」字を 描く

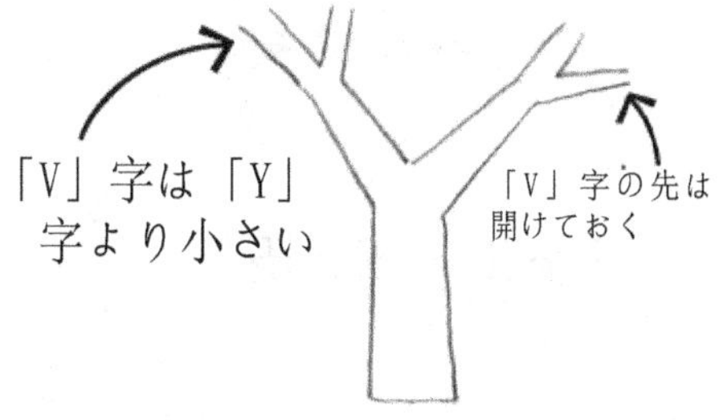

「V」字は「Y」字より小さい
「V」字の先は開けておく

3. 「V」字をさらに4つ描く

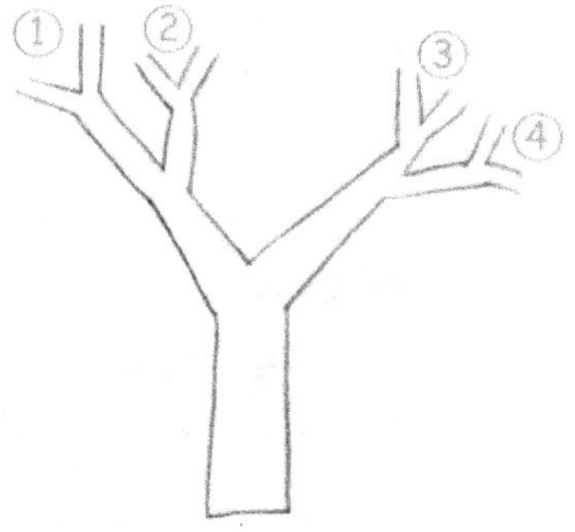

1
2
3
4

4. 先端に向けて「V」字をさらに8本描き足す

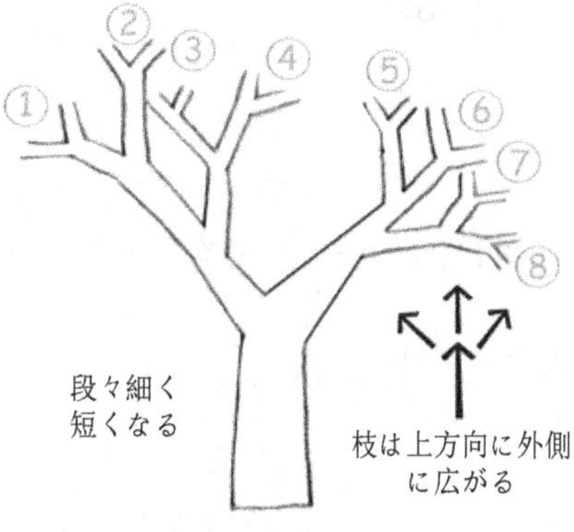

1
2
3
4
5
6
7
8
段々細く短くなる
枝は上方向に外側に広がる

5. 「V」字の先すべてに、線で「Y」字を描く

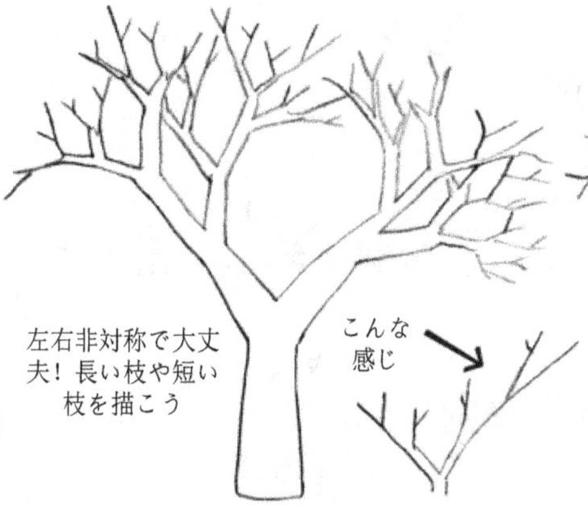

左右非対称で大丈夫! 長い枝や短い枝を描こう
こんな感じ

6. 中心部にもう一つ「Y」字を描く

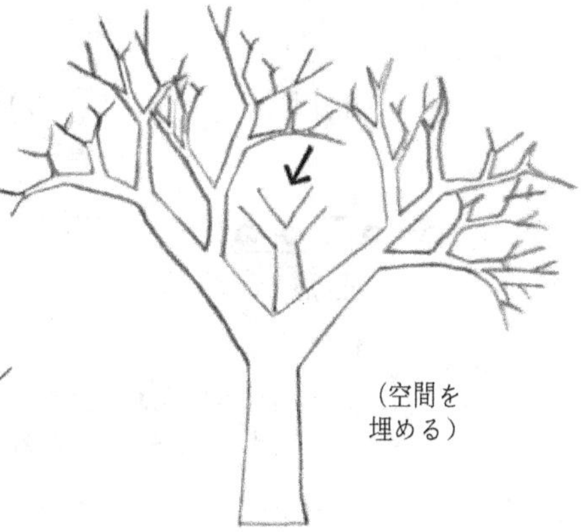

(空間を埋める)

7. 空間を埋める必要があるならできるだけ「Y」字を描く

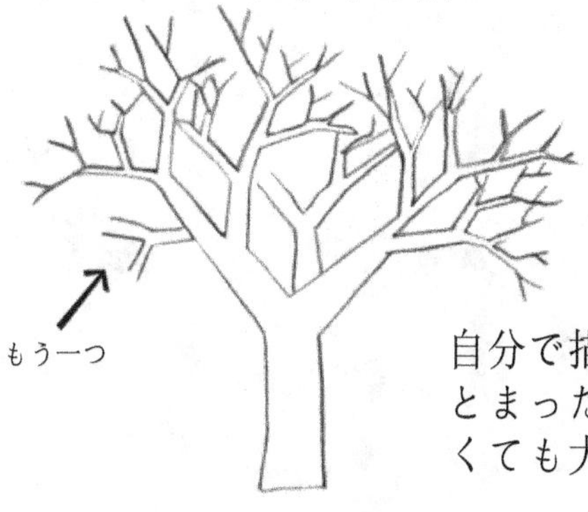

もう一つ

8. 影を付ける

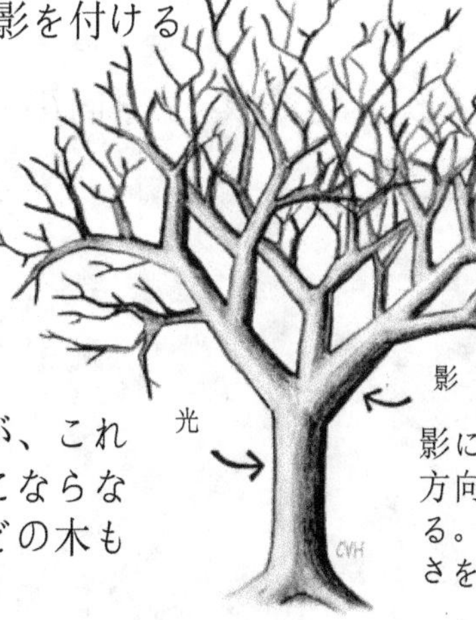

光
影
CVH

自分で描いた木が、これとまったく同じにならなくても大丈夫! どの木もユニーク

影になる側を選び、その方向の枝全部に影を付ける。 もう一方の側は明るさを残しておく

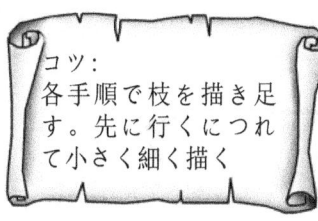

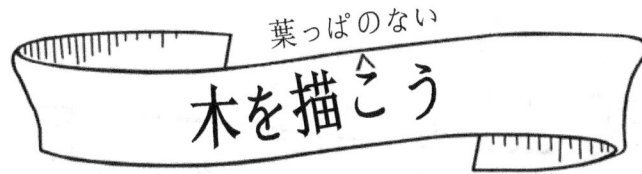

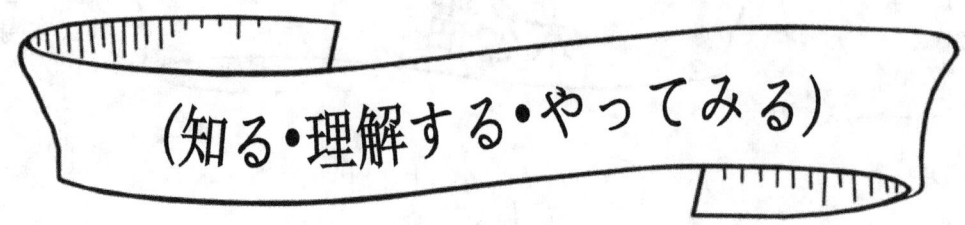

(知る•理解する•やってみる)

ヤシの木を描く

知る:

- 基本的な木の形は、簡略化すると円柱になる
- アシンメトリー

理解する:

- アートワークの簡略化とは、物体の主要な部分を単純な形に分解すること
- どの木もユニーク – まったく同じものは二つとしてない
- 木は左右非対称の形

やってみる:

- 用意された手順に従い、単純の線から始めて、詳細なヤシの木を描く
- 奥行きの錯覚を起こさせるため、幹に円柱を使う。生徒はさらに、大きさ、位置、詳細、陰影を考慮する

用語集:

アシンメトリー – デザインの部分を調整して、片側を反対側と異ならせること
円柱 – 三次元に見える円筒のこと

ヤシの木を描く

ALOHA!

1. まず曲線で幹を描く

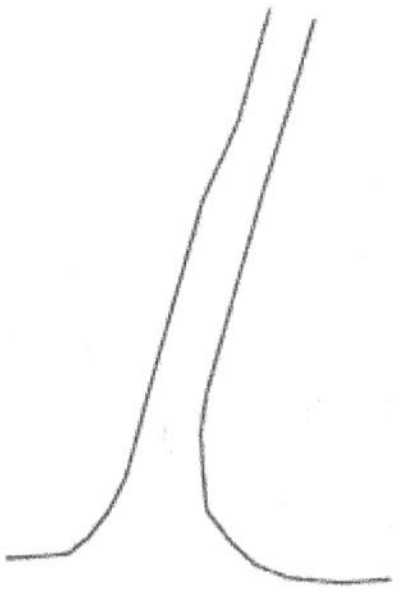

2.

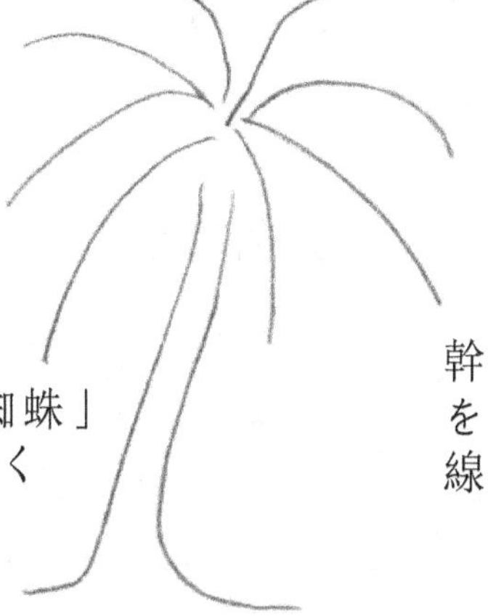

上に「蜘蛛」の足を描く

3.

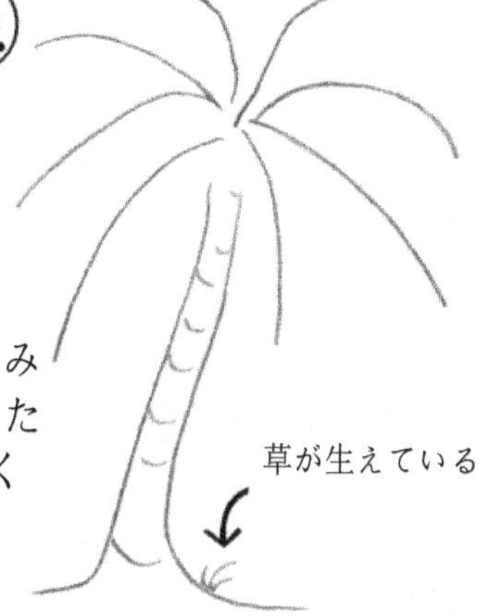

幹に丸みを帯びた線を描く

草が生えている

4.

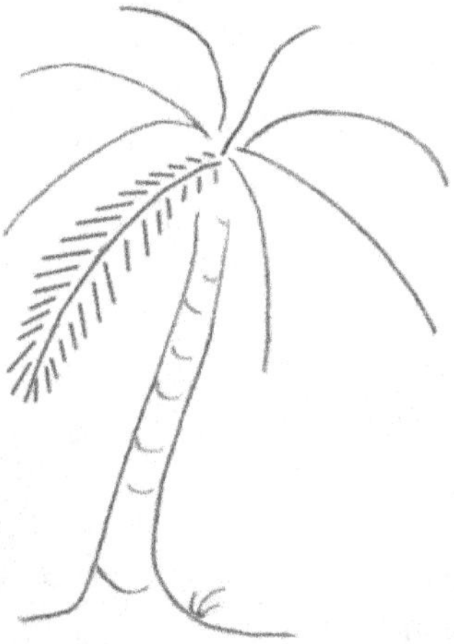

葉になるよう「蜘蛛」の足一本ずつに線を描き入れる

5.

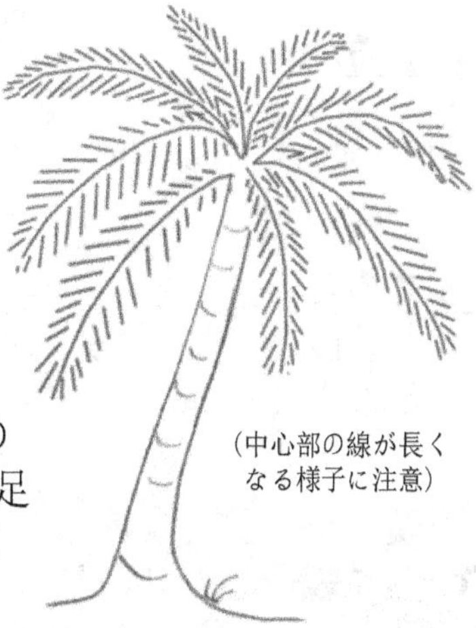

それぞれの「蜘蛛」の足に線を描く

(中心部の線が長くなる様子に注意)

6.

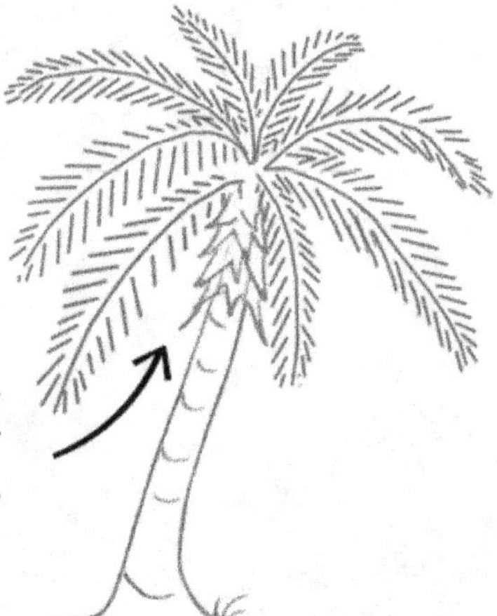

幹の上部にさらに葉を描き入れる

7.

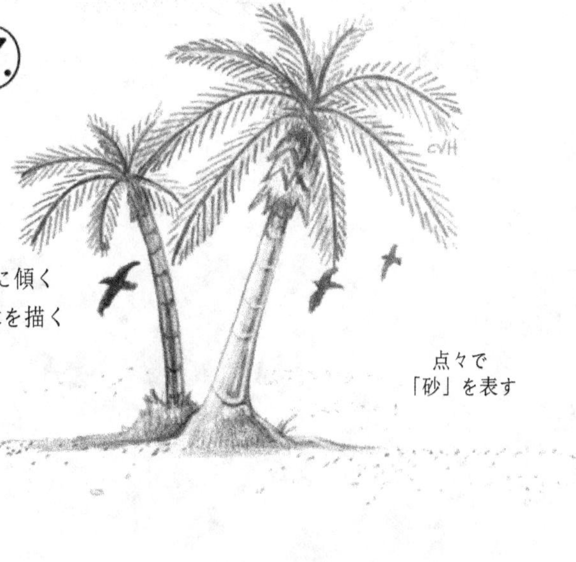

反対方向に傾く小さめの木を描く

点々で「砂」を表す

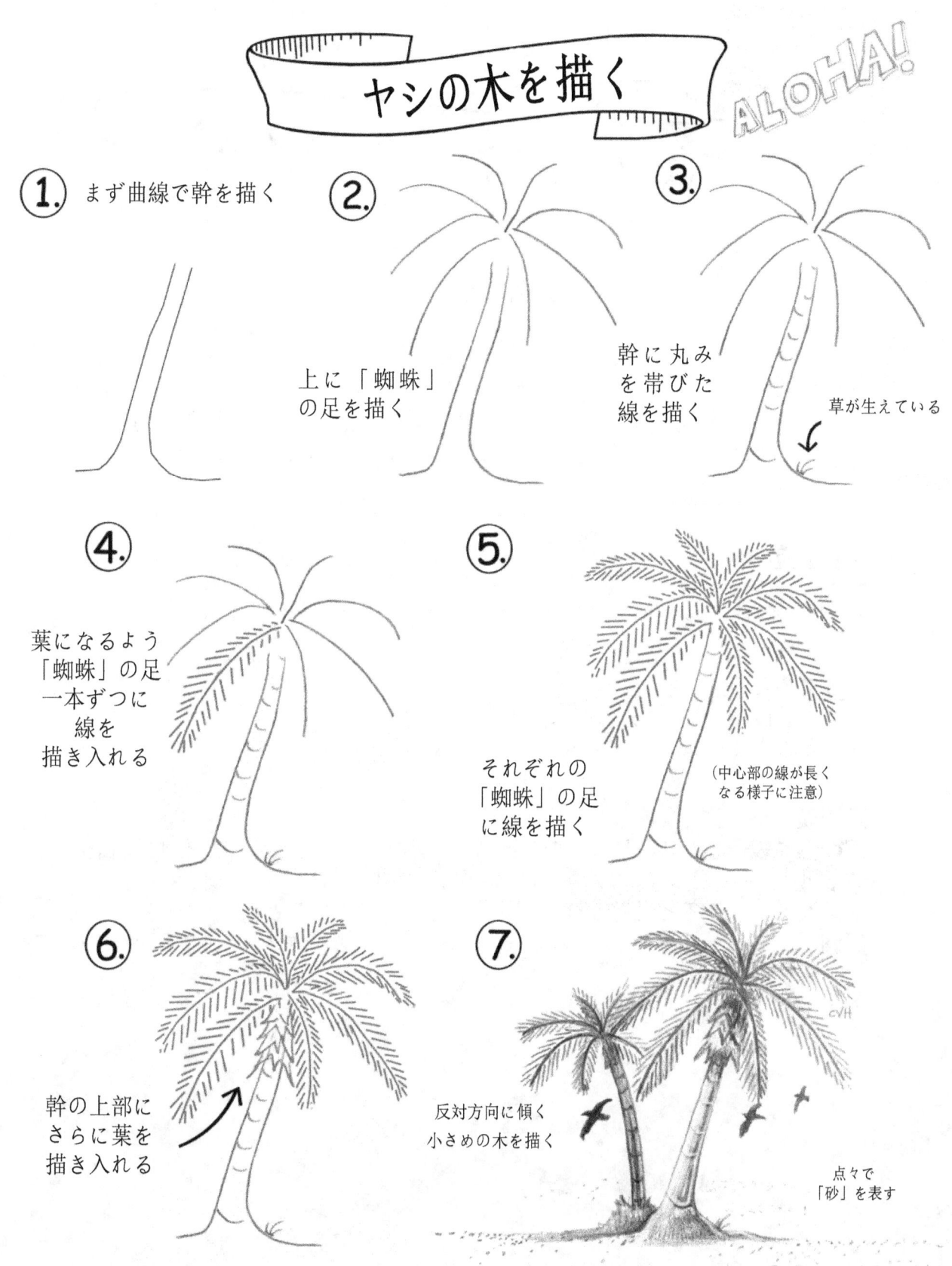

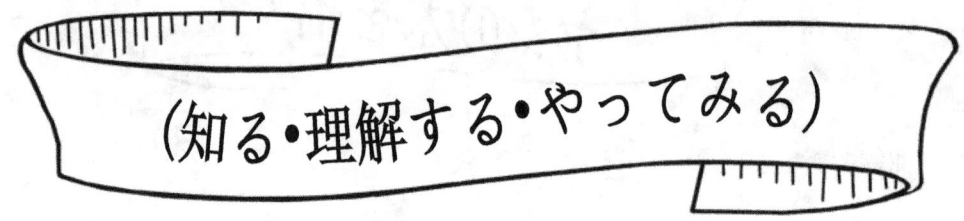

(知る•理解する•やってみる)

落書き風アート

知る:

- グラフィティアート（落書き風アート）とラップミュージックは、1970年代にニューヨークの学校で美術と音楽の授業が廃止されたため、学生が創造性を発揮する方法として人気になった
- 質感

理解する:

- 芸術性を表現する必要
- 線と陰影法を使って、質感を目に見えるように描ける

やってみる:

- 学習したテクニックを使い、レンガの壁を質感が分るように描く
- 壁に描くフォント/デザインを選ぶか造る。必ず影を描き加える

用語集:

芸術性を表現 – ビジュアルアートの創作、音楽、詩などを通じ自分を表現すること。画家の感情を、色、題材、スタイルで伝える
フォント – 文字とその間隔が同一の字体一式のこと
質感 – アートワークの中で、ある物の手触りを見た目で表現すること

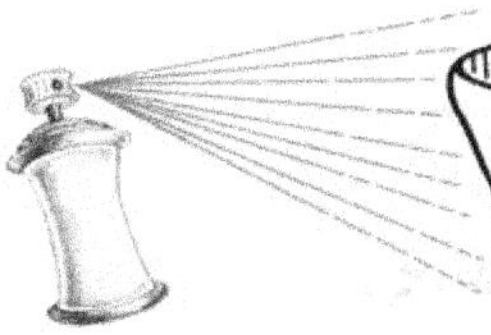

落書き風アート

1. 長めの長方形を2つ描く

2. その下に3つ目のレンガを描く

3. もう一つ描く
（ずらしながら）

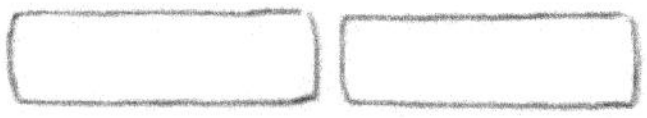

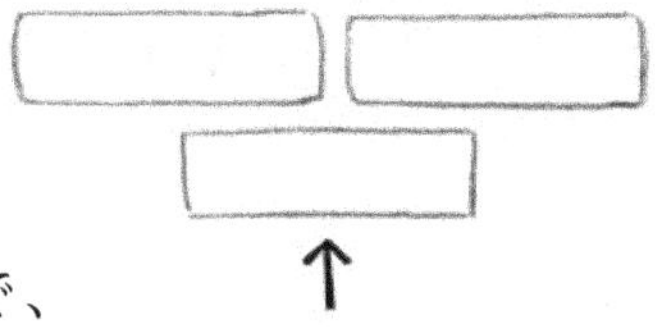

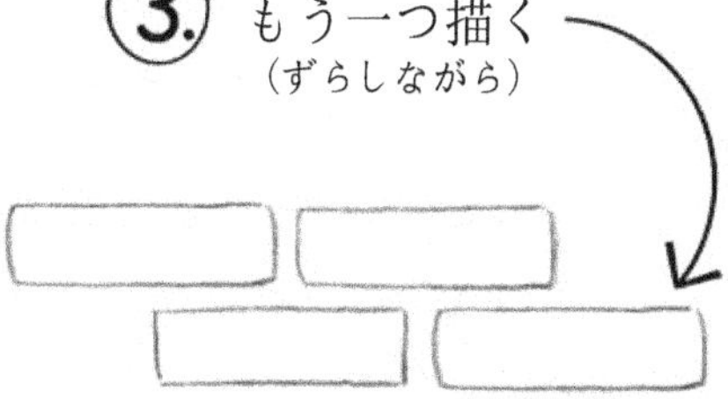

4. 壁が完成するまで、レンガを描き足す

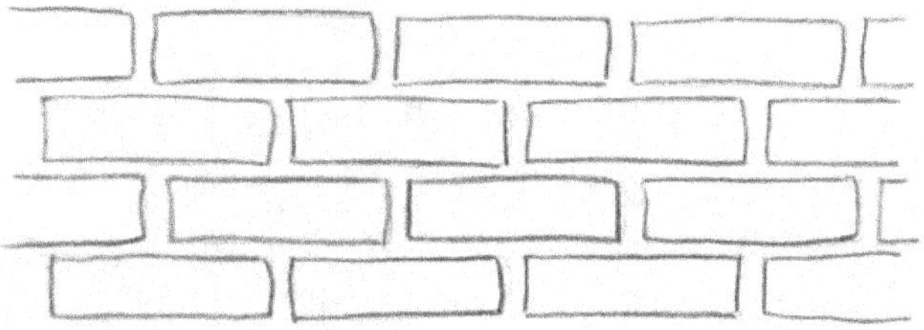

コツ：　定規を使ってレンガを均等に配置し、その後、間の線を消すこともできるが、 レンガが完全な長方形ではない方が、リアルに見える

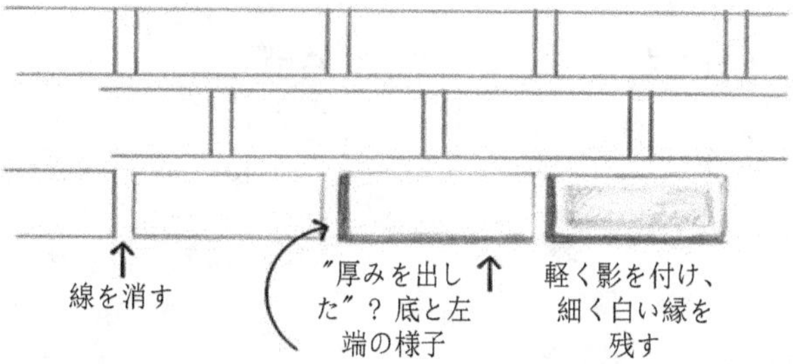

線を消す

"厚みを出した"？底と左端の様子

軽く影を付け、細く白い縁を残す

指でシミを付ける

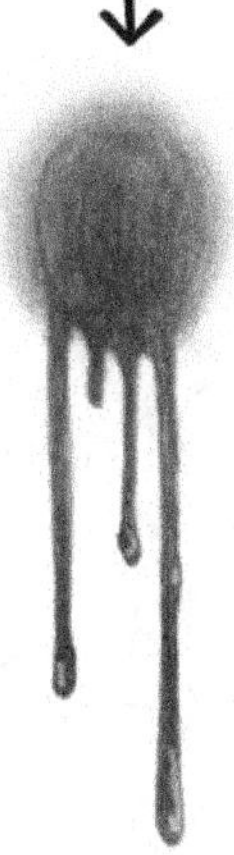

5. 次はレタリングを選ぶ

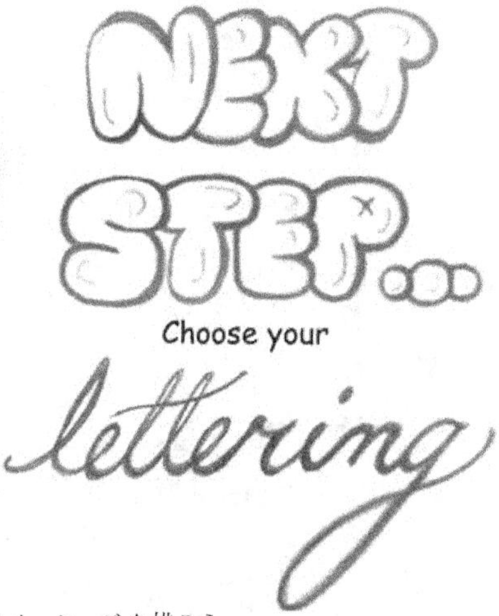

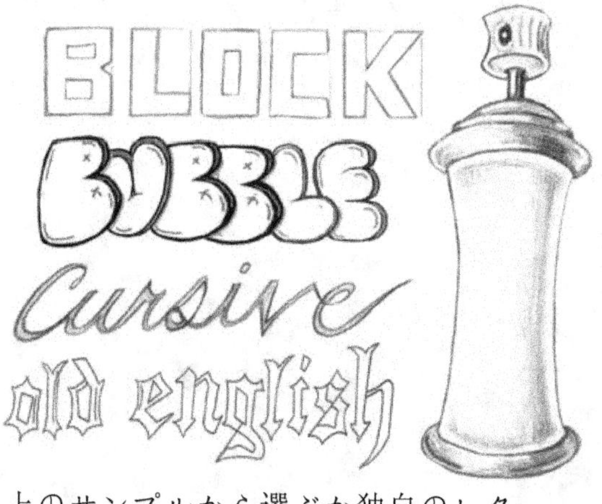

上のサンプルから選ぶか独自のレタリングスタイルを確立する

- レンガの上に太字でメッセージを描こう
- 文字の内側の影を少し消す
（文字からレンガが少し透けて見える）
- 各文字の下から絵具を「垂らす」

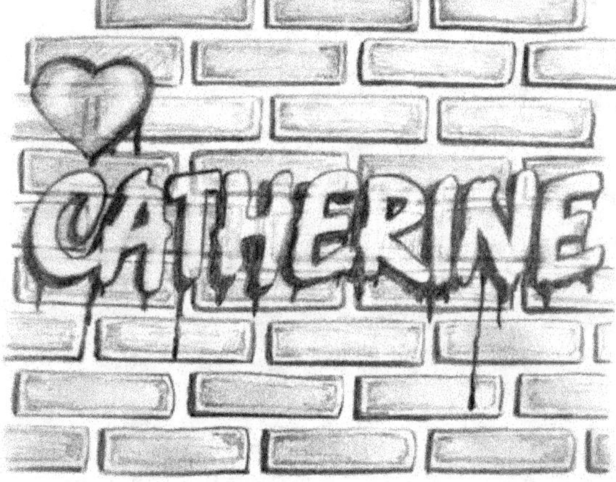

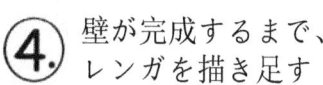

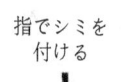

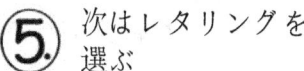

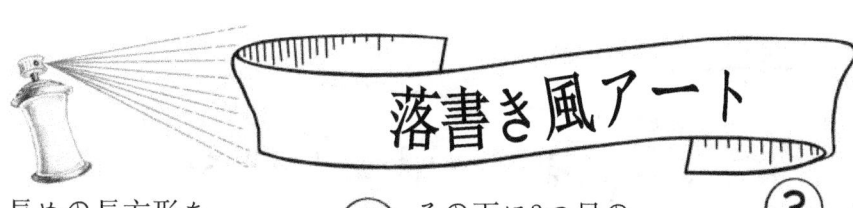

(知る•理解する•やってみる)

クールなレタリングスタイル

知る:
- フォント、書体、レタリング

理解する:
“書体”は、電子的または写真により、ほとんどの場合はコンピューターを使って作成する字体のこと。20世紀後半にコンピューターが普及する前は、小型の金属や木でできたタイプライターが主流で、上部の文字や数字のボタンを押すと、インクが紙に押し付けられ印字できる仕組みになっていた

やってみる:
- 独自の書体を創作するか、配布資料にあるスタイルから選ぶ
- 自分のフォントで名前を描くか、アルファベット一式を描く。必ず詳細や太さ、または影を付ける

用語集:
フォント –文字とその間隔が同一の字体一式のこと
書体 – 見栄えが一貫して統一された字体、数字、句読点、記号一式のこと(フォントとも言う)

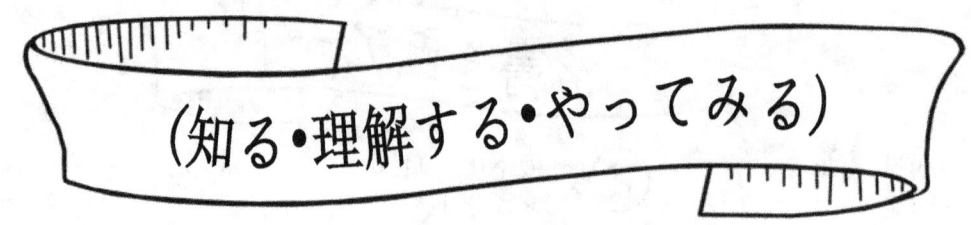

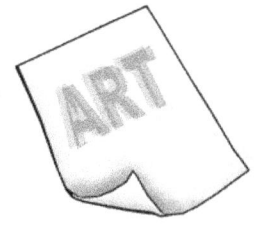

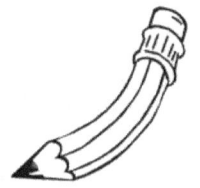

クールなレタリングスタイル

ブロック体： 四角を描いて、その中にまっすぐな線で文字を書く（曲線は使わない）。その後、文字に使われていない四角の線を消す

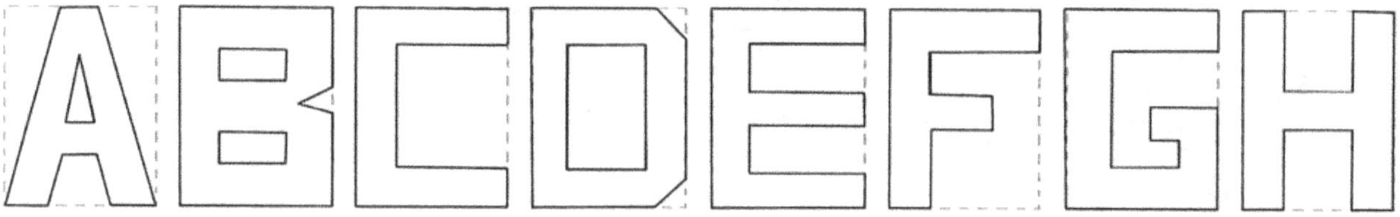

バブルレター： ブロック体の文字を「膨らませて」、直線部分がないようにする。風船のように見える！

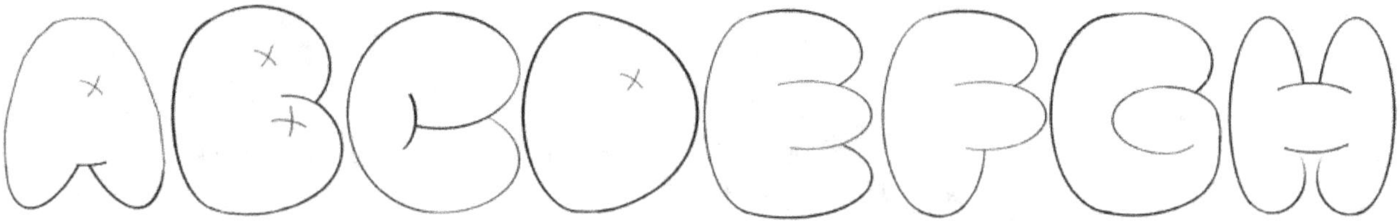

レタリングに影を付ける： 文字は実際の文字ではなく、影を付けた部分が3Dに浮き出て見える

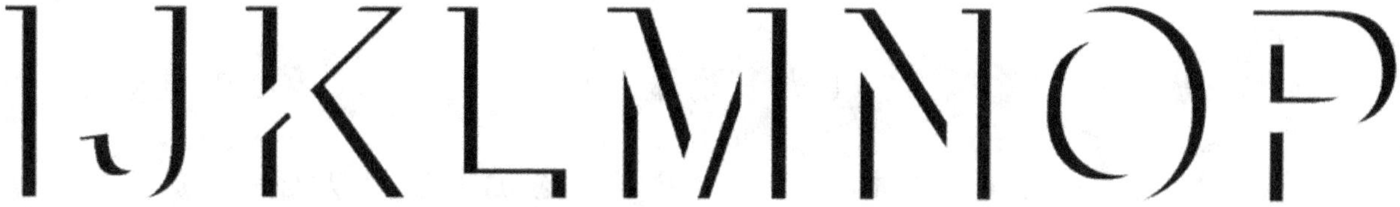

ファンシー： 文字の片側を反対側より細く描く。先端をくるりと巻く

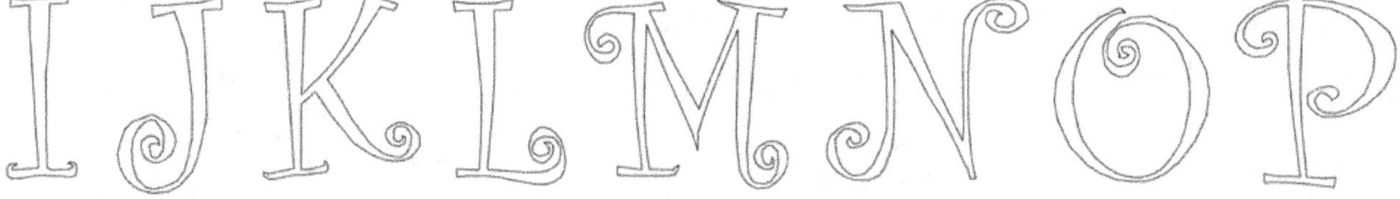

グラフィティを創作するコツ：
文字を重ならせ、その中に面白いパターンを描き、不揃いに配置し（ある文字をページ上の少し低い位置に書く）、影を付けよう！

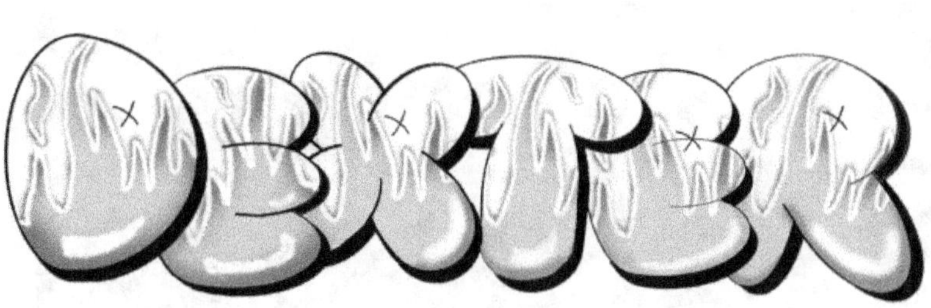

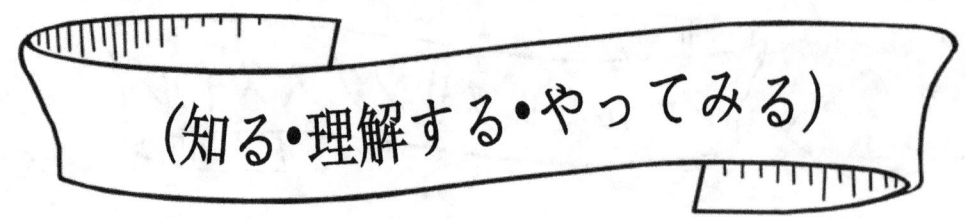

(知る•理解する•やってみる)

不良少年のドクロ

知る:
特長を故障する、ゆがませる、明暗度

理解する:
アートワークで誇張法と歪みを使って特定のスタイルを創り上げる

やってみる:
- 用意されたガイドラインを使い、独自のスタイルの帽子をかぶったドクロを描くか、一般的な人の頭蓋骨を描き、特徴を強調する
- 「おまけ」を描き入れ、影を付ける
- ハイライト効果を出すため、影を一部消す

用語集:
ゆがませる – デフォルメしたり物体を伸ばしたりして、物の見え方を変えること
誇張 – 大げさにする、脚色する、サイズを拡大したり縮小したりすること
ハイライト – 表面で最も光を反射する部分。明暗度を使い、絵の中である部分に注意を引いたり、強調したりすること

不良少年のドクロ

1 大きな円と小さな円を2つ描く

2 長方形を描く

3 ほほとあごの線を描く

4 鼻と帽子の線を描く

5 目周辺の詳細を描く

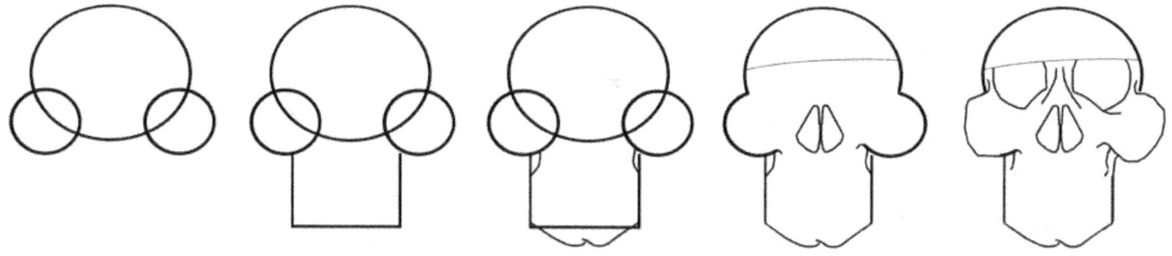

6 歯を4本描く

7 歯を4本、帽子のタグ、鼻を描く

8 歯を4本と目のへりを描く

9 歯4本と帽子のタグの厚みを描く

10 歯を4本と口のラインを描く

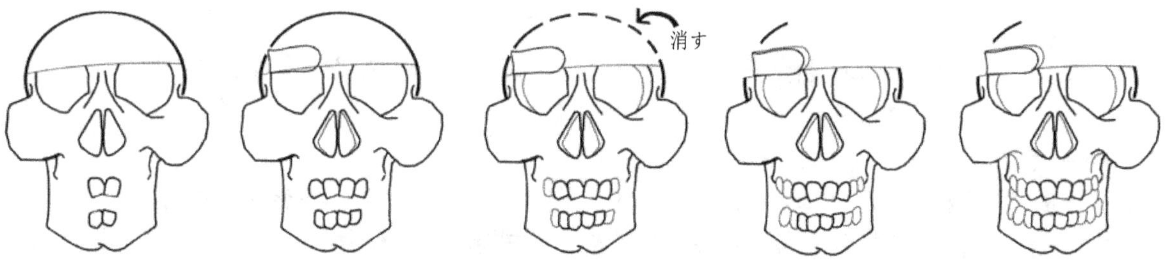

11 斜めの四角を描く

12 丸い帽子型にする

13 スナップと歯のラインを描く

14 アイラインの詳細を描き足す

15 帽子のラインの詳細を描き足す

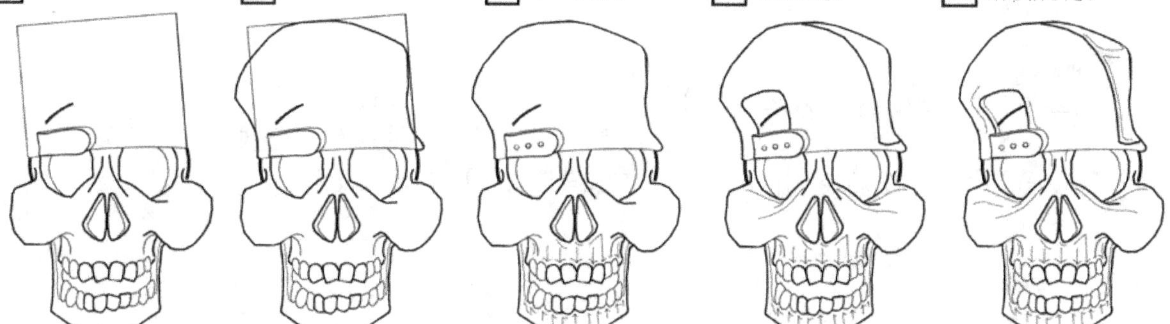

16 帽子のつばを描く

17 不揃いのひび割れを描く

18 影を付ける

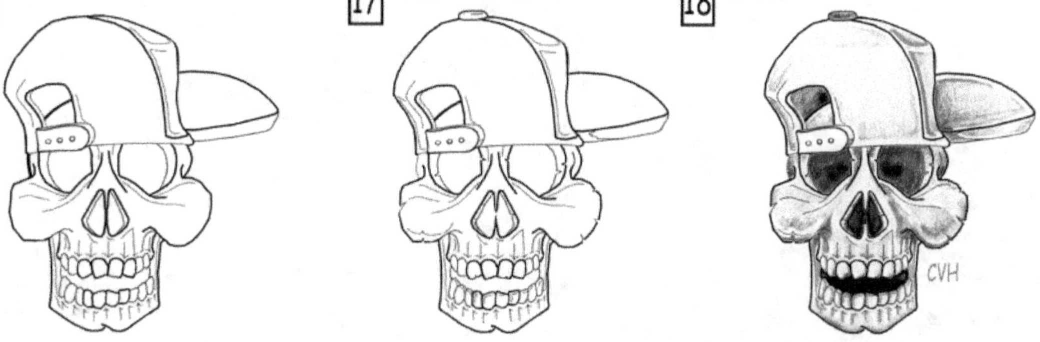

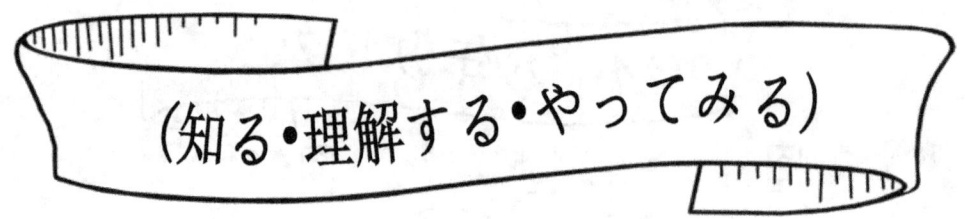

(知る•理解する•やってみる)

手の甲

知る:
- 観察してそっくりに描く
- 多くの物体(人工の物と自然の物)は、円柱をベースにしている

理解する:
明暗度スケールの濃淡を使った陰影法で、もっとリアルに表現する

やってみる:
- 提案されたテクニックを使い、自分の手を描く練習をする
- 指の間と関節のしわの明暗度を一番暗くする。関節、中指、手の中心部のある部分の影を消して、自然なハイライト効果を出す

用語集:
円柱 – 三次元に見える円筒のこと
ハイライト – 表面で最も光を反射する部分。明暗度を使い、絵の中である部分に注意を引いたり、強調したりすること

手の甲を描く

①.

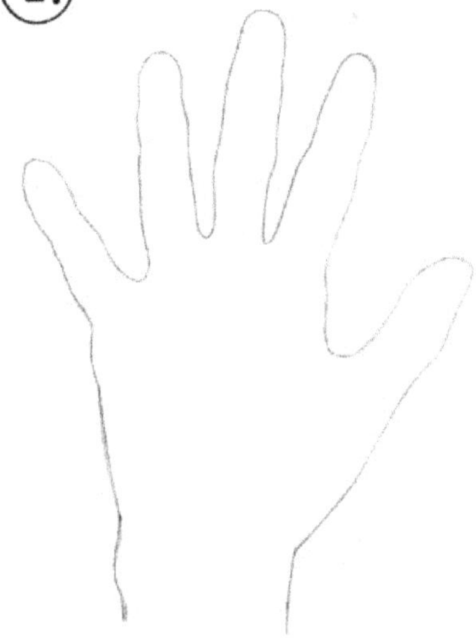

まず手形を描く。右利きなら左手を、左利きなら右手を描く

コツ：上手に手形を描くには、鉛筆の角度をずっと90° にする

②.

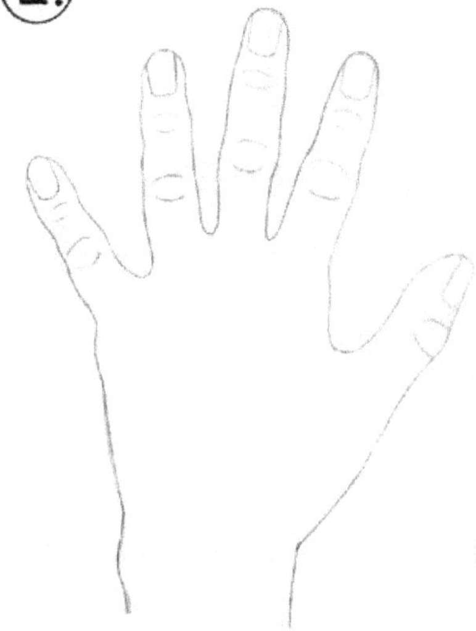

次に、爪を描き、関節部分に縦()を描く

注意：実際の指には関節が二つずつある

③.

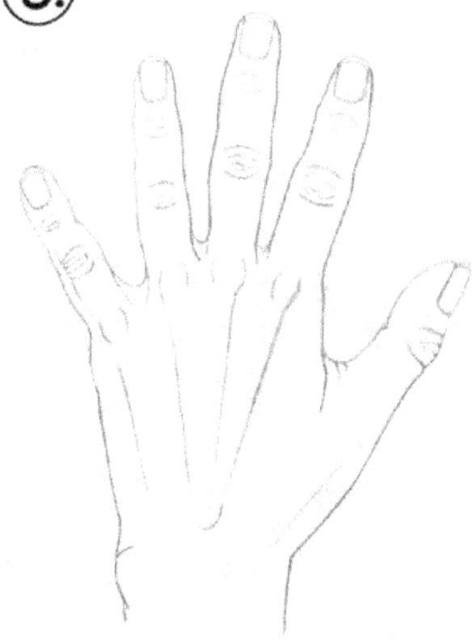

自分の手を観察する

爪の上に皮膚はあるか?

爪の先には白い部分があるか?

手の骨が浮き出ているか?

関節のしわがたくさんあるか?

あれば、描き入れる

④.

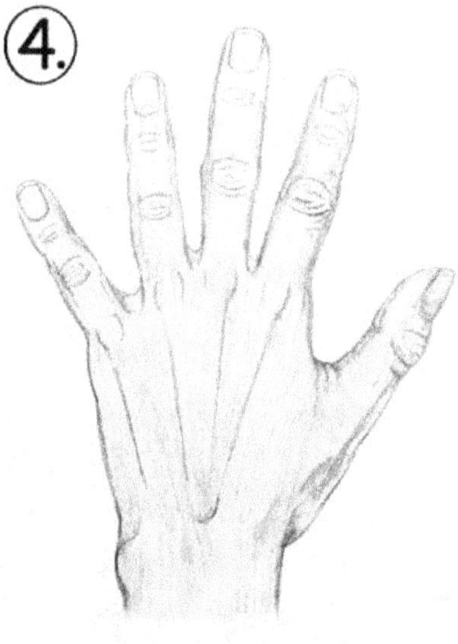

手全体に薄いグレーで影を付ける。手の輪郭と関節の影を濃くする

⑤.

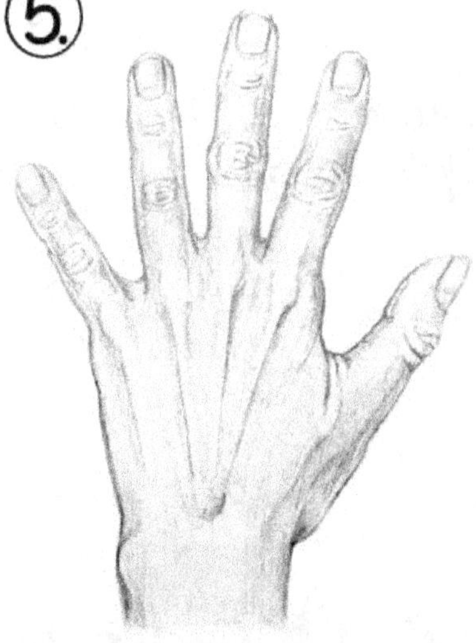

手とそれぞれの指の外側に影を付ける。手を観察して暗い部分と明るい部分を見つけ、影を濃くする

⑥.

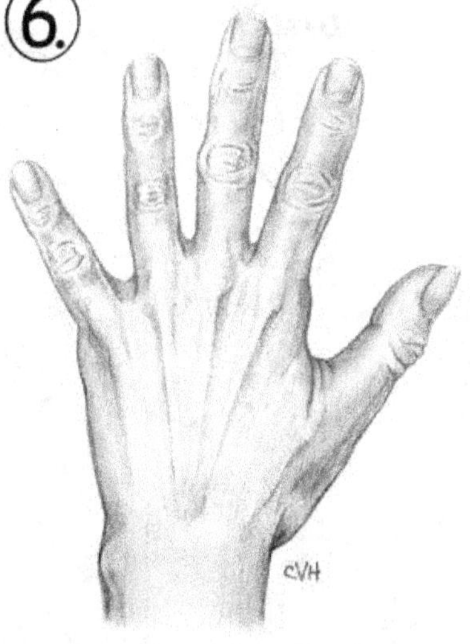

仕上げをする。消しゴムを使って関節と手の中心部の影を少し消す

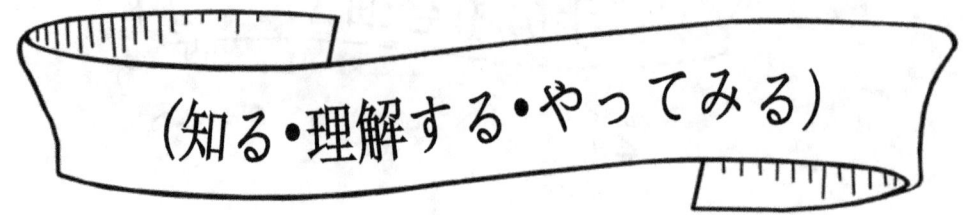

(知る•理解する•やってみる)

手のひら

知る:
- 観察してそっくりに描く
- 多くの物体(人工の物と自然の物)は、円柱をベースにしている

理解する:
明暗度スケールの濃淡を使った陰影法で、もっとリアルに表現する

やってみる:
- 提案されたテクニックを使い、自分の手を描く練習をする
- 指の間と関節のしわの明暗度を一番暗くする。指腹としわの間の部分の影を一部消して、自然なハイライト効果を出す

用語集:
円柱 – 三次元に見える円筒のこと
ハイライト – 表面で最も光を反射する部分。明暗度を使い、絵の中である部分に注意を引いたり、強調したりすること

手のひらを描く

1.

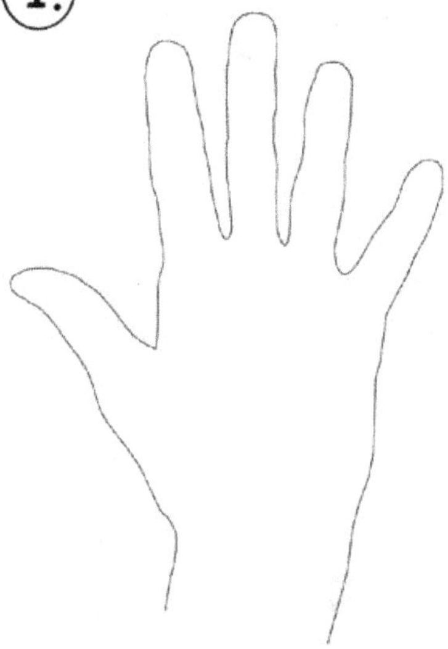

まず手のひらを上に下手形を描く
コツ：　上手に手形を描くには、鉛筆の角度をずっと90°にする

2.

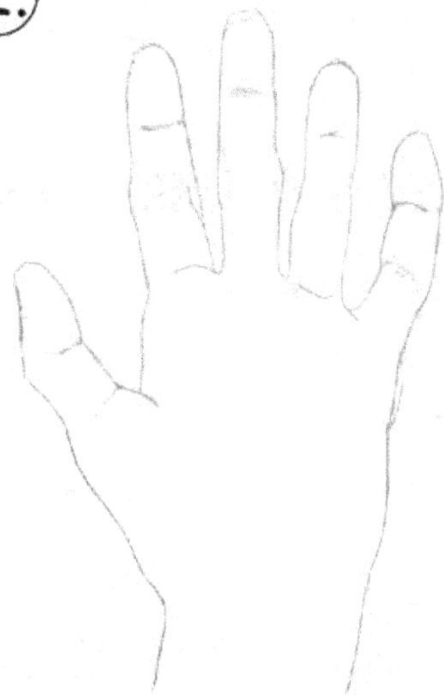

リラックスして、指を軽く曲ゲル。指の角度の変化を軽いタッチでスケッチする

3.

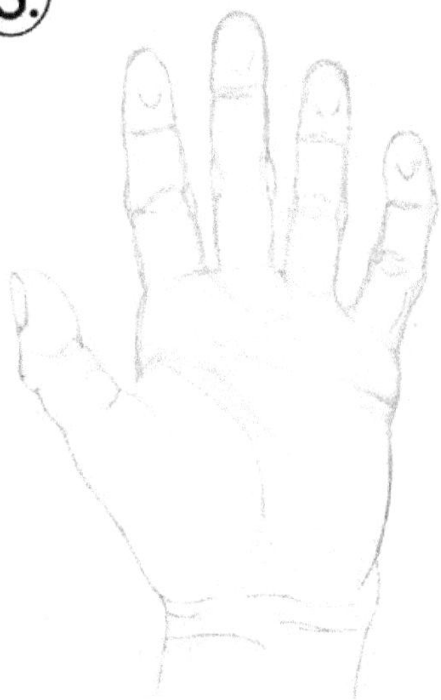

手を観察する
爪の部分が見えるか? 手のひらのしわのパターンは、一人ひとり違う。自分の手を描こう

4.

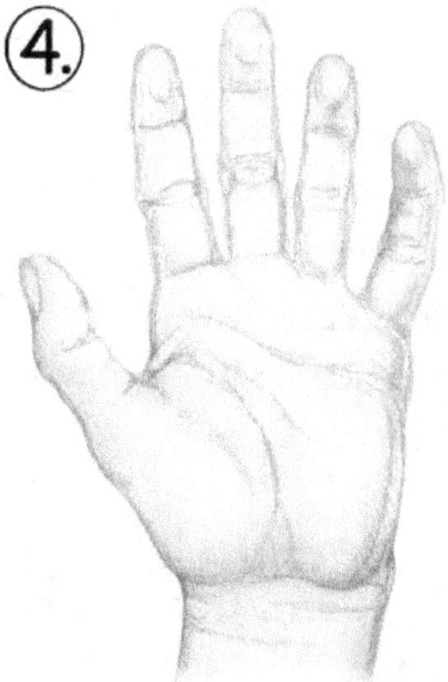

手全体に薄いグレーで影を付け、手の縁と関節のしわを濃くする

5.

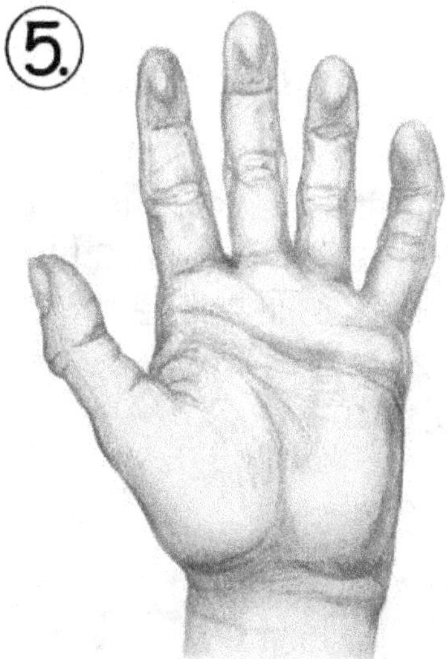

手と指の外側に影を付ける。実際の手を見て暗い部分と明るい部分を見つける。暗い部分の影を濃くする

6.

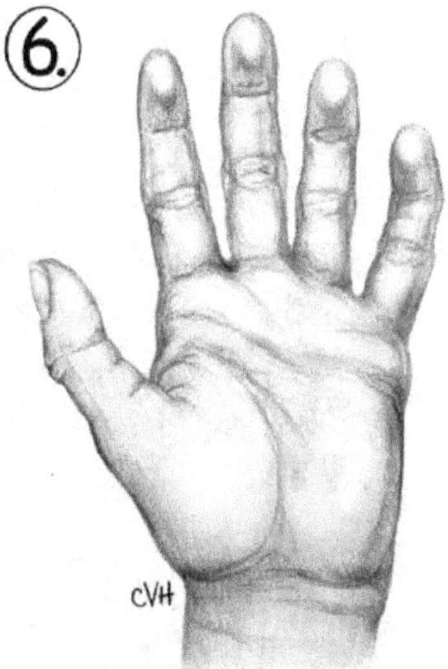

仕上げる
消しゴムを使い、手のひら、しわとしわの間や指腹の影を明るくする

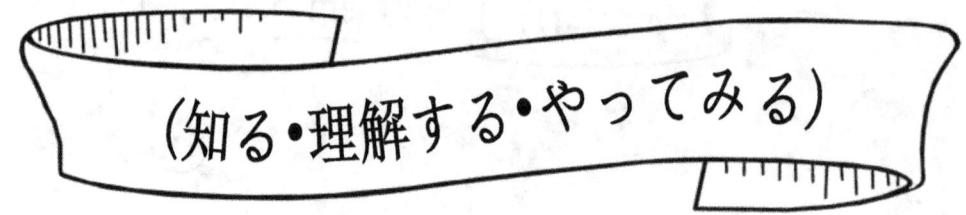

(知る•理解する•やってみる)

喜劇用 & 悲劇用の仮面

知る:

- 表情
- 喜劇用/悲劇用の仮面の由来

理解する:

- これらの仮面は古代ギリシャに由来する
- 演劇の歴史の中で、仮面じゃ重要な役割を果たしてきた
- 現在の劇場のシンボル
- 表情は感情を伝える非言語的行動や顔の動きで、感情の状態を表す

やってみる:

用意された手順を使い、感情を表すオリジナルの喜劇用/悲劇用の仮面を描く

用語集:

コメディー – 面白いエンターテイメント
仮面 – 顔を覆う物。身分を隠すため顔に付ける物で、通常目の部分が開いている。パーティー(仮面舞踏会)や、人を驚かせたり楽しませたりするため(ハロウィン)、儀式、またギリシャ、ローマ、日本の劇場で役者の演技に使われるもの
悲劇 – 芝居の一種

喜劇用 & 悲劇用の仮面

①

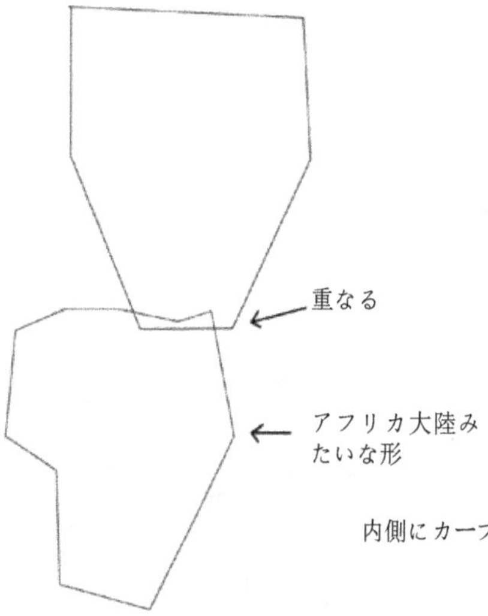
重なる
アフリカ大陸みたいな形

まず基本的な仮面の形を描く。ガイド線は手順③で消すので、軽いタッチで描く

②

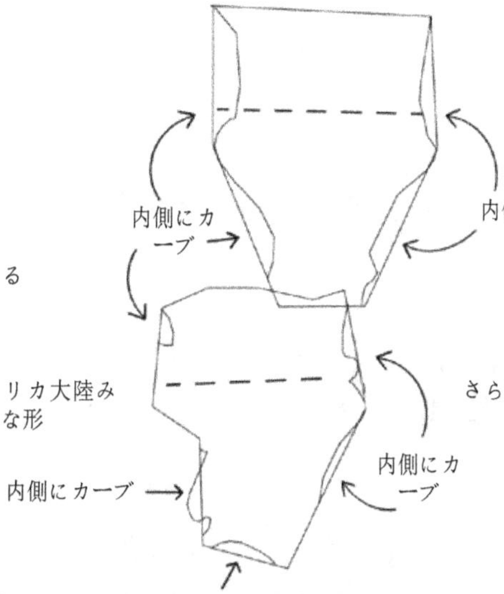
内側にカーブ
内側にカーブ
内側にカーブ
内側にカーブ

詳細な線を”切り抜く”
目のガイド線を描く

③

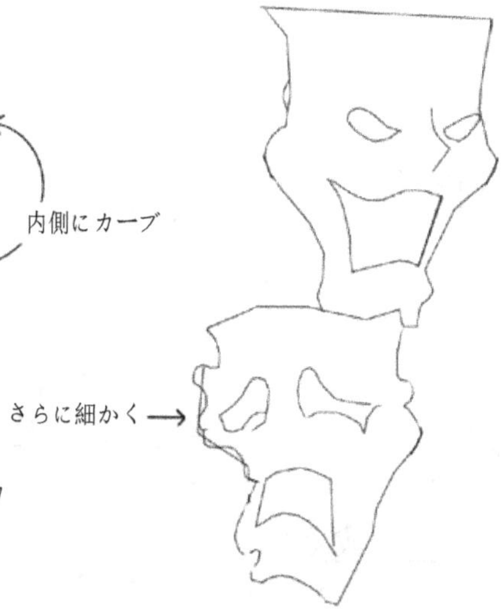
さらに細かく

元のガイド線を消し、目、鼻、口を加える

④

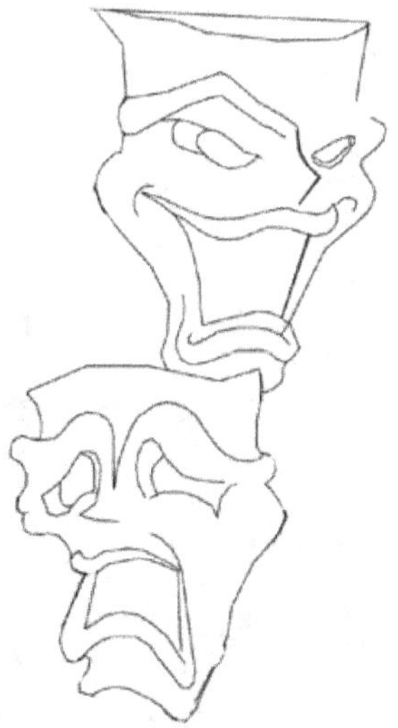

眉、唇、目に「厚み」を描き足す

⑤

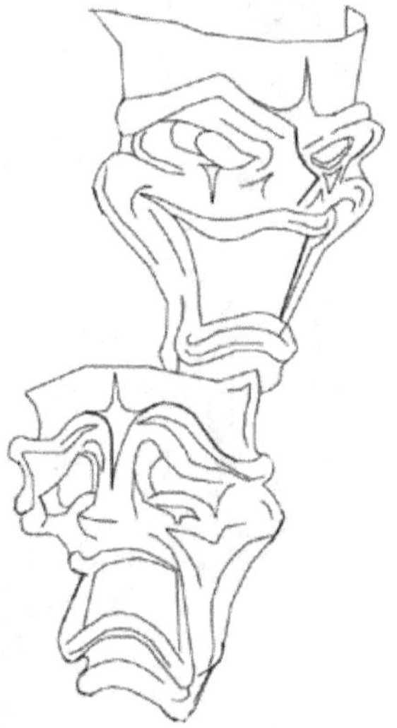

デザイン線を描き入れる

⑥

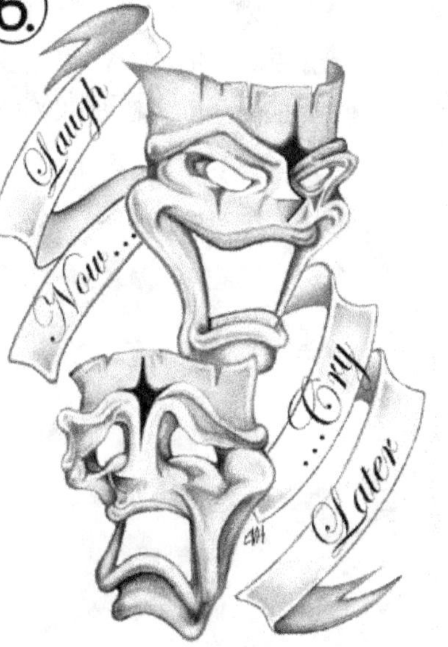
Laugh
Now...
...Cry
Later

影を付ける。望むなら文字を入れたバナーを加える

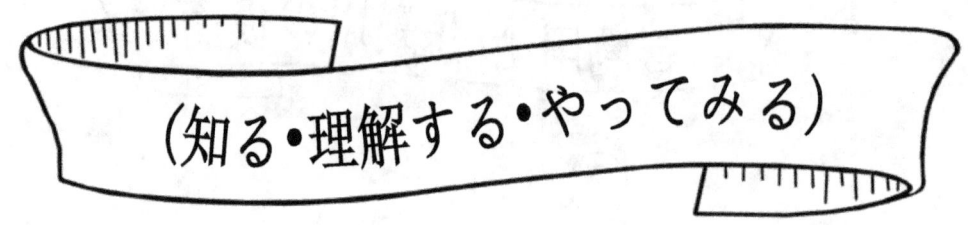

(知る•理解する•やってみる)

札束

知る:
物体にパターンと陰影を加え、立体感を出す

理解する:
- 立方体の原則を使い、3Dの四角形を描く
- 奥行きを表すため、後退線を使う

やってみる:
遠近法を表現するオリジナルの「札束」の絵を描こう。少なくとも札束を３つ描き、「おまけ」をたくさん加える。影を付けるのを忘れずに！

用語集:
立方体 – 四角い面が6枚ある多面体で、3Dのように見える四角のこと
観点 – 物体や景色を眺める地点のこと
後退線 – 最前面から後ろに下がる、または遠ざかる線のこと

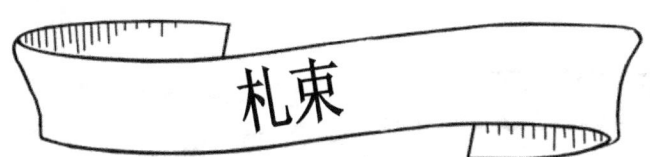

札束

1.

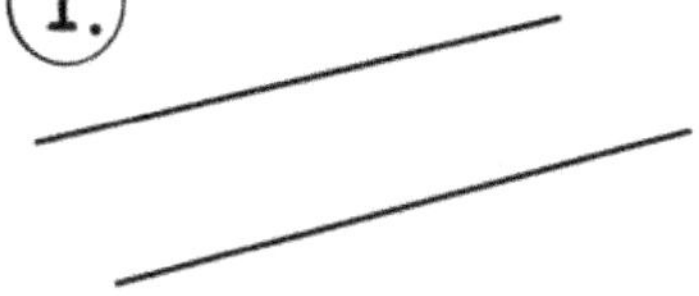

まず、左肩下がりの平行
線を2本描く

2.

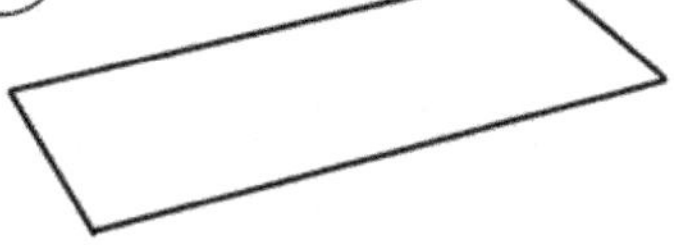

横をつなげて斜めに
傾いた長方形にする

3.

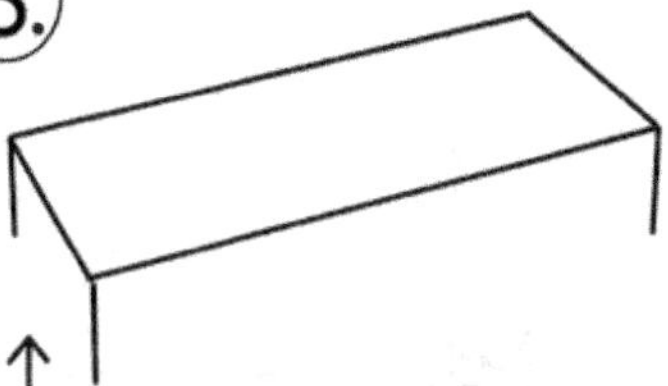

平行な縦線を3本描く

4.

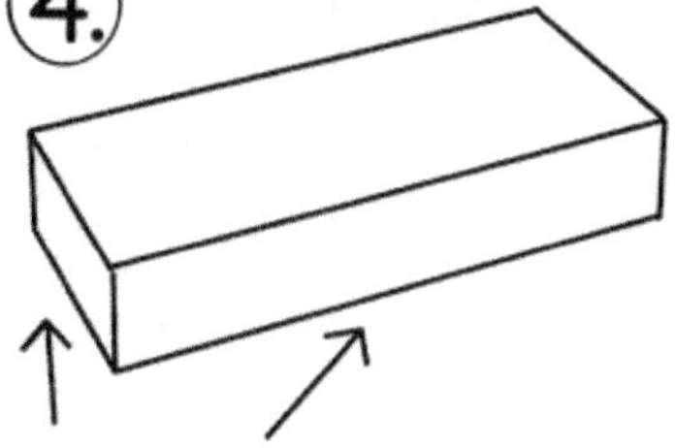

2本の斜線で角をつなぐ

5.

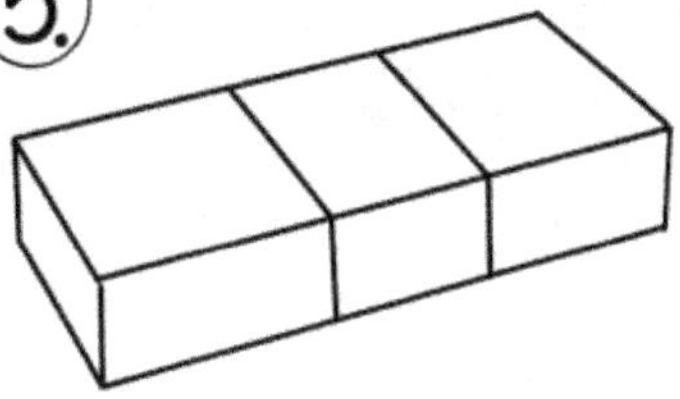

真ん中を３Dの長方形で「囲む」

6.

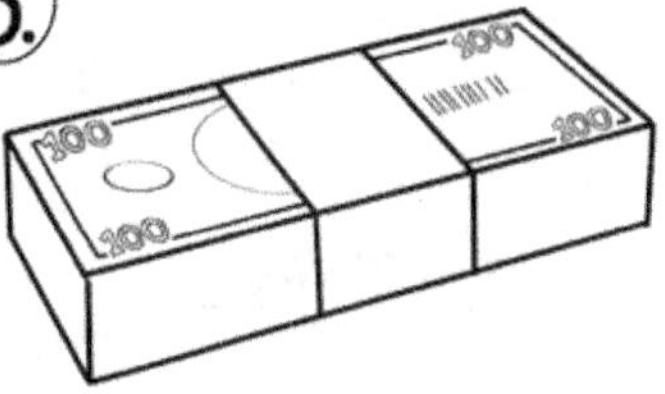

デザインの詳細を描き込む

7.

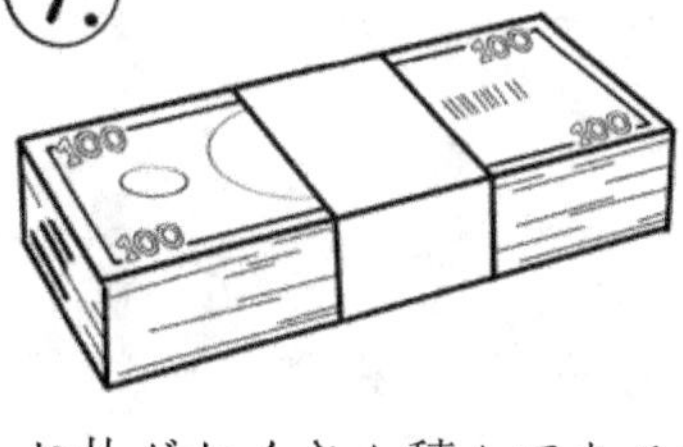

お札がたくさん積んである様子を
表す平行な破線を描き入れる

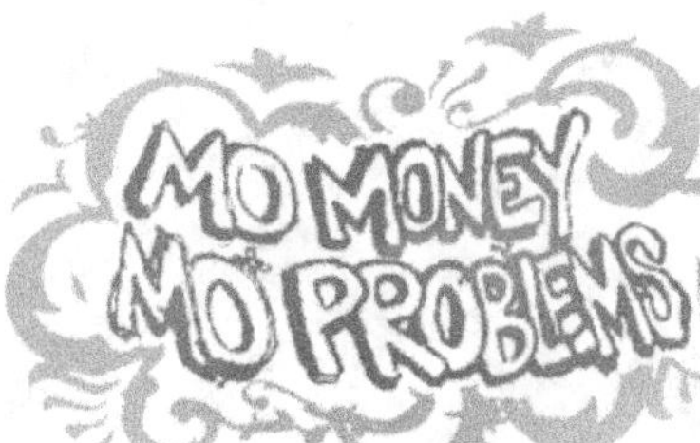

8.

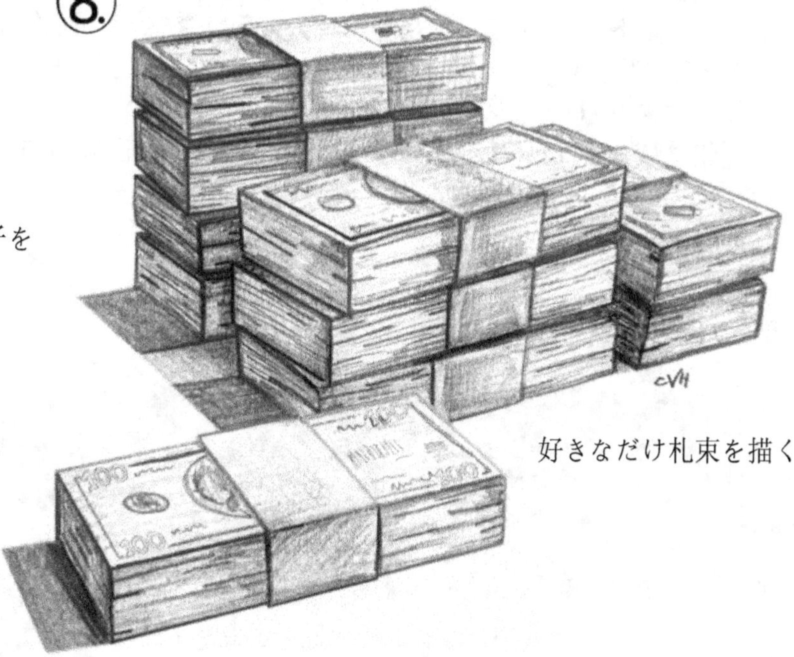

好きなだけ札束を描く

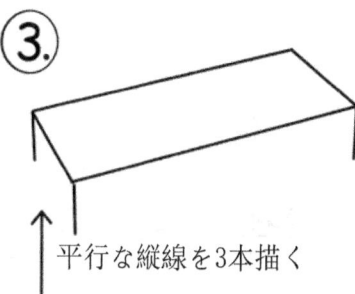

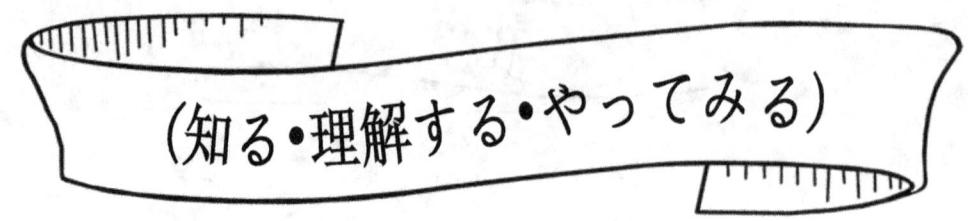

(知る•理解する•やってみる)

簡単なクモの巣

知る:
シンメトリー、アシンメトリー、放射状のバランス

理解する:
クモの巣は、中心部からデザインが広がっていく、または中心部を焦点とする円をベースにしている

やってみる:
- 放射状のバランスをもとに、オリジナルのクモの巣をデザインしよう
- クモや他の「おまけ」を描き入れる

用語集:
シンメトリー - (または対称のバランス) – 画像や物体の片側がもう一方の側を複製、または鏡に映したようにまとまっていること
シンメトリーはパターンの十分類の一つ
放射状または回転性バランスとは中心部からデザインが広がっていく、または中心部を焦点とする円をベースにしたあらゆる種類のバランスのこと

簡単なクモの巣

①

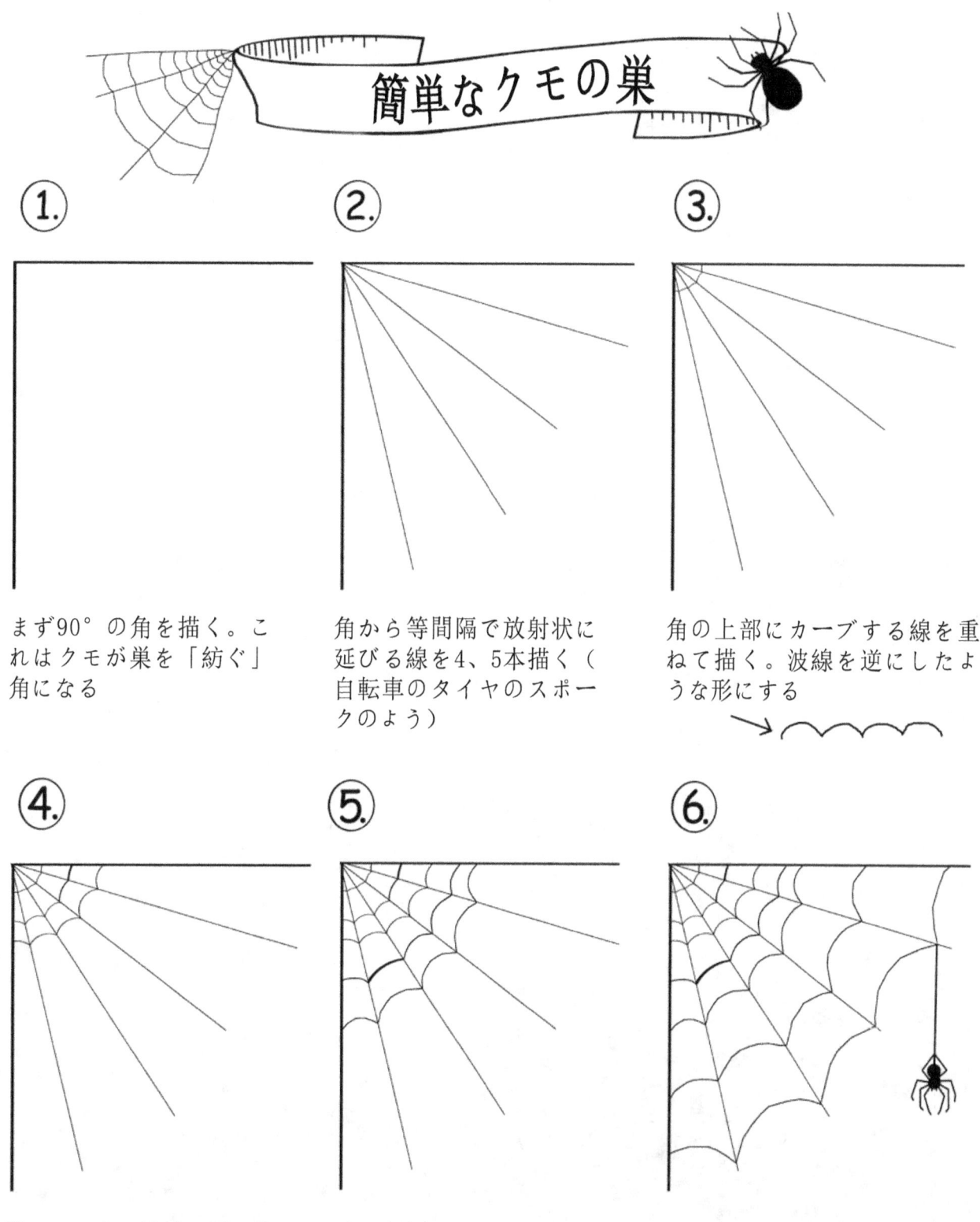

まず90° の角を描く。これはクモが巣を「紡ぐ」角になる

②

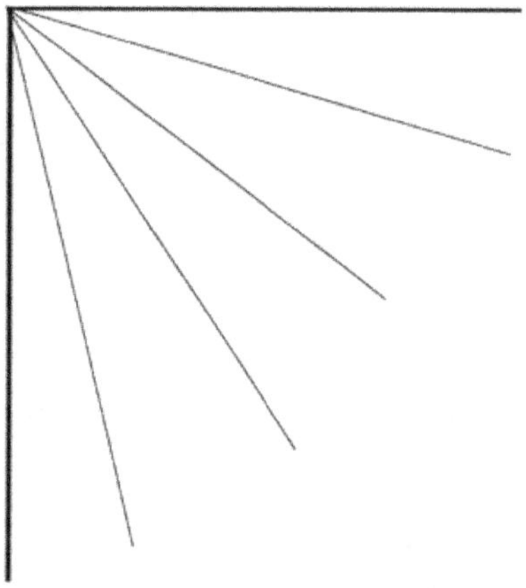

角から等間隔で放射状に延びる線を4、5本描く（自転車のタイヤのスポークのよう）

③

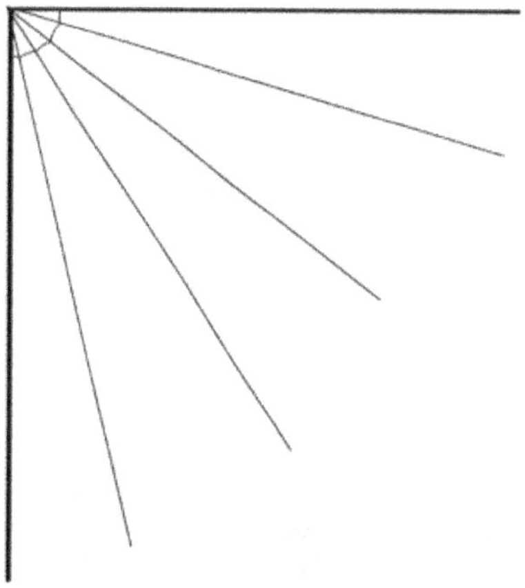

角の上部にカーブする線を重ねて描く。波線を逆にしたような形にする

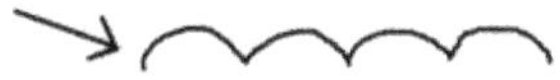

④

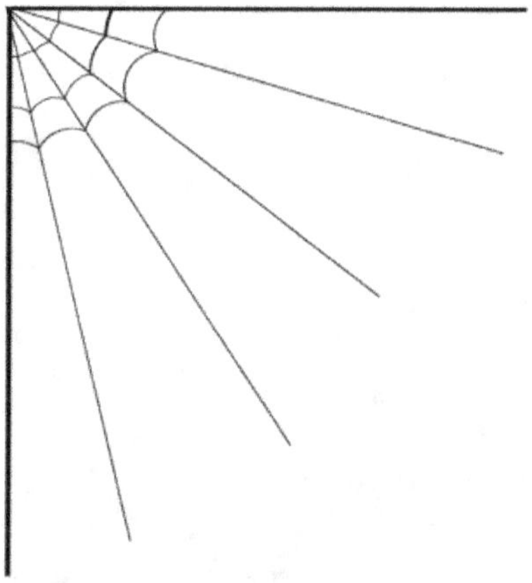

巣にもう少し波線の層を描く

⑤

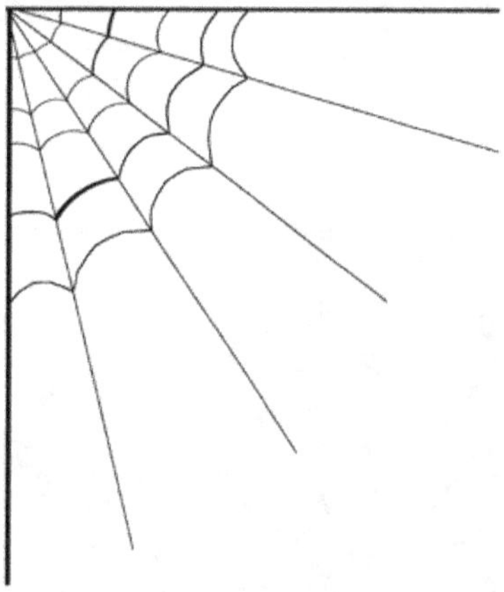

巣の波線を増やす。それぞれの層は下に行くにつれて、距離が離れるようにする

⑥

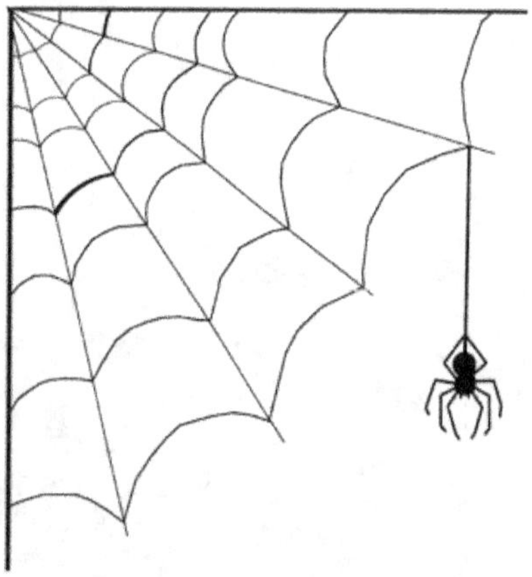

クモの巣を仕上げる。
垂れ下がったクモを描く
覚えておく:クモの脚は8本!

www.ingramcontent.com/pod-product-compliance
Lightning Source LLC
Chambersburg PA
CBHW081555220526
45468CB00010B/2664